命理學 通鑑

명리학 통감 命理學 通鑑

2016년 11월 20일 초판 인쇄
2016년 11월 29일 초판 발행

지은이 | 정창근
펴낸이 | 이찬규
펴낸곳 | 북코리아
등록번호 | 제03-01240호
주소 | 13209 경기도 성남시 중원구 사기막골로 45번길 14
　　　우림2차 A동 1007호
전화 | 02-704-7840
팩스 | 02-704-7848
이메일 | sunhaksa@korea.com
홈페이지 | www.북코리아.kr
ISBN | 978-89-6324-520-1(93140)

값 60,000원

命理學 通鑑

鄭昌根 著

북코리아

인간은 자연에서 태어나서 자연에 의거하여 살다가 자연으로 돌아간다고 전제할 때에 누구나 한 번쯤은 "어디에서 와서, 무엇을 어떻게 하다가 어디로 가는 것일까?", "오늘을 살고 있는 '나'라는 존재는 무엇일까?" 하는 의혹을 품어 보기도 하고 생각해 보기도 할 것입니다.

그래서 일찍이 한(漢)나라 유향(劉向)은 "지명자불원천(知命者不怨天), 지기자불원인(知己者不怨人)"이라 "운명을 아는 자는 하늘을 원망하지 아니하고 자기를 아는 자는 남을 원망하지 아니한다"라고 했으며 유안(劉安)은 "지도자 불혹(知道者不惑), 지명자 불우(知命者不憂)"라 "바른길을 알면 헤맬 일이 없고 자기의 그릇을 알면 걱정할 일이 없다"라고 하였습니다.

그러면 "인간은 무엇 때문에 태어났으며 운명이란 과연 무엇인가?", "인간은 어디로부터 왔느냐?" 하는 것을 연구하는 것이 우주라고 하는 기공문제(氣空問題)이고, "어떻게 살다가 어디로 가는가?" 하는 것이 삶의 종착지인 인생문제라고 할 수 있습니다.

우주와 인생의 문제는 언제나 상관관계를 가지고 있으면서도 사실 이해하기 어렵다는 것이 공통된 견해이며, 그래서 동양에서는 오래전부터 이 문제를 해결하려는 연구가 있었으니, 이것이 역(易) 또는 명리학(命理學)이라고 사료됩니다. 또한 명리학은 운명을 예지하기 위하여 선현들에 의해 꾸준하게 인간의 생활 속에서 함께 이어 나온 학문이라 봅니다.

이 세상 우주는 창조 초기 때부터 눈에 보이지 않는 무형질과 눈에 보이는 유형질의 2원소로 이루어졌을 것이며, 그 2원소의 원천을 알아내고자 하는 것이 음양의 학문이자 동양철학의 근원인 것입니다.

명리학은 약 5,000여 년의 역사를 가지고 내려오면서 천문지리, 의학, 약학, 인간 운명의 길흉화복 등에 이르기까지 다양하고 깊은 뜻이 들어있지만, 궁극적인 명제는 우주의 영원성과 인간의 유한성에 대한 갈등을 해결하려고 노력하는 전통적인 학문입니다.

따라서 명리학은 일종의 기상학(氣象學)으로서, 기후에 따라 자연만상(自然萬像)은 물론 계절에 따라 인간도 역시 생로병사와 영고성쇠가 일어남에 따라, 전통적인 동양의학에까지 접목시켜 인간의 수명을 연장시켜 유한성에 대한 갈등을 해소하여 왔습니다.

오늘날 한의학에서도 음양오행(陰陽五行)은 자연계의 현상을 관찰하는 데서 시작하여, 그 자연현상을 인체의 오장육부와 연관시켜 사상의학(四象醫學)까지 적용하였습니다.

한의학의 성전(聖典)인 『황제내경소문(黃帝內經素問)』의 음양응상대론(陰陽應象大論)에 의하면, "하늘에 사시오행(四時五行)이 있어 이것이 생장수장(生長收藏)으로 풍서습조한(風暑濕燥寒)이라는 오운(五運)을 순환하게 하고 인간의 오장(五臟)에도 오기(五氣)로 작용하여 노희우비공(怒喜憂悲恐)의 감정을 나타낸다"라고 하였습니다.

이와 같이 오행(五行)을 중심으로 계절의 변화, 오기(五氣), 오색(五色), 오미(五味) 등에 결부시켜 인체와 자연을 우주적인 통일체로, 인간을 축소된 소우주로 보아 왔으며, 그래서 『황제내경소문』에 "의자필구어음양(醫者必求於陰陽), 이지연후의술(易知然後醫術)"이라고 논한 것을 보아도 의사가 환자의 정확한 질병 원인을 알아낸다면 병의 치료는 훨씬 용이하다고 하였습니다.

동양의 음양오행(陰陽五行) 사상은 동도서기(東道西器)라는 말이 의미하듯이 서양의 기술보다 한 차원 높은 우주적인 법칙이기 때문에 형이상학적인 측면에서 접근하는 것이 타당합니다.

그러나 몇천 년의 세월이 흐르는 동안에 우리의 비전을 제대로 발전시키지 못하였을 뿐만 아니라, 이는 변질되고 왜곡되어 비제도권 내에서 겨우 명맥을 유지하며 내려왔습니다.

지금 서양의 과학과 물질문명이 고도로 발달하고 있는 시기에 이러한 개념을 연구해야 할 필요성이 있는 것인가 하는 의구심이 생길 수도 있습니다.

그래서 선현들은 『주역(周易)』을 근간으로 하여 약 1,000여 년 전 중국의 서자평 (徐子平)에 의해 지금의 음양오행을 응용한 명리학을 정착시켜 왔습니다.

뿐만 아니라 명리학은 태양을 중심으로 한 지구의 공전과 자전의 관계에서 생년 (生年), 월(月), 일(日), 시(時)에 비장(秘藏)된 태양의 기(氣)와 땅의 질(質)을 음양오 행의 이치에 준하여, 인간의 운명을 추구하려는 상수학(象數學)입니다. 과학문명이 발달하면서 명리학에 대한 관심이 소외되어 왔지만, 최근에는 국내외 학계에서도 명리학을 학문적으로 연구하고 현대적으로 조명하는 작업이 활발하게 진행되고 있는 것이 다행이라고 생각합니다.

이 책 『명리학 통감(命理學 通鑑)』이 나오기까지 많은 시간 동안 교정과 성원을 보내주신 한국명리상담학회(韓國命理相談學會), 한양명리상담지도사회(漢陽命理相 談指導士會), 실미도(實未道) 회원, 박용현 연구원, 김화선 교수와 이찬규 북코리아 대표께 감사드리며, (사)한국동양철학연구원이 교육부 산하 서울시 교육청에 등록 인가될 때까지 행정 절차를 하나하나 꼼꼼하게 살펴 주신 김만석 박사께 다시 한 번 감사드립니다.

2016년 10월 30일

한양대학교 명리학상담 연구실 범초 정 창 근

| 차례 |

제 1 장

명리학命理學의 개요

제1절 명리학命理學의 근원

　새벽과 저녁, 똑같은 어둠이지만 새벽에는 일하러 밖으로 나가고 저녁에는 집으로 돌아와 쉬고, 개구리와 벌레들은 똑같은 추위인데도 봄에는 숨어있던 구멍으로부터 나오고 가을에는 추위를 피해 구멍으로 들어갈 생각을 한다.

　이것은 하루가 낮과 밤으로 이루어져 낮이 지나면 밤이 되고, 밤이 지나면 낮이 된다는 것을 아는 까닭이다. 또 한 해에는 사계절이 있어 봄이 지나면 여름이 오고, 가을이 지나면 겨울이 온다는 것을 미물일지라도 느낄 수 있기 때문이다.

　이렇게 계절의 변화, 한 나라의 흥망성쇠, 만물의 생사 등에 모두 일정한 법칙이 있는데 명리학(命理學)은 바로 이러한 일정한 법칙을 연구하여 미래를 예측하는 틀이다.

　또한 자연법칙을 연구하여 그 법칙에 순응하여 사는 동시에 때로는 어두운 밤에 불을 밝히고 추운 겨울에 온상을 만들어 사용하듯 순응과 예측을 통해 인간의 활동 영역을 넓히고 음(陰)과 양(陽)이라는 상대적이면서도 상호보완적인 개념으로써 우주만물의 현상을 풀이하는 학문이다.

　명리학을 일반적으로 역학(易學)이라고 부르기도 한다.

사서삼경(四書三經) 중의 하나인 『역경(易經)』은 『주역(周易)』이라 불리기도 하는데, 역경은 역(易)을 하나의 경전(經典)으로 높이는 명칭이고, 주역은 주(周)나라의 역(易)이라는 뜻이다.

이것은 오늘날 전해지는 역(易)이 주역(周易)뿐이기 때문에 역(易)과 주역(周易)은 동일어로 쓰인다. 주(周)나라 이전에도 역서(易書)가 있었는데 하대(夏代)에는 『연산(連山)』은대(殷代)에는 『귀장(歸藏)』이라는 역서가 있었으나 주역만 현존한다. 역의 의미는 동한(東漢) 허신(許愼)의 설문해자(說文解字)에서 찾아 볼 수가 있다. 이 책은 중국 최초의 자전(字典)으로서 학자들이 가장 소중하게 읽어온 것인데, 여기에서는 세 가지 의미로 해석하고 있다.

첫째, "역석역(易蜥易), 척석(蜴蜥), 수궁야상형(守宮也像形)"이라고 하였는데, 역석역, 척석, 수궁은 모두가 도마뱀을 말하는 것으로 도마뱀의 모양을 따라서 만든 글자라는 것이다.

둘째, "비서설왈(秘書設曰), 일월위역(日月爲易), 상음양야(象陰陽也)"라고 기술되어 있는 것은 역(易)의 위는 일(日)이고 아래는 월(月)이라는 것으로 일월음양(日月陰陽)을 의미하는 것이다.

셋째, "일일종물(一日從勿), 우일설기물지물(又一設旗勿之物)"이라고 하였다. 물(勿)은 일(日)자 아래 삼유지기(三遊之旗)가 있다는 뜻으로 글자 형태로 깃발을 쉬지 않고 움직이는 것으로 한곳에 멈추지 않는 현상으로 해석할 수 있다.

따라서 역(易)은, 바뀌는 것이니 밤이 낮으로 바뀌고, 낮은 밤으로 바뀌며 시대가 바뀌고 인물이 바뀌고 물건이 바뀌는 모든 과정을 포함하여 천지자연의 변화의 원리를 말하는 것이다.

역(易)의 유래는 삼황오제(三皇五帝)시대 복희씨(伏羲氏, B.C. 1195-1080)가 창시한 것으로 알려져 있다. 통설에 의하면 5600년 전 황하에서 나타난 용마(龍馬)의 등에 있는 그림의 형상을 보고 8괘를 만들고, 후에는 64괘를 창시했다는 왕필(王弼)의 설과 복희씨가 8괘를, 문왕(文王)이 64괘를 만들었다는 사마천(司馬遷)의 설이 있다.

우리나라에서 주역을 처음 접하게 된 것은 한무제(韓武帝) 원년(B.C. 108)에서 서진(西晉) 말까지, 400년간 중국의 군현(郡縣)이었던 무렵으로 아주 일찍 전해졌을 것으로 보인다. 그 이후 고구려 소수림왕 2년(372)에 태학(太學)을 세워 『역경』을 주교재로 사용하였다.

백제에서는 384년에 처음으로 태학(太學)을 세웠고, 513년에는 백제의 오경박사(五經博士) '단양이(段楊爾)'가 일본에 건너가 역경을 포함한 오경을 처음으로 일본에 전하였다. 554년에도 역박사 '왕도량(王道良)'과 '왕류귀(王柳貴)'가 일본으로 건너갔다는 『일본서기(日本書紀)』에 의하면 백제의 역학(易學)이 성하였음을 알 수 있다. 신라는 675년에 삼국을 통일하고 682년에 처음으로 당제(唐制)를 모방하여 경주에 국학(國學)을 설립하여 『주역(周易)』을 주교재로 사용하였다.

고려 왕조 때 국학을 확충하여 칠제(七齊)를 설치하고 『주역(周易)』은 려택제(儷澤齊)라 하여 경학(經學)의 첫번째 강좌에 위치하였고, 그 뒤 제생(諸生)의 과목으로 규정하여 2년간 공부하도록 하였고, 과거(科擧) 시험과목에 포함시켰다. 조선 시대에는 태조 7년(1398)에 성균관에서 『주역(周易)』을 가르쳤는데 『대학(大學)』 1개월, 『중용(中庸)』 2개월, 『논어(論語)』와 『맹자(孟子)』를 각각 4개월, 『주역(周易)』은 7개월이나 가르친 것을 보면 주역을 얼마나 중요시 했던가를 알 수 있다.

일반적으로 '역(易)'은 「주역(周易)」, 「역경(易經)」이란 명칭과 혼용(混用)되기도 한다. '역' 이라 하면 고대 중국에서 천신(天神), 지지(地祇), 종묘(宗廟)에 제사지내기 전에, 또는 전쟁과 같은 중대사를 치르기 전에 점을 쳐서 결정했던 점서(占筮)의 도구를 통틀어 말한다.

하남성(河南省) 안양현(安陽顯) 은허(殷墟)에서 대량의 갑골문자가 발견되고, 주(周)나라 때에는 서죽(筮竹)을 이용하여 점을 친 사실이 입증되기도 하였는데 역은 복서(卜筮)를 바탕으로 이루어진 것이다.

주역은 주(周)나라의 역(易)이라는 뜻이므로, 주역을 그냥 역이라고만 불러도 그다지 혼란은 없다. 주역은 본래의 본문과 뒷사람의 해설 부분이 합해져 있어 본래의 본문을 경(經)이라 하고, 해설 부분을 전(傳)이라고 하였는데, 한대(漢代)에 이르러 전이 경의 지위로 격상되어 주역을 역경이라고 부르는 명명법이 일반화되었다.

따라서 역(易)을 역사적으로 엄밀하게 연구할 때에는 「역(易)」, 「주역(周易)」, 「역경(易經)」의 명칭을 혼용해서는 안 되지만, 역(易) 전체의 의리(意理)를 연구하여 인간사와 천지자연의 법칙을 이해하고자 하는 때에는 명칭을 혼용해도 무방하다.

제2절 명리학命理學의 현대적 의미

바야흐로 현대는 동양전래의 정신문명과 서구현대의 과학문명이 상호융화되어 가는 단계에 도달한 것이 사실이다.

동양문화를 알고자 하면 먼저 동양적인 사고방식을 해득하지 않고서는 불가한 것이니, 동양문화를 연구하려는 사람이 서구적인 방법만을 고집한다면, 이것은 도덕이나 종교나 철학을 연구하는 데 있어 물리적인 법칙을 연구하는 태도로 임하는 것과 다를 것이 없다.

그러므로 명리학을 연구하려면 먼저 음양오행적인 연구태도를 갖는 것이 필요하다. 먼저 명리학의 원리는 동양철학의 기상학에 근거하여 풀지 않으면 안 되는 바 기상학의 원리를 충분히 이해한다는 것은 명리학을 연구하는데 무엇보다도 중요한 기본과제라고 할 수 있다.

지구가 태양의 주위를 순환하는 가운데 생기는 기후상의 변화가 사시(四時)이고, 지구가 자전하는 데 생기는 기후상의 변화가 주야십이시(晝夜十二時)이다.

주야가 거듭되고 사시(四時)가 계절적으로 운행됨에 따라, 만물은 발아하고 생장하며 화실(花實)되는 것이다.

이때에 모든 만물은 기후의 영향과 밀접한 관계를 가지면서 질적 변화를 이루게 되는 만큼 변화하는 기후에 대하여 물리적·화학적으로 분석하는 것은 만물의 성장상태를 파악하는 것이다.

그러나 기상상태를 변화시키는 요인은 모든 물체가 양전자(陽電子), 음전자(陰電

子), 중간자(中間子)로 구성되어 전자기력으로 상호 연쇄관계를 가지고 있는 것이다.

이 말은 동양학적으로 말하면 모든 물체는 기(氣)로 이루어져 있고, 이 기(氣)는 기상학적으로 상호 연관되어 있다는 말이 된다.

따라서 명리학은 육십갑자(六十甲子)와 음양오행이 우주의 이면(裏面)인 기(氣)의 작용을 표시한 법칙에는 틀림없지만, 미묘한 운명의 내용을 세밀하게 안다는 것은 쉬운 일이 아니다.

사시(四時)가 변하고 주야가 바뀜을 보는 것은 쉽게 알아볼 수 있는 것과 같이 운명도 이와 마찬가지다. 그러나 하나에서 백 가지 모든 것을 알아낸다는 것은 우주의 절대신밖에 없을 것이다. 여름이 오면 더운 것은 알지만 얼마나 덥고 어떻게 더우며, 비가 어떻게 오고 언제 장마나 홍수가 날지의 문제는 범인(凡人)이 알 수 없다.

그렇지만 상당한 연구와 노력을 한다면 미묘하고 세밀한 길흉까지는 모르나, 길흉의 시기와 내용에 대한 전반적인 분별을 예지할 것이며, 처세상 소극적으로 활동해야 하는 시기, 적극적으로 활동할 수 있는 시기, 자기 능력의 한계와 소질, 자기자신의 장단점을 파악함으로써, 인격 도야와 사업 흥망, 배우자 선택, 자녀 적성, 친우 교제, 사건사고 예방 등 생활 전반에 걸쳐 예측할 수 있는 학문이다.

또한 명리학은 의사가 과거의 병에 대한 조사를 하여 미래에 어떤 부위에 병이 걸릴 것이라고 추정할 수 있는 것과 같고, 기상학에서 과거의 날씨 상태를 근거로 하여 미래의 날씨가 어떻게 변화할 것인가를 예측할 수 있는 일기예보와 같으며, 배가 망망대해를 항해할 때 방향을 유도해주는 나침반과 같은 역할을 하며, 산악인이나 등산객 또는 여행자 등에게 필요한 지도와 같은 역할을 한다. 따라서 인간의 운명도 이와 같이 추정할 수 있는 것이다.

제3절 명리학의 발전사

음양사상과 오행사상은 음양오행설이라는 이름으로 바늘과 실처럼 결합되어 있다. 음양과 오행은 처음부터 결합된 것은 아니고 역사적인 출발점이 다르다.

음양이라는 용어는 『주역(周易)』 계사전(繫辭傳)에는 음양이라는 개념에 대한 언급이 전혀 없다. 문헌상 최초로 오행이라는 개념이 표출된 기자(箕子) 홍범구주(洪範九疇)에도 음양에 대한 언급은 없다.

한(漢)나라 동중서(董仲舒 B.C. 179-104)에 의해 음양과 오행이 체계적으로 결합된 음양오행설이 확립된 후에 음양오행설이 동양의 기본적 논리체계의 하나로 자리 잡게 되었으며, 음양이론은 우주의 발생을 설명하는 기틀이 되었고 오행(五行)의 상생상극론(相生相剋論)은 우주의 변화를 이해하는 기틀이 되었다.

3000년 전 주(周)나라를 세운 무왕(武王)이 기자(箕子)를 찾아가서 백성을 위한 지혜를 청하여 얻은 아홉 가지 큰 법이 홍범구주(洪範九疇)이다. 그중 처음에 나오는 것이 오행이며, 홍범구주(洪範九疇)에 나오는 우주의 다섯 가지 운행에는 상생상극 개념이 없고 오행의 순서도 水, 火, 木, 金, 土로서 지금 쓰고 있는 순서와는 다르다.

지금 우리가 쓰고 있는 음양오행의 체계를 집대성한 사람은 한(漢) 나라의 동중서(董仲舒)이다. 그는 "천지의 기(氣)는 합하면 하나가 되고 나누면 음양이 되며, 갈라지면 사시(四時)가 되고, 벌려놓으면 오행(五行)이 된다. 오행(五行)의 행(行)은 간다는 뜻이니, 그 가는 것이 다르기에 오행(五行)이라 한다"라고 하였고, 오행을 오늘날과 같은 木, 火, 土, 金, 水의 순으로 두었다.

그는 "木은 동쪽에 있으면서 봄기운을 주관하고, 火는 남쪽에 있으면서 여름의 기운을 주관하며, 金은 서쪽에 있으면서 가을의 기운을 주관하고, 水는 북쪽에 있으면서 겨울 기운을 주관한다. 土는 중앙에 있으면서 하늘을 윤택하게 한다"라고 하여 오행을 방위와 사시에도 연관시켰으며, 운행의 원리인 상생상극(相生相剋)의 개념도 동중서(董仲舒)에 의해 체계화되었다.

명리학은 글자 그대로 명(命)에 대한 이치를 탐구하는 분야로서 명리학을 추명(推命)하는 데 사용하는 기초 중 가장 기초적인 것이 십간(十干) 십이지(十二支)이다. 천간(天干)과 지지(地支)를 발명한 사람은 4~5천년 전, 헌원씨(軒轅氏)시대에 살았던 대요씨(大撓氏)라고 한다.

처음에는 날짜를 기록하는 방편으로 삼았는데, 발전을 거듭하여 년(年), 월(月), 일(日), 시(時) 전체를 간지(干支)로 기록할 수 있는 완전한 체계로 자리 잡았으며, 중국에서는 전국시대(戰國時代)의 초(楚)나라 귀곡자(鬼谷子)가 그의 비전(秘傳)을, 제자인 소진(蘇秦)과 장의(張儀)에게 천리법(天里法)과 신법(神法)을 전수하면서 지대한 관심을 갖게 되었다.

당대에 나진인(羅眞人)이란 신선이 일월성신(日月星辰)과 조화운행(造化運行)을 제자들에게 전하면서 당사주(唐四柱)란 학설이 되었고, 이때부터 일반 서민도 연구를 하게 되었다.

이허중(李虛中)은 년(年), 월(月), 일(日), 삼주(三柱)를 이용한 산명법(算命法)을 만들었으며, 이후 송초(宋初)의 서자평(徐子平)에 의해 오늘날의 일간(日干)을 중심으로 한 명리학의 개념이 확립되었다.

명대(明代)의 장남(張楠)이 자평학(子平學)을 발전시켜 명리정종(命理正宗), 유백온(劉伯溫)의 적천수(滴天髓)가 나오면서 많은 발전을 하였고, 청대(淸代)에는 작자미상의 『궁통보감(窮通寶鑑)』과 심효첨(沈孝瞻)의 『자평진전(子平眞詮)』, 임철초(任鐵樵)의 『적천수천미(滴天髓闡微)』가, 근래(近來)에 와서는 서락오(徐樂伍), 원수산(袁樹珊), 위천리(韋千里) 등이 체계적인 명맥을 유지하여 우리나라에서 많은 연구의 참고자료로 활용하여 명리학을 한 단계 높여가고 있다.

우리나라에 명리학이 소개된 것은 중국의 문물, 한자가 전해지면서부터라고는 하나 정확한 자료는 없다. 다만 불교를 통한 중국 유학 승려들의 발자취를 통해 유추할 수 있다.

신라 말 도선국사(道詵國師)의 경우가 대표적인데, 일찍이 불법에 뜻을 두어 15세 때에 중국에 유학하여, 일행선사(一行禪師)의 문하에서 구도하여 34년간 불교와 지리학을 공부하였다. 귀국 후 삼천리 곳곳을 편력(遍歷)하면서 중생을 제도하였고, 지금 남아있는 『도선비기(道詵秘記)』는 우리나라 최고(最古)의 고전이다.

고려 때에 이르러 명리학에 능통한 학자들로 최충(崔沖), 안유(安裕), 백이정(白頤正), 최성지(崔誠之), 우탁(禹倬), 정몽주(鄭夢周), 길재(吉再), 강석덕(姜碩德), 박상충(朴常忠), 권근(權近) 등이 있다. 이때에는 주자학(朱子學)의 연구와 함께 명리학의 발전도 있었다고 본다.

조선시대가 되면서 무학대사(無學大師, 1327-1405)는 불경, 지리, 역학에 정통하였다. 정도전(鄭道傳)은 조선조의 개국공신으로 유학(儒學)과 역학(易學)에도 능통하였고, 경복궁 건립 때 무학대사와 의견이 맞지 않았으나, 자기 고집대로 주장하여 추진한 일화가 있다.

그 외에도 안식(安埴), 서경덕(徐敬德), 김인후(金麟厚), 홍계관(洪繼寬) 등이 있으며 남사고(南師古), 이번신(李翻身), 전우치(田禹治), 이지함(李芝涵), 이황(李滉), 이이(李珥), 정약용(丁若鏞), 정두(鄭斗), 사명(四溟), 서산(西山) 등이 있다. 근대의 저서로는 자강(自彊) 이석영(李錫英) 선생의 『사주첩경(四柱捷徑)』, 도계(陶溪) 박재완(朴在玩)선생의『명리요강(命理要綱)』, 백영관(白靈觀)선생의『사주정설(四柱定說)』 등이 있다.

최근에는 명리학을 제도권에서 인정받기 위한 노력의 흔적이 많은 것은 다행한 일이다. 일례로 명리학과 관련된 연구 논문으로 학위를 취득한 사람은 신상춘(申相春), 이선종(李善鍾), 윤태현(尹太鉉), 정창근(鄭昌根), 정국용(鄭國鎔) 등 다수가 있다.

앞으로 명리학의 발전을 위하여 새 시대에 맞는 새로운 이론과 체계가 이루어져, 장구한 명리학 연구자들의 업적을 바탕으로, 이론체계를 정립시켜나가는 계기를 마련하는 데 일조가 되었으면 하는 바람이다.

제 2 장

음양오행陰陽五行의 원리

제1절 음양陰陽의 기원

음양의 기원은 자평(子平)에서 "천지(天地)의 문호(門戶)가 닫고 열림이 아직 나누어지지 않았음을 혼돈(混沌)이라 하고 하늘과 땅이 분리되지 않는 것을 배운(胚腪)이라 이름 하니 일월성신(日月星辰)이 아직 태어나지 않았고 음양한서(陰陽寒暑)가 아직 분류되지 않았던 때였다"라고 하였다.

그 이후 혼돈이 갈라지고 배운(胚腪)이 나누어지면서 무량(無量)의 긴 세월에 의하여 가볍고 더운 기운은 위로 올라가서 하늘[天]이 되었고 무겁고 차가운 기운은 밑으로 내려와서 땅[地]이 되었다.

이와 같이 천지창조가 될 때에 생긴 이기(理氣)를 음양(陰陽)이라고 하며 음양이 생기면서 음양의 변화운동이 일어나게 되는데 이때 다섯 가지의 기운이 생겨나는데 이것이 곧 水, 火, 木, 金, 土의 기운이다. 이 다섯 가지의 기운을 오행이란 부호로 사용하게 되었다.

제2절 음양陰陽의 특성

우주 대자연의 섭리는 무에서 유가 창조되었고 유는 다시 무로 귀일하게 되는 것이며 음과 양은 별개로 존재하는 것이 아니라 항상 공존하며 혼자서는 존재할 수 없으며 상대성 원리에 의한 작용을 하고 있는 것이다.

〈표 2-1〉 음양도표(陰陽圖表)

양(陽)	음(陰)	양(陽)	음(陰)
하늘(天)	땅(地)	외(外)	내(內)
해(日)	달(月)	정신(情神)	육체(肉體)
남자(男)	여자(女)	양전자(陽電子)	음전자(陰電子)
부(父)	모(母)	직선(直線)	곡선(曲線)
부(夫)	부(婦)	선(善)	악(惡)
동쪽(東)	서쪽(西)	불(火)	물(水)
남쪽(南)	북쪽(北)	문(文)	무(武)
앞(前)	뒤(後)	나타나다(顯)	숨다(隱)
밝다(明)	어둡다(暗)	크다(大)	작다(小)
따뜻하다(暖)	춥다(寒)	많다(多)	적다(少)
건조하다(燥)	습하다(濕)	나아가다(進)	물러가다(退)
강하다(强)	약하다(弱)	움직이다(動)	고요하다(靜)
단단하다(剛)	부드럽다(柔)	삶(生)	죽음(死)
봄(春)	가을(秋)	시작(始)	끝(終)
여름(夏)	겨울(冬)	허(虛)	실(實)
두텁다(厚)	얇다(薄)	내쉬다(呼)	들이쉬다(吸)
가볍다(輕)	무겁다(重)	주다(與)	받다(受)
길다(長)	짧다(短)	동양(東洋)	서양(西洋)
아침(朝)	저녁(夕)	백(白)	흑(黑)
오전(午前)	오후(午後)	귀하다(貴)	천하다(賤)
좋다(吉)	나쁘다(凶)	젊다(少)	늙다(老)
위(上)	아래(下)	산(山)	바다(海)

음(陰)과 양(陽)을 개별적으로 논하면 양(陽)은 태양이요 낮이며, 조(燥)한 것이며 더운 것이요, 여름이요 밝은 것이요 동(動)한 것이요 적극적인 것이며, 음(陰)은 달이요, 밤이며 습(濕)한 것이며, 추운 것이요 겨울이요 어두운 것이요 정(靜)한 것이요, 소극적인 것이다.

음과 양이 공존하는 이치는 양이 있기에 음이 있고 음이 있기에 양이 존재한다. 다시 말하면 태양이 있기에 달이 있고, 하늘이 있기에 땅이 존재하는 것이며, 양인 아버지가 있기에 음인 어머니가 있는 것이며, 양인 낮이 있기에 음인 밤이 있는 것이며, 양인 정신이 있기에 음인 육체가 있는 것이다. 이와 같이 음과 양은 어느 하나만이 존재할 수 없는 것이다. 음·양의 구분은 〈표 2-1〉과 같다.

제3절 오행五行의 원리

오행이란 木, 火, 土, 金, 水 다섯 가지를 말한다.

명리학은 열 개의 천간(天干)과 열두 개의 지지(地支)를 음과 양 및 오행으로 분류하여, 그 상호관계에 의하여 사람의 운명을 예지하는 데, 이때 기본이 되는 요소이다.

일찍이 우리 동양의 전통적 사상은 우주만상이 오행에 의하여 이루어졌다고 믿어왔으며, 연해자평(淵海子平)은 오행의 발생에 대하여 "태역(太易)이 생(生)하여 水가 되었고, 태초(太初)가 생(生)하여 火가 되고, 태시(太始)가 생(生)하여 木이 되고, 태소(太素)가 생(生)하여 金이 되고, 태극(太極)이 생(生)하여 土가 되었다"라고 하였다.

그러나 오늘날 오행은 역경(易經)에서 유래한 것이라고 믿어지고 있다. 즉 火는 태양(太陽)에서, 木은 소양(小陽)에서, 水는 태음(太陰)에서, 金은 소음(小陰)에서 유래하고, 土는 모든 것을 포함한 것이라고 하였다. 또한 역경에 의한 오행설은 다음과 같다.

(1) 木의 방위는 동쪽이고, 계절은 봄에 해당하고 하루로 치면 아침에 해당한다.

기(氣)는 생기(生氣)이고 색은 청색이며, 성정(性情)은 인(仁)이다.

(2) 火의 방위는 남쪽이고, 계절은 여름에 해당하고, 하루로 치면 낮에 해당한다. 기(氣)는 왕기(旺氣)이고 색은 적색이며, 성정(性情)은 예(禮)이다.

(3) 金의 방위는 서쪽이고, 계절은 가을에 해당하고, 하루로 치면 저녁에 해당한다. 기(氣)는 숙살지기(肅殺之氣)이고 색은 백색이며, 성정(性情)은 의(義)이다.

(4) 水의 방위는 북쪽이고, 계절은 겨울에 해당하고, 하루로 치면 밤에 해당한다. 기(氣)는 사기(死氣)이고 색은 흑색이며, 성정(性情)은 지(智)이다.

(5) 土의 방위는 동서남북의 사방위이며 중앙에 해당하며 계절은 사계절에 해당한다. 하루로 치면 해가 중천에 와 있는 것을 말한다. 기(氣)는 둔하고 색은 황색이며 성정(性情)은 신(信)이다.

제4절 오행五行의 작용과 법칙

세월이 지나면서 밝고(明), 맑고(淸), 가벼운(輕) 기(氣)는 위로 올라가서 하늘(天)이 되었고, 어둡고(暗), 탁(濁)하고, 무거운(重) 기(氣)는 땅(地)이 되었다. 그러므로 하늘과 땅 및 모든 우주의 만물은 끊임없이 발전하고 변화하면서 다섯 가지 형상의 기(氣)로 충만한 우주의 질서가 생기는데, 이것이 木, 火, 土, 金, 水 곧 오행이라고 하는 것이다.

이 오행의 작용을 서로 도와주는 상생법칙은 서로 견제하고 대립하면서 다스리는 상극법칙, 항상 대립 관계에 있으면서 견제를 당하고 있다가 변화하는 환경요소에 의하여 역으로 다스리게 하는 역극법칙(逆剋法則)과, 자기희생의 계기로 타에게 간접상생(間接相生)하여 주는 역생법칙(逆生法則)이 있다.

상생법칙(相生法則)과 같은 작용의 경우 생(生)하는 쪽에서 과잉 공급할 때에는 오히려 받는 쪽에서 감당하지 못하고 피해를 보는 경우가 있다. 즉 木이 火를 생(生)하나 木이 너무 많으면 오히려 火가 꺼져버리고, 火가 土를 생(生)하나 火가 너무 많으면 土가 타버린다.

　土가 金을 생(生)하나 土가 너무 많으면 金이 묻혀 버리고, 金이 너무 많으면 水가 맑지 못하고, 水가 너무 많으면 木의 뿌리가 썩어 물위에 뜨는 이치와 같은 것으로, 왕쇠강약(旺衰强弱)과 생극제화(生剋制化)에 대해서는 앞으로 상세하게 설명이 될 것이다.

1. 상생법칙(相生法則)

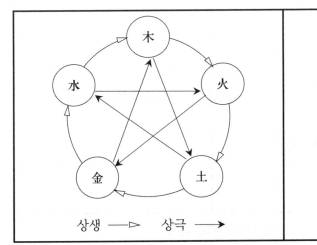

· 목 생 화 (木 生 火)

· 화 생 토 (火 生 土)

· 토 생 금 (土 生 金)

· 금 생 수 (金 生 水)

· 수 생 목 (水 生 木)

상생 ──▷　　상극 ──▶

〈그림 2-1〉 상생법칙도(相生法則圖)

　〈그림 2-1〉에서 상생이란 서로 공생하면서 서로서로 도와주는 법칙을 말한다.

　그림에서와 같이 목생화(木生火), 즉 木은 자신을 태워 火를 일으키고, 화생토(火生土), 즉 火는 모든 것을 태워 土로 돌아가게 하고 다시 태양의 빛을 받아 土를 도와 토생금(土生金), 즉 土는 응집되어 땅속의 金을 보호해주며 금생수(金生水), 즉 金은 땅속에 묻혀 있으면서 스스로 水를 만들어 광물질 성분의 물을 바위 틈으로 흐르게 한다. 수생목(水生木), 즉 水는 땅위에 자라고 있는 木에 영양을 주어 생육하게 된다. 이것이 상생법칙이다.

　이 오행의 상생법칙에서 도와주는 데 부족함도 과다함도 해로움이 된다는 것이다. 과다한 것은 더욱 더 그렇다. 예컨대 불이 타고 있는데 나무의 도움이 적으면 불꽃이 활활 타오르지 못하고 불로서 역할을 못하게 된다.

　반대로 타오르는 불꽃의 몇 배에 달하는 나무를 한꺼번에 넣어버리면 그 불꽃은 꺼지게 되는 것이다. 나무가 성장함에도 물이 부족하면 나무의 성장이 잘 이루어지지 않지만 물이 너무 많으면 뿌리가 썩어 버리는 것과 같은 것이다.

2. 상극법칙(相剋法則)

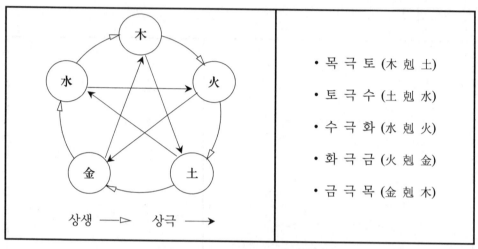

・ 목 극 토 (木 剋 土)
・ 토 극 수 (土 剋 水)
・ 수 극 화 (水 剋 火)
・ 화 극 금 (火 剋 金)
・ 금 극 목 (金 剋 木)

상생 ——▶　상극 ——▶

〈그림 2-2〉 상극법칙도(相剋法則圖)

　〈그림 2-2〉에서 상극(相剋)이라 함은 서로 대립하고 모순되는 것으로 우주의 만물이 무한히 성장하고 번식하는 것을 가로막아 견제하는 것과 같다. 상극은 서로를 극(剋)하니 불길하게만 볼 수도 있겠으나 적당한 극(剋)은 오히려 결과적으로 성장을 돕는다.

　아름드리나무를 베는 데 조그마한 실톱이나 과도로써 자른다면 나무를 자르기도 전에 톱이나 과도가 먼저 망가지게 되는 것이다. 그렇다고 어린 나무를 자르는 데 고성능의 전기톱을 이용한다면 더욱 비능률적일 것은 틀림없다. 과수원의 사과나무 등 적당한 가지치기를 한다면 곧고 크게 성장할 뿐 아니라 충실한 열매를 맺을 수 있는 것이다.

그림에서 나무는 흙을 뚫고 나와 자라며(木剋土), 흙은 물의 흐름을 막고(土剋水), 물은 불을 끄고(水剋火), 불은 쇠를 녹이며(火剋金), 쇠는 다시 목을 잘라(金剋木) 조화로운 성장을 하게 하는 것이다.

3. 역극법칙(逆剋法則)

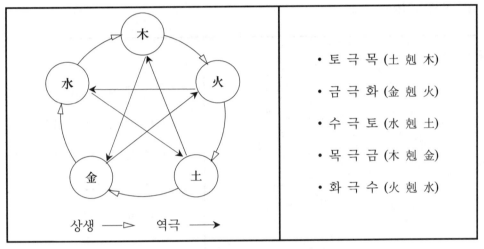

- 토 극 목 (土 剋 木)
- 금 극 화 (金 剋 火)
- 수 극 토 (水 剋 土)
- 목 극 금 (木 剋 金)
- 화 극 수 (火 剋 水)

상생 ──▷   역극 ──→

〈그림 2-3〉 역극법칙도(逆剋法則圖)

〈그림 2-3〉에서 역극(逆剋)이라는 것은 상극작용(相剋作用)과 유사하나 천적과 같은 것이 있어 항상 대립 관계에 있으면서도 언제나 패배만 당하여 왔지만, 주위 환경 요소에 의하여 상황이 급변하여, 수극화(水剋火)가 아니라 화극수(火剋水)로 되어 물이 불을 끄는 것이 아니라, 오히려 불이 물을 말려 버리는 이치와 같은 것이다. 다른 말로 상모작용(相侮作用)이라고도 한다.

그림에서 목극토(木剋土)가 아니라 토모목(土侮木)이 되어 나무가 약하고, 오히려 흙의 세력이 강하여 흙이 나무를 이기는 것이며, 화극금(火剋金)이 아니고 금모화(金侮火)가 되어 불이 약한데, 오히려 금(金)의 세력이 강하여 불이 쇠를 녹이지 못하는 것이다.

토극수(土剋水)가 아니고 수모토(水侮土)가 되어 흙이 약한데, 물의 세력이 강하여 흙이 물에 씻겨 내려가 버리는 것이며, 금극목(金剋木)이 아니고 목모금(木侮金)

이 되어 쇠가 약한데 오히려 나무의 세력이 강하여 쇠가 나무를 자르지 못하고 쇠의 끝이 무디어지거나 부러지는 것이다.

수극화(水剋火)가 아니고 화모수(火侮水)가 되어 물이 약한데 오히려 불의 세력이 강하여 물은 증발되어 버리는 것이다.

4. 역생법칙(逆生法則)

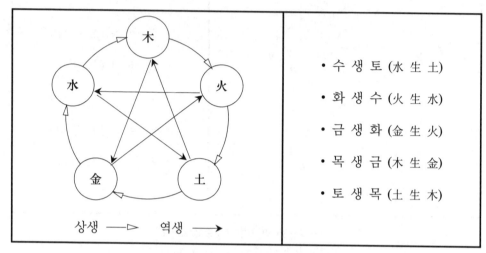

• 수 생 토 (水 生 土)
• 화 생 수 (火 生 水)
• 금 생 화 (金 生 火)
• 목 생 금 (木 生 金)
• 토 생 목 (土 生 木)

상생 ⟹ 역생 ⟶

〈그림 2-4〉 역생법칙도(逆生法則圖)

〈그림 2-4〉에서 역생(逆生)이란 土가 水를 극(剋)하지만 土가 너무 조(燥)하면 오히려 水를 좋아한다. 즉 조토(燥土)에 水가 들어가면 윤토(潤土)가 되니, 토극수(土剋水)가 아니라 수생토(水生土)가 되는 이치이다.

水가 火를 극(剋)하지만 겨울에 水가 냉(冷)하면 만물이 얼어 죽게 되니 水가 火를 좋아한다. 조후(調候)가 되어야 水가 생기(生氣)를 얻어 만물을 키울 수 있다. 이 때에는 수극화(水剋火)가 아니라 화생수(火生水)와 같은 이치이다.

火가 金을 극(剋)하지만 쇠붙이는 불이 없으면 그릇이 될 수가 없다. 그래서 金은 火을 좋아한다. 이 때에는 화극금(火剋金)이 아니라 금생화(金生火)가 되는 이치와 같다.

金이 木을 극(剋)하지만 나무는 金이 없으면 동량지재(棟樑之材)가 되지 못한다.

그래서 나무는 金을 반긴다. 이 때에는 금극목(金剋木)이 아니라 금생목(金生木)이 되는 이치이다.

木이 土를 극(剋)하지만 土는 나무가 있어야 수분도 잘 조절하고 나무 잎에 의한 거름으로 옥토가 되는 것이다. 이 때에는 목극토(木剋土)가 아니라 토생목(土生木)이 되는 이치이다.

제5절 오행五行의 왕상휴수사旺相休囚死의 원리

1. 오행(五行)의 왕쇠(旺衰)

오행은 계절에 따라 왕성해지기도 하고 쇠약해지기도 한다.

(1) 木은 봄에 해당하는 寅卯辰월에 가장 왕성하고, 겨울에 해당하는 亥子丑월에도 수생목(水生木)으로 상생이 되어 왕성하다. 여름에 해당하는 巳午未월에는 화기(火氣)가 성하는 계절이므로 목생화(木生火)로 火에게 기운을 빼앗아가고 쇠약해지며, 가을에 해당하는 申酉戌월에는 금기(金氣)가 성하는 계절이므로 금극목(金剋木)이 되어, 金의 극(剋)을 받아 가장 쇠약하다.

(2) 火는 여름에 해당하는 巳午未월에 가장 왕성하고, 봄에 해당하는 寅卯辰월에 목생화(木生火)로 상생되니 왕성하다. 가을에 해당하는 申酉戌월에는 화극금(火剋金)으로 쇠약해지며, 겨울에 해당하는 亥子丑월에 水의 극(剋)을 받아 가장 쇠약하다.

(3) 金은 가을에 해당하는 申酉戌 월에 가장 왕성하다. 사계토왕절(四季土旺節)에는 토생금(土生金)하므로 왕성하다. 여름에는 화기(火氣)가 성하므로 화극금(火剋金)되어 가장 쇠약하고, 겨울에는 금생수(金生水)로 기운을 설기(泄氣)하므로 쇠약하며 봄에는 금극목(金剋木)으로 金이 木으로부터 극제(剋制)되어 쇠약하다.

(4) 水는 겨울에 해당하는 亥子丑월에 가장 왕성하고, 가을인 申酉戌월에 금생수(金生水)로 상생되어 왕성하다. 봄에는 수생목(水生木)으로 水가 기(氣)를 설기(泄氣)하므로 쇠약하다. 여름에는 수극화(水剋火)로 쇠약하며, 사계토왕월(四季土旺月)

인 辰戌丑未월에는 토극수(土剋水)로 土의 극(剋)을 받아 가장 쇠약하다.

2. 오행(五行)의 왕상휴수사(旺相休囚死)

다음의 도표에서 왕상휴수사란 일간(日干)이 어느 계절에 태어났을 때 강하며 약한가를 표시한 것이라고 할 수 있다. 먼저 월지(月支)가 무엇인가를 보아야 하는데, 월지가 寅卯辰월은 봄으로 목왕절(木旺節)이고 동방목국(東方木局)이라고 한다.

〈표 2-2〉 오행(五行)의 왕상휴수사(旺相休囚死)

強弱 區分	왕(旺)	상(相)	휴(休)	수(囚)	사(死)
木(甲乙)	봄(寅卯)	겨울(亥子)	여름(巳午)	사계절 (辰戌丑未)	가을(申酉)
火(丙丁)	여름(巳午)	봄(寅卯)	사계절 (辰戌丑未)	가을(申酉)	겨울(亥子)
土(戊己)	사계절 (辰戌丑未)	여름(巳午)	가을(申酉)	겨울(亥子)	봄(寅卯)
金(庚辛)	가을(申酉)	사계절 (辰戌丑未)	겨울(亥子)	봄(寅卯)	여름(巳午)
水(壬癸)	겨울(亥子)	가을(申酉)	봄(寅卯)	여름(巳午)	사계절 (辰戌丑未)

巳午未월은 여름으로 화왕절(火旺節)이고 남방화국(南方火局)이라 하고, 申酉戌월은 가을로 금왕절(金旺節)이고 서방금국(西方金局)이라고 한다.

亥子丑월은 겨울로 수왕절(水旺節)이고 북방수국(北方水局)이라 하고, 辰戌丑未월은 토왕절(土旺節)이고 각 사계절에 분산되어 있다. 따라서 태어난 월지(月支)와 일간(日干)의 오행과 대조하여 왕상휴수사(旺相休囚死)를 결정하는 것이다.

왕(旺)은 일간(日干)과 오행이 같은 계절에 태어난 것을 말한다. 목일간(木日干)이 寅卯월에 출생하였다면 왕(旺)이 되고 이를 득령(得令)하였다고 하며, 일간(日干)이 신왕(身旺)하게 되는 것이다.

상(相)은 일간(日干)을 생(生)하여 주는 것으로, 일간(日干)이 木이라면 월지(月支)가 수월(水月)인 亥子월이 되어 수생목(水生木)이 되는 것이니 이때에도 신강(身强)하게 된다.

휴(休)란 일간(日干)이 태어난 월(月)의 오행(五行)을 생(生)하여 주는 것으로, 목일간(木日干)이라면 巳午월에 출생하여 목생화(木生火)가 되는 것을 말한다. 이때는 木의 기운이 설기(泄氣)되니 신약(身弱)하게 되는 것이다.

수(囚)는 일간(日干)이 생월(生月)의 지지(地支)를 극(剋)하는 것으로 목일간(木日干)이라면 목극토(木剋土)가 되는 것을 말한다. 이때에도 신약(身弱)하게 된다. 사(死)는 일간(日干)이 생월(生月)의 지지(地支)로부터 극(剋)을 받는 것으로, 목일간(木日干)이 申酉월에 출생하여 금극목(金剋木)이 되는 것을 말한다.

여기에서 왕(旺), 상(相)을 득령(得令)하여 신강(身强)하다고 하며, 휴(休), 수(囚), 사(死)는 실령(失令)하여 일간(日干)이 신약(身弱)하게 되는 것이다.

3. 오행속성(五行屬性)의 특성과 분류

〈표 2-3〉 오행속성(五行屬性)의 특성 분류표(特性分類表)

區 分 \ 五 行		木	火	土	金	水
기본성	절기(節氣)	봄(春)	여름(夏)	사계(四季)	가을(秋)	겨울(冬)
	방위(方位)	동(東)	남(南)	중앙(中央)	서(西)	북(北)
	조후(調侯)	온(溫)	열(熱)	조습(燥濕)	냉(冷)	한(寒)
	천간(天干)	갑을(甲乙)	병정(丙丁)	무기(戊己)	경신(庚辛)	임계(壬癸)
	지지(地支)	인묘(寅卯)	사오(巳午)	진술축미(辰戌丑未)	신유(申酉)	해자(亥子)
	괘상(卦象)	진손(震巽)	이(離)	간곤(艮坤)	건태(乾兌)	감(坎)
	구성(九星)	삼벽(三碧) 사록(四綠)	구자(九紫)	이흑(二黑) 오황(五黃) 팔백(八白)	육백(六白) 칠적(七赤)	일백(一白)
	오기(五氣)	풍(風)	열(熱)	습(濕)	조(燥)	한(寒)
	오색(五色)	푸른색(靑)	붉은색(赤)	노랑색(黃)	흰색(白)	검은색(黑)

오상(五常)	인(仁)	예(禮)	신(信)	의(義)	지(智)
오음(五音)*	아(牙) ㄱ,ㅋ	설(舌) ㄴ,ㄷ,ㄹ,ㅌ	후(喉) ㅇ,ㅎ	치(齒) ㅅ,ㅈ,ㅊ	순(脣) ㅁ,ㅂ,ㅍ
오미(五味)	신맛(酸)	쓴맛(苦)	단맛(甘)	매운맛(辛)	짠맛(鹹)

기능	오장(五臟)	간(肝)	심(心)	비(脾)	폐(肺)	신(腎)
	육부(六腑)	담(膽)	소장(小腸)	위(胃) 삼초(三焦)	대장(大腸)	방광(膀胱)
	오체(五體)	힘줄(筋)	맥박(脈)	피부(膚)	털(毛)	뼈(骨)
	오관(五官)	눈(眼)	혀(舌)	입(口)	코(鼻)	귀(耳)
	오각(五覺)	시(視)	미(味)	촉(觸)	취(嗅)	청(聽)
	오액(五液)	눈물(淚)	땀(汗)	군침(挺)	콧물(涕)	가래(唾)
	오취(五臭)	누린내(臊)	탄내(焦)	향내(香)	비린내(腥)	썩은내(腐)
	오지(五志)	성냄(怒)	기쁨(喜)	생각(思)	근심(悲)	놀램(恐)
	인생(人生)	유년기	소년기	청년기	장년기	노년기
	오형(五形)	│	△	○	□	─
	위치	왼편(左)	위편(上)	가운데(中)	오른편(右)	아래편(下)
	수리(數理)	3·8	2·7	5·10	4·9	1·6

성정	국가(國家)	한국	일본 동남아	중국	미국	유럽 러시아
	오수(五獸)	청룡(靑龍)	주작(朱雀)	구진(句陳)	백호(白虎)	현무(玄武)
	성정(性情)	자상 다정	명랑 활달	과묵 중후	용감 예리	비상 지혜
		성급 열광	중립 중용	정의 의협	냉정 비밀	유순 평화
		정열적	사교적	혁신적	현실적	희망적
		위험 폭발	우유부단	극단타산	권모술수	굴복 불안
		종교(宗敎)	유교(儒敎)	불교(佛敎)	토속(土俗) 무속(巫俗)	기독교 천주교
	신체계통 (身體系統)	제독분비 (除毒分泌)	순환기 (循環器)	소화기 (消化器)	호흡기 (呼吸器)	배설기 (排泄器)

* 오음(五音): 훈민정음운해(訓民正音韻解, 1750년, 신경준 지음)를 기준함.

제 3 장

천간天干 지지地支의 원리의 작용

제1절 천간天干 지지地支의 기원

천간(天干)이란 甲, 乙, 丙, 丁, 戊, 己, 庚, 辛, 壬, 癸를 말하며 하늘을 뜻하고 강하며 양(陽)을 의미하며 지지(地支)란 子, 丑, 寅, 卯, 辰, 巳, 午, 未, 申, 酉, 戌, 亥를 말하며 땅을 뜻하고 지(支)는 나뭇가지의 뜻으로 약하며 음(陰)을 의미하는데, 천간과 지지를 줄여 간지(干支)라고 말하며, 천간 10자와 지지 12자로 구성되어 십간(十干) 십이지(十二支)라고도 부른다.

천간에서 이루어지는 여러 가지 현상은 하늘에서 변화하는 이치가 담겨져 있고, 지지에서 일어나는 갖가지 현상은 땅에서 변화하는 삼라만상의 무궁무진한 변화의 이치가 담겨져 있다.

간지의 사용은 중국의 은(殷)나라에서 발달하였던 것으로, 10간과 12지를 조합한 60간지로 날짜를 세는 데 쓰인 것이 그 기원이다. 10간은 날(日)을 가리키기 위해서이고, 12지는 달(月)을 가리키기 위하여 만들어진 것이다. 전한(前漢)시대에서는 12지를 하루의 시간에 맞추어 사용하였다.

천간은 양에 속하면서 음과 양을 가지고 있다. 양간(陽干)은 甲丙戊庚壬이고, 음간(陰干)은 乙丁己辛癸이다. 또한 지지는 음(陰)에 속하면서 역시 음(陰)과 양(陽)을 가지고 있다. 양지는 子寅辰午申戌이고 음지는 丑卯巳未酉亥이다.

제2절 천간天干의 특성

<표 3-1> 천간(天干)의 성정(性情)

구 분 (區分)	甲	乙	丙	丁	戊	己	庚	辛	壬	癸
계절	춘 (春)	춘 (春)	하 (夏)	하 (夏)	사계 (四季)	사계 (四季)	추 (秋)	추 (秋)	동 (冬)	동 (冬)
방향 (方向)	동 (東)	동 (東)	남 (南)	남 (南)	중앙 (中央)	중앙 (中央)	서 (西)	서 (西)	북 (北)	북 (北)
음양 (陰陽)	양 (陽)	음 (陰)	양 (陽)	음 (陰)	양 (陽)	음 (陰)	양 (陽)	음 (陰)	양 (陽)	음 (陰)
오행 (五行)	양목 (陽木)	음목 (陰木)	양화 (陽火)	음화 (陰火)	양토 (陽土)	음토 (陰土)	양금 (陽金)	음금 (陰金)	양수 (陽水)	음수 (陰水)
오상 (五常)	인 (仁)	인 (仁)	예 (禮)	예 (禮)	신 (信)	신 (信)	의 (義)	의 (義)	지 (智)	지 (智)
직업 (職業)	교육 공무	교육 연구	명예 종교	과학 철학	부동산 농수	개발 연구	생살 무관	경영 반도	교육 학원	예능 기술
형상 (形象)	대림 동량	유목 지엽	광선 태양	성좌 등촉	고원 산야	유토 전답	강금 장철	제련 금은	호수 해수	유수 유수
성정 (性情)	정직 강직 성실 진취 의지 투지	인내 지구 생명 유약 의타 허심	정의 명예 강인 솔직 담백 양보	예의 사교 자존 집념 정 희생	신의 온후 후덕 성실 책임 포용	노력 인내 창의 의지 연구 혁신	창조 개척 개발 의협 정의 책임	온순 유약 섬세 예민 정확 치밀	총명 지혜 연구 포용 노력 예지	지모 예술 기술 문학 환경 복종

1. 갑목론(甲木論)

甲木은 계절로 보면 찬 기운이 감도는 이른 봄이요, 방향은 동방에 속하고 양에 해당한다. 오행은 木에 속하고 인(仁)을 주도하며 성장과 발전을 뜻하고, 또한 대림목(大林木), 동량지목(棟樑之木), 양목(陽木), 강목(剛木)에 비유하기도 한다.

갑일(甲日)에 태어난 사람은 대체로 어질고 착한 선비정신을 갖추고 있으며 직업으로는 교육자, 지휘관, 지도자, 제조업 등 두령격(頭領格)이다.

갑일(甲日)에 태어난 사람의 성정은 정직하고 강직하며 성실한 것을 근본으로 삼는다. 또한 성질이 진취적이고 이상이 높아 남에게는 의지가 꺾이거나 굴복하지 않는다. 그렇기 때문에 다른 사람들로부터 공격의 대상이 되거나 경쟁의 대상이 되기 때문에, 항상 겸손하고 타인의 의견을 존중하고 포용하는 자세가 필요하다.

오행적으로는 甲木은 순수한 양목(陽木)으로 몸체가 단단하고 그 기세가 하늘을 찌르며, 또한 웅장함이 극에 달하지만 초봄에 나면 木이 어리고 기(氣)가 추우니 火를 얻어야만 영화(榮華)를 보며, 2월(卯月)에 태어나면 세력이 왕성하다. 그래서 왕성한 기(氣)를 설기(泄氣)하거나 金으로 극제(剋制)해 주어야 한다.

木이 가을에 태어나면 때를 잃어 쇠약하다. 木이 겨울에 태어나면 木이 범람하는 물에 뜨게 되며 부목이 되니, 火나 土가 반드시 있어야 한다.

2. 을목론(乙木論)

乙木은 계절로 보면 새싹이 돋아나는 봄이요, 방향은 동방에 속하고 음에 해당한다. 오행은 木에 속하고 인(仁)을 주도하며 甲木과 같이 성장과 발전을 뜻한다. 또한 乙木은 화초, 유실수, 넝쿨식물, 곡식, 채소, 잔디, 생목(生木), 묘목, 습목(濕木) 등을 나타낸다.

을일(乙日)에 태어난 사람은 대체로 심성이 어질고 착하여 부드럽고 연한 기(氣)의 뜻을 가지고 있어 교육자나 종교가, 철학자가 적합하다. 외면으로는 환경에 적응력이 강하고, 내면에는 강인성이 내포되어 있어 의외로 고집이 강하다.

화려함과 사치, 첨단 유행 등에 현혹되기 쉬우며 직물, 예능과 관계가 깊다. 두령격(頭領格)보다는 참모나 보좌관 역할이 좋으나 자기의 주관을 살려 나가야 한다.

을일(乙日)에 태어난 사람의 성정은 부드럽고 유약하게 보이나 끈질긴 생명력이 있으며, 인내력과 지구력이 있어 어떠한 난관도 헤쳐 나간다. 그러나 다른 사람을 이용하려 하거나 의지하는 경향이 있어서 사치나 허영심을 이겨 나가야 한다.

오행적으로는 乙木은 봄에 태어나서 火가 필요한 것은 꽃이 피는 것을 기뻐하기 때문이고, 여름에 태어나서 水가 필요한 것은 건조한 땅을 적셔주기 때문이다. 가을에 태어나서 火가 필요한 것은 金을 제거하여 木을 보호해주기 때문이다. 겨울에 태어나서 火가 필요한 것은 한파로부터 추위를 풀어주기 때문이다.

3. 병화론(丙火論)

丙火는 계절로 보면 여름이요, 방향은 남방에 속하고 양에 해당한다. 오행은 火에 속하고 예의를 뜻한다. 또한 丙火는 태양, 전기, 연료, 화약, 폭발물, 방사선, 화공약품 등에 비유하기도 한다.

병일(丙日)에 태어난 사람의 직업은 만인에게 밝게 비추어 어둠을 물리쳐 주고 모든 생명과 초목을 기르는 지도자이므로 명예직, 개혁자, 조직관리, 종교, 철학에 소질이 있다.

병일(丙日)에 태어난 사람의 성정은 타인의 부정과 불의를 못 보는 강인성을 가지고 있으면서 모든 사람들에게 평등하게 대해주고 솔직하고 담백하며 양보심이 대단하다.

한편, 자기를 너무 과신하여 타인을 무시하거나 바른말을 잘하며 자기 속마음을 그대로 노출시킬 뿐만 아니라, 간혹 감정을 누르지 못하고 물불을 가리지 않고 결단을 내려야 속이 시원하기 때문에 구설수가 따르고 미움을 사기도 한다.

丙火는 매사에 정열적이고 적극적이며 헌신적인 면도 있지만, 인내심을 기르고 속마음을 너무 노출시키지 말고, 타인의 의견을 경청하고 포용하는 습관을 길러야 한다.

오행적으로는 丙火는 순수한 양화(陽火)이므로 그 기세가 맹렬하여, 서리와 눈을 업신여기며 추위를 제거하고 언 것을 녹이는 공(功)이 있다. 그래서 庚金을 능히 녹일 수 있으며 辛金을 보면 병신합(丙辛合)하여 양처럼 순해지고 화평하게 된다.

土가 있으면 자애심이 생겨 金을 공격하지 않는다. 水가 있으면 충절을 지켜 수화기제(水火旣濟)가 되어 대적하지 않는다.

4. 정화론(丁火論)

丁火는 계절로 보면 여름이요, 방향은 남방에 속하고 음에 해당한다. 오행은 火에 속하며 예의를 뜻한다. 丁火는 살아있는 생화(生火)로서 작은 빛이나 열을 나타내며, 등불이나 촛불, 화롯불, 난로 외에도 전자제품과 금속을 녹이는 용광로 등에 비유하기도 한다. 丁火는 순수한 열기로서 어둠을 수호하는 화신에 비유할 수 있고 정으로 뭉쳐진 글자로서 하늘에서는 별이며 은하계를 상징한다.

정일(丁日)에 태어난 사람은 대체로 예의가 바르고, 호소력이 강하고 인기가 뛰어나고 순간적인 비난의 화살이 되기도 한다. 그래서 사교적인 직업과 관계되는 유흥업, 기도와 명상을 하는 종교인, 철학자, 미래에 대한 연구를 하는 과학자나 운명학자, 칼을 차고 권력이나 사회질서를 이끌어 가는 법조계도 인연이 있다.

정일(丁日)에 태어난 사람의 성정은 외면으로는 조용하고 약하게 보이나 내면에는 자존심과 집념이 대단하고 정신력도 강하다. 자신을 희생하면서 헌신적이고 봉사정신이 강하다.

반면에 부정한 행위나 이해관계가 없는 일에도 옳고 그름을 따지는 성격으로 미움을 사기도 한다. 그래서 丙火와 같이 인내심과 포용력이 필요하다.

오행적으로 丁火는 辛金이 乙木을 상하지 못하게 하는 것은 丁火가 나서서 지켜주고, 丁壬이 합하여 합목(合木)으로 戊土가 壬水를 상하지 않도록 막아주는 충성심이 있다. 甲이나 乙이 천간에 있다면 가을에 태어나도 金을 두려워하지 않고, 지지에 寅이나 卯가 있다면 水를 두려워하지 않는다.

5. 무토론(戊土論)

戊土는 계절로 보면 사계요, 방향은 중앙에 속하고 양에 해당한다. 오행은 土에 속하고 신의를 뜻한다. 또한 戊土는 높고도 큰 산, 넓은 들판, 강과 호수를 막는 제방, 높은 언덕이나 고개, 성곽이나 축대에 비유하기도 한다.

戊土는 항시 신의를 위주로 근본이 바르게 살려고 하는 기질이 있으며 태산처럼 믿음직스럽고 똑똑하며 언행이 신중하고 온후하면서도 후덕하다.

무일(戊日)에 태어난 사람의 직업은 토지와 관계있는 부동산이나 농수산 계통에 인연이 있고, 성실하고 책임감이 강하여 신용을 중히 여기고 매사에 생각이 깊어, 모든 사람을 포용하며 중용을 지키기 때문에 중재를 요하는 자문 역할이 적합하다.

또한 사물을 관찰하고 사람을 파악하는 능력과 멀리 내다보는 예측력을 가지고 있기 때문에 세속과 멀리하는 종교, 철학 방면에도 소질이 있으나, 대체로 어떤 직종이든 적응력이 강하다.

무일(戊日)에 태어난 사람의 성정은 주관과 개성이 강하여 사리를 판단하는 능력이 탁월하나, 주위사람과 잘 어울리어 동화력이 풍부한 것은 좋으나, 지나친 자기 과신과 아집은 독선과 교만의 오해를 초래하는 경우가 있다.

오행적으로는 戊土가 봄이나 여름에 태어나서 火가 왕성하면, 마땅히 水로 적셔 주어야 만물이 소생하는 법이고 건조하면 시들게 되는 것이다.

가을과 겨울에 태어나고 水가 많으면 戊土를 火로 따뜻하게 해주어야 한다. 너무 습하면 뿌리가 썩거나 만물이 병들게 된다. 또 戊土가 辰戌丑未월에 태어나 金을 가장 반기게 되는 것은 강한 토기(土氣)를 설기(泄氣)시켜 유행하게 되어 귀격(貴格) 이 되기 때문이다.

6. 기토론(己土論)

己土는 계절로는 사계에 속하며 방향은 중앙에 속하고 음에 해당한다. 오행은 土에 속하는 것으로 신의를 뜻한다. 또한 己土는 전답, 옥토, 윤토(潤土), 습토(濕 土), 전원, 정원, 화원, 평야, 분지, 사토(沙土) 등에 해당한다.

己土는 곡식을 심을 수 있는 논밭을 나타내며 만물을 성장시키는 배양토와 같다. 그래서 끈질기고 끈끈한 노력과 참고 견디는 인내력이 대단할 뿐만 아니라, 만물의 열매를 잉태하고 생명을 창조하는 힘이 강하다.

기일(己日)에 태어난 사람의 직업은 참고 견디는 자기본능의 기질을 지키려는 강한 의지 때문에 훌륭한 아이디어를 창출하는 개발이나 혁신을 요하는 반도체 사업, 참모직, 연구원 등이 적합하다.

기일(己日)에 태어난 사람의 성정은 순박하고 부드러우며 조용한 가운데 자기 표현을 잘 드러내지 않으며, 어머니 같은 자애로움과 포용력를 가지고 있다.

또한 남을 잘 이해하여 주며 항상 대의와 중용을 지키며 언행이 일치하고 신중하게 처신하며 자기 일에 충실하다. 그러나 순진하고 어수룩한 행동으로 자기의 실속만 챙기는 이기주의적인 성격이 있으며, 자기 속마음을 보이지 않으며 매사에 주도면밀하여 신경이 예민하며 까다로운 면이 내포되어 있다.

오행적으로는 己土는 습토(濕土)로서 木이 성해도 己土의 성품이 부드럽고 화목(和睦)하여 오히려 木을 배양하니 木이 극(剋)하지 못한다고 하는 것이며, 水가 왕(旺)해도 두렵지 않는 것은 己土가 엉기는 성질이 있어 오히려 水를 저장한다.

음토(陰土)는 火를 어둡게 하고 金이 많아도 빛이 나는 것은, 습토(濕土)는 능히 金을 생(生)할 수 있는 것이다. 丙火가 있으면 음습한 기를 제거해주어 만물은 충분한 자생력을 얻게 된다.

7. 경금론(庚金論)

庚金은 계절로 보면 가을이요, 방향은 서방에 속하고 양에 해당한다. 오행은 金에 속하는 것으로 의리를 뜻한다. 또한 庚金은 물상학적(物像學的)으로는 백운(白雲), 달, 은하수, 성좌, 서리, 강철, 무쇠나 원석, 기계, 총포, 검인(劍刃), 무관, 깡패 등을 나타낼 뿐만 아니라, 庚金은 오행 중 가장 강한 뜻을 가지고 있기 때문에 권력이나 명예, 생살권(生殺權), 변혁, 강제, 흉폭 등을 나타낸다.

庚金은 곡식과 의식이 풍요함을 나타내고 완숙한 과실이나 열매를 나타내기도 한다. 그래서 무한한 의식의 보고로서 창조·개척·개발·연구라는 뜻도 포함된다.

경일(庚日)에 태어난 사람의 직업은 법조, 의약, 군경 등 생살지권(生殺之權)를 장악하는 직업이 적합하다.

경일(庚日)에 태어난 사람의 성정은 의협심이 강하고 정의롭고 용감한 기질로 책임감, 소속감이 강하여 강자에게는 대항하고 약자는 도와주는 희생정신이 강할 뿐만 아니라, 공사를 분명히 가리고 지도력과 통솔력이 뛰어나며 결단력과 소신이 강하여 한 번 결정한 일은 끝까지 밀어붙이는 추진력이 강하다.

그래서 한편으로는 성격이 조급하거나 난폭하고 명예욕이 강해 독선적인 면이 있고 과격하게 일을 처리하기 때문에 대인관계가 원만하지 못하여 스스로 재앙을 불러일으키는 경향이 있다. 이것은 똑같은 칼이라도 장수가 쓰면 나라를 구하고 악마가 쓰면 인명을 해치는 이치와 같은 것이다.

오행적으로는 庚金은 壬水를 얻어 맑아지는데 壬水는 강한 살(殺)의 기운을 설기(泄氣)시켜 유통시키면 옥빛으로 투명하여 맑아진다. 庚金이 丁火를 얻으면 음기(陰氣)가 부드러워 꾸미고 녹여서 홍로(紅爐) 속에 제련시켜 칼과 창을 만든다. 庚金이 봄, 여름에 태어나면 기가 약해지는데 습토(濕土)인 丑이나 辰을 만나면 생조(生助)를 받지만, 조토(燥土)인 未나 戌을 만나면 도움을 받지 못하고 쇠약해진다.

8. 신금론(辛金論)

辛金은 계절로 보면 가을이요, 방향은 서방에 속하고 음에 해당한다. 오행은 金에 속하는 것으로 정의를 뜻하며, 辛金은 완성된 보석이나 광명과 빛남의 뜻이 숨어 있다. 또한 辛金은 물상학적(物像學的)으로 금·은, 칼이나 장식품, 숙과(熟果), 종자 등에 비유하기도 한다.

신일(辛日)에 태어난 사람의 직업은 기획이나 계산능력이 뛰어나 경영, 경제, 금융, 무역, 전자, 전기, 금속 등 재정과 반도체 계통에 적합하다.

신일(辛日)에 태어난 사람의 성정은 온순하면서도 부드러우며 섬세하고 깔끔하게 보이지만 속은 굳고 단단하며 야무진 성격일 뿐만 아니라 감수성이 예민하고 정에 치우치기 쉬우나, 매사를 처리할 때 정확하고 치밀하며 단호한 편이다. 그러나 자존심이 강하고 욕심이 많고 유아독존에 빠져 타인으로부터 비난을 사기도 한다. 또한 행동과 실천이 강하여 항상 새로운 것을 추구하는 장점이 있다. 그래서 항상 겸손한 태도와 부드러움을 유지하도록 노력해야 한다.

오행적으로는 戊土가 많으면 水가 마르고 金이 묻히기 때문에 두려워한다. 壬水가 충분하면 土가 습하여 辛金을 생조(生助)하기 때문에 좋은 것이다. 丙火와 辛金이 합하여 水가 되면 丙火는 甲木을 태우지 못한다.

여름에 태어나 火가 많으면 己土가 설기(泄氣)시켜 어둡게 하고 金을 생조(生助)해야 좋고, 겨울에 태어나서 水가 왕하면 丁火가 水를 줄여 金을 생조(生助)해야 좋은 것이다.

9. 임수론(壬水論)

壬水는 계절로 보면 겨울이요, 방향은 북방에 속하고, 양에 해당한다. 오행은 水에 속하고 지혜를 뜻한다.

壬水는 물상학적(物像學的)으로 큰 강물이나 바다, 호수처럼 많은 양의 물을 의미하며, 열매가 익어 씨앗이 되어 땅속에서 다시 새로운 생명을 잉태하는 뜻이 내포되어 있다.

임일(壬日)에 태어난 사람의 직업은 대체로 총명하고 지혜로워 지식을 필요로 하는 학문으로 교수, 연구원, 학원경영이 적합하다.

임일(壬日)에 태어난 사람의 성정은 두뇌가 총명하고, 창의력이 뛰어나고 앞을 내다보는 예지력을 지니고 있다. 또한 성품이 물처럼 깨끗하고 바다처럼 마음이 넓으며 모든 것을 수용하는 포용력을 가지고 있으며, 항상 꾸준히 노력하며 새로운 것을 탐구하여 지식이 풍부하며 매사에 서두르지 않고 침착하게 전진한다.

한편으로는 깊은 물속을 제대로 알 수 없듯이 속마음을 잘 드러내지 않아 비밀이 많다는 오해를 받기 쉬우며, 너무 머리가 비상하여 남을 무시하거나 자기 자신을 너무 과신하여 자기 꾀에 넘어가는 경우가 있다.

오행적으로는 壬水는 양수이며 수많은 하천의 근원이 되어 나아가기는 쉬우나 물러서기는 어려운 것이다. 지지에 申子辰 水局(수국)을 이루고 천간에 癸水가 있으면 기세가 범람하여 戊己土가 있더라도 그 흐름을 막을 수 없다. 이때는 반드시 木이 설기(泄氣)하여 다스려야 한다.

여름에 태어나고 지지에 火土가 왕성하고 천간에 火가 나타나면 火를 따르게 되어 종화(從火)가 되고, 왕성한 土가 천간에 나타나면 土를 따르게 되어 종토(從土)가 되는 것이다.

10. 계수론(癸水論)

癸水는 계절로 보면 겨울이요, 방향은 북방에 속하고 음에 해당한다. 오행은 水에 속하고 지혜를 뜻하며, 우리가 살고 있는 우주나 지구의 모든 냉기와 습기로 통한다. 癸水는 물상학적(物像學的)으로 산골짜기에서 흘러내리는 작은 계곡물이나 새벽에 오솔길을 걸을 때 옷깃에 스며드는 아침이슬이나 땅에서 졸졸졸 흐르는 시냇물이나 샘물과 같은 생수, 원천수로서 정지하거나 모여 있지 않고 항상 흘러내리는 물로서 만물을 자양하는 근본이다. 그래서 종자, 정자, 원자, 분자, 전자 등에 水에 해당하는 子를 사용하는 것이다.

癸水에 태어난 사람의 직업은 미래에 대한 설계, 개발, 의학, 예능, 기술, 문학 등과 인연이 깊다. 癸水에 태어난 사람의 성정은 지모가 뛰어나고 준법정신이 강하고 환경대응능력이 뛰어나다. 그러므로 지도자가 되기보다는 참모나 보좌관 역할이 좋다.

또한 매사에 조용하게 노력하고 순종하는 자세와 애교를 겸비하여 상대방의 심리를 잘 파악하고, 자상한 인정을 베푸는 특이한 장점이 있다. 그래서 자칫하면 변덕스럽고 지조가 없으며 비밀스럽게 보인다는 오해를 받을 소지가 있다.

오행적으로는 癸水는 음수(陰水)이며 약한 성질이다. 그래서 火土가 많으면 오히려 癸水는 탁하게 된다. 만약 金水의 왕지(旺地)인 가을과 겨울에 태어나면 천간(天干)에 丙丁火가 있더라도 종수(從水)해야 한다.

이상에서 10간의 오행에 따른 성정으로 생일(生日)의 천간, 오행을 위주로 하여 일반적으로 살펴보았으나, 타주(他柱)의 삼간(三干), 사지(四支)에 의하여 달라지기 때문에 단편적인 판단은 금물이다. 즉 생시(生時)와 월지(月支)에 따라 오행의 기운이 왕성하거나, 지나침 불과함에 따라 변화된 성정을 예측해야 한다.

다시 한 번 오행의 성정을 살펴보면 다음과 같다.

甲木이나 을목일(乙木日)에 태어난 사람은 성품이 온순하고 부드러우며 강직하고 화평과 질서를 좋아하고 인정이 많다.

丙火나 정화일(丁火日)에 태어난 사람은 성품이 명랑하고 예의가 바르며 원칙론적이면서 조급하다.

戊土나 기토일(己土日)에 태어난 사람은 신의가 있고 책임감이 강하며 신앙심이 있고 도량이 넓고 관대하며, 포용력이 있다.

庚金이나 신금일(辛金日)에 태어난 사람은 성품이 강렬하고 모든 일에 대하여 과단성과 결단성이 있으며, 의리를 중히 여기고 신체가 건장하고 정신이 맑다.

壬水나 계수일(癸水日)에 태어난 사람은 지혜롭고 원만하다. 한편 마음이 넓고 깊어서 속마음의 깊이를 알 수 없고, 책략이 원대하며 총명하나 한 번 화가 나면 노도와 같이 무서운 사람이다.

제3절 십이지지十二地支의 특성

1. 십이지지(十二地支)의 의미

지지란 천간의 상대적인 개념이라 할 수 있다. 천간은 한 가지의 순수한 기운이지만 지지는 2~3개의 기운이 항상 같이 존재하기 때문에 세력의 강약을 판단하기가 쉽지 않다. 이것은 하나의 지지에 천간이 암장되어 있기 때문이다.

지지는 상하유정(上下有情)하여 천간과 상응하여 기운이 상생하거나 상극하기도 하며 지지는 서로가 좌우정협(左右情協)되어 합하거나 서로 충하여 분열이 심하다. 그래서 세력의 균형과 조화의 변화가 대단하다.

삼라만상은 대별하여 하늘과 땅의 양대 요소로 분리하였고, 우리 인간도 정신과 육체로 양분하였다. 이것을 명리학에서는 천지를 음양간지(陰陽干支) 또는 천간지지(天干地支)로 칭하였다.

지지의 부호를 子, 丑, 寅, 卯, 辰, 巳, 午, 未, 申, 酉, 戌, 亥 12개로 설정하여 모든 만물의 형체, 양질(量質)을 총망라하여 응용되고 있다. 12지지(十二地支)에서 음양으로 구분하며 양지(陽支)와 음지(陰支)로 양분되고 다시 양지(陽支) 중에서도 양지(陽支)와 음지(陰支)로 구분되고 있다.

양지는 子, 寅, 辰, 午, 申, 戌이고 음지는 丑, 卯, 巳, 未, 酉, 亥이다.

또 양지 중에서도 양분하면 양지중양지(陽支中陽支)는 子寅辰이고 양지중음지(陽支中陰支)는 午申戌이다. 또한 음지중양지(陰支中陽支)는 丑卯巳이고 음지중음지(陰支中陰支)는 未酉亥이다.

계절에 따라 구분하면 양(陽)은 寅卯辰巳午未이고 음(陰)은 申酉戌亥子丑이다. 조습(燥濕)으로 구분하면 寅卯巳午未戌은 건조하고 子丑辰申酉亥는 한습하다.

2. 12지지(十二地支)의 방위(方位)와 계절

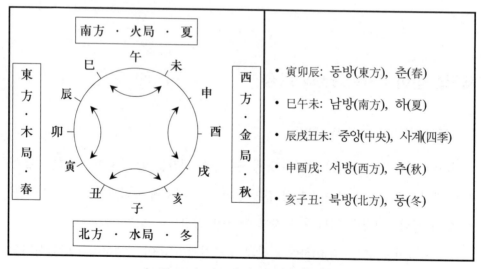

〈그림 3-1〉 방위(方位) 계절도(季節圖)

〈그림 3-1〉에서 보는 바와 같이 지지도 천간과 같이 寅卯木은 계절로는 봄이요,

동방에 속하고, 巳午火는 계절로는 여름이요, 남방에 속하고, 申酉金은 계절로는 가을이요, 서방에 속하고, 亥子水는 계절로는 겨울이요, 북방에 속한다.

다만 천간과 다른 점은 土가 木火와 金水의 중간에서 균형을 유지하는 역할을 하지만 지지에서는 계절과 계절 사이에서 계절의 변화에 따라 중화 작용을 한다는 것이다.

이것은 춘절(春節)과 하절(夏節) 사이에는 辰土, 하절(夏節)과 추절(秋節) 사이에는 未土, 추절(秋節)과 동절(冬節) 사이에는 戌土, 동절(冬節)과 춘절(春節) 사이에는 丑土가 위치하여 각각 계절과 계절을 조절하고 있는 것이다.

또한 천간은 土가 둘이지만, 지지는 土가 넷이 되어 천간보다 둘이 더 있어 12지지가 되는 것이다. 즉 子, 丑, 寅, 卯, 辰, 巳, 午, 未, 申, 酉, 戌, 亥로 순환하고 있는데, 그 이유는 1년의 시작인 자월(子月)부터 시작하고, 하루의 시간(時干)도 자시(子時)부터 시작이 되기 때문에, 지지의 시작이 子로부터 시작되는 것이다.

그 이유는 한(夏)나라 때에는 인월(寅月)부터 머릿달로 하였고, 은(殷)나라 때에는 축월(丑月)부터 한해의 머릿달로 써왔으며, 주(周)나라 때에 자월(子月)을 머릿달로 사용한 것이 현재까지 이어져 오고 있는 것이다.

3. 천간(天干) 지지(地支)의 오색(五色)과 오미(五味)

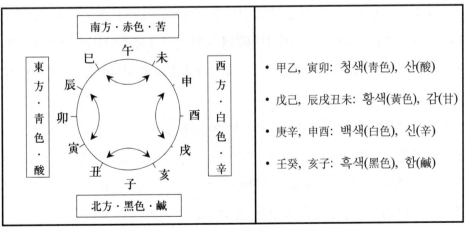

〈그림 3-2〉 간지(干支)의 오색(五色), 오미도(五味圖)

<그림 3-2>에서 보는 바와 같이 동방에 속하는 甲乙, 寅卯는 木이며 청색에 속하고 맛은 신맛을 나타낸다.

남방에 속하는 丙丁, 巳午는 火이며 적색에 속하고 맛은 쓴맛을 나타낸다.

서방에 속하는 庚辛, 申酉는 金이며 백색에 속하고 매운맛을 나타낸다.

북방에 속하는 壬癸, 亥子는 흑색에 속하며 짠맛을 나타낸다. 그리고 戊己, 辰戌丑未는 土이며 황색에 속하고 단맛을 나타낸다.

오색과 오미는 개인마다 좋아하는 색깔과 음식이 다르기 마련이다. 따라서 타고난 오행의 왕쇠강약(旺衰强弱)과 생극제화(生剋制化)를 분석하여, 필요한 오행에 따라 색깔과 음식을 섭취하여야 건강하게 장수할 수가 있다. 여기에서 필요한 오행이라는 것은 용신(用神)을 말하는 것이다.

제4절 십이지지의 성정性情

1. 자수론(子水論)

고서에서 子水는 잉자(孕字)에서 子만 취하였는데, 만물의 씨앗을 의미하여 잉태하여 새로운 생명이 땅속에서 자란다는 뜻이다.

계절로는 겨울이요, 월로서는 11월이며 대설절(大雪節)이다. 하루로서는 한밤중 0시(零時)를 기준하였으니 전일밤 11시부터 당일 새벽 1시 사이를 말하며, 0시(時)를 기점으로 새날이 되므로 극음지기(極陰之氣)에서 음의 최극(最極)을 넘어서 새날이 되는 일양시생(一陽始生)이 된다.

방위는 정북방이며, 천간의 癸水는 지상에서 유동하는 습기요, 子水는 지면의 천(川), 지하의 수맥 등 흘러내리는 상태의 水로서 유천(流川)이라고 한다. 오행으로는 水에 속하며 양이다. 색채는 흑색이며, 동물로는 쥐가 되며, 인체로는 작은골과 신경선이요, 요도, 혈관을 포함한 신장이요, 수리(數理)는 1이 된다.

쥐(子)는 눈이 작지만 밤에는 빛을 내고 양에 속하지만 실제로는 일음일양(一陰一

陽)으로서 앞발가락은 4개이니 음에 속하고, 뒷발가락은 5개이니 양에 속한다.

<표 3-2> 지지(地支)의 성정(性情)

區分	子	丑	寅	卯	辰	巳	午	未	申	酉	戌	亥
字源	잉 (孕)	뉴 (紐)	연 (演)	유 (柳)	진 (震)	기 (起)	시 (矢)	미 (味)	신 (伸)	주 (酒)	융 (絨)	핵 (核)
季節	冬	冬	春	春	春	夏	夏	夏	秋	秋	秋	冬
月	11	12	1	2	3	4	5	6	7	8	9	10
節氣	대설 大雪	소한 小寒	입춘 立春	경칩 驚蟄	청명 淸明	입하 立夏	망종 芒種	소서 小暑	입추 立秋	백로 白露	한로 寒露	입동 立冬
時間	23-01	01-03	03-05	05-07	07-09	09-11	11-13	13-15	15-17	17-19	19-21	21-23
方位	北	北東	東北	東	東南	南東	南	南西	西南	西	西北	北西
五行	水	土	木	木	土	火	火	土	金	金	土	水
陰陽	陽	陰	陽	陰	陽	陰	陽	陰	陽	陰	陽	陰
五色	흑 (黑)	황 (黃)	청 (靑)	청 (靑)	황 (黃)	적 (赤)	적 (赤)	황 (黃)	백 (白)	백 (白)	황 (黃)	흑 (黑)
動物	서 (鼠)	축 (丑)	호 (虎)	토 (兎)	용 (龍)	사 (巳)	오 (午)	미 (未)	후 (猴)	계 (鷄)	술 (戌)	해 (亥)
臟器	신장 腎臟	비장 脾臟	담 膽	간장 肝臟	위장 胃腸	소장 小腸	심장 心臟	비장 脾臟	대장 大腸	폐 肺	위장 胃腸	방광 膀胱
數理	1	10	3	8	5	2	7	10	9	4	5	6
藏干	壬 癸	癸 辛 己	戊 丙 己	甲 乙	乙 癸 戊	戊 庚 丙	丙 己 丁	丁 乙 己	戊 壬 庚	庚 辛	辛 丁 戊	戊 甲 壬
性情	지혜 智慧	희생 犧牲	용기 勇氣	활동 活動	창의 創意	학문 學問	문화 文化	연구 硏究	용기 勇氣	자만 自慢	종교 宗敎	학문 學問

성정은 항상 움직이고 있어서 만물에 희망을 주고 새로운 정신을 갖게 하는 정중동의 작용을 한다. 그래서 지혜발상을 하니 예감, 촉감, 생각 등의 시발점이 되는 것이다. 또한 계획성이 있고, 항상 끈질기게 일어나려는 지구력이 대단하며, 새로운 생명체를 조성할 수 있는 능력을 갖추고 있다.

2. 축토론(丑土論)

丑土는 뉴자(紐字)에서 축(丑)만을 취하였고, 얽매인 상태나 묶여 있는 상태에서 지기(地氣)가 열린다는 뜻이다.

丑土는 토기(土氣)요, 음토(陰土)이며, 한랭지토(寒冷之土)이며 동토(凍土)요, 이 양지기(二陽之氣)에 해당하며 계절로는 4계이며, 월로는 12월이요, 동지에 속하여 년중한기(年中寒氣)가 극심한 달(月)이다. 하루로서는 새벽 1시부터 3시 사이를 말하며, 하루 기간 중 기온이 가장 내려간 시간이다. 연중에서 축인월(丑寅月)이 가장 춥고 하루는 3시를 중심으로 축인시(丑寅時)가 가장 춥다.

방위로는 동북간방(東北艮方)이요, 오행으로는 土에 속하고, 색으로는 황색이며, 동물로는 소가 되며, 인체로는 子와 연결되어 있는 습지로서 흑색모전(黑色毛田)과 연결되어 있는 땀이 흐르는 곳을 말하며, 뒷목 부위를 말하며, 수리는 10이다. 또한 사타구니, 겨드랑이 등 땀이 많이 나는 곳이다.

소는 어금니가 없지만 입술이 발달되어 있으며 발톱이 두 쪽으로 양분되어 있어 음에 속한다. 성정은 축(丑)으로서 근면성을 말하며, 축일생(丑日生)은 부지런하고 타인에게 도움을 많이 주지만 자신은 받지 못한다. 즉 궂은 일은 도맡아 하면서도 결과에 대한 잘못은 본인이 송두리째 부담하는 일이 많다. 외적으로는 조용하면서도 만물에게 소생의 기쁨을 주지만, 내적으로는 냉정하고 고독하므로 참모격으로는 적당하다.

3. 인목론(寅木論)

寅木은 연자(演字)에서 寅만을 취하였고 지렁이처럼 꿈틀거리며 나오는 형상으로 만물이 생성되어 활동하는 때를 의미한다. 방위로서는 동방이요, 오행은 木에 속하여 따스한 봄기운이 스며드는 때이다. 계절로는 봄이요, 월로서는 정월이고 입춘절(立春節)이다. 동풍으로 해빙하고 지중제충(地中諸蟲)이 시동을 준비하고, 초목이 맹아하는 청양지절(淸陽之節)이며 삼양지기(三陽之氣)에 해당한다.

하루로서는 새벽 3시부터 5시 사이를 말하며, 해는 보이지 않지만 전광(前光)에 의하여 밝아오는 상태로서 만물의 변동이 처음 보이기 시작한 때를 말한다. 즉 만물시견(萬物始見)하는 시간이기 때문에 새벽잠에서 일어나 하루의 계획을 세우는 시간(時干)이다. 그래서 하루의 계획은 인시(寅時)에, 연중의 계획은 인월(寅月)에 세우는 것이다. 색은 청색이며 동물로는 범이며 인체는 척추, 팔과 다리를 말하며 수리는 3이다.

호랑이(寅)는 목이 없으면서도 잘 달리고, 발가락이 다섯이나 되어 양에 속한다. 성정으로는 용기와 추진, 인내를 말하며 만물의 계획이며 시작을 뜻한다. 매사에 자신감이 있고 진취적이며 양기가 충만하여 포부가 크고 인정이 많다. 그러나 순진하여 남에게 잘 속고 자기 꾀에 넘어가는 경우가 많으며, 너무 과신하여 실패하거나 허망함을 당하는 경우가 많으니 겸양지덕을 쌓는 수양이 요구된다.

4. 묘목론(卯木論)

묘자(卯字)는 류자(柳字)에서 卯만을 취하였으며, 卯木은 씨앗이 땅을 뚫고 나와 흙을 뒤집어쓰고 나오는 상태를 의미하며 계절로는 봄이요, 방향은 동방에 속한다. 월로는 2월이요, 절기로는 경칩절(驚蟄節)이다. 또한 오행은 木에 속하는 것으로 대지를 뚫고 나오는 싱싱한 식물의 기운이 풋풋한 냄새를 물씬 풍기며 자라는 작고 연약한 풀뿌리와 같다.

생물의 시생(始生)이라 하는 卯는 묘(苗)로서 '싹'을 말한다.

卯木은 음목(陰木)이며, 생목(生木)이요, 활목(活木), 습목(濕木), 유목(柔木), 초근목(草根木)이며 사양지기(四陽之氣)이다.

하루로서는 오전 5시부터 오전 7시 사이를 말하며 태양이 지면을 비추기 시작하는 시간이다. 그래서 색은 청록색을 의미하며 동물로는 토끼에 속하고, 인체로는 활동이 많은 부위로서 사지말미(四肢末尾)와 수족을 의미하며, 수리는 8이다. 토끼는 입술이 없지만 무엇이든지 잘 뜯어먹고, 발가락이 넷이므로 음에 속한다.

성정은 끝없이 뻗어나가려는 활동성이 강하고 기회만 있으면 상승하려는 과욕이 잠재되어 있다. 그래서 자만심이 넘쳐 유아독존으로 자아성찰이 필요하며 자제력이 부족하니 인내심을 길러야 한다.

5. 진토론(辰土論)

辰土는 진자(震字)에서 辰만을 취하였으며 만물이 활기차게 움직여 욱일승천하는 좋은 때를 의미한다. 辰土는 양토(陽土)요, 습토(濕土)요, 왕토(旺土)요, 제방(堤防)이요, 산(山) 등에 해당되며 오양지기(五陽之氣)로서 만춘지절이다.

오행은 土에 속하며 양이다. 계절로는 4계요, 청명절(淸明節)이다. 춘기(春氣)가 상승하여 寅卯에서 올라온 묘엽(苗葉)이 활착하는 계절이다. 하루로는 오전 7시부터 9시 사이를 말한다.

색은 황색을 의미하며 동물로는 용이며 인체로는 위장에 속하고 수리는 5이다. 용은 귀가 없어도 청각이 발달하여 만리의 음향을 듣고, 발가락이 다섯 개나 있으니 양에 속한다.

성정은 이상과 꿈이 높고 활기차고 의욕이 넘치고 창의력이 뛰어나고 논리가 정연하며 풍류낙천적이고, 해외여행이나 외국과 관련된 직업에 인연이 있다.

욕심이 과다하고 이상이 높아서 자기 자신을 지키기 위한 수비와 투쟁의 기질이 있으며 색정도 강하다. 辰土는 깨끗한 성격에 신경이 예민하고 화려함이 감추어져 있어 예능에 특출한 기질이 있다. 그러므로 辰土가 있는 사람은 과욕을 부리지 말고 침착성을 가지고 타인을 포용하면서 희생심과 봉사정신을 키워야 한다.

6. 사화론(巳火論)

巳火는 기자(起字) 중에서 己의 원자(原字)인 巳만을 취하였다고 하며 이미 지나갔다는 뜻으로 만물이 무성해진 상태를 의미한다. 巳火는 화기(火氣)요, 양화(陽火)이며 왕화(旺火)이다. 또한 강화(剛火)요, 강렬지화(强烈之火)로서 육양지기(六陽之氣)이다.

계절로는 초하(初夏)요, 방향은 남방이고 오행은 火에 속하며 음에 해당하는 것

으로 초여름 더위가 땅속에서 뿜어져 나오는 지열과 같은 의미이다. 월로는 4월이
요, 입하절(立夏節)이다.

하루로는 오전 9시부터 11시 사이를 말하며 자기 일에 활발하게 열중하고 욕망
을 불태우는 시간이다. 색은 적색이며 청색이 약간 섞인 분홍색에 가까운 색이다.
동물로는 뱀이 되며 인체로는 심장계통, 치아, 좌우 다리와 오른손 · 발을 의미한다.
수리는 2이다.

뱀은 발이 없어도 행동이 민첩하고, 발가락이 없는 대신에 혀가 양분되어 있어
음에 속한다. 성정은 소리 없이 진행하는 뱀과 같다. 뱀은 수족이 없으면서 움직이
는 진행파요, 정신적인 발전을 추구하는 본질을 가지고 있으므로 학구적인 면도
있다. 만사에 호기심이 많아서 항상 변화가 많다. 그래서 직업, 환경, 심지어 배우자
까지도 바뀌는 경우가 있다. 또한 외적 성질에 한번 성질이 나면 좌우를 살피지
않는다. 그래서 인내심과 수양지기가 필요하다.

7. 오화론(午火論)

午火는 시자(矢字)에서 午만을 취하였다고 하며 '거스른다'라는 뜻으로, 양기(陽
氣)가 극(極)에 달하여 음기가 아래에서 올라와 양기를 거스른다는 뜻이다. 午火는
화기(火氣)요, 음화(陰火)이며 생화(生火)요, 등촉지기(燈燭之氣)로서 일음지기(一陰
之氣)이다.

계절로는 중하(仲夏)가 되며 방향은 정남이고 오행은 火에 속하고 양에 해당하는
것으로, 한여름 태양이 작열하는 폭염 속의 햇볕과 같다.

월로는 5월이요, 망종지월(芒種之月)이다. 하루로는 오전 11시부터 오후 1시까지
이며 일광(日光)이 최상에 있는 시간이다. 사(巳)는 광채에서 오는 밝음이지만 오
(午)는 광열로서 최고기를 말한다. 색은 적색이며 동물로는 말이며 인체로서는 심
장이며 수리는 7이다.

말은 겁이 많지만 항상 서서 잠을 자며 발굽이 하나로 양에 속한다. 성정과 관련
하여 고서에서 午火는 로대(爐擡)라고 하였는데 이는 봉화대(烽火臺)와 통한다. 그

래서 새로운 소식을 전하는 통신용으로 사용하게 되니 새로운 소식과 관련이 있는 정보통신과 신문방송에 인연이 있다.

새로운 것에 민감하고 포부가 대단하여 높이 솟아오르려는 기질이 있다. 또한 고집도 강하다. 매사에 변화가 많아 '풍운아'이면서 학구열이 높아 교육, 문화, 언어 등의 사업과 관련이 많다.

한편, 너무 화끈하고 솔직하여 남에게 이용을 잘 당할 수도 있으니 주위환경에 신중을 요한다.

8. 미토론(未土論)

未土는 미자(味字)에서 未만을 취하였고 만물이 이루어져 그 열매가 맛이 있다는 뜻이다.

未土는 토기(土氣)요, 음토(陰土)요, 왕토(旺土)이고 조토(燥土)로서 이음지기(二陰之氣)이다. 未土는 유월의 흙이며 辰土에서 넘어온 토기(土氣)이니 진월(辰月)부터 사오월(巳午月)을 지나오면서 수분을 다 사용하여 조토(燥土)가 된 土이다.

계절로는 4계에 속하며 방향은 중앙에 속하고 오행은 土에 해당하며 음(陰)에 속하는 것으로, 더위가 한풀 꺾여 늦은 여름이라 물이 부족한 메마른 흙과 같다.

월로는 6월이요, 염천지절(炎天之節)이며 처서절(處暑節)이다. 하루로는 오후 1시부터 3시까지이며 하루 중에 가장 기온이 높은 시간이다. 1년 중에 미신월(未申月)이 가장 덥고 축인월(丑寅月)이 가장 춥다.

색은 본래 황색이나 적색에 가까운 적황색이며 동물로는 양이며 인체로서는 비장이며, 수리로는 10이다.

양은 눈동자가 없지만 죽어도 눈을 감지 않으며 발굽이 두 쪽으로 양분되어 음에 속한다.

성정은 일반적으로 미각이 발달하였으며 대인관계가 원만하다. 未土에 乙木이 있어 인내심이 있고 화초를 가꾸는 정원과 같으니 교육자나 연구원이 적합하다. 또한 온순하면서도 고집이 강하여 이성교제에 인기가 있으나 쉽게 싫증을 느낀다.

9. 신금론(申金論)

申金는 신자(伸字)에서 申자만을 취하였고 펼쳐진다는 뜻으로 양의 기운이 꺾이고 음의 기운이 성하여진다는 의미이다.

申金은 금기(金氣)요, 백기(白氣)요, 양금(陽金)이요, 강금(剛金)이며 완금장철(頑金丈鐵)로서 삼음지기(三陰之氣)에 해당한다. 또한 완숙된 과실이나 쇠를 의미하며 만물이 팽창되어 있고 확산되어 있음을 정리하는 단계로서 질서를 유지시키려는 관공서 같은 역할을 한다.

계절로는 가을이요, 방향은 서방에 속하고 양에 해당한다. 오행은 金에 속하는 것으로 초가을 숲 속의 습한 기운이 약간 감돌 때 만져보는 철광석 같은 것이다.

월로는 7월이요, 낮에 불볕더위가 작열하고 밤에는 양풍(凉風)이 부는 계절로서 오곡이 영글어가는 달이기도 하며 입추절(立秋節)이다. 하루로는 오후 3시부터 5시까지를 말하며 하루의 일과를 정산하여 거두어들일 준비를 하는 시간이다.

색은 본래 백색이나 붉은색이 가미되어 있는 황색과 백색의 중간색이다. 동물로는 원숭이이며 인체로서는 신장을 보육하며 폐와 대장을 의미한다. 원숭이는 지라가 없지만 과일을 좋아하고, 발가락이 다섯 개이니 양에 속한다.

성정은 용기와 용단에 비유하기도 한다.

성품이 우직하고 단순하고 환경에 대한 적응력이 약하다. 또한 꿈과 이상이 뛰어나고 머리가 총명하다. 반면 언제나 양면성을 지니고 있으나 목적은 하나로 통일하려는 데 있다.

10. 유금론(酉金論)

유자(酉字)는 주자(酒字)에서 酉자만을 취하였고 술 단지를 형상화시킨 것으로 술을 담근다는 뜻이며, 申金은 청과(靑果)에 비유한다면, 酉金은 숙과(熟果)와 같다.

酉金은 금기(金氣)요, 백기(白氣)이며 음금(陰金)이요, 생금(生金)이며 사음지기(四陰之氣)로서 유금(柔金)이요, 연금(軟金)이요, 결실에 해당한다.

계절로는 가을이요, 방향은 서방에 속하고 음에 해당한다. 오행은 金에 해당하는 것으로 가을철 차갑고 습한 기운이 감돌 때의 귀금속과 같은 것이다.

월로는 8월이요, 청량지절(淸涼之節)이며 중추절(仲秋節)이고 백로절(白露節)이다. 하루로는 오후 5시부터 7시 사이를 말하며 모든 일을 마치고 가정으로 돌아와서 저녁밥을 먹는 시간이다.

색은 백색으로 청명하고 소박함을 나타낸다. 동물로는 닭이요, 인체로는 폐장이나 코를 의미한다. 닭은 콩팥이 없고, 절개가 없으며 발가락이 네 개이니 음에 속한다. 성정은 냉철하여 맺고 끊음이 분명하다. 타산적이면서 실리적이다. 그래서 냉정하고 까다롭다. 酉金은 추한 것을 싫어하여 청결하고 정직하다.

자신이 깨끗하기 때문에 남을 탐색하는 능력이 있어 예술적인 감각이 뛰어나다. 반면에 정의롭고 자만심이 강하여 남으로부터 소외되기 쉽고 고독하다.

11. 술토론(戌土論)

戌土는 융자(絨字)에서 戌자만을 취하였다고 하며 베로써 자루를 만들어 곡식을 담는다는 뜻도 있다.

戌土는 토기(土氣)요, 양토(陽土)이며 강토(剛土)요, 제방(堤防)이며 산(山)이다. 오음지기(五陰之氣)에 해당한다. 양기가 무덤에 들어가니 만물의 생장이 쇠멸하는 때이다.

戌土는 계절로는 4계이며 방향은 중앙에 속하고 양에 해당한다. 오행은 土에 속하는 것으로 늦가을 만물을 수확하여 저장할 때인 가을철의 흙과 같으며 모닥불, 화롯불로 비유하기도 한다. 월로는 9월이요, 낙엽지절(落葉之節)이요, 한로시생(寒露始生)이다. 하루로는 오후 7시부터 9시 사이를 말하며 조용하게 하루 일과를 반성하는 시간이다.

색은 본래 황색이나 백색과 흑색의 중간이 되는 회색에 가깝다. 동물로는 개이며 인체에서는 식도, 기관지 등을 의미하며 수리로는 5이다.

성정으로 戌土는 화기(火氣)를 수장하고 수기(水氣)를 생(生)하는 곳이니 반성과 수양을 동시에 하는 곳이며 교도소, 교회, 학교, 고산이나 사찰로서 과거의 잘못을 뉘우치고 참회하며 새로운 정신개조를 할 수 있는 도량(道場)이나, 직업으로는 종교, 철학, 역사와 인연이 깊다. 개는 밥통이 없으나 더러운 것도 잘 소화시키고, 발가락이 다섯 개이니 양에 속한다.

戌土는 이렇게 바른 지혜를 일깨우는 곳으로서 만법의 진리를 터득하는 곳이기에 성불도량(成佛道場)이라고도 한다. 그래서 戌土를 가진 사람에게는 강제성을 띠고 성질을 건드리면 크게 노하기도 잘한다. 한편 수비의 본성으로 자신을 잘 감추고 정보능력도 강하고 풍류에도 소질이 있다.

12. 해수론(亥水論)

亥水는 핵자(核字)에서 亥자만을 취하였으며 뿌리 속에 보관되어 있는 것을 의미한다. 亥水는 수기(水氣)요, 양수(陽水)이며 해수(海水)요, 호수(湖水)이며 정지수(停止水)요, 강수(剛水)요, 육음지수(六陰之水)로서 음(陰)의 극(極)에 해당한다.

계절로 보면 겨울이요, 방향은 북방에 속하고 음에 해당한다. 오행은 水에 해당하는 것으로 언 땅에 고인 작은 물이며 생물의 배아(胚芽)를 돕는 작은 분량의 물이다. 월로는 10월이요, 분설시강(粉雪始降)하니 입동절(立冬節)이라고도 한다. 하루로는 밤 9시부터 11시 사이를 말하며, 고요하고 안정하며 잠드는 시간이며, 만물의 정과 핵이 내포하고 암장되어 있는 상태를 말한다. 색은 흑색이며 동물로는 돼지이며, 인체로는 생식기, 자궁, 방광, 뇌 등을 의미한다.

돼지는 근육이 없으며 발굽이 양분되어 있어 음에 속한다. 성정은 지혜가 뛰어나고 인정이 많다. 고서에서 음, 화(和) 등의 의미가 있으나 매우 순진하고 전문성을 요하는 학문과 예술적 감각이 발달하였다. 또한 창의력, 혁신 등 남이 하지 못하는 특이한 소질이 있다.

亥水는 천문성이 있어서 종교, 철학, 명상 등 정신세계와 인연이 있어 신앙심이 독실하고 예지력이 발달하고 식복을 많이 타고났다.

제 4 장

사주명리四柱命理 작성법

제1절 년주年柱 세우는 법

년주(年柱)	생년(生年)의 천간(天干)과 지지(地支)
월주(月柱)	생월(生月)의 천간(天干)과 지지(地支)
일주(日柱)	생일(生日)의 천간(天干)과 지지(地支)
시주(時柱)	생시(生時)의 천간(天干)과 지지(地支)

명리학은 사람의 태어난 생년, 생월, 생일, 생시를 천간과 지지로 표출하여 운명의 길흉화복을 예측하는 것이다.

사람의 운명을 감정하기 위해서는 우선적으로 만세력이 필요하며 생년간지(生年干支)를 년주(年柱), 생월간지(生月干支)를 월주(月柱), 생일간지(生日干支)를 일주(日柱)라고 하여 사주(四柱)를 세워야 한다.

먼저 년주(年柱)를 세우는 방법은 출생한 년도를 그대로 기록하면 되는 것이다.

달력으로는 12월이나 1월이라 하여도 명리학으로는 반드시 입춘절(立春節)을 기준으로 하여 정하는 것이므로, 1월이라 하더라도 입춘절이 들기 전 시간까지는 전년도 태세(太歲)로 정하는 것이며, 또 12월이라 하더라도 입춘절이 이미 지났으면 신년도 태세(太歲)로 정하는 것이다. 입춘절은 양력으로 매년 2월 4일이나 5일에 해당한다.

(1) 만약 당해 연도 정월 입춘 후에 출생한 사람은 자연적으로 당해 연도의 간지(干支)를 쓴다. 예를 들면 음력 2011년 1월 3일에 출생하였다면 절기로는 입춘이 지났기 때문에 년주(年柱)는 辛卯가 되는 것이다. 2011년도 입춘은 음력 1월 2일 13시 41분이므로 당연히 입춘 후에 태어났다.

(2) 만약 당해 연도 정월 입춘 전에 출생한 사람이라면 전년도의 간지를 쓴다. 예를 들면 음력 2011년 1월 1일에 출생하였다면, 입춘이 1월 2일이므로 당연히 입춘 전에 태어나 전년도 간지(干支)인 庚寅이 되는 것이다.

(3) 만약 당해 연도 음력 12월에 입춘 전에 출생한 사람은 해당 연도의 간지(干支)를 쓴다. 예를 들면 음력 2009년 12월 22일에 출생하였다면 입춘이 음력 2009년 12월 21일이므로 2010년 간지인 庚寅을 쓴다.

(4) 만약 당해 연도 12월 입춘 후에 출생한 사람이라면 신년도 간지를 쓴다. 예를 들면 음력 2009년 12월 25일에 출생하였다면 입춘이 2009년 12월 21일이므로 입춘이 지났기 때문에 다가오는 신년도의 간지인 庚寅를 쓴다.

제2절 월주月柱 세우는 법

갑기지년(甲己之年)	병인두(丙寅頭)
을경지년(乙庚之年)	무인두(戊寅頭)
병신지년(丙辛之年)	경인두(庚寅頭)
정임지년(丁壬之年)	임인두(壬寅頭)
무계지년(戊癸之年)	갑인두(甲寅頭)

(1) 갑기지년 병인두(甲己之年 丙寅頭)라고 하는 것은 갑년(甲年)이나 기년(己年)

에 출생한 사람은 1월을 丙寅으로 시작하여 2월은 丁卯, 3월은 戊辰, 4월은 己巳, 5월은 庚午, 6월은 辛未, 7월은 壬申, 8월은 癸酉, 9월은 甲戌, 10월은 乙亥, 11월은 丙子, 12월은 丁丑으로 순행(循行)한다.

(2) 을경지년 무인두(乙庚之年 戊寅頭)는 을년(乙年)이나 경년(庚年)에 출생한 사람은, 1월을 戊寅으로 시작하여 2월은 乙卯, 3월은 庚辰, 4월은 辛巳, 5월은 壬午 순으로 순행한다.

(3) 병신지년 경인두(丙辛之年 庚寅頭)는 병년(丙年)이나 신년(辛年)에 출생한 사람은, 1월을 庚寅으로 시작하여 2월은 辛卯, 3월은 壬辰, 4월은 癸巳, 5월은 甲午의 순으로 순행한다.

(4) 정임지년 임인두(丁壬之年 壬寅頭)는 정년(丁年)이나 임년(壬年)에 출생한 사람은, 1월을 壬寅으로 시작하여 2월은 癸卯, 3월은 甲辰, 4월은 乙巳, 5월은 丙午 순으로 순행한다.

(5) 무계지년 갑인두(戊癸之年 甲寅頭)는 戊年이나 계년(癸年)에 출생한 사람은, 1월을 甲寅으로 시작하여 2월을 乙卯, 3월은 丙辰, 4월은 丁巳, 5월은 戊午 순으로 순행한다는 것이다.

1. 월건(月建) 조견표

출생월을 정하는 데 있어서도 생월(生月)의 간지는 만세력에 있는 각 월의 월건(月建)에 의한다.

특히 주의할 문제는 년주(年柱)의 간지를 정할 때도 입춘을 기준으로 하듯이, 월주(月柱)의 간지를 정할 때도 절입(節入)의 시기를 표준으로 해야 한다.

가령 음력으로 2009년 12월 22일 출생하였다 하여도 입춘을 넘어서 출생하였기 때문에, 생월(生月)의 간지는 12월의 월건(月建)이 丁丑인데, 丁丑을 쓰지 않고 다음 해인 1월 월건(月建)인 戊寅을 쓰게 되며, 2월은 己卯, 3월은 庚辰, 4월은 辛巳월로 쓰게 되는 것이다. 그러므로 월지(月支)는 어느 해가 되어도 변함이 없다.

<표 4-1> 월건(月建) 조견표

月別 \ 節氣 \ 生年		甲己年	乙庚年	丙辛年	丁壬年	戊癸年
1월(寅)	입춘 (立春)	丙寅	戊寅	庚寅	壬寅	甲寅
2월(卯)	경칩 (驚蟄)	丁卯	己卯	辛卯	癸卯	乙卯
3월(辰)	청명 (淸明)	戊辰	庚辰	壬辰	甲辰	丙辰
4월(巳)	입하 (立夏)	己巳	辛巳	癸巳	乙巳	丁巳
5월(午)	망종 (芒種)	庚午	壬午	甲午	丙午	戊午
6월(未)	소서 (小暑)	辛未	癸未	乙未	丁未	己未
7월(申)	입추 (立秋)	壬申	甲申	丙申	戊申	庚申
8월(酉)	백로 (白鷺)	癸酉	乙酉	丁酉	己酉	辛酉
9월(戌)	한로 (寒露)	甲戌	丙戌	戊戌	庚戌	壬戌
10월(亥)	입동 (立冬)	乙亥	丁亥	己亥	辛亥	癸亥
11월(子)	대설 (大雪)	丙子	戊子	庚子	壬子	甲子
12월(丑)	소한 (小寒)	丁丑	己丑	辛丑	癸丑	乙丑

상기 도표에서 매월절입(每月節入) 시기는,

1월은 입춘(立春)부터 경칩(驚蟄)까지가 1월이고,

2월은 경칩(驚蟄)부터 청명(淸明)까지가 2월이다.

3월은 청명(淸明)부터 입하(立夏)까지가 3월이고,

4월은 입하(立夏)부터 망종(芒種)까지가 4월이다.

5월은 망종(芒種)부터 소서(小暑)까지가 5월이고,

6월은 소서(小暑)부터 입추(立秋)까지가 6월이다.

7월은 입추(立秋)부터 백로(白露)까지가 7월이고,

8월은 백로(白露)부터 한로(寒露)까지가 8월이다.

9월은 한로(寒露)부터 입동(立冬)까지가 9월이고,

10월은 입동(立冬)부터 대설(大雪)까지가 10월이다.

11월은 대설(大雪)부터 소한(小寒)까지가 11월이고,

12월은 소한(小寒)부터 입춘(立春)까지가 12월이다.

어느 해가 다가와도 항상 월지(月支)는 변함없이 1월은 寅이요, 2월은 卯요, 3월은 辰이요, 4월은 巳요, 5월은 午요, 6월은 未요, 7월은 申이요, 8월은 酉요, 9월은 戌이요, 10월은 亥요, 11월은 子요, 12월은 丑이다. 그러므로 1월은 寅부터 시작하여 寅월, 2월은 卯월, 3월은 辰월, 4월은 巳월, 5월은 午월, 6월은 未월, 7월은 申월, 8월은 酉월, 9월은 戌월, 10월은 亥월, 11월은 子월, 12월은 丑월이다.

다음 월간(月干)을 알아야 하는데 월간을 알려면 이것 역시 일정한 방법에 의하여 정해진다. 예를 들면 甲己는 천간합(天干合)이라고 하며 甲과 己가 합하여 土로 변한다. 이 변한 土를 상생하는 양 천간(天干)이 1월 월건(月建)의 천간(天干)이 된다.

갑기합토(甲己合土)는 土를 생(生)하는 丙寅이요, 을경합금(乙庚合金)은 金을 생(生)하는 戊寅이요, 병신합수(丙辛合水)는 水를 생(生)하는 庚寅이요, 정임합목(丁壬合木)은 木을 생(生)하는 壬寅이요, 무계합화(戊癸合火)는 火를 생(生)하는 甲寅이다.

예를 들면 甲과 己가 년간(年干)인 해는 土를 생(生)하는 것이 火이므로, 양간土이므로 양간토(陽干土)인 戊가 된다. 丙과 辛의 년간(年干)인 해는 水를 생(生)하는 것이 金이므로 양간금(陽干金)인 庚이 된다. 丁과 壬의 년간(年干)인 해는 木을 생(生)하는 것이 水이므로 양간수(陽干水)인 壬이 된다. 戊와 癸의 년간(年干)인 해는 火를 생(生)하는 것이 木이므로 양간목(陽干木)인 甲이 되는 것이다.

제3절 일주日柱 세우는 법

출생일을 정하는 법은 만세력을 보면 간단하게 알 수가 있다. 다시 설명하자면 그 사람이 출생한 날 일진(日辰)이 그 사람 사주의 일주(日柱)가 되는 것이다.

예를 들면 음력 2011년 5월 22일 생(生)의 일진을 알려면 2011년 태세(太歲)가 辛卯이고, 5월의 월건(月建)은 甲午이고, 5월 22일 일진은 己酉가 되는 것이며, 23일은 庚戌이고, 24일은 辛亥이고, 25일은 壬子가 되는 것이다.

제4절 시주時柱 세우는 법

1. 시간자두법(時干子頭法)

갑기지일생(甲己之日生)	갑자시(甲子時)
을경지일생(乙庚之日生)	병자시(丙子時)
병신지일생(丙辛之日生)	무자시(戊子時)
정임지일생(丁壬之日生)	경자시(庚子時)
무계지일생(戊癸之日生)	임자시(壬子時)

갑기지일생 갑자시(甲己之日生 甲子時)라고 하는 것은, 갑일이나 기일(己日)에 출생한 사람은 자시(子時)를 갑자시(甲子時)로 시작하여, 축시(丑時)를 을축시(乙丑時), 인시(寅時)를 병인시(丙寅時), 묘시(卯時)를 정묘시(丁卯時) 순으로 순행한다.

을경지일생 병자시(乙庚之日生 丙子時)라고 하는 것은, 을일(乙日)이나 경일(庚日)에 출생한 사람은 자시(子時)를 병자시(丙子時)로 시작하여, 축시(丑時)를 정축시(丁丑時), 인시(寅時)를 무인시(戊寅時), 묘시(卯時)를 기묘시(己卯時) 순으로 순행한다.

병신지일생 무자시(丙辛之日生 戊子時)라고 하는 것은, 병일(丙日)이나 신일(辛日)에 출생한 사람은 자시(子時)를 무자시(戊子時)로 시작하여, 축시(丑時)를 기축시(己

丑時), 인시(寅時)를 경인시(庚寅時), 묘시(卯時)를 신묘시(辛卯時) 순으로 순행한다.

정임지일생(丁壬之日生) 경자시(庚子時)라고 하는 것은, 정일(丁日)이나 임일(壬日)에 출생한 사람은 자시(子時)를 경자(庚子時)로 시작하여, 축시를 신축시(辛丑時), 인시(寅時)를 임인시(壬寅時), 묘시(卯時)를 계축시(癸丑時) 순으로 순행(循行)한다.

무계지일생(戊癸之日生) 임자시(壬子時)라고 하는 것은, 무일(戊日)이나 계일(癸日)에 출생한 사람은 자시(子時)를 임자시(壬子時)로 시작하여, 축시(丑時)를 계축시(癸丑時), 인시(寅時)를 갑인시(甲寅時), 묘시(卯時)를 을묘시(乙卯時) 순으로 순행하여 시주(時柱)를 정하는 것이다.

그러면 시주(時柱)가 어떻게 작성되는가?

시주(時柱)의 천간은 일주(日柱)의 천간과 합이 된 오행을 극(剋)하는 것이 시두(時頭)가 되어 자시(子時)부터 시작된다.

만약 일주(日柱)의 천간이 甲이면 甲木과 己土가 합을 이루어 土가 되는데, 이 土를 극(剋)하는 것이 木이니, 갑일주(甲日主)와 기일주(己日主)는 갑자시(甲子時)부터 시작하게 되는 것이다.

시주(時柱)는 태어난 시각을 말하며 시(時)의 시작은 자시(子時)부터 시작하여 子, 丑, 寅, 卯, 辰, 巳, 午, 未, 申, 酉, 戌, 亥의 순으로 1시각은 2시간씩으로 나누어져 있다.

시주(時柱)를 세우는 법은 일주(日柱)에 의해서 정해지는 것이며 하루의 24시간을 12지로 바꾸어 사용하게 된다. 그리고 일일(一日)도 밤 12시를 기준으로 하는 것이 아니고, 자시(子時)를 기준하게 되는데, 자시(子時)는 밤 11시부터 새벽 1시까지 지배하고 있으므로, 금일 밤 11시 이전에 출생하였다면 금일의 일진(日辰)으로 쓰고, 밤 11시 이후에 출생하였다면 명일의 일진을 사용하게 된다.

시주(時柱)를 세우는 데는 서로 다른 학설이 있다.

즉, 밤 11시 30분에 출생하였다면 이미 명일의 자시(子時)가 지배하고 있기 때문에, 명일 일진(日辰)으로 사용하여야 한다는 주장과, 야자시법(夜子時法)에 의하여 시주(時柱)를 세워야 한다는 주장이 있다.

야자시법(夜子時法)이란, 0시인 12시를 기준하여 11시에서 12시 사이에 출생한 사람은 일진(日辰)을 바꾸지 않고 금일 일진(日辰)을 그대로 사용하고 시(時)만을 명일 시(時)로 사용하여야 한다는 학설이다.

2. 시간지(時干支) 조견표

다음표를 보는 방법은 예를 들어 갑자일(甲子日) 오전 7시 30분에 출생하였다면 이 표에서 오전 7시에서 9시 사이에 해당되는 출생 시간이므로 진시(辰時)가 되는데, 갑기일(甲己日)과 진시(辰時)를 대조하여 보면 무진시(戊辰時)라는 것을 알 수 있다. 그래서 갑자일(甲子日)에 진시(辰時)는 무진시(戊辰時)로 결정되는 것이다.

〈표 4-2〉 시간지(時干支) 조견표

時間 / 日干 / 生時		甲己日	乙庚日	丙辛日	丁壬日	戊癸日
0시~새벽 1시	子 時	甲子	丙子	戊子	庚子	壬子
새벽 1시~3시	丑 時	乙丑	丁丑	己丑	辛丑	癸丑
새벽 3시~5시	寅 時	丙寅	戊寅	庚寅	壬寅	甲寅
새벽 5시~7시	卯 時	丁卯	己卯	辛卯	癸卯	乙卯
오전 7시~9시	辰 時	戊辰	庚辰	壬辰	甲辰	丙辰
오전 9시~11시	巳 時	己巳	辛巳	癸巳	乙巳	丁巳
오전 11시~13시	午 時	庚午	壬午	甲午	丙午	戊午
오후 1시~3시	未 時	辛未	癸未	乙未	丁未	己未
오후 3시~5시	申 時	壬申	甲申	丙申	戊申	庚申
오후 5시~7시	酉 時	癸酉	乙酉	丁酉	己酉	辛酉
오후 7시~9시	戌 時	甲戌	丙戌	戊戌	庚戌	壬戌
밤 9시~11시	亥 時	乙亥	丁亥	己亥	辛亥	癸亥
밤 11시~0시	夜子時	丙子	戊子	庚子	壬子	甲子

만약 갑자일(甲子日) 밤 11시 30분에 출생하였다면, 밤 11시부터 0시에 해당되어 야자시(夜子時)를 적용해야 하므로, 일진(日辰)은 그대로 사용하고 시만을 다음 날에 해당되는 을경일(乙庚日)을 적용해야 한다. 따라서 갑자일(甲子日)에 야자시(夜子時)는 병자시(丙子時)가 되는 것이다.

3. 야자시(夜子時)와 정자시(正子時)

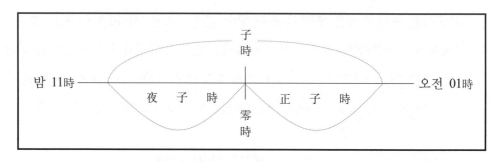

야자시(夜子時)라 함은 밤 11시에서 밤 12시 사이의 시간을 말하는데, 정자시(正子時)와 구별하는 것이다. 그러면 야자시와 정자시는 어떻게 구분하는가?

보편적으로 자시(子時)라고 하면 그날 밤 12시에서 이튿날 오전 1시까지 사이를 말하는데, 야자시(夜子時)는 밤 11시에서 그날 밤 12시(子正) 사이까지를 말하는 것이다. 또한 정자시(正子時)는 밤 12시에서 새벽 1시까지를 말한다. 그러므로 정자시(正子時)를 명자시(明子時), 조자시(朝子時)라고 부르기도 한다.

제5절 대운大運 정하는 법

태어난 사주의 네 기둥이 선천적 운명이라면, 대운(大運)이란 후천적 운명이라고 말할 수 있다. 대운은 5년 내지 10년 단위로 사주와 조화를 이루면서 변해 가는 것이며 이 변화로 인하여 길흉화복이 일어나는 것이다.

예를 들어 사주원국(四柱原局)을 선박에 비유한다면 대운은 배만 갈 수 있는 항로와 같은 것이라고 할 수 있다. 선박도 좋고 파도도 없이 바다가 조용하다면 항해하기가 좋은 것처럼 일생 동안 순탄하고 행복하게 살아갈 수 있지만, 선박도 나쁘고 바다의 기상조건도 나빠서 험한 파도가 일어나면, 항해하는 동안 위험한 고비를 넘기면서 수많은 난관을 극복해야 하는 것과 같이, 인생도 사주원국(四柱原局)이나 대운이 나쁘면 일생 동안 대체로 고생을 많이 하게 된다.

태어난 사주원국(四柱原局)의 간지는 그 사람의 운명이 어떠한 것인가를 예측하는 기준이 되는 것이며, 사주원국(四柱原局)에 의하여 예정된 운명이 어느 시기에 닥쳐올 것인가는 대운에 의하여 알 수 있는 것이다.

대운을 정하는 것은 먼저 태어난 년간(年干)을 보고 순행하느냐, 아니면 역행하느냐를 판단해야 한다. 즉 양남음녀(陽男陰女)이면 월주(月柱)를 중심으로 순행하고, 음남양녀(陰男陽女)이면 월주(月柱)를 중심으로 역행을 한다. 여기에서 양년(陽年)에 태어난 사람의 천간은 甲丙戊庚壬의 경우이고, 음년(陰年)에 태어난 사람의 천간은 乙丁己辛癸인 경우이다.

즉, 甲子년 丙寅 월생 남자의 대운은 丁卯, 戊辰, 己巳의 순으로 순행하고, 乙丑년 戊寅 월생 남자의 대운은 丁丑, 丙子, 乙亥, 甲戌의 순으로 역행한다. 또 乙丑년 戊寅 월생 여자의 대운은 己卯, 庚辰, 辛巳, 壬午의 순으로 순행하고, 甲子년 丙寅 월생 여자의 대운은 乙丑, 甲子, 癸亥, 壬戌의 순으로 역행한다.

이상 순행 또는 역행하여 10년마다 변하는데 몇 살 때마다 변하는가는 행운세수(行運歲數)에 의하여 변한다. 그러나 대운수(大運數)는 만세력을 참고하면 시간을 절약할 수 있다.

제6절 대운수大運數 정하는 법

대운은 10년 만에 한 번씩 진행한다. 하나의 운이라 함은 천간지지(天干地支)를 합한 두 자의 운이 흐르는 동안을 말하며 이것이 다시 간(干)과 지(支)의 두 자로 분류할 경우 한 자(字)에 5년으로 보는 수도 있다.

그러면 대운의 수는 어떻게 정하는가?

양년(陽年)생 남자와 음년(陰年)생 여자의 대운은 순운(順運)으로서, 그 생일부터 다음 오는 절입(節入) 날짜까지의 일수를 3으로 나누고, 나눈 수가 대운(大運)수가 된다. 이때 3으로 나누어서 나머지가 2이면 올리고 1이면 버린다.

예를 들면 2일 출생하였다 하면 절기는 15일에 들어 있으므로, 2일부터 15일까지 계산하면 13일이 되는데 13을 가지고 3으로 나누면 4 나머지 1이 되어 대운수(大運數)가 4가 된다.

음년(陰年)생 남자와 양년(陽年)생 여자의 대운은 역운(逆運)으로서, 그 생일부터 그 전의 지나온 절입(節入) 날짜까지의 일수(日數)를 3으로 나누고, 나눈 수가 대운수가 된다.

예를 들면 15일 날에 출생하고 지나온 절입(節入)이 5일 날에 들었다고 하면, 5일부터 15일까지 계산하면 10일이 되는데, 10일을 가지고 3으로 나누면 3, 나머지 1이 되어 3이 대운수(大運數)가 되는 것이다.

이 일수의 계산에서 정확하게 생일 및 절입(節入)의 시간까지 따져야 할 것이나, 보통 시간은 계산에 넣지 않고 생일을 가산하면 절입(節入) 일(日)을 빼고, 생일을 빼면 절입(節入) 일을 가산한다.

제7절 소운小運 정하는 법

운로법(運路法) 가운데는 대운(大運)이 물론 중심이 되지만 소운(小運)을 참고하는 수도 있다. 그러나 이 소운법(小運法)은 대개 대운(大運)이 들기 전인 초년에만 참고로 볼 뿐 실용하지는 않는다. 대운(大運)은 월건(月建)으로부터 시작되지만, 소운(小運)은 시상(時上)으로부터 순행 또는 역행한다. 역시 대운(大運)에서와 같이 양남음녀(陽男陰女)는 순행한다.

운(運)은 지지(地支)를 중요하게 보아야 한다. 남방운(南方運)이니 북방운(北方運)이니 하는 것은 계절을 보기 때문이다. 예를 들어, 남방운상(南方運上)에 水가 있다 하여도 약한 水로 볼 것이며 북방운(北方運)에 火가 있어도 추운 겨울철에 火가 있는 것이니 자연히 약할 수밖에 없다. 그러나 개두론(蓋頭論)과 절각론(截脚論)도 있으니, 천간과 지지를 함께 살피고 년운을 참고하여 길흉판단을 하는 것이 정론이다.

제8절 대운大運의 작용력

행운은 10년을 주기로 하는 대운(大運)과 1년을 기준으로 하는 년운(年運) 또는 세운(歲運), 매월마다 일어나는 월운(月運)과 매일 일어나는 일운(日運) 또는 일진(日辰), 시간마다 일어나는 시운(時運)을 통합하여 말한다.

그 중에서 대운(大運)이 가장 작용력이 크고 그 다음은 년운(年運), 월운(月運), 일운(日運), 시운(時運)의 차례대로 작용력이 작아진다. 그러므로 사주원명(四柱原命)은 불변의 정태적(靜態的) 개념이라면 대운(大運)은 10년 단위의 동태적 개념이라고 말할 수 있다.

대운(大運)의 구성은 월주(月柱)를 기준하여 10년마다 바뀌면서 전개되는데 월지(月支)는 계절을 의미하고 있으므로 대운(大運)은 사계절의 변화와 연관시켜 적용하면 이해가 쉽다.

예를 들면 계절의 변화에서 봄이 가면 여름이 오고 여름이 가면 가을, 가을이 가면 겨울, 겨울이 가면 다시 봄이 오듯 대운(大運)도 이와 같이 변화가 오는 것이다. 사람도 좋아하는 계절이 다르고 건강 상태도 계절마다 다르게 나타나듯 행운도 사람마다 다르게 나타나는 것이다.

그래서 대운을 볼 때에는 지지에 가장 큰 비중을 두고 그 다음은 천간, 그 다음은 천간과 지지 간의 상생상극 관계, 그 다음에 원명(原命)과의 합충형(合冲刑) 관계 등을 종합적으로 살펴야 한다.

다시 말해서 대운의 간지가 상생하느냐, 또는 상극하느냐, 즉 개두(蓋頭)가 되느냐, 절각(截脚)이 되느냐를 판단하여 세력이 얼마만큼의 영향력을 미치는가를 판단해야 한다.

대운(大運)의 천간(天干)이 길성(吉星)인데 지지(地支)에서 생조(生助)하면 길성(吉星)이 더욱 강해지고, 천간(天干)이 길하여도 지지(地支)에서 상극하면 길성(吉星)이 감소된다.

또 천간(天干)이 흉성(凶星)인데 지지(地支)에서 생조(生助)하여 주면 흉(凶)작용이 더욱 강해지고, 천간(天干)이 흉하여도 지지(地支)에서 상극하면 흉(凶)작용이 감소된다. 그러므로 천간(天干)을 판단할 때는 지지(地支)의 작용력을 살피고 마찬가지로 지지(地支)를 판단할 때는 천간(天干)의 작용력을 살펴야 한다.

고서(古書)에서 사주불여대운(四柱不如大運)이라고 하였듯이, 태어날 때 사주가 약하다 하더라도 대운이 좋으면 더욱 발복(發福)하는 것과 같이, 비록 자동차의 차체가 성능이 약하더라도 운로(運路)가 고속도로라면 목적지 도착은 강한 차체를 가지고, 험악한 고개와 자갈길로 달리는 것보다 훨씬 더 먼저 안전하게 도착하게 되는 것과 같은 이치다.

특히 대운을 볼 때에는 사계절에 해당되는 辰戌丑未 대운을 잘 살펴야 한다. 이 때는 계절이 바뀌는 환절기와 같아서 인생의 대변화를 가져오게 되는 경우가 많다.

예를 들면 직업 변동이나 생사이별, 관재송사, 질병 등 대부분의 재앙이 생긴다. 그러나 길운이라면 직장인은 승진 또는 영전하고, 사업인은 창업 및 사업 확장 등 재산이 증대되고, 일반인은 건강과 가정이 화목하게 되는 행운이 따른다.

대운을 판단하는 데 몇 가지 원칙적인 면이 있는데 참고하여 활용하면 추론하는 데 도움이 된다.

1. 개두법(蓋頭法)

개두(蓋頭)라고 하는 것은 대운의 천간(天干)이 지지(地支)를 극(剋)하는 것을 말한다. 만약 대운의 지지가 길신운(吉神運)이 되더라도 지지운(地支運)이 50% 이상으로 감소된다.

예를 들면 庚寅, 辛卯, 壬午, 癸巳, 丙申, 丁酉 등의 간지(干支)가 해당이 되는데, 庚寅에서 庚은 金, 寅은 木이다. 그러므로 천간금(天干金)이 지지인(地支寅)을 극(剋)하여 木의 기운이 감소되어 길신운(吉神運)이 된다 하더라도, 완전한 길신운(吉神運)이 되지 못한다. 반면에 목운(木運)이 기신(忌神)이라면 개두(蓋頭)가 되어 기신(忌神)의 기운이 감소되어 흉(凶)이 반감되는 것이다.

2. 절각법(截脚法)

절각(截脚)이라고 하는 것은 대운의 지지가 천간을 극(剋)하는 것을 말한다. 만약 대운의 천간이 길신운(吉神運)이라도 완전한 길(吉)이 되지 못하고 기신운(忌神運)이라도 완전한 흉(凶)이 되지 못한다.

예를 들면 甲申, 乙酉, 丙子, 丁亥, 戊寅, 己卯, 庚午 등의 간지(干支)가 해당이 되는데, 甲申에서 申金이 甲木을 극(剋)하여 甲木의 기운이 감소되는 것이다. 개두(蓋頭)나 절각(截脚)이 되면 극(剋)하는 쪽도 영향을 받지만 극(剋)을 받는 쪽이 더 영향을 받는다.

예를 들면 극(剋)을 하는 쪽은 30% 정도 힘이 감소되고, 극(剋)을 받는 쪽은 70% 정도 힘이 감소된다고 보면 된다. 이와 같은 현상을 개두절각법(蓋頭截脚法)이라고 한다.

3. 상하정협법(上下情協法)

대운의 천간이 지지를 생조(生助)하든지 지지가 천간을 생조(生助)하는 경우를 상하정협법(上下情協法)이라고 한다.

예를 들면 甲午, 丙戌, 戊申, 庚子, 壬寅 등은 천간이 지지를 생조(生助)해 주는 경우이고, 乙亥, 丁卯, 己巳, 庚辰, 癸酉 등은 지지가 천간을 생조해 주는 경우이다.

甲午 대운에서 甲木은 午火를 위에서 밑으로 생조(生助)해 준다. 그러므로 午火

의 기운은 더욱 증대된다. 그러므로 남방 화운(火運)이 길신운(吉神運)이 되는 경우에 갑오(甲午) 대운(大運)이 되면 예상을 초월하는 길작용(吉作用)이 나타나게 된다. 반면에 남방 화운(火運)이 기신운(忌神運)인 경우에 갑오(甲午) 대운(大運)이 오면 사사건건 엄청난 시련과 고통이 오게 된다.

乙亥 대운(大運)에서는 亥水가 乙木을 밑에서 위로 생조(生助)해준다. 그러므로 乙木은 기운이 더욱 강해져서 길작용(吉作用)이 더 크게 나타나고, 기신운(忌神運)이 되면 흉작용(凶作用)이 더 크게 나타난다.

4. 제합제살법(諸合諸殺法)

사주원국(四柱原局)의 간지(干支)와 대운(大運)의 간지(干支)와의 관계에서 합(合)이 되면 합(合)의 작용, 충(冲)이 되면 충(冲)의 작용, 형(刑)이 되면 형(刑)의 작용, 파(破)가 되면 파(破)의 작용, 해(害)가 되면 해(害)의 작용이 일어난다.

간지와 대운의 관계에서 천간은 천간끼리, 지지는 지지끼리의 합(合), 충(冲), 형(刑)에 의한 주위환경의 변화를 살펴야 한다. 예를 들면 합거(合去)냐, 합화(合化)냐, 충발(冲發)이냐, 충발(冲拔)이냐, 천충지충(天冲地冲)이냐, 천동지동(天同地同)이냐, 천합지합(天合地合)이냐 등을 종합적으로 살펴서 판단해야 한다.

5. 조후법(調候法)

대운은 월주(月柱)를 기준하여 10년 단위로 전개되었지만 지지(地支)를 살펴보면 계절별로 일정하게 나열되어 있다. 일반적으로 사주원국(四柱原局)에서 木火가 대부분이면 난조(暖燥)하다고 하고, 반대로 金水가 대부분이면 한랭(寒冷)하다고 한다. 이와 같이 어느 한 쪽으로 조후(調候)가 치우쳐 있는데, 대운(大運)에서 치우친 운(運)이 오면 흉운(凶運)이 온다.

예를 들면 사주원국(四柱原局)에 金水가 태왕(太旺)하게 구성되어 있는데, 대운(大運)이 申酉戌 서방(西方) 금운(金運)이나 亥子丑 북방(北方) 水運이 오면 더욱 한랭(寒冷)해져서 발복(發福)하지 못한다. 그러나 寅卯辰 동방 목운(木運)이나 巳午 남방(南方) 화운(火運)이 오면 조화가 되어 대발(大發)하게 되는 것이다.

6. 접목대운법(椄木大運法)

접목(椄木)이란, 각종 식물의 품질 개량이나 대량 번식을 위해 접(椄)을 붙이는 것을 말한다. 마찬가지로 대운에서도 목운(木運), 화운(火運), 금운(金運), 수운(水運)이 있는데, 목운(木運)인 寅卯辰이 끝나고 화운(火運)이 시작되는 巳午未 사이의 운(運)을 접목운(椄木運)이라고 한다. 계절로 보면 봄이 가면서 여름, 여름이 가면서 가을, 가을이 가면서 겨울, 겨울이 가면서 다시 봄이 오는 시기를 환절기라고 한다.

환절기에는 각종 질병이 발생하여 건강에 이상이 생기거나 심리적 변화 현상이 일어나는 것처럼 대운에서도 이러한 현상이 나타나는데, 이것을 접목대운(椄木大運)이라고 한다.

대운에서 접목대운(接木大運)에 해당되는 대운은 辰戌丑未가 되며, 이 시기에는 파란곡절(波瀾曲折)이 많이 일어나며 인생의 대변화가 일어나게 되기 때문에 자세히 살펴야 한다.

제9절 사주의 용어 활용법

〈표 4-3〉에서 보는 바와 같이 사주의 위치별로 용어와 활용법이 다르다. 가장 공통적이고 객관적으로 정리를 하였지만 보충 설명을 하고자 한다. 천간(天干)은 년두(年頭), 간두(干頭), 간상(干上), 천원(天元)이라고도 하며, 지지(地支)는 지원(地元)이라고도 한다.

년주(年柱)의 천간(天干)을 년간(年干), 년상(年上), 세간(歲干), 년두(年頭), 세군(歲君)이라고 하며, 년주(年柱)의 지지(地支)를 년지(年地), 년하(年下), 세지(歲支), 세군(歲君)이라고 한다.

<표 4-3> 사주(四柱)의 용어 활용법

구분(區分)	시주(時柱)	일주(日柱)	월주(月柱)	년주(年柱)
양(陽) 남(男) 천간(天干)	시간(時干) 시상(時上)	일간(日干) 기신(己身)	월간(月干) 월상(月上)	년간(年干) 년상(年上) 세간(歲干)
음(陰) 여(女) 지지(地支)	시지(時支)	일지(日支) 좌하(坐下) 자좌(自坐)	월지(月支) 월령(月令) 월건(月建)	년지(年支) 년하(年下) 세지(歲支)
근묘(根苗) 화실(花實)	실(實) 장(長)	화(花) 수(收)	묘(苗) 성(成)	근(根) 생(生)
원형이정 (元亨利貞)	정(貞) 성(成)	이(利) 수(遂)	형(亨) 장(長)	원(元) 시(始)
육친(六親)	자식(子息) 남아(男兒)	아(我) 자신(自身) 기신(己身)	형(兄) 자(姉) 부친(父親)	선대(先代) 조상(祖上) 조부(祖父)
	여식(女息)	처(妻) 부(夫)	제(弟) 매(妹) 모친(母親)	근(根) 묘(墓)
십신(十神)	자손(子孫) 제자(弟子) 직원(職員) 부하(部下)	참모(參謀) 애인(愛人) 배우자(配偶者) 동반자(同伴者)	직장(職場) 상관(上官) 회사(會社) 선배(先輩)	가통(家統) 주인(主人) 사장(社長) 본사(本社)
시기(時期)	미래 노년기	현재 장년기	근과거 청년기	원과거 소년기

월주(月柱)의 천간(天干)은 월간(月干), 월상(月上)이라고 하며, 지지(地支)는 월지 (月支), 월건(月建), 월령(月令), 월제(月提), 제강(提綱)이라고 한다.

일주(日柱)의 천간(天干)은 일간(日干), 일주(日主), 기신(己身)이라고 하며, 지지 (地支)는 일지(日支), 좌하(坐下)라고 한다. 시주(時柱)의 천간(天干)은 시간(時干), 시 상(時上)이라고 하며, 지지(地支)는 시지(時支)라고 한다.

년주(年柱)를 근(根)이라 하며, 월주(月柱)를 묘(苗), 즉 싹이라 하며, 일주(日柱)를 화(花), 즉 꽃이라 하며, 시주(時柱)를 실(實), 즉 열매라고도 한다. 년(年)은 밭과 같으니 조상궁(祖上宮)과 연관하여 참조하고, 월(月)은 싹과 같으니 부모형제, 본인

의 성장 및 환경과 연관하여 참조하고, 일(日)은 꽃과 같으니 본인의 영고성쇠와
부부궁(夫婦宮)을 연관하여 참조하고, 시(時)는 열매와 같으니 자식과 말년을 연관
하여 참조한다.

타고난 사주팔자를 명(命)이라 하고 또 선천성(先天星)이라고 하며, 후천성(後天
星)은 대운(大運)을 말하며 운(運)이라고 한다. 선천성(先天性)과 후천성(後天星)을
합하여 운명이라고 말한다.

대운은 사주의 흐름으로 막강한 힘의 작용을 가지므로 명(命)보다 운(運)이 중요
하다고 하지만 명국(命局)이 좋아야 대국(大局)이 나오므로 명(命)과 운(運)이 같이
좋아야 한다.

제10절 지지장간地支藏干

1. 지지장간(地支藏干)의 의의와 작용

지지장간이란 각 지지(地支) 속에 감추어진 천간(天干)을 말한다. 다른 말로 지지
암장법(地支暗藏法)이라고도 한다. 지지암장(地支暗藏)이라고 하는 것은 천간(天干)
은 양(陽)으로서 오행이 밖으로 나타나 있으나 지지(地支)는 음(陰)으로서 암(暗)이
되어 밖에서 보이지 않고 감추어져 있다는 뜻이 되어 암장(暗藏)이라고 하는 것이다.

〈표 4-4〉 지지장간(地支藏干) 도표

地支	子	丑	寅	卯	辰	巳	午	未	申	酉	戌	亥
藏干	壬 癸	癸 辛 己	戊 丙 甲	甲 乙	乙 癸 戊	戊 庚 丙	丙 己 丁	丁 乙 己	戊 壬 庚	庚 辛	辛 丁 戊	戊 甲 壬

그러므로 子 속에는 壬癸, 丑 속에는 癸辛己, 寅 속에는 戊丙甲, 卯 속에는 甲乙,
辰 속에는 乙癸戊, 巳 속에는 戊庚丙, 午 속에는 丙己丁, 未 속에는 丁乙己, 申 속에

는 戊壬庚, 酉 속에는 庚辛, 戌 속에는 辛丁戊, 亥 속에는 戊甲壬이 암장(暗藏)되어 있다.

지지장간(地支藏干)은 용신(用神)을 판단하는 데 반드시 활용해야 하는데 특히 지지장간이 양인지 음인지, 습(濕)한지 조(燥)한지, 한랭한 것인지 온난한 것인지, 뿌리가 강한지 약한지 정확하게 구분하는 데 그 목적이 있는 것이다.

2. 월률분야(月律分野)의 의의와 작용

지지장간(地支藏干)의 월률분야(月律分野)란 1개월간의 기후변화에 따라 천간(天干)의 배치를 나타낸 것인데, 절입일(節入日)부터 일수에 따라 기(氣)가 달라지고 있기 때문에 차례대로 여기(餘氣), 중기(中氣), 정기(正氣)로 구분되어 작용하고 있다.

〈표 4-5〉 지지장간(地支藏干) 월률분야 도표

地支	子	丑	寅	卯	辰	巳	午	未	申	酉	戌	亥
餘氣	壬 10	癸 9	戊 7	甲 10	乙 9	戊 7	丙 10	丁 9	戊 7	庚 10	辛 9	戊 7
中氣	-	辛 3	丙 7	-	癸 3	庚 7	己 10	乙 3	壬 7	-	丁 3	甲 7
正氣	癸 20	己 18	甲 16	乙 20	戊 18	丙 16	丁 10	己 18	庚 16	辛 20	戊 18	壬 16

여기(餘氣)라는 것은 입절(入節)한 후에도 전월의 기운이 남아 있다는 뜻으로 앞 절기(節氣)의 영향을 받고 있는 단계를 말하는 것이고, 중기(中氣)라고 하는 것은 여기(餘氣)와 정기(正氣)를 제외한 중간의 기운을 말하는 것이며, 정기(正氣)라는 것은 그 달의 본래 기운으로서 본기(本氣)라고 부르기도 한다.

예를 들어 인월(寅月)이라면 戊土, 丙火, 甲木이란 천간(天干)이 배치되어 있는데, 입춘(立春)이 시작되는 날부터 7일간은 戊土의 기운이 작용하고, 8일째부터 다시 7일간은 丙火의 기운이 활동하며, 그 다음부터 묘월(卯月)이 되기까지는 甲木의 기운이 왕성하게 주도권을 가지고 활동하는데, 이처럼 한 달 동안 천간(天干)의 기운이 어떻게 작용하는가를 나타내는 것이 지지장간(地支藏干)의 월률분야(月律分野)라고 하는 것이다.

지지장간(地支藏干)은 한 달을 대략 30일로 가정하여, 12지지(十二地支) 중에서 子午卯酉월은 오월(午月)을 제외하고는 여기(餘氣)와 정기(正氣)의 2기(二氣)로만 구성되어 있으며, 여기(餘氣)가 10일간을 지배하고 정기(正氣)가 20일간을 지배하게 되는데 오월(午月)은 여기(餘氣), 중기(中氣), 정기(正氣)가 모두 있어 각각 10일간씩 지배하고 있다.

寅申巳亥월은 戊土가 여기(餘氣)로서 공통적으로 7일간은 지배하고, 중기(中氣)는 寅申巳亥와 삼합화(三合化)하여 화기(化氣)가 되는 양간(陽干)의 오행(五行)이 7일간 지배하며, 정기(正氣)는 본기(本氣)로서 16일을 지배한다.

辰戌丑未월은 여기(餘氣)가 9일간 지배하고 중기(中氣)는 삼합화(三合化)하여 화기(化氣)가 되는 양간(陽干)이 3일간 지배하며, 정기(正氣)는 辰戌월이 戊土, 丑未월은 己土가 18일간을 지배한다.

제 5 장

간지干支 합충合沖의 작용

제1절 합合의 의의

합이란 음양과 오행의 다른 속성이 모여서 결합하여 정을 통하고 다른 물질을 생산하여 부드럽고 원만한 성품으로 조화를 이루게 하는 것이다. 우주만물은 순환 운동과 사계절의 변화에 따라 하늘과 땅의 기운이 합하여 한서(寒暑)와 풍우(風雨)를 만드는데 이는 남자와 여자가 합하여 자식을 생산하는 이치와 같다.

일반적으로 남성이 합이 많으면 사회적으로 활동범위가 넓고 타인과 화합을 잘하여, 외교적 수완이 뛰어나고 대인관계가 원만하다고 볼 수 있으며, 여성이 합이 많으면 가정적인 것보다는 사회적인 활동을 해야 하며 대인관계에서도 인기가 높으니, 반면에 다정도 병이 되어 음욕의 기질도 있다고 보는 것이다.

그래서 합이 이루어진 후에는 간지(干支)의 속성이 어떻게 변화되었는지 유심히 살펴야 한다. 다시 말해서 합하여 세력이 강해지거나 다른 오행으로 변화되는 경우가 있고, 서로가 합하여 세력을 묶어 견제하는 경우가 있는 것이다.

합은 주위에 배치된 오행과 계절을 잘 살펴야 하는데 강한 오행을 따라가는 경우가 있으니 주의 깊게 살펴야 한다. 합에는 천간합(天干合), 지지합(地支合), 삼합(三合), 육합(六合), 방국(方局)이 있고 상황에 따라 명합(明合), 암합(暗合), 근합(近合),

원합(遠合), 쟁합(爭合), 투합(妬合), 생합(生合), 극합(尅合) 등이 있다.

제2절 천간합天干合

1. 천간합(天干合)의 의의

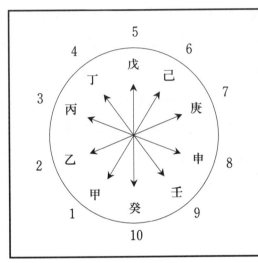

- 갑기합화(甲己合化): 土
  중정지합(中正之合)

- 을경합화(乙庚合化): 金
  인의지합(仁義之合)

- 병신합화(丙辛合化): 水
  위엄지합(威嚴之合)

- 정임합화(丁壬合化): 木
  인수지합(仁壽之合)

- 무계합화(戊癸合化): 火
  무정지합(無情之合)

〈그림 5-1〉 천간합화도(天干合化圖)

천간합(天干合)은 천간(天干)의 합으로서 간합(干合)이라고도 하며 부부지합(夫婦之合)이라고도 한다.

간합(干合)이라는 것은 부부유정(夫婦有情)과 같이 합하여 조화를 이루는 것으로, 남자와 여자가 연애하여 사이가 좋아지는 것과 같다. 음양으로 보아서는 양과 음이 또는 음과 양이 합하여 좋아지는 이치를 말한다.

천간합(天干合)을 일명 천간육합(天干六合)이라고도 하는데 이것은 甲에서 己까지 여섯 번째요, 乙에서 庚까지가 여섯 번째요, 丙에서 辛까지가 여섯 번째요, 丁도 壬까지가 여섯 번째요, 戊도 癸까지가 여섯 번째가 되면서 합이 되는 것이다.

천간합(天干合)의 구성원리는 음과 양의 배합인데, 이 세상의 만물이 변화가 없을 수 없는 것이므로, 오행도 역시 천간(天干)과 천간(天干)끼리 음양이 달라, 상극(相剋)하면서 오행의 변화를 가져와 하나의 세력으로 뭉쳐지는 것이다.

이와 같은 연유로 양과 양, 음과 음은 절대로 합이 이루어질 수 없다. 다시 말해서 甲은 양이요, 己는 음이 되어 합이 되고 乙은 음이요, 庚은 양이 되어 합이 되고 있는 것으로 이하 동일하다.

천간합(天干合)이 음양지기(陰陽之氣)가 다르면서 합이 되는 것은 서로를 필요로 하기 때문이다. 서로가 극(剋)이 되면서도 합이 될 수 있는 것은 남자와 여자가 서로 정반대이면서도 부부로 합이 되어 일심동체가 되는 것과 같은 것이다. 이와 같은 것을 유정지극(有情之剋), 또는 유정지합(有情之合)이라 한다.

甲과 己의 합은 土로 변하고 중정지합(中正之合)이라고 하며, 乙과 庚의 합은 金으로 변하고 인의지합(仁義之合)이라고 하며, 丙과 辛의 합은 水로 변하고 위엄지합(威嚴之合)이라고 하며, 丁과 壬의 합은 木로 변하고 인수지합(仁壽之合)이라고 하며, 戊와 癸의 합은 火로 변하고 무정지합(無情之合)이라고 한다.

2. 천간합(天干合)의 성정

(1) 갑기합화(甲己合化): 土

〈표 5-1〉에서 갑기합(甲己合)을 중정지합(中正之合)이라고 하는 것은 甲木이 동량지목(棟樑之木)이요, 己土인 전답에 뿌리를 두어 전답 중앙에 솟아 있는 것과 같이 중심을 가졌기 때문이다.

사주에 갑기합(甲己合)이 있으면 자기의 분수를 알고 자기 직분을 잘 지키며, 항상 마음이 넓고 이해심이 많아 남과 다투지 않고 타협을 잘하여 모든 사람으로부터 존경을 받는다. 부부의 관계도 서로 존중하고 정이 깊다.

甲은 양목(陽木)으로 성품이 어질고 우두머리의 기질이 있고, 己는 음토(陰土)로서 그 성품이 순박하고 정직하며 포용력이 있어, 모든 만물을 기르는 교육자의 기질도 가지고 있다.

그러나 운행(運行)이 무기(無氣)하거나 혼탁하면 손재, 가정풍파, 관재구설(官災

口舌) 등이 일어나는 경우가 있는데, 이것은 己土는 甲木의 재성(財星)에 해당되고 甲木은 己土의 관성(官星)에 해당하기 때문이다.

<표 5-1> 천간합(天干合) 성정

간합(干合)		성정(性情)	
갑기(甲己) 합화(合化) 土	조화(調和) 청격(淸格)	· 중정지합(中正之合) · 두령지격(頭領之格) · 존경선망(尊敬羨望) · 정직순박(正直淳朴)	· 동량지재(棟樑之材) · 포용력강(包容力强) · 부부화합(夫婦和合) · 조화융합(調和融合)
	편고(偏枯) 탁격(濁格)	· 가정풍파(家庭風波) · 남성작첩(男性作妾) · 신용불량(信用不良)	· 관재구설(官災口舌) · 여성부정(女性不貞) · 가정불화(家庭不和)
을경(乙庚) 합화(合化) 金	조화(調和) 청격(淸格)	· 인의지합(仁義之合) · 군자지상(君子之象) · 백년해로(百年偕老) · 진퇴분명(進退分明)	· 강직용감(强直勇敢) · 인정의리(人情義理) · 희생봉사(犧牲奉仕) · 용모단정(容貌端正)
	편고(偏枯) 탁격(濁格)	· 유아독존(唯我獨尊) · 예의문란(禮義紊亂) · 남성여란(男性女亂)	· 신용불량(信用不良) · 부부애로(夫婦隘路) · 여성부정(女性不貞)
병신(丙辛) 합화(合化) 水	조화(調和) 청격(淸格)	· 위엄지합(威嚴之合) · 과감강직(果敢剛直)	· 태양지화(太陽之火) · 진퇴분명(進退分明)
	편고(偏枯) 탁격(濁格)	· 용모수려(容貌秀麗) · 예의지정(禮儀之正) · 잔인냉정(殘忍冷情) · 예의문란(禮儀紊亂) · 재물욕심(財物慾心)	· 지혜총명(智慧聰明) · 심성선량(心性善良) · 유아독존(唯我獨尊) · 패가망신(敗家亡身) · 부부애로(夫婦隘路)
정임(丁壬) 합화(合化) 木	편고(偏枯) 탁격(濁格)	· 인수지합(仁壽之合) · 유연민활(柔軟敏闊) · 유아독존(唯我獨尊) · 인기독점(人氣獨占)	· 지고청심(志高淸心) · 다정다감(多情多感) · 순수인정(純粹人情) · 인자정신(仁慈精神)
		· 음란지합(淫亂之合) · 부부애로(夫婦隘路) · 질투심강(嫉妬心强)	· 주색지호(酒色之好) · 남여만혼(男女晩婚) · 패가망신(敗家亡身)
무계(戊癸) 합화(合化) 火	조화(調和) 청격(淸格)	· 무정지합(無情之合) · 미남미녀(美男美女) · 총명예리(聰明銳利) · 예의지정(禮儀之正)	· 용모단정(容貌端正) · 부부화합(夫婦和合) · 솔직담백(率直淡白) · 예지력강(豫知力强)
	편고(偏枯) 탁격(濁格)	· 심성냉정(心性冷情) · 부부풍파(夫婦風波) · 유시무종(有始無終)	· 내심무정(內心無情) · 처자불길(妻子不吉) · 성격성급(性格性急)

갑일(甲日)이 己를 합하면 신용 있고 정직하나 활동성이 부족하다. 남성은 사주에 己가 하나 외에 혼잡되어 있으면 작첩(作妾)을 두고, 여성은 부정을 초래하는 수가 있다.

기일(己日)에 甲을 합하면 인간관계나 사회활동을 원만하게 처리하나 신용이 없다. 여성은 甲이 하나 외에 혼잡되어 있으면 호색을 탐하여 가정불화가 생기고, 남성은 부정을 하는 수가 있다.

(2) 을경합화(乙庚合化): 金

을경합(乙庚合)을 인의지합(仁義之合)이라고 하는 것은 乙木 인정이요, 庚金은 의리가 되어 인정과 의리로 만난 합이 되어 있는 것이다.

사주에 을경합(乙庚合)이 있으면 강직하고 용감하며 어진 성품까지 갖춘 군자의 유형이라 인정과 의리가 두터운 사람이다. 부부의 관계도 인정과 의리로 만나 해로하게 되는데, 이것은 乙木이 합화금(合化金)으로 변화하여 자기를 버리고 희생하는 이치와 같다.

乙은 음목(陰木)으로서 그 성품이 어질고 유약하고 庚은 강건하고 고집이 세다. 그래서 음양의 조화로서 인과 의를 겸하여 진퇴가 분명하며 용모가 단정하다. 그러나 사주가 편중되거나 혼탁하면 유아독존으로 남을 천시하고 극단적인 행동을 하는 경우가 많다.

을일(乙日)에 庚을 합하면 결단력은 있으나 예의가 없고 신용이 없는 편이다. 여성이 사주에 庚이 하나 외에 혼잡되어 있으면 여러 남자와 인연이 많아 부부애로(夫婦隘路)가 많고 남성도 역시 부정을 저지른다.

경일(庚日)에 乙을 합하면 자비심은 있으나 오히려 의리가 부족하고 자기주장이 강하고 골격이 튼튼하다. 남성은 乙이 하나 외에 혼잡되어 있으면 여란(女亂)으로 패가망신할 수 있으며 여성은 부정하기 쉽다.

(3) 병신합화(丙辛合化): 水

병신합(丙辛合)을 위엄지합(威嚴之合)이라고 하는 것은 丙火는 군주요, 辛金은 미모(美貌)의 궁녀라 군주의 영(令)으로 강제로 합하였기 때문이다. 丙火는 태양지화

(太陽之火)요, 강열지화(强烈之火)로서 연약한 辛金을 꼼짝 못하게 해놓고 만난 부부와 같아 위엄지합(威嚴之合)이 되는 것이다.

사주에 丙辛으로 합이 되어 있으면 위엄이 있고 엄숙하며 모든 사람을 제압하는 힘이 있고, 편중되어 있으면 냉정하며 편굴(偏屈)하면서도 색정이 강하다.

丙火는 양화(陽火)로서 찬란하게 빛나고 辛金은 음금(陰金)으로서 극제(剋制)를 주도하므로 위엄제압(威嚴制壓)의 합이라고도 하며, 지혜롭고 예의가 바른 성품이다. 그러나 음양오행의 합의 조화가 이루어지지 않았을 경우에는 의리가 없고 은혜를 모르며, 재물에 욕심이 많은 경우가 있다.

병일(丙日)에 辛을 합하면 지혜가 뛰어나고 머리가 총명하다. 남성이 사주에 辛이 하나 외에 혼잡되어 있으면 풍류, 주색, 구설이 끊어지지 않는다. 신일(辛日)에 丙을 합하면 마음이 착하고 따뜻하며 가정적이다. 여성은 사주에 丙이 하나 외에 혼잡되어 있으면 통정(通情)이 심한 경우가 있다.

(4) 정임합화(丁壬合化): 木

정임합(丁壬合)을 인수지합(仁壽之合) 또는 음란지합(淫亂之合)이라고 하는 것은 丁火는 조용하고 부드러운 성품이며, 壬水는 창안력이 좋고 인내심이 있으며 마음이 바다와 같이 넓고 깊은 사람으로, 지혜가 뛰어난 성품과 합이 되어 인수지합(仁壽之合)이라고 한다.

다른 한편으로는 丁火가 장정(壯丁)이고 등촉(燈燭)에 비유하여 기가 유연한 여자가 되며, 壬水는 기본 체력이 좋고 지칠 줄 모르고 전진하는 정력이 너무나 지나쳐, 음란할까 염려되는 입장에서 합을 볼 때 음란지합(淫亂之合)이라고도 하는 것이다.

원래 壬水는 맑고 깨끗한 물이며 여자의 자궁을 의미하기도 하며, 丁火는 화기(火氣)이며 남자의 정력을 상징하므로, 壬水가 丁火를 만나면 잉태되는 형상이다. 그러므로 사주에 음양오행의 조화와 편중을 주의 깊게 잘 살펴야 한다.

또한 사주에 정임합(丁壬合)이 있으면 정신력이 뛰어나고 자존심이 강하면서 인자한 성품으로 지고청심(至高淸心)한 귀명(貴命)이 되나, 편중되어 실도(失道)가 되면 마음이 쉽게 흔들리고 매사에 감정적이며 음란하여 청결하지 못하므로, 부부의 관계도 오래가지 못하는 경우가 많다.

만약 정임합(丁壬合)이 되어 발아가 되는데, 발아된 싹이 잘 클 수 있는 것인가, 아닌가에 따라 격국(格局)이 달라진다. 지지(地支)에 여건이 잘 조성되면 싹이 잘 자라지만, 만약 지지에 火가 많아 건조하거나 또는 水가 너무 태왕(太旺)하여 편고(偏枯)되어 있다면 정상적인 사고방식을 갖기 어려운 것이다.

정일(丁日)이 壬을 합하면 소심하고 질투심이 강하면서 한편 깨끗함을 좋아하고 사치를 좋아한다. 여성은 사주에 壬이 하나 외에 혼잡되어 있다면 음란하여 유혹에 휘말리어 가정불화가 생긴다.

임일(壬日)이 丁을 합(合)하면 예민하고 감정적이며 질투심이 많고 입바른 말을 잘한다. 남성은 사주에 丁이 하나 외에 혼잡되어 있다면 작첩을 하거나 풍류를 즐기다가 패가망신하게 된다.

(5) 무계합화(戊癸合化): 火

무계합(戊癸合)을 무정지합(無情之合)이라고 하는 것은, 戊土는 양토(陽土)로 태산과 같이 높고 크며, 癸水는 음수(陰水)로서 우로(雨露)와 같이 증발하는 가랑비나 안개처럼 연약한 여자와 같아, 그 차이가 너무 커서 늙은이가 합한 것과 같다 하여 무정지합(無情之合)이라고 한다.

戊土는 건토(乾土)로 丙火와 같이 생지(生地) 또는 녹지(綠地)를 같이 한다. 그 이유는 戊土와 丙火가 초목을 키우는 흙이 되기 때문이다. 사주에 무계합(戊癸合)이 있으면 戊土인 산에 癸인 비가 내린 후 무지개가 깔려 있는 것처럼, 용모단정하고 정직하고 예의가 바르고 아름다운 사람과 인연이 있으나, 인정이 없고 냉정하며 부부풍파(夫婦風波)하는 경우가 많다.

무일(戊日)에 癸와 합하면 정직한 성품으로 총명다재(聰明多才)하나, 마음이 냉정하며 남성은 癸가 하나 외에 혼잡되어 있다면 작첩(作妾)을 하거나 연상의 여자, 또는 왜소한 여자와 인연이 있다. 계일(癸日)에 戊와 합하면 총명하다. 여성은 戊가 하나 외에 혼잡되어 있다면 호색에 도취되어 정부를 두는 경우가 있다.

제3절 지지육합地支六合

1. 지지육합(地支六合)의 의의

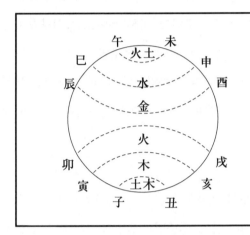

- 자축합화(子丑合化): 土 水
- 인해합화(寅亥合化): 木
- 묘술합화(卯戌合化): 火
- 진유합화(辰酉合化): 金
- 사신합화(巳申合化): 水
- 오미합화(午未合化): 火 土

〈그림 5-2〉 지지육합도(地支六合圖)

〈그림 5-2〉에서 지지의 합은 자축합(子丑合), 인해합(寅亥合), 묘술합(卯戌合), 진유합(辰酉合), 사신합(巳申合), 오미합(午未合) 등 6개로 이루어져 지지육합(地支六合)이라고 하는데 합을 함으로써 다른 오행으로 변화하는 것이다.

지지합(地支合)은 천간합(天干合)과 같이 양과 음 또는 음과 양의 배합으로 합이 성립되는 것이다.

지지합(地支合)에는 삼합(三合), 방합(方合), 육합(六合), 생합(生合), 암합(暗合), 반합(半合), 극합(剋合), 쟁합(爭合), 투합(妬合)이 있는데 같은 합이라도 삼합(三合), 방합(方合), 육합(六合), 생합(生合)의 작용은 세력이 강하고 반면에 암합(暗合), 반합(半合), 극합(剋合), 쟁합(爭合), 투합(妬合)은 작용이 약하다.

합이 되어 다른 오행으로 변화되면 길흉의 작용도 더 강해진다. 만약 사주원국(四柱原局)에서 흉신(凶神)을 합하면 흉신(凶神)의 작용이 약하여 길해지고, 길신(吉神)을 합하면 길신(吉神)의 작용이 약해지게 함으로써 흉해지는 것이다.

2. 지지육합(地支六合)의 성정

(1) 자축합화(子丑合化): 土水

북방의 한랭한 水와 습한 丑土와 자축합(子丑合)이 되니 냉토(冷土)로서 흙속에 물이 스며들어서 얼어있는 형국으로, 흐르지도 못하고 비록 녹아도 흘러나가지도 못한다. 너무 습하고 냉하여 만물이 성장하기가 어려운 동토와 같은 것이다.

일반적으로 자축합(子丑合)이 되면 土로 변한다고 하였으나, 계절과 오행의 세력을 金水의 세력이 왕성하면 水로 변하고, 사오미월(巳午未月)이 되거나 火土의 세력이 왕성하면 土로 변하는 것이다.

(2) 인해합화(寅亥合化): 木

寅木은 이미 열이 있고 굳세게 솟아오르는 양의 기운과 亥水는 맑고 깨끗한 수정이니 맑은 물로 나무를 잘 키우게 되는 형국이며, 인중병화(寅中丙火)는 亥水가 寅木을 상생하여 寅木이 잘 자라게 되어 인중(寅中)의 丙火도 왕성해지고, 인중갑목(寅中甲木)도 亥水를 보면 맑고 깨끗한 물로 나무를 잘 키우는 격이 되니 대길하다.

寅亥 합은 생합(生合)으로 합화(合化)된 오행의 세력이 강하다. 일반적으로 육합(六合)인 동시에 파(破)에도 해당되겠으나, 寅亥는 선합후파(先合後破)의 원리가 적용되어 합의 작용이 파(破)의 작용보다 강하게 일어나는 것이다.

(3) 묘술합화(卯戌合化): 火

묘술합화화(卯戌合化火)는 정동(正東)에 있고 일출지문(日出之門)으로 새로운 만남을 뜻하는 卯木과 戌土는 화기(火氣)를 저장하는 화로이니, 卯木이 습목(濕木)이라 하여도 젖은 나무를 넣으면 말라서 타는 戌土와 묘술합(卯戌合)이 되어, 술중(戌中)의 丁火만 왕성하게 되고 卯木은 타버려 木의 본성을 잃게 된다.

사주원국에서 卯木이 기신(忌神)인데 운에서 戌土를 만나면 기신(忌神)을 태워 없애는 격이 되어 대길하고, 卯木이 희신(喜神)인데 운에서 戌土를 만나면 희신(喜神)이 모두 타서 없어지는 격이 되어 대흉하다. 묘술합(卯戌合)은 木이 土를 극(剋)하는 형태로서 극합(剋合)이라 하여 火의 작용력이 미약하다. 한편으로는 묘술합

(卯戌合)을 도화지합(桃花之合) 또는 음란지합(淫亂之合)이라고도 하는데, 그 이유는 도화(桃花)에 해당하는 卯 창고에 해당하는 戌에서 은밀하게 열을 내는 것에 비유한 것이다.

(4) 진유합화(辰酉合化): 金

진유합화금(辰酉合化金)은 만물을 생육하는 덕을 갖추었으며, 의욕과 활기가 넘치고 깨끗한 성격과 예민하고 재능이 넘치는 辰土와 서방에 속하며, 깔끔하고 청결하고 정직하고 자만심이 강한 酉金과 진유합(辰酉合)을 하니, 습토(濕土)인 辰이 酉金을 생조(生助)하여 金으로 변화한다. 진유합(辰酉合)은 생합(生合)으로 합의 영향력이 크고 金의 작용도 강하다.

酉金은 서방의 왕금(旺金)이며 완성된 금기(金氣)이니, 辰土와 酉金이 만나면 유중(酉中)에 水가 암장되지 않아 辰土가 酉金을 덮는 격이 된다. 그래서 酉金이 기신(忌神)이면, 辰土가 酉金을 덮는 격이 되어 기신(忌神)으로 작용을 하지 못하니 길하게 되는 것이다. 예를 하나 더 들면 寅木과 申金이 같이 있거나 운에서 만나면 충(冲)이 되는데, 이때 원국에 辰土가 있으면 申金과 辰土가 합하여 신진반수국(申辰半水局)을 이루니, 충(冲)이 되지 않고 화해(和解)가 되는 것이다.

(5) 사신합화(巳申合化): 水

정신적인 발달을 추구하는 기질이 있어 학구적이며, 만사에 호기심이 많고 화초가 만발하고 봄에서 여름으로 넘어가는 분기점이라, 변화가 많은 巳火와 성품이 강직하고 단순하며 순수하여 과감하게 남을 잘 돕는 申金과 사신합(巳申合)을 하니, 巳火와 申金이 나란히 있거나 운에서 왕한 金水를 만나면 水로 된다. 申金과 巳火가 나란히 있거나 운에서 木火를 만나면 火로 된다.

따라서 사신합(巳申合)은 일반적으로 巳火와 申金이 합하여 水가 되는데, 계절과 오행의 왕쇠(旺衰)에 따라 합의 변화가 있는 것이다. 즉 사오미월(巳午未月)에는 여름철이라 火가 왕(旺)하여 사신합(巳申合)이 되면, 火의 작용이 왕(旺)하고 신유술월(申酉戌月)에는 金이 왕(旺)하여 사신합(巳申合)이 되면, 金의 작용이 왕(旺)하며 해자축월(亥子丑月)에는 水가 왕(旺)하여 水로 작용을 한다.

(6) 오미합화(午未合化): 火土

의기가 양양하고 높이 솟아오르며 만물이 번창함을 의미하며, 마치 죽순의 마디가 다시 이어져 올라가는 형상인 午火와 미중(未中) 乙木이 있어 화초가 만발하고 아름다움을 나타내며, 또한 안정과 화해를 추구하는 未土와 오미합(午未合)을 하는 것이다. 그러나 巳午가 지지(地支)에 있는 未土는 화기(火氣)가 강한 건토(乾土)이니, 壬癸水가 투간(透干)되어야 옥토가 되어 길하다. 한편 지지(地支)에 戌未가 있는 午火는 역시 화기(火氣)가 강한 조토(燥土)이니, 壬癸水 투간(透干)되거나 운에서 수기(水氣)가 들어와야 옥토가 되어 길하다.

제4절 지지삼합地支三合

1. 지지삼합(地支三合)의 의의

〈그림 5-3〉에서 지지삼합(地支三合)은 사왕지(四旺支)인 子午卯酉를 중심으로 다섯 번째의 지지(地支)와 삼회(三會)하여 오행의 변화하는 과정을 말한다.

삼합(三合)은 십이지(十二支) 중에서 각기 다른 지지(地支)의 3가지 오행이 모여 합을 이루어 강력한 하나의 세력을 형성하게 된다.

즉, 삼합(三合)은 申子辰 수국(水局), 亥卯未 목국(木局), 寅午戌 화국(火局), 巳酉丑 금국(金局)이며, 3지(三支) 중에 중심을 이루는 子午卯酉의 속성에 따라 子水, 午火, 卯木, 酉金으로 변형시키고 있는 것이다.

국(局)이라고 하는 것은 하나의 집합체로서 각기 다른 임무와 성질이 하나의 뜻으로 모여 뭉쳐진 것인데, 지지(地支)가 각각 분리되어 있을 때는 개성도 각각 다르지만 일단 합이 되면 동화되어 작용력도 달라진다.

삼합(三合)은 12운성(十二運星)의 장생(長生)과 제왕(帝旺)과 묘(墓)의 연합체인 데 비하여, 방합(方合)은 건록(建祿), 제왕(帝旺), 쇠(衰)의 공동체로서 삼합(三合)보다 강력한 힘을 가지고 있다.

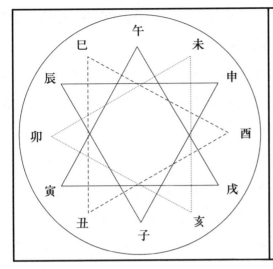

- 신자진 합수국(申子辰 合水局)
- 해묘미 합목국(亥卯未 合木局)
- 인오술 합화국(寅午戌 合火局)
- 사유축 합금국(巳酉丑 合金局)

〈그림 5-3〉 지지삼합도(地支三合圖)

또 삼합(三合)의 삼자(三字)를 부(父), 자(子), 손(孫)의 합(合)이라고도 한다.

그 이유는 申子辰의 辰土는 생신금(生申金)하고, 申金은 다시 신금생자수(申金生子水)하고 있으며, 寅午戌은 寅木이 생오화(生午火)하고 午火는 생술토(生戌土)하고 있으며, 亥卯未 목국(木局)은 해수생묘목(亥水生卯木)하고, 卯木은 다시 생미중정화(生未中丁火)하고 있으며, 巳酉丑 금국(金局)은 사화생축토(巳火生丑土)하고 다시 丑土는 생유금(生酉金)하고 있다.

삼합(三合)에서 子午卯酉의 왕지(旺支)가 삼합중(三合中)에 결할 경우에, 일설(一說)에서는 합작용(合作用)이 되지 않는다고 하고 있으나 준삼합(準三合), 반합(半合) 등 모두 합국(合局)이 된다.

2. 지지삼합(地支三合)의 종류

(1) 申子辰: 水

申子辰 수국(水局)은 水를 기준하여 申에 생(生)하고, 子에 왕(旺)하여 辰에 입묘(入墓)하면서 유시유종(有始有終)하는 것으로 생(生)은 출생이요, 왕(旺)은 성장(成長)이요, 묘는 고장(庫藏)이면서도 절처봉생(絶處逢生)하고 있다. 申子辰 수국(水局)

의 구성원리는 신중임수(申中壬水), 자중계수(子中癸水), 진중계수(辰中癸水)의 같은 水로 회합(會合)하여 하나의 국(局)을 형성하게 된 것이다.

申子辰 삼자(三者)가 다 모여 있으면 삼합(三合)이 잘 되는 것은 당연하지만 삼자(三者) 중 이자(二字)만 있어도 삼합(三合)과 같이 합이 되는데 申子, 申辰, 子辰으로도 삼합수국(三合水局)이 되는 것이다.

이와 같은 이유는 지장간(支藏干)에 있는 장간(藏干)끼리 같은 기(氣)로 통하고 있기 때문이다. 이 중에서 삼합(三合)의 중심이 되고 있는 子水가 포함되어 있는 申子, 子辰의 합은 강력한 힘을 발휘하지만 申辰은 힘이 약하게 작용한다.

申子辰 삼합수국(三合水局)은 신월(申月)부터 서서히 기운을 얻기 시작하여 추운 기운과 더불어 물은 자월(子月)에 제일 왕성해지고 인묘월(寅卯月)에 초목을 키울 때 기운을 빼앗기기 시작하여 진월(辰月)부터는 묘(墓)에 들어간다. 여름(巳午未月)이 지나가고 가을(申酉戌月)부터 다시 힘을 얻는다.

申子辰 삼합수국(三合水局)은 윤하(潤下), 호수, 강, 저수지, 바다, 댐, 항구, 수자원(水資源), 외교, 해운업, 무역업, 특수정보 등을 상징한다.

(2) 亥卯未: 木

亥卯未 삼합(三合)은 목국(木局)으로 亥에 생(生)하고 卯에 왕(旺)하며 未에 입묘(入墓)한다. 亥卯未 목국(木局)의 구성원리는 해중갑목(亥中甲木), 묘중을목(卯中乙木), 미중을목(未中乙木)으로 같은 木끼리 회합하여 하나의 국을 형성하게 되는 것이다.

亥卯未 삼자(三者)가 다 있으면 삼합(三合)이 잘 되는 것은 당연하지만, 삼자(三者) 중 이자(二者)만 있어도 삼합(三合)과 같이 합(合)이 되는 것인데, 亥卯, 亥未, 卯未로도 삼합목국(三合木局)이 되는 것이다. 이와 같은 이유는 지장간(支藏干)에 있는 장간(藏干)끼리 같은 기(氣)로 통하고 있기 때문이다.

이 중에서 삼합(三合)의 중심이 되고 있는 亥卯, 卯未의 합은 강력한 힘을 발휘하지만, 亥未는 힘이 약하게 작용한다. 亥卯未 삼합목국(三合木局)은 해월(亥月)부터 기운이 서서히 일어나서 묘월(卯月)에 왕성하고, 미월(未月)에 무덤 속으로 들어간다. 가을(申酉戌月)에는 목기(木氣)가 절지(絶地)라 쉬고 있다가 겨울(亥子丑月)에 다시 힘을 얻는다.

亥卯未 목국(木局)은 상승하는 기가 있고 곧게 뻗어나가는 기질이 있고, 남에게 굽히지 않고 고집이 강하고 성실하며 적극적이며 자존심이 강하다. 또한 화초, 유실수, 목재, 건축, 과수원, 농장, 학원, 교육, 육영사업, 문화예술 등을 상징한다.

(3) 寅午戌: 火

寅午戌 삼합(三合)은 화국(火局)으로 寅에서 생(生)하고 午에서 왕(旺)하며 戌에서 입묘(入墓)한다. 寅午戌 화국(火局)의 구성원리는 인중병화(寅中丙火), 오중정화(午中丁火), 술중정화(戌中丁火)로 같은 火끼리 회합(會合)하여 하나의 국(局)을 형성하니 화국(火局)이 된 것이다.

寅午戌은 삼자(三者)가 다 모여 있으면 삼합(三合)이 잘 되는 것은 당연하지만 삼자(三者) 중 이자(二者)만 있어도 삼합(三合)과 같이 합(合)이 되는데 寅午, 午戌, 寅戌로도 삼합화국(三合火局)이 되는 것이다. 이와 같은 이유는 지장간(支藏干)에 있는 장간(藏干)끼리 같은 기로 통하고 있기 때문이다. 이 중에서 삼합(三合)의 중심이 되는 午火가 포함되어 있는 寅午, 午戌의 합은 강력한 힘을 발휘하지만 寅戌의 합은 힘이 약하게 작용한다.

寅午戌 삼합화국(三合火局)은 인월(寅月)에서 서서히 기운이 일어나 火가 제일 왕(旺)한 남방오화(南方午火)에서 왕기(旺氣)를 내고 戌에서 무덤에 들어간다. 하루에 비유하면 인묘시(寅卯時)에 해가 뜨고, 저녁 유술시(酉戌時)에 해가 지는 것과 같은 이치이다. 戌은 火의 무덤(墓)이며 고(庫)라고도 한다. 가을과 겨울을 넘기고 다시 인월(寅月)부터 화기(火氣)가 살아난다.

寅午戌 삼합(三合)은 화기(火氣)가 되는데 열기와 광채가 있고 확산의 기가 있어 염상(炎上)이라고도 한다. 매사에 정열적이고 화끈하며 전기, 전자, 종교, 예술, 정신세계 등을 뜻한다.

(4) 巳酉丑: 金局

巳酉丑 삼합(三合)은 금국(金局)으로 巳에서 생(生)하고 酉에서 왕(旺)하며 丑에

서 입묘(入墓)한다. 巳酉丑 금국(金局)의 구성원리는 사중경금(巳中庚金), 유중신금(酉中辛金), 축중신금(丑中辛金)이 같은 金끼리 회합(會合)하여 하나의 국(局)을 형성하여 금국(金局)이 된 것이다.

巳酉丑 삼자(三者)가 다 모여 있으면 삼합(三合)이 잘 되는 것은 당연하지만, 삼자(三者)중 이자(二者)만 있어도 삼합(三合)과 같이 합(合)이 되는데 巳酉, 酉丑, 巳丑으로도 삼합금국(三合金局)이 되는 것이다. 그 이유는 지장간(支藏干)에 있는 장간(藏干)끼리 같은 기가 통하고 있기 때문이다.

이 중에서 삼합(三合)의 중심이 되는 酉金이 포함되어 있는 巳酉, 酉丑의 합(合)은 강력한 힘을 발휘하지만, 巳丑의 합은 힘이 약하게 작용한다.

巳酉丑 삼합금국(三合金局)은 巳에서 서서히 일어나고 유월(酉月)에 제일 왕(旺)하고 축월(丑月)에 무덤에 들어간다. 그래서 인묘월(寅卯月)에는 금기(金氣)가 약하여 오히려 초목이 왕성하게 자라며, 여름을 보내고 열매의 계절인 가을이 되어야 금기(金氣)가 다시 살아난다.

巳酉丑 삼합(三合)은 금기(金氣)가 되는데 금국(金局)은 단단하고 강하며 과감하고 냉정하며 추진력이 있어 종혁(從革)이라고도 한다. 그리고 금, 은, 보석, 철광석, 의협심, 투쟁심, 전쟁, 통솔력 등을 내포하고 있다.

제5절 지지방합地支方合

〈그림 5-4〉에서 십이지지(十二地支)는 방합작용(方合作用)이 이루어지는데 이를 계절합(季節合), 방위합(方位合), 형제합(兄弟合)이라고 한다. 계절합(季節合)이라고 하는 것은 寅은 1월이요, 卯는 2월이요, 辰은 3월로 봄이요, 봄은 木의 계절이 되어 목국(木局)이 되며 동쪽에 소속되어 있다. 巳는 4월이요, 午는 5월이요, 未는 6월로서 여름이요, 여름에는 화기(火氣)가 지배하는 계절이 되어 남방에 소속되어 있다.

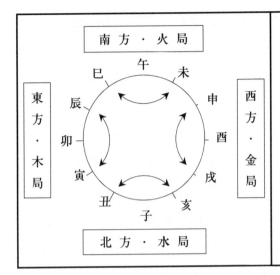

南方·火局	• 寅卯辰 합화(合化): 동방목국 (東方木局)
	• 巳午未 합화(合化): 남방화국 (南方火局)
東方·木局 / 西方·金局	• 申酉戌 합화(合化): 서방금국 (西方金局)
北方·水局	• 亥子丑 합화(合化): 북방수국 (北方水局)

〈그림 5-4〉 지지방합도(地支方合圖)

申은 7월이요, 酉는 8월이요, 戌은 9월로서 가을이며 가을에는 금기(金氣)가 지배하는 계절이라 서쪽에 소속되어 있다. 亥는 10월이요, 子는 11월이요, 丑은 12월로서 겨울이요, 겨울은 수기(水氣)가 지배하는 계절로서 북방에 소속되어 있다. 이때문에 계절합(季節合) 또는 방위합(方位合)이라고 하는 것이다.

때에 따라서 동방합(東方合), 남방합(南方合), 서방합(西方合), 북방합(北方合)이라고 부르기도 한다. 형제합(兄弟合)은 木은 木, 火는 火, 金은 金, 水는 水끼리 하나의 집합체를 이루고 있기 때문이다.

이와 같이 寅卯辰이 합을 이룰 수 있는 이유는 춘절(春節)은 木으로 인중갑목(寅中甲木), 묘중을목(卯中乙木), 진중을목(辰中乙木)으로 동류(同類)인 목기(木氣)가 내포되어 있기 때문이며, 巳午未는 하절(夏節)인 火로서 사중병화(巳中丙火), 오중정화(午中丁火), 미중정화(未中丁火)로 화기(火氣)가 내포돼 있기 때문이다.

申酉戌은 추절(秋節)인 金으로 신중경금(申中庚金), 유중신금(酉中辛金), 술중신금(戌中辛金)으로 동류(同類)인 금기(金氣)가 내포되어 있고, 亥子丑은 동절(冬節)인 水로서 해중임수(亥中壬水), 자중계수(子中癸水), 축중계수(丑中癸水)로 동류(同類)인 수기(水氣)가 역시 내포되어 있기 때문이다.

좀 더 살펴보면 辰土가 土이면서도 목국(木局)에 해당하고 있는 것은, 辰은 계절로는 3월로 봄이며 진중을목(辰中乙木)이 있어 목국(木局)에 속하고 있으며, 未土가 화국(火局)에 해당하고 있는 것은 未는 계절로서 6월이며 미중정화(未中丁火)가 있기 때문에 화국(火局)에 속하는 것이다.

戌土가 금국(金局)에 해당하는 것은 戌은 계절로는 9월이며 술중신금(戌中辛金)이 있기 때문에 금국(金局)이 되는 것이며, 丑土가 수국(水局)에 속하는 것은 丑은 12월이요, 축중계수(丑中癸水)가 있기 때문에 수국(水局)에 속하는 것이다.

작용면(作用面)에서 삼합(三合)과 방합(方合)은 같이 응용이 되고 있으나 구체적으로 비교한다면 삼합(三合)은 부모, 본인, 자손의 합으로서 합리적이고 균형적이고 민주적으로 접근하려는 조화와 융통성이 있으나, 반면에 단결력과 집중력은 약하다. 그런데 방합(方合)은 단결력이나 집중력이 강하여 강압적으로 접근하려는 통제력과 작용력이 강하다. 반면에 융통성과 조화력이 약하다.

제6절 준삼합準三合, 준방합準方合, 반합半合, 동합同合

합에는 일반적으로 삼합(三合), 육합(六合), 방합(方合)이 있다. 그러나 간지(干支)의 위치와 작용에 따라 명칭이 다른 여러 종류가 있다.

(1) 준삼합(準三合)이라는 것은 반합(半合)이라고도 부르며 삼합(三合)에서 하나의 오행을 빼고 두 개씩 짝을 맞춘 합이며 申子 합(合), 子辰 합(合), 申辰 합(合), 亥卯 합(合), 卯未 합(合), 亥未 합(合), 寅午 합(合), 午戌 합(合), 寅戌 합(合), 巳丑 합(合), 酉丑 합(合), 巳酉 합(合)이 이에 속한다.

(2) 준방합(準方合)이라는 것은 반국(半局)이라고도 부르며 방합(方合)에서 하나의 오행을 빼고 두 개씩 짝을 맞춘 합으로 인묘합(寅卯合), 묘진합(卯辰合), 인진합(寅辰合), 사오합(巳午合), 오미합(午未合), 사미합(巳未合), 신유합(申酉合), 유술합(酉戌合), 신술합(申戌合)이 이에 속한다.

(3) 동합(同合)이라는 것은 자견자(子見子), 축견축(丑見丑), 인견인(寅見寅), 묘견묘(卯見卯), 진견진(辰見辰), 사견사(巳見巳), 오견오(午見午), 미견미(未見未), 신견신(申見申), 유견유(酉見酉), 술견술(戌見戌), 해견해(亥見亥)가 이에 속한다.

(4) 우합(隅合)이라는 것은 동서남북의 건방(乾方)인 술해합(戌亥合), 간방합(艮方合)인 축인합(丑寅合), 손방(巽方)인 진사합(辰巳合), 곤방(坤方)인 미신합(未申合)이 이에 속한다.

(5) 암합(暗合)이라는 것은 지장간(支藏干)끼리의 합을 말하는 것이며 천간(天干)의 합에 의한 록지(祿地)의 합을 말한다. 즉, 甲의 록(祿)은 寅이며 己의 록(祿)은 午이니 천간(天干)의 갑기합(甲己合)이면 인오암합(寅午暗合)이 된다.

또한 지장간(支藏干)끼리의 합으로 볼 때는 지지(地支)의 인중갑목(寅中甲木)과 오중기토(午中己土)가 갑기합토(甲己合土)하는 것이며, 묘중을목(卯中乙木)과 신중경금(申中庚金)이 을경합금(乙庚合金)을 이루는 것이다.

辰戌丑未는 사고지(四庫支)로서 형충(刑沖)을 만나 개고(開庫)가 이루어질 때 암합(暗合)이 성립되는 것이다. 예를 들면 辰과 巳가 있는데 辰土가 戌土나 丑土에 의해 충파(沖破)를 만나 辰 중의 乙木과 巳 중의 庚金이 을경합금(乙庚合金)으로 암합(暗合)을 이루게 되는 것이다.

(6) 명암간합(明暗干合)이라는 것은 천간(天干)과 지지장간(地支藏干)과의 간합(干合)을 말한다. 즉 일간(日干)이 丙이고 타지(他支)가 酉이면 유중신금(酉中辛金)과 병신합(丙辛合)이 되는 경우가 명암간합(明暗干合)이다. 여기에서 명(明)은 나타나 있다는 것이고 암(暗)은 숨어 있다는 뜻이다.

(7) 자화간합(自化干合)이라는 것은 일간(日干)과 일지(日支)의 지장간(支藏干)과 합하는 것은 명암간합(明暗干合)과 같으나 자화간합(自化干合)은 일주(日柱)에 있는 것만 채용하는 것이다. 예를 들면 일주(日柱)가 甲午라면 지장간(支藏干)은 己土가 되어 갑기합(甲己合)으로 자화간합(自化干合)이 되는 것이다. 자화간합(自化干合)을 가진 사람은 배우자와 상부상조할 뿐만 아니라 부부 애정이 대단히 두텁다.

(8) 쟁합(爭合)이라는 것은 한마디로 서로 다투는 합이라는 뜻이다. 즉 인간사회

에서 한 여자를 두고 두 남자가 격투를 벌여 이기는 사람이 빼앗아 가는 이치와 같은 것이다. 예를 들면 년간(年干)이 甲이고 월간(月干)도 甲인데 일간(日干)이 己라고 하면 두 개의 甲木이 한 개의 음기(陰己)와 합하는 것을 쟁합(爭合)이라고 하며 그래서 다투고 싸우는 현상이 일어난다.

　(9) 투합(妬合)이라는 것은 한마디로 서로 시기하며 질투하는 합이라는 뜻이다. 즉 인간사회에서 두 여자가 한 남자를 두고 두 여자가 서로 사랑싸움을 하는 것으로, 두 개의 음간(陰干)이 한 개의 양간(陽干)과 합이 되는 것을 말한다.

　쟁합과 마찬가지로 사주원국(四柱原局)에 투합이 있거나 또는 운에서 들어오면 남자는 여자 문제가 발생하고 여자는 남자 문제가 발생하는 경우가 있으니 조심을 요한다.

　(10) 근합(近合)과 원합(遠合)이 있는데 근합(近合)이라는 일간(日干)과 좌나 우에서 근접하며 합하는 것으로 세력이 강하여 길흉(吉凶)의 작용력도 강하며, 원합(遠合)은 일간(日干)과 간격을 두고 합하는 것으로 세력이 약하여 작용력도 약하다.

　(11) 생합(生合)과 극합(剋合)이 있는데 생합(生合)은 유정지합(有情之合)으로서 변화된 오행을 그대로 사용할 수가 있으나, 극합(剋合)은 무정지합(無情之合)으로 변화된 오행을 그대로 사용할 수가 없다. 생합(生合)은 진정한 합으로서 길하고 좋은 합이 되나, 극합(剋合)은 타의에 의한 합으로 흉하게 작용한다. 예를 들면 생합(生合)은 인해합(寅亥合), 진유합(辰酉合), 오미합(午未合)이고 극합(剋合)은 묘술합(卯戌合), 사신합(巳申合), 자축합(子丑合)이다.

　좀 더 살펴보면 인해합(寅亥合)은 寅木과 亥水로서 수생목(水生木)으로 합(合)이 되고, 진유합(辰酉合)은 辰土와 酉金이 토생금(土生金)으로 합(合)이 되고, 오미합(午未合)은 午火와 未土로서 화생토(火生土)로 합(合)이 된다. 극합(剋合)인 묘술합(卯戌合)은 卯木과 戌土가 목극토(木剋土)로 합(合)이 되고, 사신합(巳申合)은 巳火와 申金이 화극금(火剋金)으로 합(合)이 되고, 자축합(子丑合)은 子水와 丑土가 토극수(土剋水)로 합(合)이 되고 있다.

제 6 장

형刑 충沖 파破 해害 원진怨嗔 공망空亡

제1절 충沖의 의의

충(沖)이란 서로 다투고 싸우는 것을 의미하며 상충(相沖)이라고도 한다. 그래서 합(合)과는 상대적인 개념이고 상극보다는 적극적이고 강렬한 역할을 한다.

그러므로 충돌, 파괴, 피상(被傷), 불화, 이산, 해산, 분리, 살상 등 부정적인 작용도 있지만, 시작 개척, 발동, 충전, 분발, 가속, 공격, 창조 등 긍정적인 작용도 있다.

충(沖)에는 간충(干沖)과 지충(支沖)의 두 가지가 있다.

제2절 천간충극天干沖剋의 원리

〈그림 6-1〉에서 천간충(天干沖)은 천간(天干) 10개 중에서 자기 자신을 시발점으로 해서 7번째 만나는 천간(天干)끼리 충(沖)이 된다고 하여, '칠충(七沖)' 또는 '칠살(七殺)'이라고 부른다. 천간충(天干沖)은 상극관계는 물론이고 두 천간(天干)의 음양 관계도 같은 것이다.

예를 들면 甲木의 경우에 甲에서 7번째인 庚金과 갑경충(甲庚沖)이 되고, 乙木은

7번째인 辛金과 을신충(乙辛沖)이 되고, 丙火는 7번째인 壬水와 병임충(丙壬沖)이 되고, 丁火는 7번째인 癸水와 정계충(丁癸沖)이 되는 것이다.

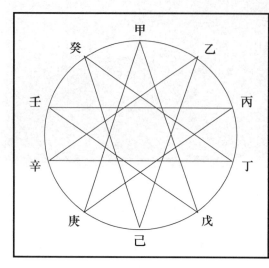

- 갑경충(甲庚沖), 무갑극(戊甲剋)
- 을신충(乙辛沖), 기을극(己乙剋)
- 병임충(丙壬沖), 임무극(壬戊剋)
- 정계충(丁癸沖), 계기극(癸己剋)

〈그림 6-1〉 천간충극도(天干沖剋圖)

상황에 따라서는 甲木이 庚金, 乙木이 辛金, 丙火가 壬水, 丁火가 癸水를 충(沖)하여 제거(除去)시킬 수도 있는 것이다.

우리가 주의할 것은 상극이 상충(相沖)이 되고, 상충(相沖)이 상극이 되는 것이 아니고, 상극보다 상충(相沖)이 훨씬 더 강렬한 작용을 한다는 점이다.

예를 들어, 戊土에서 甲木까지가 7번째요,
己土에서 乙木까지가 7번째요,
癸水에서 己土까지가 7번째다.

壬水에서 戊土까지가 7번째가 되어 충(沖)이 된다고 볼 수 있으나 상극으로 보는 것이 타당하다. 그 이유는 戊己土의 특성은 중앙이요, 중성자(中性子)로서 중화(中和)와 균형을 이루는 기본이 되기 때문에 충(沖)이 될 수 없다는 것이다.

충(沖)에 있어서도 유정지충(有情之沖)과 무정지충(無情之沖)이 있는데, 유정지충

(有情之冲)이란 충(冲)을 함으로써 좋아지는 것을 말하고, 무정지충(無情之冲)이란 충(冲)을 함으로써 나빠지는 것을 말한다.

　다시 말해서 충(冲)이라고 하는 것은 본래 흉작용(凶作用)을 하는 것이지만, 합이 많을 때는 충(冲)을 만나야 합으로 묶여 있는 것을 풀어주게 되므로 오히려 길작용(吉作用)을 하는 것이다. 그래서 합은 충(冲)으로 풀고 충(冲)은 합으로 해소하게 되니 이를 탐합망충(貪合忘冲)이라고 하는 것이다.

제3절 지지상충地支相冲의 원리

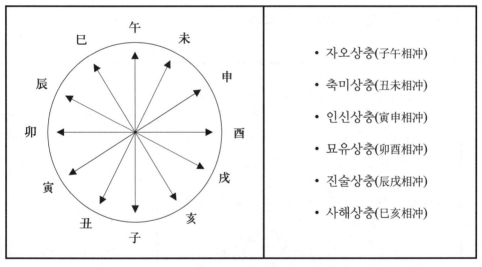

<그림 6-2> 지지상충도(地支相冲圖)

　상충(相冲)이란 서로 충돌해서 격렬하게 싸우다가 상대를 쫓아버리거나 아니면 자기 자신이 물러간다는 뜻이다.

　천간(天干)의 충(冲)은 묘충(苗冲)으로 잎사귀나 줄기가 다시 살아날 수 있지만, 지지(地支)의 충(冲)은 근충(根冲)으로 뿌리를 충(冲)하니 뿌리가 상한다. 그래서 천간충(天干冲)은 흔들리면서 상충(相冲)하지만, 지지상충(地支相冲)은 충(冲)의 정도가 심하여 이산, 파괴, 질병, 살상, 불목(不睦), 송사, 구설, 생사이별 등 흉신(凶神)으로 작용되는 경우가 많다.

〈그림 6-2〉에서 천간충(天干沖)과 마찬가지로 지지상충(地支相沖)도 각 지지(地支)에서 시계방향으로 180°가 되는 7번째가 상충(相沖)이 되는 것이다.

子에서 7번째가 되는 午와 자오충(子午沖), 丑에서 7번째가 卯와 酉가 만나서 묘유충(卯酉沖), 辰과 戌이 만나서 진술충(辰戌沖), 巳와 亥가 만나서 사해충(巳亥沖)으로 7충(七沖)이라고도 부르며, 충(沖)이 여섯이 된다고 하여 6충(六沖)이라고도 부른다.

제4절 지지상충地支相沖의 작용

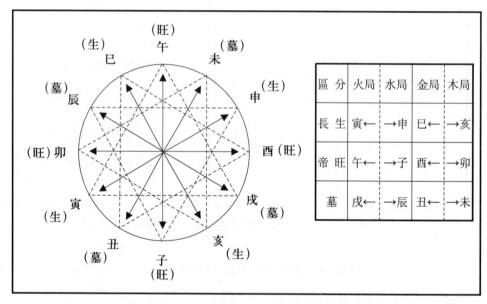

〈그림 6-3〉 지지상충작용도(地支相沖作用圖)

〈그림 6-3〉에서 보는 바와 같이 장생간(長生間)의 충(沖), 제왕간(帝旺間)의 충(沖), 묘간(墓間)의 충(沖)으로 구분할 수가 있다.

인신충(寅申沖), 사해충(巳亥沖)은 장생충(長生沖)으로서 어린 소년들의 싸움처럼 애정이나 감정 등에 사소한 일이 일어나지만, 자오충(子午沖), 묘유충(卯酉沖)은 제왕충(帝旺沖)으로 중장년 층의 싸움이라 생활이권이나 흥망성쇠, 부부관계 등 큰 변화가 일어난다.

진술충(辰戌沖), 축미충(丑未沖)은 묘충(墓沖)으로 노인들의 싸움과 같이 재물관계나 자식문제, 그리고 건강 등에 관한 일들이 발생하는 것과 비교할 수가 있다. 여자의 경우는 일반적으로 부부궁(夫婦宮)에 영향이 많다.

다시 말해서 寅申巳亥는 사생지(四生地)로서 상충(相沖)되는 것을 싫어하고, 子午卯酉는 사왕지(四旺地)라 하여 상충(相沖)을 가장 흉하게 보며, 辰戌丑未는 사고지(四庫地)로서 상충(相沖)을 오히려 길작용(吉作用)으로 보고 있으나 앞으로 연구, 관찰이 필요하다.

특히 지지상충(地支相沖)을 주의하여 살펴보아야 한다. 자오충(子午沖)과 사해충(巳亥沖)은 수극화(水剋火)하는 충(沖)이요, 인신충(寅申沖)과 묘유충(卯酉沖)은 금극목(金剋木)하는 충(沖)이요, 辰戌丑未는 같은 오행(五行)인 土로서 충(沖)을 하고 있어 붕충(朋沖)이라고 한다.

일반적으로 토충(土沖)도 강한 자가 이기고 약한 자가 피상(被傷)되는 것은 사실이지만, 辰戌丑未 속에 저장되어 있는 지장간(支藏干)의 작용에 따라 변화가 다양하니 유심히 살펴야 한다. 또한 충(沖)은 왕자(旺者)가 충(沖)을 받으면 더욱 강렬해지기 때문에 왕자충발(旺者沖發)이라고 하고, 쇠자(衰者)가 충(沖)을 받으면 완전하게 소멸되기 때문에 쇠자충발(衰者沖拔)되어 더욱 쇠약해지는 이치와 같은 것이다.

1. 자오상충(子午相沖)

子와 午의 관계에서 子에서 午까지는 양기를 일으키고 午에서 子까지는 음기를 일으키니 6음6양(六陰六陽)의 순환, 변화를 일으킨다. 午 중에 습토(濕土)인 己土가 암장(暗藏)되어 습기를 함유한다 하여도 午火는 지열(地熱)로서 子水를 보면 싫어한다.

원국(原局)에 자오상충(子午相沖)이 있으면 심성은 곧고 정직하고 담백하나, 항상

심신이 불안정하고 극단적인 투쟁이나 배신으로 원한이 생기고 소심하며 매사에
전전긍긍하며 객지에서 오래도록 생활한다.

　질병으로는 子水가 강하면 午火가 약하여 심장과 소장, 정신신경, 순환기 계통이
허약해지고, 반대로 午火가 강하면 子水가 약하여 火에 의하여 水가 마르기 때문에
신장, 방광, 생식기 등 배설기 계통이 허약해진다.

2. 축미상충(丑未相冲)

　축미상충(丑未相冲)은 미중을목(未中乙木)을 축중신금(丑中辛金)이 극제(剋制)하
고 미중정화(未中丁火)를 축중계수(丑中癸水)가 꺼버리니, 未土가 丑土를 만나면 지
장간(支藏干)의 乙木과 丁火가 힘을 쓸 수가 없다.

　원국(原局)에 축미충(丑未冲)이 있으면 친족 간에 재산이나 가옥 문서 등 시비가
일어나고 베풀어도 공덕이 없고 의외의 손재가 많으니 매사에 신중하게 처신해야
한다. 왜냐하면 형제가 각각 다른 마음으로 재산에 탐을 내기 때문이다.

　질병은 金水가 강하면 미중(未中)에 내장된 丁火와 乙木이 극(剋)을 받아 심장과
간에 이상이 생길 수도 있으며, 반면에 木火가 강하면 축중(丑中)에 내장된 辛金과
癸水가 극(剋)을 받아 폐와 대장, 신장, 방광이 허약해진다. 그러나 토기(土氣)가
태왕(太旺)하면 이나 위장 등 소화기계통이 허약해진다.

3. 인신상충(寅申相冲)

　인신상충(寅申相冲)은 인중갑목(寅中甲木)과 신중경금(申中庚金)이 갑경충(甲庚
冲)으로 금극목(金剋木)하여 寅木이 싫어하는 이치와 같다. 인중(寅中)의 丙火를 용
신(用神)으로 하거나 甲木을 용신(用神)으로 할 때 신금운(申金運)을 만나면 寅木
자체가 뿌리가 상하고 잘리어져 제거되니 불길하다.

　원국(原局)에 인신충(寅申冲)이 있으면 마음이 넓고 다정다감하지만 타인의 일에
끼어들어 화를 자초하고 직업이나 주거변동이 많으며, 평생 동안 객지에서 동분서

주하고 해외에 진출할 기회가 많다.

인신(寅申)은 역마(驛馬)라고 하여 활동력이 왕성하고 성급하며 적극적으로 앞장서서 일을 처리하다보니, 의욕이 너무 넘쳐 시작은 좋으나 용두사미가 되기 쉬우니 끝까지 마무리하는 습관을 길러야 한다.

행운(行運)에서 충(沖)이 이루어지면 전직, 전업, 주거변동, 교통사고, 형벌, 모함, 배신, 원거리 출타 등이 생긴다. 질병으로는 金이 강하면 간과 담이 상하고 木火가 강하면 폐와 대장 등에 질환이 발생한다.

4. 묘유상충(卯酉相沖)

묘유상충(卯酉相沖)은 묘중을목(卯中乙木)과 유중신금(酉中辛金)이 을신충(乙辛沖)으로 금극목(金剋木)하여 乙木이 극제(剋制)되는 형상이며, 卯는 열기의 확산처요, 酉는 냉기의 확산처이며 제왕(帝旺)끼리의 충(沖)이기 때문에 잘못된 형상이 생기면 그만큼 더 흉작용(凶作用)이 크다.

원국(原局)에 묘유충(卯酉沖)이 있으면 단명, 부부불화, 불구, 배반, 대인관계 충돌등이 발생한다. 또한 도화(桃花)라고 하여 남녀관계가 부정(不貞)한 쪽으로 속단하기 쉬우나 사회적으로 적극적인 활동력으로 통변해야 한다.

질병으로는 水木이 강하면 폐나 대장이 허약해질 수가 있고 토금(土金)이 강하면 간 질환이나 담 등이 질환이 발생할 수가 있다.

5. 진술상충(辰戌相沖)

진술상충(辰戌相沖)은 진중(辰中)에는 乙癸戊가 암장(暗藏)되어 있고 술중(戌中)에는 辛丁戊가 암장(暗藏)되어 있는데, 술중(戌中)의 辛金이 진중(辰中)의 乙木을 시들게 하고, 진중(辰中)의 癸水가 술중(戌中)의 丁火를 꺼버리는 작용을 하여 충(沖)이 형성되는 것이다.

또한 진술상충(辰戌相沖)은 戌中의 丁火가 튀어나오게 되는데 이때 丁火를 용신

(用神)으로 사용하는 자는 발복하고, 火가 기신(忌神)이면 대흉(大凶)하나 만일 천간(天干)에 壬癸水가 투간(透干)되어 있으면 무방하다.

즉, 지지(地支)에 진술충(辰戌沖)이 되어 丁火가 튀어나올 경우 천간(天干)에 丁火가 투간(透干)되어 있는 것과 동일한 작용이 되니, 이때 천간(天干)에 壬癸水가 있어 튀어나온 丁火를 극제(剋制)하면, 丁火가 기신(忌神)이라도 영향이 미치지 않는다는 뜻이다.

원국(原局)에 진술충(辰戌沖)이 있으면 붕충(朋沖)으로 큰 변동은 없으나 강직하고 과단성이 있으며 대인관계가 원만하며, 신의가 있으나 자신의 일에 곤란한 입장이 생기면 속수무책이며 고집이 강하고 일을 무리하게 처리하여 곤경에 빠지는 경우가 있다.

행운(行運)에서 진술충(辰戌沖)이 이루어지면 이성 문제가 생기고 직업 및 직장 이동이 있고, 심하면 명예를 잃어버리고 가사가 몰락하는 경우가 생긴다.

질병으로는 水가 많으면 비장과 위장에 질환이 발생하나 火가 많으면 신장과 방광이 허약해진다.

6. 사해상충(巳亥相沖)

사해상충(巳亥相沖)은 사중병화(巳中丙火)와 해중임수(亥中壬水)로 병임충(丙壬沖)하여 수극화(水剋火)로 水가 火를 극제(剋制)하여 충(沖)이 되는 것이다. 원국(原局)에서 사해충(巳亥沖)이 있으면 인신충(寅申沖)과 같이 마음이 넓고 다정다감하여, 쓸데없이 남의 일을 걱정하거나 스스로 일을 만들어 작은 일이 크게 되어 결국은 손해를 보고 나서 소심해지는 경우가 생긴다. 또한 매사에 유시무종(有始無終)하여 직업이나 주거 변동이 많다.

예를 들어 남의 일을 도와준다고 자주 간섭한 것이 화근이 되어 구설이나 논쟁으로 비화되어 휘말리어 후회하는 일이 많게 되니, 대인관계를 신중하게 처리해야 한다. 원국(原局)이나 행운(行運)에서 사해충(巳亥沖)이 이루어지면 불의의 사고, 형액(刑厄), 교통사고, 수술, 조난, 화재, 해외 이주 등 객지에서 평생 동안 분주하게 살아간다.

질병으로는 亥水가 강하면 심장이나 소장이 허약해지고, 巳火가 강해지면 신장과 방광 등 비뇨기 계통에 질환이 생긴다.

제5절 천간지지天干地支 합충合沖의 특성

(1) 천간합충(天干合沖)은 작용력이 미약하나 지지합충(地支合沖)은 작용력이 강력하다. 천간충(天干沖)이 되면 자연히 지지(地支)에도 영향이 미치고 지지상충(地支相沖)되면 천간(天干)에도 마찬가지로 영향이 미친다.

(2) 천간충(天干沖)은 속도가 빠르게 나타나고 지지상충(地支相沖)은 속도가 느리게 나타나지만 영향력은 크게 작용한다. 천간충(天干沖)이 되어 있는데 지지(地支)에도 상충(相沖)이 되면 천충지충(天沖地沖)이라고 하여 영향력은 더욱 강하게 나타나서 시작도 결과도 흉하게 나타난다.

(3) 천간충(天干沖)이 되고 지지합(地支合)이 되면 시작은 나쁘나 결과가 좋으며 반대로 천간(天干)은 합(合)이 되고 지지(地支)가 충(沖)이 되면 시작은 좋으나 결과가 나쁘다.

(4) 천간(天干)과 지지(地支)가 같이 합(合)이 되면 마음이 넓고 정직하고 포용력이 있으며 온순하다. 그러나 합(合)이 너무 많으면 천격(賤格)이며 충(沖)이 너무 많으면 빈격(貧格)이다.

(5) 근충(近沖)은 충력(沖力)이 강하고 원충(遠沖)은 충력(沖力)이 약하며 작용력도 근충(近沖)은 직발(直發)하나 원충(遠沖)은 동요만 일어난다.

(6) 사주원명(四柱原命)에 子午卯酉, 寅申巳亥, 辰戌丑未가 모두 갖추어지면 충(沖)으로 간주하지 않으며 남명(男命)은 대부대귀(大富大貴)할 수 있으나 여명(女命)은 반대로 파란곡절이 많은 편이다.

(7) 천간(天干)은 합(合)되고 지지(地支)는 충(沖)이 되는 경우를 천합지충(天合地

冲)이라고도 하고 외합내소(外合內疎)라고도 하는데, 겉으로는 화합하는 것 같으나 속으로는 서로 갈등이 심하고, 천충지합(天冲地合)은 이와 반대로 외소내친(外疎內親)하다.

(8) 원명(原命)에서 행운(行運)을 충(冲)하면 내충(內冲)이라고 하는데 작용력이 신속하게 나타나고, 행운(行運)에서 원명(原命)을 충(冲)하면 외충(外冲)이라 하여 작용력이 더디게 나타난다.

(9) 일간(日干)과 년간(年干)이 합(合)이 되거나 일지(日支)와 년지(年支)가 합(合)이 되면, 선조(先祖)의 유덕(遺德)이 있고 선조봉례(先祖奉禮)에 정성을 다한다.

(10) 일간(日干)과 월간(月干)이 합(合)이 되거나 일지(日支)와 월지(月支)가 합(合)이 되면, 부모의 유덕(遺德)이 있고 부모형제, 상사와 화합을 잘한다.

(11) 일간(日干)과 시간(時干)이 합(合)이 되거나 일지(日支)와 시지(時支)가 합(合)이 되면, 자손의 덕이 있고 부하와도 화합을 잘한다.

(12) 일간(日干)이 년간(年干)을 충(冲)을 하거나 일지(日支)와 년지(年支)가 충(冲)이 되면, 선조불화(先祖不和)하고 선조봉례(先祖奉禮)도 모시지 못하고 고향을 떠나 살아야 하며 상사와도 충돌이 심하다.

(13) 일간(日干)이 월간(月干)을 충(冲)을 하거나 일지(日支)와 월지(月支)가 충(冲)을 하면 부모형제 간에 불화하고, 부모를 떠나거나 고향을 떠나 살아야 하며 유산을 간직하기가 어렵다.

(14) 일간(日干)이 시간(時干)을 충(冲)을 하거나 일지(日支)와 시지(時支)가 충(冲)을 하면 자손과 불화하고, 유산을 물려주어도 유지하기가 어렵고 부하와의 충돌도 심하다.

(15) 천간(天干)과 지지(地支)가 상극이나 상충(相冲)하면 평생 풍파가 많이 따른다.

(16) 일간(日干)이 년간(年干)이나 월간(月干)을 상극이나 상충(相冲)하면 조부모의 재산을 파(破)하고 고향을 떠나서 살며 인덕도 없다.

(17) 일간(日干)이나 시간(時干)이 년간(年干)이나 월간(月干)을 상극이나 상충(相冲)하면 부선망(父先亡)하는 경우가 많다.

(18) 일지(日支)나 시지(時支)가 년지(年支)나 월지(月支)를 상극이나 상충(相冲)하면 모선망(母先亡)하는 경우가 많다.

제6절 삼형三刑과 자형自刑

1. 삼형(三刑)과 자형(自刑)의 의의

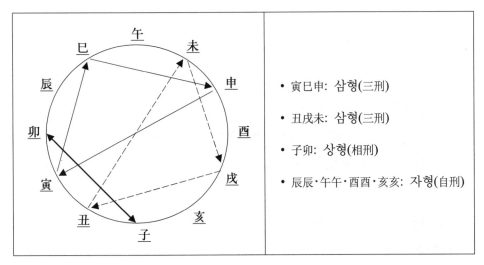

• 寅巳申: 삼형(三刑)

• 丑戌未: 삼형(三刑)

• 子卯: 상형(相刑)

• 辰辰·午午·酉酉·亥亥: 자형(自刑)

〈그림 6-4〉 삼형도(三刑圖)

삼형(三刑)은 작용력이 강하며 삼형살(三刑殺)이라고도 하며 寅巳申, 丑戌未이고, 子卯는 상형(相刑)을 말하고 자형(自刑)은 삼형(三刑)에서 빠진 辰午酉亥가 같은 글자 간의 형(刑)을 말한다. 寅巳申 삼형(三刑)의 寅은 봄의 장생지(長生地)요, 巳는 여름의 장생지(長生地)요, 申은 가을의 장생지(長生地)이다. 그래서 세 장생지(長生地)가 생명을 키우는 데 서로가 자신의 덕이라고 다투는 형상이니 질투와 시비와 상해가 일어난다는 뜻이다.

丑戌未 삼형(三刑)은 같은 오행인 土끼리 형(刑)하여 붕형(朋刑)이라고도 하며, 자기의 세력을 믿고 서로 형(刑)한다는 뜻으로, 丑은 축중계수(丑中癸水)가 겨울철

의 왕(旺)한 수기(水氣)로 가을의 술중정화(戌中丁火)를 충(沖)하는 이치요, 술중신금(戌中辛金)은 가을철의 금기(金氣)가 미중을목(未中乙木)을 충(沖)하는 이치로, 지장간(支藏干)들끼리 서로 믿고 있다가 배신(背信)과 불의(不意)가 발생하는 것이다.

자묘형(子卯刑)은 卯木이 냉수(冷水)인 子水를 만나서 동상이 걸리고 병들게 되므로 싫어하는 형(刑)이다.

자형(自刑)은 삼형(三刑)을 제외한 글자로 너무 강하기 때문에 두 글자가 만나면 서로 시기하고 다투는 형(刑)을 말한다.

2. 지형(支刑)의 특성(特性)

사주(四柱)에 삼형살(三刑殺)이 있으면 정신력이 강하고 고집이 세며 자기주장을 굽히지 않으며 냉정한 편이다.

또한 정의로우며 의리가 강하여 애국심이 많고 권력을 가지거나 생살권(生殺權)을 집행하는 군인, 경찰, 법관, 형무관, 의·약사, 간호사 등의 직업을 가지고 있는 경우가 많다.

왜냐하면 내가 남을 구속하든지 아니면 내가 도리어 구속을 당하게 되는 이치이다. 격국(格局)의 강약에 따라 조리사, 재단사, 피부미용사 등의 직업을 갖는 경우가 있다.

사주(四柱)에 형살(刑殺)이 있는데 신왕(身旺)하고 청(淸)하며 조화를 이룰 경우에는 생살권(生殺權)을 집행하지만 사주가 신약(身弱)하거나 탁(濁)하여 편고(偏枯)되었다면 오히려 관재, 송사, 수술, 쟁투, 수옥(囚獄), 파괴, 재앙, 형액(刑厄) 등 다양한 흉사(凶事)가 일어난다.

대운(大運)이나 세운(歲運)에서도 삼형살(三刑殺)이 되면 관재송사, 교통사고, 수술 등 변화가 많다.

3. 지형(支刑)의 종류

(1) 寅巳申 삼형(三刑)

寅巳申의 삼형(三刑)은 지세지형(持勢之刑)이라고 하여 인사형(寅巳刑), 사신형(巳申刑), 인신형(寅申刑)으로 寅이 巳를 형(刑)하고, 巳는 申을 형(刑)하고, 申은 寅을 형(刑)하는 것이다.

명조(命造)에 이 형(刑)이 있으면 성질이 냉혹하고 포악하며 타인을 누르거나 업신여기며 매사를 속전속결로 처리하는 경향이 있다.

그러나 명조(命造)에 삼형(三刑)이 있고 조화가 잘되면 특수직에서 성공하는 경우가 있으나, 여명(女命)은 가정운이 불길하거나 동분서주하는 생활을 한다. 또한 대인관계에서도 형제, 친척, 친구 간에 배신을 당하기도 한다.

운(運)에서도 관재, 송사, 자살, 교통사고, 수술 등이 발생하게 되고, 또한 간, 심장, 소장, 폐·대장 등의 질병에 유의해야 한다.

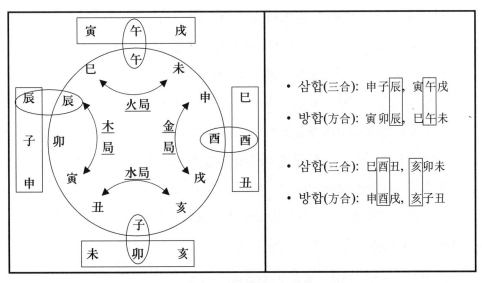

〈그림 6-5〉 자형도(自刑圖)

(2) 丑戌未 삼형(三刑)

丑戌未 삼형(三刑)은 무은지형(無恩之刑)이라고 하여 축술형(丑戌刑), 술미형(戌

未刑), 축미형(丑未刑)으로 丑이 戌을 형(刑)하고, 戌이 未를 형(刑)하고, 未가 丑을 형(刑)하는 것을 말한다.

명조(命造)에 이 형(刑)이 있으면 자기의 세력을 믿고 저돌적으로 자기의 고집과 욕심을 부리다가 실패하는 경우가 많으며 친구나 은인을 배반하기도 한다.

또한 평소에 사소한 이익이나 금전관계, 권리다툼으로 쟁투가 일어나 원수가 되는 경우가 있으며 여명(女命)은 부부불화, 이별, 산액, 고독한 경우가 많다.

그러나 이 명조(命造)에 삼형(三刑)이 있고 조화를 이루어 청격(淸格)이면 특수직에서 생살권(生殺權)을 가지고 이름을 날려 명진사해(名振四海)하는 경우가 많다. 질병으로는 뇌, 정신, 심신, 심장, 비장, 위장 등의 질환으로 고생한다.

(3) 子卯 상형(相刑)

子卯 상형은 무례지형(無禮之刑)이라고도 하며 子가 卯를 형(刑)하고 卯도 子를 형(刑)하므로 서로 형(刑)한다고 하여 호형(互刑) 또는 상형(相刑)이라고 한다.

즉, 卯木이 자월(子月)인 한랭절(寒冷節)에 만나서 수생목(水生木)으로 상생이 될 것 같으나, 오히려 냉수(冷水)가 되어 동목(凍木)이 되는 이치와 같은 것이며, 왕지(旺支)끼리 서로가 자존심이 강한데 卯木은 子水를 꺼리어 인수(印綬)인 어머니를 배척하여 패륜으로 해석하여 무례지형(無禮之刑)이라고 하는 것이다.

명조(命造)에 자묘형(子卯刑)이 있으면 예의가 없고 주위사람과 화목하지 못하며 난폭하거나 편고(偏枯)한 행동을 하는 경우가 많으며, 운(運)에서도 자묘형(子卯刑)이 되면 불륜, 간통, 시비, 구설, 형액(刑厄), 부부불화 등이 발생한다.

질병으로는 신장, 방광, 비뇨기, 간담계통 등에 질환이 발생하고 마약, 음독(飮毒) 등의 경험도 갖게 된다. 그러나 명조(命造)가 조화를 이루고 청(淸)하면 생살권(生殺權)을 가진 업종에서 두각을 나타낸다.

(4) 辰辰 · 午午 · 酉酉 · 亥亥 자형(自刑)

자형(自刑)은 지지(地支)가 서로 같으면서 형(刑)을 하여 붙여진 이름이며 다른 형살(刑殺)에 비해서 작용력이 약하다. 그 이유는 辰辰, 午午, 酉酉, 亥亥가 동성(同性)으로 동합(同合)이 이루어지기 때문이다.

명조(命造)에 자형(自刑)이 있으면 독립정신이 약하고 주어진 일에 대해서는 성의가 없고 시종일관하지 못한다. 또한 쓸데없는 자기주장을 내세워 적을 만들기도 한다. 속마음이 악독하고 천박하며 심하면 신체에 장애가 생기거나 불구가 되기 쉽다.

명조(命造)의 일시(日時)에 자형(自刑)이 있으면 배우자나 자식이 병약하거나 질병이 생기며 간혹 장애아나 쌍둥이를 출산하는 경우가 있다.

辰辰 자형(自刑)은 자만심이 강하고 당돌하며 형제간에 우애가 없고 사회에서 소외당하고 고독하다. 辰 중 癸水로 왕(旺)한 수고(水庫)로 수재, 냉해, 익사 등의 사고가 발생하고 비장, 위장, 피부병, 신장, 방광, 비만증, 요도염 등의 질병이 발생한다. 그러나 명조(命造)가 청(淸)하면 창고업, 수산업, 법조계통에서 성공하는 경우가 많다.

午午 자형(自刑)은 화기(火氣)가 태왕(太旺)하여 성질이 너무 급하고 속단하여 경거망동한 행동으로 부부와 인연이 박하고 자식과도 불화하며 관재구설이 많다. 또한 화재, 폭발, 자해, 총상 등의 사고가 발생하며 신경과민, 두통 등 정신신경계통의 질병이 올 수 있고 전기, 전자, 가스, 주유소 등의 사업에 종사하기도 한다.

酉酉 자형(自刑)은 금기(金氣)가 태왕(太旺)하여 강압적이고 독선적이며 포악하다. 또한 사물의 성장을 억제시키는 숙살(肅殺)의 기질을 가지고 있기 때문에 칼이나, 연장, 기계 등으로 인한 상해, 수술, 교통사고, 폐·대장 등 호흡기 계통이나 자궁, 생리통, 유방 등의 질병에 시달리기도 한다.

亥亥 자형(自刑)은 수기(水氣)가 왕(旺)하여 머리가 비상하고 임기응변과 상황변화에 능숙하다. 또한 수재나 폭설, 폭풍, 한파 등으로 인한 피해를 입으며 신장, 방광 등 비뇨기 계통이나 고혈압, 당뇨, 심장병 등이 발생하는 경우가 많다.

4. 지형(支刑)의 특성

(1) 원명(原命)에 형(刑)이 있는데 유기(有氣)하고 청(淸)하여 조화를 이루면 권력과 명예를 얻어 만인을 통솔하지만, 명조(命造)가 편중되거나 균형이 깨지고 탁(濁)

하면 도리어 자신이 형벌이나 재난에 시달리며 운행(運行)에서도 지형(支刑)이 이루어지면 교통사고, 수술 등 관재송사가 일어난다.

(2) 원명(原命)이 왕성하고 지형(支刑)이 12운성(十二運星)의 장생(長生), 제왕(帝旺), 건록(建祿)에 있으면 자존심이 강하고 의지와 추진력이 강하며 의리와 인정이 많고 희생정신이 투철하다.

그러나 지형(支刑)이 12운성(十二運星)의 사절(死絶)이 되면 재앙이 많고 냉정하며 잔인할 뿐만 아니라 배신하고 공격적이고 위협적인 성격을 가지고 있으며, 가정적으로도 부부불화하거나 이별하는 경우가 많다.

(3) 직업적으로는 명조(命造)가 격국용신(格局用神)에 따라 다르겠지만 일반적으로 상격(上格)이면 생살권(生殺權)을 갖는 판사, 검사, 변호사, 군인, 경찰, 의사, 약사, 신문방송 등 언론 및 별정직이나 권력기관에서 종사하며, 격국(格局)이 낮으면 미용, 이발, 석공, 포목, 재단, 디자인, 정육점, 도축업, 수산업, 창고업, 목욕 및 숙박업 등에 인연이 있다.

(4) 여명(女命)에 식신(食神)이나 상관(傷官)이 지형(支刑)에 해당하면 유산, 자궁외임신, 제왕절개수술, 자궁암수술 등을 경험하게 된다.

(5) 원명(原命)의 년지(年支)와 월지(月支)에 지형(支刑)이 있으면 부모나 상사에게 불효나 불경하며 형제가 고독하다.

(6) 원명(原命)의 일지(日支)와 시지(時支)에 있으면 배우자와 자손이 포악하고 화목하지 못하고 자신은 덕이 없다.

(7) 년지(年支)나 월지(月支)에 형살(刑殺)이 있고 또 일시(日時)에 형살(刑殺)이 있으면 서로가 형(刑)하여 선조, 부모, 형제, 상사에게 불경 또는 무례한 행동을 한다.

(8) 형충파해(刑沖破害)가 같이 있으면 가까운 것끼리 강하게 작용한다. 만약 축년(丑年), 자월(子月), 인일(寅日), 오시(午時)라면 子丑이 합(合)되어 子午는 충(沖)이 약하게 작용한다. 그러나 좌우의 세력을 잘 살펴서 판단해야 한다.

(9) 충(沖)의 작용력은 육합(六合)보다 강하여 육합(六合)과 육충(六沖)이 같이 있

을 경우 육충(六冲)으로 본다.

(10) 육합(六合)은 삼형(三刑)과 육해(六害)보다 더 작용력이 강하여 육합(六合)과 형해(刑害)가 같이 있을 경우 육합(六合)으로 본다.

(11) 방합(方合)이나 삼합(三合), 충(冲)은 작용력이 크고 형해(刑害)는 작용력이 비교적 작다.

(12) 방합(方合)이나 삼합(三合), 육합(六合)으로 형충(刑冲)을 해소한다. 만약 오년(午年), 자월(子月), 진일(辰日), 신시(申時)라면 년월지(年月支)는 子午로 충(冲)이 되지만, 일시지(日時支)의 申辰은 월지(月支)의 子水를 합하여 삼합수국(三合水局)이 되어 자오충(子午冲)은 해소된다.

(13) 형충(刑冲)이 회합(會合)을 깬다. 만약 자년(子年), 자월(子月), 인일(寅日), 신시(申時)라면 월시지(月時支)가 申子로 반합(半合)이 되지만, 일시지(日時支)가 寅申으로 상충(相冲)하여 신자반합(申子半合)을 해소하여 합(合)이 되지 않고 충(冲)이 되었다.

그러나 자년(子年), 오월(午月), 술월(戌月), 진시(辰時)라면 오술반합(午戌半合)이 년월지(年月支)의 자오상충(子午相冲)을 해소하였으나, 일시지(日時支)에서 진술(辰戌)로 다시 상충(相冲)을 하여 오술반합(午戌半合)을 해소하여 자오상충(子午相冲)이 되었다.

(14) 원명(原命)의 지지(地支)에 용신이나 희신(喜神)이 있는데 운(運)에서 합(合)하면 길(吉)이 반감되고 기신(忌神)이 합(合)을 하면 합지(合支)되어 흉(凶)이 반감된다. 그러나 삼합(三合)이나 방합(方合)이 되어 희신(喜神)이 되면 더욱 길(吉)하게 되고 기신(忌神)이 되면 더욱 흉하게 되는데, 운(運)에서 마찬가지로 희신(喜神)이 되면 더욱 길하게 되고 기신(忌神)이 되면 더욱 흉하게 된다.

제7절 지파支破

1. 지파(支破)의 의의

〈그림 6-6〉에서 지파(支破)는 子酉, 丑辰, 寅亥, 巳申, 午卯, 戌未 사이에 여섯 가지로 파(破)가 형성(形成)되는데, 子가 酉를 파(破)하고 丑이 辰, 寅이 亥, 巳가 申, 午가 卯, 戌이 未를 파(破)한다.

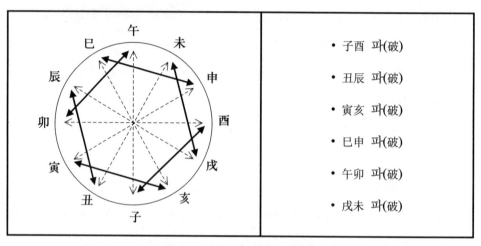

〈그림 6-6〉 지파구성도(支破構成圖)

지파(支破)의 구성(構成)은 양지(陽支)는 자기 자신을 기준으로 하여 반시계 방향으로 4번째이고, 음지(陰支)는 시계 방향으로 4번째에 해당하는 것이 파(破)가 이루어지는 것이다.

또한 지파(支破)의 구성은 子午와 卯酉가 충(沖)을 하면 子酉와 卯午도 자연적으로 영향을 받아 파(破)가 되는 것이며, 寅申과 巳亥가 충(沖)을 하면 寅亥와 巳申도 자연적으로 영향을 받아 파(破)가 되며, 辰戌과 丑未가 충(沖)을 하면 丑辰과 戌未가 역시 흔들려서 파(破)가 되는 것이다.

파(破)란 집단이나 조직의 발전 기운을 파괴, 분리, 이별, 절단, 질병, 수술, 파산, 사별, 정리, 이동한다는 뜻으로서 작용력은 형(刑), 충(沖), 해(害)보다 약하다. 그러나 파괴한다는 뜻이 담겨 있어서 방심하거나 소홀하게 생각하는 것은 금물이다.

2. 지파(支破)의 종류와 특성

(1) 자유파(子酉破)

자유파는 약속이 깨지거나 이행하지 않아 신의가 떨어지고 자기가 세운 계획이나 추진과정에서 혼란을 가져오기도 한다. 부모형제 간에도 적대감이 있게 되고 부부 간에도 무정하고 자식이 불효하기도 한다.

질병으로는 子水에 관련되는 신장, 요도염, 방광염, 전립선염, 생리불순, 자궁암, 폐질환 등이 염려된다.

(2) 축진파(丑辰破)

축진파는 어떤 일을 추진하는 과정에서 무리하게 시도하거나 자신의 능력을 너무 과신하여 명예나 재산을 손상시킨다. 원명(原命)에 파(破)가 있거나 운(運)에서 파(破)를 만나면 남명(男命)은 처로 인한 재산상의 손재를 보게 되고 여명(女命)은 남편이 사회적인 문제로 명예가 실추되거나 관재구설이 많이 따른다.

질병으로는 비장, 위장, 맹장염, 복막염, 피부습진 등의 질환이 염려된다.

(3) 인해파(寅亥破)

인해파는 합력(合力)이 이루어지기 때문에 파(破) 중에서 제일 약하게 작용한다. 그러나 巳나 申이 있으면 합(合)을 깨므로 재난이 따른다. 질병으로는 유산, 임신중절, 자궁수술, 방광염, 담석증 등이 염려된다.

(4) 사신파(巳申破)

사신파는 합(合)도 되고 형(刑)도 되고 파(破)도 된다. 그러므로 처음에는 합의 작용이 먼저 일어나서 화합, 단합, 동업 등 일이 순조롭게 진행되어 가다가 도중에 충돌, 불화, 배신, 투쟁 등 형파(刑破)작용이 일어나 파산, 손재, 분리 등을 일으켜 항상 복잡하고 미묘한 이중의 요소가 내포되어 있으니 자세히 살펴야 한다. 질병으로는 심장과 소장, 폐와 대장 등의 질환이 염려된다.

(5) 오묘파(午卯破)

오묘파는 목화(木火)로 화왕(火旺)하여 매사에 신중하지 못하고 속전속결로 처리하므로 자주 사업에 실패하거나, 풍류와 색정으로 인하여 명예가 실추되기도 한다.

원명(原命)에 오묘파(午卯破)가 있는데 운(運)에서 다시 파(破)를 만나면 도박, 유흥, 공금횡령, 뇌물수수 사건 등에 주의하여야 한다. 질병으로는 간담, 안질, 심장, 소장 등의 질환이 염려된다.

(6) 술미파(戌未破)

술미파는 파(破)와 동시에 형(刑)이 성립되어 형파(刑破)의 작용력이 매우 크게 나타난다. 대인관계 면에서는 의외의 시비나 구설, 모함, 배신, 시기, 질투, 문서착오 등의 사고가 일어난다. 질병으로는 비장, 위장, 신경쇠약, 편두통, 요통 등의 질환이 염려된다.

제8절 지해支害

1. 지해(支害)의 의의

지해(支害)는 투쟁한다는 뜻이며 중간에 방해물이 끼어 이간질하여 쌍방의 단합을 방해하고 피해를 주는 것이다. 그러므로 '충돌한다'라는 뜻과 달리 '해롭게 한다'라는 뜻이 더 타당하다.

지해(支害)는 은혜 가운데서 해(害)를 끼친다는 뜻으로 가까운 사람과의 질투, 모략, 공격, 투쟁, 소송 등이 일어난다. 원명(原命)에 해(害)가 있으면 부모, 형제자매와의 인연이 박하고 성격은 참을성이 부족하고 화를 잘 내며 고질병이 생긴다. 〈그림 6-7〉에서 子未, 丑午, 寅巳, 卯辰, 申亥, 酉戌이 해(害)가 되는데 예를 들면 子丑이 합(合)이 되어 있는데 未가 끼어들어 축미충(丑未沖)으로 子丑 합(合)을 방해하여 子未는 해(害)가 되는 것이고, 午未가 합(合)인데 丑이 끼어들어 丑未 충(沖)으로 午未 합(合)을 방해하여 丑午가 해(害)가 되는 것이고, 寅巳 해(害)도 마찬가지로 寅亥가 합(合)인데 巳가 끼어들어 巳亥 충(冲)으로 합(合)을 방해하여 寅巳 해(害)가 되는 것이다.

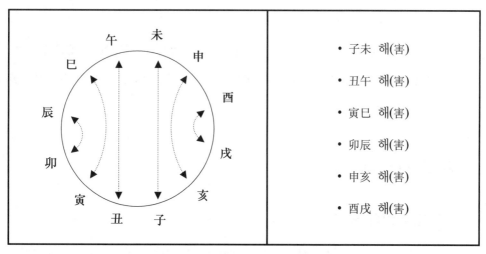

〈그림 6-7〉 지해(支害)구성도(構成圖)

2. 지해(支害)의 종류와 특성

(1) 子未 해(害)는 육친(六親)이나 형제간에 불화하고 부부관계도 애로가 많아 고독하게 살아가며 관재구설도 따른다. 질병으로는 자궁질환, 생식기질환, 요통 등이 발생한다.

(2) 丑午 해(害)는 子未 해(害)와 같이 부모나 형제지간에 사이가 좋지 않고 재물에만 욕심이 많아 관재송사가 많이 발생하고 특히 지기 싫어하는 성격 때문에 항상 마음속에 독이 있고 인내심이 부족하다. 질병으로는 정신병, 신경장애, 중풍 등이 발생한다.

(3) 寅巳 해(害)는 삼형(三刑)으로도 성립되나 형해(刑害)가 함께 작용력이 일어나는데 관재송사, 중상모략, 형액, 수술이나 교통사고 등이 일어난다. 질병으로는 간담, 위장, 소장 등에 질환이 발생한다.

(4) 卯辰 해(害)는 믿고 따르는 가까운 사이에서 원망이나 배신을 당하며 관재구

설이 다르고 암투가 일어난다. 질병으로는 위장, 간장 등의 질환이 발생한다.

(5) 申亥 해(害)는 자기 자신을 너무 과신하고 남을 미워하거나 업신여기며 안면이나 몸에 흉터가 많이 생기거나 교통사고, 수액(水厄) 등이 일어난다. 질병으로는 폐, 대장, 산액 등이 발생한다.

(6) 酉戌 해(害)는 성격이 과격하고 남을 무시하거나 원망하고 배신을 잘한다. 특수직이나 활인업에 인연이 많다. 질병으로는 폐, 대장, 위장 등에 질환이 발생한다.

제9절 원진怨嗔

1. 원진(怨嗔)의 의의

원진(怨嗔)이란, 지지육충(地支六沖)을 기준으로 구성되어, 양지는 충(沖)되는 지지(地支)의 다음 글자가 원진(怨嗔)이 되고, 음지(陰支)는 충(沖)되는 지지(地支)의 앞에 있는 글자가 원진(怨嗔)이 된다.

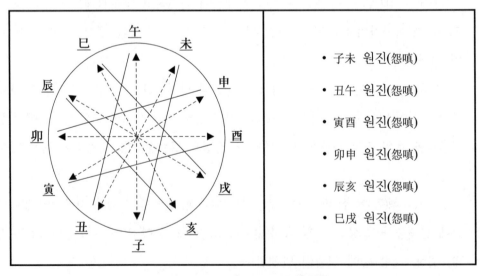

• 子未 원진(怨嗔)

• 丑午 원진(怨嗔)

• 寅酉 원진(怨嗔)

• 卯申 원진(怨嗔)

• 辰亥 원진(怨嗔)

• 巳戌 원진(怨嗔)

〈그림 6-8〉 원진구성도(怨嗔構成圖)

〈그림 6-8〉에서 보는 바와 같이 지지육충(地支六沖)을 기준으로 하여 구성되는데, 자미원진(子未怨嗔)은 子와 午가 충돌하면 반목·질시하게 되므로 子와 午는 양이 되어 순행(順行)으로, 다음번인 未는 子와 원진(怨嗔)이 되어 자미원진(子未怨嗔)이 되며, 축오원진(丑午怨嗔)은 丑과 未가 충돌하고 난 다음에 丑과 未는 음(陰)으로서 역행하여 午와 丑은 원진(怨嗔)이 되는 것이다. 이와 같은 방법으로 寅은 酉, 辰은 亥, 申은 卯, 戌은 巳가 원진(怨嗔)이 되는 것이다.

원진(怨嗔)의 작용은 남녀궁합을 보는 데 많이 활용하지만 실질적으로 영향력은 크지 않다. 그러나 원명(原命)에 있으면 상호불신, 불화, 시기, 질투, 원망으로 인하여 부부이별하고 불평, 불만이 많고 고독한 생활을 하는 경우가 많다.

2. 원진(怨嗔)의 특성

(1) 고서에서 원진(怨嗔)의 작용은 동물의 특성에 비유하여 설명하기도 한다.

쥐는 양의 머리에 있는 뿔을 보고 크게 꺼리고, 소는 말이 밭을 갈지 않고 선비만 태우고 다니는 것을 미워하고, 범은 닭의 벼슬과 새벽에 우는 소리를 싫어하고, 토끼는 원숭이가 재주를 부려 귀여움을 독차지하는 것을 미워하고, 용은 돼지의 검은 털과 못생긴 면상을 보고 미워하며, 뱀은 개 짖는 소리에 놀라서 개를 싫어한다고 우화적으로 표현하기도 한다.

(2) 원진(怨嗔)이 비겁(比劫)에 해당하거나 행운(行運)에서 다시 원진(怨嗔)을 만나면 형제간에 불화가 생기거나 손재를 보게 되고, 식상(食傷)에 해당하거나 행운(行運)에서 다시 원진(怨嗔)을 만나면 자식의 신변에 이상이 있거나 시비와 구설이 생기고 속과 겉이 다르며 독설이 심하다.

재성(財星)에 해당하거나 행운(行運)에서 다시 원진을 만나면 재물이 파산되거나 처에게 애상(哀喪)이 생기고, 관성(官星)에 해당하거나 행운(行運)에서 다시 원진을 만나면 관재송사가 일어나거나 좌천이나 징계 등이 발생하고 자식의 신변에 이상이 생긴다.

(3) 원진(怨嗔)은 부부가 생사이별하게 되며 권태가 생겨 끝내는 못살게 되며 남

자는 외방출입하거나 첩을 두고 재물을 다 바치는 운명이다. 그뿐만 아니라 사회적으로 대인관계에서 실마리가 종결되지 않고 상대가 잘못을 시인할 때까지 투쟁하는 성질이 있다. 일반적으로 상충(相沖)은 결판이 빠르지만 원진(怨嗔)은 끈질기며 부부궁합에도 서로가 미워하고 애정도 결핍되어 원망하면서 살아간다.

(4) 원진(怨嗔)이 년주(年柱)에 있으면 조상무덕하고 부모와 정이 없고 선조와 부모가 불화하게 살아왔으며, 월주(月柱)에 원진(怨嗔)이 있으면 부모형제와 무덕하거나 불구단명하며, 일주(日柱)에 원진(怨嗔)이 있으면 부부가 생사이별 하거나 자궁수술 등 질병이 발생하며, 시주(時柱)에 원진(怨嗔)이 있으면 자식이 없거나 불효한 자식이 태어난다.

(5) 원진(怨嗔)이 년(年)과 월(月)이면 선조와 부모가 불화하였고 자신도 어려서 애정 없이 성장하였으며, 일(日)과 월(月)이 원진(怨嗔)이면 부모형제와 고부간에 불화하며, 일(日)과 시(時)가 원진(怨嗔)이면 처와 자식간 인연이 박하다.

제10절 공망空亡

1. 공망(空亡)의 의의

공망(空亡)이란 다른 이름으로 천중살(天中殺)이라고도 부르며 순공(順空)이라고도 한다. 10천간(十天干)과 12지지(十二地支)가 짝을 지을 때, 천간이 부족하여 두 개의 지지가 짝을 짓지 못하게 되는 지지를 공망(空亡)이라고 한다.

남은 지지(地支) 중에서 앞에 있는 양지(陽支)를 공(空)이라고 하고, 뒤에 있는 음지(陰支)를 망(亡)이라고 하며, 양일주(陽日柱)가 양지(陽支) 공망은 진공(眞空)이요, 음지(陰支) 공망은 반공(半空)이고, 음일주(陰日柱)가 음지(陰支) 공망(空亡)은 진공(眞空)이요, 양지(陽支) 공망은 반공(半空)이 된다.

공망(空亡)이라고 하는 것은 공허하고 무력하다는 뜻으로, 비었다, 망했다, 파괴되었다, 정지되었다는 의미 등으로 응용되기도 한다.

〈표 6-1〉 공망조견표(空亡早見表)에서 공망(空亡)이 구성되는 것은 甲子에서 癸酉까지는 戌亥, 甲戌에서 癸未까지는 辛酉, 甲申에서 癸巳까지는 午未, 甲午에서 癸卯까지는 辰巳, 甲辰에서 癸丑까지는 寅卯, 甲寅에서 癸亥까지는 子丑이 공망(空亡)이다. 여기에서 주의해야 할 것은 원명(原命)에 공망(空亡)이 있다고 무조건 흉작용(凶作用)으로 해석해서는 안 된다는 점이다. 공망(空亡)되어 있는 지지(地支)가 생왕(生旺)인가, 사절(死絶)인가, 또는 길신(吉神)인가, 흉신(凶神)인가, 그리고 합충(合冲)관계를 자세히 살펴야 한다.

〈표 6-1〉 공망조견표(空亡早見表)

區 分		甲子旬	甲戌旬	甲申旬	甲午旬	甲辰旬	甲寅旬
六十甲子		乙丑	乙亥	乙酉	乙未	乙巳	乙卯
		丙寅	丙子	丙戌	丙申	丙午	丙辰
		丁卯	丁丑	丁亥	丁酉	丁未	丁巳
		戊辰	戊寅	戊子	戊戌	戊申	戊午
		己巳	己卯	己丑	己亥	己酉	己未
		庚午	庚辰	庚寅	庚子	庚戌	庚申
		辛未	辛巳	辛卯	辛丑	辛亥	辛酉
		壬申	壬午	壬辰	壬寅	壬子	壬戌
공망 (空亡)		癸酉	癸未	癸巳	癸卯	癸丑	癸亥
		戌亥	辛酉	午未	辰巳	寅卯	子丑

2. 공망(空亡)의 특성

(1) 공망(空亡)은 일주(日柱)를 기준하여 년주(年柱), 월주(月柱), 시주(時柱)에서 공망(空亡)을 산출(算出)하고, 일주(日柱)의 공망(空亡)은 년주(年柱)를 기준하여 산출한다.

(2) 공망(空亡)을 찾는 방법은 〈표 6-1〉 공망조견표(空亡早見表)를 활용할 수 있으나, 원명(原命)에서 일주(日柱)나 년주(年柱)의 간지(干支)를 이용하여 육십갑자(六

十甲子)를 순행(順行)으로 진행하다가 천간(天干)이 癸로 끝나고 다음에 해당하는 지지(地支)의 두 자(二字)가 공망(空亡)이 되는 것이다.

(3) 공망(空亡)은 대운(大運)보다는 년운(年運)과 일진(日辰) 등의 공망(空亡)을 활용(活用)하며, 공망(空亡)이 원명(原命)에 있는데 행운(行運)에서 다시 공망(空亡)이 오면 오히려 공망(空亡)의 작용력이 약화된다. 공망(空亡)이란 다른 이름으로 천중살(天中殺)이라고도 부르며 순공(順空)이라고도 한다.

(4) 원명(原命)에서 흉신(凶神)이 공망(空亡)이 되면 흉작용(凶作用)이 해소되고 반대로 길신(吉神)이 공망(空亡)이 되면 길작용(吉作用)이 감소된다. 만약, 전지지(全地支)가 공망(空亡)이 되면 오히려 공망(空亡)의 작용이 발생하지 않고, 귀명(貴命)이 되는 것이다.

(5) 공망(空亡)이 같을 때, 특히 일주(日柱)에 해당하면 한 뿌리로 간주하여 해석하는데, 부부의 경우는 전생의 인연으로 친구와 같이 다정하고, 화목하게 해로하기 때문에 궁합을 볼 때에 활용한다.

(6) 공망(空亡)이 사절(死絶)에 해당되면 진공망(眞空亡)이라고 하여 일생 동안 허송세월이 많고, 정처없이 방황하기 쉬우나 공망(空亡)이 생왕(生旺)에 해당되면 반공망(半空亡)이라고 하여 총명하고 도량이 넓고 관대하여 평생 명리(名利)를 얻고 재복이 많다.

3. 공망(空亡)의 종류

(1) 년월일시(年月日時) 공망(空亡)

원명(原命)의 전지지(全地支)가 공망(空亡)이 되거나 월일시(月日時)에 3개의 지지(地支)가 공망(空亡)이 되면 오히려 귀명(貴命)으로 해석한다.

년지(年支)에 공망(空亡)이 있으면 부모의 유산이 없고 일찍 부모의 곁을 떠나서 독립하여 자수성가하며, 어린 시절 자란 형편이 불우하였다고 본다.

월지(月支)에 공망(空亡)이 있으면 부모형제 덕이 없고, 형제간의 일로 근심이 많거나 고향과 인연이 약하고, 직업이나 생활이 순탄하지 못하다.

일지(日支)에 공망(空亡)이 있으면 부부궁(夫婦宮)이 부실하고 고질병에 시달리며 서모(庶母)나 계모를 모시기도 한다. 특히 배우자궁이 약하여 만혼하거나 흠이 있는 배우자와 인연이 있다.

시지(時支)에 공망(空亡)이 있으면 자식이 무력하고 말년이 불우하며 자식이 없어 양자를 두기 쉽고 임종하는 자식이 없는 경우가 많으며 고독하고 박명하다.

(2) 육친(六親) 공망(空亡)

비겁(比劫)이 공망(空亡)이면 형제자매의 덕이 없고, 고독하며 협조정신이 부족하고 고향을 떠나 객지에서 성공하는 경우가 많다.

식신(食神)이 공망(空亡)이면 소극적이어서 개척정신과 투지력이 약하다. 반면에 예능계에 소질이 있고 종교나 철학 쪽에 인연이 많으며 자손이나 아랫사람의 덕이 없다.

상관(傷官)이 공망(空亡)이면 연구심이 강하여 교육이나 연구 계통에 종사하며 자손이나 아랫사람의 덕이 없다.

편재(偏財)가 공망(空亡)이면 처덕(妻德)과 재물복이 없으며 허영심과 사기성이 잠재되어 있다.

정재(正財)가 공망(空亡)이면 극처(剋妻)하거나 재물복이 없으며 흉액(凶厄)이 따르고 인색하다.

편관(偏官)이 공망(空亡)이면 정치성과 외교성이 뛰어나고 지도력도 풍부하고 혁신적인 일을 좋아하며 여자는 남편복이 없다.

정관(正官)이 공망(空亡)이면 실속은 없으면서 대외적인 명분을 중요시하여 명예욕이 대단하다. 또한 직장의 변동이 많고 관운도 나쁘며 여자는 남편복이 없다.

인수(印綬)가 공망(空亡)이면 부모덕이 없고 학업이 중단되기 쉬우며 자존심이 강하여 타인의 도움을 받지 않는다.

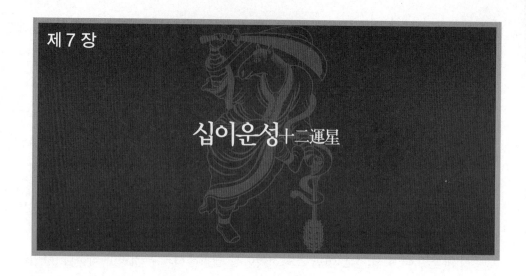

제 7 장

십이운성十二運星

제1절 십이운성+二運星의 의의

〈표 7-1〉 십이운성도표(十二運星圖表)

十二運 ＼ 天干	甲	乙	丙	丁	戊	己	庚	辛	壬	癸
장생(長生)	亥	午	寅	酉	寅	酉	巳	子	申	卯
목욕(沐浴)	子	巳	卯	申	卯	申	午	亥	酉	寅
관대(冠帶)	丑	辰	辰	未	辰	未	未	戌	戌	丑
건록(建祿)	寅	卯	巳	午	巳	午	申	酉	亥	子
제왕(帝旺)	卯	寅	午	巳	午	巳	酉	申	子	亥
쇠(衰)	辰	丑	未	辰	未	辰	戌	未	丑	戌
병(病)	巳	子	申	卯	申	卯	亥	午	寅	酉
사(死)	午	亥	酉	寅	酉	寅	子	巳	卯	申
묘(墓)	未	戌	戌	丑	戌	丑	丑	辰	辰	未
절(絶)	申	酉	亥	子	亥	子	寅	卯	巳	午
태(胎)	酉	申	子	亥	子	亥	卯	寅	午	巳
양(養)	戌	未	丑	戌	丑	戌	辰	丑	未	辰

십이운성(十二運星)이란 인생으로 비유한다면 이 세상에 태어날 때에 부친의 정자와 모친의 난자가 정합(精合)하여 복중의 태반에 회태(懷胎)되어야 하는 것이니, 이것을 태(胎)라고 하여 포태법(胞胎法) 또는 절태법(絶胎法)이라고도 한다.

십이운성(十二運星)은 천간(天干)의 기가 땅에 미치는 순환의 원리이며 오행(五行)의 강약 및 심천(深淺)의 척도를 나타내기도 한다.

그러므로 모든 작용인 생극제화(生剋制化)와 형충파해(刑冲破害)도 십이운성(十二運星)으로 변화하는 동안 일어나는 것이다. 사람이 태어나서 늙으면 죽음에 이르고 흙으로 돌아가는 과정을 12단계로 세분하여 나타낸 것이 십이운성(十二運星)으로, 일간(日干)의 왕약(旺弱) 및 기초적인 성격 등을 판단할 수 있다. 십이운성(十二運星)은 출생과 더불어 생로병사가 있듯이 오행에도 계절의 작용에 따라 왕쇠강약(旺衰强弱)이 있음을 보여준다.

십이운성(十二運星)을 인생에 비유하여 설명한다면 생(生)은 모태에서 처음 출생하는 것을 뜻하며, 욕(浴)은 유아시절에 목욕을 시키고 대소변을 보도록 돌보아야 하는 것에 비유하며, 관(冠)은 스스로 공부하고 자신의 몸을 가꾸고 스스로 옷을 입을 수 있는 단계에 있으며, 록(祿)은 인생을 살아가는 자력이 생기고 취직이나 승진시험을 치르는 시기를 말하며, 왕(旺)은 일생에서 최대의 전성기에 속하며 장년시절을 뜻한다.

쇠(衰)는 전성기가 지나고 서서히 노쇠하여 가는 시기이며, 병은 늙고 병든 시기를 뜻하며, 사(死)는 늙어서 병들어 죽는 시기이며, 묘(墓)는 죽어서 무덤에 들어가는 것에 비유하여 인생의 일대가 끝났음을 의미한다.

절(絶)은 포(胞)라고도 하는데 형체는 없고 순수한 기만 살아 있어 다시 입태(入胎) 직전에 있는 시기이며, 태(胎)는 하나의 새로운 생명이 모태에 다시 입태(入胎)한 상태이며, 양(養)은 출생 직전에 모태에서 점점 성장하고 있는 상태에 비유한다.

십이운성(十二運星)은 일반적으로 세 개의 형태로 나누어 응용하는데, 첫째는 장생(長生), 관대(冠帶), 건록(建祿), 제왕(帝旺)을 사왕(四旺)이라 하여 왕성함을 뜻하고, 둘째는 목욕(沐浴), 묘(墓), 태(胎), 양(養)을 사평(四平)이라 하여 보통으로 보아

평운(平運)을 뜻하며, 셋째는 쇠(衰), 병(病), 사(死), 절(絶)을 사쇠(四衰)라 하여 아주 약한 것을 뜻한다.

제2절 십이운성十二運星의 특성

1. 장생(長生)

(1) 장생(長生)의 의의
장생(長生)이란 모체로부터 처음 생명체가 태어난다는 신규개시상(新規開始象)이라, 힘은 없어도 땅을 밀고 나온 새싹의 상태에 비유되어 부드럽고 유하지만 잘라도 또 자라 나온다. 실제 힘은 없으나 솟아오르는 새싹의 기는 아주 강하다. 그래서 생명력이 가장 왕성한 시기를 뜻한다.

(2) 장생(長生)의 특성
원명(原命)에 장생(長生)이 있으면 성격은 개척정신이 강하고 창의적이며 진취적으로 강한 의욕이 앞선다. 성품은 온후하고 소탈하며 솔직담백하고 총명하여 예술이나 기예의 재능이 뛰어나고 순수하여 남과 다투지 않는다. 그런고로 친구가 많고 유순하다.

(3) 장생(長生)의 직업
사업가로는 어렵고 공직자나 봉급생활이 적합하다. 공직생활뿐만 아니라 예능계통에 인연이 있고, 다재다능하여 개인 기업이나 동업이 좋다. 신왕(身旺)하면 개인 사업도 무난하나 지도력이나 통솔력이 부족한 것이 흠이다.

(4) 장생(長生)과 사주(四柱)
원명(原命)에 장생(長生)이 년주(年柱)에 있으면 선조의 유덕(遺德)이 있고 선조대에 유복한 생활을 하였고, 월주(月柱)에 있게 되면 부모형제의 덕이 있고 부모대에 영화롭게 살았으며, 일주(日柱)에 있게 되면 총명하고 영리하여 부부가 화목하고 형제와 친우 간에 신의가 있고 말년에 더욱 빛이 난다. 시주(時柱)에 있게 되면 자손이 효도하며 그 가문을 빛나게 한다.

(5) 장생(長生)과 육친(六親)

비겁(比劫)이 장생(長生)이면 형제자매가 발복(發福)하고 식상(食傷)이 장생(長生)이면 의식주의 혜택을 받고 가업이 흥왕(興旺)하다. 재성(財星)이 장생(長生)이면 거부(巨富)가 되며, 관살(官殺)이 장생(長生)이면 명예가 따르고 고관의 직책을 수행한다. 인수(印綬)가 장생(長生)이면 인기가 있고 문장으로 이름을 얻는다.

2. 목욕(沐浴)

(1) 목욕(沐浴)의 의의

목욕(沐浴)이란, 아기가 처음 태어나 목욕을 시키는 시기로, 씨앗이 싹튼 후에 껍질을 벗어나는 상태이므로, 쓸모 있는 것은 기르고 약한 것은 솎아내는 시기와 같다. 그런데 아기를 목욕시키면 얼굴이 예뻐지는 것은 사실이지만 춥고 떨리고 공포감을 느끼고 때로는 고통도 겪는다.

목욕(沐浴)은 어린아이가 목욕시킬 때 발가벗은 나체지상(裸體之象)으로 주색, 낭비, 음란, 방탕 등 수치스러움을 모르고 행동하며, 무슨 일이든지 변동이 많으며 싫증을 잘 내며 실패와 유랑을 하며 가업을 탕진한다.

(2) 목욕(沐浴)의 특성

성격은 사치가 심한 편이고 성패의 기복이 따른다. 다정다감하여 인정이 많아 약자를 많이 도우며, 다재다능하나 영웅호걸 기질도 가지고 있으나 조급하게 서둘러서 용두사미가 되는 수가 많다. 목욕은 남녀 간에 배우자궁의 변동이나 불미스러운 일이 생기기 쉽다.

(3) 목욕(沐浴)의 직업

직업으로는 학문이나 예술 등의 연구직이나 유행에 민감한 업종에 종사하는 것이 좋다. 신약(身弱)한 경우에는 꾸준한 인내심을 기르고 성실한 습관을 가진다면 더욱 멋진 생활이 될 수 있다.

(4) 목욕(沐浴)과 사주(四柱)

원명(原命)에 목욕(沐浴)이 년주(年柱)에 있으면 선조대에 변동이나 변화무쌍한 기복이 있었으며 심하면 주색으로 패가한 경우도 있다. 월주(月柱)에 있으면 부모 궁이나 형제궁에 기복이 많거나 주색으로 가업탕진하며 모친이 재취(再娶)하여 이복형제가 있게 되는 경우가 있다.

일주(日柱)에 있으면 부모와 인연이 없고 조실부모하거나 고향을 떠나 타향에서 자수성가해야 할 뿐 아니라, 사업도 성패가 빈번하고 부부간에도 애로가 많으며 부모의 유산이 있다 해도 계승하지 못한다. 시주(時柱)에 있으면 자식궁의 기복이 있거나 호걸, 방탕, 풍류를 즐기는 자식이 나오거나 본인이 말년에 처첩으로 인하여 가정에 불화가 일어나는 경우가 생긴다.

(5) 목욕(沐浴)과 육친(六親)

비겁(比劫)이 목욕(沐浴)이면 형제자매가 주색으로 가업을 탕진하고, 식상(食傷)이 목욕(沐浴)이면 부부에게 풍파가 많고, 재성(財星)이 목욕(沐浴)이면 부친이 풍류가 있었고 본인도 가산을 탕진하며, 관살(官殺)이 목욕(沐浴)이면 직업변동이 빈번하고 명예욕이 없으며, 인수(印綬)가 목욕(沐浴)이면 어머니가 외정(外情)이 있다.

3. 관대(冠帶)

(1) 관대(冠帶)의 의의

어린 아이가 점차 성장하여 어른이 되고 사회생활을 시작하기 위하여 의복을 갖추어 입고 사회에 진출하기 위한 학창시절과 같은 시기이므로, 초목에 비유하면 잎이 생기고 작은 가지도 생긴 상태이다. 그래서 관(冠)을 쓰고 띠를 둘렀다고 하여 관대(冠帶)라고 부르며, 장식지상(裝飾之象)이라고도 하는데 발전, 번영, 승진, 명예, 독단의 의미를 가지고 있다.

(2) 관대(冠帶)의 특성

관대(冠帶)는 교복을 입고 규범을 배우는 학창시절이므로 다방면에 지식이 풍부하고 판단력도 뛰어나며 부정과 불의에 대항하는 정의감이 불타고, 남에게 지기 싫어하고 고집이 세며 투쟁심과 인내심도 강하여 개성이 뚜렷하다. 반면에 타인에게 시기와 적대감을 갖게 하는 것이 흠이다.

(3) 관대(冠帶)의 직업

직업은 장생(長生)과 같이 사업가보다는 기술직이나 공무원이 좋다. 판단력과 기획력이 뛰어나 경영자보다는 참모직이 적합하다.

(4) 관대(冠帶)와 사주(四柱)

관대(冠帶)가 년주(年柱)에 있으면 선대에 예의가문(禮儀家門)이며 안일한 생활을 하였다. 월주(月柱)에 있으면 부모형제가 사회에 명성을 높였으며 사회적으로 출세하였다. 일주(日柱)에 있으면 총명하며 영리하고 미모의 처를 두게 되나 고집이 세고 반발심이 강하다. 시주(時柱)에 있으면 자손대업하게 되고 명성도 크게 떨치고 자식복이 있어 만년이 좋다.

(5) 관대(冠帶)와 육친(六親)

비겁(比劫)이 관대(冠帶)면 형제자매가 의리가 있고 공명(功名)을 얻으며, 식상(食傷)이 관대(冠帶)면 여자는 자녀가 크게 발전하며 남자는 직장의 승진이 빠르고 사업이 확장된다. 재성(財星)이 관대(冠帶)면 가산이 증진되고, 관살(官殺)이 관대(冠帶)면 머리가 비상하고 직장생활이 무난하며, 인수(印綬)가 관대(冠帶)면 기예의 발전이 있다.

4. 건록(建祿)

(1) 건록(建祿)의 의의

건록(建祿)은 만물이 다 자라서 열매를 맺음과 같이 한 인간이 성장하여 국가의 관리직에 임명되어 국록(國祿)을 받는 것과 같은 시기이므로 자립취상(自立取象)의 기상이라고도 한다. 또한 부모의 슬하를 떠나서 독립하는 과정이므로 타인의 지배나 간섭을 거부하고 자신만만하게 살아가는 형상이다.

(2) 건록(建祿)의 특성

건록(建祿)은 공사가 분명하고 책임감도 강하고 온후총명(溫厚聰明)하며 개척정신도 강하다. 또한 독립심이 강하여 조상의 유업을 계승하지 않고 자립대성(自立大成)하는 기질이 있다. 그래서 업무를 추진하는 과정에서는 철두철미함으로써 남에게 굽히고 아부하는 성격이 아니며 자기의 주장이 옳으면 그대로 진행하는 추진력과 용기가 뛰어나다.

일반적으로 초년에 고생이 많아 독학도나 고학도가 많은 편이고 중년 이후부터는 비교적 안락한 생활을 한다. 반면에 대인관계나 자식관계에 있어서는 너무 경직된 면이 있으니 유연하고 겸손하게 대하는 습관을 길러야 한다.

(3) 건록(建祿)의 직업

건록(建祿)의 직업은 두령(頭領)의 기질이 있고 통솔력이 대단하므로 사업보다는 공무원이나 특수직에 적합하다. 인덕이 없고 자수성가형이니 동업이나 합자(合資)는 피하는 것이 좋다. 특히 군인, 경찰, 수사기관, 기자, 연기인, 연구직 등 남에게 지배를 받지 않는 직업도 무난하다.

(4) 건록(建祿)과 사주(四柱)

건록(建祿)이 년주(年柱)에 있으면 선조대에 발달하였고 자수성가한 집안이다. 초년에 순탄한 가정에서 자랐으며 행복하고 편안한 가정에서 태어났다.

월주(月柱)에 있으면 부모대가 대성공하여 유산을 받을 수도 있으나 남에게 의지하거나 도움을 받지 않는 독립심이 강하다. 일주(日柱)에 있으면 성품이 온순하고 겸손하며 다재다능할 뿐만 아니라 예능에도 소질이 있고 타인에게서 칭찬을 받는다. 장남이나 장녀의 역할을 한다. 또한 고집이 대단하고 정신력도 강하다.

특히 여자는 성격이 강하여 남자를 무시하는 경향이 있어 부부애로가 있다. 시주(時柱)에 있으면 자녀가 입신출세하게 되며 다남(多男)하는 경우도 많다. 노년에 자식덕을 보며 장수행복한다.

(5) 건록(建祿)과 육친(六親)

비겁(比劫)이 건록(建祿)이면 형제자매가 발전하고 주위의 배경이 좋으며, 식상(食傷)이 건록(建祿)이면 의식주가 풍부하고 공직생활이 좋다. 재성(財星)이 건록(建祿)이면 재물이 풍요롭고 공직생활에도 발전이 있으며, 관살(官殺)이 건록(建祿)이면 공직생활에서 승진이 빠르고 심복부하(心腹部下)를 많이 거느리고 인수(印綬)가 건록(建祿)이면 어머니가 현명하며 학문연구에 소질이 있다.

5. 제왕(帝旺)

(1) 제왕(帝旺)의 의의

제왕(帝旺)이란 산전수전을 다 겪어 세상물정을 통달하고 인생의 최고 정점에 도달한 사회적 성장이 최고 단계에 도달한 시기로서 강건지상(剛健之象)이라고도 한다. 속이 알차고 여물었으나 인덕이 없고 고독하며 사교성이 부족한 것이 흠이다.

(2) 제왕(帝旺)의 특성

제왕은 자존심이 강하여 남의 지배를 받기 싫어하고 자기 생각이 세상에서 가장 뛰어난 줄 알고 자기주장이 대단히 강하다. 일명 양인(羊刃)이라고도 한다.

일찍 조달(早達)하여 속이 깊고 심사숙고하며 비상한 두뇌를 가지고 있다. 또한 독립심이 강하고 통솔력과 지배욕이 강하여 어디에서나 두령격(頭領格)의 기질을 발휘한다.

투지와 강인한 정신으로 주위사람들에게 몸과 마음을 바쳐 헌신하는 의협심과 솔선수범하는 장점이 있다. 그러나 고집이 세고 융통성이 없어 타인의 조언을 잘 받아들이지 않아 종종 불화가 일어나고 독선과 투쟁을 자초하는 경우가 있다. 남녀간에 부모덕이 박하고 고독하며 특히 여자는 부부애로가 많으니 사회 활동을 하면서 살아야 한다.

(3) 제왕(帝旺)과 직업

제왕(帝旺)의 직업은 남의 지배를 받지 않는 자유업이 좋다. 그러나 책임감과 통솔력이 있고 지배욕이 있으므로 특수직이나 명예직도 무난하다. 특히 군인, 의사, 법조인, 정치가, 신문기자, 아나운서, 연예인, 수사나 정보기관이 적합하다.

(4) 제왕(帝旺)과 사주(四柱)

제왕(帝旺)이 년주(年柱)에 있으면 선조대에 부귀하였으며 가문이 있는 고관직 집안이다. 그러나 격(格)이 낮으면 조상대에 횡액(橫厄)이 있었다. 월주(月柱)에 있으면 부모형제가 부귀하였고 모든 일에 솔선수범하고 장남이나 장녀 역할을 해야 하며 심성도 고강(高强)하며 행동도 엄격하다. 일주(日柱)에 있으면 자존심이 강하고 남을 무시하는 경향이 있으며 고집이 지나치게 세다. 그래서 재물을 탕진하거나 부부간에도 애로가 많다. 시주(時柱)에 있으면 자식이 가문을 빛나게 하지만 만년이 고독하다.

(5) 제왕(帝旺)과 육친(六親)

비겁(比劫)이 왕(旺)이면 과강치상(過强致傷)과 유아독존으로 남을 무시하거나 상해를 입힌다. 식상(食傷)이 왕이면 사업가로서 부귀겸전(富貴兼全)하며, 관살(官殺)이 왕이면 생살지권(生殺之權)으로 명예가 따르고 고위직까지 승진할 수 있다. 그리고 인수(印綬)가 왕이면 부모덕이 있고 학문 연구 등 추진력이 대단하다.

6. 쇠(衰)

(1) 쇠(衰)의 의의

만물은 왕성한 시기가 지나면 점차 쇠퇴하여 늙기 마련이다. 늙으면 힘이 없고 기운이 쇠약해져 안정을 추구하는 방향으로 모든 생각이 흘러 모험을 피하고 내실을 기하며 마음이 유약해져서 큰일을 하기가 힘든 시기로서 몰락지상(沒落之象)이라고도 한다.

(2) 쇠(衰)의 특성

쇠는 쇠퇴하는 시기이므로 의욕과 용기가 저하되어 온순하고 담백하게 되고 조용한 분위기를 좋아한다. 성격은 온순하고 자상하며 점잖고 보수적이며 여성적인 면이 있어 대중의 인기를 얻는다. 속이 깊고 과묵한 성격이므로 매사에 불평불만이 적으며 혁신적이고 개혁적인 기질은 적어 비약적인 발전은 없으나 큰 위험도 없다. 또한 소탈하고 검소하며 가정적이다. 특히 여자는 현모양처로 가정에 충실하고 남편을 편안하게 해주어 가정주부로서는 최고의 길신(吉神)이다.

(3) 쇠(衰)의 직업

쇠(衰)의 직업은 창의력과 독창력은 부족하지만 성실하고 근면하며 꾸준한 끈기가 있어 공무원이나 교육직, 연구원이 적합하다. 너무 꼼꼼하고 심사숙고하기 때문에 사업은 부적합하다. 그러나 성품이 고지식하고 보수적이어서 학자, 종교, 철학 등 편업(偏業)을 가지게 되며 타인으로부터 존경을 받는다.

(4) 쇠(衰)와 사주(四柱)

쇠(衰)가 년주(年柱)에 있으면 선조대에 몰락한 집안이며 본인도 초년운이 불길하다. 월주(月柱)에 있으면 부모대에 가산이 손실되어 가운이 기울어졌으며 본인도 파란이나 손재가 많다. 일주(日柱)에 있으면 자기 자신의 기가 쇠(衰)한 것이니 부모덕이 없고 박복하며 부부궁도 애로가 많다.

(5) 쇠(衰)와 육친(六親)

비겁(比劫)이 쇠(衰)이면 형제자매의 도움이 적고 배경세력도 약하여 자수성가해야 하며, 식상(食傷)이 쇠(衰)이면 활동력과 추진력이 약하고 사고력도 감퇴되어 무사 안일한 생활을 한다. 재성(財星)이 쇠(衰)이면 가업이 쇠퇴하게 되고, 관살(官殺)이 쇠(衰)이면 직위가 하락되거나 좌천하게 된다. 그리고 인수(印綬)가 쇠(衰)이면 부모덕이 없거나 조실부모하기 쉽다.

7. 병(病)

(1) 병(病)의 의의

병(病)은 사람이 노쇠해서 병에 걸린 것과 같은 상태로 기력이 없어 신음지상(呻吟之象)이라고도 한다. 기(氣)가 약하여 신경이 예민하고 취미가 다양하며 우유부단함을 의미한다.

(2) 병(病)의 특성

원명(原命)에 병이 있으면 실행력이 부족하며 근심이 많고 잔걱정이 많다. 몸이 약하여 편안한 것을 좋아하고 사교적이며 다정다감하다. 인정이 많아 남을 도와주다가 자기 자신이 오히려 이용당하는 수가 많아 배우자와 인연이 박약하다. 특히 음식솜씨가 뛰어나고 음식을 맛보는 기술은 남보다 뛰어난 재능을 가지고 있다. 반면에 끈기가 약하여 지구력이 약한 것이 흠이다.

(3) 병(病)의 직업

병의 직업은 사업가보다는 연구직이나 봉급생활이 적합하다. 특이하게 예술이나 종교, 의약, 연예인, 작가, 설계사 등으로 성공하는 사람도 있다.

(4) 병(病)과 사주(四柱)

병이 년주(年柱)에 있으면 선조대에 병약하거나 자신이 초년에 건강이 좋지 않다. 월주(月柱)에 있으면 부모대에 가정이 원만하지 못하였거나 본인도 청년시절(靑年時節)에 건강에 이상이 있다. 일주(日柱)에 있으면 부모와의 인연도 희박하고 본인도 어릴 때 병약하였으며 유산이 있어도 계승하기 어렵고 부부궁에도 애로(隘路)가 있다. 시주(時柱)에 있으면 자식이 병약한 체질로 질병으로 인한 고생이 많으며 본인도 만년이 고독하고 외롭다.

(5) 병(病)과 육친(六親)

병(病)이 비겁(比劫)이면 형제자매에 질병이 있고 식상(食傷)에 있으면 자식이 병약하거나 자식복이 없다. 재성(財星)이 병(病)이면 처궁(妻宮)이 약하거나 손재가 발생하고, 관살(官殺)이 병(病)이면 신분의 직위가 약하고 승진도 늦고 자식복도 없다. 인수(印綬)가 병(病)이면 부모덕이 없거나 부모가 병약하다.

8. 사(死)

(1) 사(死)의 의의

사람이 늙으면 병이 들어 수명을 다하여 죽는 것과 같이 물욕이 없어지고 폐물(廢物)이 되어 종말이 오는 시기이므로 종식지상(終息之象)이라고도 한다. 나무가 과일이 다 익어 수확을 하고 또 낙엽도 땅 위에 다 떨어지듯 모체에서 분리되는 시기이므로 육체와 영혼이 분리됨을 의미한다. 그래서 모든 것을 정리하고 쉬어야 하는 과정이다.

(2) 사(死)의 특성

조용하면서 몹시 수줍어하며 남의 말을 잘 듣지 않고 모든 일에 쓸데없이 근심걱정이 많은 편이다. 성격은 소탈하고 솔직담백하며 근면하고 취미가 다양하다. 그러나 신약(身弱)하면 신용이 없고 싫증을 빨리 느끼며 계획성이 없고 낭비가 많아 실속이 없다. 남보다 앞에 서기를 싫어하고 적극적인 활동성은 없지만 순간적인 판단력은 빠르고 예견력이 있어 어려운 난관을 미리 예방해 나가는 지혜를 발휘하며 순리대로 처신하고 복종을 잘한다.

(3) 사(死)와 직업

직업으로는 공무원, 연구직, 문학, 종교, 철학, 민속학 등 전통학문에도 소질이 있어 명망이 있는 사람이 나온다.

(4) 사(死)의 사주(四柱)

사(死)가 년주(年柱)에 있으면 선조대나 부모궁이 약하여 조실부모하거나 타향살이를 해야 하며, 월주(月柱)에 있으면 형제덕이 없고 부모가 재혼하는 경우가 많으며, 일주(日柱)에 있으면 활동력이 너무 약하여 무슨 일이든지 용두사미격이고 부부가 생이별하거나 풍파가 많다. 시주(時柱)에 사(死)가 있으면 자식궁이 약하여 독자를 두거나 무자인 경우가 많다.

(5) 사(死)와 육친(六親)

비겁(比劫)이 사(死)이면 형제자매와 일찍 생사이별하게 되고 형제자매의 발전이 없고, 식상(食傷)이 사(死)이면 의식주의 해결이 어렵고 자식이 불효하며, 재성(財星)이 사(死)이면 부부가 생사이별하거나 패가망신하고 부모무덕하며, 관살(官殺)이 사(死)이면 명예에 손상이 일어나고 관재송사가 빈번하다. 특히 여자는 남편과 이별하는 경우가 많다. 인수(印綬)가 사(死)이면 부모덕이 없고 학문의 길이 막히고 단명하는 경우가 많다.

9. 묘(墓)

(1) 묘(墓)의 의의

묘(墓)는 일명 장(葬)이라고도 하며 곡식을 거두어 창고에 보관하는 것처럼 사람이 죽어서 무덤에 들어가는 시기를 말한다. 무덤에 들어가니 답답하고 무용지물로서 다음 출생을 위하여 기다리는 것과 같으니 정적이면서 안정된 상태라 할 수 있다. 묘(墓)는 조상과 인연이 있어서 장남이거나 또는 차남이라도 부모나 처부모를 모시게 되는 경우가 많으며 수장지상(收藏之象)이라고도 부른다.

(2) 묘(墓)의 특성

묘(墓)는 부모형제 복이 없고 조실부모하거나 주거지 변동이 많다. 만약 가난한 집안에 태어나면 중년 이후에 발복(發福)하고 부잣집에 태어나면 중년 이후에 쇠퇴한다. 성격은 여성적이며 소탈하고 원만하며 침착한 편이다. 그래서 낭비, 허욕, 사치는 아예 생각하지 않는다. 재물을 모으는 데는 남달리 발달되어 있으나 항상 마음에 걱정, 근심, 괴로움이 따른다. 부부간의 이별이나 애로를 극복하려면 두 사람의 나이 차이가 많은 것이 좋다.

(3) 묘(墓)의 직업

직업으로는 연구직, 종교, 철학, 은행, 재정관리, 창고업, 장례지도, 고물상 등이 적합하다.

(4) 묘(墓)와 사주(四柱)

년주(年柱)에 묘(墓)가 있으면 조상을 모시거나 선조의 봉례(奉禮)에 정성을 다한다. 월주(月柱)에 있으면 수전노(守錢奴)가 되거나 저축심이 강하여 재물을 모으는 재미로 살며 운(運)이 늦게 풀린다.

일주(日柱)에 있으면 부모, 형제, 처와 인연이 박하고 고향 떠나 주거 이동이 많으며 곤고한 생활을 하며 인덕이 없고 잔질(殘疾)이 많다. 시주(時柱)에 있으면 자식이 없거나 자식으로 인한 근심 걱정이 많으며 말년이 외롭다. 경신금일주(庚辛金日柱)가 묘(墓)가 있으면 거부(巨富)가 많고 임계수일주(壬癸水日柱)가 묘(墓)가 있으면 재산을 모으는 데 특출한 재능이 있다.

(5) 묘(墓)와 육친(六親)

비겁(比劫)이 묘(墓)이면 형제가 수옥(囚獄)되거나 사별하기 쉬우며, 식상(食傷)이 묘(墓)이면 재물을 축재(蓄財)하는 데 욕심이 많고 요절하기도 하지만 학예로써 명성을 떨친다.

재성(財星)에 묘(墓)가 되면 역시 재물욕심이 많고 부친이 일찍 사별하거나 처궁(妻宮)이 약하다. 관살(官殺)이 묘가 되면 관재송사가 자주 일어나고 남자는 자식복이 없고 여자는 남편복이 없다. 인수(印綬)가 묘이면 부모덕이 없고 학문이 약하다.

10. 절(絶)

(1) 절(絶)의 의의

절(絶)은 일명 포(胞)라고도 하는데 유무(有無)가 동시에 존재하는 상태로서 절처봉생(絶處逢生)이라 하여 생명이 끊어지는 가운데 또 다른 생명을 잉태하게 됨을 의미한다. 일반적으로 절(絶)은 두절(杜絶)로서 끊어진 자리이기 때문에 두절지상(杜絶之象)으로서 12운성 중에서 가장 약한 상태이다.

(2) 절(絶)의 특성

절(絶)은 지극히 음적(陰的)인 상태이므로 무덤에 묻혀 육신의 정기가 모두 없어지고 새 생명의 기가 이어지는 시기이다. 그래서 외부의 충동에 흔들리기 쉽고 정신이 산만하고 소심하고 심신이 불안정하여 인정에 끌리고 누구에게나 반항하지 못하여 계획성이 없고 미래가 암담하다. 특히 여자는 정조관념이 없어 이성의 갈등이 복잡하여 사연이 많다. 성격은 성급하면서도 변덕스럽고 무슨 일이든지 인내심이 없어 싫증을 빨리 느낀다.

(3) 절(絶)의 직업

직업으로는 교육, 철학, 종교, 연구직, 예능, 예술, 문학, 무역, 외국이민, 이·미용, 유흥업 등 인기 직업과도 인연이 있다.

(4) 절(絶)과 사주(四柱)

년주(年柱)에 절(絶)이 있으면 선조대의 음덕이 부족하고 어린 시절에 고생이 많고 타향살이를 하게 된다. 월주(月柱)에 절(絶)이 있으면 부모형제의 덕이 없고 자신의 생가가 몰락하거나 패망한 집안이다.

일주(日柱)에 절(絶)이 있으면 부부 사이가 고독지명(孤獨之命)이 되거나 부부불화가 많다. 시주(時柱)에 절(絶)이 있으면 자손이 절손(絶孫)되거나 자녀의 부부생활이 불미스러우며 자신의 노후가 외롭다.

일반적으로 절(絶)이 있으면 의외로 흉(凶)함이 많고 만사가 불길하고 고향을 떠나 타향살이를 하거나 어느 한곳에 정착하기가 힘들고 대부분 남녀가 초년에 액(厄)이 많으니 늦게 결혼하여 가정을 갖는 것이 현명한 방법이다.

(5) 절(絶)과 육친(六親)

비겁(比劫)이 절(絶)이면 형제자매와 인연이 없고 불행을 겪는다. 식상(食傷)이 절(絶)이면 자식복이 없고, 재성(財星)이 절(絶)이면 처궁이 약하고, 관살(官殺)이 절(絶)이면 남편덕이 없고, 인수(印綬)가 절(絶)이면 부모덕이 없다.

11. 태(胎)

(1) 태(胎)의 의의

태(胎)는 생명의 씨앗이 잉태하는 것과 같아서 정자와 난자가 자궁 속에서 만나 수태되어 새 생명이 형성되는 것과 같은 상태이다. 태(胎)는 형곽지상(形廓之象)이라고도 한다.

(2) 태(胎)의 특성

태(胎)는 형상이 새롭게 잉태되는 순간과 같으므로 형체는 없고 기(氣)만 움직이고 있는 때이다. 여성적이며 노력이 부족하고 자기 몸을 너무 아끼고 임기응변을 잘한다. 장래희망과 발전을 꿈꾸며 상상력이 풍부하나 주체성이 없고 의타심이 강하고 활동력이 부족하다.

취미는 고상한 편이 많으며 편파적인 성격을 소유한 자가 많은데 일단 자기 마음에 들면 모든 것을 다 준다. 신체는 허약한 자가 많으며 다재다능하고 영리하여 새로운 변화를 즐긴다. 특히 남자는 공처가나 애처가가 많고 여자는 비가정적이고 낭만을 즐기는 편이다.

(3) 태(胎)의 직업

직업은 남의 간섭을 받지 않는 자유직업을 많이 갖는다. 예능, 예술 등 인기직업이나 전문연구직, 유흥업, 화원, 정원관리, 산부인과 등에 적합하다.

(4) 태(胎)와 사주(四柱)

년주(年柱)에 태(胎)가 있으면 선조대에 집안이 발전하기 시작하였지만 자신은 유년시절에 고생이 많으며, 월주(月柱)에 있으면 부모대에 이사를 많이 하거나 집안의 운기가 약하여 본인은 대성하기가 힘들다. 일주(日柱)에 있으면 부부궁이 약하고 본인의 건강도 허약하고, 시주(時柱)에 있으면 자식이 가업을 계승하지 못한다.

(5) 태(胎)와 육친(六親)

비겁(比劫)이 태(胎)이면 형제가 발복(發福)하고 형제덕도 있다. 식상(食傷)이 태(胎)이면 의식주의 생활이 윤택하며, 재성(財星)이 태(胎)이면 재산이 늘어나고 처복도 있으며, 관살(官殺)이 태(胎)이면 명예가 높고 승진이 빠르며 공직상(公職上) 전망이 밝다. 인수(印綬)가 태(胎)이면 학문발전, 연구생활에 진전이 있다.

12. 양(養)

(1) 양(養)의 의의

양은 모태 내에서 점점 자라나는 아기의 형상으로 태어나기 전까지의 과정이다. 식물에 비유하면 씨앗에 눈이 트는 시기이므로 외부의 간섭을 받지 않고 안정과 보호 속에서 양육하며 성장하는 상태이므로 육성지상(育成之象)이라고도 한다.

(2) 양(養)의 특성

양(養)이 있으면 마음이 착하고 성실하며 낙천적이고 봉사정신이 강하다. 반면에 인내심이 없고 어려움을 당하면 두려워하고 소극적인 태도로 추진력이 없고 과단성이 부족하다.

성격은 노숙하고 과묵하여 교제에 능하고 다재다능한 편이다. 무뚝뚝하게 보이나 원만하고 융화를 잘한다. 급진적인 발전이나 창의력, 통솔력은 약하다.

부부금슬은 비교적 화기애애하고 자손궁도 원만하고 주위 사람으로부터 대접을 받는다. 부모를 모시거나 처부모를 모시며 양부모를 모시는 수도 있으며 차남이라도 장손의 역할을 한다.

(3) 양(養)의 직업

양의 직업은 장기적인 연구직, 조상업 승계(祖上業承繼), 한의학, 약종상, 의학, 보건학, 고전학, 전통 민속학, 양식업, 탁아소 및 요양소 운영 등에 적합하다.

(4) 양(養)과 사주(四柱)

양이 년주(年柱)에 있으면 부모가 장손인 경우가 많고 조상봉례(祖上奉禮)의 집안이며 소년 시절에 양자로 가는 수도 있다. 간혹 부모와 떨어져 타가나 외가에서 자라는 수도 있다.

월주(月柱)에 있으면 부모나 본인이 양자에 인연이 있고 일주(日柱)에 있으면 양자를 두거나 생모와의 인연이 박하다. 특히 여자는 남편복이 있고 귀자(貴子)를 두게 된다. 시주(時柱)에 양(養)이 있으면 자녀와 인연이 없고 무자인 사람도 있어 양자를 두는 경우가 있으나 늙어서 효도를 받게 된다.

(5) 양(養)과 육친(六親)

비겁(比劫)이 양(養)이면 이복형제가 있고 형제가 온순하고 선량하다. 식상(食傷)이 양(養)이면 장모를 모시고, 재성(財星)이 양(養)이면 부모직업을 계승하게 되고, 관살(官殺)이 양(養)이면 남편이나 자식이 양식업에 종사하게 되며, 인수(印綬)가 양(養)이면 이복형제나 계모가 있게 된다.

제 8 장

십이신살十二神殺

제1절 십이신살十二神殺의 의의

일반적인 운명을 감정하거나 상담을 할 경우에는 단순판단과 복식판단으로 구분할 수가 있다. 단순판단은 생년(生年)의 띠를 보고 그 동물의 특성을 말하거나 일간(日干)을 가지고 오행의 특성, 그리고 일주론(日柱論), 나아가 십이운성(十二運星), 십이신살(十二神殺)을 기준으로 활용한다. 이 중에 십이신살(十二神殺)의 비중이 크기 때문에 소홀히 해서는 안 되며 그렇다고 지나치게 의탁해서도 안 된다. 왜냐하면 복식판단(複式判斷)은 오행의 왕쇠강약(旺衰强弱), 생극제화(生剋制化), 격국용신(格局用神)에 따라 응용방법이 다르기 때문이다.

명리학(命理學)의 명저인 임철초(任鐵樵) 선생의 『적천수천미(滴天髓闡微)』나 심효첨(沈孝瞻)의 『자평진전(子平眞詮)』은 오행의 왕쇠강약(旺衰强弱)과 생극제화(生剋制化)를 근본으로 하여 신살(神殺)을 사용하지 않았다.

그러나 우리나라 명리학의 명저인 이석영(李錫英) 선생의 『사주첩경(四柱捷徑)』과 박재완(朴在玩) 선생의 『명리요강(命理要綱)』에는 신살의 응용을 체계적으로 설명한 것으로 보아, 생극제화에 의한 격국용신(格局用神)을 우선적으로 응용하여야 하고 신살은 어디까지나 보조적으로 활용되어야 한다고 필자는 생각한다.

앞으로 신살은 순수한 생년지(生年支)를 기준으로 하는 십이신살을 기본적으로
설명하고 비교적 응용도가 높은 길신류(吉神類)와 흉신류(凶神類)를 소개한다.

<표 8-1> 십이신살(十二神殺)조견표

殺 \ 年日支	申子辰	寅午戌	巳酉丑	亥卯未
겁살(劫煞)	巳	亥	寅	申
재살(災殺)	午	子	卯	酉
천살(天殺)	未	丑	辰	戌
지살(地殺)	申	寅	巳	亥
년살(年殺)	酉	卯	午	子
월살(月殺)	戌	辰	未	丑
망신(亡身)	亥	巳	申	寅
장성(將星)	子	午	酉	卯
반안(攀鞍)	丑	未	戌	辰
역마(驛馬)	寅	申	亥	巳
육해(六害)	卯	酉	子	午
화개(華蓋)	辰	戌	丑	未

<표 8-1>에서 십이신살(十二神殺)은 기본적인 살(殺)의 종류가 열두 개라는 뜻이
다. 즉, 겁살(劫殺), 재살(災殺), 천살(天殺), 지살(地殺), 년살(年殺), 월살(月殺), 망신
(亡身), 장성(將星), 반안(攀鞍), 역마(驛馬), 육해(六害), 화개(華蓋)를 말한다.

이 신살(神殺)의 구성 원리는 지지(地支)의 삼합(三合)에서 기인하며 원명(原命)
에만 국한되어 응용되는 것이 아니고 대운(大運), 년운(年運), 월운(月運), 일운(日
運)에도 모두 응용되고 있다.

제2절 십이신살十二神殺의 구성원리

　십이신살은 년지(年支)나 일지(日支)를 기준하여 삼합(三合)에서 산출하게 되는
데 〈표 8-1〉에서 신자진생(申子辰生)은 겁기사(劫起巳), 인오술생(寅午戌生)은 겁기
해(劫起亥), 사유축생(巳酉丑生)은 겁기인(劫起寅), 해묘미생(亥卯未生)은 겁기신(劫
起申)의 방식에 의하여 표출한다. 즉, 申子辰 년(年)과 일(日)에 태어난 사람은 巳에
서 겁살(劫殺)로 시작하여 午가 재살(災殺), 未에 천살(天殺), 申에 지살(地殺), 酉에
년살(年殺), 戌에 월살(月殺), 亥에 망신(亡身), 子에 장성(將星), 丑에 반안(攀鞍), 寅
에 역마(驛馬), 卯에 육해(六害), 辰에 화개(華蓋)가 된다는 뜻이다.

　寅午戌 년(年)과 일(日)에 태어난 사람은 亥가 겁살(劫殺)로 시작하여 순행(順行)
으로 가다가 戌이 화개(華蓋)가 된다는 뜻이고, 巳酉丑 년(年)과 일(日)에 태어난
사람은 寅이 겁살(劫殺)로 시작하여 순행으로 가다가 丑이 화개(華蓋)가 된다는 뜻
이며, 亥卯未 년(年)과 일(日)에 태어난 사람은 申이 겁살(劫殺)로 시작하여 순행으
로 가다가 未가 화개(華蓋)가 된다는 뜻이다.

　〈표 8-1〉에서 보는 바와 같이 년지삼합(年支三合)으로만 응용되었으나 최근에는
일지삼합(日支三合)을 함께 응용하고 있다. 신살(神殺)의 구성은 삼합(三合)을 기준
으로 위치에 따라 신속하게 표출하는 방법이 있다.

　즉, 삼합(三合)의 첫 번째 자(字)는 지살(地殺)이며 중간자(中間字)는 장성(將星)이
고 끝 자(字)는 화개(華蓋)가 된다. 삼합(三合)의 첫 자(字)를 충(冲)하는 자(字)는
역마(驛馬)이며, 중간자(中間字)를 충(冲)하는 자(字)는 재살(災殺)이고, 끝 자(字)를
충(冲)하는 자는 월살(月殺)이 된다.

　삼합(三合)의 첫 자(字)의 다음 자(字)는 년살(年殺)이고, 중간자(中間字)의 다음
자(字)는 반안살(攀鞍殺)이고, 끝 자(字)의 다음 자(字)는 겁살(劫殺)이다. 삼합(三合)
의 첫 자(字)의 앞의 자(字)는 천살(天殺)이고, 중간자(中間字)의 앞 자(字)는 망신살
(亡身殺)이며, 끝 자(字)의 앞 자(字)는 육해살(六害殺)이 되는 것이다.

제3절 십이신살十二神殺의 작용

1. 겁살(劫殺)

(1) 겁살(劫殺)의 의의

겁살(劫殺)이란 "겁자탈야(劫字奪也) 자외탈지위겁(自外奪之謂劫)"이라 하여 탈재(奪財), 파재(破財), 교통사고, 관재송사, 관재구설, 파산, 가정불화, 도난, 사기, 부도, 강제차압, 강제철거, 강탈, 질병, 수술 등 흉살(凶殺)의 작용이 일어나게 되니 조심하여야 한다.

그러나 겁살(劫殺)이 생극제화(生剋制化)의 희신(喜神)이 되거나 길신(吉神)인 천을귀인(天乙貴人), 천월덕귀인(天月德貴人), 옥당귀인(玉堂貴人), 문창(文昌) 및 문곡귀인(文曲貴人) 등 귀성(貴星)과 동주(同柱)하면 총명하고 지모가 뛰어나며 위엄이 있어 정관계에서 명성이 있으나, 기신(忌神)이거나 흉신(凶神)에 해당할 경우에는 권모술수가 능하여 사기 등 범죄행위에 가담하게 된다. 특히 겁살(劫殺)이 기신(忌神)일 경우 원명(原命)에서 형충(刑沖)을 하고 있거나 행운(行運)에서 형충(刑沖)을 당하게 되면 재액이나 형액(刑厄)이 일어난다.

(2) 겁살(劫殺)과 사주(四柱)

겁살(劫殺)이 년주(年柱)에 있으면 선조의 덕이 없고 조업을 계승하지 못하고 조별생가(早別生家)하여 타향객지에서 고생하며 산다. 겁살이 월주(月柱)에 있으면 조실부모하거나 부모형제의 덕이 없으며 조업을 유지하기 어렵고 자수성가한다.

겁살(劫殺)이 일주(日柱)에 있으면 부부 생사이별이 있거나 본인은 질병으로 고생하며 단명하기 쉽다. 겁살(劫殺)이 시주(時柱)에 있으면 자식이 귀하고 자식복이 없으며 본인은 말년이 외롭고 고독하다.

(3) 겁살(劫殺)과 육친(六親)

겁살(劫殺)이 비겁(比劫)이면 형제자매, 친우, 동업자나 경쟁자에게 손재를 당하게 되고, 겁살(劫殺)이 식상(食傷)이면 친척간의 아랫사람이나 직장 내 부하 직원에게 손재나 배신을 당한다.

겁살(劫殺)이 재성(財星)이면 처로 인하여 손재를 당하거나 여자문제로 시비구설이 따르고, 겁살(劫殺)이 관살(官殺)이면 직장에서의 관재구설이나 남자는 자식, 여자는 남편에 의하여 관재송사로 손재를 당하게 된다. 겁살(劫殺)이 인수(印綬)이면 문서, 계약이나 보증, 도난 등의 일이 발생한다.

(4) 겁살(劫殺)의 행운(行運)

겁살대운(劫殺大運)은 강제철거, 강제집행, 강제압류, 강제강탈 등이 일어나고 있으며 이에 해당하는 부동산이나 등기가 설정된 부동산이나 가옥에 파재(破財), 돌발사고, 관재구설, 가정불화 등이 발생한다.

겁살세운(劫殺歲運)은 강제로 빼앗기는 상태이므로 부동산이나 가옥을 줄이게 되고 부도가 나게 되고 사업가는 자본이 허술하게 되어 파산하기 쉽고 심신이 괴로우며 심하면 수술이나 사망하기도 한다.

2. 재살(災殺)

(1) 재살(災殺)의 의의

재살(災殺)은 일일 수옥살(囚獄殺)이라고도 하며, 적의 장수와 같아 역모 역할을 하여 송사, 납치, 감금, 포로, 관재, 교통사고, 횡액 등 신상에 구속됨이 있고 재난을 많이 겪게 된다.

그러므로 동업이나 금전거래, 남의 보증 등을 조심하고 직장이나 가정에 변동이 많아 매사에 한걸음 뒤로 물러서서 생각하고 행동에 조심해야 하는 살성(殺星)이다.

(2) 재살(災殺)과 사주(四柱)

년주(年柱)에 재살(災殺)이 있으면 선조 대에 감금이나 관재송사, 횡사 등이 일어난다. 월주(月柱)에 재살(災殺)이 있으면 부모형제가 비명횡사하거나 관재송사가 일어난다. 일주(日柱)에 재살(災殺)이 있으면 초년에 병고가 많고 부부이별하거나 관액(官厄)을 면치 못한다. 시주(時柱)에 재살(災殺)이 있으면 자식이 관액을 당하거나 말년에 재화를 겪는다.

(3) 재살(災殺)과 육친(六親)

비겁(比劫)이 재살(災殺)이면 형제자매, 친우, 동기, 동창 등으로 인하여 관재나 송사가 일어나고 법정에 출두하게 된다. 식상(食傷)이 재살(災殺)이면 부하 직원에 의한 송사가 발하거나 배신을 당하게 되며 특히 여명(女命)은 자식으로 인한 송사가 일어난다.

재성(財星)이 재살(災殺)이면 부친이나 처첩으로 인한 송사가 일어나거나 여자관계로 인한 싸움이 발생하고, 관살(官殺)이 재살(災殺)이면 직장의 상사나 업무관계로 관재송사가 일어나고, 특히 여명(女命)은 남편이 감금을 당하게 되며, 인수(印綬)가 재살(災殺)이면 주택저당 설정이나 차압 등의 일이 발생한다.

(4) 재살(災殺)의 행운(行運)

대운(大運)에서 재살(災殺)이 들어오면 부도를 내고, 타지에서 신분을 감추고 피신하여 살아가며, 세운(歲運)에서 재살(災殺)이 들어오면 수술이나 상해가 일어나고, 상업이나 무역을 하는 사람은 결국 부도를 내며 관재나 구설이 따르고, 백사(百事)가 여의치 못하고 만사가 분쟁이 일어난다. 특히 주의할 것은 직업이 군인, 경찰, 법관, 형무관, 사법관 등은 재살(災殺)이 적용되지 않는다.

3. 천살(天殺)

(1) 천살(天殺)의 의의

천살(天殺)은 불의의 천재지변을 당하게 된다는 뜻으로 한재(旱災), 수재, 낙뢰, 지진 등 인간의 힘으로는 도저히 감당하기 어려운 자연적으로 발생하는 재앙으로 작용력은 약하다. 기타 전기나 태풍, 관재구설, 질병 등이 일어난다.

(2) 천살(天殺)과 사주(四柱)

년주(年柱)에 천살(天殺)이 있으면 타향객지에서 고생하며 모든 일이 진전이 없고 선조 대에 비명횡사가 분명하다. 월주(月柱)에 천살(天殺)이 있으면 부모형제의 덕이 없고 급질(急疾)로 고생하거나 형액(刑厄)이 일어난다. 일주(日柱)에 천살(天

殺)이 있으면 부부금슬이 견우직녀의 형상이요, 비명횡사를 면하기 어렵다. 시주
(時柱)에 천살(天殺)이 있으면 자식이 형액을 당하거나 자식복이 없다.

(3) 천살(天殺)과 육친(六親)

년주(年柱)에 천살(天殺)이 있으면 선조 대, 월주(月柱)에 천살(天殺)이 있으면 부
모형제, 일주(日柱)에 천살(天殺)이 있으면 배우자, 시주(時柱)에 천살(天殺)이 있으
면 자식궁에 불의의 재앙을 당하게 된다.

(4) 천살(天殺)과 행운(行運)

대운에서 천살을 만나면 대로에서 달리는 차를 바라보다가 악수하는 경우에 비
유할 수 있다. 그래서 천살운(天殺運)에는 마비질환이 발생하는데 중풍, 언어장애,
심장질환, 신경성 질환 등이 발생한다. 세운(歲運)에서 천살(天殺)을 만나면 심신이
괴롭고 아프며 마음을 잡을 수 없고, 부부이별도 있으니 조심해야 한다.

4. 지살(地殺)

(1) 지살(地殺)의 의의

지살(地殺)은 아이가 태어나서 처음 걸음을 배우는 형태로서 성장과 활동성을
나타낸다. 지살(地殺)은 여행, 이사, 변화, 해외이민, 직장변동 등이 일어나며 역마
와 작용이 같은데 다른 점이 있다면 역마는 능동적이고 적극적이어서 넓고 크게
응용되고, 지살(地殺)은 수동적이고 소극적이어서 좁고 가볍게 응용된다는 점이다.
원명(原命)에 지살(地殺)이 있으면 성품이 명랑하고 쾌활하며 어려운 일이 당하
더라도 슬기롭게 극복하며 매사를 선하게 처리할 뿐만 아니라 가정도 원만하다.
그러나 외국이나 타지에서 항상 바쁘게 돌아다니는 직업과 인연이 있게 된다.

(2) 지살(地殺)과 사주(四柱)

원명(原命)에 지살(地殺)이 많으면 초년에 풍상고락을 많이 겪어보고 고향을 떠나
동분서주하게 된다. 그러나 지살(地殺)이 있고 청격(淸格)이면 해외진출이나 승진
등 승승장구하게 되나 형충(刑沖)이 있으면 교통사고를 조심하여야 한다. 년주(年柱)

에 지살(地殺)이 있으면 선조 대, 월주(月柱)에 있으면 부모형제, 일주(日柱)에 있으면 본인이나 배우자, 시주(時柱)에 있으면 자식이 객지나 해외출입이 빈번하다.

(3) 지살(地殺)과 육친(六親)

비겁(比劫)이 지살(地殺)이면 형제자매가 해외출입이 빈번하거나 본인도 해외에 친우가 있게 된다. 식상이 지살이면 자식이 해외출입이 있게 되며, 재성(財星)이 지살(地殺)이면 국제결혼이나 해외에서 결혼을 하게 되고 무역 등과 인연이 있다. 관살(官殺)이 지살(地殺)이면 외교관이나 외국인 상사에 근무하든지 해외 지사장이 되든지 자식이 해외와 인연이 있게 된다. 인수(印綬)가 지살(地殺)이면 해외로 유학을 가거나 외국어와 인연이 있게 된다.

(4) 지살(地殺)과 행운(行運)

대운(大運)이나 세운(歲運)에서 지살(地殺)이 들어오면 이사, 이동, 출장, 해외파견, 해외초청, 취직, 승진, 문서나 금전 운이 호전되며 새 집을 짓고 새 가구를 장만하는 일이 생긴다. 그러나 여자는 부부불화, 별거 등이 일어난다.

5. 년살(年殺)

(1) 년살(年殺)의 의의

년살(年殺)은 일명 도화살(桃花殺), 함지살(咸池殺)이라고도 하는데 이는 십이운성(十二運星)에서 목욕(沐浴)에 해당한다. 목욕(沐浴)은 음란을 상징하므로 인생에 비유한다면 사춘기와 같은 시절로서 유행과 감정에 치우치거나 색정(色情)에 빠져들기 쉬우며 풍류, 사교, 도박, 망신, 충돌, 사고 등으로 응용되고 있다.

년살(年殺)이 길신(吉神)에 해당하고 생왕(生旺)하면 용모가 수려하고 예술적 재능이 뛰어나고 선비기질이 있어 풍류를 좋아하며 어디서나 인기가 많은 편이다. 그러나 기신(忌神)이면 언행이 불순하고 패륜행위, 변태적인 애정문제, 주색 등 방탕한 생활로 가산을 탕진하기 쉽다.

(2) 년살(年殺)과 사주(四柱)

년주(年柱)에 년살(年殺)이 있으면 선조 대에 풍류객으로 풍파가 많았으며, 월주(月柱)에 있으면 부모 대에 풍류객으로 어머니가 재취(再娶)로 들어오거나 소실(小室)이 있게 되고 연상의 여인이나 유부녀를 좋아하고, 일주(日柱)에 있으면 기방 출입이 빈번하고 작첩동거(作妾同居)도 하게 되고 부부애로가 있게 되며, 시주(時柱)에 있으면 자식이 풍류객이며 본인은 말년에 기생 작첩(妓生作妾)을 하게 된다.

(3) 년살(年殺)과 육친(六親)

비겁(比劫)이 년살(年殺)이 있으면 형제자매가 풍류객이고 친우에 의하여 패가망신하게 된다. 식상(食傷)이 년살(年殺)이면 관직을 박탈당하거나 명예에 손상을 입게 된다.

재성(財星)이 년살(年殺)이면 부친이 풍류지객(風流之客)이며, 정처(正妻)에게는 인색하지만 연인들에게는 후덕하다. 관살(官殺)이 년살(年殺)이면 관재(官災), 배신, 병고, 상신(傷身), 작첩, 망신 등을 당하게 된다. 인수(印綬)가 년살(年殺)이면 부친이 첩을 보게 되고 공부 중에 연애하게 된다.

(4) 년살(年殺)과 행운(行運)

행운(行運)에서 년살(年殺)을 만나게 되면 심신이 산란하여 허영과 향락에 빠지기 쉬우니 불륜에 의한 관재구설을 조심해야 한다.

년살(年殺)을 일명 도화살(桃花殺)이라고 하는데 원명(原命)에 있으면 타고난 천성(天性)이라 할 수 있지만, 대운(大運)에서 도화살이 오면 재발(再發)하였다고 하여서 풍류와 색정을 일삼아 가정을 돌보지 않는다. 세운(歲運)에서 도화살을 만나면 가정적으로는 부부불화로 가정이 파탄하거나 별거를 하게 된다.

6. 월살(月殺)

(1) 월살(月殺)의 의의

월살(月殺)은 일명 고초살(枯焦殺)이라고도 하며, 바싹 마른 나무의 형상으로 매사가 순조롭지 못하고 깨지거나 무너지는 상태를 뜻한다. 그래서 고초일(枯焦日)에는 씨앗을 뿌리면 발아가 되지 않고 닭이 계란을 품더라도 부화가 되지 않는다고 하는데, 특히 택일할 때 파종이나 식목을 피한다.

월살(月殺)이 원명(原命)에 중봉(重逢)이면 육친무덕(六親無德)하고 처자식과 인연이 박약하고 관재구설이 항상 따르고 계약이나 문서보증으로 곤경에 빠지는 경우가 생긴다.

(2) 월살(月殺)과 사주(四柱)

년주(年柱)에 월살(月殺)이 있으면 선조 대에 성실하고 근면하여도 결과는 되는 일이 없고 단명하였거나 가난하였다.

월주(月柱)에 월살(月殺)이 있으면 부모형제가 고생하였으며 남에게 여러 번 이용당하였다. 일주(日柱)에 월살(月殺)이 있으면 동분서주하여 많은 공은 이루었으나 성과가 없으며, 배우자도 별거인연의 배필이다. 시주(時柱)에 월살(月殺)이 있으면 불효자식 아니면 객사하는 자식을 두게 된다.

(3) 월살(月殺)과 육친(六親)

비겁(比劫)이 월살(月殺)이면 형제자매, 식상(食傷)이 월살(月殺)이면 자식, 재성(財星)이 월살(月殺)이면 부친, 관살(官殺)이 월살(月殺)이면 자식, 인수(印綬)가 월살(月殺)이면 모친이 불구이거나 단명한다.

(4) 월살(月殺)과 행운(行運)

대운(大運)에서 월살(月殺)을 만나면 사례금을 받거나 위로금, 하사금 등을 받을 일이 생기면 상속받을 일도 생긴다. 그러나 투기나 투자 등 과욕을 부리면 실패수가 따르니 명심해야 한다. 세운(歲運)에서 월살(月殺)을 만나면 발전이 없고 후퇴하며 고독하고 답답한 일이 생기며, 공직자는 부하 직원으로부터 배신을 당하여 좌천하는 일이 생기며, 부부간에는 이혼이나 별거하는 일이 생긴다.

특히 남자는 무모한 계획이나 허영심으로 실패하는 일이 생기며, 여자는 유혹에 빠져 재산을 탕진하는 경우가 생기니 이성에 현혹되지 않도록 주의해야 한다.

7. 망신살(亡身殺)

(1) 망신살(亡身殺)의 의의

망신살은 일명 파군살(破軍殺)이라고도 하여 격전지(激戰地)나 전쟁터에 비유하기도 하는데, 모든 계획이 수포로 돌아가고, 마침내는 패가망신하게 된다는 뜻이다. 『삼명통회(三命通會)』에 이르기를 "망자실야(亡者失也)요, 자내실지(自內失之) 위망신(謂亡身)이라", 즉 신자진수국(申子辰水局)은 亥가 망신인데 이것은 해중갑목(亥中甲木)에 水가 설기(泄氣)되어 망하고, 사유축금국(巳酉丑金局)은 신중임수(申中壬水)에 설기되어 망하고, 해묘미목국(亥卯未木局)은 인중병화(寅中丙火)에 목기(木氣)가 설기되어 망하고, 인오술화국(寅午戌火局)은 사중무토(巳中戊土)에 설기되어 망한다고 하여 망신이라는 명칭이 붙게 된 것이다.

망신(亡身)이 길신(吉神)에 해당하면 외모가 준수하고, 위엄이 있으며, 대인관계가 원만하며 경제적 수완이 뛰어나고, 유머감각과 화술과 문장력이 대단하다. 기신(忌神)에 해당하면 내실즉망(內失卽亡)이라 하여 안에서 그 작용이 일어나 육친간의 생사이별, 실물(失物), 도난, 사업 실패, 사기, 손재 등이 일어나고, 관재나 송사, 구설에 휘말리기 쉽다.

(2) 망신살(亡身殺)과 사주(四柱)

년주(年柱)에 망신살(亡身殺)이 있으면 타향에서 고생하며 선조 대의 유업이 몰락하였고, 월주(月柱)에 망신살(亡身殺)이 있으면 부모형제가 부부이별 하거나 형액(刑厄)이 있게 된다. 일주(日柱)에 망신살(亡身殺)이 있으면 부부이별하거나 배우자와의 인연이 박약하고, 시주(時柱)에 망신살(亡身殺)이 있으면 자식궁이 불행하고, 말년에 한탄할 일이 생긴다.

(3) 망신살(亡身殺)과 육친(六親)

망신살(亡身殺)이 비겁(比劫)은 형제자매, 상식(傷食)은 자식, 재성(財星)은 부친이나 처, 관살(官殺)은 자식, 인수(印綬)는 부모가 명예에 손상이 있거나 불치병을 앓거나 또는 패륜아가 되거나 관재송사를 겪어본다.

(4) 망신살(亡身殺)과 행운(行運)

망신대운(亡身大運)에는 벌통을 잘못 손댄 것과 같이 재산을 몰락당하는 일이 생기며, 몸에 칼을 대는 수술을 할 일이 생긴다. 망신세운(亡身歲運)에는 남녀 모두가 망신을 당할 우려가 있고 명예에 손상은 있으나 신규 사업이나 금전 거래 등 실질적인 실속은 있다.

8. 장성살(將星殺)

(1) 장성살(將星殺)의 의의

장성(將星)은 용감하고, 고집이 세며, 책임감이 막중한 장수로서 권위를 상징하며, 문무를 겸전한 강력한 실권자를 의미한다. 무슨 일에도 진취적으로 일을 처리하고, 인내와 끈기로써 능히 만난(萬難)을 극복하여 성공적으로 이끈다.

원명(原命)에 장성(將星)이 있으면 사법관, 군인, 경찰 등 생살권(生殺權)을 갖게 되고, 승진, 명예회복, 권력 등의 길사(吉事)가 있다. 장성살(將星殺)은 승부욕이 강하고 통솔력이 뛰어나며 사업이나 직장에서 성취감이 왕성하지만 무모하게 덤벼드는 것이 다소 흠이 된다.

(2) 장성살(將星殺)과 사주(四柱)

집안으로 만인을 통솔하였으며, 월주(月柱)에 장성살(將星殺)이 있으면 부모대에 문무가 뛰어나서 손에 병권을 잡고, 일주(日柱)에 장성살(將星殺)이 있으면 명예는 얻으나, 부부지간에 별거ㆍ이별한다. 시주(時柱)에 장성살(將星殺)이 있으면 자식이 고집이 세고 힘이 장사라서 나라에 충성한다.

(3) 장성(將星)과 육친(六親)

장성(將星)이 공망(空亡)이 되면 장수가 실권이 없어진 무용지물이 되었으니 속세를 떠나 입산수도하는 마음을 항상 가지고 있으며, 장성(將星)이 양인(羊刃)과 같이 있으면 생살권(生殺權)을 장악한다.

식상(食傷)과 동주(同柱)하거나 재성(財星)과 동주(同柱)하면, 재정권(財政權)을 담당하게 되고, 인수(印綬)와 동주(同柱)하면, 학문과 연구에 관계되는 직업과 인연이 있다.

(4) 장성(將星)과 행운(行運)

대운(大運)에 장성(將星)이 오면 직장인은 승진이 되고, 학생은 반장이 되고, 여자는 좋은 배우자를 만난다. 사업하는 사람은 사업이 번성하여 사회에 유통이 잘되며, 자금도 넉넉하게 돌아간다.

세운(歲運)에 장성(將星)이 오면 해외출입이나 동분서주하며, 여자는 직업전선에 뛰어들게 된다.

9. 반안살(攀鞍殺)

(1) 반안살(攀鞍殺)의 의의

반안살(攀鞍殺)은 일명 안장살(鞍裝殺)이라고도 하며, 장성(將星)과 역마(驛馬)의 중간에 위치한 말안장을 뜻하는데, 장수가 전장에 출전하기 위하여 준비하는 갑옷, 투구, 병기 등과 같다.

반안살(攀鞍殺)은 명예나 직위가 상승하는 뜻이 되어, 출세를 의미하기도 한다. 특히 장성(將星), 반안(攀鞍), 역마(驛馬)를 구비한 사람은 말 위에 안장을 얹고 장수가 행군하는 형상으로 크게 출세한다는 것이다. 또한 이 살(殺)이 있는 사람은 지혜가 뛰어나고, 문장도 능통하다.

(2) 반안살(攀鞍殺)과 사주(四柱)

년주(年柱)에 있으면 조상의 덕이 있어 일평생 영화를 누리며 선산의 덕이 있다. 월주(月柱)에 있으면 부모형제가 안락하고, 화목하고, 관운(官運)도 좋다. 일주(日柱)에 있으면 평범한 가운데 부부지간 안락하며 행복하게 산다. 시주(時柱)에 있으면 처첩의 덕이 있고, 말년에도 평범하게 산다.

(3) 반안살(攀鞍殺)과 육친(六親)

비겁(比劫)이 반안살(攀鞍殺)이면 형제자매, 식상(食傷)이 반안살(攀鞍殺)이면 자

식, 재성(財星)이면 부친이나 처, 관살(官殺)이면 자식이나 남편, 인수(印綬)가 반안
살(攀鞍殺)이면 모친이 길성(吉星)을 가져온다.

(4) 반안살(攀鞍殺)과 행운(行運)

대운(大運)에서 반안살(攀鞍殺)을 만나면 직장인은 승진하고, 상인은 수익이 늘
고, 사업인은 발전하고, 학생은 진학이나 시험에 합격하게 되고, 일반인은 집안이
편안하다. 세운(歲運)에서 반안살(攀鞍殺)을 만나면 신규사업, 시험공부, 가옥이나
토지문서를 잡게 된다.

10. 역마살(驛馬殺)

(1) 역마살(驛馬殺)의 의의

역마살(驛馬殺)은 일명 이동살(移動殺)이라고도 하며 군용마(軍用馬)와 같아 운송
이나 통신수단을 말한다. 즉 원행(遠行), 출행, 이사, 이동, 운수사업, 수송사업, 무
역업, 통신, 전화, 전보 등을 의미한다. 역마(驛馬)는 말을 타고 멀리 달리는 것을
의미함이니 타향살이, 해외출입을 말하는 것으로 지살(地殺)과 작용이 유사하나 지
살(地殺)보다는 그 범위가 넓게 응용되고 있다.

(2) 역마살과 사주(四柱)

년주(年柱)의 역마살은 고향땅을 이별하고 타향 땅에서 살아야 하며 선조 대에
객사하는 경우가 있다. 월주(月柱)의 역마살은 동분서주하고 사업으로 득재하나 부
모형제가 객사하거나 타향이나 해외에서 거주하게 된다. 시주(時柱)의 역마살은 양
방(兩房)에 자식 낳아 타향에서 나를 찾으니 객사혼(客死魂)이 분명하다.

원명(原命)에서 역마살이 길신(吉神)이며 식신(食神), 정관(正官), 인수(印綬)와 함
께 있으면 적극적이고 활동성이 많으며, 재성(財星)과 함께 있으면 재물이 왕성하
다. 그러나 편인(偏印), 편관(偏官), 비겁(比劫), 상관(傷官)과 같이 있으면 동분서주
한다.

(3) 역마살과 육친

비겁(比劫)이 역마살이면 형제자매, 식상(食傷)이 역마살이면 자식, 재성(財星)이 역마살이면 부친 또는 처, 관살(官殺)이 역마살이면 자식, 인수(印綬)가 역마살이면 모친에 해당하는 각각 육친이 고향을 떠나 타향객지에서 동분서주할 뿐만 아니라 해외 출입이 빈번하게 된다.

(4) 역마살과 행운(行運)

역마살이 대운이나 세운에서 만나면 이사변동, 해외 출입 등이 발생하며 대운, 세운, 월운(月運)이 모두 역마를 상충(相沖)하면 교통사고가 발생한다. 관재송사로 갇혀 있는 사람은 역마살(驛馬殺) 세운이나 월운(月運)에 풀려난다. 행운(行運)에서 역마가 길신(吉神)에 해당하거나 합이 되면 승진, 해외 출입 등 경사가 일어나고 기신(忌神)이거나 상충(相沖)되면 교통사고 등 형액(刑厄)이 일어난다.

11. 육해살(六害殺)

(1) 육해살(六害殺)의 의의

육해살이란 일명 육액(六厄) 또는 마랑(馬廊)이라고도 하여 마방(馬房)에 매어둔 말이 되어 원행(遠行)을 하지 못한다는 뜻이다. 그래서 육해살은 질병으로 일평생 신음하거나 장애와 병고 등의 어려운 일이 일어나고, 화재, 도난, 관액(官厄), 구설이 뒤따른다. 육해살이 있으면 행동이 민첩하고, 매사를 신속하게 처리하기 때문에 다성다패(多成多敗)하고, 분주하게 많은 일이 생긴다.

(2) 육해살(六害殺)과 사주(四柱)

년주(年柱)에 육해살(六害殺)이 있으면 선조 대에 구병(久病)으로 고생을 하였고, 월주(月柱)에 육해살(六害殺)이 있으면 부모형제가 구병(久病)으로 고생하였고, 골육지정(骨肉之情)이 없다. 일주(日柱)에 육해살(六害殺)이 있으면 본인이나 배우자요, 시주(時柱)에 있으면 자식이 구병(久病)으로 고생한다.

(3) 육해살(六害殺)과 육친(六親)

비겁(比劫)이 육해살(六害殺)이면 형제자매, 식상(食傷)이 육해살(六害殺)이면 자식, 재성(財星)이 육해살(六害殺)이면 부친 또는 처, 관살(官殺)이 육해살(六害殺)이면 남편이나 자식, 인수(印綬)가 육해살(六害殺)이면 모친에 해당하는 육친(六親)이 오랜 구병(久病)으로 고생한다.

(4) 육해살(六害殺)과 운행(運行)

대운(大運)에서 육해살(六害殺)을 만나면 병고를 치르고, 신음하며 어려운 일에 부딪히고, 저당설정, 차압 등이 일어나고, 사업인은 부도나고, 직장인은 좌천되거나 퇴직하게 된다. 원명(原命)에 육해살(六害殺)이 있는데 운행(運行)에서 충(冲)이나 형(刑)을 할 때는 해외출입을 하거나 오히려 어려운 일이 해결된다.

세운에서 육해살(六害殺)이 들어오면 희생정신으로 노력하나 성과는 없고, 심신이 고달프고, 심지어는 보직해임이 되거나 인격 이하의 대우를 받게 된다.

12. 화개살(華蓋殺)

(1) 화개살(華蓋殺)의 의의

화개살은 일명 예술지상(藝術之象)이라고도 하며 삼합(三合)의 묘(墓)로서 끝 글자에 해당한다. 묘(墓)는 물건을 겨울 동안 저장하였다가 봄에 다시 꺼내어 쓰는 창고와 같아서 재생 또는 영속성을 나타내므로 문화, 예술, 종교, 학문, 사찰, 기도원, 수련원, 교회, 부동산 등을 나타낸다. 화개살(華蓋殺)은 또 보옥지상(寶玉之象)이라고 해석하여 화려하고 안정하게 빛이 난다는 길성(吉星)이다.

원명(原命)에 이 살(殺)이 있으면 성품이 총명하고 지혜가 뛰어나 문장이 능통하고 풍류를 좋아할 뿐 아니라 예능에도 소질이 있고 독실한 불교신자이거나 정통승도(正統僧道)가 분명하다.

(2) 화개살(華蓋殺)과 사주(四柱)

년주(年柱)의 화개(華蓋)는 선조 대(先祖代)의 가업을 탕진하고 일찍 타향살이하며 곤고하게 살았다고 보는 것이고, 월주(月柱)의 화개(華蓋)는 형제자매의 덕이 없으며 차남이 장남의 역할을 하면서 문중을 빛내야 한다.

일주(日柱)의 화개(華蓋)는 부부이별하게 되고, 불도의 집단으로 승려가 된 조상이 있다고 보는 것이고, 시주(時柱)의 화개(華蓋)는 중년 이후에 성공하며 도처에 명성이 높다.

(3) 화개살(華蓋殺)과 육친(六親)

화개성(華蓋星)이 비겁(比劫)이면 형제자매, 식상(食傷)이면 자식, 재성(財星)이면 부친이나 처, 관살(官殺)이면 남편이나 자식, 인수(印綬)이면 모친에 해당하는 육친(六親)이 종교나 예술방면에 소질이 있거나 관련된 직업을 갖게 된다.

(4) 화개살(華蓋殺)과 행운(幸運)

대운(大運)에서 화개(華蓋)를 만나면 비범한 발전과 피나는 노력으로 탁월한 재능을 발휘하게 된다. 세운(歲運)에서 화개(華蓋)를 만나면 욕심이 생기고, 남녀가 방탕으로 부부지간에 생사이별을 많이 하며, 사업에 실패하여 전업을 하게 된다.

<表 8-2> 십이신살요약표(十二神殺要約表)

신살명 (神殺名)	특성(特性) 및 행운(行運)
겁살 (劫殺)	탈재(奪財), 파재(破財), 파산(破産), 도난(盜難), 교통사고(交通事故), 관재송사(官災訟事), 사기(詐欺), 부도(不渡), 강탈(强奪), 가정불화(家庭不和), 질병(疾病)
재살 (災殺)	수옥(囚獄), 송사(訟事), 감금(監禁), 관재(官災), 교통사고(交通事故), 횡액(橫厄), 납치(拉致), 익사(溺死), 분신(焚身)
천살 (天殺)	한재(旱災), 수재(水災), 화재(火災), 지진(地震), 낙뢰(落雷), 전기두절(電氣杜絶), 관재구설(官災口舌), 태풍(颱風), 질병(疾病), 중풍(中風), 이별(離別)
지살 (地殺)	여행(旅行), 이사(移徙), 해외이민(海外移民), 직장변동(職場変動), 직업전환(職業轉換), 외국상사(外國商社), 해외출입(海外出入)
년살 (年殺)	도화(桃花), 목욕(沐浴), 풍류(風流), 사교(社交), 도박(賭博), 망신(亡身), 충돌(衝突), 사고(事故), 정처인색(正妻吝嗇), 애첩후덕(愛妾厚德), 불화(不和)
월살 (月殺)	여행(旅行), 이사(移徙), 해외이민(海外移民), 직장변동(職場変動), 직업전환(職業轉換), 외국상사(外國商社), 해외출입(海外出入)
망신살 (亡身殺)	생사이별(生死離別), 실물(失物), 도난(盜難), 부도(不渡), 사업실패(事業失敗), 사기(詐欺), 손재(損財), 관재(官災), 송사(訟事), 구설(口舌), 부부이별(夫婦離別), 형액(刑厄)
장성살 (將星殺)	용감(勇敢), 고집(固執), 장수(將帥), 권위(權威), 인내(忍耐), 지구력(持久力), 군인(軍人), 경찰(警察), 승부욕강(勝負慾强), 통솔력(統率力), 명예(名譽)
반안살 (攀鞍殺)	명예(名譽), 공직(公職), 장성(將星), 장수(將帥), 지혜(智慧), 문장능통(文章能通), 부모형제안락(父母兄弟安樂), 가정화목(家庭和睦), 승진(昇進), 신규사업(新規事業)
역마살 (驛馬殺)	타향객지(他鄕客地), 동분서주(東奔西走), 운송(運送), 통신(通信), 원행(遠行), 해외출입(海外出入), 무역업(貿易業), 전보(電報), 부부이별(夫婦離別), 이사(移徙)
육해살 (六害殺)	질병(疾病), 신음(呻吟), 병고(病苦), 화재(火災), 도난(盜難), 관액(官厄), 구설(口舌), 분주(奔走), 저당(抵當), 차압(差押), 부도(不渡), 퇴직(退職)
화개살 (華蓋殺)	예술(藝術), 문화(文化), 종교(宗敎), 철학(哲學), 학문(學問), 사찰(寺刹), 교회(敎會), 수련원(修鍊院), 기도원(祈禱院), 총명(聰明)

제 9 장

길성吉星

제1절 일간중심日干中心 길성吉星

〈표 9-1〉일간중심(日干中心)의 길성(吉星) 도표

日干 吉星	甲	乙	丙	丁	戊	己	庚	辛	壬	癸
建祿	寅	卯	巳	午	巳	午	申	酉	亥	子
天乙貴人	丑未	申子	酉亥	酉亥	丑未	申子	丑未	寅午	卯巳	卯巳
太極貴人	子午	子午	卯酉	卯酉	辰戌 丑未	辰戌 丑未	寅亥	寅亥	巳申	巳申
天廚貴人	巳	午	巳	午	申	酉	亥	子	寅	卯
官貴學館	巳	巳	申	申	亥	亥	寅	寅	申	申
文昌貴人	巳	午	申	酉	申	酉	亥	子	寅	卯
文曲貴人	亥	子	寅	卯	寅	卯	巳	午	申	酉
學堂貴人	亥	午	寅	酉	寅	酉	巳	子	申	卯
金輿祿	辰	巳	未	申	未	申	戌	亥	丑	寅
暗祿	亥	戌	申	未	申	未	巳	辰	寅	丑
夾祿	丑寅	寅辰	辰午	巳未	辰午	巳未	未酉	申戌	戌子	亥丑
交祿	甲庚 申寅	乙辛 酉卯	丙癸 子巳	丁壬 亥子	戊癸 子巳	己壬 亥午	庚甲 寅申	辛乙 卯酉	壬丁 午亥	癸丙 巳子

福星貴人	寅	丑亥	子戌	酉	申	未	午	巳	辰	卯
天官貴人	酉	申	子	亥	卯	寅	午	巳	丑未	辰戌
天福貴人	未	辰	巳	酉	戌	卯	亥	申	亥	午

1. 건록(建祿)

日干	甲	乙	丙	丁	戊	己	庚	辛	壬	癸
건록(建祿)	寅	卯	巳	午	巳	午	申	酉	壬	子

건록(建祿)의 구성은 갑록재인(甲祿在寅), 을록재묘(乙祿在卯), 병무록재사(丙戊祿在巳), 정기록재오(丁己祿在午), 경록재신(庚祿在申), 신록재유(辛祿在酉), 임록재해(壬祿在亥), 계록재자(癸祿在子)로 이루어져 있다.

건록(建祿)은 정록(正祿)이라고도 하며, 10간록(十干祿)이라고도 하는데, 이는 지지암장(地支暗藏)에 천간(天干)과 같은 오행(五行)이 구성되어 있고, 십이운성(十二運星)에서는 관대(冠帶)에 해당하고, 육친으로는 비견(比肩)으로서 상하유정(上下有情)하여 자기의 뿌리를 가지고 있어서 정자를 붙인 것이며, 관대(冠帶)를 갖추면 의관(衣冠)이 뚜렷하여 국가에 봉사하고, 노력하여 대가를 보상받게 되어 록자(祿字)를 따서 정록(正祿)이라고 한 것이다.

건록(建祿)이 원명(原命)에 있으면 정직하고, 신체도 건강하며 복록이 많고, 의식도 넉넉하며 관운도 좋다. 그러나 형충(刑冲)을 만나거나 다른 오행으로 변화하게 되면 길(吉) 작용이 반감된다.

건록(建祿)은 월지(月支)에 있으면 건록(建祿), 일지(日支)에 있으면 일록(日祿), 시지(時支)에 있으면 귀록(歸祿)이라고 한다.

건록(建祿)에 형충(刑冲)이 있고, 건왕(建旺)하면 관계(官界)나 특수직종에 종사하는 경우가 많으며, 특히 양일간(陽日干)의 건록(建祿)이 寅申巳亥인데 형충(刑冲)이 있으면 정치인, 법조인, 군인, 경찰, 의사 등에 진출하게 된다.

건록은 세운(歲運)이나 대운(大運)에서 형충파해(刑冲破害)가 되면 직장이나 이

사 등의 변동이 생기고, 건강의 이상이 생기거나 교통사고에도 주의를 해야 한다.

건록(建祿)이 년지(年支)나 월지(月支)에 있으면 조상이나 부모의 덕이 있고, 사회적으로는 신뢰를 얻어 승진이 빠르고, 일지(日支)나 시지(時支)에 있으면 자립심이 강하고 형제는 자수성가하며, 여명(女命)은 직업을 가지고 성공도 빠르다.

2. 천을귀인(天乙貴人)

日 干	甲戊庚	乙己	丙丁	辛	壬癸
천을(天乙)	丑未	子申	亥酉	寅午	巳卯

천을귀인(天乙貴人)은 옥당천을귀인(玉堂天乙貴人)이라고도 한다.

갑무경일(甲戊庚日)에 출생한 사람이 丑이나 未를 만나고, 을기일(乙己日)에 출생한 사람이 子나 申을 만나고, 병정일(丙丁日)에 출생한 사람이 亥나 酉를 만나고, 신일(辛日)에 출생한 사람이 寅이나 午를 만나고, 임계일(壬癸日)에 출생한 사람이 巳나 卯를 만나면 옥당천을귀인(玉堂天乙貴人)이 된다.

천을귀인(天乙貴人)이 있으면 성품이 총명하며, 지혜가 뛰어나고, 주위에서 도와주는 사람이 많으며 인덕이 있어 어려운 일을 당하게 되면 남에게 힘을 얻어 해결이 되며, 흉한 것이 변하여 길한 것이 된다.

십이운성(十二運星)의 길성(吉星)이거나 길성(吉星)과 합(合)하면 한평생 살아가는 데 복이 많다. 특히 천을귀인(天乙貴人)이 건록(建祿)을 만나면 문장이 뛰어나고, 관록(官祿)이 따른다. 그러나 형(刑), 충(沖), 파(破), 해(亥)나 공망(空亡)이 되거나, 십이운성(十二運星)이 쇠(衰), 병(病), 사(死), 절(絶)과 동주(同柱)하면 길신(吉神) 작용이 안 된다. 주중(柱中)에 괴강(魁罡)이나 암록(暗綠)과 역마(驛馬)가 같이 있으면 성격이 활발하고, 경우가 밝으며 한평생 형벌을 받지 아니할 뿐만 아니라 출세와 명예가 따르며 다른 사람들로부터 존경 받는다.

천을귀인은 문창성(文昌星)과 같이 있으면 학문이 뛰어나 학계에 이름을 떨치며 화개(華蓋)와 같이 있으면 문장력과 예의가 바르고, 고관직에 오를 수 있다.

천을귀인(天乙貴人)을 육신(六神)으로도 해석할 수 있는데 식상(食傷)이 귀인이면 기예가 뛰어나고 달변으로 외교에 능하며 장수한다. 재성(財星)이 귀인이면 처가 현명하여 내조의 공이 크며, 관성(官星)이 귀인(貴人)이면 관직에서 승진이 빠르고 직책에 대한 능력이 대단하며, 여명(女命)은 능력 있는 남편을 만나며, 인수(印綬)가 귀인이면 학문에 통달하며 부모가 인자하고 후덕하다.

대운(大運)이나 유년(流年)에서 귀인을 만나면 이것은 타인으로부터 도움을 얻는다는 것을 의미하며 하는 일이 순조롭게 풀린다는 것을 나타낸다.

여명(女命)에 천을귀인(天乙貴人)이 2개가 되거나 2개 이상이 되면 오히려 음란한 것이 되어 사교계나 유흥계의 사람으로 주위에 남자가 많으며, 노인이 대운(大運)이나 유년(流年)에 귀인운(貴人運)을 만나면 사망의 조짐으로 보아야 한다.

일귀격(日貴格)인 丁酉, 丁亥, 癸巳, 癸卯, 일주생(日柱生)은 일지(日支)가 귀인이라 남명(男命)은 아름다운 처를 얻고, 여명(女命)은 귀한 사람에게 시집을 가며 남편의 덕이 크다. 일지(日支)가 귀인인 경우는 총명하고 겸허하며 인덕이 있으나, 형충파해(刑冲破害)가 되면 길중(吉中)에 흉함이 있는 것이다.

3. 태극귀인(太極貴人)

日 干	甲 乙	丙 丁	戊 己	庚 辛	壬 癸
태극(太極)	子午	卯酉	辰戌丑未	寅亥	巳申

태극귀인(太極貴人)은 일주천간(日主天干)을 기준하여 년주(年柱)의 지지(地支)와 대조하여 보는 것으로, 갑을일간(甲乙日干)이 년지(年支)가 子水나 午火가 되었을 때, 병정일간(丙丁日干)이 년지(年支)가 卯나 酉, 임계일간(壬癸日干)이 년지(年支)가 巳나 申이 되었을 때, 귀인이 성립되는 것이다.

태극귀인(太極貴人)은 생각하지도 않는 횡재나 복이 오며 관서장(官署長)이 되어 많은 부하를 거느리게 된다는 귀격(貴格)이며, 청(淸)하면 입신양명하여 고위직에 오르는 길신(吉神)이다. 또한 천덕(天德)이 있어 일체의 흉재(凶災)를 풀고, 흉명(凶

命)이라도 길명(吉命)으로 변화하는데 형충파해(刑冲破害)가 있으면 길신(吉神)의 작용이 일어나지 않는다.

태극귀인(太極貴人)은 봉후만호(封侯萬戶)의 삼공(三公)에 해당하는 사람으로서, 이는 봉건사회에서 영토를 가지고 그 주민을 지배하는 권력자로서 지금의 지방관 서장에 해당한다.

4. 천주귀인(天廚貴人)

日干	甲	乙	丙	丁	戊	己	庚	辛	壬	癸
천주(天廚)	巳	午	巳	午	申	酉	亥	子	寅	卯

천주귀인(天廚貴人)은 일주천간(日主天干)이 월지(月支)와 대조하여 구성(構成)되는 길신(吉神)이다. 일주천간(日主天干)의 甲木이나 丙火가 월지(月支)에 巳火, 乙木과 丁火가 월지(月支)에 午火, 戊土는 申金, 己土는 酉金, 庚金은 亥水, 辛金은 子水, 壬水는 寅木, 癸水는 卯木을 만나면 천주귀인(天廚貴人)이 된다.

이 귀인(貴人)이 있으면 평생 의식록(衣食祿)이 풍부하며 신체가 건강하여 수명이 길다. 재성(財星)이 있으면 부명격(富命格)이며 관성(官星)과 인수(印綬)가 있으면 명예를 갖춘 귀명(貴命)이다.

천주귀인(天廚貴人)은 식신성(食神星)이라고도 하는데 이것은 가령, 갑일간(甲日干)이 월지(月支)에 있는 사중병화(巳中丙火)가 식신(食神)에 해당하며 일간(乙日干)이 오중정화(午中丁火), 병일간(丙日干)이 사중무토(巳中戊土), 정일간(丁日干)이 오중기토(午中己土), 무일간(戊日干)이 신중경금(申中庚金), 기일간(己日干)이 유중신금(酉中辛金), 경일간(庚日干)이 해중임수(亥中壬水), 계일간(癸日干)이 묘중을목(卯中乙木)이 식신(食神)에 해당하기 때문에 식신성(食神星)이라고 하는 것이다.

천주귀인(天廚貴人)이 있으면 총명하며 지혜가 대단하여 특히 학문과 예능에 소질이 있다. 여명(女命)에 식신(食神)이 잘 발달되면 자손의 덕이 있고, 음식 솜씨도 대단하다. 만약 형충파해(刑冲破害)가 되면 길신(吉神)이 될 수 없다.

5. 관귀학관(官貴學館)

日干	甲乙	丙丁	戊己	庚辛	壬癸
관귀(官貴)	巳	申	亥	寅	申

관귀학관(官貴學館)은 일명 관학(官學)이라고도 부르는데 이 귀성(貴星)은 일주(日主)를 기준으로 관성(官星)이 장생(長生)이 되는 곳을 말한다. 예를 들어 갑을목일주(甲乙木日主)가 庚金이 관성(官星)이 되는데 庚金이 장생지(長生支)가 되며 음간(陰干)에는 사용하지 않고, 오직 木火土金水인 오행으로만 적용한다.

화일주(火日主)는 壬水가 관성(官星)인데 申金이 장생(長生)이고, 토일주(土日主)는 甲木이 관성(官星)인데 亥水가 장생(長生)이고, 금일주(金日主)는 丙火가 관성(官星)인데 寅木이 장생(長生)이고, 수일주(水日主)는 戊土가 관성(官星)인데 申金이 장생(長生)이 매우 빠르고, 그 벼슬이 산과 같이 높아진다는 귀성(貴星)이다.

그러나 어디까지나 신왕관왕(身旺官旺)이 되고 대운(大運)도 좋아야 명예가 높고 귀자(貴子)를 둔다. 여명(女命)은 남편에게 관재송사, 질병 등이 발생하고 자식은 불효하고 남편복이 없이 생활고에 허덕인다.

6. 문창귀인(文昌貴人)

日干	甲	乙	丙	丁	戊	己	庚	辛	壬	癸
문창(文昌)	巳	午	申	酉	申	酉	亥	子	寅	卯

문창귀인(文昌貴人)은,

갑일생인(甲日生人)이 巳, 을일생인(乙日生人)이 午, 병일생인(丙日生人)이 申,

정일생인(丁日生人)이 酉, 무일생인(戊日生人)이 申, 기일생인(己日生人)이 酉,

경일생인(庚日生人)이 亥, 신일생인(辛日生人)이 子, 임일생인(壬日生人)이 寅,

계일생인(癸日生人)이 卯로서 육친(六親)으로는 식신(食神), 상관(傷官)으로 구성되어 있다.

이 귀성(貴星)이 있으면 총명하여 공부를 잘한다는 길신(吉神)으로 지혜가 뛰어나고, 문장력이 좋으며 발표력이 대단하여 생전문장(生前文章)이라고도 한다.

여명(女命)은 소녀시절에 문학에 심취하게 되며, 가정교육이 좋고, 예능계통에 소질이 있어 화가, 서예가, 음악가, 수필가 등이 많다. 문창귀인(文昌貴人)이 비겁(比劫)과 동주(同柱)하면 형제가 교육계에 있거나 학문을 잘한 사람이며, 식상(食傷)과 같이 있으면 처나 부친, 관성(官星)이 같이 있으면 남편이나 자식, 인수(印綬)가 같이 있으면 조부나 모친이 교육이나 학문에 능한 사람이다. 그러나 이 길신(吉神)도 형충파해(刑沖破害)가 되면 그 작용이 상실된다.

7. 문곡귀인(文曲貴人)

日 干	甲	乙	丙	丁	戊	己	庚	辛	壬	癸
문곡(文曲)	亥	子	寅	卯	寅	卯	巳	午	申	酉

문곡귀인(文曲貴人)은,

갑일생인(甲日生人)이 주중(柱中)에서 亥,

을일생인(乙日生人)이 주중(柱中)에서 子,

병일생인(丙日生人)이 주중(柱中)에서 寅,

정일생인(丁日生人)이 주중(柱中)에서 卯,

무일생인(戊日生人)이 주중(柱中)에서 寅,

기일생인(己日生人)이 주중(柱中)에서 卯,

경일생인(庚日生人)이 주중(柱中)에서 巳,

신일생인(辛日生人)이 주중(柱中)에서 午,

임일생인(壬日生人)이 주중(柱中)에서 申,

계일생인(癸日生人)이 주중(柱中)에서 酉가 있게 되면 문곡귀인(文曲貴人)이 되는 것이며, 육친(六親)으로는 인수(印綬)로 구성되어 있다.

이 귀성(貴星)이 있으면 학업이 남보다 탁월하고, 암기력이 좋으며 지구력이 있어 학문에 깊이가 있다. 사후에 자기의 업적 때문에 생전보다 이름이 더욱 높이 평가되는 길신(吉神)이다. 그래서 평생을 두고 학계와 인연이 있다.

8. 학당귀인(學堂貴人)

日干	甲	乙	丙	丁	戊	己	庚	辛	壬	癸
학당(學堂)	亥	午	寅	酉	寅	酉	巳	子	申	卯

학당귀인(學堂貴人)은 각 일주(日主)의 장생궁(長生宮)이며 육친(六親)으로는 인수(印綬)와 식신(食神)으로 구성이 되어 있으며, 작용면으로는 문곡(文曲)이나 문창(文昌)과 같다.

갑일생인(甲日生人)이 주(柱)중에 亥, 을일생인(乙日生人)이 주(柱)중에 午,

병일생인(丙日生人)이 주(柱)중에 寅, 정일생인(丁日生人)이 주(柱)중에 酉,

무일생인(戊日生人)이 주(柱)중에 寅, 기일생인(己日生人)이 주(柱)중에 酉,

경일생인(庚日生人)이 주(柱)중에 巳, 신일생인(辛日生人)이 주(柱)중에 子,

임일생인(壬日生人)이 주(柱)중에 申, 계일생인(癸日生人)이 주(柱)중에 卯를 만나게 되면 학당귀인(學堂貴人)이 되는 것이다. 학당귀인(學堂貴人)이 있으면 학문과 관계있어 총명하고, 교수가 많으며 선비나 학자가 많이 나온다.

9. 금여록(金輿祿)

日干	甲	乙	丙	丁	戊	己	庚	辛	壬	癸
금여(金輿)	辰	巳	未	申	未	申	戌	亥	丑	寅

금여록(金輿祿)은,

갑일생인(甲日生人)이 辰, 을일생인(乙日生人)이 巳, 병일생인(丙日生人)이 未,

정일생인(丁日生人)이 申, 무일생인(戊日生人)이 未, 기일생인(己日生人)이 申,

경일생인(庚日生人)이 戌, 신일생인(辛日生人)이 亥, 임일생인(壬日生人)이 丑, 계일생인(癸日生人)이 寅이 주중 있으면 길신이 되는 것이다.

금여록(金輿祿)이 있으면 성품이 온후하고 유순하며 용모가 단정하고 재치가 있으며 머리가 영리하고 총명하여 발명가가 되기 쉽다. 특히 남자는 미인과 인연이 있고 처가의 덕도 있으며 주위사람들로부터 존경을 받으며, 여자는 얼굴이 예쁘고 결혼운이 좋아 남편복이 있는 길신(吉神)이다. 일(日)과 시(時)에 있으면 좋은 배우자를 만나고 말년에 편안하게 살며 자손도 번창하게 되는데, 형충파해(刑沖破害)가 있으면 길(吉)작용이 약해진다.

10. 암록(暗祿)

日干	甲	乙	丙	丁	戊	己	庚	辛	壬	癸
암록(暗綠)	亥	戌	申	午	申	午	巳	辰	寅	丑

암록(暗祿)은 정록(正祿)과 육합(六合)이 되는 자(字)이다.

예를 들어 갑일(甲日)의 정록(正祿)은 寅인데 표에서 亥와는 인해육합(寅亥六合)이 되는 것이고, 을일(乙日)의 정록(正祿)은 卯인데 戌과는 묘술육합(卯戌六合)이 되기 때문이다. 병무일(丙戊日)이 申, 정기일(丁己日)이 午, 경일(庚日)이 巳, 신일(辛日)이 辰, 임일(壬日)이 寅, 계일(癸日)이 丑이 있으면 암록(暗祿)이 되는 것이다.

암록(暗祿)이 있으면 성질이 온순하고 평생 재복이 있어 금전이 떨어지지 않으며, 역경에 처하여서도 귀인의 뜻하지 않은 도움으로 암조(暗助)가 생기며 머리가 총명하다는 길성(吉星)이다. 그러나 정록(正祿)이 있거나 충형(沖刑), 공망(空亡)이 있으면 성립되지 않는다.

11. 협록(夾祿)

日 干	甲	乙	丙戊	丁己	庚	辛	壬	癸
협록(夾錄)	丑卯	寅辰	辰午	巳未	未酉	申戌	戌子	亥丑

협록(夾祿)은 갑일(甲日)이 丑卯, 을일(乙日)이 寅辰, 병무일(丙戊日)이 辰午, 정기일(丁己日)이 巳未, 경일(庚日)이 未酉, 신일(辛日)이 申戌, 임일(壬日)이 戌子, 계일(癸日)이 亥丑이 있으면 성립된다.

협록(夾祿)의 구성은 정록(正祿)을 품안에 껴안은 것을 의미하는데, 갑일(甲日)의 정록(正祿)은 寅인데 丑과 卯는 寅을 공협(拱夾)하고, 을일(乙日)의 정록(正祿)은 卯인데 寅과 辰은 卯를 공협(拱夾)하고 있으므로, 갑일(甲日)의 협록(夾祿)은 丑卯요, 을일(乙日)의 협록(夾祿)은 寅辰으로 구성되는 것이다. 협록(夾祿)은 항상 내복풍후(內福豊厚)의 덕이 있고 친척이나 친구들로부터 경제적인 혜택을 많이 받는다는 길성(吉星)이다.

12. 교록(交祿)

日 柱	甲申	乙酉	丙子	丁亥	戊子	己亥	庚寅	辛卯	壬午	癸巳
교록(交祿)	庚寅	辛卯	癸巳	壬午	癸巳	壬午	甲申	乙酉	丁亥	丙子

교록(交祿)은, 갑신일(甲申日)이 庚寅, 을유일(乙酉日)이 辛卯, 병자일(丙子日)이 癸巳, 정해일(丁亥日)이 壬午, 경인일(庚寅日)이 甲申, 신묘일(辛卯日)이 乙酉, 임오일(壬午日)이 丁亥, 계사일(癸巳日)이 丙子가 주중에 있으면 성립된다. 교록(交祿)의 구성은 정록(正祿)이 서로 상대방에 바꾸어져 있는 상태로서, 일간의 정록(正祿)은 타주에 있고 타주의 정록(正祿)은 일간에 놓여져 있음을 말한다.

예를 들어 갑신일(甲申日)이 庚寅을 보게 되면 甲의 정록(正祿)이 되는 寅은 庚에 있고, 庚의 정록(正祿)이 되는 申은 甲에 있으므로, 자기가 필요한 정록(正祿)을 서

로 교환하여 작용할 수 있기 때문에 교록(交祿)이라고 하는 것이다. 교록(交祿)이
있으면 교역, 무역 등을 통하여 대부가 될 수 있으며, 대사나 공사 등 외교관이나
해외특파원 기자, 특사 등에 인연이 있는 길성이다.

13. 복성(福星)·천관(天官)·천복귀인(天福貴人)

복성귀인(福星貴人)은 선조의 복이 있으며 어려운 환경에 처해 있을 때 선조의
덕이나 귀인의 도움을 받는 인덕이 있는 귀성(貴星)이다. 천관귀인(天官貴人)은 관
직을 하게 되며 승진도 빠르고 복덕과 인품이 뛰어나 타인의 존경을 받는 길성(吉
星)이다. 천복귀인(天福貴人)은 평생 재복이 있고 인덕이 많아 타인을 이끄는 통솔
력이 좋아 어디를 가나 두령격(頭領格)이 되는 길성(吉星)이다.

日 干	甲	乙	丙	丁	戊	己	庚	辛	壬	癸
복성(福星)	寅	丑亥	子戌	酉	申	未	午	巳	辰	卯
천관(千官)	酉	申	子	亥	卯	寅	午	巳	丑未	辰戌
천복(天福)	未	辰	巳	酉	戌	卯	亥	申	寅	午

제2절 생월중심生月中心의 길성吉星

〈표 9-2〉 생월중심(生月中心)의 길성(吉星) 도표

生月 吉星	寅	卯	辰	巳	午	未	申	酉	戌	亥	子	丑
천덕귀인 (天德貴人)	丁	申	壬	辛	亥	甲	癸	寅	丙	己	巳	庚
월덕귀인 (月德貴人)	丙	甲	壬	庚	丙	甲	壬	庚	丙	甲	壬	庚
진 신 (眞神)	甲 子	甲 子	甲 子	甲 午	甲 午	甲 午	己 卯	己 卯	己 卯	己 酉	己 酉	己 酉
천사성 (天赦星)	戊 寅	戊 寅	戊 寅	甲 午	甲 午	甲 午	戊 申	戊 申	戊 申	甲 子	甲 子	甲 子
천희신 (天喜神)	未	午	巳	辰	卯	寅	丑	子	亥	戌	酉	申
홍란성 (紅鸞星)	丑	子	亥	戌	酉	申	未	午	巳	辰	卯	寅
황은대사 (皇恩大赦)	戊	丑	寅	巳	酉	卯	子	午	亥	辰	申	未

1. 천월덕귀인(天月德貴人)

月支	寅	卯	辰	巳	午	未	申	酉	戌	亥	子	丑
천 덕 (天德)	丁	申	壬	辛	亥	甲	癸	寅	丙	己	巳	庚
월 덕 (月德)	丙	甲	壬	庚	丙	甲	壬	庚	丙	甲	壬	庚

　　천월덕귀인(天月德貴人)은 인월(寅月)에 丁은 천덕(天德)이고, 丙은 월덕(月德)이
며, 묘월(卯月)에 申은 천덕(天德)이고, 甲은 월덕(月德)이 되는데, 이와 같은 길성
(吉星)이 있으면 하늘의 은총을 받아서 나쁜 재액이 범하지 못하고, 음덕이 있어
어려움에 처했을 때 남의 도움을 받으며 부귀공명 하는 길성(吉星)이다. 또한 선

조의 유덕이 있고 천우신조의 도움으로 모든 재앙이 소멸된다는 길성(吉星)이다.

천월덕귀인(天月德貴人)이 관성(官星)에 임하면 관운이 좋고, 인성(印星)에 임하면 심성이 좋으며 조부의 혜택을 받으며, 식신(食神)에 임하면 의식이 풍요롭다.

이 길성(吉星)이 일주(日柱)나 시주(時柱)에 있으면 처자의 덕이 있으며 일생 동안 재앙이 없으며, 여명(女命)에 이 길성(吉星)이 있으면 성격이 온순하고 현모양처로서 남편복이 있다. 그러나 형(刑), 충(沖), 파(破), 해(害), 공망(空亡)이 되거나 쇠(衰), 병(病), 사(死), 묘(墓), 절(絶)과 동주(同柱)하게 되면 힘이 무력하여 도움이 되지 않는다. 천월덕귀인(天月德貴人)은 택일법(擇日法)에도 적용을 하며 이사, 결사(結社), 출행, 결혼 등에도 활용하고 있다.

2. 진신(進神)

생월(生月)	寅卯辰	巳午未	申酉戌	亥子丑
일주(日主)	甲子	甲午	己卯	己酉

진신(進神)은 생월(生月)과 생일(生日)로 구성되어 있으며 인묘진월(寅卯辰月)은 갑자일(甲子日), 사오미월(巳午未月)은 갑오일(甲午日), 신유술월(申酉戌月)은 기묘일(己卯日), 해자축월(亥子丑月)은 기유일(己酉日)에 출생한 사람이다.

진신(進神)의 작용은 매사 계획이 장애가 없이 순순히 진행되며 직업으로는 회계사, 세무사, 법무사, 변호사, 중개사에 천부적으로 소질이 있다.

3. 천사성(天赦星)

생월(生月)	寅卯辰	巳午未	申酉戌	亥子丑
일주(日主)	戊寅	甲午	戊申	甲子

천사성(天赦星)은 생월(生月)과 생일(生日)로 구성되어 있으며 인묘진월(寅卯辰月)은 무인일(戊寅日), 사오미월(巳午未月)은 갑오일(甲午日), 신유술월(申酉戌月)은

무신일(戊申日), 해자축월(亥子丑月)은 갑자일(甲子日)에 출생한 사람이다. 천사성 (天赦星)의 작용은 처세가 원만하며 재난이나 질병이 들어와도 사면되거나 빠른 시일 내에 회복이 된다는 길성(吉星)이다.

4. 천희신(天喜神)

생월(生月)	寅	卯	辰	巳	午	未	申	酉	戌	亥	子	丑
일시(日時)	未	午	巳	辰	卯	寅	丑	子	亥	戌	酉	申

천희신(天喜神)은 생월(生月)과 일시지(日時支)로 구성되어 있으며 인월(寅月)은 未, 묘월(卯月)은 午, 진월(辰月)은 巳, 오월(午月)은 卯, 미월(未月)은 寅, 신월(申月) 은 丑, 유월(酉月)은 子, 술월(戌月)은 亥, 해월(亥月)은 戌, 자월(子月)은 酉, 축월(丑 月)은 일시(日時)에 申이 있는 경우에 천희신(天喜神)이다. 천희신(天喜神)의 작용은 하늘의 도움으로 목전의 흉사도 자연히 변하여 환희에 넘친다는 길성(吉星)이다.

5. 홍란성(紅鸞星)

생월(生月)	寅	卯	辰	巳	午	未	申	酉	戌	亥	子	丑
일시(日時)	丑	子	亥	戌	酉	申	未	午	巳	辰	卯	寅

홍란성(紅鸞星)은 생월(生月)과 일시지(日時支)로서 천희신(天喜神)과 충(沖)으로 구성되어 있다.

인월(寅月)은 丑, 묘월(卯月)은 子, 진월(辰月)은 亥, 사월(巳月)은 戌, 오월(午月)은 酉, 미월(未月)은 申, 신월(申月)은 未, 유월(酉月)은 午, 술월(戌月)은 巳, 해월(亥月) 은 辰, 자월(子月)은 卯, 축월(丑月)은 寅으로 천희신(天喜神)과 충(沖)이 되고 있으 며, 인월생(寅月生)은 丑으로부터 시작하여 지지(地支)와 역행(逆行)을 하고 있다.

홍란성(紅鸞星)의 작용은 재액(災厄)이 감면되거나 유혈참사를 약화시키고 길상 (吉祥)으로 변화시키거나 교통사고라도 의외로 경상(輕傷)이다.

6. 황은대사(皇恩大赦)

생월(生月)	寅	卯	辰	巳	午	未	申	酉	戌	亥	子	丑
일시(日時)	戌	丑	寅	巳	酉	卯	子	午	亥	辰	申	未

　황은대사(皇恩大赦)는 생월(生月)과 일시지(日時支)로 구성되어 있으며 천사성(天赦星)보다 강하게 작용한다.

　황은대사(皇恩大赦)는 인월(寅月)은 일시지(日時支)에 戌, 묘월(卯月)은 일시지(日時支)에 丑, 진월(辰月)은 寅, 사월(巳月)은 巳, 오월(午月)은 酉, 미월(未月)은 卯, 신월(申月)은 子, 유월(酉月)은 午, 술월(戌月)은 亥, 해월(亥月)은 辰, 자월(子月)은 申, 축월(丑月)은 일시지(日時支)에 未에 해당되는 경우에 성립된다.

　황은대사(皇恩大赦)의 작용은 중죄에 처하였다가도 곧 특사를 받아 사면이 된다는 길성(吉星)이다. 그러나 강도, 절도 등 파렴치범은 제외된다.

제 10 장

흉성凶星

제1절 년지중심年支中心의 흉성凶星

〈표 10-1〉 년일지중심(年日支中心)의 흉성 도표(凶星圖表)

年支 凶星	寅	卯	辰	巳	午	未	申	酉	戌	亥	子	丑
고진(孤嗔)	巳	巳	巳	申	申	申	亥	亥	亥	寅	寅	寅
과숙(寡宿)	丑	丑	丑	辰	辰	辰	未	未	未	戌	戌	戌
도화(桃花)	卯	子	酉	午	卯	子	酉	午	卯	子	酉	午
수옥(囚獄)	子	酉	午	卯	子	酉	午	卯	子	酉	午	卯
상문(喪門)	辰	巳	午	未	申	酉	戌	亥	子	丑	寅	卯
조객(弔客)	子	丑	寅	卯	辰	巳	午	未	申	酉	戌	亥
귀문(鬼門)	未	申	亥	戌	丑	寅	卯	子	巳	辰	酉	午

1. 고진(孤嗔)

년지(年支)	寅	卯	辰	巳	午	未	申	酉	戌	亥	子	丑
고진(孤嗔)	巳	巳	巳	申	申	申	亥	亥	亥	寅	寅	寅

고진(孤嗔)은 년지(年支)를 기준하여 월지(月支)에만 해당하는데 상처살(喪妻殺)이라고도 한다. 고진(孤嗔)의 작용은 외롭고 고독하며 타향 객지에서 외롭고 쓸쓸한 신세가 되어 수많은 곡절을 넘기면서 산다.

궁합이나 사업상의 동업을 하는 데 많이 사용한다.

자생(子生)이면 인생(寅生)과는 인연이 없다는 뜻이다. 화개(華蓋)와 고진(孤嗔)이 같이 있으면 승려나 수녀가 되거나 아니면 종교, 철학에 인연이 있다.

세운(歲運)에서 자생(子生)이 인년(寅年)을 만나면 처를 극상(剋傷)하거나 상복(喪服)을 입는 경우가 있다. 고진(孤嗔)은 어린 시절에 빈번한 이사를 하거나 학문을 위한 고독한 생활과 신앙에 대한 관심을 갖게 되고, 성년에는 성격이 괴팍하고 여자에 대한 혐오감을 가지며 신부나 승려의 길로 가는 경향이 있으며, 남자는 처를 극(剋)하게 되고 여자는 남편이 고독하게 된다.

2. 과숙(寡宿)

년지(年支)	寅	卯	辰	巳	午	未	申	酉	戌	亥	子	丑
과숙(寡宿)	丑	丑	丑	辰	辰	辰	未	未	未	戌	戌	戌

과숙(寡宿)은 년지(年支)를 기준하여 월지(月支)에만 해당하는데 상부살(喪夫殺)이라고도 한다. 과숙(寡宿)의 작용은 외롭다는 뜻이며 여자는 과부가 되는 경우가 많다. 과숙(寡宿)은 결혼을 늦게 하거나 고독하게 지내면 나쁜 암시를 피할 수 있으며, 여명(女命)은 소극적이며 고독하고 부부이별 등을 암시한다.

세운(歲運)에서 과숙(寡宿)을 만나면 재해를 당하며 고진(孤嗔)과 같이 있으면 승도의 명(命)이며, 노년에 자식이 없거나 결혼을 여러 번 하게 되는 흉성(凶星)이다.

3. 도화(桃花)

년지(年支)	寅	卯	辰	巳	午	未	申	酉	戌	亥	子	丑
도화(桃花)	卯	子	酉	午	卯	子	酉	午	卯	子	酉	午

도화(桃花)는 신자진년(申子辰年)이 酉, 인오술년(寅午戌年)이 卯, 사유축년(巳酉丑年)이 午, 해묘미년(亥卯未年)이 子가 있으면 도화(桃花)에 해당한다.

도화(桃花)는 일명 십이신살(十二神殺)의 년살(年殺)에 해당하며 함지(咸池)라고도 하며 이성으로부터 흥미와 관심으로 인기를 끈다. 도화(桃花)는 일반적으로 호색으로 나타내며 음란하다고 말하고 여러 이성과의 관계를 나타내기도 한다. 도화(桃花)는 연애결혼을 하거나 풍류지기(風流之氣)의 멋이 있으며 남녀 간의 이성이 잘 따르고 외도가 빈번하다.

대운(大運)이나 세운(歲運)에서 도화(桃花)를 보면 도화운(桃花運)이라고 하여, 미혼자는 이성과 교제 또는 결혼을 하게 되고 기혼자는 외정을 갖게 된다.

4. 수옥(囚獄)

년지(年支)	寅	卯	辰	巳	午	未	申	酉	戌	亥	子	丑
수옥(囚獄)	子	酉	午	卯	子	酉	午	卯	子	酉	午	卯

수옥(囚獄)은 신자진년(申子辰年)이 午, 인오술년(寅午戌年)이 子, 사유축년(巳酉丑年)이 卯, 해묘미년(亥卯未年)이 酉가 있으면 수옥(囚獄)에 해당한다. 수옥(囚獄)의 작용은 관재구설이 따르고 수옥(囚獄) 생활을 하거나 납치, 감금, 구속, 구금 등을 당하여 본다는 것이다. 그러나 군인, 경찰, 형무관, 수사관, 사법관 등에 종사하는 경우에는 무방하다.

대운(大運)이나 세운(歲運)에 수옥(囚獄)이 들어오면 관재구설, 관재송사, 심하면 구속 등을 암시한다.

5. 상문(喪門) 조객(弔客)

년지(年支)	寅	卯	辰	巳	午	未	申	酉	戌	亥	子	丑
상문(喪門)	辰	巳	午	未	申	酉	戌	亥	子	丑	寅	卯
조객(弔客)	子	丑	寅	卯	辰	巳	午	未	申	酉	戌	亥

상문(喪門)과 조객(弔客)은 년지(年支)를 기준하여 세운(歲運)에만 보는데 작용은 상복을 입게 되거나 친인척 간의 사별을 뜻한다. 집을 새로 건축하거나 새로 이사할 때나 제사를 지낼 때나 결혼날짜를 잡을 때 이날에 택일을 하게 되면 해를 입거나 환자가 발생한다고 하여 택일을 삼가고 있다.

6. 귀문관살(鬼門關殺)

년지(年支)	寅	卯	辰	巳	午	未	申	酉	戌	亥	子	丑
귀문(鬼門)	未	申	亥	戌	丑	寅	卯	子	巳	辰	酉	午

귀문관살(鬼門關殺)은 년지(年支)를 기준하여 전지지(全地支)를 보는 것인데 자년(子年)이 酉, 축년(丑年)이 午, 인년(寅年)이 未, 묘년(卯年)이 申, 진년(辰年)이 亥, 사년(巳年)이 戌, 오년(午年)이 丑, 미년(未年)이 寅, 신년(申年)이 卯, 유년(酉年)이 子, 술년(戌年)이 巳, 해년(亥年)이 진월(辰月)이나 진일(辰日), 진시(辰時) 경우에 귀문관살(鬼門關殺)이 성립된다.

귀문관살(鬼門關殺)의 작용은 정신이상, 신경쇠약, 신경과민, 변태성 발작, 불감증, 자살 등 정신적인 질병에 시달린다. 귀문관살(鬼門關殺)이 있으면 한 가지 일에 집착하여 편중적인 생각을 가지며 원망과 불평을 많이 하며 배타심과 증오심을 키워 대화가 통하지 않고 일방적이고 폭력적인 언행을 자주 한다.

귀문관살(鬼門關殺)은 세운(歲運)에서도 작용을 하게 되는데 귀문관살(鬼門關殺)이 들어오면 심신이 허약하여 자신감이 없어지고 불안감이 생겨 판단력을 상실하게 되고 매사가 성사될 듯하면서도 늦추어지거나 이루어지지 않는다. 그러나 오히려 원국(原局)이 청(淸)하고 조화가 이루어지면 종교계나 철학 계통에서 두각을 나타내기도 한다.

제2절 월지중심月支中心의 흉성凶星

〈표 10-2〉 월지중심(月支中心) 흉성 도표

凶星 \ 月支	寅	卯	辰	巳	午	未	申	酉	戌	亥	子	丑
급 각(急脚)	亥子	亥子	亥子	卯未	卯未	卯未	寅戌	寅戌	寅戌	丑辰	丑辰	丑辰
단 교(斷橋)	寅	卯	申	丑	戌	酉	辰	巳	午	未	亥	子
천 전(天轉)	乙卯	乙卯	乙卯	丙午	丙午	丙午	辛酉	辛酉	辛酉	壬子	壬子	壬子
지 전(地轉)	辛卯	辛卯	辛卯	戊午	戊午	戊午	癸酉	癸酉	癸酉	丙子	丙子	丙子
부 벽(斧劈)	酉	巳	丑	酉	巳	丑	酉	巳	丑	酉	巳	丑

1. 급각살(急脚殺)

생월(生月)	寅	卯	辰	巳	午	未	申	酉	戌	亥	子	丑
급각(急脚)	亥子	亥子	亥子	卯未	卯未	卯未	寅戌	寅戌	寅戌	丑辰	丑辰	丑辰

급각살(急脚殺)은 생월지지(生月地支)를 기준으로 하여 일시지(日時支)를 보는 것이다. 인묘진월(寅卯辰月)은 亥 또는 子, 사오미월(巳午未月)은 卯 또는 未, 신유술월(申酉戌月)은 寅 또는 戌, 해자축월(亥子丑月)은 丑 또는 辰이 있으면 급각살(急脚殺)에 해당한다. 급각살(急脚殺)의 작용은 소아마비, 낙상골절, 수족이상, 꼽추, 반신불수, 중풍, 신경통, 관절염 등의 질환이 있게 된다. 원명(原命)이 너무 조열(燥熱)하거나 지살(地殺)과 역마(驛馬)가 충형(冲刑)되어도 급각살(急脚殺)과 같은 작용을 하여 신체적 불구가 되는 경우가 많다.

2. 단교관살(斷橋關殺)

월지(月支)	寅	卯	辰	巳	午	未	申	酉	戌	亥	子	丑
단교(斷橋)	寅	卯	申	丑	戌	酉	辰	巳	午	未	亥	子

단교관살(斷橋關殺)은 생월지지(生月地支)를 기준하여 전지지(全地支)를 보는 것이다. 단교관살(斷橋關殺)의 구성은 인월(寅月)은 寅, 묘월(卯月)은 卯, 진월(辰月)은 申, 사월(巳月)은 丑, 오월(午月)은 戌, 미월(未月)은 酉, 신월(申月)은 辰, 유월(酉月)은 巳, 술월(戌月)은 午, 해월(亥月)은 未, 자월(子月)은 亥, 축월(丑月)은 子가 있으면 성립된다.

단교관살(斷橋關殺)의 작용은 넘어지거나 떨어져서 팔다리를 피상(被傷)당하는 일이 자주 일어나는데, 형충(刑沖)이 가림(加臨)하게 되면 흉살(凶殺) 작용이 한층 더 강해져 수족불구 또는 신체불구가 되기도 한다.

3. 천전(天轉)·지전(地轉)

月支	寅	卯	辰	巳	午	未	申	酉	戌	亥	子	丑
천전(天轉)	乙卯	乙卯	乙卯	丙午	丙午	丙午	辛酉	辛酉	辛酉	壬子	壬子	壬子
지전(地轉)	辛卯	辛卯	辛卯	戊午	戊午	戊午	癸酉	癸酉	癸酉	丙子	丙子	丙子

천전(天轉)과 지전(地轉)은 생월지(生月支)를 기준하여 일주(日柱)를 보는 것인데 인묘진월(寅卯辰月)은 천전(天轉)이 을묘일(乙卯日), 지전(地轉)이 신묘일(辛卯日), 사오미월(巳午未月)은 병오일(丙午日), 무오일(戊午日), 신유술월(申酉戌月)은 신유일(辛酉日), 계유일(癸酉日), 해자축월(亥子丑月)은 임자일(壬子日), 병자일(丙子日)이 있으면 성립되는 것이다. 천전(天轉)과 지전(地轉)의 작용은 일정한 직업이 없으며 전업이 빈번하고 불의의 지변 등으로 인하여 실패가 많다는 흉살(凶殺)이다.

4. 부벽살(斧劈殺)

생월(生月)	寅	卯	辰	巳	午	未	申	酉	戌	亥	子	丑
부벽(斧劈)	酉	巳	丑	酉	巳	丑	酉	巳	丑	酉	巳	丑

부벽살(斧劈殺)은 생월지(生月支)를 기준하여 일시지(日時支)를 보는 것인데 자오묘유월(子午卯酉月)은 사일(巳日) 또는 사시(巳時), 인신사해월(寅申巳亥月)은 유일(酉日) 또는 유시(酉時), 진술축미월(辰戌丑未月)은 축일(丑日) 또는 축시(丑時)에 해당하는 경우에 성립된다.

부벽살(斧劈殺)의 작용은 모든 일이 도끼로 쪼개는 것과 같이 재물이 파산되거나 재물 분산이 많게 된다는 흉살(凶殺)이다. 세운(歲運)에서도 부벽살(斧劈殺)을 만나면 재산의 손재가 일어나거나 관재송사 또는 교통사고 등이 일어날 것을 암시한다.

제3절 일주중심日柱中心의 흉성凶星

〈표 10-3〉일간중심(日干中心) 흉성도표

日干	甲	乙	丙	丁	戊	己	庚	辛	壬	癸
낙정(落井)	巳	子	申	戌	卯	巳	子	申	戌	卯
양인(羊刃)	卯	辰	午	未	午	未	酉	戌	子	丑
효신(梟神)	子	亥	寅	卯	午	巳	辰·戌	丑·未	申	酉

〈표 10-4〉일주중심(日柱中心) 흉성도표

백호(白虎)	甲辰, 乙未, 丙戌, 丁丑, 戊辰, 壬戌, 癸丑
괴강(魁罡)	戊辰, 戊戌, 庚辰, 庚戌, 壬辰, 壬戌
양차(陽差)	丙子, 丙午, 戊寅, 戊申, 壬辰, 壬戌
음착(陰錯)	丁丑, 丁未, 辛卯, 辛酉, 癸巳, 癸亥

1. 낙정관살(落井關殺)

일간(日干)	甲	乙	丙	丁	戊	己	庚	辛	壬	癸
낙정(落井)	巳	子	申	戌	卯	巳	子	申	戌	卯

낙정관살(落井關殺)은 일간(日干)을 기준하여 일시(日時)를 보는 것인데, 갑기일(甲己日)이 사일(巳日) 또는 사시(巳時), 을경일(乙庚日)이 자일(子日) 또는 자시(子時), 병신일(丙辛日)이 신일(申日) 또는 신시(申時), 정임일(丁壬日)이 술일(戌日) 또는 술시(戌時), 무계일(戊癸日)이 묘일(卯日) 또는 묘시(卯時)에 해당하는 사람은 낙정관살(落井關殺)이 성립된다. 낙정관살(落井關殺)의 작용은 강물, 맨홀, 웅덩이 등에 빠지거나 수재로 인한 재화를 입는다.

세운(歲運)에도 작용을 하는데 예를 들면 갑기일생(甲己日生)은 기사년(己巳年)에 낙정관살(落井關殺)이 작용한다.

2. 양인살(羊刃殺)

일간(日干)	甲	乙	丙	丁	戊	己	庚	辛	壬	癸
양인(羊刃)	卯	辰	午	未	午	未	酉	戌	子	丑

양인살(羊刃殺)은 정록(正祿)의 다음 자리에 해당되는데 갑일(甲日)이 卯, 을일(乙日)이 辰, 병일(丙日)이 午, 정일(丁日)이 未, 무일(戊日)이 午, 기일(己日)이 未, 경일(庚日)이 酉, 신일(辛日)이 戌, 임일(壬日)이 子, 계일(癸日)이 丑이 양인살(羊刃殺)이 되는 것이다.

양인살(羊刃殺)의 작용은 자연적으로 일주(日主)가 강하기 때문에, 성질이 조급하고 흉폭하여 사물을 해치고 매사에 임전무퇴로 물러설 줄 모르고 때로는 잔인하고 방종하기 쉬운 사람이기도 하다. 또한 양인살(羊刃殺)이 중첩하면 극처극부(剋妻剋父)에 극재(剋財)하는 흉살(凶殺)이지만 원국(原局)이 중화를 잘 이루고 있으면 군인, 경찰, 의사, 판검사 등으로 입신하여 명성을 날리기도 하며 불세출의 열사가 되는 경우도 있다.

양간(陽干)인 甲丙戊庚壬의 卯午酉子는 양인(陽刃)이라고도 하며, 乙丁己辛癸의 辰戌丑未는 음인(陰刃)이라고 하는데 그중에서도 병오일(丙午日), 무오일(戊午日), 임자일(壬子日)은 일인(日刃)이라고 하여 더욱 강하게 작용을 한다.

양인(羊刃)이 년지(年支)에 있으면 조상의 유업을 파하고 초년에 고생이 많았으며 자기 스스로 운명을 개척하여 자수성가해야 하고, 월지(月支)에 있으면 성질이 편굴(偏屈)하고 형제지간이나 친구관계에서는 덕이 없다.

일지(日支)에 있으면 자존심이 너무 세서 자기주장이 너무 강한 성격으로 지출이 많고 남과 다투기를 좋아하는데 남명(男命)은 처를 극(剋)하며 여명(女命)은 남편을 극(剋)하며, 양인(羊刃)이 시지(時支)에 있으면 말년에 재화가 있고 고독하며 처자를 해치는 경우가 있다.

양인(羊刃)이 원명(原命)에 많으면 큰 인물이 되거나 남편이 병약하거나 독신지명(獨身之命)으로 성격이 거칠고 음란하며 수치심이 없다. 양인(羊刃)이 원명(原命)에 있고 행운에서 재차 양인(羊刃)이 오면 재난을 초래한다.

3. 효신살(梟神殺)

일간(日干)	甲	乙	丙	丁	戊	己	庚	辛	壬	癸
효신(梟神)	子	亥	寅	卯	午	巳	辰戌	丑未	申	酉

효신살(梟神殺)은 일지(日支)에 인수(印綬)로서, 어머니와 인연이 없거나 생모가 아닌 다른 어머니가 있든지 아니면 장모를 모시게 되는 경우를 말한다. 효(梟)는 올빼미를 의미하는데 올빼미는 어머니를 잡아먹는다는 흉조(凶鳥)로서 예부터 동방불인지조(東方不仁之鳥)라고 불리어 왔다.

그래서 집안에 부엉이나 올빼미 같은 조류가 있거나 그림이 있어도 어머니의 신상에 불길한 일이 발생한다 하였으니 효조(梟鳥)와 같이 일찍 모친을 생사이별을 한다는 흉살(凶殺)이다.

4. 백호살(白虎殺)

甲辰	乙未	丙戌	丁丑	戊辰	壬戌	癸丑

백호살(白虎殺)은 일반적으로 여자 명(命)에 많이 적용된다. 횡사, 급사, 총상, 수술, 교통사고, 산액(産厄) 등 예측할 수 없는 불의의 재난이 일어나는 흉살(凶殺)이다.

백호살(白虎殺)이 원명(原命)에 있게 되면 연월일시(年月日時) 관계없이 흉살(凶殺)의 작용이 강하여 육친법(六親法)으로도 활용하기 때문에 재성(財星)이 같이 있으면 부친 또는 처가 흉사(凶死) 당하기 쉬우며, 여명(女命)에 관성(官星)이 백호살(白虎殺)이면 남편이 흉사(凶死)하게 되고 식상(食傷)이 같이 있으면 자식에게 흉사(凶死)가 따른다.

백호살(白虎殺)은 암장(暗藏)된 육친(六親)까지도 적용이 되며 항시 왕성한 것은 흉(凶)을 입지 않고 피하게 되나 쇠약한 것은 흉(凶)을 입게 된다. 부부관계에서는 6세 이상의 연상이거나 연하의 남자와 인연이 되면 오히려 행복하게 살 수 있다.

백호살(白虎殺)은 위치별로도 적용되는데 년주(年柱)는 초년이며 선조 대(先祖代)이며 월주(月柱)는 중년이며 부모형제를 나타내며, 일주(日柱)는 배우자(配偶者)요, 시주(時柱)는 말년이며 자식에 해당한다. 그러나 현대사회에서는 백호살(白虎殺)은 신왕(身旺)하면서 용신(用神)이 건왕(健旺)하면 의외로 부귀공명 한다.

5. 괴강살(魁罡殺)

庚辰	庚戌	壬辰	壬戌	戊辰	戊戌

괴강살(魁罡殺)은 庚辰, 庚戌, 壬辰, 壬戌, 戊辰, 戊戌인데 일주(日柱)에 있으면 그 용이 더욱 강하게 나타나고 타주(他柱)에 있어도 흉살(凶殺)이 작용한다는 것이다. 괴강살(魁罡殺)은 모든 사람을 제압하는 강렬한 힘을 가지고 있으며 남녀 모두가 성품이 총명하고 정직하며 청렴결백하다.

괴강살(魁罡殺)은 남명(男命)보다는 여명(女命)에 더욱 적용이 되는데 남자는 본능적으로 강직하고 강건함을 흠으로 보지 않으나 여자는 너무 강하면 흉(凶)으로 보기 때문이다.

　여명(女命)에 괴강살(魁罡殺)이 있으면 남편이 무능력하거나 작첩, 가출, 횡사 등으로 독수공방하거나 집안을 부양하는 가장 노릇을 하여야 한다. 또한 원명(原命)에 괴강일주(魁罡日柱)가 상식(傷食)이 많으면 천격(賤格)이며, 괴강(魁罡)이 많으면 극부(剋父)하기 쉬우며 불행한 명(命)이다.

　강살(魁罡殺)이 있는 여명(女命)은 여군이나 여경, 운동선수가 많으며 군인이나 경찰 등 강한 특수직에 종사하는 사람과 인연이 있다. 만약 괴강살(魁罡殺)이 있으면서 신왕관왕(身旺官旺)하거나 신왕재왕(身旺財旺)하면 고관부인이 되거나 사회활동에 있어서도 여장부로서 군림하게 된다.

　고서(古書)에 辰戌은 괴강(魁罡)이라 하여 戊辰, 戊戌까지도 괴강(魁罡)으로 포함하고 있으나 자평(子平)에 '괴강사일최위선(魁罡四日最爲先)'이라 하여 庚辰, 庚戌, 壬辰, 壬戌만으로 정(定)하고 있다. 그러나 『사주첩경(四柱捷徑)』에서는 戊辰, 戊戌도 여명(女命)으로서 대단히 흉(凶)한 운명으로 보고 있다.

6. 음양차착살(陰陽差錯殺)

양차(陽差)	丙子	丙午	戊寅	戊申	壬辰	壬戌
음착(陰錯)	丁丑	丁未	辛卯	辛酉	癸巳	癸亥

　양(陽)에 속하는 것을 양차(陽差)라고 하고 음(陰)에 속하는 것을 음착(陰錯)이라고 하는데 생일(生日)에 있으면 외삼촌이 없거나 있어도 고독하고 외로우며, 생시(生時)에 있으면 처남이 고독하거나 외롭다.

　여명(女命)에 있으면 남편이 작첩하거나 시댁형제가 망하게 되는데 육친(六親)을 대조하여 인수(印綬)는 외가, 재성(財星)은 시댁, 관살(官殺)은 남편으로 보고 조화와 편중을 살펴야 한다.

제 11 장

육신론六神論

제1절 육신六神의 의의

육신(六神)은 원명(原命)의 일간(日干)과 나머지 7자와의 관계를 나타낸 것으로 육친(六親) 또는 십신(十神)이라고도 한다.

일간(日干)을 기준으로 하여 나머지 오행(五行)의 음양(陰陽)과 생극(生剋) 관계를 가지고 부모형제(父母兄弟), 처자식(妻子息), 배우자(配偶者)와 같은 혈연관계(血緣關係)뿐만 아니라 직업(職業), 부귀빈천(富貴貧賤), 운로상(運路上)의 길흉화복(吉凶禍福) 등을 판단하는 데 가장 기본적인 법칙이다.

육신(六神)은 특성(特性)에 따라 인성(印星), 관성(官星), 식상성(食傷星), 재성(財星), 비겁성(比劫星)의 오성(五星)과 나를 포함한 기신(己身)을 합(合)하여 육신(六神)이라고 한다.

오성(五星)을 다시 음양(陰陽)의 구분에 따라 십성(十星)으로 나누는데 정(正)과 편(偏)으로 구분한다. 즉 정(正)은 음양(陰陽)이 다르게 배합(配合)되어 있으며, 편(偏)은 음양(陰陽)이 한쪽으로 치우쳐 편중(偏重)되어 있다.

십신(十神) 또는 십성(十星)은 인성(印星)에서 정인(正印)과 편인(偏印), 관성(官星)에서 정관(正官)과 편관(偏官), 재성(財星)에서 정재(正財)와 비견(比肩)과 겁재

(劫財)로 나누어진다.

제2절 육신六神의 편偏과 정正의 구별

육신(六神) 표출은 음양(陰陽)의 상호배합(相互配合)작용으로 편(偏)과 정(正)을 구별하게 된다. 편(偏)은 다섯 개인데 흉신(凶神)이라고 하고, 정(正)은 다섯 개인데 길신(吉神)이라고 한다. 이름을 달리하여서 편정(偏正)을 논(論)하지 않고 육신(六神)을 쉽게 이해(理解)하기 위하여 비견(比肩), 겁재(劫財), 식신(食神), 상관(傷官)이라고 한다.

양(陽)과 양(陽)을 편(偏)이라 하고, 음(陰)과 음(陰)도 편(偏)이라고 하며, 양(陽)과 음(陰)을 정(正)이라 하고, 음(陰)과 양(陽)도 정(正)이라고 하는데 양(陽)과 양(陽)의 결합(結合)도 정당하지 못하고 음(陰)과 음(陰)의 결합(結合)도 정당하지 못하다. 그래서 흉신(凶神)이라 하고 양(陽)과 음(陰)의 배합(配合)은 정당하고 음(陰)과 양(陽)의 배합(配合)도 정당하기 때문에 길신(吉神)이라고 한다. 원래(原來)는 비견(比肩)은 정록(正祿)이라고 하였고, 겁재(劫財)는 편록(偏祿)이라고 하였고, 식신(食神)은 정식(正食), 상관(傷官)은 편식(偏食)이라고 하였다. 편(偏)과 정(正)은 각각 다섯 개다.

제3절 육신六神의 표출법表出法

육신(六神)을 표출(表出)할 때에는 신속(迅速)하게 해야 되지만 정확(正確)하게 표출(表出)해야 하기 때문에 먼저 용어(用語)를 이해(理解)하는 것이 유리하다.

비아자(比我者)는 나와 같은 자(者)로서 형제(兄弟)나 친구이며 비견(比肩)과 겁재(劫財)가 된다.

아생자(我生者)는 내가 낳은 자(者)로서 여명(女命)의 경우 자식(子息)이며 식신(食神)과 상관(傷官)이 된다.

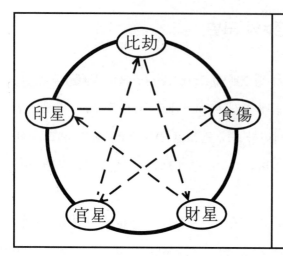

비아자(比我者): 비겁(比劫)
아생자(我生者): 식상(食傷)
아극자(我剋者): 재성(財星)
극아자(剋我者): 관성(官星)
생아자(生我者): 인성(印星)

〈그림 11-1〉 육신표출도(六神表出圖)

아극자(我剋者)는 내가 상대를 극(剋)하는 자(者)로서 처와 부친(父親)이며 정재(正財)와 편재(偏財)가 된다.

극아자(剋我者)는 나를 극(剋)하는 자(者)로서 여명(女命)의 경우 남편이며 남명(男命)은 자식(子息)이며 정관(正官)과 편관(偏官)이 된다.

생아자(生我者)는 나를 낳은 자(者)로서 모친(母親)이요, 정인(正印)과 편인(偏印)을 나타낸다.

그러면 육신(六神)을 어떻게 표출(表出)하는가?

다시 말해서 육신(六神)을 찾아내는 방법(方法)을 말하는 것으로서 일간(日干)을 기준(基準)하여 오행(五行)의 생극작용(生剋作用)과 음양(陰陽)의 구분(區分)에 따라 결정(決定)되는 것이다.

비견(比肩)은 일간(日干)과 오행(五行)이 같고 음양(陰陽)이 같은 것이며 겁재(劫財)는 일간(日干)과 오행(五行)이 같고 음양(陰陽)이 다른 것이다.

식신(食神)은 일간(日干)이 생(生)하는 오행(五行)으로 음양(陰陽)이 같으며, 상관

(傷官)은 일간(日干)이 생(生)하는 오행(五行)으로 음양(陰陽)이 다른 것이다.

편재(偏財)는 일간(日干)이 극(剋)하는 오행(五行)으로 음양(陰陽)이 같으며 정재 (正財)는 일간(日干)이 극(剋)하는 오행(五行)으로 음양(陰陽)이 다른 것이다.

편관(偏官)은 일간(日干)을 극(剋)하는 오행(五行)으로 음양(陰陽)이 같으며 정관 (正官)은 일간(日干)을 극(剋)하는 오행(五行)으로 음양(陰陽)이 다른 것이다.

편인(偏印)은 일간(日干)을 생(生)하는 오행(五行)으로 음양(陰陽)이 같으며 정인 (正印)은 일간(日干)을 생(生)하는 오행(五行)으로 음양(陰陽)이 다른 것이다.

이상(以上)을 종합(綜合)하여 보면 <표 11-1> 십신조견표(十神早見表)와 같다.

〈표 11-1〉 십신조견표(十神早見表)

干支\六神\日干		甲日	乙日	丙日	丁日	戊日	己日	庚日	辛日	壬日	癸日
천간 (天干)	比肩	甲	乙	丙	丁	戊	己	庚	辛	壬	癸
	劫財	乙	甲	丁	丙	己	戊	辛	庚	癸	壬
	食神	丙	丁	戊	己	庚	辛	壬	癸	甲	乙
	傷官	丁	丙	己	戊	辛	庚	癸	壬	乙	甲
	偏財	戊	己	庚	辛	壬	癸	甲	乙	丙	丁
	正財	己	戊	辛	庚	癸	壬	乙	甲	丁	丙
	偏官	庚	辛	壬	癸	甲	乙	丙	丁	戊	己
	正官	辛	庚	癸	壬	乙	甲	丁	丙	己	戊
	偏印	壬	癸	甲	乙	丙	丁	戊	己	庚	辛
	正印	癸	壬	乙	甲	丁	丙	己	戊	辛	庚
지지 (地支)	比肩	寅	卯	巳	午	辰戌	丑未	申	酉	亥	子
	劫財	卯	寅	午	巳	丑未	辰戌	酉	申	子	亥
	食神	巳	午	辰戌	丑未	申	酉	亥	子	寅	卯
	傷官	午	巳	丑未	辰戌	酉	申	子	亥	卯	寅
	偏財	辰戌	丑未	申	酉	亥	子	寅	卯	巳	午
	正財	丑未	辰戌	酉	申	子	亥	卯	寅	午	巳
	偏官	申	酉	亥	子	寅	卯	巳	午	辰戌	丑未
	正官	酉	申	子	亥	卯	寅	午	巳	丑未	辰戌
	偏印	亥	子	寅	卯	巳	午	辰戌	丑未	申	酉
	正印	子	亥	卯	寅	午	巳	丑未	辰戌	酉	申

제4절 육친六親의 표출법表出法

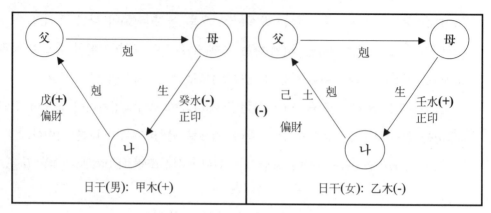

〈그림 11-2〉 육친 표출법

　육친(六親)이란 육신(六神)을 인용하여 사주원국(四柱原局)에 나타난 혈연관계에 적용시키는 호칭을 뜻한다. 혈연관계는 친가, 외가, 처가, 시가의 모든 관계가 포함 되어 있으며, 사주원국(四柱原局)에서 육친(六親)을 표출(表出)해내는 것을 육친화 현법(六親化現法)이라고 한다.

　육친화현(六親化現)의 기본법칙은 일간(日干)을 기준으로 하여 천간(天干)과 지 지(地支)에서 육신을 표출한다. 모든 사람의 어머니는 편인(偏印)과 정인(正印)이 되는 것이며 아버지로부터 항상 극(剋)을 받고 있으며 동시에 아버지는 항상 어머 니를 극(剋)한다.

　그림에서 일간(日干)이 나에 해당되는데 남자가 甲木인 경우에 木을 생(生)하는 것은 水인데, 나를 낳아준 어머니는 여자이니 음수(陰水)인 癸水가 되는 것이다. 여자가 乙木인 경우에는 양수(陽水)인 壬水가 어머니이며 壬水를 극(剋)하는 己土 가 편재(偏財)로서 어머니에게는 남편이 되며 나에게는 아버지가 되는 것이다. 이 상을 종합하여 보면 〈표 11-2〉 육친조견표(六親早見表)와 같다.

비 견 (比肩)	男	남녀형제, 처조카, 자매의 시아버지, 친구, 동창생, 조카, 선배
	女	남녀형제, 시아버지 형제, 친구, 동창생, 시고모, 동서, 경쟁자
겁 재 (劫財)	男	남녀형제, 이복형제, 며느리, 딸의 시어머니, 동업인, 거래인
	女	남녀형제, 이복형제, 시아버지, 아들의 장인, 시숙부, 시고모
식 신 (食神)	男	손자, 장모, 사위, 생질녀, 증조부, 조모, 제자
	女	아들, 딸의 시아버지, 증조부, 조모, 사위 부친, 시누이 남편
상 관 (傷官)	男	할머니, 손녀, 생질, 외할아버지, 외숙모, 장모
	女	딸, 할머니, 시누이 남편, 외조부
편 재 (偏財)	男	아버지, 첩, 애인, 형수, 제수, 처형제, 외삼촌, 처남
	女	아버지, 시어머니, 외손녀, 증손자, 외손자, 아들의 장모
정 재 (正財)	男	처, 백부, 고모, 아들의 장인, 자매의 시어머니, 처형, 처제
	女	외손자, 백부, 고모, 시어머니 형제, 시할아버지, 숙부, 이모
편 관 (偏官)	男	아들, 조카딸, 외할머니, 매부, 딸의 시아버지, 고조부
	女	정부(情夫), 시형제, 증조부, 며느리 형제, 자부
정 관 (正官)	男	딸, 조카, 증조모, 증조부 자식, 매부
	女	남편, 며느리, 딸의 시어머니, 증조모, 시동생, 자부
편 인 (偏印)	男	계모, 서모, 이모, 외삼촌, 할아버지, 외손녀, 아들의 장모, 장인
	女	계모, 서모, 이모, 외삼촌, 할아버지, 손자, 사위, 시할머니
정 인 (正印)	男	어머니, 외손자, 외손녀, 증손녀, 처남의 처, 장인
	女	어머니, 손녀, 조부, 손자, 이모, 계모

제5절 일간日干과 육신표출六神表出의 도표

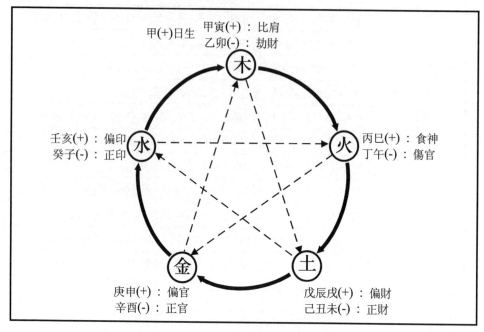

甲(+)日生

甲寅(+) : 比肩
乙卯(-) : 劫財

壬亥(+) : 偏印
癸子(-) : 正印

丙巳(+) : 食神
丁午(-) : 傷官

庚申(+) : 偏官
辛酉(-) : 正官

戊辰戌(+) : 偏財
己丑未(-) : 正財

〈그림 11-3〉 갑일(甲日) 오행(五行) 도표

갑일간(甲日干) 육신표출(六神表出)은 〈그림 11-3〉과 같으며 나머지 일간(日干) 육신표출도 木의 오행자리에 표출하고자 하는 일간오행을 대체 이동하면 동일하게 표출할 수 있다.

제6절 육신六神의 통변론通辯論

1. 비견성(比肩星)

(1) 비견(比肩)의 작용

비견은 일간(日干)과 동일한 오행으로서 음양이 같은 글자로 어깨를 나란히 한다는 뜻으로 가정적으로는 형제가 되고, 사회적으로는 친구나 선후배가 되며 사업상으로는 동업자나 경쟁자 또는 동조자가 되는 것이다.

경제적으로 비견은 형제로서 재물을 같이 분배하는 것이지만 외부로부터 적이 되는 관살(官殺)이 강하여, 일간(日干)을 극(剋)하여 들어올 때는 같은 형제로서 일간(日干)을 보호하여 주는 길성(吉星)의 역할을 한다. 다시 말하면 재성(財星)이 있으면 재물 때문에 싸움이 되지만 신약한 경우에는 오히려 힘이 된다는 뜻이다.

원명(原命)에 비견이 많으면 고생이 많고 형제지간이나 부부관계 등에 파란이 많고, 비견이 많고 재성(財星)이 허약하면 재물과 처궁(妻宮)에 액란(厄亂)이 있으며, 형제나 친구간에 불화하거나 불평과 불만이 많고 재물관계는 시비가 많이 따르고 분주하게 노력하나 소득이 적다.

여명(女命)에 비견이 많으면 남편과 해로할 수가 없고 재성(財星)이 많아 신약할 때에는 비견의 도움을 받을 수 있으나, 흉성(凶星)의 작용이 커서 소실을 겪게 되거나 재취(再娶)가 되는 경우가 많다.

(2) 비견(比肩)의 특성

비견은 독립심과 자존심이 강하고 자기의 주장만을 고집하고 타인의 간섭이나 지배를 받기 싫어할 뿐 아니라 남에게 지는 것을 싫어하며, 운동이나 학업 등 일상생활에서 항상 앞서 가려는 욕망이 강하기 때문에 남의 의견을 듣지 않고 독불장군 같은 옹고집이 있어 상대방으로부터 적이 되기 쉬운 특성을 가지고 있다.

독립정신과 개척정신이 강하여 매사를 자기 뜻대로 결정하기 때문에 융통성이 없고 자기만을 높이거나 대우하여 주기를 바라며, 명예에 대한 강한 욕심으로 매사를 남과 충돌하여 결국 남으로부터 소외당하고 손해를 보는 특성이 있다.

반면에 원명(原命)에 비견이 왕성하게 구성되어 있는데 비견을 제어시켜주는 관성(官星)이 있거나 왕성한 비견을 설기(泄氣)시켜주는 식상(食傷)이 있어 원명(原命)이 조화를 이루면 오히려 원만한 성격으로 변해버린다.

즉, 대인관계나 조직사회에서 협동정신과 희생정신이 강하고 항상 공명정대하게 공사를 분별하고 솔직담백하고 책임감이 강하지만, 자기와 뜻이 다른 사람과는 냉철하게 절교를 하며 재물을 축적하기보다는 동정심과 의협심이 강하여 다 써버려야 직성이 풀린다. 따라서 사주원국(四柱原局)의 강약을 먼저 판단하고 극설(剋泄)을 잘 살펴야 한다.

(3) 비견(比肩)의 통변(通辯)

비견은 편재(偏財)를 극상(剋傷)하고 편재(偏財)는 처성(妻星)에 해당하기도 하며 형제, 자매, 친우, 동창생 등을 뜻하며 때에 따라서는 경쟁자, 방해자, 독선자, 시기, 질투, 모략, 배신, 만용 등으로 응용되고 있다.

일반적으로 형제자매가 많으면 좋으나 명리학적으로는 흉성(凶星)으로 보는데, 그 이유는 비견(比肩)과 겁재(劫財)는 편재(偏財)와 정재(正財)를 극상(剋傷)하니 아버지를 일찍 여의게 되고, 인수(印綬)를 설기(泄氣)하니 어머니를 여의게 되거나 다른 가정에 시집을 가게 되니 비견이 많으면 조실부모하게 된다. 그래서 고통과 쓰라린 비관 속에서 자라며 학업도 중단하게 되고 어려서 일찍 객지로 나와 눈칫밥 먹으면서 자수성가해야 된다.

또한 편재(偏財)는 첩이나 애인을 뜻하므로 비견이 많으면 첩을 두거나 애인을 많이 거느리게 되니 자연 지출이 과다하여 재물이 모이지 않는다. 비견이 많은데 식신(食神)이나 상관(傷官)이 있으면 형제의 기(氣)를 설기(泄氣)하거나 재물을 만드는 기술을 생조(生助)하여 주니 식상생재격(食傷生財格)이라고 하여 길성(吉星)이 되는데, 비견(比肩)이 형충파해(刑冲破害)하거나 또는 공망(空亡)이 들거나 12운성 (十二運星)의 묘(墓), 사(死), 절(絶) 위에 앉아 있으면 형제가 무력, 조별(早別), 사별하게 된다.

지지(地支)의 비견은 '록(祿)'이라고 하는데 년지(年支)에 있으면 배록(背祿), 월지(月支)에 있으면 건록(建祿), 일지(日支)에 있으면 전록(全祿), 시지(時支)에 있으면 귀록(歸祿)이라고 한다. 건록(建祿)은 득령(得令)하여 왕기(旺氣)한 것을 말하니 일주(日柱)에 영향력이 크기 때문에 원국(原局)에서 재관(財官)이 있거나 행운에서 재관(財官)이 오면 부귀공명하지 않을 수 없다.

결론적으로 신강(身強)하면 비견을 기(忌)하나 신약하면 오히려 비견을 희(喜)하는데, 식상설기(食傷泄氣)하거나 관살극일(官殺剋日) 또는 재성과다(財星過多)하면 더욱 비견을 기뻐한다. 특히 종왕격(從旺格)의 곡직(曲直), 염상(炎上), 가색(稼穡), 윤하격(潤下格)은 모두가 비견을 기뻐하며 형제, 친구의 도움으로 성공할 수 있다.

(4) 비견(比肩)의 직업

원국(原局)에서 비견(比肩)이 많으면 자유업, 운동 및 건강관련 업체, 공무원 등 봉급생활이 적합하다. 비견(比肩)이 희신(喜神)이나 용신(用神)일 경우에는 동업을 하거나 공동업체의 분점이나 대리점 등이 좋으며 비견(比肩)이 기신(忌神)일 경우에는 사업을 하지 않는 것이 좋다.

(5) 비견(比肩)의 행운(行運)

만약 비견(比肩)이 길신(吉神)일 경우에는 행운에서 비견운(比肩運)이 오면 외허내실(外虛內實)을 추구하는데 꾸준하게 노력하고 새로운 것을 창조하며 친구간이나 대인관계를 원만하게 처리하여 어려운 환경 속에서도 묵묵히 개척해 나가는 장점이 있다. 그러므로 형제나 친구의 도움이 많고 사업적으로 번창해지며 사회적인 직위나 명예가 올라간다.

만약 비견(比肩)이 기신(忌神)일 경우에는 일반적으로 독단적이고 자기주장이 너무 강하여 타인과의 타협을 하지 않는 고집불통으로 외로운 투쟁을 함으로써, 친구나 형제 또는 동료들로부터 방해를 받거나 시기와 견제로 말미암아 손재가 일어나고, 부부간에도 의견충돌이 많아 가정불화가 일어난다. 행운(行運)에서 비견운(比肩運)이 오면 형제, 친구, 동료직원, 금전, 이성 간에 문제가 생기거나 사업상으로는 분쟁, 확장, 경쟁, 경영 등의 문제가 발생한다.

2. 겁재성(劫財星)

(1) 겁재(劫財)의 작용

겁재(劫財)는 일간(日干)과 동일한 오행으로 음양이 서로 다른 글자로서 이복형제, 경쟁자, 동창생, 동업인, 선후배, 직장동료 등을 뜻하기도 하는데 비견(比肩)과 다른 점이 있다면 욕심이 많아서 독점하려는 경향이 강하여 모든 사람을 경쟁의 대상자로 생각하기 때문에 타인으로부터 고립되거나 소외당하기도 한다. 그러므로 사회적으로는 사기, 협박, 손재, 불화, 투쟁, 폭력, 배신, 부도, 차압 등에 관한 일이 발생하기도 한다.

겁재(劫財)는 비견(比肩)과 작용이 비슷하지만 교만하고 투쟁을 좋아하며 남을 업신여기거나 멸시하는 경향이 있고, 요행을 바라며 눈이 높고 허황된 이상을 가지고 있어 혼담에 애로가 많다.

겁재(劫財)는 정은 많으나 외골수가 있어 대인관계에서 융화하기가 어렵다. 그러나 일주(日柱)가 신약하면 비겁(比劫)을 취용(取用)할 수 있으나, 겁재(劫財)가 왕(旺)하면 가족이나 친구들에게 손해를 입히기도 하고 부부간에도 상대방을 멸시하는 경향이 있어 애정에는 애로가 많다.

(2) 겁재(劫財)의 특성

겁재(劫財)는 비견(比肩)과 같이 자존심이 강하고 고집이 강하나 다른 점은 비견(比肩)이 외향적인 반면에 겁재(劫財)는 내향적이다. 그러므로 대인관계도 비교적 원만하고 자기주장을 너무 강하게 노출시키지도 않고 양보심도 강하게 보이기도 하지만, 내부적으로는 집념이 강하여 자기고집을 끝까지 관철시키려 하면서도 상대방을 무시하기도 한다.

특히 양일간(陽日干)이 지지(地支)에 겁재(劫財)가 있으면 양인(羊刃)이라고 하여 독선적이거나 권위적인 성격이 두드러지게 나타나므로, 주관이 뚜렷하고 추진력이 있어 사회적으로 명성을 날리기도 한다.

겁재(劫財)는 옹고집이요, 노력가의 타입이라 공동사업에는 어울리지 않으며 인간관계에서는 고분고분하지 않아 대인관계가 원만하지 못하여, 자기 외에는 모두 적이라고 생각하기 때문에 자기주장이 인정되지 않을 때에는 난폭한 행동을 하기도 한다.

남명(男命)은 여성을 무시하는 경향이 있어 겉으로는 친절한 것 같으나 마음 속으로는 항상 음흉한 마음을 가지고 있기 때문에, 가정적으로는 폭언을 잘하여 부부생활에는 애로가 많다.

그런데 겁재(劫財)는 모두 불길한 것만은 아니다.

원국(原局)에 관살(官殺)이 왕성하였을 때 겁재(劫財)는 미인계를 이용하여 길성(吉星)으로 되는 경우가 있는데, 가령 갑목일생(甲木日生)이 왕(旺)한 庚金으로부터 극제(剋制)를 당하고 있을 경우, 乙木이 있으면 乙庚이 합(合)하여 합살위귀(合殺爲貴) 또는 매씨합살(妹氏合殺)이라고 하여 흉변위길(凶變爲吉)하게 되는 경우가 있다.

(3) 겁재(劫財)의 통변(通辯)

겁재(劫財)는 정재(正財)를 극상(剋傷)하고 처성(妻星)에 해당하기도 하고 형제, 자매, 친구, 동창생 등으로 호칭되기도 한다. 일반적으로 형제, 자매가 많으면 좋으나 명리학적으로는 형제, 자매가 많으면 흉성(凶星)으로 보는데 그 이유는 재성(財星)을 극상(剋傷)하기 때문이다.

겁재(劫財)가 많으면 처재(妻財)를 극상(剋傷)하니 처가 견딜 수 없고 결혼도 잘 되지 않고 만약 결혼을 하더라도 극처(剋妻)를 하거나 아니면 이복 자식을 두거나 외방(外房)에 자식을 두게 된다. 월지(月支) 또는 일지(日支)에 겁재(劫財)가 있으면 자존심이 강하여 타인을 무시하여 일생 동안 노고가 많고 재운(財運)도 빈약할 뿐만 아니라 승부욕과 투기심이 강하다.

겁재(劫財)가 중중(重重)하면 부친과 조별하거나 부부가 생사이별하게 되어 재혼하기 쉬우나 만약 비견(比肩)과 겁재(劫財)가 중중(重重)하면 부모를 형극(刑剋)하거나 처운(妻運)을 손상시키고 재운(財運)의 손해가 많다. 특히 월인격(月刃格)은 일주(日柱)가 강하고 재성(財星)이 약한데, 원국(原局)에서 비견(比肩)이나 겁재(劫財)가 투출(透出)하면 극부(剋父)하거나 파재(破財)하게 된다.

일반적으로 월인격(月刃格)은 부친과 떨어져 멀리 타향에서 발전하는 것이 좋으며, 일인격(日刃格)은 처자와 떨어져 외지에서 자수성가하는 경우가 많다.

(4) 겁재(劫財)의 직업

원국(原局)에서 겁재(劫財)가 많으면 자유업이나 기술직 또는 봉급생활이 적합하고, 원국에서 겁재와 양인(羊刃)이 있고 식상(食傷)이 있으면 전문적인 기술을 가진 업종이 적합하다. 원국에 겁재와 양인이 있고 관살(官殺)이 있으면 파괴성이 강한 업종이나 창조성이 강한 업종이 적합하고, 원국에서 겁재가 희신(喜神)이나 용신(用神)일 경우에는 합자(合資)나 투기업이 적합하다.

(5) 겁재(劫財)의 행운(行運)

만약 겁재(劫財)가 길신(吉神)일 경우에 행운(行運)에서 겁재운(劫財運)이 오면 성격이 화끈해지고 말재주도 좋아지며 임기응변도 강하여 사교성이 뛰어나고 야심이 커진다. 그러므로 형제나 친구의 도움을 얻어 사업상으로 재물의 취득을 얻을 뿐만 아니라 사회적인 지위나 명예가 올라간다.

만약 겁재(劫財)가 흉신(凶神)일 경우에 행운에서 겁재운(劫財運)이 오면 남에게 지기를 싫어하는 본성이 있으므로 심리적 불안과 이중적 성격으로 처신하여 투기를 좋아하고 요행을 바라다가 매사 실패하므로 특별히 유의하여야 한다. 특히 행운(行運)에서 겁재운(劫財運)이 오면 형제, 친구, 동료직원으로 인하여 손실, 파재, 관재송사, 부부간 애로 등의 문제가 일어난다.

3. 식신성(食神星)

(1) 식신(食神)의 작용

식신은 일간(日干)이 생조(生助)해주는 오행으로 음양이 동일한 글자로 여명(女命)은 내가 생산하는 자식이 되며 의식주에 필요한 재물을 얻는 경제활동을 뜻하기도 한다. 사회적으로는 교육, 예술, 문화, 종교, 복지사업 등을 말하며 경제활동으로는 식품업, 제조업, 판매업, 의류업과 목장, 농장, 양어장 등 농축산업, 보건 및 의약계통의 연구사업, 의식주에 필요한 제조판매업 등을 나타내기도 한다.

식신(食神)은 일간(日干)이 생(生)해주어 재성(財星)을 생(生)해주기 때문에 식신(食神)이라고 하는 것이며, 원국(原局)에 중화를 이루면 대부대귀(大富大貴)할 뿐만 아니라 미남미녀도 많고 성격도 원만하다.

식신(食神)이 약하면 인성(印星)에 극제(剋制)되어 산액(産厄)이 따르거나 자식

두기가 어렵고 왕(旺)하면 융통성이 없고 예의나 도리에 벗어나면 과격하게 공격을 하며 약자를 도와주는 인정과 의리도 있다. 식신(食神)은 재성(財星)을 생조(生助)하여 사업이나 상업적 수완이 뛰어나며, 관성(官星)을 제살(制殺)하여 실용적으로 용도를 변경하는 기능이 있으며, 비겁(比劫)을 설기(泄氣)하여 새로운 지혜를 창출하는 예술적 재능을 가지고 있다.

(2) 식신(食神)의 특성

식신(食神)은 다재다능하고 주도면밀하며 내성적이고 감수성이 예민하다. 그러나 대인관계에서는 마음이 풍부하고 낙천적이고 유머가 있으며 취미생활도 풍부하다. 식신(食神)은 한편 온후하고 예의가 바르고 내향적으로 침묵하면서 어느 하나의 기술에 전념하여 그 깊이가 심오하고 순수하다고 할 수 있다. 예를 들면 음악, 미술, 체육, 무용 등에서 소질이 뛰어나고 미용, 헤어, 메이크업, 디자인 등의 방면에서도 성공하는 경우가 많다. 식신(食神)은 제일의 수성(壽星)이며 복성(福星)인데 원국(原局)이 신왕(身旺)하고 식신(食神)이 왕(旺)하면 의식이 풍부하며 건강하여 여유가 있어 수명이 비교적 길다.

(3) 식신(食神)의 통변(通辯)

식신(食神)은 편관(偏官)을 극상(剋傷)하니 편관(偏官)은 남명(男命)에서는 자식이고 여명(女命)에서는 남편에 해당한다. 식신(食神)은 남명(男命)에서는 장모이며 여명(女命)은 자식으로 호칭되기도 한다.

일반적으로 식신(食神)이 많으면 좋다고 하나 명리학적으로는 장모나 자식이 많으면 흉성(凶星)으로 보는데 그 이유는, 장모가 많다는 것은 식신(食神)이 많아 설기(泄氣)가 너무 심하여 처가 되는 자기 딸을 도와주니 자신은 항상 기진맥진해지며 또한 자식인 관성(官星)을 극상(剋傷)하니 자식에 애로가 있으며 자신은 용맹이 없어 추진력이 약하고 사업이 꺾이어 무능한 남자가 되기 때문이다.

남명(男命)에 식신(食神)이 많으면 자식이나 직업을 극상(剋傷)하여 무위도식하거나 병고단명(病苦短命)한다. 여명(女命)에 식신(食神)이 많으면 남편을 극상(剋傷)하니 남편과 생사이별하기 쉽고 자식을 위해 직업전선에서 평생 시달린다. 신약하고 식신(食神)이 많으면 체약다병(體弱多病)하고 외화내허(外華內虛)하며 잔재주는 있으나 큰일을 처리해 나가는 데는 실패가 많다. 만약 식신(食神)이 희신(喜神)이라면 온순하고 어질며 예술방면에 천부적 소질이 있고 현모양처로 후덕하여 남편 역시 크게 발전하게 된다.

(4) 식신(食神)의 직업

원국(原局)에 신왕하고 식신(食神)이 왕(旺)하면 두뇌를 쓰는 연구원이나 예술방면에 소질이 있어 교수, 교원, 미술, 음악, 체육, 무용, 컴퓨터, 디자인, 미용, 학원경영 등에도 적합하다. 식신(食神)이 있고 재성(財星)이 있으면 외교관, 의약품, 음식점 경영, 식품업, 제조업, 농축산업, 재무금융업에 적합하다.

원국(原局)에서 식신(食神)과 관살(官殺)이 병행하고 있는데 관살(官殺)이 왕(旺)하면 식신제살격(食神制殺格)으로 변호사, 회계사, 의사, 기술계통에 종사(從事)하게 되고, 식신(食神)이 왕(旺)하여 제살태과격(制殺太過格)이 되면 공무원, 군인, 경찰, 경비 등 특수직종에 종사하게 된다.

(5) 식신(食神)의 행운(行運)

만약 식신(食神)이 길신(吉神)이면 총명, 온후, 겸손, 낙천적이며 감수성이 뛰어나 문학, 예술, 종교, 철학 등에 관심이 많아지며, 사업상의 기획, 창조, 기술 등 지혜가 발달하게 되고 자녀의 출생 등 경사가 일어난다. 만약 식신(食神)이 기신(忌神)일 경우에는 의타심이 강하고 실천력이 부족하여 사업상 실패가 많고, 자식이나 부부간에 생사이별 등이 발생한다.

4. 상관성(傷官星)

(1) 상관(傷官)의 작용

상관(傷官)은 일간(日干)을 설기해주는 오행으로 음양이 다른 글자를 상관(傷官)이라고 하는데 남명(男命)은 장모, 할머니, 외할아버지이며 여명(女命)에는 자식에 해당한다.

상관(傷官)은 식신(食神)과 비슷한 성질을 가지고 있으나 관성(官星)을 상(傷)하게 하기 때문에 상관(傷官)이라고 하는데 예리한 관찰력, 추리력, 연구력, 예술적 소질과 기예를 가지고 있으며 뛰어난 화술로 연설이나 강의를 뜻하기도 한다. 반면에 상관(傷官)이 흉신(凶神)으로 작용할 때에는 실권, 시비, 구설, 관재, 송사, 언행의 무례함을 나타내기도 하며 또한 교육, 예술, 연구, 기획, 창작, 언론, 출판, 매스컴 등과 관련된 업종에 인연이 있다.

상관(傷官)이 원명(原命)에 많으면서 신왕(身旺)하면 예술적인 소질이 많고 종교가로서 명성을 얻기도 한다. 그러나 원명(原命)이 약하면 허욕이 있고 인색하다. 상관(傷官)이 있고 인수(印綬)가 없으면 욕심이 많고 재성(財星)이 없으면 재능은 있으나 빈천하고 특히 여명(女命)은 부부애로가 있다. 또한 관성(官星)이 없으면 인품이 교만하고 여명(女命)은 정조관념이 강하나 상관(傷官)이 많으면 오히려 남편과 인연이 없다.

(2) 상관(傷官)의 특성

상관(傷官)이 있으면 총명하고 추리력과 화술의 재능을 가지고 있으나 허영심이 있고 자기과시욕이 강하여 남의 일에 관여하기를 좋아한다. 동료 간에도 명령조 말투로 직선적이고 남을 위하는 포용력과 배려가 부족하여 거만하게 보인다.

특히 승부욕이 강하여 수단과 방법을 가리지 않고 이겨야 하므로 상대방에 손해를 끼치게 하는 경우가 많다. 그러나 보스 기질이 있어 한 번 마음에 들거나 약한 자를 위해서는 끝까지 밀어주고 도와주는 희생정신과 동정심이 강한 면도 있다.

여명(女命)은 미모가 뛰어나고 두뇌가 명석하지만 상관(傷官)이 태과(太過)하면 고집이 강하여 자기 꾀에 자기가 넘어가는 경우가 있으며 남편복이 없으며 자식도 애로가 많다. 그러므로 상관(傷官)이 있으면 오만한 태도와 허영심을 버리고 주위 환경과 조화에 노력한다면 자신의 재능을 한 단계 높여 두각을 나타낼 수 있는 잠재력을 가지고 있다.

(3) 상관(傷官)의 통변(通辯)

상관(傷官)은 정관(正官)을 극상(剋傷)하는데 정관(正官)은 남명(男命)에는 자식이고 여명(女命)에는 남편에 해당하기도 한다.

상관(傷官)이 많으면 관성(官星)을 극상(剋傷)하니 자식이 없고 직업도 빈천(貧賤)할 뿐만 아니라, 여명(女命)에는 정관(正官)인 남편을 극상(剋傷)하니 남편에게 애로가 있어서 부부해로하기가 어렵다. 여명(女命)에 상관(傷官)이 있고 양인(羊刃)이 있으면 남편이 횡사하는 경우가 있으나, 신왕(身旺)하면 음악, 미술, 무용 등 예능계통에 소질이 있어 교육자가 많다.

일반적으로 여명(女命)에 상관(傷官)이 왕(旺)하면 남편을 무시할 뿐만 아니라 생리적 요구로 남편의 건강에 영향을 주며 욕망이 크고 허영심이 강하여 남편에게 정신적 타격을 주어 단명하는 경우가 많다.

년주(年柱)에 상관(傷官)은 부모무덕, 생사이별하며 상관(傷官)이 중중(重重)하면 상신(傷身)하거나 자신이 단명한다. 월주(月柱)에 상관(傷官)은 형제간이나 동기간에 우애가 없고, 상관(傷官)이 중중(重重)하면 부부 이별의 명(命)이며 형제지간에도 불행을 겪게 된다. 상관(傷官)과 겁재(劫財)가 중중(重重)하면 처자와 이별하거나 음란의 화를 입을 수도 있다.

(4) 상관(傷官)의 직업

일지(日支)가 상관(傷官)이거나 천간(天干)에 투출(透出)하였다면 예능계통이나 기술성의 사업, 생산성 제조업 등에 적합하다. 신왕(身旺)하고 월지(月支)가 상관(傷官)이 있어 상관격(傷官格)이 되면 학문, 법관, 변호사, 학원 등에 관련된 직업에 종사한다. 상관이 있는데 재성(財星)이 있으면 기예나 출판업, 기술생산업에 종사하며, 인수(印綬)가 있으면 귀명(貴命)이며 재인(財印)이 같이 있으면 고위직까지 진출한다. 일반적으로 예술인, 연예인, 운동선수, 기자, 교육 등 자유업에 종사하는 경우가 많다.

(5) 상관(傷官)의 행운(行運)

만약 상관(傷官)이 길신(吉神)이면 다재다능하고 총명하고 활동력이 있어 창의력을 발휘하거나 새로운 직업에 도전하게 된다. 여명(女命)은 애정문제에 진전이 있고 임신이 되거나 자식을 낳게 된다. 만약 상관(傷官)이 기신(忌神)이면 자신을 과 대평가하게 되고 규범을 어기고 만용하게 되어 타인과 시비가 있어 관재가 생기고 불의의 재물로 인해 송사를 겪는다.

5. 편재성(偏財星)

(1) 편재(偏財)의 작용

편재(偏財)는 일간이 극(剋)하는 오행으로 음양이 같은 글자를 뜻하는 것으로 조화를 이루지 못해 편재(偏財)라고 하는 것이다.

편재(偏財)는 남명(男命)에는 아버지, 첩, 처의 형제를 나타내고, 여명(女命)에는 아버지와 시어머니를 의미한다. 정재(正財)는 일반적으로 정당한 노력으로 얻어지는 재물이지만 편재(偏財)는 유동적인 재물로 안정적일 수가 없으므로 편법을 쓰거나 투기성인 기질이 있기 때문에 재물을 취득하는 과정에서 비난, 원성, 시기, 경쟁, 입찰, 사기, 협박 등 강제적이거나 불법이 따르게 되는 경우가 많다.

신왕(身旺)하고 편재(偏財)가 길신(吉神)이 되면 귀인의 도움으로 의외의 재물을 얻게 되고 화통하여 대인관계가 원만하여 사업, 무역업 등으로 대부대귀(大富大貴)한다. 그러나 신약하면 단명하거나 빈천하여 부부애로가 많다. 고서에 『출현편재 소애정처 다애첩(出現偏財 少愛正妻 多愛妾)』이라 하였는데 편재(偏財)가 왕한 사람은 정처보다 애첩에게 더 많은 정을 주게 된다. 그러므로 재물을 낭비하지 말고 재물을 지키는 데 더욱 정진해야 한다.

(2) 편재(偏財)의 특성

편재(偏財)는 활동성이 왕성하고 경제적 수완도 뛰어나고 사업가의 기질이 강하여 한마디로 다욕다정(多慾多情)하여 재물과 애정문제가 동시에 작용하는 특성이 있다. 사교성과 외교술이 능수능란하지만 동정심과 풍류로 낭비가 심한 것이 단점이라고 할 수 있으나, 친구나 동료 간에 의협심이 강하고 잘 어울리기도 하고 주위로부터 인기가 대단하다.

남명(男命)은 여성을 대단히 좋아하며 교제도 잘하며 무슨 일이든지 신속하게 처리하므로 취미도 많다. 여명(女命)은 친정 부모로 인하여 고생이 많을 뿐 아니라 시부모와도 갈등이 많은 것이 특징이다. 남명(男命)에 인수(印綬)와 재성(財星)이 같이 있어 중화(中和)를 이루지 못하면 재인(財印)이 투전지상(鬪戰之象)으로 모처 간에 불화가 끊이지 않아 그 중간에서 난처하게 되는 경우가 많다.

일주(日主)가 왕(旺)하고 편재(偏財)도 왕(旺)하면 사업가로 크게 성공하게 되나 편재(偏財)가 중중(重重)하여 일주(日主)가 약하면 병약하고 빈천하다. 편재(偏財)가 있고 주중(柱中)에 비견(比肩)과 겁재(劫財)가 있으면 처와 인연이 없고 파산을 면 할 길 없다.

(3) 편재(偏財)의 통변

편재(偏財)는 편인(偏印)을 극상(剋傷)하는데 모친에 해당한다.

편재(偏財)는 부친으로 호칭하며 아버지가 많으면 흉신(凶神)으로 보는데 그 이 유는 편인(偏印)인 어머니를 극상(剋傷)하여 조별하거나 아버지가 재취(再娶)하여 서모(庶母) 밑에서 자식들이 갖은 구박과 고통스러움을 겪으면서 자라는 환경이므 로 흉신(凶神)으로 보는 것이다.

원명(原命)이 신왕(身旺)하고 편재(偏財)가 왕성하면 복록이 많고 정관(正官)을 겸림(兼臨)하면 금상첨화이지만, 비견(比肩)이나 겁재운(劫財運)이 오면 재해(災害) 를 입는다. 원명(原命)에 편재(偏財)와 겁재(劫財)가 있는데 또 다른 겁재(劫財)가 있으면 부친운이 흉하고 처첩과도 인연이 영속되지 않는다.

시상편재(時上偏財)에 신왕(身旺)하고 비겁(比劫)이 없으면 대발(大發)하고 겁재 (劫財)가 중중(重重)하면 가산을 탕진하거나 처첩운이 박약하다. 여명(女命)에 편재 (偏財)가 많으면 수단과 방법은 좋으나 도리어 빈천하고 시모와의 갈등이 심하다. 여명(女命)에 신왕(身旺)하고 편재(偏財)가 있으면 활동성이 있고 봉사정신이 투철 하고 대인관계가 원만하여 대중의 인기를 끈다.

(4) 편재(偏財)의 직업

편재(偏財)는 유동재(流動財)이므로 신왕(身旺)하고 정재(正財)나 편재(偏財)가 있 으면 무역업이나 상업, 금융업이 적합하다. 원명(原命)에 상관(傷官)과 편재(偏財)가 있으면 특기적이고 모험적이며 활동적이어서 역시 무역업, 제조업, 가공업이 좋으며 식신(食神)과 정재(正財)가 있으면 공무원, 총무직, 행정직 등이 적합하다. 원명(原命)에 편재(偏財)가 있고 역마(驛馬)나 지살(地殺)이 있으면 적극적이고 도전적인 사업으로 외교, 교통, 운수, 해운 및 유통업 등이 적합하다.

(5) 편재(偏財)의 행운(行運)

편재(偏財)가 길신(吉神)이면 활동적이고 결단력이 있으며 의협심과 경제적 수완이 뛰어나 사업이 번창하고 경제적 활동범위가 확장되며 이성 간에 교제가 활발해지고 결혼도 하게 된다. 편재(偏財)가 많아 기신(忌神)이 되면 관재시비가 많고 낭비가 많아 손재가 있게 되고 사업은 속성속패하며 의외의 사고로 인하여 이성 간의 고뇌가 많다.

6. 정재성(正財星)

(1) 정재(正財)의 작용

정재는 일간(日干)이 극(剋)하는 오행으로 음양이 다른 글자를 뜻하는 것으로 조화를 이루어 길신(吉神)의 작용을 많이 한다. 정재는 남명(男命)에는 정처, 아버지, 백부(伯父), 백모(伯母)가 되고, 여명(女命)에는 시어머니를 의미한다.

정재는 성실하게 노력한 대가이자 공무원이나 직장인이 받는 보수로서 근검절약 정신이 배어 있으며, 정당한 취득을 뜻하므로 안정된 생활을 할 수 있다. 정재(正財)가 용신(用神)이고 신왕재왕(身旺財旺)하여 원국(原局)이 잘 조화되어 있다면 현처(賢妻)를 얻으며, 일주(日主)가 약하고 재성(財星)이 왕성하면 재다신약(財多身弱)이 되어 재물이나 처궁(妻宮)에 심적 고충이 많으나 그 성격이 비교적 온화하고 처에 대하여 사회활동이나 사업경영을 허가하고 인정하는 개방형이다.

정재가 태과(太過)하면 인수(印綬)를 극(剋)하기 때문에 조실부모하거나 공처가가 많고 여명(女命)은 직장여성이 많다. 원국(原局)에 재성(財星)이 태과(太過)하고 인수(印綬)가 약하면 어린 시절에 금전적 고통이나 여성으로 인하여 학업의 장애가 있거나 처와 모친과의 불화쟁론이 많다. 원국(原局)에 재성(財星)이 년월(年月)에 있으면 부유한 가정에 태어나 유산도 많이 상속을 받으나, 재성(財星)이 충형(冲刑)이 되면 재물을 유지하지 못하고 처와 해로하기도 어렵다.

(2) 정재(正財)의 특성

정재는 성실과 신용으로 대가를 취득하는 고정재(固定財)를 뜻하며 섬세하고 자상하며 빈틈이 없고 고지식하다. 또한 재물을 가치 있고 효과적으로 쓰며 가정적으로도 근검절약형이다. 정재가 있으면 명예와 신용이 있고 복록이 있고 정의와 공론을 존중하고 시비를 분명히 하며 의협심도 강하다. 물질적인 면은 말할 것도 없고 의식주와 관련된 모든 사회활동이나 대인관계에도 지나치게 정직하므로 융통성이 없고 보수적이다.

직장과 가정을 통하여 천직으로 알고 약속을 잘 지키며 예의가 올바르고 검소한 생활로 낭비가 없고 허영심을 멀리하여 자기의 분수를 알고 알뜰하게 살아가는 형이다.

남의 재물을 부당하게 취득하거나 욕심을 내지 않으며 오로지 자기가 노력한 대가만을 바라며 투기성이 없고 근면성실한 생활을 한다. 부모, 부부, 자식 등 육친 관계뿐만 아니라 사회적인 공익과 국가를 위하는 애국심도 강하다.

그러므로 부모에게 효도하고 자손에게 유산을 남겨주고 사회적으로 헌신하며 약속과 규범을 잘 지키며 허례허식 없이 근면, 절약, 저축을 생활신조로 하고 공사가 분명하다.

(3) 정재(正財)의 통변(通辯)

정재는 인수(印綬)를 극상(剋傷)하는데 인수(印綬)는 편재(偏財)와 같이 모친을 뜻한다. 정재는 처와 재성(財星)으로 호칭하는데 처와 재물이 많으면 흉신(凶神)으로 본다.

그 이유는 정재가 많으면 인수(印綬)인 모친을 극상(剋傷)하니 일찍 생사 이별하는 이치와 같아 어릴 때부터 부모의 사랑 없이 배가 고프게 성장하고 빈곤하게 살아간다.

정재는 인성(印星)을 극상(剋傷)하기 때문에 인성(印星)은 학문과 명예인데 정재가 많아 학문과 명예의 뜻을 이루지 못하고 빈천하게 살아가는 형상이다. 년월(年月)에 정재 외에 정관(正官)이 있으면 부귀한 가정에서 태어나고, 일시에 정재와 정관(正官)이 있으면 처자식의 덕이 있으며 부귀한 명(命)으로 살아간다.

여명(女命)에 신왕하고 재성(財星)과 관성(官星)이 있으면 남편의 명성이 올라가고 귀부인으로 안락한 생활을 한다. 여명(女命)에 재성(財星)이 있는데 관성(官星)이 많으면 명암부집(明暗夫集)으로 부부애로가 있고 재가하는 경우가 많다.

정재는 식신(食神)과 같이 있으면 현처를 얻게 되고 처덕(妻德)도 있다. 정재가 지지(地支)에 있고 정관(正官)이 천간(天干)에 동주(同住)하면 고귀한 명(命)이다.

(4) 정재(正財)의 직업

정재는 고정적이고 안정적이어서 경영 형태도 내적으로 기복이 심하지 않은 업종으로 판매업, 교육 문화 사업, 대리점 등이 적합하다. 정재가 있는데 역마(驛馬)나 지살(地殺)이 있으면 교통이나 운수업, 무역업, 해운·항만업 등 유동적인 업종에도 적합하다.

(5) 정재(正財)의 행운(行運)

정재가 길신(吉神)이면 총명하고 성실근면하며 절약성이 대단하여 낭비가 없고 신용이 있기 때문에 정재운(正財運)이 오면 사업이 점진적으로 확장되고 남녀 간의 이성교제도 활발하여 결혼을 하거나 분가하여 새로운 살림을 하게 된다. 정재가 기신(忌神)이면 사업상 거래가 줄어들어 재산상의 손해가 많으며 속성속패하는 경우도 있으며, 가정적인 불화가 일어난다.

7. 편관성(偏官星)

(1) 편관(偏官)의 작용

편관은 일간(日干)을 극(剋)하는 오행으로 음양이 같은 글자를 뜻하는 것으로, 편관은 남명(男命)에는 자식 또는 조부를 나타내고, 여명(女命)은 정부 또는 시형제를 의미한다.

편관은 일명 칠살(七殺)이라고도 하는데, 이것은 천간(天干)이 일곱 번째에서 상충작용을 하기 때문이며, 정관(正官)과 상대적인 개념으로서 정관(正官)은 합리적인 수단으로 작용하고, 편관(偏官)은 투쟁적인 수단으로 작용한다. 관성(官星)은 명예를 중요시하므로 국가는 물론 남에게 봉사하고 헌신해야 하기 때문에 원국(原局)이 강왕(强旺)함을 기뻐한다.

정관(正官)은 침착하고 온화하며 법도와 규정을 준수하고, 편관은 과격하고 극단적이고 경쟁적인 면이 강하다.

원명(原命)에 편관이 중화되어 있으면 부귀공명하고 자손에 길상(吉祥)이 있다. 편관이 중중(重重)하여 일간(日干)이 약하면 부모형제의 덕이 없고 고향을 떠나거나 어릴 때 질병으로 고생하여 빈천을 면하기 어렵고 자식복이 없다. 여명(女命)은 남편복이 없으며 사회활동을 해야 한다.

(2) 편관(偏官)의 특성

편관은 의리와 인정을 중요시하여 의협심이 대단하고 불의는 용납하지 못하며, 성격이 너무나 단순명료하여 복잡한 것을 싫어하고 타협이 빠르다. 그러므로 강자에게는 강하고 약자에게는 아주 약하며, 좋으면 좋다고 하고 싫으면 싫다고 하는 솔직담백한 기질이 있다. 특히 명분에 죽고 살며 욕심이 없으며, 재물과는 인연이 없기 때문에 명예에 손상이 되면 결사적인 반항과 거부가 강하다.

편관은 독선적이고 자존심이 강하여 남을 불신함으로써 자기 자신이 직접 일을 처리하기 때문에 통솔력이 강하고 능숙하지만, 때로는 권모술수가 뛰어나고 당돌한 행동을 할 때가 많다.

(3) 편관(偏官)의 통변(通辯)

정관(正官)은 충고로써 나를 규제하는 것이라고 한다면, 편관은 증오로써 나를 억제하는 것이라고 보는데, 정관(正官)은 품행이 단정한 성격으로 예를 들면 판사, 공무원, 행정관 등이 되고, 편관은 권력, 투쟁, 완강한 성격으로 예를 들면 군인, 경찰, 검사 등에 해당한다.

그러므로 정관(正官)이 관료적이라면 편관은 패도적(覇道的)으로 권위의식, 의협심이 강하게 복합된 강압을 행사하면서 지나친 고집과 아집으로 모든 난관을 편법적으로라도 극복해 나아가는 특성이 있다. 편관은 명예, 권위, 책임감을 지나치게 강조함으로써 손해 보기 쉬우며, 타인을 강력하게 제압하려는 힘이 강하다.

일반적으로 영웅적이거나 보수적인 기질이 있어 이해득실을 가리지 않고 희생적으로 남을 도와주지만, 자신을 이용하거나 억압당하면 공격적으로 변하므로 순간적인 두뇌도 비상하고 남을 꿰뚫어보는 통찰력도 대단하다. 반면에 사소한 일에 관여하거나 상하 관계에서 시비와 비난을 받는 행위가 많은 것은 자기 자신을 과신하는 오만 때문이다.

편관이 만약 태과(太過)하면 식신(食神)이 제살(制殺)하거나 인성(印星)의 전화(轉化)가 필요한데, 편관이 제복(制服)되거나 전화(轉化)가 되면 명예와 권위가 높다.

만약 신약(身弱)하고 편관이 왕성하면 비교적 과격하고 극단적이며, 고독하고 빈천하다. 신왕(身旺)하고 관성(官星)이 투간되어 있고 재성(財星)의 생조(生助)가 있다면 더욱 왕성하여 부귀겸전(富貴兼全)한 명(命)이다. 편관이 있고 양인(梁刃)이 있으면 박력이 있고 과격하면서도 결단력이 있어 만인의 존경을 받고 지도력 있는 인물이 된다.

여명(女命)의 신약에 왕살(旺殺)을 대기(大忌)하는데, 이것은 정관(正官)을 남편으로 하고 편관은 정부를 나타내기 때문이며, 인성(印星)이 살인상생(殺印相生)으로 인화(引化)하거나 비겁(比劫)의 극제(剋制)가 없으면 의지가 약하고, 특히 여명(女命)은 관살혼잡(官殺混雜)으로 일부종사(一夫從事)하기 어려우며 정조관념이 희박하여 직업 전선에서 갖은 고생을 하는 경우가 많다.

(4) 편관(偏官)의 직업

편관은 일반적으로 권위 있는 직장이거나 남을 감시, 감독, 조사하는 업종이 적합하며, 사업가나 상업은 지나친 독선과 아집으로 무리한 경영을 하다가 실패하기 쉬우나 특이한 기술이나 특수직인 경우에는 성공할 수도 있다. 일반적으로 군인, 경찰, 검찰, 법관 외에 감사직, 정보직, 조사직 등이 적합하다.

(5) 편관(偏官)의 행운(行運)

만약 편관이 길신(吉神)일 경우에는 의협심이 강해지고 경쟁심과 결단력이 빠르기 때문에 진취적인 생각으로 사업이 번창해진다. 그러므로 명예, 승진, 창업, 권력 투쟁이나 외부압력으로부터 경쟁하여 성과를 얻는다. 만약 편관이 기신(忌神)일 경우에는 관재송사나 시비구설이 많고 직장이나 동료 간에 모함이 많고 적대관계를 만들기 때문에 보복심이 강하게 작용한다. 그러므로 의외의 재산이 낭비되고 형제 간에 우애가 깨지고 교통사고가 발생하고 심지어 생명의 위험까지도 암시한다.

8. 정관성(正官星)

(1) 정관(正官)의 작용

정관은 일간(日干)을 극(剋)하는 오행으로 음양이 다른 글자를 뜻하는 것으로, 양일간(陽日干)이 음을 만나거나 음일간(陰日干)이 양을 만나는 경우를 말한다. 정관은 남명(男命)에는 조부, 질녀, 자식을 나타내고, 여명(女命)에는 남편, 조모에 해당한다.

정관은 순리대로 관리한다는 뜻으로 정의를 지키고 법규를 준수하는 모범 공무원과 같아서 정직, 복종, 책임, 질서, 윤리, 도덕, 신용을 의미하니 타인으로부터 신뢰와 존경을 받으며 품행이 단정함을 의미한다.

원국(原局)이 신왕(身旺)하고 정관이 왕성하면 관리의 재능이 뛰어나고 조직력과 통솔력이 탁월한 반면에 신약하고, 정관이 태왕(太旺)하면 매사에 소심하고 추진력이 약하고 시비구설이 많다.

일반적으로 신왕(身旺)하면 관(官)을 희(喜)하고 신약하면 관(官)을 기(忌)하는데, 관성(官星)을 기(忌)하면 비겁(比劫)으로 억제하여야 한다. 그러나 관성(官星)이 태왕(太旺)하면 비겁(比劫)을 극제(剋制)하는 것이니 형제와 인연이 없고 고집이 강하며 융통성이 없고 빈천한 생활을 하며, 여명(女命)은 결혼을 늦게 하는 것이 좋고 조혼은 불리하다.

(2) 정관(正官)의 특성

정관은 정직하고 예의범절을 잘 지키며 명예를 소중히 여기며 매사에 공명정대하여 만인의 모범이 된다. 또한 형제간에 우애가 있고 부모에게 효도하며, 자녀에게는 자상하면서도 엄격하며, 친우 간에는 신의를 지키고 부하에게는 친절하며, 국가에는 충성한다.

정관은 재물보다는 신용과 책임을 생명처럼 여겨 무책임한 행동이나 남에게 신세를 지지 않는 청렴결백한 성격의 소유자이기도 하기 때문에 타인으로부터 존경을 받게 되어 명망이 높다.

정관은 공익성과 공명성과 도덕성이 강하여 매사에 합리적인 사고로 행동하고 처리함으로써 성인군자 같은 본성을 가지고 있으나, 반면에 명예욕이 지나쳐 권력이나 사업상의 실세들에 편승하는 바람에 위선으로 보여 타인으로부터 시비구설을 당하기도 한다.

(3) 정관(正官)의 통변(通辯)

정관은 겁재(劫財)를 극상(剋傷)하니 겁재(劫財)는 형제, 자매, 처성(妻星)에 해당한다. 정관은 남명(男命)은 자식에 해당하고 여명(女命)은 남편으로 호칭하는데, 때에 따라서는 직업, 명예, 권위, 공익, 충성, 효도 등을 나타내기도 한다.

정관의 성격은 관료주의적인 성품과 능력을 바탕으로 부정과 부패를 물리치고 정직한 생활 속에서 인품을 갖추어 타인으로부터 존경을 받으려는 기질이 있다. 정관이 많으면 명리학적으로는 흉성(凶星)으로 보는데, 그 이유는 형제, 자매, 친구를 극(剋)하는 형상으로 형제, 자매, 친구가 없으니 외롭고 쓸쓸한 형상이다.

여명(女命)은 정관이 남편을 의미하므로 남편의 덕이 있어 부부애정이 원만하여 현모양처의 자질을 가지고 있고 내조로 남편을 입신출세시킨다.

그러나 관성(官星)이 많으면 남편이 많은 형상이라 남편의 통제를 많이 받을 뿐만 아니라 여러 남편의 시중을 들어야 하는 이치로 신체가 고달프고 질병이 떠날 날이 없다.

정관이 희신(喜神)일 경우에 합거(合去)되면 강등되거나 파직 당하게 되는데, 만약 관살혼잡(官殺混雜)이 되어 있을 때, 하나를 합거(合去)한다면 거관유살(去官留殺)이 되거나, 거살유관(去殺留官)이 되어 오히려 기뻐한다.

원국(原局)에 관인상생(官印相生)이 되면 정직하고 헌신적이며 신의와 명예가 있고, 재관인(財官印)이 모두 갖추어져 있으면, 삼귀격(三貴格)이라고 하여 성실하고 학문에 조예가 깊다.

신약인데 재관(財官)이 년월(年月)에 있다면 초년에 부모의 환경이 좋지 않아 고생하였으며 지혜가 늦게 열리고, 재관(財官)이 월일(月日)에 있으면 명예와 재물복이 없고 시주(時柱)에 있으면 말년이 외롭다.

신약인데 고서(古書)에 관성(官星)이 식상(食傷)을 보면 "상관견관(傷官見官)이라 대파(大怕)한다"라고 하여 흉성(凶星)으로 보고 있으나, 원명(原命)에 상관(傷官)에 비해 관성(官星)이 태왕(太旺)하면 식신제살(食神制殺)이 되어 오히려 식상(食傷)이 길성(吉星)이 되고, 관성(官星)에 비해 식상(食傷)이 태왕(太旺)하면 제살태과(制殺太過)가 되어 관성(官星)이 오히려 길성(吉星)이 되어 흉변위길(凶變爲吉)이 된다.

(4) 정관(正官)의 직업

편관(偏官)은 일반적으로 권위가 있는 직장이거나 타인을 감시, 감독, 조사하는 부서와 인연이 있으며, 특이한 임무를 과감하게 처리하는 특수직에 적합하지만, 정관은 관료주의적인 성품과 합리적인 성격으로 국가공무원, 교육계, 회사 관리직이나 기획실, 총무, 인사 분야에 종사하게 된다.

(5) 정관(正官)의 행운(行運)

만약 정관이 길신(吉神)일 경우에는 총명하고 인품이 고결하고 통제능력이 탁월하여 협조와 조화를 이루게 하기 때문에 직장에서 승진, 명예가 올라가고 시험에 합격하며, 여명(女命)은 혼인이나 연애상대가 생긴다.

만약 정관이 기신(忌神)일 경우에는 책임감이 결여되거나 범법행위를 자행하기 때문에 관재송사, 시비구설, 명예훼손, 직위의 변동이나 파직 등이 발생한다.

9. 편인성(偏印星)

(1) 편인(偏印)의 작용

편인은 일간(日干)을 생(生)하는 오행으로 음양이 같은 글자를 뜻하는 것으로, 양일간(陽日干)이 양(陽)을 만나거나 음일간(陰日干)이 음을 만나는 경우를 말한다.

편인은 남명(男命)에는 양모(養母), 계모, 서모(庶母), 이모(姨母), 숙모(叔母), 조부 등을 나타내며, 여명(女命)에는 남명(男命)과 같이 양모, 서모, 계모, 이모, 조부 외에 손자, 시조모에 해당한다.

편인은 일명 효신(梟神) 또는 도식(倒食)이라고도 호칭하는데, 그 이유는 효신(梟神)이란 올빼미를 나타내며 올빼미는 일반 새와 달리 주간에는 잠을 자고 야간에만 활동하기 때문에 불길한 징조를 대표하는 흉조(凶兆)에서 유래되었으며, 도식(倒食)이란 밥그릇을 엎는다는 뜻으로 손재, 도난, 부도, 사기, 파직 등을 의미한다.

편인성(偏印星)은 일반적으로 임기응변이 능하고 예술 방면에 인기가 있어 야간 활동에 천부적인 소질을 가지고 있으며, 평생을 통해 굴곡이 많기 때문에 좋은 기회가 있을 때마다 냉철한 판단과 인격 수양으로 신중하게 대처하도록 노력해야 한다.

(2) 편인(偏印)의 특성

편인은 머리회전이 빠르고 기술적 소질이 많으며, 신경이 예민하여 임기응변술이 특출하여 타인으로부터 인기가 대단하다.

편인이 있으면 눈치가 있어 타인의 마음을 꿰뚫어 보는 능력이 있어 선천적으로 모든 분야에서 특수적 기예의 보유자가 많이 나오기 때문에 성격도 역시 독특하다. 그러므로 조급하면서도 완고하여 한 번 계획을 세우면 강력한 추진력이 타인보다 왕성하지만 어느 정도 달성되면 권태를 느껴 새로운 목표를 다시 세우기 때문에 유명무실에 유시무종하기 쉬운 것이 결점이 될 수 있다.

(3) 편인(偏印)의 통변(通辯)

편인은 식신(食神)을 극상(剋傷)하는데, 식신(食神)은 의식이요, 창고에 해당하며, 자식, 장모 등을 나타낸다. 편인은 남명(男命)에는 편모, 계모, 서모, 유모, 이모 등을 나타내고, 여명(女命)에는 남명(男命)과 같이 편모, 계모, 서모, 유모, 이모 등을 나타내며, 때에 따라서는 예술, 예능, 기술, 언론, 체육, 정보, 종교 등을 나타내기도 한다.

편인은 기예에 재질과 취미가 특출하여 약간의 변태적이고 새로운 아이디어를 창안하는 데는 천부적인 소질이 있으나 싫증을 자주 내며, 임기응변이 능하나 지구력이 부족하다. 그러므로 고생고생하면서 몇 번의 실패를 겪은 뒤에, 목적을 달성한다. 여명(女命)은 남편이나 자녀로 인한 고심이 많아 부부애로가 있거나 출산한 후에도 몸이 허약하기 쉬우며, 친가나 시가 때문에 고난이 따른다.

육친적(六親的)으로 볼 때 편인이 원국(原局)에 중중(重重)하면 자기주장이 너무 강하고 허명허세(虛名虛勢)를 잘하며 부모 형제와 인연이 희박하다. 원국(原局)이 신약하고 편인(偏印)이 중중(重重)하면 노고가 많으며, 부모무덕하고 단명하기 쉽다.

(4) 편인(偏印)의 직업

편인은 교육적인 심성이 강하고 예술, 예능, 문학, 연예인, 언론인, 연구원, 종교, 철학, 의약 등 편업에 적합하다.

(5) 편인(偏印)의 행운(行運)

만약 편인이 길신(吉神)일 경우에는 독창성이 뛰어나고 계획성도 우수하여 새로운 사업을 확장하거나 재물이 번창하게 되고 응시한 시험에 합격하기도 한다. 만약 편인이 기신(忌神)일 경우에는 인내력과 지구력이 떨어지게 되고 타인과의 경쟁에서 밀려나거나 부도수표, 가옥차압 등 문서상의 재산이 크게 손해를 입게 된다.

10. 정인성(正印星)

(1) 정인(正印)의 작용

정인은 일간(日干)을 생(生)하는 오행으로 음양이 다른 글자를 뜻하는 것으로 양일간(陽日干)이 음을 만나거나 음일간(陰日干)이 양을 만나는 경우를 말한다.

정인은 남명(男命)에는 모친, 이모, 장인, 외손녀, 증손녀 등을 나타내며, 여명(女命)에는 모친, 손녀, 증조부 등을 나타낸다.

정인은 일명 인수(印綬)라고도 하는데, 인(印)은 진리를 연구하는 학문, 교육, 수양에 해당되는 것이기 때문에 교육자를 대신하는 뜻으로 많이 활용된다.

그러므로 모친, 스승, 문서, 지혜, 근원, 시작 등에 해당한다. 정인의 작용은 비겁(比劫)을 생조(生助)하고 식상(食傷)을 극제(剋制)하며 관살(官殺)을 설기(泄氣)하는 기능이 있기 때문에 신약명(身弱命)에는 보약이 되어 품성이 총명하고 인자하며 담백해진다.

정인이 희신(喜神)이 되면 학문을 중시하고 인정이 있으며 책임감이 있고, 정신적 바탕이 되는 종교나 학문과 명예가 크게 발전하고, 만인의 신망을 얻어 부귀공명을 얻는다.

(2) 정인(正印)의 특성

정인은 지혜가 있고 총명하며 인정과 의리가 있을 뿐만 아니라, 연구심이 강하고 온후하며 다정다감하다. 한편 보수적이면서 학문이 뛰어나고 종교와 도덕을 중요시하여, 군자대인의 품격을 갖추고 있다.

정인이 있으면 윗사람을 공경할 줄 알고 아랫사람을 돌봐주는 자비심도 강하고 재물보다는 문화재, 유물, 서화, 골동품, 고서 등에 관심이 높다.

정인이 있으면 자존심이 강하고 자기 자신을 과시하기 때문에 조금이라도 무시를 당하면 두 번 다시 상대를 하지 않는다. 정인(正印)이 있으면 국가 공무원이나 공공기관과 인연이 있고, 부정과 비리를 배척하고 욕심을 자제하면서 정도(正道)와 자애심을 가지고 있으면서 교육자적인 품성으로써 대인관계를 원만하게 처리해 나아간다.

(3) 정인(正印)의 통변(通辯)

정인은 상관(傷官)을 극상(剋傷)하는데, 상관(傷官)은 조모, 외조부를 나타낸다. 정인은 남명(男命)에는 모친, 이모, 장인 등을 나타내고, 여명(女命)에는 모친, 사위, 큰고모, 증조부 등을 나타낸다. 때에 따라서는 학자, 교육자, 언론인, 발명가, 창업자 등을 나타내기도 한다.

정인이 왕성하고 재성(財星)이 중중(重重)하면 모처가 불화하고, 재성(財星)이 약하면 부친이나 처궁(妻宮)이 허약하다. 정인(正印)이 태과(太過)하거나 없어도 모친과 인연이 없고 자손궁(子孫宮)에 이상이 있다.

정인이 재성(財星), 관성(官星)과 같이 있으면 명성을 떨치게 되고 여명(女命)은 남편과 자식복이 있다. 여명(女命)에 정인이 태왕(太旺)하면 남과 인연이 없고 자식 덕이 없으며, 시부모와도 불화하게 되며, 신장(腎臟)이나 자궁에 질병이 있게 된다.

(4) 정인(正印)의 직업

정인은 학문과 지혜가 있고 연구심이 강하고 매사에 정직하고 성실한 품성이기 때문에 교육자, 공무원, 예술인, 연구원 등이 적합하다.

(5) 정인(正印)의 행운

만약에 정인이 길신(吉神)일 경우에는 지혜가 높고 심성이 더욱 고와져서, 타인으로부터 존경과 신뢰를 얻게 될 뿐만 아니라, 독창성과 계획성이 뛰어나 창업을 하거나 응시한 시험에 합격하게 된다.

만약에 정인이 기신(忌神)일 경우에는 편인(偏印)의 경우와 같이 인내력과 지구력이 떨어지고, 독립정신이 결핍되어 타인에게 의지하게 되며, 문서상의 손재를 보거나 시험이나 구직이 어렵고, 특히 여명(女命)은 자식 때문에 고통을 겪게 되거나 모친의 건강에 이상이 생긴다.

제 12 장

왕쇠강약론旺衰強弱論

제1절 일주강약日主強弱의 의의와 구분

일주(日主)의 강약 구분은 운명을 감정하는 데 가장 중요한 관건이 된다.

일주(日主)의 강약을 판단해야만 사주(四柱)의 중화(中和) 또는 조화를 시킬 수 있는 오행을 용신(用神)으로 정하여 성격, 직업, 질병, 육친관계, 길흉화복 등 인생의 제반문제를 상담하는 데 필수적인 열쇠를 확보할 수 있다.

또한 일주(日主)의 강약에 따라 길성(吉星)도 흉성(凶星)이 될 때가 있고 흉성(凶星)도 길성(吉星)이 될 때가 있으며, 육신(六神)으로 볼 때도 정인(正印)이 변하여 편인(偏印)이 되고, 편인(偏印)이 정인(正印)으로, 편관(偏官)이 정관(正官)으로, 정관(正官)이 편관(偏官)으로, 편재(偏財)가 정재(正財)로, 정재(正財)가 편재(偏財)로, 상관(傷官)이 식신(食神)으로, 식신(食神)이 상관(傷官)으로 변화하는데, 이것은 모두가 상대적인 개념에 의해서 변화하기 때문이다. 따라서 일간(日干)이 강왕(強旺)하면 편(偏)도 정(正)이 되고, 일간(日干)이 쇠약하면 정(正)도 편(偏)이 되는 것이다.

예를 들면 사주원국(四柱原局)에 관살(官殺)이 있을 때 강왕자(強旺者)는 법을 집행하고 관리하나, 신약자(身弱者)는 법의 다스림을 받아야 하는 것이며, 재성(財星)이 있을 때 일간(日干)이 강왕(強旺)하면 현처가 되고, 일간(日干)이 쇠약하면 악처가 되는 이치와 같은 것이다.

그렇다고 일간(日干)이 너무 강왕(强旺)하면 오히려 파재(破財), 손처(損妻), 조실 부모 등의 흉사가 일어나고, 일간(日干)이 너무 쇠약하면 병고, 빈천, 부모무덕의 흉운(凶運)을 만나게 되는 것이다. 다시 말하여 일주(日主)의 왕쇠(旺衰)에 의하여 일주(日主)가 왕(旺)하고 조화가 잘 이루어져 있다면 흉살(凶殺)이 있어도 흉성(凶星)의 작용이 약화되고, 사주(四柱)가 조화를 이루고 길신(吉神)이 있다면 더욱 좋은 길명(吉命)이 되는 것이다.

일주(日主)의 강약(强弱)은 사주원국(四柱原局)에서 비겁(比劫)이 있거나 인수(印綬)가 많으면 유근(有根)이라고 하여 일주(日主)의 세력이 왕성하게 되고, 관성(官星), 재성(財星), 식상(食傷)이 많으면 쇠약하게 된다고 보는 것이다.

이때에 주의할 것은 천간(天干)의 비겁(比劫)은 지지(地支)에 있는 비겁(比劫)보다 약하며, 또한 천간(天干)의 인성(印星)은 역시 지지(地支)의 인성(印星)보다 약하다는 점이다. 따라서 천간(天干)의 비겁(比劫)이나 인성(印星)은 지지(地支)에서 생조(生助) 하여야만 자기 역할을 다하는 것이다. 특히 지지(地支)를 볼 때에는 암장(暗藏)된 지장간(支藏干)을 살펴 천간(天干)이 득령(得令), 득지(得地), 득세(得勢) 여부를 판단해야 한다.

다시 말하여 인비(印比)가 양적으로 아무리 많다 하더라도 지지(地支)에 뿌리가 없거나 서로 멀리 떨어져 있으면 세력이 약하다고 보는 것이며, 질적으로는 지지(地支)에 득국(得局)을 이루고 있으면 세력이 더욱 왕성하여진다.

예를 들어 亥水는 寅이나 卯未를 만나면 인해합목(寅亥合木)이나 해묘미목국(亥卯未木局)으로 변화한다. 그러나 해월(亥月)이면서 申酉金으로 생조(生助)하여 주면 완전하게 목국(木局)으로 변화하지 못하며, 申金은 巳나 子辰을 만나면 사신합수(巳申合水)나 申子辰 수국(水局)으로 변화한다. 그러나 신월(申月)이 土金으로부터 왕(旺)하게 생조(生助)를 받으면 子水를 만나도 완전한 申子 수국(水局)으로 변화되지 않는다.

또한 인월(寅月)이면서 水木으로부터 왕(旺)한 생조를 받으면 午火를 만나도 완전한 寅午 화국(火局)으로 변화되지 않으며, 사월(巳月)이면서 木火가 왕(旺)하면 酉金을 만나도 완전한 巳酉 금국(金局)으로 변화되지 않는다. 이것은 월지가 월령(月令)을 얻어 주중에 미치는 영향이 크기 때문이다.

이와 같이 강약(强弱)은 주중(柱中)의 오행을 살펴 과다불급(過多不及)과 합국(合局)의 변화에 따라 세력도 역시 변화하는 것이다. 좀 더 구체적으로 말하면 천간(天干)은 남편이 되고, 지지(地支)는 처가 되기 때문에, 지지(地支)끼리의 합국(合局)보다 간지(干支)끼리의 부부합이 우선하여 작용하는 것이다.

예를 들어 庚辰이라면 寅木이나 卯木이 있어도 庚金 때문에 寅辰 목국(木局)이나 卯辰 목국(木局)으로 변화되지 않으며, 壬寅이라면 午火나 戌土가 있어도 壬水 때문에 寅午 화국(火局)이나 寅戌 화국(火局)으로 변화되지 않으며, 丙戌이라면 申金이나 酉金이 있어도 申戌 합금(合金)이나 酉戌 합금(合金)이 되지 않으며, 戊戌이라면 午火나 寅木이 있어도 午戌 화국(火局)이나 寅戌 화국(火局)으로 완전하게 변화되지 않으며, 甲子라면 辰土나 丑土가 있어도 子辰 수국(水局)이나 子丑 수국(水局)으로 완전하게 변화되지 않는다.

따라서 寅木은 원국(原局)에서 木이 많으면 木으로, 火가 많으면 火로 변하고, 巳火는 火가 많으면 火로, 金이 많으면 金으로 변하고, 申金은 金이 많으면 金으로, 水가 많으면 水로 변하고, 亥水는 원국(原局)에서 水가 많으면 水로 木이 많으면 木으로 변하고, 辰土는 木이 왕(旺)하면 木으로 土가 많으면 土로 변하고, 戌土는 火가 왕(旺)하면 火로 土가 많으면 土로 변하고, 축토(丑土)는 金이 왕(旺)하면 金으로 土가 많으면 土로 변하고, 未土는 火가 많으면 火로 木이 많으면 木으로 변한다.

이와 같이 과다(過多)나 합국(合局)의 작용에 따라 세력이 변화되기 때문에 일주강약(日主强弱)의 구분은 득령(得令), 득지(得地), 득세(得勢)에 대한 확실한 개념을 알아야 제대로 판단할 수 있고, 그런 연후에 용신(用神)을 정확하게 분석할 수 있다.

제2절 유근有根의 의의와 강약强弱

〈표 12-1〉 녹근(祿根), 착근(着根), 통근(通根)

구 분(區分)	일주(日主)
녹근(祿根)	甲寅, 乙卯, 庚申, 辛酉
착근(着根)	丙午, 丁巳, 戊辰, 戊戌, 己未, 己丑, 壬子, 癸亥
통근(通根)	甲辰, 乙未, 丙寅, 丁未, 戊午, 己巳, 辛丑, 壬申

일반적으로 유근(有根)이란 뿌리가 있다는 뜻으로, 천간(天干)이 지지(地支)에 동류(同類)의 기가 있어 일간(日干)이 생조(生助)를 받는다는 뜻이다.

유근(有根)에는 녹근(祿根), 착근(着根), 통근(通根)이 있는데, 녹근(祿根)은 건록(建祿)에 해당하는 지지(地支)를 얻는 것이며, 착근(着根)은 일간(日干)과 일지(日支)의 오행이 동일한 것을 얻었을 때이며, 통근(通根)은 일지(日支)에 암장(暗藏)된 중기(中氣)의 오행과 같은 경우를 말한다. 또한 지지(地支)에서 기준할 때 지지(地支)의 오행이 천간(天干)에 표출되어 있으면 투간(透干) 또는 투출(透出)이라고 표현한다.

유근(有根)에도 강약이 어느 위치에 있는가를 먼저 살펴야 하는데, 일간(日干)의 경우에는 월지(月支)에 유근(有根)되어 있는 것이 가장 강하고, 다음에는 일지(日支), 시지(時支), 년지(年支) 순으로 강하다.

같은 월지(月支)에 유근(有根)되었다 할지라도 강약이 있는데, 건록(建祿)이나 제왕(帝旺)에 해당하는 오행(五行)이 가장 강하고, 그 다음에는 장생지(長生支)이고, 마지막에는 지장간(支藏干) 순이다. 지장간(支藏干)에서도 강약(强弱)의 순서가 있는데, 정기(正氣), 중기(中氣), 여기(餘氣) 순으로 강약이 구분되며, 특히 녹왕지(祿旺支)에서도 子午卯酉가 가장 강하다.

예를 들어 일간(日干)이 甲木이나 乙木인 경우에 卯木이 제일 강하고, 그 다음이 寅木이고, 그 다음으로 생지(生支)인 亥子水이고, 마지막으로 고장지(庫藏支)로서 진중(辰中) 乙木과 癸水이고, 다음이 축중계수(丑中癸水)이고, 그 다음이 미중을목

(未中乙木)이 되는 것이다.

제3절 일주日主의 강약을 판단하는 기준

〈표 12-2〉 일주(日主)와 득령월조견표(得令月早見表)

일간(日干)	오행(五行)	득령월(得令月)
甲乙	木	亥 子 寅 卯 辰
丙丁	火	寅 卯 巳 午 未
戊己	土	巳 午 辰 戌 丑 未
庚辛	金	辰 戌 丑 未 申 酉
壬癸	水	申 酉 亥 子 丑

1. 득령(得令)과 실령(失令)

득령(得令)이란 다른 말로 득시(得時) 또는 시령(時令)이라고 하며, 일간(日干)이 월지(月支)에 뿌리를 얻었다는 뜻이다. 반대로 실령(失令)이란 실시(失時)라고도 하며, 일간(日干)이 월지(月支)에 뿌리가 없다는 뜻이다. 여기에서 뿌리라는 것은 인수(印綬)나 비겁(比劫)을 얻었다는 뜻이다.

즉, 득(得)이란 얻었다는 뜻이요, 령(令)이란 월령(月令)을 말하며, 월령(月令)은 주중(柱中)에서 가장 강하기 때문에 월령(月令)에 의하여 강약이 좌우되고 있다. 다시 말하여 일간(日干)이 월지(月支)에서 인비(印比)인 왕상(旺相)을 얻어 통근(通根)이 되면 득령(得令)이라고 하고, 일간(日干)이 월지(月支)에서 식재관(食財官)인 휴수사(休囚死)가 되면 통근(通根)이 되지 않아 실령(失令)이 되는 것이다.

예를 들어 甲乙木 일간(日干)이 인묘월(寅卯月)에 태어났다면 비겁(比劫)으로써 득령(得令)이 되는 것이며, 해자월(亥子月)에 태어났다면 인수(印綬)로써 득령(得令)이 되는 것이다.

만약에 甲乙木 일간(日干)이 신유월(申酉月)에 태어났다면 관성(官星)으로써 실령(失令)이 되는 것이며, 사오월(巳午月)이나 진술축미월(辰戌丑未月)에 태어났다면 식상(食傷)이나 재성(財星)이 되어 실령(失令)이 되는 것이다. 이와 같이 월지(月支)를 중요시하는 것은 월령(月令)으로서 부모의 자리이며, 대운(大運)을 결정하는 자리이기 때문이다.

2. 득지(得地)와 실지(失地)

〈표 12-3〉 득지조견표(得地早見表)

日干	甲乙	丙丁	戊己	庚辛	壬癸
비겁(比劫)	寅 卯	午 巳	辰戌丑未	申 酉	子 亥
인수(印綬)	亥 子	寅 卯	巳 午	辰 戌 丑	申 酉
암장(暗藏)	辰 未	戌 未	寅 丑	巳 戌	辰 丑

득지(得地)란 일간(日干)이 일지(日支)에 뿌리를 얻었다는 뜻이다. 다른 말로 득근(得根), 유근(有根), 착근(着根)이라고도 하며, 육신(六神)으로는 비겁(比劫)이나 인수(印綬)일 경우를 말한다. 이와 반대로 일지(日支)에 뿌리가 없으면 무근(無根)이라고 하며, 육신(六神)으로는 식상(食傷), 재성(財星), 관성(官星)일 경우를 말한다. 특히 득지(得地)는 암장지지(暗藏地支)를 잘 확인해야 하며, 암장지지(暗藏地支) 중에서 일간(日干)의 뿌리가 되는 비겁(比劫)이나 인수(印綬)가 있으면 득령(得令)이나 득지(得地)로 인정해야 한다.

예를 들면 갑진일주(甲辰日柱)일 경우에 辰土 중에 乙木이 있고 춘절의 土가 되어 甲木이 뿌리를 내릴 수 있어 득지(得地)가 되는 것이다. 을미일주(乙未日柱)는 미중을목(未中乙木)이 있고, 6월의 土로서 이미 하절의 퇴기가 되어 乙木의 뿌리로서 득지(得地)가 되는 것이다.

병술일주(丙戌日柱)는 술중정화(戌中丁火)가 있어 득지(得地)가 되며,

정미일주(丁未日柱)는 미중정화(未中丁火)가 있어 득지(得地)가 되며,

임진일주(壬辰日柱)는 진중계수(辰中癸水)가 있어 득지(得地)가 되며,

계축일주(癸丑日柱)는 축중계수(丑中癸水)와 辛金이 있어 득지(得地)가 되는 것이다.

3. 득세(得勢)와 실세(失勢)

〈표 12-4〉일주(日主)와 득세조견표(得勢早見表)

일주(日主)	득 세(得勢)
甲乙	월지(月支), 일지(日支) 외 주중(柱中)에서 수목생부(水木生扶)
丙丁	월지(月支), 일지(日支) 외 주중(柱中)에서 목화생부(木火生扶)
戊己	월지(月支), 일지(日支) 외 주중(柱中)에서 화토생부(火土生扶)
庚申	월지(月支), 일지(日支) 외 주중(柱中)에서 토금생부(土金生扶)
壬癸	월지(月支), 일지(日支) 외 주중(柱中)에서 금수생부(金水生扶)

득세(得勢)란 일간(日干)이 월지(月支)와 일지(日支)를 제외한 나머지 천간(天干)과 지지(地支)로부터 생조(生助)나 생부(生扶)를 받고 있는 것이다. 즉 육신(六神)으로는 일간(日干)이 비겁(比劫)이나 인수(印綬)를 만난 경우를 득세(得勢)라고 하고, 식상(食傷), 재성(財星), 관성(官星)을 만났을 경우를 실세(失勢)라고 한다.

특히 주의할 것은 천간(天干)의 비겁(比劫)과 인수(印綬)는 지지(地支)에 유근(有根)이 되어 있어야 하며, 만약 무근(無根)이거나 형충(刑沖)으로 피상(被傷)되어 있으면 득세(得勢)라고 볼 수 없는 것이다. 또한 지지(地支)에 유근(有根)이 되어 있다 하더라도 합국(合局)으로 세력이 변화되어 일간(日干)에 도움이 되지 못하거나, 다봉수제(多逢受制)로 인하여 피상(被傷)되었다면 일간(日干)을 생조(生助)할 능력이 없으니 득세라고 볼 수 없는 것이다.

예를 들어, 갑을일주(甲乙日主)가 월지(月支)와 일지(日支)를 제외한 타주중(他柱中)에서 水木의 생부(生扶)를 받는 경우이거나, 병정일주(丙丁日主)가 월지(月支)와 일지(日支)를 제외한 타주중(他柱中)에서 木火의 생부(生扶)를 받는 경우이거나, 무기일주(戊己日主)가 월지(月支)와 일지(日支)를 제외한 타주중(他柱中)에서 火土의 생부(生扶)를 받는 경우이거나, 경신일주(庚辛日主)가 타주중(他柱中)에서 土金의 생부(生扶)를 받은 경우이거나, 임계일주(壬癸日主)가 타주중(他柱中)에서 금수(金

水)의 생부(生扶)를 받는 경우 등을 득세라고 하여 일주(日主)가 신강(身强)해지는 것이다.

제4절 일주강약日主强弱을 구분하는 원칙

〈표 12-5〉 일주강약(日主强弱) 구분 조견표

최강(最强)	득령(得令), 득지(得地), 득세(得勢)
중강(中强)	득령(得令), 득세(得勢), 실지(失地)
강(强)	득령(得令), 득지(得地), 실세(失勢)
약변강(弱變强)	실령(失令), 득지(得地), 득세(得勢)
최약(最弱)	실령(失令), 실지(失地), 실세(失勢)
중약(中弱)	실령(失令), 실세(失勢), 득지(得地)
약(弱)	실령(失令), 실지(失地), 득세(得勢)
강변약(强變弱)	득령(得令), 실지(失地), 실세(失勢)

일주(日主)의 강약을 구분하려면 득령(得令)과 실령(失令), 득지(得地)와 실지(失地), 득세(得勢)와 실세(失勢) 등을 정확하게 구분하여야 하며, 녹근(祿根), 착근(着根), 통근(通根) 등의 조건을 갖추었는지를 판단하여야 한다.

일주강약(日主强弱)의 구분은 원칙적으로 세분한다면 신강(身强)인 경우에 최강(最强), 중강(中强), 강(强), 약변강(弱變强)으로 구분하고, 신약(身弱)인 경우에 최약(最弱), 중약(中弱), 약(弱), 강변약(强變弱)으로 구분한다.

그러나 일반적으로 최강(最强), 중강(中强), 신약(身弱), 최약(最弱)으로 구분하는데, 득령(得令), 득지(得地), 득세(得勢) 중에 세 가지 조건을 갖추고 있으면 최강(最强)이라 하고, 두 가지 조건을 갖추고 있으면 중강(中强)이라 하고, 한 가지 조건(條件)만 갖추고 있으면 신약(身弱)이라 하고, 세 가지 조건을 모두 잃으면 실령(失令), 실지(失地), 실세(失勢)라고 하여 최약(最弱)이 된다.

한편으로는 육신(六神)을 기준으로 할 때 비겁(比劫)과 인수(印綬)가 많으면 신강(身强)하고, 관살(官殺), 재성(財星), 식상(食傷)이 많으면 신약(身弱)이 되는데, 관살(官殺)과 식상(食傷)의 관계에서 사주(四柱)에 관살(官殺)이 왕(旺)하여 일간(日干)이 극제(剋制)를 당하고 있을 때, 식상(食傷)이 관살(官殺)을 극제(剋制)하여 일간(日干)이 관살(官殺)로부터 수제(受制) 당함을 막아줌으로써 뿌리가 없이 일간(日干)을 보호하여 준다.

만약 관살(官殺)이 없고 식상(食傷)이 왕(旺)하면 오히려 설기처가 되어 일간(日干)을 약하게 하는 것이다. 그러므로 주중(柱中)에서 식상(食傷)과 관살(官殺)을 대비하여 관살(官殺)보다 식상(食傷)이 왕(旺)하면 신왕(身旺)으로 간주하고, 반대로 관살(官殺)이 많으면 신약(身弱)으로 간주한다. 격국용신론(格局用神論)의 식신제살격(食神制殺格)과 제살태과격(制殺太過格)에서 다시 논한다.

예를 들어 甲乙木 일주(日主)가 庚辛金으로부터 금극목(金剋木)을 당하여 신약(身弱)이 되는 것은 당연하나, 丙丁火 식상(食傷)이 있을 때는 화극금(火剋金)하기 때문에 金剋木을 막아줌으로써 목일주(木日主)가 보호를 받으나, 금관살(金官殺)이 없으면 목생화(木生火)가 되어 식상(食傷)으로 목기(木氣)를 설기(洩氣)하게 되어 더욱 약하게 되는 것이다.

제5절 최강最强과 최약最弱

〈표 12-6〉 종(從)의 종류

종왕(從旺)	비겁(比劫)으로 신왕(身旺)
종강(從强)	인성(印星)으로 신강(身强)
종아(從兒)	식상(食傷)으로 신약(身弱)
종재(從財)	재성(財星)으로 신약(身弱)
종살(從殺)	관성(官星)으로 신약(身弱)

일간(日干)의 세력이 극단적으로 강하거나 극단적으로 약할 경우에 일간(日干)을 중심으로 강한 세력을 따라가거나, 일간(日干)을 버리고 한쪽으로 치우친 강한 오행(五行)으로 따라가는 것을 종(從)이라고 한다. 종(從)을 하는 경우에도 비겁(比劫)이나 인성(印星)으로 종(從)하는 경우와 식상(食傷), 재성(財星), 관성(官星)으로 종(從)하는 두 가지 경우가 있다. 또한 지지(地支)가 순수하게 육합(六合)이나 삼합국(三合局)으로 이루어진 경우에 붙여진 이름이 있는데 예를 들면,

木일주가 전지지(全地支)에 목국(木局)으로 이루어지면 곡직격(曲直格),

火일주가 전지지(全地支)에 화국(火局)으로 이루어지면 염상격(炎上格),

土일주가 전지지(全地支)에 토국(土局)으로 이루어지면 가색격(稼穡格),

金일주가 전지지(全地支)에 금국(金局)으로 이루어지면 종혁격(從革格),

水일주가 전지지(全地支)에 수국(水局)으로 이루어지면 윤하격(潤下格)이라고 부른다.

제6절 신강사주身强四柱와 신약사주身弱四柱의 예

1. 최강(最强) 사주(四柱)

```
乙 庚 甲 己
酉 申 戌 酉
```

```
辛 庚 己 戊 丁 丙 乙
巳 辰 卯 寅 丑 子 亥
```

庚金이 술월(戌月)에 득령(得令)하고 좌하(坐下)에 득지(得地)하였으며, 전지지(全

地支)가 신유술금국(申酉戌金局)으로 최강(最强)의 사주(四柱)로서 종왕격(從旺格)에 속하고 종혁격(從革格)의 특성을 가지고 있다.

용신(用神)은 土金水이고 기신(忌神)은 木火이다.

酉戌이 있고 양인(羊刃)이 년월지(年月支)에 있고, 일지건록(日支建祿)이 중중(重重)하여 의약, 법조와 관련된 직업과 인연이 있다. 방사선과 교수로 재직하고 있는 여명(女命)의 사주(四柱)이다.

丙 甲 丙 甲
寅 子 寅 子

癸 壬 辛 庚 己 戊 丁
酉 申 未 午 巳 辰 卯

甲木이 인월(寅月)로 득령(得令)하고, 좌하(坐下)에 득지(得地)하고, 시지인목(時支寅木)과 년주(年柱)인 甲子로 득세(得勢)하여 최강(最强)한 사주(四柱)로서 종왕격(從旺格)이다. 목화통명(木火通明)의 특성을 가지고 있다.

용신(用神)은 水木火이고, 기신(忌神)은 土金이다.

정월왕목(正月旺木)에 양병화(兩丙火)의 꽃이 만개하여 그 향기가 천지를 진동하여 동량지재(棟樑之材)로서 명진사해(名振四海)하고 국가의 재목으로 공헌함이 틀림없다. 사실 교육계에서 명망이 높았던 것은 원국(原局)에서 재관(財官)보다는 식상(食傷)이 왕성하며, 교육계와 관련된 문곡성(文曲星)이 발달하였기 때문이다.

庚	丙	丙	丁
寅	戌	午	未

己 庚 辛 壬 癸 甲 乙
亥 子 丑 寅 卯 辰 巳

　병화일주(丙火日主)가 화왕절(火旺節)인 오월(午月)에 양인(羊刃)으로 득령(得令)하고 일지정화(日支丁火)에 득지(得地)하고 있는데, 인오술화국(寅午戌火局)에 午未火가 가세하여 천지화기(天地火氣)로 최강사주(最强四柱)가 되었고, 또한 전지지(全地支)가 삼합화국(三合火局)으로 염상격(炎上格)이 되었다.

　시상경금(時上庚金)은 왕화(旺火)에 소용(消溶)이 되어 버렸다. 그러므로 용신(用神)은 木火土이고, 기신(忌神)은 金水이다. 목화통명(木火通明)으로 앞 예와 같이 교육계에 인연이 있었다.

乙	庚	辛	戊
酉	辰	酉	申

戊 丁 丙 乙 甲 癸 壬
辰 卯 寅 丑 子 亥 戌

　경금일주(庚金日主)가 금왕절(金旺節)인 유월(酉月)에 태어나 득령(得令)하고 辰土에 득지(得地)하였으며, 월시지(月時支)에 양인(羊刃)이 중중(重重)하여 신왕(身旺)하다. 그러나 전지지(全地支)가 申酉와 辰酉 합금국(合金局)으로 종왕격(從旺格)

에 속하고 종혁격(從革格)의 특성을 가지고 있다. 용신(用神)은 土金水이고 기신(忌神)은 木火이다.

庚金이 유금양인(酉金羊刃)으로 생살권(生殺權)과 인연이 있는 법조계(法曹界)에서 종사하였다. 양인(羊刃)은 작용력이 강하여 위치에 따라 부르는 명칭이 다르다. 즉, 월지(月支)에 있으면 양인(羊刃), 일지(日支)에 있으면 일인(日刃), 시지(時支)에 있으면 귀인(歸刃)이라고도 한다.

2. 중강(中强) 사주(四柱)

갑목일주(甲木日主)가 유월(酉月)에 태어나 실령(失令)은 하였으나, 년지(年支)의 亥水가 신금기(辛金氣)를 설(泄)하여 甲木을 생조(生助)하고, 일지(日支)의 진중계수(辰中癸水)와 시지(時支)의 묘목양인(卯木羊刃)이 있어 약하지 않다.

오히려 득지(得地), 득세(得勢)가 되어 약변위강(弱變爲强)으로 신왕(身旺)한 사주(四柱)이다. 그러므로 용신(用神)은 식재관(官財食)인 火土金이고, 기신(忌神)은 인비(印比)인 水木이다. 원국(原局)에서 식상(食傷)이 왕성하여 교육계에 인연이 있었다.

```
庚 庚 己 乙
辰 申 卯 未
```

```
壬 癸 甲 乙 丙 丁 戊
申 酉 戌 亥 子 丑 寅
```

庚金 일주가 목왕절(木旺節)인 묘월(卯月)로 태어나 실령(失令)은 하였으나 일지(日支)에 申金으로 득지(得地)하였고, 시주(時柱)의 庚辰이 득세(得勢)하여 신강(身强)한 사주(四柱)이다. 년월지(年月支)에서 묘미목국(卯未木局)이 되고, 연상을목(年上乙木)이 투간(透干)되어 재성(財星) 역시 강하다.

　　그러므로 용신(用神)은 식재관(官財食) 水木火)이고, 기신(忌神)은 인비(印比)인 土金이다. 본명(本命)은 신왕재왕(身旺財旺)으로 부귀명(富貴命)의 사주(四柱)이다. 특히 묘미목국(卯未木局)이 재성(財星)으로 乙木이 투출(透出)하여 사업가로서 성공하였다.

```
壬 丙 甲 丙
辰 寅 午 戌
```

```
辛 庚 己 戊 丁 丙 乙
丑 子 亥 戌 酉 申 未
```

병화일주(丙火日主)가 화왕절(火旺節)인 오월(午月)에 태어나 양인(羊刃)으로 득령(得令)하고 좌하득지(坐下得地)하였으며, 木火가 투출하여 신강(身强)하다. 지지(地

支)가 인오술화국(寅午戌火局)에다 인진목국(寅辰木局)으로 최강(最强)이 되어 염상격(炎上格)이 될 것 같으나 진중계수(辰中癸水)가 있고 壬水가 투출(透出)되고, 또 辰土는 수고(水庫)가 되어 대적할 만하여 신강(身强)한 사주(四柱)이다. 용신(用神)은 식재관(官財食)인 습토금수(濕土金水)이고, 기신(忌神)은 인비(印比)인 木火이다.

시상일위귀격(時上一位貴格)이나 재성(財星)인 금기(金氣)가 없어 서운하다. 그러나 대운(大運)이 금수운(金水運)으로 흘러 길명(吉命)이다. 초중운(初中運)에 군인이었으나 말년(末年)에 목화통명(木火通明)으로 교육계에 재직하고 있다.

```
戊  戊  癸  癸
午  辰  亥  卯
```

```
丙 丁 戊 己 庚 辛 壬
辰 巳 午 未 申 酉 戌
```

무토일주(戊土日主)가 해월(亥月)에 출생하여 실령(失令)은 하였으나 좌하진토(坐下辰土)에 득지(得地)하였고, 시주(時柱)에 戊午로서 양인(羊刃)을 득(得)하여 득세(得勢)하니 중강(中强)이 된 사주이다. 용신(用神)은 식재관(官財食)인 金水木이고, 기신(忌神)은 인비(印比)인 火土이다. 원국(原局)에서 癸水 재(財)가 亥水에 득근(得根)되어 재왕(財旺)하고, 亥卯 목국(木局)으로 관왕(官旺)하고, 무토일간(戊土日干)이 午火로 시상양인(時上羊刃)까지 되어 부귀명이 틀림없다. 사업가로서 취재에 성공하여 한때 정계에 진출한 바 있다.

3. 신약(身弱) 사주(四柱)

```
己 乙 辛 癸
卯 丑 酉 丑
```

```
戊 丁 丙 乙 甲 癸 壬
辰 卯 寅 丑 子 亥 戌
```

乙木 일주가 금왕절(金旺節)인 유월(酉月)에 태어나 실령(失令)하였고, 년월지(年月支)가 酉丑으로 합금국(合金局)하고, 辛金이 투간(透干)되어 금기(金氣)가 왕(旺)하여, 일간을목(日干乙木)이 절목(折木)되기 직전에 있다. 다행히 시지묘목(時支卯木)에 의지하여 약한 득세(得勢)로서 신약(身弱)한 사주이다. 용신정법에서는 관살(官殺)이 왕성하여 병이 될 경우에는 병을 극제(剋制)하는 식상(食傷)이 약이 된다. 이러한 경우를 식신제살격(食神制殺格)이라고 한다. 따라서 용신(用神)은 인비식(印比食)인 水木火이고, 기신(忌神)은 재관(官財)인 土金이다. 대운이 水木 방향으로 운행하여 일생이 무난하였다. 원명이 신약(身弱)하더라도 대운이 길운으로 흐르면 신강(身强)하면서도 대운이 흉운(凶運)으로 가는 명조보다 훨씬 좋은 길명이다.

```
壬 丙 壬 庚
辰 子 午 申
```

```
己 戊 丁 丙 乙 甲 癸
丑 子 亥 戌 酉 申 未
```

丙火 일주가 화왕절(火旺節)에 태어나 양인(羊刃)으로 득령(得令)은 하였으나 일주좌하(日主坐下)에 子水로 실지(失地)하였고, 申子辰 수국(水局)에 양임수(兩壬水)가 협공으로 극제(剋制)당하여 실세(失勢)로 신약(身弱)이 되었다. 이러한 경우를 선강후약(先强後弱)한 사주라고 한다. 월지(月支) 午火가 자오충발(子午冲拔)되지 않은 것은 子水는 子辰 합수(合水)가 되었고, 丙火가 양인(羊刃)으로 화기(火氣)가 당령(當令)하였기 때문이다. 용신정법(用神定法)에서는 관살(官殺)이 왕성하여 병이 될 경우에는 병을 극제(剋制)하는 식상(食傷)이 약이 된다. 앞의 예와 같이 식신제살격(食神制殺格)이다. 용신(用神)은 인비식(印比食)인 木火土이고, 기신(忌神)은 재관(官財)인 金水이다. 대운마저 금수운(金水運)으로 흘러 불길한 명이다.

4. 최약(最弱) 사주(四柱)

```
己 丁 辛 癸
酉 丑 酉 丑
```

```
甲 乙 丙 丁 戊 己 庚
寅 卯 辰 巳 午 未 申
```

정화일주(丁火日主)가 금왕절(金旺節)인 유월(酉月)에 실령(失令)하고 일지축토(日支丑土)에 실지(失地)하였으며, 원국(原局)에서 인성(印星)과 비겁(比劫)의 생부(生扶)가 하나도 없어 최약(最弱)이 되었다.

전지지(全地支)가 酉丑으로 금국(金局)이 되고, 辛金이 투출(透出)되어 완전한 금기(金氣)의 세력이다. 따라서 금국(金局)을 따라가는 종재격(從財格)이 되었다. 용신(用神)은 식재관(食財官)인 土金水이고, 기신(忌神)은 인비(印比)인 木火이다.

辛	乙	辛	戊
巳	丑	酉	辰

戊	丁	丙	乙	甲	癸	壬
辰	卯	寅	丑	子	亥	戌

을목일주(乙木日主)가 금왕절(金旺節)인 유월(酉月)에 실령(失令)하고 일지축토(日支丑土)에 실지(失地)하였으며, 원국(原局)에서 인성(印星)과 비겁(比劫)의 생부(生扶)가 하나도 없어 최약(最弱)한 사주(四柱)이다.

전지지(全地支)가 진유합금(辰酉合金), 사유축금국(巳酉丑金局)으로 완전한 금국(金局)이 되고, 辛金이 투출(透出)하여 금기(金氣)에 종(從)할 수밖에 없다. 따라서 종살격(從殺格)이 되어 용신(用神)은 재관(財官)인 土金이고, 기신(忌神)은 인비식(印比食)인 水木火이다.

壬	丙	甲	戊
辰	子	子	申

辛	庚	己	戊	丁	丙	乙
未	午	巳	辰	卯	寅	丑

병화일주(丙火日主)가 수왕절(水旺節)인 자월(子月)에 태어나 실령(失令)하였고, 전지지(全地支)가 신자진수국(申子辰水局)이 되었고, 시상(時上)에 壬水가 투출(透出)되어 수기(水氣)가 태왕(太旺)하여 병화일간(丙火日干)이 화몰(火沒) 직전에 있다.

월간(月干)의 甲木이 목생화(木生火)하여 생조(生助)할 것 같으나, 수왕(水旺)으로 부목(浮木)이 되어 인성(印星)의 역할을 하지 못한다. 戊土 역시 수왕(水旺)에 토류(土流)되어 종살격(從殺格)이 되었다. 용신(用神)은 재관(財官)인 金水이고, 기신(忌神)은 인비식(印比食)인 木火土이다.

```
丙 庚 壬 壬
子 子 子 辰
```

```
乙 丙 丁 戊 己 庚 辛
巳 午 未 申 酉 戌 亥
```

경금일주(庚金日主)가 수왕절(水旺節)인 자월(子月)에 실령(失令)하였고, 전지지(全地支)가 신자진수국(申子辰水局)에 양임수(兩壬水)가 투출(透出)되어 수기(水氣)가 태왕(太旺)하다. 원국(原局)에서 인성(印星)이나 비겁(比劫)의 생부(生扶)를 전혀 얻을 수 없어서 실지(失地), 실세(失勢)가 되어 종(從)할 수밖에 없다.

따라서 종아격(從兒格)이 되었다. 용신(用神)은 비식재(比食財)인 金水木이고, 기신(忌神)은 관인(官印)인 火土이다. 여명(女命)의 사주(四柱)로서 시상병화(時上丙火)가 기신(忌神)이 되는데, 수왕(水旺)에 화몰(火沒)되어 화관(火官)이 무용지물이 되었다. 본명(本命)은 독신으로 종교계에서 입산수도하고 있다.

제 13 장

생극제화론生剋制化論

제1절 생극제화生剋制化의 의의

오행(五行)의 생극제화(生剋制化)는 격국용신(格局用神)을 연구하는 데 필수적인 기초가 되며, 사주원국(四柱原局)의 전반적인 강약(强弱), 병약(病藥), 진가(眞假), 태과(太過), 불급(不及), 조후(調候) 등을 판단하는 데 귀중한 역할을 한다.

앞장에서 설명한 바와 같이 왕쇠강약(旺衰强弱)과 불가분의 관계에 있는데, 인수(印綬)와 비겁(比劫)이 많으면, 강왕(强旺)하고 관성(官星), 재성(財星), 식상(食傷)이 많으면 쇠약한 것이다.

따라서 자연현상의 조화 이치에 의하여 생성 · 소멸을 하면서까지 균형을 유지해 나가고 있는 것이다. 마찬가지로 인간이 태어날 때 타고난 조화와 부조화를 판단해서 조절해나가는 것이 또한 인간의 지혜라고 생각할 수 있다. 〈표 13-1〉에서 일간(日干)을 중심으로 한 오행의 생극제화(生剋制化)의 원리를 설명하면 다음과 같다.

〈표 13-1〉 오행(五行)의 생극제화(生剋制化) 도표

일주(日主)	생극제화(生剋制化)	
甲乙(木)	태강목(太强木): 곡직(曲直) 태약목(太弱木): 종세(從勢)	수다목부(水多木浮) 화다목분(火多木焚) 토다목절(土多木折) 금다목단(金多木斷)
丙丁(火)	태강화(太强火): 염상(炎上) 태약화(太弱火): 종세(從勢)	목다화몰(木多火沒) 토다화회(土多火晦) 금다화식(金多火熄) 수다화몰(水多火沒)
戊己(土)	태강토(太强土): 가색(稼穡) 태약토(太弱土): 종세(從勢)	화다토초(火多土焦) 금다토변(金多土變) 수다토류(水多土流) 목다토붕(木多土崩)
庚辛(金)	태강금(太强金): 종혁(從革) 태약금(太弱金): 종세(從勢)	토다금매(土多金埋) 수다금침(水多金沈) 목다금결(木多金缺) 화다금용(火多金鎔)
壬癸(水)	태강수(太强水): 윤하(潤下) 태약수(太弱水): 종세(從勢)	금다수탁(金多水濁) 목다수축(木多水縮) 화다수탕(火多水湯) 토다수색(土多水塞)

　(1) 갑을일간(甲乙日干)이 전지지(全地支)가 寅卯辰이나 亥卯未로 이루어지면, 종왕(從旺)이 되어 목기(木氣)로 종세(從勢)되어 곡직격(曲直格)이라고 하며, 전지지(全地支)가 申酉戌이나 巳酉丑이 되고 庚辛金이 투출(透出)되면 금기(金氣)로 종세(從勢)되어 종살격(從殺格)이 성립되고, 전지지(全地支)가 辰戌丑未가 되고 천간(天干)에 戊己土가 투출(透出)되면, 종세(從勢)가 되어 종재격(從財格)이 성립되고, 전지지(全地支)가 巳午未나 寅午戌이 되고 천간(天干)에 丙丁火가 투출(透出)되면 화기(火氣)로 종세(從勢)되어 종아격(從兒格)이 된다.

　일반적으로 갑을일간(甲乙日干)이 수기(水氣)가 너무 많으면 나무가 뜨는 형상으로 수다목부(水多木浮)가 되고, 화기(火氣)가 많으면 木이 타는 형상이 되어 화다목분(火多木焚)이라 하고, 토기(土氣)가 많으면 木이 절(折)되는 형상으로 토다목절(土

多木折)이 되며, 금기(金氣)가 많으면 木이 끊어지는 형상으로 금다목단(金多木斷)이 되는 것이다.

(2) 병정일간(丙丁日干)이 전지지(全地支)가 寅卯辰이나 亥卯未 또는 巳午未나 寅午戌로 목화국(木火局)으로 이루어지면, 종왕(從旺)이나 종강(從强)이 되어 염상격(炎上格)이 되고, 전지지(全地支)가 亥子丑이나 申子辰으로 수국(水局)이 되고 천간(天干)에 壬癸水가 투출(透出)되면 종살격(從殺格)이 되며, 전지지(全地支)가 申酉戌이나 巳酉丑으로 금국(金局)이 되고 천간(天干)에 庚辛金이 투출(透出)되어 있으면 종재격(從財格)이 되며, 전지지(全地支)가 辰戌丑未로 토국(土局)이 되고, 천간(天干)에 戊己土가 투출(透出)되어 있으면 종아격(從兒格)이 된다.

일반적으로 병정일간(丙丁日干)이 목기(木氣)가 많으면 화기(火氣)가 꺼지는 형상으로 목다화몰(木多火沒)이 되며, 토기(土氣)가 많으면 화기(火氣)가 설기(泄氣)되어 불이 희미해지는 형상으로 토다화회(土多火晦)가 되고, 금기(金氣)가 많으면 화기(火氣)가 수제(受制)당하여 금다화식(金多火熄)이 되며, 수기(水氣)가 많으면 火가 꺼지는 형상으로 수다화몰(水多火沒)이 된다.

(3) 무기일간(戊己日干)이 전지지(全地支)가 辰戌丑未로 토국(土局)이 되면 가색격(稼穡格)이 된다. 그리고 전지지(全地支)가 寅卯辰이나 亥卯未로 목국(木局)이 되고, 천간(天干)에 甲乙木이 투출(透出)되어 있으면 종살격(從殺格)이 되고, 전지지(全地支)가 亥子丑이나 申子辰으로 수국(水局)이 되고, 천간(天干)에 壬癸水가 투출(透出)되어 있으면 종재격(從財格)이 되며, 전지지(全地支)가 申酉戌이나 巳酉丑으로 금국(金局)이 되고, 천간(天干)에 庚辛金이 투출(透出)되어 있으면 종아격(從兒格)이 된다.

일반적으로 무기일간(戊己日干)이 화기(火氣)가 많으면 흙이 메마르고 타는 형상으로 화다토초(火多土焦)가 되며, 금기(金氣)가 많으면 토기(土氣)가 설기(泄氣)되어 토기(土氣)가 희석되어 색깔이 변질되는 형상으로 금다토변(金多土變)이 되고, 수기(水氣)가 많으면 흙이 씻겨 떠내려가는 형상으로 수다토류(水多土流)가 되고, 목기(木氣)가 많으면 흙이 파헤쳐져 무너지는 형상으로 목다토붕(木多土崩)이 된다.

(4) 경신일간(庚辛日干)이 전지지(全地支)가 申酉戌이나 巳酉丑으로 금국(金局)이 되면 종왕격(從旺格)이면서 종혁격(從革格)의 특성을 갖게 되며, 전지지(全地支)가 巳午未나 寅午戌로 화국(火局)을 이루면 종살격(從殺格)이 되며, 寅卯辰이나 亥卯未로 목국(木局)이 되고 천간(天干)에 甲乙木이 투출(透出)되어 있으면 종재격(從財格)이 되고, 전지지(全地支)가 亥子丑이나 申子辰으로 수국(水局)이 되고 천간(天干)에 壬癸水가 투출(透出)되어 있으면 종아격(從兒格)이 된다.

일반적으로 경신일간(庚辛日干)이 토기(土氣)가 많으면 토생금(土生金)으로 金이 파묻히는 형상(形象)으로 토다금매(土多金埋)가 되고, 수기(水氣)가 많으면 金이 오히려 가라앉는 형상으로 수다금침(水多金沈)이 되며, 목기(木氣)가 많으면 쇠가 오히려 결함이 생기는 형상으로 목다금결(木多金缺)이 되고, 화기(火氣)가 많으면 쇠가 녹아내리는 형상으로 화다금용(火多金鎔)이 된다.

(5) 임계일간(壬癸日干)이 전지지(全地支)가 亥子丑이나 申子辰으로 수국(水局)이 되면 윤하격(潤下格)이 되며, 전지지(全地支)가 辰戌丑未로 토국(土局)이 되고, 천간(天干)에 戊己土가 투출되면 종살격(從殺格)이 된다.

전지지(全地支)가 巳午未나 寅午戌로 화국(火局)이 되고 천간(天干)에 丙丁火가 투출(透出)되어 있으면 종재격(從財格)이 되고, 전지지(全地支)가 寅卯辰이나 亥卯未로 목국(木局)이 되고 천간(天干)에 甲乙木이 투출(透出)되어 있으면 종아격(從兒格)이 되는 것이다.

일반적으로 임계일간(壬癸日干)이 금기(金氣)가 많으면 금생수(金生水)가 되어 水가 맑지 않고 흐려지는 형상으로 금다수탁(金多水濁)이 되고, 목기(木氣)가 많으면 수기(水氣)가 설기(泄氣)되어 물이 줄어드는 형상으로 목다수축(木多水縮)이 되고, 화기(火氣)가 많으면 물이 끓는 형상으로 화다수탕(火多水湯)이 되고, 토기(土氣)가 많으면 물의 흐름을 막을 수 있는 형상으로 토다수색(土多水塞)이 된다.

제2절 생극제화生剋制化의 길흉吉凶

1. 신왕(身旺)하면 관성(官星)이 길(吉)

> · 목왕득금 (木旺得金): 동량지재 (棟樑之材)
> · 화왕득수 (火旺得水): 수화기제 (水火旣濟)
> · 토왕득목 (土旺得木): 방성소통 (方成疏通)
> · 금왕득화 (金旺得火): 방성기물 (方成器物)
> · 수왕득토 (水旺得土): 방성지소 (方成池沼)

일주(日主)가 왕(旺)하다는 것은 사주원국(四柱原局)에서 비겁(比劫)이나 인수(印綬)가 많다는 것을 의미하며, 일주(日主)가 천간(天干)과 지지(地支)에 득령(得令), 득지(得地), 득세(得勢)가 되어 있다는 뜻이다. 따라서 일주(日主)가 왕(旺)하면 일주(日主)인 나를 극(剋)하여 주는 관살(官殺)이 있어야 기쁘다는 것이다.

일주(日主)가 왕(旺)하면 아집이 강하고 유아독존으로 오만불손한 행동으로 대인관계가 원만하지 못하기 때문에 이를 조정하고 조화시켜 주는 통제능력을 갖추게 하는 역할을 관살(官殺)이 한다는 뜻이다. 관살(官殺)은 일주(日主)가 왕(旺)할 때에는 관리의 품격이고 자손도 잘 되며, 여명(女命)의 경우에는 남편복이 있어 남편을 출세시키기도 한다. 예를 들어 일주별(日主別)로 설명하면 다음과 같다.

木일주가 강왕(强旺)한데 관살(官殺)인 금기(金氣)를 만나면 강한 나무를 제재시켜 대들보로서 동량지재(棟樑之材)를 활용할 수 있도록 하는 것이다.

火일주가 강왕(强旺)한데 관살(官殺)인 수기(水氣)를 만나면 오뉴월 뙤약볕에 소나기를 만난 것과 같이, 만물을 다시 소생시켜 균형발전을 이루게 하는 것으로서 수화기제(水火旣濟)가 되는 것이다.

土일주가 강왕(强旺)한데 관살(官殺)인 목기(木氣)를 만나면, 황폐한 대지 위에 조림을 형성하여 울창한 산림이 되도록 하는 역할을 하는 것으로서 소통을 시켜주는 것이다.

金일주가 강왕(强旺)한데 관살(官殺)인 화기(火氣)를 만나면, 용광로에 무쇠를 제련시켜 그릇으로 쓸 수 있도록 하는 기물을 만드는 역할을 하는 것이다.

水일주가 강왕(强旺)한데 관살(官殺)인 토기(土氣)를 만나면 풍부한 물을 막아서 댐이나 호수를 만들어 발전소나 농수용으로 활용할 수 있도록 지소(池沼)를 만드는 것이다.

(1) 목왕득금(木旺得金) 동량지재(棟樑之材)의 예

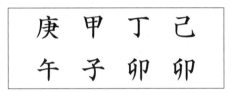

묘월(卯月)에 甲木이 득령(得令)하고 일지(日支)에 득지(得地)하고 년지(年支)에 卯木으로 득세(得勢)하여 신왕(身旺)하다. 甲木이 지지(地支)의 卯卯로 양인(羊刃)이 중중(重重)하고, 자묘형살(子卯刑殺)이 있어 생살권(生殺權)을 가진 직업과 인연이 있는 것을 암시한다.

시상(時上)의 경금(庚金)이 午火에 절각(截脚)이 되어 있지만 천간(天干)이 목생화(木生火), 화생토(火生土), 토생금(土生金)으로 생조(生助)를 받아 경금칠살(庚金七殺)이 왕(旺)하여 시상일위귀격(時上一位貴格)에도 손색이 없다. 신왕(身旺)하면 관성(官星)이 길신(吉神)이므로 길신은 식재관(官財食)인 金土火이고, 기신(忌神)은 인비(印比)인 水木이 된다.

57세인 신유대운(辛酉大運)에 4성 장군으로 승진하게 된 것은 목왕(木旺)을 동량지재(棟樑之材)로 만들 수 있는 관성(官星)인 辛酉金을 만났기 때문이다. 원명(原命)에서 양인격(羊刃格), 삼형살(三刑殺), 시상일위귀격(時上一位貴格) 등 무관으로서 3

요소(三要素)를 갖춘 전형적인 군인의 사주(四柱)이다.

(2) 화왕득수(火旺得水) 수화기제(水火旣濟)의 예

$$
\begin{array}{cccc}
壬 & 丙 & 甲 & 丙 \\
辰 & 申 & 午 & 寅
\end{array}
$$

辛 庚 己 戊 丁 丙 乙
丑 子 亥 戌 酉 申 未

병화일주(丙火日主)가 화왕절(火旺節)인 午火에 득령(得令)하고, 寅午가 화국(火局)을 이루고 년월상(年月上)에 甲木과 丙火로 득세하여 신왕(身旺)하다.

왕화(旺火)에 의하여 만물이 고갈되어 있는데, 시상임수(時上壬水)가 일시지(日時支)로 신진수국(申辰水局)에 득왕(得旺)하여 신왕관왕(身旺官旺)한 사주(四柱)이다. 길신(吉神)은 土金水인 식재관(食財官)이고, 기신(忌神)은 木火인 인비(印比)이다.

원명에 인오화국(寅午火局)이 되고 신진수국(申辰水局)이 되어 午火가 寅申 충(沖)을 약화시킴으로써 탐합망충(貪合忘沖)이 되게 하여 유정지충(有情之沖)이 되었다. 신왕(身旺)하면 관성(官星)이 길신(吉神)이므로 왕성한 壬水가 시상(時上)에 투출되어 시상일위귀격(時上一位貴格)으로도 손색이 없다.

강직한 성격의 공직자로서 국가의 요직에 근무하고 있으며, 대운(大運)마저 금수용신(金水用神)으로 운세가 길운(吉運)이다. 본명은 화왕득수(火旺得水)로서 수화기제(水火旣濟)가 되어 조화와 균형을 갖춘 길명(吉命)이다.

(3) 토왕득목(土旺得木) 방성소통(方成疏通)의 예

```
甲 戊 戊 己
寅 辰 辰 巳
```

```
辛 壬 癸 甲 乙 丙 丁
酉 戌 亥 子 丑 寅 卯
```

무토일주(戊土日主)가 토왕절(土旺節)인 辰月에 출생하여 득령(得令)하고, 일지진토(日支辰土)에 득지(得地)하고, 년주기사(年柱己巳)에 득세하여 신왕(身旺)하다. 신왕(身旺)하면 식재관(食財官)인 木水金이 길신(吉神)이고, 기신(忌神)은 인비(印比)인 火土가 된다.

월일지(月日支)에 있는 辰土는 습토(濕土)로서 나무를 잘 키울 수 있는 높고 넓은 고원지대로 왕목(旺木)이 필요한데, 다행히 시주에 甲寅木이 있고, 寅辰 목국(木局)이 있어 금상첨화의 형상이다. 본명은 시상일위귀격(時上一位貴格)으로 국가의 동량지재(棟樑之材)로서 고위공직에 근무하게 된다.

원국(原局)에서 왕토(旺土)에 왕목(旺木)을 키울 수 있는 수기(水氣)가 부족(不足)한 것 같으나, 甲木이 자랄 수 있는 3월토(三月土)에다가 진중계수(辰中癸水)가 중중(重重)하여 충분하게 득근(得根)할 수 있다. 비겁(比劫)으로 신왕(身旺)하여 유아독존할까 염려가 되나 목관살(木官殺)로 통제하여 주니 정직하고 고결하다. 대운(大運)마저 水木으로 운행하여 길명(吉命)임에는 틀림이 없다.

(4) 금왕득화(金旺得火) 방성기물(方成器物)의 예

$$\begin{array}{cccc} 丙 & 庚 & 辛 & 癸 \\ 戌 & 午 & 酉 & 丑 \end{array}$$

$$\begin{array}{ccccccc} 甲 & 乙 & 丙 & 丁 & 戊 & 己 & 庚 \\ 寅 & 卯 & 辰 & 巳 & 午 & 未 & 申 \end{array}$$

경금일주(庚金日主)가 금왕절(金旺節)인 유월(酉月)에 태어나 득령(得令)하고, 일지오화(日支午火)에 실지(失地)하였으나, 연지축토(年支丑土)가 유축금국(酉丑金局)이 되고, 년월상(年月上)의 辛金癸水가 좌하(坐下)에 득세하여 신왕(身旺)하다.

신왕(身旺)하면 길신(吉神)은 식재관(食財官)인 水木火이고 기신(忌神)은 인비(印比)인 土金이 된다. 시상병화(時上丙火)가 일시지(日時支)의 오술화국(午戌火局)에 득왕(得旺)하니, 관성(官星)도 역시 왕성하다. 그래서 신왕관왕(身旺官旺)하여 시상일위귀격(時上一位貴格)으로 손색이 없다. 완금장철(頑金丈鐵)이 용광로에 멋지게 제련되어 아름다운 기물을 만들 수 있는 귀명(貴命)이다.

한편으로는 庚金이 유월(酉月)이면 양인격(羊刃格)으로 생살권(生殺權)을 가지고 있으면서 시상편관(時上偏官)이 왕성하여 국가의 중추적인 인물로서 고관직이다. 금기(金氣)에 비하여 화기(火氣)가 다소 부족하지만 대운(大運)에서 목화운(木火運)을 만나 균형을 이루어 길명(吉命)임에는 틀림이 없다.

(5) 수왕득토(水旺得土) 방성지소(方成池沼)의 예

己戊丁丙乙甲癸
未午巳辰卯寅丑

임수일주(壬水日主)가 수왕절(水旺節)인 자월(子月)에 출생하여 득령(得令)하고, 신자수국(申子水局)하고, 천간(天干)으로 金水가 투출(透出)하고 득세(得勢)하여 신왕(身旺)하다.

신왕(身旺)하면 길신(吉神)은 식재관(食財官)인 木火土이고, 기신(忌神)은 인비(印比)인 金水이다.

일시지(日時支)에 술중무토(戌中戊土)가 있어 관성(官星)으로 통제할 수 있는 능력이 있어 아름다운데, 술중정화(戌中丁火)마저 있고 재관(財官)이 암장(暗藏)되어 금상첨화가 되어 귀격(貴格)이 되었다.

상류에서 금생수(金生水)로 수원이 풍부한데, 일시지(日時支)인 하류에서 입지조건을 잘 선정하여 토극수(土剋水)로서 제방을 만들고, 완벽한 토목공사로 많은 물을 저장하는 큰 호수를 만들어 다목적 댐이 될 귀명(貴命)이다.

본명(本命)은 수기(水氣)에 비(比)하여 토기(土氣)가 부족한 것은 사실이나, 대운(大運)에서 목화운(木火運)으로 운행하고, 재고(財庫)와 관고(官庫)가 중중(重重)하여 부귀겸전한 길명(吉命)이다.

2. 신왕(身旺)하면 재성(財星)이 길(吉)

> · 목왕득토 (木旺得土): 송백봉춘 (松栢逢春)
> · 화왕득금 (火旺得金): 금은보석 (金銀寶石)
> · 토왕득수 (土旺得水): 건토비옥 (乾土肥沃)
> · 금왕득목 (金旺得木): 실용장식 (實用裝飾)
> · 수왕득화 (水旺得火): 수화발전 (水火發電)

목일주(木日主)가 강왕(强旺)한데 재성(財星)인 토기(土氣)를 만나면 빽빽한 초목을 넓은 들판에 옮겨 심는 형상이니, 자연적으로 나무는 활기차게 잘 자랄 수 있어 송백이 춘절을 만난 것과 같아 큰 재목이 되는 것은 당연하다.

화일주(火日主)가 강왕(强旺)한데 재성(財星)인 금기(金氣)를 만나면 완금장철(頑金丈鐵)이 용광로에 제련되어 금·은과 같은 보석이 만들어지는 형상이다.

토일주(土日主)가 강왕(强旺)한데 재성(財星)인 수기(水氣)를 만나면 바짝 마른 건토(乾土)에 감로수가 내려 토지가 습윤(濕潤)되니 만물을 성장·발전시키는 비옥한 대지가 되는 이치이다.

금일주(金日主)가 강왕(强旺)한데 재성(財星)인 목기(木氣)를 만나면 예리한 연장으로 나무를 잘 다듬어 건축자재를 만들고, 목공예 기술로 장식품을 만들어 경제적인 가치를 높이는 이치와 같다.

수일주(水日主)가 강왕(强旺)한데 재성(財星)인 화기(火氣)를 만나면 한류가 난류를 만나는 조경수역과 같은 형상으로, 고기가 많이 잡혀 경제적 수익을 올리는 대화퇴(大和堆) 어장과 같은 곳이라고 비유할 수 있으며, 수력발전소를 만들어 전기의 공급량을 많이 늘리는 이치와 같다.

(1) 목왕득토(木旺得土) 송백봉춘(松柏逢春)의 예

甲 甲 甲 甲
子 戌 戌 申

辛 庚 己 戊 丁 丙 乙
巳 辰 卯 寅 丑 子 亥

갑목일주(甲木日主)가 토왕절(土旺節)인 술월(戌月)에 태어나 실령(失令)하고, 일지술(日支戌)에 실지(失地)하였으나, 천간에 비겁이 왕(旺)하고, 시지의 子水와 년지 신중(年支申中)의 壬水가 일주(日主)를 도우니 신약(身弱)하지 않다. 길신은 식재관(食財官)인 火土金이고, 기신(忌神)은 인비(印比)인 水木인데 안타까운 것은 대운이 기신인 水木운으로 향하고 있다는 점이다.

초년인 乙亥 丙子 대운(大運)에 불길하였으나, 丁丑운에 결혼을 하고 운세가 나아지기 시작하여 무인대운(戊寅大運)에 부동산 사업으로 많은 재산을 모았다.

천간(天干)의 비겁(比劫)이 태왕(太旺)하여 형제나 부모덕이 없고 부인과도 원만하지는 못하였다. 본명(本命)은 목왕득토(木旺得土)로서 월일지(月日支)의 재성(財星)인 술토(戌土)가 중중(重重)하여 재산을 증식하였기에 송백과 같은 나무가 봄을 만난 형상이다. 길신(吉神) 중에서도 관성(官星)이 되는 申金은 절각(截脚)이 되어 약하고, 식상(食傷)이 되는 술중정화(戌中丁火) 역시 약하다. 그래서 재성(財星)인 술중무토(戌中戊土)를 우선적으로 취용(取用)하게 되는 것이다.

(2) 화왕득금(火旺得金) 금은보석(金銀寶石)의 예

|庚|丙|癸|乙|
|寅|午|未|酉|

丙丁戊己庚辛壬
子丑寅卯辰巳午

병화일주(丙火日主)가 하절(夏節)의 퇴기(退氣)가 되는 미월(未月)에 태어나 미중 정화(未中丁火)에 득근하고, 좌하오화(坐下午火)에 득지하고 寅午未로 화국(火局)이 되어 있는데, 乙木까지 투출되어 신왕(身旺)하다.

신왕(身旺)하면 길신(吉神)은 식재관(食財官)인 土金水이고, 기신(忌神)은 인비(印比)인 木火이다. 관성계수(官星癸水)는 未土에 절각(截脚)되어 있지만 년지유금(年支酉金)의 생조(生助)를 받고 있다.

식상미토(食傷未土)는 오미화국(午未火局)으로 동화되어 있어 결국 재성경금(財星庚金)을 건왕(健旺)한 길신(吉神)으로 쓸 수밖에 없다. 시간경금(時干庚金)은 개두(蓋頭)가 되어 있어 약하다고 볼 수 있으나, 연지유금(年支酉金)이 먼 거리에 있지만 미월유금(未月酉金)이라 약하지 않다.

병화일간(丙火日干)이 월일지(月日支)에 未土, 午火로 양인(羊刃)이 중중(重重)하여 생살권(生殺權)과 인연이 깊다. 현재 치과병원을 경영하면서 많은 재산을 증식하고 있다. 무인대운(戊寅大運)에 무계합화(戊癸合火)되고 인오화국(寅午火局)으로 불길한데, 임오년(壬午年)에 병임충(丙壬冲), 인오화국(寅午火局)으로 화태왕(火太旺)하여 길신임수(吉神壬水)가 충발(冲拔)되어 관재송사가 있었다.

(3) 토왕득수(土旺得水) 건토비옥(乾土肥沃)의 예

$$
\begin{array}{cccc}
壬 & 戊 & 戊 & 庚 \\
戌 & 申 & 寅 & 戌
\end{array}
$$

$$
\begin{array}{cccccc}
乙 & 甲 & 癸 & 壬 & 辛 & 庚 & 己 \\
酉 & 申 & 未 & 午 & 巳 & 辰 & 卯
\end{array}
$$

무토일주(戊土日主)가 목왕절(木旺節)인 인월(寅月)에 태어나 실령(失令)하고, 일지신금(日支申金)에 실지(失地)하였으나, 년월지(年月支)에 인술화국(寅戌火局)이 되고, 월간무토(月干戊土)가 투출되어 신약(身弱)하지 않다.

신왕(身旺)하면 무토일간(戊土日干)의 재성(財星)은 수기(水氣)가 되므로 시간임수(時干壬水)가 일시지(日時支)의 신술금국(申戌金局)에 득왕(得旺)되어 재성(財星)이 왕성하다. 이것을 신왕재왕(身旺財旺)이라고 한다. 인월(寅月)은 한기가 아직 남아 있으나, 인중병화(寅中丙火)와 술중정화(戌中丁火)로 인술화국(寅戌火局)이 되어 토질(土質)이 보온되어 있고, 수기(水氣)가 충분하여 윤토(潤土)로서 능력이 충분하다.

년월지(年月支)가 인술화국(寅戌火局)이 되고, 년일지(年日支)가 신술금국(申戌金局)이 되어 인신충(寅申沖)이 약화되어 아름답다. 이것을 탐합망충(貪合忘沖)이라고 한다.

갑신대운(甲申大運)에 갑경충(甲庚沖), 인신충(寅申沖)으로 천충지충(天沖地沖)이 되어 대수술을 받았다. 을유대운(乙酉大運)에는 을경합(乙庚合), 신유술합(申酉戌合)으로 금기(金氣)가 왕(旺)하여 인신충(寅申沖)이 되니 간질환으로 고생하다가 병술대운(丙戌大運)에 병경충(丙庚沖), 병임충(丙壬沖)되어 불록지객(不祿之客)이 되었다. 토왕득수(土旺得水)하면 건토(乾土)가 비옥하여 파종하기 좋은 옥토(沃土)가 되는 이치와 같다.

(4) 금왕득목(金旺得木) 실용장식(實用裝飾)의 예

```
丁 庚 丁 乙
丑 申 亥 卯
```

```
庚 辛 壬 癸 甲 乙 丙
辰 巳 午 未 申 酉 戌
```

경금일주(庚金日主)가 수왕절(水旺節)인 해월(亥月)에 출생하여 실령(失令)하고, 일지신금(日支申金)에 득지(得地)하고, 시지축토(時支丑土)에 득세(得勢)하여 신약(身弱)하지 않다. 신왕(身旺)하면 식재관(食財官)인 水木火가 길신(吉神)이고, 인비(印比)인 土金이 기신(忌神)이다.

시간정화(時干丁火)는 丑土에 설기(泄氣)되고, 월간정화(月干丁火)는 왕목(旺木)의 생조(生助)를 받아 왕성하다. 경금일주(庚金日主)가 재성(財星)이 되는 것은 목기(木氣)인데, 년월지(年月支)에 해묘목국(亥卯木局)이 되고, 乙木이 투출(透出)되어 재성 역시 왕성하다. 이것을 신왕재관왕(身旺財官旺)이라고 한다.

원국(原局)에서 대부(大富)나 대귀(大貴)가 되려면 지지(地支)에 재국(財局)이나 관국(官局)이 있어야 한다. 시상(時上)에 정화정관(丁火正官)이 투출되어 길신(吉神)이 되면 시상정관격(時上正官格)으로 귀명(貴命)이 되나, 월시간(月時干)에 양정화(兩丁火)가 있어 다소 아쉽다. 사업가로서 대성하여 한때 정치에 관여한 바 있으며 대운(大運)이 길신(吉神)이 되는 목화운(木火運)으로 향하여 더욱 아름답다.

무인대운(戊寅大運)에는 무토기신(戊土忌神)이 되고 인신충(寅申沖)이 되어 있는데, 신사년(辛巳年)에는 을신충(乙申沖), 사해충(巳亥沖)으로 천충지충(天沖地沖)이 되고 사신삼형(巳申三刑殺)이 가중되어 불록지객(不祿之客)이 되었다.

(5) 수왕득화(水旺得火) 수화발전(水火發電)의 예

```
辛 癸 丁 癸
酉 酉 巳 卯
```

```
庚 辛 壬 癸 甲 乙 丙
戌 亥 子 丑 寅 卯 辰
```

계수일주(癸水日主)가 사월(巳月)에 출생하여 실령(失令)하고 일지유금(日支酉金)에 득지(得地)하고 시간신금(時干辛金)이 일시지유금(日時支酉金)에 득왕(得旺)하여 일주(日主)를 생조(生助)하고 있어 신왕(身旺)하다. 신왕(身旺)하면 식재관(食財官)인 木火土가 길신(吉神)이고, 인비(印比)인 金水가 기신(忌神)이다.

원국(原局)에서 관성(官星)인 토기(土氣)는 없고, 식상(食傷)인 卯木은 목생화(木生火)되어 약하다. 재성(財星)인 丁火는 巳火에 득왕(得旺)하고, 연지묘목(年支卯木)이 수생목(水生木)을 받아 목생화(木生火)로 강력하게 생조(生助)하여 더욱 아름답다.

본명(本命)은 현재 성형외과를 개원하여 많은 재산을 증식하였다. 그러나 대운(大運)이 중년 이후에 불길하니 욕심을 부리지 않도록 주의를 요한다. 원국(原局)에서 유유자형(酉酉自刑)이 있어 생살권(生殺權)과 인연이 있고, 卯酉가 있으면 의약업에 종사하는 경우가 많다.

계축대운(癸丑大運)에 정계충(丁癸沖), 유축합(酉丑合)으로 천충지합(天沖地合)이 되어 관재나 변동을 암시하고 있는데, 을유년(乙酉年)에 세업주(貰業主)와 다툼 끝에 병원을 이전하였다. 수왕득화(水旺得火)하면 발전이 일어나거나 난류와 한류의 조화를 이룰 수 있다.

3. 신왕(身旺)하면 식상(食傷)이 길(吉)

> · 목왕득화 (木旺得火): 목화통명 (木火通明)
> · 화왕득토 (火旺得土): 청백자기 (靑白瓷器)
> · 토왕득금 (土旺得金): 보석광맥 (寶石鑛脈)
> · 금왕득수 (金旺得水): 예봉유연 (銳鋒柔軟)
> · 수왕득목 (水旺得木): 소통광명 (疏通光明)

목일주(木日主)가 강왕(强旺)하면 주중(柱中)에서 식상(食傷)인 화기(火氣)를 만나야 목생화(木生火)로서 세상을 밝혀줄 뿐만 아니라, 목기(木氣)를 희생시킴으로써 강한 목기(木氣)가 경직되지 않아 부러지지 않고 나무에 꽃이 만개한다.

화일주(火日主)가 강왕(强旺)하면 주중(柱中)에서 식상(食傷)인 토기(土氣)를 만나야 화생토(火生土)로서 열기를 받아, 청자나 백자를 굽는 도요(陶窯)를 만들어 온도를 조절함으로써 쓸모 있는 그릇이나 작품을 만들어내는 것이다.

토일주(土日主)가 강왕(强旺)하면 주중(柱中)에서 식상(食傷)인 금기(金氣)를 만나야 단단하고 건조한 땅을 가색(稼穡)하게 할 뿐만 아니라, 만물을 결실하도록 하고 금광이나 탄광으로서의 가치를 높게 만든다.

금일주(金日主)가 강왕(强旺)하면 주중(柱中)에서 식상(食傷)인 수기(水氣)를 만나면 강직한 예봉(銳鋒)의 기질이 설기(泄氣)되어 부드럽고 여유만만하게 될 뿐만 아니라, 금생수(金生水)로 받은 물은 유동수(流動水)가 되어 생수로 활용할 수 있는 이치와 같다.

수일주(水日主)가 강왕(强旺)하면 주중(柱中)에서 식상(食傷)인 목기(木氣)를 만나면 수생목(水生木)으로 물이 설기(泄氣)되어 부패되지 않고 항상 유동되며, 추운 겨울의 물이 따뜻한 봄을 만나 만물을 성장시키는 데 필요한 조화를 이루게 하는 이치와 같다.

(1) 목왕득화(木旺得火) 목화통명(木火通明)의 예

```
丙 甲 癸 癸
寅 寅 亥 未
```

```
丙 丁 戊 己 庚 辛 壬
辰 巳 午 未 申 酉 戌
```

갑목일주(甲木日主)가 해월(亥月)에 출생하여 득령(得令)하고, 일지인목(日支寅木)에 득지(得地)하고, 인해합목(寅亥合木), 해미목국(亥未木局)에 년월간계수(年月干癸水)가 투출하여 태왕(太旺)하다. 신왕(身旺)하면 식재관(食財官)인 火土金이 길신(吉神)이고, 인비(印比)인 水木이 기신(忌神)이다.

원국(原局)에서 왕목(旺木)을 동량지재(棟樑之材)가 될 수 있도록 깎고 다듬는 금관살(金官殺)이 없어 서운하다. 재성(財星)이 되는 未土는 해미목국(亥未木局)으로 합세(合勢)하여 허약하다. 따라서 시상병화(時上丙火)가 일시인목(日時寅木)에 득왕(得旺)하여 설기(泄氣)가 왕성하여 식상(食傷)이 발달하였다. 교육자로서 덕망이 높았다. 왕목(旺木)에 丙火인 꽃이 만개하여 그 향기가 진동하고 있는 것과 같은 형상으로, 만인이 존경하는 귀인이라 甲木이 희생하여 丙火가 온 세상을 밝게 함으로써 목화통명(木火通明)이 된 귀명이다.

원국에서 수목(水木)이 태왕(太旺)한데, 시상병화가 목다화식(木多火熄)될 염려가 있으나 일시지의 인중병화(寅中丙火)에 득왕(得旺)하여 설기처(泄氣處)로서의 용량이 충분하다. 대운마저 금화운(金火運)으로 향하여 더욱 아름답다.

(2) 화왕득토(火旺得土) 청백자기(靑白瓷器)의 예

$$己\ 丙\ 甲\ 丙$$
$$丑\ 辰\ 午\ 寅$$

辛庚己戊丁丙乙
亥戌酉申未午巳

丙火일주가 화왕절(火旺節)인 오월(午月)에 태어나 득령(得令)하고, 일지 辰土에 실지하였으나, 년월지(年月支)의 인오화국(寅午火局)에 득왕하고, 년월간(年月干)의 丙火와 甲木이 투출되어 득세까지 하여 신왕(身旺)하다.

신왕(身旺)하면 길신(吉神)은 식재관(食財官)인 土金水이고, 기신(忌神)은 인비(印比)인 木火이다. 원국(原局)에서 화일주(火日主)가 화기태왕(火氣太旺)이라 우선 수기관(水氣官)이 필요한데, 수기(水氣)가 없고 재성금(財星金)마저 없어 식상토(食傷土)를 길신(吉神)으로 취용할 수밖에 없다. 시상기토(時上己土)가 일시지(日時支)의 축진토(丑辰土)에 득왕한데, 축토계수(丑土癸水)와 진중계수(辰中癸水)로서 수고(水庫)가 되어 화기(火氣)를 충분하게 설기할 수 있다.

화기(火氣)가 토기(土氣)를 가열시켜 청자와 백자를 구워내는 것과 같은 형상이다. 화태왕(火太旺)을 화생토(火生土), 토생금(土生金), 금생수(金生水), 수생목(水生木)으로 오기(五氣)가 유행(流行)하여 더욱 아름답다. 丙火가 午火를 보면 양인(羊刃)이 되어 생살권(生殺權)을 갖는 직업과 인연이 있고, 축중신금(丑中辛金)의 재금(財金)까지 있어 일거양득이 되는 부귀겸전의 명(命)이다. 의과대학의 교수로서 덕망이 높았다.

(3) 토왕득금(土旺得金) 보석광맥(寶石鑛脈)의 예

辛 戊 戊 己
酉 辰 辰 巳

辛 壬 癸 甲 乙 丙 丁
酉 戌 亥 子 丑 寅 卯

戊土일주가 辰土에 득령(得令)하고, 일지진토(日支辰土)에 득지하고, 천간년월(天干年月)에 戊己土가 득세하여 신왕(身旺)하다. 신왕(身旺)하면 길신(吉神)은 식재관(食財官)인 金水木이고, 기신(忌神)은 인비(印比)인 火土이다.

원국(原局)에서 戊土가 왕성하여 크고 높고 넓은 태산인데 관목이 하나도 없어 벌거벗은 산으로 가치가 없어 하락지세(下落之勢)이다. 나무를 키울 수 있는 수기(水氣)가 있어야 하는데, 월일지(月日支)의 진중계수(辰中癸水)가 사막의 오아시스와 같이 생명력이 있는 것이다.

다행한 것은 시주(時柱)에 辛酉金이 있어 태왕(太旺)한 토기(土氣)를 설기(泄氣)시켜 아름답다. 전지지가 辰酉, 巳酉로 금국(金局)이 되어 전체가 보석이 매장되어 있어 오히려 산값이 폭등지세가 되어 귀명이 되었다. 戊土는 진진습토(辰辰濕土)에 득왕(得旺)하고 금기(金氣)의 철분이 있어 만물을 결실하게 하는 보석광맥의 역할로 영구히 보존할 수 있다. 전자와 관련된 사업가로서 대성하였으며, 대운마저 금수운(金水運)으로 행하여 말년까지 행운이 따른다.

(4) 금왕득수(金旺得水) 예봉유연(銳鋒柔軟)의 예

```
丙 庚 辛 戊
子 申 酉 辰
```

```
戊丁丙乙甲癸壬
辰卯寅丑子亥戌
```

경금일주(庚金日主)가 금왕절(金旺節)인 유월(酉月)에 출생하여 득령(得令)하고, 좌하(坐下)의 신금(申金)에 득지(得地)하고, 년월지(年月支)의 진유합금(辰酉合金)과 년월간(年月干)의 戊土와 辛金의 도움으로 득세하여 신왕(身旺)하다.

금태왕(金太旺)으로 금실무성(金實無聲)이 될까 염려스러울 뿐만 아니라 금다(金多)가 되어 성격이 과감하면서 냉정하고 예민하여 두렵게 느껴진다. 신왕(身旺)하면 길신(吉神)은 식재관(食財官)인 水木火이고, 기신(忌神)은 인비(印比)인 土金이다.

원국(原局)에서 관살(官殺)인 시상병화(時上丙火)가 제극(制剋)으로 감당하기에는 역부족으로 금다화식(金多火熄)이 되어 오히려 충발(沖拔)이 되었다. 다행히 연일시지(年日時支)가 신자진수국(申子辰水局)이 되어 금생수(金生水)로 설기(泄氣)되어 아름답다. 그래서 금다예봉(金多銳鋒)을 순화시켜 소통이 되었다.

원국(原局)에서 신자진수국(申子辰水局)이라 수다금침(水多金沈)이 되거나 금수종아격(金水從兒格)으로 판단하기 쉬우나, 경금(庚金)이 금왕절(金旺節)이고, 申酉와 辰酉로 금기가 왕성하여 수기(水氣)로 완전하게 변화되지 않는다. 이것을 종이부종(從而不從)이라고 한다.

교육계에서 봉직하였으며, 대운마저 수목운(水木運)으로 운행하여 귀명이다.

(5) 수왕득목(水旺得木) 소통광명(疏通光明)의 예

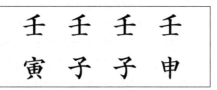

壬 壬 壬 壬
寅 子 子 申

己戊丁丙乙甲癸
未午巳辰卯寅丑

임수일주(壬水日主)가 수왕절(水旺節)인 자월(子月)에 출생하여 득령(得令)하고, 일지자수(日支子水)에 득지(得地)하고, 신자수국(申子水局)하고, 천간임수(天干壬水)가 득세(得勢)하여 신왕(身旺)하다. 뿐만 아니라 壬水가 자월(子月)이라 천한지동(天寒地凍)이 되어 화기(火氣)가 필요하다.

다행히 인중병화(寅中丙火)가 있어 표류하고 있는 壬水를 설기(泄氣)하여 왕수(旺水)가 범람하는 것을 막아주고 추운 겨울을 보내고 따뜻한 봄을 만난 것같이 寅木이 일장당권(一將當權)의 역할을 하니 대견스럽다. 일반적으로 신왕(身旺)하면 길신(吉神)은 식재관(食財官)인 木火土이고, 기신(忌神)은 인비(印比)인 金水이다.

원국(原局)에서 토관(土官)과 화재(火財)가 없는데, 식상(食傷)인 寅木이 있어 구세주(救世主)가 되었다. 寅木은 다수(多水)에 부목(浮木)이 될 것 같으나, 지지(地支)는 부목(浮木)이 되지 않으며, 인중병화(寅中丙火)가 새벽에 동트는 형상이므로 능히 왕수(旺水)를 수용할 수 있어 소통광명(疏通光明)이 된 귀명이다.

만약 시주(時柱)가 辛丑이라면 전지지(全地支)가 신자합수(申子合水), 자축합수(子丑合水)가 되어 윤하격(潤下格)이 된다. 대운(大運)이 동남방향인 목화운(木火運)으로 운행하여 더욱 길명(吉命)이 된다.

4. 신왕(身旺)하면 인비(印比)가 해(害)

> · 목왕득수 (木旺得水): 수다목부 (水多木浮)
> · 화왕득목 (火旺得木): 목다화식 (木多火熄)
> · 토왕득화 (土旺得火): 화다토초 (火多土焦)
> · 금왕득토 (金旺得土): 토다금매 (土多金埋)
> · 수왕득금 (水旺得金): 금다수탁 (金多水濁)

일반적으로 신왕(身旺)하면 인수(印綬)나 비겁(比劫)은 기신(忌神)이 된다. 다시 말하여 목일주(木日主)가 왕(旺)한데 비겁목(比劫木)을 만나면 나무가 더욱 울창하게 되어 한정된 토양의 영양분을 분산시키니 성장을 방해하는 이치와 같다. 목일주(木日主)가 수기(水氣)를 만나 수생목(水生木)하여 좋은데 수기(水氣)인 인수(印綬)가 태왕(太旺)하면 나무가 뜨게 되거나 뿌리가 썩어 정상적으로 성장하지 못하는 이치와 같아서, 목왕득수(木旺得水)하거나 수다목부(水多木浮)가 되면 해가 되는 것이다.

화일주(火日主)가 왕(旺)한데 비겁화(比劫火)를 만나면 불난 집에 부채질하는 격이니 화왕득목(火旺得木)은 손재가 큰 것임은 당연한 것이고, 화일주(火日主)가 목기(木氣)를 만나 목생화(木生火)를 받아 좋은데 목기(木氣)가 왕(旺)하면 작은 불에 큰 통나무를 넣어 불을 오히려 꺼지게 하는 형상으로 목다화식(木多火熄)이 되어 해가 되는 것이다.

토일주(土日主)가 왕(旺)한데 비겁토(比劫土)를 만나면 토붕(土崩)이 되어 산사태가 나는 형상이거나, 땅이 너무 많고 넓어서 식목할 나무와 물이 부족한 형상이다. 토일주(土日主)가 화기(火氣)를 만나 화생토(火生土)하는 것은 좋으나, 화기(火氣)가 태왕(太旺)하면 조토(燥土)가 되어 만물을 생육할 수 없는 것과 같은 이치로, 화다토초(火多土焦)가 되어 해가 되는 것이다.

금일주(金日主)가 왕(旺)한데 비겁금(比劫金)을 만나면 용광로에 제련되지 않는 고철이 쌓여 있는 형상이며, 금일주(金日主)가 토생금(土生金)으로 생조(生助)를 받는 것은 좋으나, 토기(土氣)가 태왕(太旺)하면 금(金)이 흙속에 묻혀 빛을 잃어버리거나 방치되어 무용지물이 되는 형상으로, 토다금매(土多金埋)가 되어 해(害)가 되는 것이다. 일반적으로 조토(燥土)는 토생금(土生金)을 하지 못하고, 충형(沖刑)이 있거나 지지(地支)에 합금(合金)이 있으면 매금(埋金)되지 않는다.

수일주(水日主)가 왕(旺)한데 비겁수(比劫水)를 만나면 홍수가 나서 수재를 당하는 형상이며, 수왕(水旺)한데 금생수(金生水)로 만수(滿水)가 된 댐이나 저수지가 범람하는 이치와 같다. 수일주(水日主)가 금인수(金印綬)로부터 금생수(金生水)를 받는 것까지는 좋으나, 금기(金氣)가 너무 많으면 철분이 과다하여 탁수가 되니, 식수로도 부적합할 뿐만 아니라 초목에도 성장발육에 저해가 되어, 금다수탁(金多水濁)은 해가 되는 것이다.

(1) 목왕득수(木旺得水) 수다목부(水多木浮)의 예

```
乙 甲 壬 壬
亥 子 子 申
```

```
己 戊 丁 丙 乙 甲 癸
未 午 巳 辰 卯 寅 丑
```

갑목일주(甲木日主)가 수왕절(水旺節)인 자월(子月)에 출생하여 득령(得令)하고, 좌하자수(坐下子水)에 득지(得地)하고, 전지지(全地支)가 신자합수(申子合水)로 수국(水局)이 되어 있는데, 천간(天干)이 水木으로 투출(透出)돼 수기태왕(水氣太旺)하여 부목(浮木)이 되었다. 甲木이 천한지동(天寒地凍)으로 水木이 응결되고, 음지의 동목(凍木)으로 꽁꽁 얼어붙어 나무로서의 역할을 상실하고 있다.

더욱 더 안타까운 것은 화기(火氣)가 전혀 없어 광합성 작용이 부실하여 나뭇잎만 무성하고 꽃이 피지 못하여 열매를 맺지 못하는 무화과나무에 불과하다는 사실이다. 일반적으로 인수(印綬)가 많으면 신왕(身旺)하여 좋지만 지나치게 많으면 오히려 해가 되는 것이니, 다자무자(多者無者)의 원리로서 많은 것은 결국 없는 것과 같은 이치이다.

甲木은 수생목(水生木)만 있고 설기처(泄氣處)인 화기(火氣)가 전혀 없어 뿌리가 썩어 고사될까 염려된다. 다시 말하여 인수(印綬)인 어머니가 과도한 자식 사랑으로 자식이 인간 구실을 하지 못하게 한 원인이 되고 있다. 한편으로는 종강격(從強格)으로 보아, 水木이 오히려 길신(吉神)으로 작용할 수 있는 것으로 판단하기 쉬우니, 자세히 살펴보아야 한다.

(2) 화왕득목(火旺得木) 목다화식(木多火熄)의 예

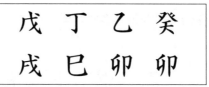

정화일주(丁火日主)가 목왕절(木旺節)인 묘월(卯月)에 출생하여 득령(得令)하고, 좌하사화(坐下巳火)에 득지(得地)하였고, 년월지(年月支)인 卯卯가 천간(天干)의 水木으로 투출(透出)되어, 득세까지 하여 신왕(身旺)하다 목다화식(木多火熄)이 될까 염려가 되나, 왕목(旺木)을 소통시켜주면서 일주정화(日主丁火)를 설기(泄氣)하는 戊戌土가 있어 다행히 아름답다.

신왕(身旺)하면 길신(吉神)은 식재관(食財官)인 土金水이고, 기신(忌神)은 인비(印比)인 木火인데, 원국(原局)에서 水木이 응결(凝結)되어 습목(濕木)으로서 과감하게 일주(日主)를 수생목(水生木)하지 못하는 것이 아쉽다.

관성(官星) 水는 수생목(水生木)되어 허약하고 재성금(財星金)은 하나도 없어 서운한데, 다행하게도 식상토(食傷土)가 왕성하여 교육이나 예능쪽에 소질이 있다. 33세인 신해대운(辛亥大運)은 금수운(金水運)으로 길신(吉神)이 들어왔으나 을신충 (乙辛冲), 사해충(巳亥冲)으로 천충지충(天冲地冲)이 되어 직장변동이 많았으나 어렵게 정착하여 현재 교수로 재직하고 있다.

원국(原局)에서 卯酉戌이 있으면 의약계에 인연이 많고, 辰巳戌亥가 있으면 천문성(天門星)이 있어 활인업에 종사하는 경우가 많다. 목다화식(木多火熄)이 되어 불길할 것 같으나 대운이 수금운(水金運)으로 운행하여 다행한 귀명이다.

(3) 토왕득화(土旺得火) 화다토초(火多土焦)의 예

```
癸 戊 癸 丙
亥 戌 巳 戌
```

```
戊 丁 丙 乙 甲 癸 壬
子 亥 戌 酉 申 未 午
```

무토일주(戊土日主)가 화왕절(火旺節)인 사월(巳月)에 출생하여 득령(得令)하고, 좌하술토(坐下戌土)에 득지(得地)하였으며, 년주(年柱)인 丙戌에 득세(得勢)하여 신왕(身旺)하다. 신왕(身旺)하면 길신(吉神)은 식재관(食財官)인 金水木이고, 기신(忌神)은 인비(印比)인 火土이다. 관성(官星) 木은 없으며, 재성(財星)인 월간계수(月干癸水)는 무계합(戊癸合)으로 합거(合去)되었고, 시간계수(時干癸水)가 亥水에 득근(得根)하여 재성(財星)이 왕성하다.

초년(初年)인 오미화운(午未火運)에 곤고하였으며, 갑대운(甲大運)에 경찰에 투신한 것은 갑목관(甲木官)이 길신(吉神)이기 때문이다. 그후 甲申, 乙酉 대운에는 승승장구하다가, 丙戌 대운에는 토왕득화(土旺得火)가 되어 고전하였으나, 丁亥 대운 경진년(庚辰年)에는 승진이 되었다.

임오년(壬午年)에는 丙壬 충(沖), 午戌火로 壬水가 충발(沖拔)되고, 화왕(火旺)으로 비위에 해당되는 戊土가 토초(土焦)되어 위암 수술을 받았고, 계미년(癸未年)에는 戊癸 합화(合火), 午未 합화(合火)로 火土가 기신(忌神)이 되어 재수술을 받았는데, 丙戌년 乙未월에 화다토초(火多土焦)로 불록지객(不祿之客)이 되었다.

(4) 금왕득토(金旺得土) 토다금매(土多金埋)의 예

```
庚 庚 戊 己
辰 辰 辰 未
```

```
辛 壬 癸 甲 乙 丙 丁
酉 戌 亥 子 丑 寅 卯
```

경금일주(庚金日主)가 진월(辰月)에 출생하여 득령(得令)하고, 일지진토(日支辰土)에 득지(得地)하였고, 전지지(全地支)가 토국(土局)으로 되어 있는데, 천간(天干)마저 土金으로 태왕(太旺)하여 종강격(從强格)이 된 명(命)이다.

종격(從格)은 세력에 따라가야 하는 특성이 있어 인비(印比)인 土金이 길신(吉神)이고, 왕자의설(旺者宜泄)의 원리에 의해서 식상(食傷)인 수기(水氣)도 길신(吉神)이 된다.

반대로 기신(忌神)은 왕세(旺勢)를 거슬리게 하는 재성목(財星木)과 관성화(官星火)가 되는 것이다. 원국(原局)에서 금왕(金旺)인데 인수토(印綬土)가 태과(太過)하여 토다금매(土多金埋)가 될까 염려가 된다.

괴강(魁罡)이 중중(重重)하여 자존심이 강하고 고집도 강하였다. 서울 A병원 외과에 근무하던 중 1997년 병인대운(丙寅大運) 정축년(丁丑年)에 괌 KAL기 추락사고 때 희생되었다.

병인대운(丙寅大運)은 木火 기신(忌神)으로 불길한데, 병경충(丙庚沖), 인진목국

(寅辰木局)의 천충지합(天沖地合)으로 형액(刑厄)을 암시하고 있었으며, 정축년(丁丑年)은 丁火 관(官)이 기신(忌神)이고, 축진파(丑辰破), 축미충(丑未沖)으로 충파(沖破)가 중중(重重)하여 형액(刑厄)을 면하기 어려웠다.

본명(本命)은 교수직을 희망했으나, 정신과 의사인 부친의 강압적인 권유로 의사가 된 것은 재성(財星)인 목기(木氣)가 없어 부친과는 인연이 없었던 것이다.

(5) 수왕득금(水旺得金) 금다수탁(金多水濁)의 예

```
┌─────────────────────┐
│  庚  癸  庚  戊      │
│  申  酉  申  申      │
└─────────────────────┘
```

丁丙乙甲癸壬辛
卯寅丑子亥戌酉

계수일주(癸水日主)가 금왕절(金旺節)인 신월(申月)에 태어나 득령(得令)하고, 좌하유금(坐下酉金)에 득지(得地)하였고, 년월일시(年月日時)의 전지지(全地支)가 금국(金局)으로 되어 있는데, 월시간(月時干)에 庚金이 투출(透出)되어 득세(得勢)까지 하니, 신왕(身旺)이 지나쳐 최강(最强)이 되어 종강격(從强格)이 되었다.

일반적으로 종격(從格)은 세력을 따라가야 하므로 인비(印比)와 식상(食傷)이 길신(吉神)이고, 재관(財官)이 기신(忌神)이 된다. 그러나 본명(本命)은 금다(金多)로 철분이 과다하여 식수나 농작물에 쓸 수 없는 탁수나 폐수와 다름없다.

이렇게 무용지물이 된 원인을 제공한 것은 금인수(金印綬)이다. 따라서 금병(金病)을 제거하는 화재성(火財星)이 약이 되는 것이다. 일간계수(日干癸水)는 금인수(金印綬)인 어머니로부터 과잉보호를 받아 癸水로서의 임무를 상실하게 되어 결국 무능력자가 되는 것이다.

대운(大運)마저 금수운(金水運)으로 운행(運行)하여 더욱 안타까우나 말년인 병인대운(丙寅大運)에 가서야 잠깐 행운의 빛을 보게 되니, 철들자마자 망령이라는 말이 여기에 해당되는 것이다.

원국(原局)에서 토관성(土官星)이 허약하니 자식복도 없고, 화재성(火財星)도 없어 조실부모하거나 처복까지 없는 불행한 명(命)이다. 만약 지지(地支)가 申酉金이나 巳酉丑 등 합국(合局)으로 이루어졌다면, 청백지수(淸白之水)가 되어 귀명(貴命)이 틀림없다.

5. 신약(身弱)하면 관성(官星)이 흉(凶)

> · 목약득금 (木弱得金): 금다목절 (木多木折)
> · 화약득수 (火弱得水): 수다화몰 (水多火沒)
> · 토약득목 (土弱得木): 목다토붕 (木多土崩)
> · 금약득화 (金弱得火): 화다금용 (火多金鎔)
> · 수약득토 (水弱得土): 토다수색 (土多水塞)

일반적으로 신약(身弱)이라면 인수(印綬)나 비겁(比劫)보다 관살(官殺), 재성(財星), 식상(食傷)의 세력이 강할 때 상대적으로 비겁(比劫)이 되는 일주(日主)가 극제(剋制), 또는 설기(泄氣)를 당할 때를 말한다.

木 일주가 약한데 금기(金氣)인 관살(官殺)이 왕(旺)하면 약한 나무에 열매가 너무나 커서 가지가 찢어지는 형상이고, 계절로 보면 金은 가을로서 찬 서리에 의하여 낙엽 지고 고사되어 성장이 정지되거나, 또는 낫이나 톱으로 자를 수 있는 나무를 전기톱을 사용하여 오히려 쓸모없는 나무로 만들기 때문에 목기(木氣)가 약하면 금기(金氣)가 흉이 되는 것이다.

火 일주가 약한데 수기(水氣)인 관살이 왕(旺)하면 밝은 낮보다 어두운 밤이 길어 양지보다는 음지가 많아 추운 겨울밤을 지내거나 어둠 속에서 헤매는 것과 같고, 모닥불을 피워 모기를 쫓으려는데 갑자기 소낙비가 쏟아져 불이 꺼지는 형상과 같아, 수극화(水剋火)로 몰화(沒火)가 되는 것과 같은 것이다.

土 일주가 약한데 목기(木氣)인 관살(官殺)이 왕(旺)하면 지반(地盤)이 튼튼하지 못한 곳에서 자라난 큰 나무가 태풍이나 비바람에 뿌리가 뽑혀 넘어지는 형상이거나, 화초를 심은 화분에 관상목을 심어서 자란 나무에 화분이 깨지는 형상과 같다. 또는 전답 주위에 나무가 울창하여 심은 곡식이 햇빛을 받지 못해 음지의 전답으로 흉작을 초래하는 형상으로, 결국 나무가 너무 많으면 땅이 붕괴된다는 것이다.

金 일주가 약한데 화기인 관살이 왕하면 용광로에 무쇠를 넣으면 엿가락 녹듯이 쇠가 녹아 없어지는 것과 같고, 전류는 강한데 전선이 약하여 터지는 것과 같으며, 가을에 수확을 하는 과일이 여름에 이상 고온 현상이나 긴긴 장마 때문에 꽃이 제대로 피지 못해 좋은 결실을 보지 못하는 것과 같은 것이다.

水 일주가 약한데 토기(土氣)인 관살(官殺)이 왕(旺)하면 적은 물이 많은 흙에 의해 흡수되어 고갈되면 그나마 물속에 살던 고기가 말라죽게 된다. 또한 수심이 깊지 못하여 물이 증발되거나 탁수가 되고 급기야 물이 부패되어 물의 생명을 잃어버리게 되는 것이다.

(1) 목약득금(木弱得金) 금다목절(金多木折)의 예

```
丁 甲 辛 戊
卯 申 酉 辰
```

```
戊 丁 丙 乙 甲 癸 壬
辰 卯 寅 丑 子 亥 戌
```

甲木 일주가 금왕절(金旺節)인 유월(酉月)에 출생하여 실령하고, 좌하신금(坐下申金)에 실지하고, 연월일지(年月日支)가 申酉, 辰酉로 금기가 태왕한데, 천간의 戊土, 辛金이 투출되어 실세까지 되어 최약이 되고 보니, 金 관살(官殺)에 종(從)할 것 같으나, 시지(時支) 卯木에 착근하여 신약(身弱)이 되었다.

일간갑목(日干甲木)은 추절지목(秋節之木)으로 이미 낙엽이 지고 뿌리가 부실하여 영양공급을 제대로 받지 못하여 고사하기 직전에 있다. 일간목(日干木)에 비해 금기(金氣)인 열매가 과중하여 가지가 찢어지기 직전에 있는 형상과 같고, 또한 암석 위에 있는 송백과 같아 강풍에 절목되기 쉬운 명(命)이다.

신약(身弱)이라 인비(印比)인 水木이 길신(吉神)이고, 식재관(食財官)인 火土金이 기신(忌神)이 되나, 금관살(金官殺)을 극제(剋制)하는 화식상(火食傷)도 희신(喜神)으로 쓸 수 있다. 이것을 식신제살격(食神制殺格)이라고 한다.

본명(本命)은 재살태왕(財殺太旺)에 살왕신쇠(殺旺身衰)로 금목상전(金木相戰)하는 형상이라, 비록 관록(官祿)은 약하지만 대운이 길신(吉神)인 水木으로 운행하여 고생 끝에 낙이라는 옛말이 여기에 해당된다고 본다.

(2) 화약득수(火弱得水) 수다화몰(水多火沒)의 예

병화일주(丙火日主)가 수왕절(水旺節)인 자월(子月)에 출생하여 실령(失令)하고, 좌하자수(坐下子水)에 실지(失地)하고, 연월일지(年月日支)가 신자수국(申子水局)이 되어 있는데, 천간(天干)의 년월시(年月時)가 庚金, 壬水로 투출(透出)되어 수기(水氣)가 태왕(太旺)하다.

원국(原局)에서 병임충(丙壬冲)되고 수왕(水旺)으로 몰화(沒火)가 될 것 같으나, 다행하게도 시지인목(時支寅木)에 득근(得根)하여 의지처(依支處)가 되고 있다. 신약이라 인비(印比)인 木火가 길신(吉神)이고, 식재관(食財官)인 土金水가 기신(忌神)

이 되나, 수관살(水官殺)이 태왕(太旺)하면 토식상(土食傷)이 제극(制剋)하여 길신(吉神) 작용을 하는 것이다.

이때는 반드시 조토(燥土)를 써야 한다. 원국(原局)에서 화쇠수왕(火衰水旺)이라 살왕신쇠(殺旺身衰)가 되어 태양의 열기는 약화되고, 또한 천한지동(天寒地凍)으로 한밤중에 꽁꽁 얼어붙은 강을 건너는 형상이다. 그래서 만사가 동결이요, 가도 가도 끝이 없는 망망대해를 항해하여 나가는 선장과 같은 심정이다.

본명(本命)도 재살태왕(財殺太旺)으로 수화상전(水火相戰)이라 관록(官祿)은 초년에 약하지만, 대운(大運)이 길신(吉神)인 木火로 운행(運行)하여 착실하게 성장(成長)하여 말년에 편안하게 정박하는 노력형이다.

(3) 토약득목(土弱得木) 목다토붕(木多土崩)의 예

```
乙 戊 乙 癸
卯 戌 卯 卯
```

```
戊 己 庚 辛 壬 癸 甲
申 酉 戌 亥 子 丑 寅
```

무토일주(戊土日主)가 목왕절(木旺節)인 묘월(卯月)에 출생하여 실령(失令)하고, 좌하술토(坐下戌土)에 득지(得地)하였으나, 년지(年支), 시지(時支)의 목왕(木旺)으로 실세(失勢)하여 신약(身弱)이다.

다행하게도 일지술토(日支戌土)에 착근(着根)되어 절처봉생(絶處逢生)하고 있는데, 양을목(兩乙木)으로부터 협공(挾攻)을 당하여 戊土가 붕괴되기 직전에 있다. 더군다나 나무가 무성하여 음지전답(陰地田畓)이 되는데, 간벌(間伐)해줄 금기(金氣)가 없어 더욱 아쉽다.

원국(原局)에서 신약(身弱)이라 인비(印比)인 火土가 길신(吉神)이고, 기신(忌神)

은 식재관(食財官)인 金水木이지만, 왕목(旺木)을 통제(統制)하는 금기(金氣)는 오히려 길신(吉神)이 된다. 정관(正官)은 본래 반듯하고 길신(吉神) 작용만 하는 것 같으나 정관(正官)이 너무 많아 신약(身弱)이 될 경우에는 살(殺)로 변하여 흉작용(凶作用)을 하게 되는 것이다.

한 가지 주의할 것은 월일시지(月日時支)의 묘술합화(卯戌合火)가 되지 않는 것은 목기(木氣)의 세력이 강하여 합이불화(合而不化)가 되어 화기(火氣)로서 역할(役割)을 못하는 것이다. 대운(大運)도 중년(中年)까지 고전하다가 말년인 경술운(庚戌運)에 가서야 겨우 빛을 보게 되는 명(命)이다.

(4) 금약득화(金弱得火) 화다금용(火多金鎔)의 예

```
乙 庚 戊 戊
酉 午 午 寅
```

```
乙甲癸壬辛庚己
丑子亥戌酉申未
```

경금일주(庚金日主)가 화왕절(火旺節)인 오월(午月)에 태어나 실령(失令)하고, 좌하오화(坐下午火)에 실지(失地)하고, 연월일지(年月日支)의 인오화국(寅午火局)으로 실세(失勢)하여 신약(身弱)이다. 다행하게도 시지유금(時支酉金)에 착근(着根)되어 겨우 유지하고 있는데, 왕화(旺火)에 일간경금(日干庚金)이 소용(銷鎔)되기 직전에 있다. 더군다나 화왕(火旺)으로 토기(土氣)가 조토(燥土)되어 있는데, 수기(水氣)가 없어 서운하다.

원국(原局)에서 신약(身弱)이지만 인비(印比)인 土金과 식상(食傷)인 수기(水氣)가 길신(吉神)이며, 관재(官財)인 木火가 기신(忌神)이다. 이를 격국용신법(格局用神法)에서는 식신제살격(食神制殺格)이라고 한다.

원국(原局)에서 화기태왕(火氣太旺)으로 금기(金氣)가 부실하여 좋은 열매를 맺기 어렵고, 화기(火氣)인 전류가 강왕(强旺)하여 금기(金氣)인 전선이 약하여 퓨즈가 나가기 일보 직전에 있다.

년월상(年月上)의 戊土는 토생금(土生金)이 되지 못하여 일간(日干)의 도움이 되지 못하는 것은, 화왕토(火旺土)에 戊土가 조토(燥土)로서 생금(生金)을 하지 못하기 때문이다.

대운(大運)이 금수운(金水運)으로 운행하여 비록 말직에 있다 하여도, 성실하게 인내력으로 노력하여 말년에 행운이 오는 대기만성하는 명(命)이다.

(5) 수약득토(水弱得土) 토다수색(土多水塞)의 예

임수일주(壬水日主)가 토왕절(土旺節)인 술월(戌月)에 출생하여 실령(失令)하고, 좌하자수(坐下子水)에 득지(得地)하였으나, 연월시지(年月時支)의 戌未土에 실세(失勢)하여 신약(身弱)하다. 신약(身弱)이면 인비(印比)인 金水가 길신(吉神)이고, 재관(財官)인 火土가 기신(忌神)이 되는데, 관살(官殺)이 태왕(太旺)하면 식상(食傷)이 제극(制剋)하여 길신(吉神)이 되는 것이다.

원국(原局)에서 토왕(土旺)하여 壬水가 탁수가 되고, 작은 연못으로 수심이 얕아 작은 고기마저 살 수 없어 수기(水氣)로서 역할을 하지 못한다. 이러한 경우는 토관살(土官殺)이 태왕(太旺)하여 수기(水氣)가 수제(受制)당하여 관살태왕(官殺太旺)이라고 한다.

천간(天干) 丁壬이 합목(合木)으로 될 것 같으나, 丁火가 未土에 설기(泄氣)되고, 壬水

는 子水에 득근(得根)하여 합이불화(合而不化)가 되어 변화되지 못하고, 丙壬이 충거(沖去)할 것 같으나, 丙火가 화생토(火生土)로 생토(生土)되었고, 지지(地支)의 술미형(戌未刑)은 쇠자충왕 왕신발(衰者沖旺 旺神發)로 더욱 왕성해진다.

원국(原局)에서 토관살(土官殺)을 제압하는 목식상(木食傷)이 길신(吉神)이라 대운이 수목(水木)으로 운행하니 꾸준하게 성장하여 말년에 행복한 명(命)이다.

6. 신약(身弱)하면 재성(財星)이 병(病)

> · 목약토왕 (木弱土旺): 토다목절 (土多木折)
> · 화약금왕 (火弱金旺): 금다화식 (金多火熄)
> · 토약수왕 (土弱水旺): 수다토류 (水多土流)
> · 금약목왕 (金弱木旺): 목다금결 (木多金缺)
> · 수약화왕 (水弱火旺): 화다수갈 (火多水渴)

일주(日主)가 약한데 재성(財星)이 많은 경우로서 재다신약(財多身弱)이 된다. 이러한 경우에 비겁(比劫)의 방조(幫助)나 인수(印綬)의 생조(生助)가 있어야 길(吉)하게 된다.

목일주(木日主)가 약한데 토기(土氣)가 왕(旺)하면, 일반적으로 목극토(木剋土)를 하지만, 토왕(土旺)되면 암석같이 단단하여 나무가 뿌리를 내릴 수 없는 경우를 말하며, 땅은 넓은데 심을 나무가 적으면 그 땅은 황폐해져 무용지물이 되는 것이다.

화일주(火日主)가 약한데 재성(財星)인 금기(金己)가 왕(旺)하면, 일반적으로 화극금(火剋金)을 하지만, 금왕(金旺)이 되면 화기(火氣)가 오히려 서서히 식어가서 종내는 소멸되는 형상이며, 깊은 산중 암석 위에 있는 암자의 불빛으로 산을 찾는 사람들의 길을 안내해주는 역할을 하는 것과 같다.

토일주(土日主)가 약한데 재성(財星)인 수기(水氣)가 왕(旺)하면, 원래는 토극수(土剋水)로서 흙으로 물을 막을 수 있으나, 적은 흙으로는 많은 물을 막지 못하여 흙이 물에 쓸려가는 형상이며, 장맛비로 인하여 댐이나 저수지의 물이 넘쳐 둑이 무너지는 경우와 같은 것이다.

　금일주(金日主)가 약한데 재성(財星)인 목기(木氣)가 왕(旺)하면, 원래는 금극목(金剋木)이 되나, 약한 金에 목왕(木旺)은 칼로 큰 나무를 자를 수 없어 오히려 칼날의 이가 빠지거나 휘어지는 형상이다.

　수일주(水日主)가 약한데 재성(財星)인 화기(火氣)가 왕(旺)하면, 원래는 수극화(水剋火)가 되지만, 약한 水에 화왕(火旺)은 오히려 水가 열기를 받아 증발되거나 고갈되는 경우와 같은 것이다.

(1) 목약토왕(木弱土旺) 토다목절(土多木折)의 예

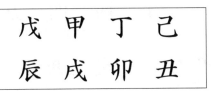

　갑목일주(甲木日主)가 목왕절(木旺節)인 묘월(卯月)에 출생하여 득령(得令)하였으나, 좌하술토(坐下戌土)에 실지(失地)하고, 년주(年柱)인 己丑土, 시주(時柱)인 戊辰土에 실세(失勢)가 되어 신약(身弱)하다. 목극토(木剋土)로 목기(木氣)가 토기(土氣)를 다스려야 하나 오히려 토기(土氣)의 지배를 받아야 한다.

　따라서 재다신약(財多身弱)으로서 부모 무덕하고 처복도 없을 뿐만 아니라, 금전적으로 욕심이 많아서 하는 사업마다 실패할 수밖에 없으며, 높은 산에 홀로 서있는 나무처럼 외롭고 고독하다. 그러나 일간목(日干木)은 卯木에 득왕(得旺)하고 축중계수(丑中癸水)와 진중을목(辰中乙木)에 득근(得根)되어 아름답다.

　또한 묘진목국(卯辰木局)이 될 것 같으나 辰戌충(冲), 丑戌형(刑)으로 오히려 왕자충발(旺者冲發)되어 토기(土氣)가 더욱 강렬하게 되었다. 다행하게도 목기(木氣)

가 묘월(卯月)에 당령(當令)하고 있고, 대운(大運)이 중년(中年)까지는 水木으로 운행(運行)되어 발복(發福)하였다.

원국(原局)에서 甲木이 卯木을 보면 양인(羊刃)이 되어 고집이 강할 뿐만 아니라, 생살권(生殺權)과 인연이 있는 특수직에 근무하면서 승진도 잘 되었으나, 신유대운(辛酉大運)에 卯酉충(冲)을 당하여 퇴직한 명(命)이다.

(2) 화약금왕(火弱金旺) 금다화식(金多火熄)의 예

丙	丁	辛	癸
午	酉	酉	丑

甲乙丙丁戊己庚
寅卯辰巳午未申

정화일주(丁火日主)가 금왕절(金旺節)인 유월(酉月)에 출생하여 실령(失令)하고, 좌하유금(坐下酉金)에 실지(失地)하고, 연간계축(年干癸丑)에 실세(失勢)하여 신약(身弱)하다. 다행하게도 시주(時柱)인 丙午에 득왕(得旺)하였으나, 화기(火氣)가 금기(金氣)에 대비하여 부족하다.

辛金이 득국(得局)으로 완금장철(頑金丈鐵)이라 허약한 丁火로는 제련할 수 없고, 금다(金多)로 찬바람이 일어나 초겨울 날씨인데, 화기(火氣)가 부족하여 한랭하여 춥고 굶주려 기아선상에서 허덕이는 현상과 같다. 따라서 재성(財星)이 왕성하다고 하여 재물이 많아지는 것이 아니라 일간(日干)에 대비하여 지나치게 태왕(太旺)함으로써, 다자무자(多者無者)의 원칙에 따라 오히려 가난한 자가 되었다.

원국(原局)의 지지(地支)에 酉酉丑 금국(金局)에다 월간신금(月干辛金)이 투출(透出)되어, 금태왕(金太旺)하여 재다신약(財多身弱)이 되었다. 대운(大運)이 목화운(木火運)으로 운행(運行)하여 말년에 재복이 많은 명(命)이다.

(3) 토약수왕(土弱水旺) 수다토류(水多土流)의 예

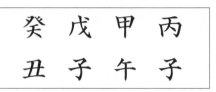

辛庚己戊丁丙乙
丑子亥戌酉申未

무토일주(戊土日主)가 화왕절(火旺節)인 오월(午月)에 출생하여 득령(得令)하고, 좌하자수(坐下子水)에 실지(失地)하고, 연일시지(年日時支)에 자축합수(子丑合水)에 시간계수(時干癸水)가 투출(透出)하여 신약(身弱)하다.

다행하게도 월지(月支)의 午火에 득령(得令)하였으나 토기(土氣)가 수기(水氣)에 대비(對比)하여 부족(不足)하다. 戊土는 년월간(年月干)의 甲木이, 丙火에 의해 목생화(木生火), 화생토(火生土)로 생조(生助)를 받고 있으며, 월지오화(月支午火)에 양인(羊刃)으로 득령(得令)하였으니, 조금만 도움이 된다면 대발(大發)할 수 있는 능력이 있다고 본다.

정유대운(丁酉大運)에 은행에 들어가 무술기운(戊戌己運)에 고속승진하여 지점장까지 되었으나, 경자대운(庚子大運)에 갑경충(甲庚沖), 자오충(子午沖)으로 천충지충(天沖地沖)되어 있는데, 계유년(癸酉年)에 무계합(戊癸合)으로 戊土가 약화(弱化)되고, 유축금국(酉丑金局)으로 기신(忌神)이 되어 퇴직하였다.

원국(原局)에서 양자수(兩子水)에 의해 오화인수(午火印綬)가 협공당하고 있는데, 병신대운(丙申大運)에 신자수국(申子水局)으로 기신(忌神)이 더욱 강하여 午火가 충발(沖拔)되었다.

17세인 임진년(壬辰年)에 병임충(丙壬沖), 자진합(子辰合)으로 천충지합(天沖地合)이 되어, 모친이 사망한 후 고학으로 고교를 졸업 후 대학진학을 포기하고 직장을 선택한 것이다. 신축대운(辛丑大運)에 부인마저 사별한 것은 丙申합(合), 子丑합(合)의 천합지합(天合地合)으로 기신운(忌神運)이었기 때문이다.

(4) 금약목왕(金弱木旺) 목다금결(木多金缺)의 예

```
乙 庚 辛 辛
酉 寅 卯 亥
```

```
甲乙丙丁戊己庚
申酉戌亥子丑寅
```

경금일주(庚金日主)가 목왕절(木旺節)인 묘월(卯月)에 출생하여 실령(失令)하고, 일지인목(日支寅木)에 실지(失地)하고, 연지해수(年支亥水)와 월지묘목(月支卯木)과 해묘인합(亥卯寅合)으로 목국(木局)이 되고, 시간을목(時干乙木)이 투출(透出)되어 목태왕(木太旺)으로 재성(財星)이 왕성하다.

한편 연월일간(年月日干)에 경신금(庚辛金)이 있고, 시지유금(時支酉金)에 득근(得根)되어 일간경금(日干庚金)도 왕성하다. 그러나 庚金은 실령(失令), 실지(失地)하고, 시지유금(時支酉金)에 겨우 의지처를 구하고 있어 신약(身弱)이 틀림없다. 신약(身弱)하면 식재관(食財官)인 水木火가 기신(忌神)이고, 인비(印比)인 土金이 길신(吉神)인데, 대운이 수금운(水金運)으로 운행하여 초중년(初中年)은 고전하겠으나, 말년인 을유대운(乙酉大運)부터 행운을 기대해 볼 수 있다.

원명(原命)은 재다신약(財多身弱)이 되어 간담 계통에 질병이 있을 것으로 예측할 수가 있는데, 정해대운(丁亥大運)에 정화기신(丁火忌神)이고 또한 해묘합(亥卯合), 인해합(寅亥合)으로 목국기신(木局忌神)이 되어 있다.

세운(歲運)인 甲申, 乙酉에 갑경충(甲庚冲), 인신충(寅申冲)으로 천충지충(天冲地冲)으로 甲寅木이 충발(冲拔)되고, 을신충(乙辛冲), 묘유충(卯酉冲)으로 乙卯木이 충발(冲拔)되어 간염으로 고생하여 병원에 입원하였다.

(5) 수약화왕(水弱火旺) 화다수갈(火多水渴)의 예

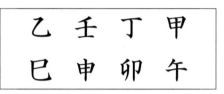

甲癸壬辛庚己戊
戌酉申未午巳辰

임수일주(壬水日主)가 목왕절(木旺節)인 묘월(卯月)에 출생하여 실령(失令)하고, 좌하신금(坐下申金)에 득장생(得長生)하여 득지(得地)하고, 木火가 왕성하여 신약(身弱)하다. 일반적으로 신약(身弱)하면 식재관(食財官)인 木火土가 기신(忌神)이고, 길신(吉神)은 인비(印比)인 金水이다.

본명(本命)에서는 관성(官星)인 토기(土氣)가 없어 관직이나 자식과는 인연이 없어 애로가 있을 것이고, 재성(財星)인 화기(火己)는 식상(食傷)인 목기(木氣)가 목생화(木生火)로 생조(生助)를 받아 식재(食財)가 왕성한데, 초운에 관성(官星)인 토기(土氣)가 들어와 식재(食財)가 관인(官印)으로 식상생재(食傷生財), 재생관인(財生官印)으로 소통시켜 귀명(貴命)이 된 경우이다. 또한 년주(年柱), 월주(月柱), 일주(日柱), 시주(時柱)가 천부지재(天覆地載)가 되고 사신(巳申)마저 형합(刑合)을 이루어 더욱 아름답다.

원명(原命)에서 재다신약(財多身弱)이 되어 천격(賤格)으로 보기 쉬우나, 사주구성(四柱構成)이나 대운과의 관계 등 자연환경까지도 살펴야 하는데, 식상(食傷)이 왕성하니 기예가 발달하고, 사신형살(巳申刑殺)이 있으니 의대에서 교수를 하고 있다. 오화대운(午火大運)에 자식이 신병 관계로 미국에서 치료를 받아 완쾌되어 대학까지 마치고 귀국하였다.

그러므로 재다무관(財多無官)이 되어 자식 때문에 부부가 별거하는 것이 운명인 것이다. 대운마저 금수운(金水運)으로 운행하여 재다신약(財多身弱)이지만 부귀명이 된 사주이다.

7. 신약(身弱)하면 식상(食傷)이 해(害)

> · 목약화왕 (木弱火旺): 화다목분 (火多木焚)
> · 화약토왕 (火弱土旺): 토다화회 (土多火晦)
> · 토약금왕 (土弱金旺): 금다토변 (金多土變)
> · 금약수왕 (金弱水旺): 수다금침 (水多金沈)
> · 수약목왕 (水弱木旺): 목다수축 (木多水縮)

일주(日主)가 약할 경우에 식상(食傷)이 많은 경우를 말하는데, 허약한 산모가 자식을 낳게 되면 산모는 더욱 약해져서 양육을 제대로 하지 못하며 자기의 능력을 초월하고 망각하여 중화(中和)를 잃는 결과와 같다. 이러한 경우에 비겁(比劫)이나 인수(印綬)로서 방조(幇助)나 생조(生助)가 있어야 길(吉)하게 되는 것이다.

목일주(木日主)가 약한데 화기(火氣)가 왕(旺)하면 약한 나무가 태왕(太旺)한 화기(火氣)에 분소(焚燒)되는 현상을 말한다. 어린 배추나 열무가 가뭄이 들고 햇볕이 너무 강하여 결국 김장 배추나 무가 되지 못하고 말라 죽는 이치와 같은 것이다.

화일주(火日主)가 약한데 토기(土氣)가 왕(旺)하면 약한 화기(火氣)가 많은 토기(土氣)를 전부 비추어줄 수 없어 그믐달같이 달빛이 약하게 되는 경우와 같고, 서산에 넘어가는 저녁노을의 빛과 같이 약해지는 이치와 같다.

토일주(土日主)가 약한데 금기(金氣)가 왕(旺)하면 적은 흙으로 많은 광물을 보호하다 보니 토기(土氣)가 약하여 변색되는 경우와 같은 것이다.

금일주(金日主)가 약한데 수기(水氣)가 왕(旺)하면 물을 생조(生助)해주는 금기(金氣)가 부족하고 물이 태왕(太旺)하니, 오히려 물속에 금기(金氣)가 잠겨 있는 경우와 같은 것이다.

수일주(水日主)가 약한데 목기(木氣)가 왕(旺)하면 물이 부족한데 나무가 너무 많아서 많은 양의 수분을 흡수하니, 물이 고갈되어 나무 자체가 생명을 유지할 수 없게 되는 경우와 같은 것이다.

(1) 목약화왕(木弱火旺) 화다목분(火多木焚)의 예

$$辛\ 庚\ 己\ 戊\ 丁\ 丙\ 乙$$
$$丑\ 子\ 亥\ 戌\ 酉\ 申\ 未$$

갑목일주(甲木日主)가 화왕절(火旺節)인 오월(午月)에 출생하여 실령(失令)하고, 좌하오화(坐下午火)에 실지(失地)하고, 연상병화(年上丙火)가 투출(透出)하여 실세(失勢)가 되어 신약(身弱)하다. 다행하게도 시지해수(時支亥水)에 득근(得根)하여 의지처(依支處)로서 약하지만 일간(日干)을 돕고 있다.

다른 면으로 추리(推理)하면 일간갑목(日干甲木)이 연지인목(年支寅木), 시지해수(時支亥水), 월간갑목(月干甲木), 시간을목(時干乙木)으로 수목(水木)이 왕성하여 신왕(身旺)할 것으로 보이나, 연지인목(年支寅木)은 인오화국(寅午火局)으로 완전한 화기(火氣)로 변화되었고, 연간병화(年干丙火)까지 투출(透出)되니, 화왕(火旺)에 설기(泄氣)가 태심(太甚)하여 목분(木焚)이 되고 있어 신약(身弱)이 되었다.

신약(身弱)하면 인비(印比)인 水木이 길신(吉神)이 되고, 식재관(食財官)인 火土金이 기신(忌神)이다. 그러나 식상(食傷)이 태왕(太旺)할 때는 관살(官殺)도 길신(吉神)이 되므로 금기(金氣)는 기신(忌神)이 될 수 없다. 이것을 격국용신법(格局用神法)에서는 제살태과격(制殺太過格)이라고 하여 신약이지만 신강(身强)으로 간주한다.

원국(原局)에서 식상(食傷)이 왕성하고, 지지(地支)에 오오자형(午午自刑)이 있어 명예를 중히 여기고, 생살권(生殺權)을 갖는 직업과 인연이 있는데, 대운마저 길신 (吉神)인 금수운(金水運)으로 운행되어 중말년(中末年)까지 행운이 있는 귀명이다.

(2) 화약토왕(火弱土旺) 토다화회(土多火晦)의 예

```
戊 丙 戊 辛
戌 午 戌 卯
```

```
辛 壬 癸 甲 乙 丙 丁
卯 辰 巳 午 未 申 酉
```

병화일주(丙火日主)가 토왕절(土旺節)인 술월(戌月)에 출생하여 실령(失令)하고, 좌하오화(坐下午火)에 득지(得地)하고, 월시주(月時柱)에 무술토(戊戌土)에 실세(失勢)하여 신약(身弱)하다. 다행하게도 연지묘목(年支卯木)이 묘술합화(卯戌合火)가 되어 화왕(火旺)으로 일간(日干)에 득왕(得旺)이 되어 선약후강(先弱後强)이 된 명(命)이다.

이러한 경우를 격국용신법(格局用神法)에서는 제살태과격(制殺太過格)이라고 하는데, 길신(吉神)은 인비(印比)인 木火와 관살(官殺)인 수기(水氣)가 되며, 기신(忌神)은 식재(食財)인 土金이다.

원국(原局)에서 戊戌이 괴강(魁罡)이면서 丙午가 양인(羊刃)이 되어 생살권(生殺權)을 가진 특수직에 인연이 있게 된다. 군무원으로 근무하면서 정보분석을 담당하고 있는데, 계사대운(癸巳大運)에 무계합화(戊癸合火)되고 술미형(戌未刑)되어 위암수술을 받았다. 이러한 경우는 癸水가 길신(吉神)인데, 흉작용(凶作用)한 것은 왕자충발(旺者冲發)이 되어 수기(水氣)가 합거(合去)되었기 때문이다.

신금재(辛金財)가 개두(蓋頭)가 되어 약하다. 그래서 처와도 이혼하였으며, 수관살(水官殺)인 자식궁이 없어 자식마저 이혼한 처와 살고 있다.

(3) 토약금왕(土弱金旺) 금다토변(金多土變)의 예

$$庚\quad 己\quad 辛\quad 癸$$
$$午\quad 酉\quad 酉\quad 丑$$

甲乙丙丁戊己庚
寅卯辰巳午未申

　기토일주(己土日主)가 금왕절(金旺節)인 유월(酉月)에 태어나서 실령(失令)하고, 좌하유금(坐下酉金)에 실지하고, 유축금국(酉丑金局)에 庚辛金이 투출(透出)되어 실세까지 하니, 한없이 허약하여 금다(金多)가 병이 되는 것이다.

　다행하게도 시지오화(時支午火)가 화생토(火生土)로 득근(得根)하여 겨우 의지(依支)하고 있으나, 금왕절(金旺節)의 화기(火氣)로 金水에 대비하여 火土가 너무 약하여 신약(身弱)이 틀림없다. 일반적으로 火土를 보충(補充)하는 인비(印比)가 길신(吉神)이고, 金水木인 식재관(食財官)이 기신(忌神)이다.

　원국(原局)에 금기(金氣)의 철분이 과다하여 냉기마저 많은 밭이라 가색(稼穡)의 공을 이룰 수 없다. 특히 음지의 전답이고 암석과 철광석이 많아서 황폐한 토지로서 금다(金多)로 토변(土變)한 형상이다.

　그러나 식상(食傷)이 태왕(太旺)하면 관살(官殺)이 오히려 길신(吉神)이 되니, 이러한 경우에도 격국용신법(格局用神法)에서는 제살태과격(制殺太過格)이라고 하여, 관살(官殺)인 목기(木氣)가 길신(吉神)이 된다. 대운이 목화운(木火運)으로 운행하여 천격(賤格)이 아니라 귀격(貴格)으로 선고후락(先苦後樂)한 귀명이다.

(4) 금약수왕(金弱水旺) 수다금침(水多金沈)의 예

```
丙 庚 壬 壬
子 子 子 辰
```

```
乙 丙 丁 戊 己 庚 辛
巳 午 未 申 酉 戌 亥
```

경금일주(庚金日主)가 수왕절(水旺節)인 자월(子月)에 태어나서 실령하고, 좌하자수(坐下子水)에 실지하고, 전지지가 자진수국(子辰水局)인데, 연월간(年月干)에 壬水까지 투출되어 수기(水氣)가 태왕(太旺)하다. 庚金이 식상(食傷)인 수다(水多)에 의해 금침직전(金沈直前)인데, 시상병화(時上丙火)가 수왕(水旺)을 극제(剋制)하기에는 수다화몰(水多火沒)로 역부족이다.

왜냐하면 丙火가 무근으로 허약하기 때문이다. 따라서 수왕(水旺)에 종세(從勢)해야 하므로 종아격(從兒格)이다. 길신(吉神)은 비식재(比食財)인 金水木이고, 기신(忌神)은 관인(官印)인 火土이다.

본명(本命)은 식상(食傷)이 왕성하므로 종교, 철학 등 정신세계와 예능, 예술, 문학 등 문예계통에서 활동하는 데 인연이 있다고 본다. 원명(原命)에서 자진수국(子辰水局)으로 금수쌍청격(金水雙淸格)이 되어 두뇌가 명철하고 예리하여 수지청즉무어(水之淸則無魚)일까 염려된다. 그래서인지 현재 양평에 있는 암자에서 입산수도하고 있다.

추가하여 용신격국법(用神格局法)에 의하면 庚辰, 庚申, 경자일주(庚子日主)가 전지지(全地支)에 신자진수국(申子辰水局)이 성립되고 경진시(庚辰時)이면 정란격(井欄格), 갑신시(甲申時)이면 귀록격(貴祿格), 병자시(丙子時)이면 시상일위귀격(時上一位貴格)으로 귀명이 된다.

(5) 수약목왕(水弱木旺) 목다수축(木多水縮)의 예

계수일주(癸水日主)가 목왕절(木旺節)인 묘월(卯月)에 태어나 실령(失令)하고, 좌하묘목(坐下卯木)에 실지(失地)하고, 전지지(全地支)에 寅卯, 해묘목국(亥卯木局)으로 식상(食傷)이 태왕(太旺)하여 신약(身弱)하다.

년지해수(年支亥水)가 득근(得根)이 될 것 같으나, 해묘목국(亥卯木局)이 되고, 수기(水氣)가 한없이 설기(泄氣)되어 대단히 허약한지라 목기(木氣)로 종세(從勢)할 수밖에 없는데, 이러한 경우를 용신격국법(用神格局法)에서는 종아격(從兒格)이라고 한다.

길신(吉神)은 비겁(比劫)과 식재(食財)인 水木火이고, 기신(忌神)은 관인(官印)인 土金이다. 원국(原局)에서 계수일간(癸水日干)이 무계합(戊癸合), 정계충(丁癸沖), 기계충(己癸沖)으로 癸水가 극단적으로 허약하다.

계해대운(癸亥大運)에 정임합목(丁壬合木)으로 목국(木局)이 되니, 더욱 수기(水氣)가 고갈되어 있는데, 계미년(癸未年)부터 갑신년(甲申年) 계유월(癸酉月)에 신장암으로 사망하였다.

계미년(癸未年)은 정계충(丁癸沖), 기계충(己癸沖)으로 癸水가 충발(沖拔)되었고, 갑신년(甲申年)은 갑기합(甲己合), 인신충(寅申沖)으로, 천합지충(天合地沖)으로 형액(刑厄)이 있을 것으로 암시하고 있다.

8. 신약(身弱)하면 인비(印比)가 길(吉)

> · 목약득수목 (木弱得水木): 고목봉춘 (枯木逢春)
> · 화약득목화 (火弱得木火): 춘풍명월 (春風明月)
> · 토약득화토 (土弱得火土): 일월조명 (日月照明)
> · 금약득토금 (金弱得土金): 금옥만당 (金玉滿堂)
> · 수약득금수 (水弱得金水): 명진사해 (名振四海)

일주(日主)가 약할 경우는 관살(官殺), 재성(財星), 식상(食傷)이 왕성한 경우를 말하는데, 일주(日主)를 비겁(比劫)으로 방조(幇助)하거나 인수(印綬)로써 생조(生助)를 해야만 길(吉)하다는 뜻이다.

목일주(木日主)가 약한데 水木으로 생부(生扶)하여 준다면 한목봉우(旱木逢雨)로서 병들고 시들어가는 고목이 봄날을 만난 것과 같아 고목봉춘(枯木逢春)으로 비유하기도 한다.

화일주(火日主)가 약한데 木火가 생부(生扶)하여 준다면 어두운 밤길에 헤매는 선박을 인도하는 등대처럼 봄바람을 따라 밝은 달빛이 비추는 것과 같아 춘풍명월(春風明月)에 비유하기도 한다.

토일주(土日主)가 약한데 火土가 생부(生扶)하여 준다면 어두운 대지를 밝게 만들어 모든 만물이 생성할 수 있도록 토양을 활기차게 만들어 주므로 일월조명(日月照明)에 비유하기도 한다.

금일주(金日主)가 약한데 土金이 생부(生扶)하여 준다면 낡은 철근을 보수하여 튼튼한 건축자재로써 새로운 가옥을 지으니, 금옥만당(金玉滿堂)에 비유하기도 한다.

수일주(水日主)가 약한데 金水가 생부(生扶)하여 준다면 물이 부족하여 식수난이 되거나 폐농되기 직전에 물이 공급되어 만물을 풍족하게 해주니, 명진사해(名振四海)에 비유하기도 한다.

(1) 목약득수목(木弱得水木) 고목봉춘(枯木逢春)의 예

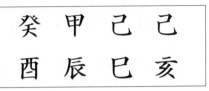

癸 甲 己 己
酉 辰 巳 亥

丙 乙 甲 癸 壬 辛 庚
子 亥 戌 酉 申 未 午

갑목일주(甲木日主)가 화왕절(火旺節)인 사월(巳月)에 태어나 실령(失令)하고, 진 중계수(辰中癸水)에 득지(得地)하고, 火土가 왕성하여 신약(身弱)이다. 다행하게도 년지(年支)에 亥水가 있고, 일시지(日時支)에 진유합금(辰酉合金)으로 시상(時上)의 癸水를 생조(生助)하니 태약(太弱)은 아니다.

년지(年支)의 亥水는 사해충(巳亥沖)으로 亥水가 약하여 길신(吉神)으로 쓸 수 없고, 시상(時上)의 癸水를 길신(吉神)으로 써야 한다. 원국에 갑진일주(甲辰日柱)인데 토왕(土旺)이 되어 갑기합토(甲己合土)로 합화(合化)할 가능성이 높아 성격이 고집스럽고 편굴(偏屈)하며 남의 말을 듣고 수용하는 면이 부족하다.

다행한 것은 남편의 직장이 지방이어서 부부 사이는 무난한 편이나, 천문성(天門星)이 있어 종교에 의지하며 살아가고 있다. 갑기합(甲己合), 진유합(辰酉合), 사해충(巳亥沖)으로 합충(合沖)이 중중(重重)하여 의외로 변덕이 심하다. 대운이 길신(吉神)인 금수운(金水運)으로 운행하여 무난하게 살아가는 여명(女命)이다.

원국(原局)에서 甲木이 신약(身弱)하지만 대운에서 수생목(水生木)이 되어 시들어가는 나무가 단비를 만난 것과 같다. 따라서 일주(日主)가 신약(身弱)하다고 불길한 것은 아니다.

(2) 화약득목화(火弱得木火) 춘풍명월(春風明月)의 예

```
丙 丙 壬 庚
申 申 午 辰
```

```
己 戊 丁 丙 乙 甲 癸
丑 子 亥 戌 酉 申 未
```

병화일주(丙火日主)가 화왕절(火旺節)인 오월(午月)에 태어나 득령(得令)하고, 좌하신금(坐下申金)에 실지(失地)하고, 시지신금(時支申金)과 년주(年柱)의 庚辰土金에 실세(失勢)되어 신약(身弱)하다.

신약(身弱)이면 인비(印比)인 木火가 길신(吉神)이고, 식재관(食財官)인 土金水가 기신(忌神)이다. 월간임수(月干壬水)가 신진수국(申辰水局)에 득왕(得旺)하고 丙火가 월지오화(月支午火)에 양인(羊刃)이라 명예욕이 대단하다.

초년에 공무원으로 출발하여 정해대운(丁亥大運)까지는 무난하였으나, 무자대운(戊子大運)에는 戊土가 기신(忌神)이 되고, 申子辰이 합수(合水)로 왕기(旺氣)가 되어 길신(吉神)인 午火를 충극(沖剋)하자 공직에서 물러나게 되었다.

양인(羊刃)을 충(沖)하면 더 큰 화근이 오기 마련이라 퇴직할 때에 뇌물 사건과 관련되어 불명예로 퇴출당하였다. 그 해가 무인년(戊寅年)이라 戊土가 기신(忌神)이고, 인신충(寅申沖)으로 길신(吉神)인 寅木이 충발(沖拔)되었다.

이러한 결과는 해대운(亥大運)에 해중갑목(亥中甲木)이 갑경충(甲庚沖)하고, 해중임수(亥中壬水)가 병임충(丙壬沖)으로 길신인 木火가 충발되었기 때문이다.

원명(原命)에서 金水가 왕(旺)하여 丙火가 약하게 되니 午火에 의지할 수밖에 없다. 그래서 봄바람을 타고 보름달을 밝게 비추어 주는 형상이라 춘풍명월이라고 비유하는 것이다.

(3) 토약득화토(土弱得火土) 일월조명(日月照明)의 예

```
辛  戊  庚  己
酉  寅  午  酉
```

```
丁 丙 乙 甲 癸 壬 辛
丑 子 亥 戌 酉 申 未
```

무토일주(戊土日主)가 화왕절(火旺節)인 오월(午月)에 태어나 득령(得令)하고, 좌하인목(坐下寅木)이 인오화국(寅午火局)으로 일주(日主)를 생조(生助)하니 신약(身弱)하지는 않다. 그러나 생조(生助)해주는 화기(火氣)보다 설기(泄氣)하는 금기(金氣)가 조금 더 왕성하여 선강후약(先强後弱)이 되었다.

일반적으로 신약(身弱)하면 인비(印比)가 길신(吉神)이고, 식재관(食財官)이 기신(忌神)인데, 본명(本命)은 관살(官殺)에 대비하여 식상(食傷)이 태왕(太旺)하니 격국용신법(格局用神法)에서는 제살태과격(制殺太過格)이 되어 관살이 기신이 아니라 길신이 되는 것이다. 따라서 길신은 木火土이고, 기신은 金水가 되는 것이다.

초년(初年)인 辛未, 壬申 대운에는 학업이 우수하고 총명하여 유학길에 올라 북경대학에 입학하였으나 금수기신운(金水忌神運)이 되어 어렵게 수료하고 귀국하였다. 그 후 갑술대운(甲戌大運)인 병술년(丙戌年)에 박사학위를 취득하였다. 이것은 갑기합토(甲己合土)와 인오술화국(寅午戌火局)으로 화토길신(火土吉神)이 되어 귀국 후에 교직에 몸담고 있다.

원명(原命)에서 남편궁(男便宮)인 관성목(官星木)이 허약하여 결혼은 늦을 것으로 추명(推命)한다. 계유대운(癸酉大運)인 기묘년(己卯年)에 기계충(己癸沖), 유유자형(酉酉自刑), 묘유충(卯酉沖)으로 寅木이 피상(被傷)되어 뇌종양으로 수술을 받았으나 현재는 완쾌되어 있다.

(4) 금약득토금(金弱得土金) 금옥만당(金玉滿堂)의 예

```
丙 庚 癸 癸
子 子 亥 未
```

```
庚己戊丁丙乙甲
午巳辰卯寅丑子
```

경금일주(庚金日主)가 냉한절(冷寒節)인 해월(亥月)에 출생하여 온 천지에 눈비가 내리는 형국이니, 庚金이 천한지동(天寒地凍)에 신약(身弱)이 틀림없다.

경금일주(庚金日主)가 간지(干支)에 설기(泄氣)가 왕성한데, 인비(印比)인 土金이 미약하니 년지(年支)의 未土에 의지하고 있다. 신약(身弱)하면 비겁(比劫)인 금기(金氣)의 도움이 필요하며, 화기(火氣)는 조후(調候)의 길신(吉神)이 된다.

甲子, 乙丑 대운에는 고생이 심하였으나, 병인대운(丙寅大運)에는 병화관성(丙火官星)이 길신(吉神)이 되어 연애결혼을 하여 남매를 두었다. 정묘대운(丁卯大運)에는 정계충(丁癸沖), 해묘미목국(亥卯未木局)으로 천충지합(天冲地合)이 되어 남편이 가출하여 애인과 동거하였다.

원국(原局)에서 시상병화(時上丙火)인 남편궁(男便宮)이 무근(無根)으로 미약하여 남편복이 없고 자식을 위하여 천한 일이나 궂은일을 가리지 않고 직업전선에서 노력하고 있다. 다행한 것은 대운(大運)이 戊辰, 기사운(己巳運)으로 운행되어 말년에 행운이 기대되고 있으나, 남편은 사기사건에 연루되어 수옥(囚獄) 생활을 하고 난 후에도 가끔 부인을 괴롭히고 있다.

(5) 수약득금수(水弱得金水) 명진사해(名振四海)의 예

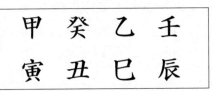

壬辛庚己戊丁丙
子亥戌酉申未午

계수일주(癸水日主)가 화왕절(火旺節)인 사월(巳月)에 출생하여 실령(失令)하고, 좌하축토(坐下丑土)에 있는 축중계수(丑中癸水)에 득근(得根)하고, 연간임수(年干壬水)가 진중계수(辰中癸水)에 득왕(得旺)하여 일간(日干)을 부조(扶助)하고 있으나, 왕목(旺木)에 의한 설기(泄氣)가 극심하여 신약(身弱)하다.

신약(身弱)하면 인비(印比)인 金水가 길신(吉神)이고, 식재관(食財官)인 木火土가 기신(忌神)인데, 본명(本命)은 관살(官殺)에 대비(對比)하여 식상(食傷)이 왕성하니, 관살토(官殺土)도 길신(吉神)이다. 이와 같은 현상을 격국용신(格局用神)에서는 제살태과격(制殺太過格)이라고도 한다.

원국(原局)에서 식상(食傷)이 왕성하여 예술이나 교육계통에 인연이 있을 것으로 추정된다. 실제로 학원에서 영어강사를 한 바 있다.

무신대운(戊申大運)인 39세 경오년(庚午年)에 교통사고로 처자식과 함께 사망한 명조(命造)이다. 무신대운(戊申大運)은 무계합화(戊癸合火)로 천합지형(天合地刑)이 되어 관재송사가 있을 것으로 암시하고 있고, 경오년(庚午年)은 갑경충(甲庚冲), 을경합(乙庚合)으로 천간(天干)에 충중봉합(冲中逢合)이 되고, 지지(地支)에 인오화국(寅午火局)으로 역시 기신(忌神)이 되어 형액(刑厄)이 있을 것으로 추정(推定)할 수 있다.

제 14 장

격국格局과 용신用神

제1절 격국格局의 의의

격국(格局)은 사주(四柱)의 틀이며, 그릇이나 가옥의 구조나 형태에 비유하기도 하는데, 인간의 부귀빈천, 수요장단(壽夭長短), 직업과 육친관계 등 운명을 감정하는 데 가장 중요한 역할을 한다.

격국(格局)은 일주천간(日柱天干)을 기준으로 하여 주중(柱中)의 년월일시(年月日時)를 대비하여 오행(五行)의 과다와 부족 등을 먼저 살피고, 주중(柱中)의 형충파해(刑冲破害)와 길신(吉神), 흉신(凶神) 등을 판단하여 최종적으로 결론을 내리는 것이다.

그뿐만 아니라 대운(大運)을 대비하여 미래에 찾아올 길흉화복을 복합적으로 추명(推命)하는 데에도 기초가 되는 것이며, 타고난 소질을 바탕으로 자기 분수에 맞게 임무를 완수할 수 있도록 방향을 설정해 주어 자기 인생의 항로에 등대 역할을 하는 데도 일조한다.

격국(格局)의 구성은 월지(月支)를 기준하여 육신(六神)에다가 격자(格字)를 붙이면 되는 것이다.

예를 들면, 월지(月支)에 식신(食神)이 있으면 식신격(食神格), 상관(傷官)이 있으면 상관격(傷官格), 정인(正印)이 있으면 정인격(正印格), 편인(偏印)이 있으면 편인격(偏印格), 정재(正財)가 있으면 정재격(正財格), 편재(偏財)가 있으면 편재격(偏財格), 정관(正官)이 있으면 정관격(正官格), 편관(偏官)이 있으면 편관격(偏官格), 건록(健祿)이 있으면 건록격(健祿格), 양인(羊刃)이 있으면 양인격(羊刃格) 등 십정격(十正格)이 되는 것이다. 그 외에 변격(變格)으로는 전왕격(專旺格)과 종격(從格), 화기격(化氣格)이 있고, 기타 잡격(雜格)으로 분류하기도 한다.

제2절 격국格局을 정하는 원칙

격국(格局)을 정하는 기준은 일반적으로 『자평진전(子平眞詮)』의 이론과 위천리(韋千里) 선생의 논법을 적용하고 그동안 강의를 통한 경험을 보완하였다.

『자평진전(子平眞詮)』에서는 "범간명자(凡看命者), 선관용신지하속(先觀用神之何屬), 연후혹순혹역(然後惑順惑逆), 이년월일시수간수지(以年月日時遂干遂支), 참배이권형지(參配而權衡之), 즉부귀빈천(則富貴貧賤), 자유일정리야(自有一定理也), 불향월령구용신(不向月令求用神), 이망취용신자(而妄取用神者), 집가실진야(執假失眞也)라", 즉 "운명을 판단하는 자는 무릇 용신(用神)이 어떤지 먼저 살핀 후에 비로소 순용(順用)할 것인가, 아니면 역용(逆用)할 것인가를 살피면 부귀빈천의 이치가 자연히 드러날 것이다. 월령(月令)에서 용신(用神)을 구하지 않고, 거짓으로 용신(用神)을 취하려 하면 거짓에 빠져 진실된 운명을 판단하지 못하는 것이다"라고 격국(格局)과 용신(用神)을 정할 때의 중요성을 강조하였다.

(1) 격국(格局)은 일간(日干)을 중심으로 월지장간(月支藏干) 중에서 천간(天干)에 투출(透出)된 육신(六神)을 격국(格局)으로 정한다. 월지(月支)는 계절을 나타내며 부모형제의 자리로서 부모의 영향을 가장 많이 받기 때문에 대운의 기준도 월주(月柱)로부터 정하는 것이다.

(2) 월지(月支)의 지장간(支藏干) 중에서 정기(正氣)가 투출(透出)되어 있으면 우선

먼저 격국(格局)으로 정한다.

　예를 들어 갑일간(甲日干)이 진월(辰月)에 태어났다면 辰 중의 乙癸戊가 암장(暗藏)되어 있기 때문에 천간(天干)에 戊土가 투출(透出)되어 있으면 목극토(木剋土)로 편재(偏財)가 되어 편재격(偏財格)이 되는 것이다.

　(3) 만약 월지(月支)의 지장간(支藏干) 중에서 정기(正氣)인 戊土가 투출(透出)되지 않고, 중기(中氣)인 癸水가 투출(透出)되어 있으면 정인격(正印格)이 되는 것이다.

　(4) 만약 월지(月支)의 지장간(支藏干) 중에서 정기(正氣)인 戊土가 투출(透出)되지 않고, 여기(餘氣)와 중기(中氣)가 동시에 투출(透出)되어 있다면 득근(得根)을 살펴보고 생조(生助)를 파악하여 강한 것으로 격국(格局)을 정해야 한다.
예를 들어, 乙木과 癸水가 투출(透出)되어 있고 지지(地支)에 申酉金이 있다면, 乙木은 제극(制剋)을 당하여 약하고 癸水는 생조(生助)를 받아 강하게 되어 癸水의 육신(六神)인 인수격(印綬格)이 되는 것이다.

　(5) 천간(天干)에 지장간(支藏干)이 투출(透出)되어 있지 않더라도 주중(柱中)에서 가장 왕성한 것으로 격국(格局)을 정하여야 한다. 예를 들어, 甲木이 진월(辰月)에 태어났는데 지장간(支藏干)인 乙癸戊가 천간(天干)에 투출(透出)되어 있지 않다면, 원국(原局) 전체에서 가장 강한 것으로 정(定)하거나 정기(正氣)인 戊土로써 편재격(偏財格)으로 정하게 되는 것이다.

　(6) 왕지(旺支)인 자오묘유월(子午卯酉月)은 정기(正氣)가 투출(透出)되어 있지 않더라도 격국(格局)으로 정한다. 예를 들어 甲木이 유월(酉月)에 태어나고 천간(天干)에 辛金이 투출(透出)되어 있다면 정관격(正官格)이 되는 것이고, 투출(透出)되어 있지 않다면 지장간(支藏干)의 辛金으로써 정관격(正官格)이 되는 것이다.

　(7) 월지(月支)의 지장간(支藏干)이 천간(天干)에 투출(透出)되었더라도 합(合)이나 충형(冲刑)이 되어 세력(勢力)이 약할 경우에는 격국(格局)으로 정하지 않고 용신(用神)으로 격국(格局)을 정할 수 있다.

　(8) 격국(格局)은 하나만 정하여지는 것이 아니고 둘이나 셋이 될 수 있는데, 그 중에서 가장 왕성한 것을 골라서 격국(格局)을 정하고, 지장간(支藏干) 중에서 정기

(正氣)가 우선이고, 중기(中氣), 여기(餘氣) 순으로 정한다. 그러나 일반적으로 여기(餘氣)는 격국(格局)을 정하는 경우가 없다.

(9) 원국(原局)에서 육신(六神)의 정편(正偏)이 혼잡되어 있으면 정편(正偏)을 구분하지 않는다. 예를 들면 정편재(正偏財)가 섞여 있으면 재격(財格)이라 하고, 정편관(正偏官)이 섞여 있으면 관격(官格)이라 하고, 식신(食神)은 일반적으로 길신(吉神)이지만, 식신(食神)이 2~3개 있으면 상관(傷官)과 비슷한 작용을 하기 때문에 상관격(傷官格)이라고 부른다.

제3절 용신用神과 길흉신吉凶神의 의의

용신(用神)이란 일주(日主)를 돕기 위하여 필요로 하는 길신(吉神)이다. 운명감정(運命鑑定)을 하는 데 있어서 용신(用神)이 관건이 되는 것이다.

용신(用神)은 원국(原局)의 오행을 견제하거나 균형을 잡아서 중화시켜주는 작용을 하는 것으로 인간의 정신과 마찬가지로 사주원국(四柱原局)의 중추적인 역할을 하는 것이다.

다시 말하여 용신(用神)이 득국(得局)을 하여 건왕(健旺)하면 운명도 건전하고 확실한 삶을 살아가고, 용신(用神)이 허약하거나 피상(被傷)되어 있으면 일생을 살아가는 데 상대적으로 고생을 하게 된다. 운로(運路)에 있어서도 용신(用神)이 길신(吉神)으로 가거나, 반대로 흉신(凶神)으로 가느냐에 따라 길흉화복과 영고성쇠가 달라지는 것이다.

뿐만 아니라 용신(用神)에 따라 길신(吉神)이 흉신(凶神)이 되기도 하고, 흉신(凶神)이 길신(吉神)이 되기도 하는데, 귀인(貴人)이 흉인(凶人)으로, 흉인(凶人)이 귀인(貴人)으로 되거나, 승진이 좌천으로, 좌천이 승진으로, 취재가 파산으로, 파산이 취재로 잘못 판단할 수도 있고, 유년에서도 용신(用神)의 길흉 판단에 따라 희비가 엇갈리게 되는 것이니, 용신(用神)의 변화에 대한 주의를 요한다.

예를 들어 인수운(印綬運)이 용신(用神)을 도와준다면 문서계약이 잘 이루어지거나 귀인(貴人)을 만나거나 시험에 응시하여 합격을 하는데, 만약 용신(用神)이 피상(被傷)된다면 문서계약이 파기되거나 귀인(貴人)이 갑자기 원수가 되며 시험에 낙방을 하게 된다. 재운(財運)이 피상(被傷)되면 취재가 오히려 부도가 나고, 관운(官運)이 피상(被傷)되면 승진에서 오히려 퇴직 내지는 좌천이 되거나 관재구설이 발생한다고 통변을 하면 되는 것이다.

용신(用神)이 갖추어야 할 조건은 다음과 같다.

첫째, 용신(用神)은 건왕(健旺)해야 한다. 즉 용신(用神)이 피상(被傷)되어 있지 않아야 한다.

둘째, 용신(用神)은 득국(得局)을 얻어야 한다. 즉 합(合)으로 세력을 얻어 원조를 받아야 한다.

셋째, 용신(用神)은 지지(地支)에 있는 것보다는 천간(天干)에 투출(透出)되어 있는 것이 좋다. 즉 천간(天干)에 있으면서 지지(地支)에 득근(得根)을 해야 힘이 있는 것이다.

넷째, 용신(用神)은 년(年)이나 월(月)에 있는 것보다 일(日)이나 시(時)에 있는 것이 좋다. 즉 선조나 부모궁(父母宮)에 있는 자리보다는 배우자나 자식궁(子息宮)의 자리에 있는 것이 좋다.

다섯째, 용신(用神)은 생조(生助)하면 길운(吉運)이 되고 피상(被傷)되면 흉운(凶運)이 된다.

여섯째, 용신(用神)이 없는 사주(四柱)는 없으며, 사주내(四柱內)에서 정하는 것이 우선이나 사주내(四柱內)에 없으면 운(運)에서 용신(用神)의 작용을 한다.

일곱째, 용신(用神)은 대운(大運)과 세운(歲運)에서 병살(並殺)되면 생명이 위태롭다. 즉 사주원국(四柱原局)에 있는 용신(用神)을 피상(被傷)시켜 천충지충(天冲地冲)이 되게 하거나, 또는 유년에서 용신(用神)이 오히려 피상(被傷)이 될 경우에는 "왕자충쇠 쇠자발(旺者冲衰 衰者拔) 쇠자충왕 왕신발(衰者冲旺 旺神拔)"로 용신(用神)이 몰락하는 것이다.

여덟째, 용신(用神)을 돕는 자를 길신(吉神)이라고 하고, 용신(用神)을 피상(被傷)시키는 자를 흉신(凶神)이라고 한다.

용신(用神)과 관련되는 용어는 이외에도 희신(喜神)과 기신(忌神), 약신(藥神) 또는 구신(救神)과 병신(病神), 구신(仇神)과 원신(怨神), 한신(閑神)과 보조용신(補助用神) 등이 있다.

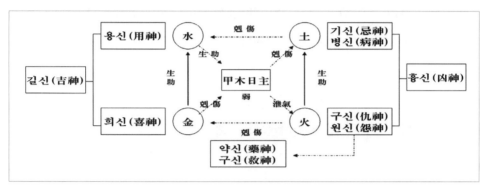

〈그림 14 -1〉 용신(用神)과 길흉신(吉凶神)

예를 들면 〈그림 14-1〉에서 갑목일주(甲木日主)가 약할 경우에 일주(日主)를 도와주는 水를 용신(用神)이라 하고, 水를 생조(生助)해주는 金을 희신(喜神)이라고 한다. 이때에 용신수(用神水)를 극(剋)하는 土가 흉신(凶神)이나 기신(忌神)이 되는 것이며, 土를 생조(生助)해주는 火를 구신(仇神)이라고 한다.

약한 갑목일주(甲木日主)에 水가 없고 金이 甲木을 극상(剋傷)하는 경우에, 火가 金을 제거해준다면 火가 길신(吉神)이며 약신(藥神)이나 구신(救神)이 되는 것이다.

만약 갑목일주(甲木日主)에 辛金이 있는데, 일주(日主)에 아무런 영향이 없으면 한신(閑神)이라고 한다. 만약 대운(大運)이나 세운(歲運)에서 丙火를 만나면 한신(閑神)인 辛金은 병신합(丙辛合)을 이루어 水로 변한다. 이때에 水가 甲木에 길(吉)한 작용을 하면 辛金은 길신(吉神)이 되는 것이고, 흉(凶)한 작용을 하면 흉신(凶神)이 되는 것이다.

아홉째, 가용신(假用神)과 보조용신(補助用神)이 있는데, 가용신(假用神)은 임시로 사용하는 용신(用神)을 말한다. 원국(原局)에서 건왕(健旺)한 용신(用神)이 없을 때 대운(大運)이나 세운(歲運)에서 들어오면 대발(大發)하지만, 그 운(運)이 지나가면 발복(發福)하기가 어렵다.

보조용신(補助用神)은 가용신(假用神)과 유사하나 사주원국(四柱原局)에 쓸 만한 용신(用神)이 없어 지장간(支藏干) 속에서 용신(用神)을 취용(取用)하는 것을 보조용신(補助用神)이라고 한다. 가용신(假用神)과 같이 대운이나 세운(歲運)에서 용신(用神)이 나타나면 대발(大發)하는 것이다.

제4절 용신用神과 길흉신吉凶神의 예

1. 용신(用神)

용신(用神)이란 앞 절에서 설명한 바와 같이 운명감정에서 가장 중요한 관건으로서 사람에 비유하면 앞을 바라볼 수 있는 눈과 같고, 차에 비유하면 운전수와 같으며, 산악인들에게는 지도와 같은 것이다.

그러므로 용신(用神)은 사주의 정신이며, 용신(用神)에 의하여 길흉이 일어나는 것이다. 만약 사주(四柱)의 용신(用神)이 허약하면, 용신(用神)을 돕는 신(神)이 흉신(凶神)을 제압하게 되어 발복(發福)을 하게 되는 것이다.

따라서 용신(用神)이 유력하면 자기 주관과 정신이 뚜렷하고, 용신(用神)이 무력하면 자기의 주관이 허약하고 인생을 살아가는 데 풍파가 많이 따르게 되며 남에게 천시를 당하며 살아가게 된다.

```
甲 庚 丁 甲
申 申 丑 午
```

```
甲癸壬辛庚己戊
申未午巳辰卯寅
```

경금일주(庚金日主)가 축월(丑月)에 태어나 득령(得令)을 하고, 일지(日支)에 申金으로 득지(得地)를 하고, 시지(時支)의 申金에 득세(得勢)를 하여 신왕사주(身旺四柱)이다. 신왕(身旺)하면 일반적으로 식상(食傷), 재성(財星), 관성(官星)이 용신(用神)이 되고, 인수(印綬)나 비겁(比劫)이 흉신(凶神)이 된다.

정관(正官)인 丁火가 午火에 근기(根氣)하고 甲木의 생조(生助)를 받으니, 신왕관왕(身旺官旺)이 되어 귀격(貴格)이 되었다. 재성(財星)인 시간갑목(時干甲木)은 申金의 절지(絶地)에 있고, 연간갑목(年干甲木)은 午火에 설기(泄氣)되어 무력하다. 따라서 丁火가 용신(用神)이고 재성(財星)인 甲木이 희신(喜神)으로서 길신(吉神)이 되는 것이다. 대운(大運)마저 목화운(木火運)으로 향(向)하니 더욱 길명(吉命)이 된다.

2. 희신(喜神)

희신(喜神)이란 일반적으로 용신(用神)을 도와주는 기쁜 신(神)이란 뜻이다. 그러나 희신(喜神)뿐만 아니라 일주(日主)를 도와주거나 약신(藥神)을 도와주는 경우도 있다.

```
丙 乙 壬 甲
戌 卯 申 申
```

```
己 戊 丁 丙 乙 甲 癸
卯 寅 丑 子 亥 戌 酉
```

乙木이 신월(申月)에 태어나고 壬水가 투간(透干)하여 한랭하다. 그러므로 시상
(時上)의 丙火가 조후(調候)하므로 일주(日主)를 도와줌으로써 희신(喜神)이 되는
동시에 용신(用神)의 작용도 한다. 사주원국(四柱原局)에서 일주(日主)가 허약한데
설기(泄氣)하는 丙火가 흉신(凶神) 작용을 할 것 같으나, 조후(調候)로써 乙木의 생
기(生氣)가 되어 희신(喜神)이 된다. 일반적으로 신왕(身旺)하여 설기(泄氣)하는 용
신(用神)의 경우와, 신약(身弱)한데 설기(泄氣)하는 용신(用神)의 경우를 비교하면
부귀빈천과 청탁(清濁)이 다르다.

3. 기신(忌神)

```
戊 丙 己 乙
戌 寅 丑 巳
```

```
壬 癸 甲 乙 丙 丁 戊
午 未 申 酉 戌 亥 子
```

기신(忌神)은 길(吉)한 작용을 하는 용신(用神), 희신(喜神), 약신(藥神)을 파극(破
剋)하거나 길신(吉神)의 작용을 방해하므로 역신(逆神)이라고도 한다.

丙火가 축월(丑月)에 태어나고 식상(食傷)인 토기(土氣)가 왕성하여 신약(身弱)하다. 그러므로 土가 기신(忌神)이다. 乙木과 寅木이 있어 토기(土氣)를 파극(破剋)하지만 역부족이다. 원국(原局)에서 목용신(木用神)이 약하고 토식상(土食傷)이 왕(旺)하니, 시작은 있으나 결실은 작다. 그러나 대운(大運)이 목화운(木火運)으로 향하여 대길명(大吉命)이다.

4. 병신(病神)

병신(病神)이란 용신(用神)을 극(剋)하여 무력하게 하는 흉신(凶神)을 말한다. 원국(原局)의 용신(用神)이 무력하고, 병신(病神)이 강왕(强旺)하면 일주(日主)는 병이 드는 것이다.

만약 사주(四柱)에 병신(病神)이 있는데 약신(藥神)이 병신(病神)을 극제(剋制)시키면, 오히려 일주(日主)가 강왕(强旺)하여 군인이나 법관 등 만인을 다스리는 명망 있는 정치가가 될 수 있다.

$$
\begin{array}{cccc}
乙 & 甲 & 戊 & 乙 \\
亥 & 辰 & 子 & 未
\end{array}
$$

$$
\begin{array}{ccccccc}
辛 & 壬 & 癸 & 甲 & 乙 & 丙 & 丁 \\
巳 & 午 & 未 & 申 & 酉 & 戌 & 亥
\end{array}
$$

甲木 일주(日主)가 양을목(兩乙木)과 亥子辰이 도우니 태왕(太旺)하다.

왕목(旺木)을 극제(剋制)하는 금관성(金官星)이나 설기(泄氣)하는 화기(火氣)가 없으니 戊土로써 용신(用神)을 취용(取用)해야 한다. 일주(日主)가 태왕(太旺)한데 왕목(旺木)이 용신(用神)인 戊土를 극(剋)하니 용신(用神)이 미약하다.

용신(用神)을 돕는 화기(火氣)가 미중정화(未中丁火)에 있으나 역시 약하다. 따라서 일주(日主)의 甲木인 병신(病神)으로 용신(用神)인 戊土를 짓밟고 있다. 병신(病神)을 극제(剋制)하는 관성(官星)도 없으니 병신(病神)이 무법천지(無法天地)와 같다. 용신(用神)이 미약하니 식복(食福)이 약하다.

5. 구신(仇神)

구신(仇神)은 원수같은 신(神)이란 뜻이다.

구신(仇神)은 원신(怨神)이라고도 한다. 구신(仇神)은 일주(日主)에 가장 흉(凶)한 병신(病神)을 생조(生助)해 준다. 사주원국(四柱原局)에 병신(病神)이 강왕(强旺)한데 구신(仇神)까지 병신(病神)을 도와준다면 일주(日主)는 더욱 불길하게 되는 것이다.

만약 병신(病神)을 제거하는 약신(藥神)이 있다면 약신(藥神)을 구신(仇神)이 극제(剋制)를 하면 약신(藥神)의 작용이 약하여 유병무약(有病無藥)이 되는 경우와 같은 것이다.

辛	辛	癸	丁
卯	丑	丑	未

丙 丁 戊 己 庚 辛 壬
午 未 申 酉 戌 亥 子

신금일주(辛金日主)가 축토월(丑土月)로 태어나 득령(得令)하였는데, 년월지(年月支)에 丑未土가 생조(生助)하고, 시간신금(時干辛金)이 투출(透出)하여 태왕(太旺)하다.

그러나 辛金이 축월(丑月)이라 한습(寒濕)하므로 연상(年上)의 관성(官星)인 丁火가 조후(調候)로 용신(用神)이 되고, 용신(用神)을 돕는 卯木은 희신(喜神)이다. 그리고 정화용신(丁火用神)을 극(剋)하는 월상계수(月上癸水)가 병신(病神)이며, 병신(病神)을 돕는 일주신금(日主辛金)이 구신(仇神)이며, 원신(怨神)이 되는 것이다. 원국

(原局)에서 용신(用神)이 정계충(丁癸沖), 축미충(丑未沖)으로 천충지충(天沖地沖)이 되어 병신(病神)이 득세(得勢)한 형상이다.

6. 약신(藥神)

약신(藥神)이란 병이 들어있는 사주(四柱)를 치료한다는 의미에서 비롯된 말이다. 약신(藥神)은 구신(救神)이라고도 한다. 원국(原局)에 용신(用神)이 있는데 용신(用神)을 극(剋)하는 병신(病神)을 극제(剋制)시킨다면 용신(用神), 병신(病神), 약신(藥神)이 함께 갖추어진 사주명국(四柱命局)이 되는 것이다.

그래서 사주(四柱)에 용신(用神)이 있는데 길운(吉運)을 만나면 발복(發福)하지만, 약신(藥神)은 길운(吉運)을 만나면 약신운(藥神運)에 비약할 수 있으나 그 운이 지나가면 다시 고난이 따른다.

```
癸 辛 己 乙
巳 卯 丑 未
```

```
壬 癸 甲 乙 丙 丁 戊
午 未 申 酉 戌 亥 子
```

신금일주(辛金日主)가 축토월(丑土月)에 태어나고 년지미토(年支未土)에 월간기토(月干己土)에 생조(生助)하여 신왕(身旺)하여 土가 병이 되었다. 그래서 병(病)을 제거하는 乙木이 약신(藥神)이 되는 것이다.

을목약신(乙木藥神)은 卯木에 득근(得根)하고 癸水의 생조(生助)를 받으니, 원국(原局)은 乙木이 강왕(强旺)하여 유력하므로 용신(用神)도 가능하다.

따라서 乙木을 약용신(藥用神)이라고 할 수 있다.

癸水는 용신(用神)을 생조(生助)하니 희신(喜神)이면서 길신(吉神)이 되는 것이다.

또한 辛金이 축월(丑月)이라 한습(寒濕)하므로 巳火는 조후(調候)로 길신(吉神)이 되는 것이다.

7. 악신(惡神)

악신(惡神)이란 원명(原命)에서 어느 한 자(字)의 방해로 인하여 귀명(貴命)이 될 수 없는 경우를 뜻한다. 악신(惡神)은 천간(天干)에서도 나오지만 대부분 지지(地支)에 있어 제거하기 어려운 경우가 많다.

그래서 대운(大運)이나 세운(歲運)이 들어오면서 잠깐 제거했을 때 발복(發福)하다가 그 운이 지나가면 다시 악운(惡運)의 작용을 한다.

```
己 乙 己 乙
卯 酉 卯 亥
```

```
丙 乙 甲 癸 壬 辛 庚
戌 酉 申 未 午 巳 辰
```

乙木이 중춘(仲春)인 목왕절(木旺節)에 태어나 해묘목국(亥卯木局)으로 곡직격(曲直格)이 되었는데, 酉金의 악신(惡神)이 있어 곡직격(曲直格)을 방해(妨害)하고 있다.

酉金의 악신(惡神)을 제거할 방법이 없었는데, 오대운(午大運)에 午火가 酉金을 화극금(火剋金)으로 악신(惡神)을 제거할 수 있었다. 본명(本命)은 여명(女命)으로서 오대운(午大運)에 결혼을 하고 딸을 두었으나 오대운(午大運)이 지나면서 이혼을 하였다.

8. 한신(閑神)

한신(閑神)이란 일주(日主)에 무해무득(無害無得)한 신(神)이라고 할 수 있다.

사주원국(四柱原局)에 나타나 있는 것은 대운(大運)이나 세운(歲運)에서 합(合)이나 충(沖), 또는 형(刑)을 하게 되었을 때 일주(日主)에 유리한 작용을 하면 길신(吉神)이 되는 것이고, 반대로 불리한 작용을 하면 흉신(凶神)이 되는 것이다.

```
戊 己 甲 丁
辰 酉 辰 丑
```

```
丁 戊 己 庚 辛 壬 癸
酉 戌 亥 子 丑 寅 卯
```

기토일주(己土日主)가 辰月에 태어나 득령(得令)하고, 연지축토(年支丑土)와 시주(時柱)인 戊辰으로 방조(幫助)하여 신왕(身旺)하다. 己土가 월간갑목(月干甲木)과 갑기합토(甲己合土)로 합화토(合化土)가 되었고, 왕토(旺土)인 진월(辰月)이라 갑기합화기격(甲己合化氣格)이 되었다.

사주원국(四柱原局)이 토기(土氣)로 종세(從勢)하니 화기(火氣)가 용신(用神)이 되는 것이다. 일지유금(日支酉金)은 왕토(旺土)를 설기(泄氣)시키기에는 너무 약하여 일주(日主)에 도움이 되지 않는다. 이런 경우에 酉金을 한신(閑神)이라고 한다.

흉신(凶神)인 묘목대운(卯木大運)에 묘유충(卯酉沖)으로 卯木을 제거(除去)하니 한신(閑神)이 약신(藥神)으로 역할을 함으로써 일주(日主)를 돕는다. 이런 경우에 酉金을 약신(藥神)이라고 할 수 있다.

9. 가용신(假用神)

가용신(假用神)이란 정용신(正用神)이 없어서 임시로 사용하는 신(神)을 말한다. 사주(四柱)를 간명(看命)할 때에 유력한 용신(用神)이 없어, 용신(用神)이 나올 때까지 사용할 수밖에 없으므로 가용신(假用神)이라고 하는 것이다.

대운(大運)에서 용신(用神)이 나타나면 비약적인 발전을 할 수 있지만 그 운이 지나가면 발전할 수가 없다.

```
戊 丙 乙 戊
子 午 卯 子
```

```
壬 辛 庚 己 戊 丁 丙
戌 酉 申 未 午 巳 辰
```

병화일주(丙火日主)가 묘월(卯月)에 태어나 득령(得令)하고 좌하(坐下)에 午火로 득지(得地)하여 신왕(身旺)하다. 사주원국에서 일주를 돕는 비겁(比劫)과 인성(印星)이 4개이며, 일주를 극제(剋制)하는 식상(食傷), 재성, 관성이 4개로서 4 : 4가 되는데, 월령(月令)이 일주를 돕는 인성(印星)이 되어 태왕(太旺)한 것이다.

시상(時上)의 戊土가 午火에 양인(羊刃)이 되어 있으면서 왕성한 丙火를 설기(泄氣)하니 가용신(假用神)이 된다. 정용신(正用神)은 금기(金氣)인데, 원국에는 없고 대운에서 庚申, 辛酉에 대발(大發)하였다. 원국(原局)에서 子水는 자오충(子午沖), 자묘형(子卯刑)으로 수기(水氣)가 약화되었다.

10. 보조용신(補助用神)

보조용신(補助用神)이란 가용신(假用神)과 비슷하다. 가용신(假用神)은 사주원국에 정용신(正用神)이 없어 나타난 오행 중에서 임시로 사용하는 용신(用神)이다. 보조용신(補助用神)은 사주원국에 정용신(正用神)이 없어 지장간(支藏干) 속에 숨어 있는 용신(用神)을 취용하게 되니, 이것을 보조용신(補助用神)이라고 한다. 다시 말하여 대운(大運)이나 세운(歲運)에서 용신(用神)이 나타나 보조용신(補助用神)을 도와주는 것을 말한다. 이때는 비약적인 발전이 있지만 그 운이 지나가면 다시 원위치로 돌아간다.

$$己\ 甲\ 己\ 甲$$
$$巳\ 午\ 巳\ 戌$$

$$丙\ 乙\ 甲\ 癸\ 壬\ 辛\ 庚$$
$$子\ 亥\ 戌\ 酉\ 申\ 未\ 午$$

갑목일주(甲木日主)가 갑기합화토(甲己合化土)로 화기격(火氣格)이 되어 종재격(從財格)으로 보인다. 甲木이 화왕절(火旺節)이라 木은 화다목분(火多木焚)이 되고, 土는 화다토초(火多土焦)가 되어 편고(偏枯)한 명(命)이다. 그러므로 水가 정용신(正用神)이 되는데, 사주원국(四柱原局) 壬申, 癸酉에 대발(大發)하였다가 甲戌, 乙亥 대운에는 고전하며 살아가고 있다.

제5절 용신用神을 결정하는 방법

용신(用神)은 사주원국(四柱原局)의 음양오행의 조화와 균형을 위하여 필요로 하는 오행이나 육신(六神)을 말한다. 또 용신(用神)이라는 것은 조후(調候)와 절기(節氣), 격국용신(格局用神), 천부지재(天覆地載), 유정무정(有情無情), 청탁(清濁) 등을 참작해서 보아야 한다.

먼저 용신(用神)을 결정하려면 일주(日主)의 강약을 구분할 줄 알아야 한다. 일주(日主)가 강왕(强旺)하면 극제(剋制)하는 관살(官殺)로서 용신(用神)을 정(定)하고, 만약 관살(官殺)이 없으면 재성(財星)을 용신(用神)으로 정하고, 재성(財星)이 없으면 식신(食神)이나 상관(傷官)으로 용신(用神)을 정하면 되는 것이다.

용신(用神)을 육신별(六神別)로 다시 설명을 하면,

첫째, 원국(原局)에 인수(印綬)가 많으면 재성(財星)을 용신(用神)으로 정하고, 재성(財星)이 없으면 관성(官星)으로 정하고, 관성(官星)이 없으면 식상(食傷)으로 용신(用神)을 정한다.

둘째, 원국(原局)에 비겁(比劫)이 많아서 신왕(身旺)하면 관성(官星)으로 정하고, 관성(官星)이 없으면 식상(食傷)이 용신(用神)이고, 식상(食傷) 없으면 재성(財星)으로 용신(用神)을 정한다.

셋째, 원국(原局)에서 식상(食傷)이나 관성(官星)이 많아서 신약(身弱)하면 인수(印綬)로 용신(用神)을 정하고, 인수(印綬)가 없으면 비겁(比劫)이 용신(用神)이 되는 것이다.

넷째, 재성(財星)이 많아서 신약(身弱)하면 비겁(比劫)이 용신(用神)이고, 비겁(比劫)이 없으면 인수(印綬)로서 용신(用神)을 정한다.

다섯째, 원국(原局)에서 식상(食傷)과 관살(官殺)이 같이 있을 때에는 식상(食傷)의 세력과 관성(官星)의 세력을 비교하여 판단해야 한다.

이때 식상(食傷)이 많으면 제살태과격(制殺太過格)이라고 하여 인수(印綬)와 비겁(比劫)은 물론 관살(官殺)을 용신(用神)으로 정해야 하고, 반대로 관살(官殺)이 많으면 인수(印綬)와 비겁(比劫)은 물론 식상(食傷)을 용신(用神)으로 정해야 한다. 단, 식상(食傷)이나 관살(官殺)이 3개 이상이 있는 경우를 말한다.

여섯째, 원국(原局)이 비겁(比劫)으로 태왕(太旺)하면 일주(日主)를 중심으로 한 종격(從格)이라고 한다. 이때에,

木 일주가 전지지(全地支)에 목국(木局)이 되면 곡직격(曲直格)이라고 하고,

火 일주가 전지지(全地支)에 화국(火局)이 되면 염상격(炎上格)이라고 하고,

土 일주가 전지지(全地支)에 토국(土局)이 되면 가색격(稼穡格)이고,

金 일주가 전지지(全地支)에 금국(金局)이면 종혁격(從革格)이며,

水 일주가 전지지(全地支)에 수국(水局)이면 윤하격(潤下格)이 되는 것이다.

일곱째, 원국(原局)의 일주(日主)가 의지할 곳이 없으면 태왕(太旺)한 세력으로

종(從)하여야 한다.

전지지(全地支)가 재성(財星)이고 천간(天干)에 재성(財星)이 투간(透干)되어 있으면 종재격(從財格)이 되는 것이고,

전지지(全地支)가 식상(食傷)이 되고 천간(天干)에 식상(食傷)이 투간(透干)되어 있으면 종아격(從兒格)이고,

전지지(全地支)가 관국(官局)이 되고 천간(天干)에 관살(官殺)이 투간(透干)되어 있으면 종살격(從殺格)이 되는 것이다.

제6절 용신用神의 종류

용신(用神)은 억부(抑扶)용신, 조후(調候)용신, 병약(病藥)용신, 통관(通關)용신, 전왕(專旺)용신으로 구분한다. 용신(用神)은 이상의 방법에서 서로가 연관되어 있기 때문에 2~3개의 방법이 중복되어 있을 수도 있으나 사주원국(四柱原局)의 특징에 따라 올바르게 정하여야 한다.

1. 억부용신(抑扶用神)

억부(抑扶)란 일주(日主)를 기준으로 하여 억제하거나 생조(生助)한다는 뜻이다. 사주원국(四柱原局)에서 신강(身强)과 신약(身弱)을 먼저 구분하고, 신강(身强)하면 일간(日干)을 식상(食傷), 재성(財星), 관성(官星) 등으로 설기(泄氣)하거나 극제(剋制)하여야 하고, 신약(身弱)하면 일간(日干)을 인수(印綬)나 비겁(比劫)으로 생조(生助)하여야 한다.

사주원국(四柱原局)에 비겁(比劫)이 강왕(强旺)할 때에는 관성(官星)이 용신(用神)이고, 재성(財星)과 식상(食傷)이 희신(喜神)이 되는 것이며, 인수(印綬)가 강왕(强旺)할 때는 재성(財星)이 용신(用神)이고, 식상(食傷)과 관성(官星)이 희신(喜神)이 되는 것이다. 또한 식상(食傷), 재성(財星), 관성(官星)이 많을 때에는 인수(印綬)가 용신

(用神)이 되고, 그 다음으로 비겁(比劫)이 용신(用神)이 되는 것이다.

```
丙 丙 庚 丙
申 寅 子 辰
```

```
丁 丙 乙 甲 癸 壬 辛
未 午 巳 辰 卯 寅 丑
```

병화일주(丙火日主)가 수왕절(水旺節)인 경자월(庚子月)에 태어나 실령(失令)하였고, 연월시지(年月時支)가 申子辰으로 삼합수국(三合水局)으로 수기(水氣)가 왕성한데, 庚金이 금생수(金生水)하여 제살태과(制殺太過)로 신약(身弱)하다. 다행하게도 일지인목(日支寅木)에 인수(印綬)로 의지하니, 寅木이 용신(用神)이다.

寅木이 없으면 병화비겁(丙火比劫)이 용신(用神)이다. 격국용신(格局用神)으로는 정관용인격(正官用印格)이며, 대운마저 목화운(木火運)으로 운행하여 대귀(大貴)한 길명(吉命)이다. 여기에서 주의할 것은 관살태왕(官殺太旺)으로 식상(食傷)인 조토(燥土)가 길신(吉神)이 되는 것이다.

```
乙 乙 乙 癸
酉 巳 卯 卯
```

```
戊 己 庚 辛 壬 癸 甲
申 酉 戌 亥 子 丑 寅
```

乙木 일주가 목왕절(木旺節)인 을묘월(乙卯月)에 출생하여 득령(得令)하였고, 년

주(年柱)인 癸卯에 득세(得勢)하여 신왕(身旺)하다. 신왕(身旺)하면 억제가 필요한데, 다행하게도 시지(時支)에 酉金이 있고, 일지사화(日支巳火)와 巳酉로 합금국(合金局)되어 관성(官星)도 왕성하다. 신왕(身旺)한 일주(日主)를 충분하게 극제(剋制)할 수 있으므로 酉金이 용신(用神)이다.

만약 酉金이 없으면 토재성(土財星)이 용신(用神)이고, 그 다음에 화식상(火食傷)이 되는 것이다. 격국용신(格局用神)으로는 건록용관격(建祿用官格)이며, 대운마저 토금운(土金運)으로 운행하여 대귀(大貴)한 길명(吉命)이다.

2. 조후용신(調候用神)

조후용신(調候用神)은 관성(官星), 재성(財星), 식상(食傷), 인수(印綬), 비겁(比劫)을 연관시키지 않고, 또한 일주의 강약을 고려하지 않고, 오직 사주원국(四柱原局)의 한난(寒暖)과 조습(燥濕)의 조화를 고려하여 취용하는 것이다.

사주원국(四柱原局)이 한랭하면 화기로 온난하게 하고, 조열(燥熱)하면 수기(水氣)로 한랭하게 하고, 한습하면 건조하게 하고, 건조하면 윤습(潤濕)으로 조화시키고 중화작용을 하는 오행이 조후용신(調候用神)이 되는 것이다. 다시 말하여 춘하추동이 순환하는 기후조건을 조절하는 신(神)이 용신(用神)이 되는 것이다.

```
癸 辛 庚 辛
巳 丑 子 卯
```

```
癸 甲 乙 丙 丁 戊 己
巳 午 未 申 酉 戌 亥
```

일시지(日時支)가 사축금국(巳丑金局)인데, 시상(時上)의 癸水마저 투간(透干)하여 금수한랭(金水寒冷)이 태왕(太旺)하여 화기(火氣)가 필요하다.

다행하게 신금일주(辛金日主)가 한랭(寒冷)한 수왕절(水旺節)인 자월(子月)에 태어나고, 년월간(年月干)이 庚辛金이고, 다행하게도 시지(時支)에 巳火가 있어 용신(用神)이 되는데, 사축금국(巳丑金局)으로 금수태왕(金水太旺)으로 화식직전(火熄直前)에 있어 무력하다. 년지의 卯木은 습목(濕木)이며, 동목(凍木)이 되어 목생화(木生火)를 할 수 없어 안타까운데, 대운(大運)이 용신(用神)을 도와주는 남방화운(南方火運)으로 운행하여 길명(吉命)이다.

丙	庚	壬	壬
子	寅	子	子

己戊丁丙乙甲癸
未午巳辰卯寅丑

庚金 일주가 한랭지절(寒冷之節)인 임자월(壬子月)에 태어나고, 년주인 壬子와 시지(時支)의 子水로 금수태왕(金水太旺)하여 천한지동(天寒地凍)으로 화기(火氣)가 필요하다. 다행하게도 시상병화(時上丙火)가 일지인목(日支寅木)에 득장생(得長生)하여 丙火가 왕성하게 되므로 용신(用神)이 되었다. 사주원국(四柱原局)에서 식상(食傷)이 태왕(太旺)하여 관살(官殺)을 용신(用神)으로 하는 제살태과격(制殺太過格)이라고 한다. 대운(大運)마저 동남방향으로 운행하여 대귀(大貴)한 길명(吉命)이다.

$$己\ 庚\ 己\ 壬$$
$$卯\ 寅\ 酉\ 申$$

$$丙乙甲癸壬辛庚$$
$$辰卯寅丑子亥戌$$

경금일주(庚金日主)가 금왕절(金旺節)인 유월(酉月)에 태어나고, 년월지(年月支)가 신유금국(申酉金局)이 되고, 壬水가 투출되어 금수태왕(金水太旺)하다. 유월금(酉月金)이 하강(下降)되고 한습하여 화기(火氣)가 있어야 하나 화기(火氣)는 없다. 그러나 寅中의 丙火가 있는데, 인묘목국(寅卯木局)이 목생화(木生火)할 수 있는 능력이 있으므로 조후용신(調候用神)이 되며, 대운(大運)마저 북동방향으로 운행하여 다행이다. 격국용신(格局用神)으로는 양인격(羊刃格)이라고 하며, 신왕재왕(身旺財旺)으로 부귀한 길명(吉命)이다.

3. 병약용신(病藥用神)

고서(古書)에 따르면 "유병방위기(有病方爲奇), 무상불시기(無傷不是奇), 격중여거병(格中如去病), 재록희상수(財祿喜相隨)"라고 하였다.

즉 사주원국(四柱原局)에 병신(病神)이 있는데, 약신(藥神)이 있어 병을 제거하거나, 운로(運路)에서 약신(藥神)을 만나 병신(病神)을 제거하면 해충을 제거하여 병들고 시들시들한 초목이 생기를 얻는 것과 같아 대부대귀할 수가 있는 것이며, 병이 가벼운데 약도 가벼우면 소부소귀(小富小貴)하고, 병도 없고 약도 없으면 평범한 명(命)이다.

그런데 사주원국(四柱原局)에 병신(病神)이 중(重)하고 약신(藥神)이 없는 경우에, 운로(運路)에서 약신(藥神)을 만나면 대발(大發)하지만 약운(藥運)이 지나면 불길하게 되는 것이다.

예를 들어 수일주(水日主)가 토왕(土旺)하여 토극수(土剋水)로 신약(身弱)하니 土가 병신(病神)이 되는 것이다. 이때에 木이 있으면 병신(病神)인 土를 제거하여 약신(藥神)이 되는 것이다.

또한 금일주(金日主)가 토왕(土旺)하면 토다금매(土多金埋)가 되어 土가 병신(病神)이 된다. 金이 또 있다면 병신(病神)인 왕토(旺土)가 설기(泄氣)되어 길신(吉神)이 되는 것이다. 이때 金이 없고 木이 있다면 목극토(木剋土)로 소토(疏土)하게 되니 약신(藥神)이 되는 것이다.

또한 木과 金이 모두 있는 경우에는 水가 있다면 왕토(旺土)를 토생금(土生金)으로 설기(泄氣)하여 다시 금생수(金生水)하고 수생목(水生木)함으로써 목왕(木旺)을 하게 되어 목극토(木剋土)로 왕토(旺土)를 극(剋)하게 되니, 水는 길신(吉神)이 되는 것이다. 그러나 水가 없으면 金이 木을 극제(剋制)하여 약신(藥神)인 木을 허약하게 하니 불길하다. 따라서 병약(病藥)이라고 하는 것은 일반적으로 오행(五行)이 많은 것이 병이 되고 있는데, 이 병을 제거하는 오행이 약이 되는 것이다.

병화일주(丙火日主)가 정사월(丁巳月)에 태어나고, 또 년월간(年月干)에 丁丁과 지지(地支)의 巳未로 화국(火局)이 되어 비겁(比劫)이 태왕(太旺)하다. 조열(燥熱)하여, 火가 병이 되는 것이다.

다행하게도 시지(時支)의 子水와 일지(日支)의 申金이 신자합수국(申子合水局)하여 왕화(旺火)를 수극화(水剋火)로 제거병(除去病)하니, 수기(水氣)가 약이 되는 것이다. 그러므로 수관성(水官星)이 약신(藥神)인 동시에 용신(用神)이 되는 것이다.

일반적으로 신왕(身旺)하면 식상(食傷), 재성(財星), 관성(官星)이 용신(用神)이 되는데, 연지미토(年支未土)는 사미화국(巳未火局)이 되었고, 시간무토(時干戊土)는 신자합수국(申子合水局)에 토류(土流)가 되어 미약하다. 그러나 대운(大運)에서 북방수국(北方水局)으로 운행하여 대부대귀(大富大貴)한 길명(吉命)이다.

丙	甲	戊	己
寅	辰	辰	未

辛 壬 癸 甲 乙 丙 丁
酉 戌 亥 子 丑 寅 卯

갑목일주(甲木日主)가 무진월(戊辰月)에 태어나고, 일지진토(日支辰土)와 년주의 己未로 토재(土財)가 왕성하여 甲木을 극제(剋制)하니 토병(土病)이 되었다.

시지인목(時支寅木)이 왕토(旺土)를 목극토(木剋土)로 제거병(除去病)하여, 寅木이 약이 되는 것이다. 그러므로 목비겁(木比劫)이 약신(藥神)인 동시에 용신(用神)이 되는 것이다.

일반적으로 재성이 왕성하여 일간(日干)이 약하게 되면 재다신약(財多身弱)이라고 한다. 그러므로 신약(身弱)이 되면 인수(印綬)와 비겁(比劫)이 용신(用神)이 되는데, 본명은 수인수(水印綬)가 진중계수(辰中癸水)에 암장되어 있어 미약하다.

따라서 일간(日干) 甲木은 寅木이 녹지가 되고 인진목국(寅辰木局)으로 부조(扶助)하여 아름답다. 대운(大運)도 수목방향으로 운행(運行)하여 대부대귀(大富大貴)한 길명(吉命)이다.

4. 통관용신(通關用神)

　통관용신(通關用神)이란 사주원국(四柱原局)에서 오행의 강약이 균등하여 서로 대립되어 있을 때, 양대 세력의 중간에서 소통시켜 상극의 관계를 상생의 관계로 화해시켜 통관시켜주는 오행을 말한다.

　예를 들면 사주원국(四柱原局)에 水火가 상전(相戰)으로 상극관계에 있을 때 그 중간에 木으로 수생목(水生木), 목생화(木生火)하여 상극을 소통시켜 서로의 상생관계로 통관시켜주고, 木土가 상전(相戰)하면 火가 목생화(木生火), 화생토(火生土)로 통관시켜주는 것이다.

　또한 火金이 상전(相戰)하면 土가 화생토(火生土), 토생금(土生金)으로 통관시켜주고, 土水가 상전(相戰)하면 金이 토생금(土生金), 금생수(金生水)로 통관시켜주고, 金木이 상전(相戰)하면 水가 금생수(金生水), 수생목(水生木)으로 통관시켜주는 오행이 용신(用神)이 되는 것이다. 일반적으로 통관은 약한 오행을 중간에서 소통시킴으로써 상생이 되어 왕성하게 되므로 흉변위길(凶變爲吉)이 된다.

$$甲\ 丙\ 庚\ 癸$$
$$午\ 辰\ 申\ 亥$$

$$癸\ 甲\ 乙\ 丙\ 丁\ 戊\ 己$$
$$丑\ 寅\ 卯\ 辰\ 巳\ 午\ 未$$

　병화일주(丙火日主)가 금왕절(金旺節)인 경신월(庚申月)에 태어나 실령(失令)하였고, 일지좌하(日支坐下)의 辰土와 년주(年柱)인 癸亥水로 재살(財殺)이 태왕(太旺)하여 병화일주(丙火日主)가 화몰직전(火沒直前)에 있다.

　시지오화(時支午火)가 丙火를 방조(幫助)하고 왕금(旺金)을 극제(剋制)시켜주니 길신(吉神)임에는 틀림이 없으나 金水에 대비하여 미약하다. 다행하게도 시간갑목(時干甲木)이 금생수(金生水), 수생목(水生木)으로 金水의 기운을 설기(泄氣)시켜주면서 丙火 일간을 목생화(木生火)로 생조(生助)하여 주니, 시간(時干) 甲木이 수화상전(水火相戰)을 소통(疏通)시켜 통관용신(通關用神)이 된 것이다. 격국용신(格局用神)으로는 편재용인격(偏財用印格)이 되면서 식신제살격(食神制殺格)이 되는 것이다.

```
戊 丙 壬 壬
戌 子 子 申
```

```
己 戊 丁 丙 乙 甲 癸
未 午 巳 辰 卯 寅 丑
```

병화일주(丙火日主)가 수왕절(水旺節)인 임자월(壬子月)에 태어나 실령(失令)하였고, 지지(地支)가 申子로 합수국(合水局)이 되고, 양임수(兩壬水)가 투출되어 수왕(水旺)하고 있는데, 시주인 戊戌土가 병일간(丙日干)을 설기(泄氣)시켜 더욱 약화시키고 있다.

戊戌土는 왕수(旺水)를 토극수(土剋水)로 분산시켜 오히려 일간병화(日干丙火)를 보호해주고 있으니, 수화상전(水火相戰)을 소통시켜 길신(吉神)의 역할로 통관용신(通關用神)이 되는 것이다.

일반적으로 사주원국(四柱原局)에 식상(食傷)과 관살(官殺)이 병행하여 있을 때 식상(食傷)의 세력이 강왕하면 관살(官殺)이 길신이 되고, 관살(官殺)의 세력이 강왕하면 식상(食傷)이 길신이 되는 것이다. 이러한 경우를 격국용신(格局用神)에서는 식신제살격(食神制殺格)이라고 한다. 따라서 본명(本命)은 관살(官殺)이 태왕하고 식상(食傷)이 약하여 식상(食傷)인 土가 용신(用神)이 된 것이다.

5. 전왕용신(專旺用神)

전왕(專旺)이란 사주원국(四柱原局)에 동일한 오행이 편중되거나 상생하는 오행이 편중되어 그 세력을 억제하기 어려워 오히려 편중된 세력에 순응하여 따라가는 오행을 용신(用神)으로 정하는 것이다.

일반적으로 "왕즉의설의상(旺則宜泄宜傷), 쇠즉희방희조(衰則喜幇喜助)"라고 하여 오행의 중화(中和)와 조화를 기뻐하는 것이다. 그러나 사주원국(四柱原局)에 어느 오행이 극왕(極旺)하게 되면 오히려 극설(剋泄)하게 되어 왕신(旺神)이 노발한다.

그러므로 어느 오행이 전왕(專旺)하면 그 강세에 종세(從勢)하여 생조(生助)나 방조(幇助)하거나 설(泄)해야 한다. 전왕(專旺)에는 종격(從格)이나 독상격(獨象格), 화기격(化氣格) 등이 이에 속하지만 격국용신론(格局用神論)에서 다시 상론(詳論)한다.

일주(日主)가 극왕(極旺)하고 재관(財官)이 무력할 경우에 오직 일주(日主)의 왕세(旺勢)에 종세(從勢)하니, 인수(印綬)와 비겁(比劫)과 식상(食傷)이 용신(用神)이 되는 것이다.

또한 일주(日主)가 인수(印綬)와 비겁(比劫)이 없어 무력하므로 일주(日主) 외의 타오행(他五行)에 종세(從勢)하니 식상(食傷)이 태왕(太旺)하면 종아격(從兒格)이 되고, 재성(財星)이 태왕(太旺)하면 종재격(從財格)이 되고, 관살(官殺)이 태왕(太旺)하면 종살격(從殺格)이 되는 것이다.

일반적으로 종왕격(從旺格)이나 종강격(從强格)은 인수(印綬)와 비겁(比劫)과 식상(食傷)이 용신(用神)이 되고, 종아격(從兒格)이나 종재격(從財格)은 식상(食傷)과 재성(財星)과 관살(官殺)을 용신(用神)으로 기뻐하지만, 특히 종살격(從殺格)은 재성(財星)과 관살(官殺)을 희(喜)하는데, 인수(印綬)가 기신(忌神)이 된다는 것을 명심해야 한다.

(1) 종왕용신(從旺用神)

```
乙 甲 乙 癸
亥 寅 卯 卯
```

```
戊 己 庚 辛 壬 癸 甲
申 酉 戌 亥 子 丑 寅
```

갑목일주(甲木日主)가 목왕절(木旺節)인 을묘월(乙卯月)에 태어나서 득령(得令)하였고, 전지지(全地支)가 寅卯卯와 寅亥로 합목국(合木局)되어 사주원국(四柱原局)이 水木으로 태왕(太旺)하여 천지(天地)가 목기세(木氣勢)로 되니, 종왕격(從旺格)이 되었다.

강왕(强旺)한 일간목(日干木)을 생조(生助)하는 인수(印綬)와 비겁(比劫)인 水木을 설기(泄氣)하는 식상(食傷)인 화기(火氣)가 용신(用神)이 되는 것이다.

대운(大運)에서 동북방향인 수목운(水木運)에 대발(大發)하였으나, 庚戌과 己酉 대운(大運)에 금목상전(金木相戰)으로 패망하였다.

```
丁 乙 丁 甲
亥 未 卯 寅
```

```
甲 癸 壬 辛 庚 己 戊
戌 酉 申 未 午 巳 辰
```

적천수(滴天髓)의 예시로서 본명(本命)은 을목일주(乙木日主)가 목왕절(木旺節)인 묘월(卯月)에 태어나 득령(得令)하였고, 전지지(全地支)가 寅卯와 亥卯未로 합목국(合木局)이 되고, 연간갑목(年干甲木)까지 투출(透出)되어 강왕(强旺)하다. 재성미토(財星未土)는 묘미목국(卯未木局)이 되고, 인수해수(印綬亥水)는 일간(日干)을 생조(生助)하니 종왕격(從旺格)이다. 그러므로 용신(用神)은 식신설수(食神洩秀)가 되는 丁火가 되는 것이다.

초년(初年)의 기사대운(己巳大運)에 과거에 급제하였고, 庚午, 辛未 대운은 남방화운(南方火運)이 되어 庚辛金이 있다 하여도 체용(體用)을 극상(剋傷)하지 않으니 관직이 평탄하였고, 임신대운(壬申大運)은 정임합(丁壬合)으로 화용신(火用神)이 약화(弱化)되고, 인신충(寅申冲)으로 피상(被傷)되어 군중에서 사망하였다.

(2) 종강용신(從强用神)

```
甲 甲 癸 壬
子 子 卯 子
```

```
庚 己 戊 丁 丙 乙 甲
戌 酉 申 未 午 巳 辰
```

갑목일주(甲木日主)가 목왕절(木旺節)인 묘월(卯月)에 태어나 득령(得令)하고, 일지좌하(日支坐下)에 子水로 득지(得地)하고, 년월간(年月干)의 壬癸水와 시주(時柱)인 甲子로 득세(得勢)하여 강왕(强旺)하다.

사주원국(四柱原局)에 水木으로 생조(生助)하니 모자가 유정한데, 목비겁(木比劫)과 수인수(水印綬)는 3 : 5로 수기(水氣)가 당권(當權)을 잡고 있기 때문에 종강격(從强格)이 된 것이다. 대운(大運)에서 식신(食神), 상관(傷官)인 화운(火運)이 들어왔을 때 수군(水群)과 수화상쟁(水火相爭)하다가 구사일생으로 살아나, 신유금운(申酉金

運)에 살인상생(殺印相生)이 되어 대발(大發)한 명조(命造)이다.

```
甲 甲 辛 壬
子 寅 亥 子
```

```
戊 丁 丙 乙 甲 癸 壬
午 巳 辰 卯 寅 丑 子
```

적천수(滴天髓)의 예시로서 갑목일주(甲木日主)가 수왕절(水旺節)인 해월(亥月)에 태어나 득령(得令)하고 일간좌하(日干坐下)에 寅木으로 득지(得地)하고, 전지지(全地支)가 水木으로 득세(得勢)하여 강왕(强旺)하다. 월간(月干)의 辛金은 금생수(金生水)로 수세(水勢)에 설수(泄秀)되어 안정되고 유정(有情)하다.

초운은 북방수운(北方水運)이니, 과거에 급제하고, 甲寅, 을묘운(乙卯運)에는 왕세(旺勢)에 종(從)하여 재상에 올랐으며, 병진운(丙辰運)은 병임충(丙壬沖)으로 수화상쟁(水火相爭)을 하여 낙직(落職)하였으나 자진합수(子辰合水)가 되어 흉액(凶厄)은 면하였다. 그러나 정사운(丁巳運)에 인사형(寅巳刑)과 사해충(巳亥沖)으로 충형(沖刑)이 중중(重重)되니 강왕(强旺)한 성질을 건드려 사망하였다.

본명은 인수(印綬)가 왕(旺)하고 식상(食傷)이 없어 갑목일주(甲木日主)가 인수(印綬)의 생조(生助)와 비겁(比劫)의 방조(幇助)를 기뻐하고 식상(食傷)의 설기(泄氣)를 기(忌)하는 경우이다.

(3) 종재용신(從財用神)

```
丙 乙 丙 戊
戌 未 辰 戌
```

```
癸 壬 辛 庚 己 戊 丁
亥 戌 酉 申 未 午 巳
```

을목일주(乙木日主)가 진토월(辰土月)에 태어나 좌하미토(坐下未土)에 득지(得地)하고, 辰土의 乙癸에 득령(得令)하여 재다신약인 것으로 보인다. 그러나 전지지가 토국(土局)으로 일색되고 연간무토(年干戊土)가 투출(透出)되어 재성(財星)으로 구성되어 있으니 종재격(從財格)이 되었다. 춘토(春土)는 허토라고 하지만 양병화(兩丙火)에 생조(生助)를 얻어 실토(實土)가 되었고, 또 일주목(日主木)의 설수(泄秀)가 되며, 土는 火의 설수(泄秀)가 되니 매우 아름답다.

일반적으로 종재격(從財格)은 식상(食傷)과 재성(財星)이 용신(用神)이 되나 재성(財星)이 왕(旺)하면 관살(官殺)을 보아도 통관이 되므로 불길하지 않으나, 만일 식상(食傷)이 왕(旺)한데 관살(官殺)이 있을 경우 재성(財星)이 있으면 역시 통관(通關)이 되어 길신(吉神)이 되는 것이다. 본명의 대운(大運)은 화금방향(火金方向)으로 운행하여 대부대귀한 길명(吉命)이다.

```
戊 庚 壬 壬
寅 寅 寅 子
```

```
己 戊 丁 丙 乙 甲 癸
酉 申 未 午 巳 辰 卯
```

경금일주(庚金日主)가 목왕절(木旺節)인 인월(寅月)에 태어나 실령(失令)하고, 전지지(全地支)가 寅木으로 재성(財星)이 왕성하다. 경금(庚金)은 의지할 곳이 없어 종재격(從財格)이 된 것이다.

시상무토(時上戊土)가 인중무토(寅中戊土)에 착근(着根)하고 인중병화(寅中丙火)의 생조(生助)를 받아 화생토(火生土), 토생금(土生金)으로 인수(印綬)의 역할을 할 것 같으나, 戊土는 왕목(旺木)에 목극토(木剋土)로 극제(剋制)되어 戊土가 붕괴직전(崩壞直前)에 있어 임무상실이 되었다.

일반적으로 종재격(從財格)은 식상(食傷)과 재성(財星)이 용신(用神)이 되나 재성(財星)이 왕성하면 관살(官殺)도 용신(用神)이 되는 것이다. 대운(大運)에서 동남방향인 재살(財殺)로 운행하여 다행인데 화대운(火大運)에 일찍 등과급제(登科及第)한 길명(命)이다.

(4) 종아용신(從兒用神)

```
甲 癸 丁 甲
寅 卯 卯 寅
```

```
甲 癸 壬 辛 庚 己 戊
戌 酉 申 未 午 巳 辰
```

계수일주(癸水日主)가 목왕절(木旺節)인 묘월(卯月)에 태어나 실령(失令)하고, 전지지(全地支)가 목국(木局)이 되고, 천간(天干)에 양갑목(兩甲木)이 투출(透出)되어 종아격(從兒格)이 성립된다.

일반적으로 종아격(從兒格)은 비겁(比劫), 식상(食傷)과 재성(財星)이 용신(用神)이 된다. 대운(大運)에서 화금방향(火金方向)으로 운행되어 초운인 사오미화운(巳午未火運)에는 대발(大發)하였으며, 신유금운(申酉金運)에는 식상목(食傷木)을 극제(剋制)하는 토금운(土金運)으로 불길하다. 계유대운(癸酉大運)에 정계충(丁癸沖), 묘유충(卯酉沖)으로 천충지충(天沖地沖)되어 불귀객이 되었다.

```
癸 己 丁 辛
酉 丑 酉 丑
```

```
甲 癸 壬 辛 庚 己 戊
辰 卯 寅 丑 子 亥 戌
```

기토일주(己土日主)가 금왕절(金旺節)인 유월(酉月)에 태어나 실령(失令)하고, 전지지(全地支)가 酉丑, 酉丑으로 합금국(合金局)하고, 월상정화(月上丁火)가 무근(無根)으로 최약(最弱)이 되어 종아격(從兒格)이 된다.

일반적으로 금수운(金水運)이 대길(大吉)하고 목화운(木火運)을 대기(大忌)하는데, 본명(本命)은 북동쪽으로 운행하고 있어 중년(中年)까지 대발복(大發福)하여 귀부인이 된 명(命)이다.

대운(大運)이 인묘운(寅卯運)에 들면서 계묘대운(癸卯大運)에 정계충(丁癸沖), 묘유충(卯酉沖)으로 천충지충(天沖地沖)되어 불귀객(不歸客)이 되었다.

(5) 종살용신(從殺用神)

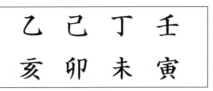

```
乙 己 丁 壬
亥 卯 未 寅
```

```
甲 癸 壬 辛 庚 己 戊
寅 丑 子 亥 戌 酉 申
```

　기토일주(己土日主)가 토왕절(土旺節)인 정미월(丁未月)에 태어나 득령(得令)하고, 전지지(全地支)가 亥卯未와 寅亥, 寅卯로 합국(合局)하고, 乙木이 투출되어 종살격(從殺格)이 된 것이다. 그러나 월간정화(月干丁火)가 미중정화(未中丁火)에 착근(着根)하고, 寅卯木이 목생화(木生火), 화생토(火生土)로 살인상생(殺印相生)되어 일주(日主)를 생조(生助)하니 종살(從殺)이 되지 않을 것 같아 보이나, 월간정화(月干丁火)는 연간임수(年干壬水)와 정임합목(丁壬合木)으로 변화하였다.

　월지(月支) 未土는 亥卯未로 합목국(合木局)으로 토변목(土變木)으로 변화하였다. 그래서 수목운(水木運)이 길(吉)하고 화토운(火土運)이 기(忌)하다. 종살격(從殺格)은 재성(財星)이 왕하면 식상(食傷)이 있더라도 두려워하지 않는다.

```
甲 辛 丁 丁
午 巳 未 未
```

```
庚 辛 壬 癸 甲 乙 丙
子 丑 寅 卯 辰 巳 午
```

신금일주(辛金日主)가 토왕절(土旺節)인 정미월(丁未月)에 태어나 실령(失令)하고, 전지지(全地支)가 巳午未로 화국(火局)이 되고, 년월간(年月干)의 丁火가 투출(透出)되고, 시간(時干)의 甲木은 목생화(木生火)로 설기(泄氣)되어 일주신금(日主辛金)이 의지할 곳이 없어 오히려 火에 종(從)하여 종살격(從殺格)이 된 것이다.

일반적으로 종살격(從殺格)은 관살(官殺)과 재성(財星)이 용신(用神)이 되고, 비겁(比劫)이나 인수(印綬)가 기신(忌神)이다. 그러나 재성(財星)이 왕하면 식상(食傷)도 두려워하지 않는다. 대운은 목화운(木火運)이 대길하고, 토금운(土金運)이 대기(大忌)한데, 재성(財星)인 甲木이 있어 식상수(食傷水)를 두려워하지 않는다. 본명은 목화운(木火運)으로 운행하여 길명(吉命)이다.

(6) 곡직용신(曲直用神)

```
己 乙 丁 己
卯 卯 卯 卯
```

```
庚 辛 壬 癸 甲 乙 丙
申 酉 戌 亥 子 丑 寅
```

을목일주(乙木日主)가 목왕절(木旺節)인 묘월(卯月)에 태어나 득령(得令)하고, 연월일시(年月日時)의 전지지(全地支)가 卯木으로 전목국(全木局)이 되어, 乙木 일주가 태왕(太旺)하여 곡직격(曲直格)이 된 것이다. 일반적으로 곡직격(曲直格)은 甲乙 일생이 지지에 亥卯未 삼합(三合)이나, 寅卯辰 방합(方合)으로 구성되면 성립되는 것이며, 사주원국에 천간 庚辛이나 지지(地支)에 申酉가 없어야 귀격(貴格)이다.

본명은 귀격인 것 같으나 개체합(個體合)이 되고, 음지의 습목(濕木)으로 동량지재(棟樑之材)가 될 수 없는 것이 안타깝다.

사주원국에서 월간정화가 습목(濕木)을 조목(燥木)으로 변화시키거나, 또는 왕목을 설기시키는 데는 丁火가 역부족으로 천격이 되었다. 대운에서도 水金 운으로 운행하여 초년에는 대길하였으나 申酉金 운에는 불길하였다.

```
癸 乙 乙 甲
未 卯 亥 寅
```

```
壬 辛 庚 己 戊 丁 丙
午 巳 辰 卯 寅 丑 子
```

을목일주(乙木日主)가 수왕절(水旺節)인 을해월(乙亥月)에 태어나 득령(得令)하고, 亥卯未와 寅亥로 합목국(合木局)이 되고, 사주원국에 土金이 방해하지 않아 아름답다. 亥水 인수(印綬)가 寅亥 합목(合木)하여 乙木 일주는 태왕하여 강세에 종(從)하여야 한다. 일반적으로 전왕용신(專旺用神)은 인수와 비겁과 식상이 용신(用神)이며, 재성(財星)과 관살(官殺)이 기신(忌神)이다.

운로(運路)가 丙子, 丁丑, 戊寅, 己卯 대운에는 순조롭게 지냈으며, 庚辰, 辛巳 운에는 좌절과 실패가 많았으며, 壬午, 癸未 운에는 현령으로 시작하여 관찰사에 이르러 순풍에 돛단배와 같이 승승장구하였다. 그래서 본명은 곡직격(曲直格)으로 비겁(比劫)이 당권하고 동남북 운에 대길(大吉)하였으나, 서방금(西方金) 운에 불길하였다.

(7) 염상용신(炎上用神)

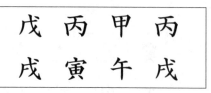

戊	丙	甲	丙
戌	寅	午	戌

辛 庚 己 戊 丁 丙 乙
丑 子 亥 戌 酉 申 未

병화일주(丙火日主)가 화왕절(火旺節)인 갑오월(甲午月)에 태어나 년월간(年月干)에 甲木과 丙火가 투출하고, 지지에 寅午戌로 전화국(全火局)이 되어 丙火 일주를 방조하고 있으니, 주중화기(柱中火氣)가 극왕(極旺)하여 염상격(炎上格)이 되었다. 시지무술(時支戊戌)이 왕(旺)하여 木生火, 火生土, 土生金이 되어 귀명이 되나, 불길하게도 대운(大運)이 서북방으로 운행하고 있다.

일반적으로 염상격(炎上格)은 丙丁 일생이 지지에 寅午戌이나 巳午未로 삼합, 방합이 되고, 천간에 丙丁火가 투출되어야 성립된다. 壬癸나 亥子가 없어야 귀격이 되며, 목화토운(木火土運)에 길(吉)하고 금수운(金水運)을 기(忌)한다.

甲	丁	乙	丁
辰	巳	巳	未

戊 己 庚 辛 壬 癸 甲
戌 亥 子 丑 寅 卯 辰

정화일주(丁火日主)가 화왕절(火旺節)인 을사월(乙巳月)에 태어나고 천간(天干) 甲乙이 방조(幇助)하니 火가 극왕(極旺)하여 염상격(炎上格)이 된 것이다. 시지진토(時支辰土)가 방해가 될 것 같으나, 사월진토(巳月辰土)는 조토(燥土)로서 수기(水氣)가 약하여 수극화(水剋火)할 능력이 부족하고, 만약 수기(水氣)가 아직 남아 있더라도 시간갑목(時干甲木)에 수생목(水生木)으로 생조(生助)하여 목생화(木生火)하여 丁火 일주에 아무런 방해가 되지 않는다.

일반적으로 염상격(炎上格)은 木火土가 용신(用神)이고, 金水가 기신(忌神)이다. 본명(本命)은 행운에서 癸卯 대운에 丁癸 충(沖)으로 수관(水官)이 충발(沖拔)되어 관재송사가 있었으며, 壬寅 대운에는 寅巳 형(刑)하였으나 寅辰 합목(合木)으로 약간 길(吉)하였으며, 辛丑 대운(大運)에 乙辛 충(沖)되어 손재로 대흉(大凶)하였다.

(8) 가색용신(稼穡用神)

```
甲 己 丁 壬
戌 未 未 辰
```

```
甲 癸 壬 辛 庚 己 戊
寅 丑 子 亥 戌 酉 申
```

기토일주(己土日主)가 지지에 辰戌丑未가 있어 토국(土局)을 이루어 가색격(稼穡格)이 된 것이다. 가색격(稼穡格)은 戊己土 일주가 전지지가 辰戌丑未가 되어 있고, 일점의 水木이 없어야 귀명(貴命)이 되는 것이다. 가색격(稼穡格)은 대운에서 火土金운이 들어오면 대길(大吉)하고 水木운이 들어오면 대기(大忌)하는 것이다.

다시 말해서 대운에서 화운(火運)인 丙丁巳午가 들어오거나, 토운(土運)인 戊己辰戌丑未가 들어오거나, 金운인 庚辛申酉가 들어오면 대길(大吉)하고, 대운(大運)에서 木운인 甲乙寅卯가 들어오거나, 水운인 壬癸亥子가 들어오면 대기(大忌)한 것이다. 본명(本命)은 대운(大運)이 金水 운으로 운행하여 불길한 명(命)이다.

```
辛 己 丙 戊
未 巳 辰 辰
```

```
癸 壬 辛 庚 己 戊 丁
亥 戌 酉 申 未 午 巳
```

　기토일주(己土日主)가 진월(辰月)에 태어나 득령(得令)하고, 천간에도 월간병화(月干丙火)가 화생토(火生土)로 일주를 생조하니 가색격(稼穡格)이 된 것이다. 진중을목(辰中乙木)과 미중을목(未中乙木)이 있으나 전지지가 火土로 되어 있고, 辛金이 시간(時干)에 투출되어 있으니 木이 생존하기에는 역부족이다.

　용신은 火土金이고, 기신은 水木이 되는 것이다. 다시 말해서 火운인 丙丁巳午와 土운인 辰戌丑未와 金운인 庚辛申酉가 들어오면 대길하고, 水운인 壬癸亥子나 木운인 甲乙寅卯가 들어오면 불길한 것이다.

　본명(本命)은 행운(行運)에서 巳午未 운에 대부(大富)가 되었고, 庚申辛酉운에 왕토(旺土)가 설기순세(泄氣順勢)하여 명예와 재물이 번창하였으나, 壬戌, 계해운(癸亥運)에 손재로 대흉(大凶)하였다.

(9) 종혁용신(從革用神)

```
庚 庚 丙 辛
辰 申 申 酉
```

```
癸 壬 辛 庚 己 戊 丁
卯 寅 丑 子 亥 戌 酉
```

경금일주(庚金日主)가 금왕절(金旺節)인 신월(申月)에 태어나고, 전지지가 申酉와 辰酉로 전금국(全金局)이 되어 종혁격(從革格)이 된 것이다. 일반적으로 종혁격(從革格)은 庚辛 일주가 지지에 申酉戌로 방합(方合)이 되거나, 또는 巳酉丑으로 삼합(三合)을 이루고 있으며, 천간지지(天干地支)에 丙丁巳午가 없어야 귀격(貴格)이 된다. 그러므로 용신(用神)은 비겁(比劫)인 庚辛申酉와 인수(印綬)인 戊己辰戌丑未, 그리고 식상(食傷)인 壬癸亥子가 되는 것이다.

본명(本命)은 지지(地支)의 申辰 수국(水局)이 金일주를 설기(泄氣)시키는데, 월간 병화(月干丙火)가 투출되어 방해가 될 것 같으나, 丙辛 합수(合水)로 흉화위선(凶化爲善)이 되어 아름답다. 그래서 土金水운이 길(吉)하고, 木火 운을 기(忌)하는데, 초중년에 金水운으로 운행(運行)하여 해외유학을 마치고 돌아와 대발하였으나, 壬寅 대운에 丙壬 충(沖)하고 寅申 충(沖)되어 천충지충(天沖地沖)으로 불록지객(不祿之客)이 되었다.

```
甲 庚 甲 己
申 申 戌 酉
```

```
丁 戊 己 庚 辛 壬 癸
卯 辰 巳 午 未 申 酉
```

경금일주(庚金日主)가 술월(戌月)에 태어나고 전지지(全地支)가 申酉戌로 금국(金局)이 되고, 천간(天干)에 丙丁이 없어 다행이다. 종혁격(從革格)은 경신일(庚辛日)이 지지(地支)가 申酉戌이나 巳酉丑이 되어 삼합(三合)이나 방합(方合)으로 금국(金局)이 이루어져야 성립되는 것이다. 본명(本命)은 용신(用神)이 土金水이고, 기신(忌神)은 木火인데, 대운(大運)이 초년(初年)은 금수운(金水運)으로 대발(大發)하였으나, 중말년(中末年)은 목화운(木火運)으로 대기(大忌)한 명(命)이다.

(10) 윤하용신(潤下用神)

```
乙 癸 辛 丙
卯 亥 丑 子
```

```
戊 丁 丙 乙 甲 癸 壬
申 未 午 巳 辰 卯 寅
```

계수일주(癸水日主)가 수왕절(水旺節)인 신축월(辛丑月)에 태어나고, 지지에 亥子丑으로 수국(水局)이 되어 윤하격(潤下格)이 되고 있는데, 년간 丙火와 월간 辛金이 丙辛 합수(合水)로 수기(水氣)를 방조(幇助)해주어 더욱 수기태왕(水氣太旺)이 되었

다. 왕자의설(旺者宜泄)로 우선 설기(泄氣)가 필요한데, 다행하게도 시주(時柱)의 乙
卯木이 있어 왕한 수기(水氣)를 설기(泄氣)하니 매우 아름답다.

일반적으로 윤하격(潤下格)은 壬癸 일주가 지지에 申子辰으로 삼합이 되거나 亥
子丑으로 방합이 이뤄지고 천간지지에 火土가 없어야 귀격이다. 본명은 용신이 金
水木이고, 기신은 火土가 되는데, 대운이 동남방운으로 운행하여 대길하게 된 중국
의 문장가인 소동파(蘇東坡)의 명조(命造)이다. 사주원국에서 년간 丙火가 방해가
될 것 같으나, 월간 辛金과 丙辛 합수(合水)가 되어 흉변위길(凶變爲吉)이 되었고,
형충파(刑冲破)가 없어 청격(淸格)이 된 길명(吉命)이다.

$$\begin{array}{cccc} 壬 & 癸 & 辛 & 壬 \\ 子 & 丑 & 亥 & 子 \end{array}$$

戊 丁 丙 乙 甲 癸 壬
午 巳 辰 卯 寅 丑 子

계수일주(癸水日主)가 수왕절인 해월(亥月)에 태어나고 전지지(全地支)가 亥子丑
으로 수국(水局)이 되어 윤하격(潤下格)이 된 것이다. 윤하격(潤下格)은 인수금(印綬
金)과 비겁수(比劫水)와 식상목(食傷木)이 길(吉)하고 왕수(旺水)를 극제(剋制)하는
관살토(官殺土)와 재성화(財星火)가 기(忌)하다.

본명은 金水木운에 대발하고 火土운에 대기(大忌)하는데, 행운이 壬子, 癸丑 대
운에 부귀문중(富貴門中)에 태어나서 甲寅, 乙卯 대운에 설기(泄氣)가 순세(順勢)함
으로써 부중귀명(富中貴名)하여 명성이 높았으나, 丙辰운에는 丙壬 충(冲)으로 패
가망신하였고, 丁巳 대운에는 丁癸 충(冲), 巳亥 충(冲)으로 천충지충(天冲地冲)되어
불록지객(不祿之客)이 된 명(命)이다.

(11) 갑기합화토용신(甲己合化土用神)

갑일(甲日)에 출생(出生)하고 기월(己月)이나 기시(己時)에 태어나거나 기일(己日)에 출생(出生)하고, 갑월(甲月)이나 갑시(甲時)에 태어나서 월지(月支)가 진술축미월(辰戌丑未月)에 해당되어야 하고, 전지지(全地支)가 토국(土局)이 되어야 하고, 甲乙寅卯가 없어야 성립되는 것이다.

화토운(火土運)이나 설기(泄氣)하는 금운(金運)은 대길(大吉)하고 화기(化氣)한 토기(土氣)를 방해하는 수목운(水木運)은 대기(大忌)한다.

```
己 甲 壬 戊
巳 辰 戌 辰
```

```
己 戊 丁 丙 乙 甲 癸
巳 辰 卯 寅 丑 子 亥
```

갑목일주(甲木日主)가 술월(戌月)에 태어나고, 지지가 전토국(全土局)이고, 시상기토(時上己土)와 甲己 합화(合化)하는데 사주원국에 甲乙寅卯인 방해자가 없어 다행하다. 갑기합화토기격(甲己合化土氣格)은 화토금운(火土金運)이 길(吉)하고 수목운(水木運)이 기(忌)하는데, 대운(大運)이 수목운(水木運)으로 운행되어 불길하다.

초년인 甲子, 을축운(乙丑運)에는 고생하다가 축년(丑年)에 겨우 용신(用神)이 들어와 벼슬길에 오른 명(命)인데, 토금운(土金運)으로 운행하였다면 더욱 고귀하게 되었을 것이다.

```
甲 己 乙 癸
子 丑 丑 未
```

```
壬 辛 庚 己 戊 丁 丙
申 未 午 巳 辰 卯 寅
```

기토일주(己土日主)가 축월(丑月)에 태어나고, 지지(地支)에 축축미삼토(丑丑未三土)가 있어 신왕(身旺)한데, 시상(時上)의 甲木과 갑기합화토(甲己合化土)가 되고, 지지(地支)에서 자축합토(子丑合土)를 하니 가색격(稼穡格)으로 보이지만 파격이다.

연상(年上)의 癸水가 子水에 득근(得根)하고, 월상(月上)의 乙木이 미토중을목(未土中乙木)이 있어 수생목(水生木)을 하고 있으니 허약(虛弱)하다. 신왕(身旺)이 되어 극제(剋制)하는 木이 용신(用神)이고, 水가 희신(喜神)이며, 금운(金運)도 길신(吉神)이 된다. 토왕(土旺)함으로써 화토운(火土運)이 불길하다.

본명(本命)은 대운(大運)이 초년(初年)에 인묘목운(寅卯木運)으로 부모덕에 길(吉)하였으나, 진사오운(辰巳午運)까지 고생(苦生)하다가, 辛未 대운에 을신충(乙辛沖), 축미충(丑未沖)으로 천충지충(天沖地沖)되어 불귀객(不歸客)이 된 명(命)으로, 원국(原局)이 파격이고, 대운(大運)마저 불길하여 일생 동안 운이 없는 명(命)이다.

(12) 을경합화금용신(乙庚合化金用神)

경일(庚日)에 출생하고 을월(乙月)이나 을시(乙時)에 나거나, 을일(乙日)에 출생하고 경월(庚月)이나 경시(庚時)에 태어나서 월지(月支)가 신유월(申酉月)에 해당되어야 하고, 지지(地支)에 巳酉丑이나 申酉戌의 금국(金局)이 있고, 甲乙寅卯나 丙丁巳午가 없어야 성립되는 것이다. 토금운(土金運)이나 설기(泄氣)하는 水운에 대길(大吉)하고 木火운에 대기(大忌)한다.

```
庚  乙  丙  辛
辰  酉  申  丑
```

```
己 庚 辛 壬 癸 甲 乙
丑 寅 卯 辰 巳 午 未
```

　을목일주(乙木日主)가 신월(申月)에 태어나고 시간(時干)의 庚金과 乙庚 합화금(合化金)이 되어 있는데, 월간(月干)의 丙火가 화극금(火剋金)으로 파격이 될 것 같으나, 연간(年干)의 辛金과 丙辛 합(合)으로 丙火를 합거(合去)함으로써 방해가 되지 않는다. 지지(地支)에 辰酉 합(合), 申酉 합(合), 酉丑 합(合)으로 전지지(全地支)가 합금국(合金局)이 되어 을경합화금격(乙庚合化金格)이 된 것이다.

　일반적으로 을경합화금격(乙庚合化金格)은 화금(化金)을 기준으로 인비(印比)인 土金과 식상(食傷)인 水가 길(吉)하고, 재관(財官)인 木火가 대기(大忌)한다. 본명(本命)은 木火인 동남방향(東南方向)으로 운행하여 대기(大忌)한 명(命)이다.

```
庚  乙  癸  甲
辰  丑  酉  申
```

```
庚 己 戊 丁 丙 乙 甲
辰 卯 寅 丑 子 亥 戌
```

　을목일주(乙木日主)가 금왕절(金旺節)인 유월(酉月)에 태어나고, 시간(時干)의 乙庚과 합화금(合化金)으로 화격(化格)이 성립된다. 지지(地支)에 酉丑, 辰酉, 申酉 합(合)으로 금국(金局)이 되어 을경합화금격(乙庚合化金格)으로 된 것이다.

일반적으로 乙木 일주가 천간(天干)에 甲乙木이나 壬癸水, 지지(地支)에 寅卯木이나 亥子水를 만나지 아니하고, 단일경금(單一庚金)으로서 지지(地支)에 巳酉丑이나 申酉戌의 금국(金局)이 있으면 성립되는 것이다.

그러나 본명(本命)은 乙木이 진중을목(辰中乙木)에 착근(着根)하고, 또 연상(年上)에 甲木이 있는데 월간계수(月干癸水)가 생조(生助)하고 있고, 酉金이 다시 생수(生水)하게 되니, 토생금(土生金), 금생수(金生水), 수생목(水生木)으로 순행하여 합화금격(合化金格)이 관인상생격(官印相生格)으로 변화되었다.

(13) 병신합화수용신(丙辛合化水用神)

병일주(丙日主)가 신월(辛月)이나 신시(辛時)에 태어나거나, 신일주(辛日主)가 병월(丙月)이나 병시(丙時)에 태어나서 월지(月支)가 신자진월(申子辰月)에 해당하고, 화기오행(化氣五行)을 극(剋)하는 丙丁巳午나 辰戌丑未가 없어야 한다.

```
壬 丙 辛 壬
辰 申 亥 子
```

```
戊 丁 丙 乙 甲 癸 壬
午 巳 辰 卯 寅 丑 子
```

병화일주(丙火日主)가 수왕절(水旺節)인 해월(亥月)에 태어나고, 월간신금(月干辛金)과 병신합수(丙辛合水)가 되어 일간병화(日干丙火)는 수기(水氣)로 화(化)하였다.

사주원국(四柱原局)에서 수기(水氣)를 극(剋)하는 辰土가 있으나, 辰土는 습토(濕土)로서 신자진삼합수국(申子辰三合水局)이 되어 방해(妨害)가 되지 않고, 연시(年時)에 양임수(兩壬水)가 투간(透干)함으로써 진격(眞格)이 된 것이다. 병신합화수격(丙辛合化水格)은 금수목운(金水木運)에 대길(大吉)하고, 화토운(火土運)에 대기(大忌)한다.

대운(大運)이 수목북동방(水木北東方)으로 운행하여 대발(大發)한 명(命)이다. 본
명(本命)은 병화일간(丙火日干)이 전지지(全地支)가 申子辰, 亥子 합(合)으로 수국
(水局)이 되고, 壬水가 투간(透干)되어 있기 때문에 종살격(從殺格)으로도 볼 수 있
는 것이다.

$$
\begin{array}{cccc}
丙 & 辛 & 甲 & 己 \\
申 & 酉 & 戌 & 酉
\end{array}
$$

$$
\begin{array}{ccccccc}
丁 & 戊 & 己 & 庚 & 辛 & 壬 & 癸 \\
卯 & 辰 & 巳 & 午 & 未 & 申 & 酉
\end{array}
$$

신금일주(辛金日主)가 술월(戌月)에 태어나고, 지지(地支)가 申酉戌로 금국(金局)
을 이루고, 병신합(丙辛合)과 갑기합(甲己合)이 되니 묘격(妙格)이 되었다.

일반적으로 신금일주(辛金日主)가 전지(全地支)에 申酉戌이나 巳酉丑으로 전금
국(全金局)이 되면 종혁격(從革格)이 되는 것이다. 종혁격(從革格)이 되면 金이 용신
(用神)이고, 土가 희신(喜神)이다. 그리고 금왕(金旺)을 설기(泄氣)하는 水도 길신(吉
神)이다.

火가 병신(病神)이고, 木이 구신(仇神)이 되는데, 병신합수(丙辛合水)가 되어 병
(病)이 없어진 것과 같이 되었고, 甲木은 갑기합토(甲己合土)가 되어 일주신금(日主
辛金)을 생조(生助)하니 역시 흉신(凶神)이 된 木이 길신(吉神)으로 변화되었다.

따라서 본명(本命)은 초년인 신유금운(申酉金運)에 부모의 덕(德)으로 일본 유학
을 하여 현재 좋은 직장에 근무하고 있으나, 대운(大運)이 남동방향으로 운행하여
불길하다. 왜냐하면 화격(化格)이든 종혁격(從革格)이든 일주(日主)를 극제(剋制)하
는 오행이 들어오면 흉신(凶神)이 되기 때문이다.

(14) 정임합화목용신(丁壬合化木用神)

정일(丁日)에 출생하고 임월(壬月)이나 임시(壬時)가 되든지, 임일(壬日)에 출생하고 정월(丁月)이나 정시(丁時)에 태어나서 월지(月支)가 해묘미월(亥卯未月)이나 인묘진월(寅卯辰月)에 해당되어야 하고, 火木을 극제(剋制)하는 戊己辰戌丑未나 庚辛申酉가 없어야 한다. 그러나 설기(泄氣)하는 丙丁巳午는 대길하다.

```
丁 壬 辛 丙
未 寅 卯 辰
```

```
戊 丁 丙 乙 甲 癸 壬
戌 酉 申 未 午 巳 辰
```

임수일주(壬水日主)가 묘월(卯月)에 태어나고, 지지(地支)에 寅卯辰으로 목국(木局)이 되고, 시간(時干)과 정임합목(丁壬合木)으로 합화(合化)가 되어 정임합화목격(丁壬合化木格)이 되었다.

일반적으로 임수일주(壬水日主)가 주중(柱中)에서 丁火와 정임합목(丁壬合木)하고, 일간(日干)을 극제(剋制)하는 戊己辰戌丑未와 庚辛申酉가 없어야 성격(成格)이 되는 것이다. 사주원국(四柱原局)에서 일간목(日干木)을 극(剋)하는 辛金을 병신합거(丙辛合去)하여 더욱 아름답다.

대운(大運)에서 水木火는 길(吉)하고, 土金은 기(忌)하는데, 본명(本命)은 초중년(初中年)에 목화동남방향(木火東南方向)으로 운행하여 대발(大發)하였으나, 말년운은 금운(金運)으로 대기(大忌)한 명(命)이다.

```
丁 丁 壬 壬
未 卯 寅 辰
```

```
己 戊 丁 丙 乙 甲 癸
酉 申 未 午 巳 辰 卯
```

　정화일주(丁火日主)가 인월(寅月)에 태어나고, 지지(地支)에 寅卯辰과 卯未로 전지지(全地支)가 목국(木局)이 되고, 월간임수(月干壬水)와 일간정화(日干丁火)가 정임합목(丁壬合木)이 되어 화기격(化氣格)이 된 것이다.

　사주원국(四柱原局)에서 년간(年干)의 壬水와 쟁합(爭合)이 될 것 같으나 일월간합(日月干合)하고 연시간합(年時干合)하여 유정(有情)으로서 아름답다. 정임합화목격(丁壬合化木格)은 水木火가 대길(大吉)하고 土金이 대기(大忌)한다.

　본명(本命)은 목화동남방향(木火東南方向)으로 운행하여 대길(大吉)한 명(命)이다. 무신대운(戊申大運)에 무토기신(戊土忌神)이 되고, 寅申 충(冲)으로 왕자충쇠쇠자발(旺者冲衰衰者拔)되어 신금관(申金官)이 충발(冲拔)로 불록지객(不祿之客)이 된 명조(命造)이다.

(15) 무계합화화용신(戊癸合化火用神)
　무일(戊日)에 출생하고 계월(癸月)이나 계시(癸時)에 태어나거나, 계일(癸日)에 출생(出生)하고, 무월(戊月)이나 무시(戊時)에 태어나 월지(月支)가 巳午未나 인오술월(寅午戌月)에 해당되어야 하고, 화화(化火)를 극제(剋制)하는 壬癸亥子나 庚辛申酉가 없어야 한다.

```
戊 癸 戊 癸
午 巳 午 卯
```

```
辛 壬 癸 甲 乙 丙 丁
亥 子 丑 寅 卯 辰 巳
```

계수일주(癸水日主)가 년월일시간(年月日時干)이 戊癸로 합화(合火)하고, 월일시지(月日時支)가 사오미화국(巳午未火局)이 되고, 연지묘목(年支卯木)이 목생화(木生火)로 생조(生助)하여 토조화왕(土燥火旺)하게 되어 무계합화화격(戊癸合化火格)이 되었다.

합화격(合火格)은 木火土에 대길(大吉)하고, 金水에 대기(大忌)하는데, 본명(本命)은 대운(大運)이 수목동북방향(水木東北方向)으로 운행하여 대길(大吉)한 명(命)이다. 본명(本命)은 계수일주(癸水日主)가 타간지(他干支)에 壬癸水나 庚辛申酉가 없어야 한다.

주중천간(柱中天干)의 戊土와 단일봉(單一逢)으로 합화(合化)해야 화기격(化氣格)으로 성립되는데, 사주원국(四柱原局)의 천간(天干)이 쟁합과 투합으로 파란이 예상되며, 대운(大運)마저 말년이 불길하다.

제 15 장

간명요결看命要訣

명리학(命理學)을 연구(硏究)하는 데 가장 기초적(基礎的)이면서도 필수적(必須的)인 요소(要素)로서 어학(語學)에 비유한다면 단어(單語)나 숙어(熟語) 같은 비중(比重)을 차지하고 있다. 우선 격국용신(格局用神)에서 가장 많이 사용(使用)하고 있는 용어(用語)를 발췌(拔萃)하였다.

제1절 개두절각蓋頭截脚

개두(蓋頭)는 지지(地支)에서 천간(天干)을 두고 하는 뜻으로 천간(天干)이 지지(地支)를 극제(剋制)하는 경우이고, 절각(截脚)은 천간(天干)에서 지지(地支)를 두고 하는 뜻으로 지지(地支)가 천간(天干)을 극제(剋制)하는 경우를 말한다.

예(例)를 들면 甲戌, 丙申, 庚寅 등은 목극토(木剋土), 화극금(火剋金), 금극목(金剋木)이 되어 개두(蓋頭)라 하고, 甲申, 丙子, 庚午 등은 지지(地支)에서 천간(天干)을 금극목(金剋木), 수극화(水剋火), 화극금(火剋金)이 되어 절각(截脚)이라고 한다.

만약 개두(蓋頭)인 庚寅이라고 하면, 寅木이 용신(用神)이 되었을 경우에 庚金이 寅木을 금극목(金剋木)으로 극제(剋制)하여 寅木이 약(弱)하게 된다는 뜻이다. 반대로 절각(截脚)이 되는 庚午가 있을 때 庚金이 용신(用神)이라면, 지지(地支)의 午火가 화극금(火剋金)으로 극제(剋制)하여 庚金이 약(弱)하게 된다는 뜻이다.

대운(大運)이나 세운(歲運)에서도 용신(用神)이나 희신(喜神)이 개두(蓋頭)나 절각(截脚)으로 들어올 경우에 영향(影響)이 반감(半減)이 된다는 뜻이다.

```
乙 庚 丁 辛
酉 辰 酉 卯
```

```
庚 辛 壬 癸 甲 乙 丙
寅 卯 辰 巳 午 未 申
```

경금일주(庚金日主)가 금왕절(金旺節)인 유월(酉月)에 태어나고 지지(地支)가 진유합금(辰酉合金)이 되고, 辛金이 투간(透干)되어 신왕(身旺)하다. 월시지(月時支)에 酉金으로 양인(羊刃)이 중중(重重)하니 생살권(生殺權)과 관련(關聯)이 있는 특수직(特殊職)에 종사(從事)하게 되는 경우가 많다. 실제로는 군인(軍人)으로서 육군대령(陸軍大領)으로 재직(在職)하던 중에 대장암(大腸癌)으로 사망(死亡)한 명조(命造)이다.

금왕절(金旺節)이고 한기(寒氣)가 있어 우선 조후(調候)로 화기(火氣)가 필요(必要)한데 월간정화(月干丁火)가 있어 다행이다.

그러나 왕성(旺盛)한 酉金에 의하여 오히려 금다화식(金多火熄)이 되어 약(弱)한데, 생조(生助)해주는 卯木이 辛金에 의하여 개두(蓋頭)되어 木火가 약(弱)하다. 또한 시간을목(時干乙木)은 酉金에 의하여 절각(截脚)되어 있으나, 을경합금(乙庚合金)으로 화(化)하였다.

본명(本命)에서 길신(吉神)이 되는 木火가 개두절각(蓋頭截脚)이 되어 약(弱)한데, 癸巳 대운(大運) 병자년(丙子年)에 丁癸 충(冲)으로 용신정화(用神丁火)가 충발(冲拔)되었고, 사유합금(巳酉合金)으로 기신(忌神)이 되었다. 병자년(丙子年)은 천간(天

干)이 丙庚 충(冲), 丙辛 합(合)으로 충중봉합(冲中逢合)이 되고, 지지(地支)는 자묘형(子卯刑)이 되어 불록지객(不祿之客)이 되었다.

$$
\begin{array}{cccc}
丁 & 辛 & 辛 & 戊 \\
酉 & 卯 & 酉 & 戌
\end{array}
$$

$$
\begin{array}{ccccccc}
甲 & 乙 & 丙 & 丁 & 戊 & 己 & 庚 \\
寅 & 卯 & 辰 & 巳 & 午 & 未 & 申
\end{array}
$$

신금일주(辛金日主)가 금왕절(金旺節)인 유월(酉月)에 태어나고 시지유금(時支酉金)이 있고 辛金이 투간(透干)되어 신왕(身旺)하다. 辛金이 금왕(金旺)으로 한기(寒氣)가 있어 우선 조후(調候)로 화기(火氣)가 필요하다. 그런데 시간정화(時干丁火)가 개두(蓋頭)로 절(絕)이 되어 있는 데다, 丁火를 생조(生助)해주는 卯木도 역시 개두(蓋頭)로 절(絕)이 되고 양유금(兩酉金)으로 협공(挾攻)당하여 卯木이 충발(冲拔) 직전에 있다.

정사대운(丁巳大運) 계유년(癸酉年)에 사유합금(巳酉合金)으로 용신(用神)이 기신(忌神)으로 되고, 丁癸 충(冲), 卯酉 충(冲)으로 천충지충(天冲地冲)이 되어 용신정화(用神丁火)가 관성(官星)으로 남편(男便)에 해당되어 불록지객(不祿之客)이 된 여자(女子)의 명조(命造)이다.

제2절 기반羈絆

기반(羈絆)이란 사주원국(四柱原局)에서 간합(干合)이 되어 그것이 희신(喜神)으로 화(化)하면 명조(命造)가 길(吉)하고, 기신(忌神)으로 화(化)하면 재해(災害)가 그치지 않는다.

합(合)이 되었다 하더라도 희신(喜神)이나 기신(忌神)으로 화(化)하지 못한 것이 있는데, 이 때 합(合)이 된 두 개의 천간(天干) 중에 음간(陰干)은 그 작용(作用)을 하지 못하게 되는 경우가 있고, 양간(陽干)이라 할지라도 세력(勢力)이 강(强)한 쪽의 합(合)으로 따라가는 경우도 있다.

기반(羈絆)이 된 천간(天干)은 자기의 본래 오행(五行)을 망각(忘却)하고 합(合)을 탐욕(貪慾)하는 것이다. 이와 마찬가지로 사주원국(四柱原局) 중에서 용신(用神)이나 희신(喜神)이 기반(羈絆)이 되면 한평생 큰일을 한 번 해보지 못하고 무위도식(無爲徒食)으로 나날을 보내게 된다.

가령 乙木이 용신(用神)일 경우에 천간(天干)에 乙庚이 있으면 합금(合金)으로 화(化)하여 乙木이 용신(用神)의 작용(作用)을 못하는 경우이다. 만약 甲木이 용신(用神)일 경우에 천간(天干)에 甲己가 있을 경우 甲木이 양간(陽干)이라도 합토(合土)로 화(化)하여 甲木이 용신(用神)의 작용을 못하는 것이다. 그래서 사주원국(四柱原局)의 천간(天干)에 丙辛, 丁壬, 戊癸가 있는 경우에 같은 방법(方法)으로 논(論)하면 되는 것이다.

```
辛 丙 辛 丙
卯 申 卯 申
```

```
戊 丁 丙 乙 甲 癸 壬
戌 酉 申 未 午 巳 辰
```

병화일주(丙火日主)가 묘월(卯月)에 태어나서 득령(得令)하였고, 좌하(坐下)에 실지(失地)하였으나, 년간에 丙火가 투간되어 신왕(身旺)하다. 그런데 천간(天干)과 시간(時干)이 또한 丙申 합(合)이 되어 다정지병(多情之病)이 되었다. 그러므로 신왕

(身旺)한 丙火가 정재(正財)인 辛金과 합탐(合貪)하여 수기(水氣)로 변화(變化)하게 되니, 丙火는 자기(自己) 임무(任務)를 상실(喪失)하게 되고, 辛金도 역시 자기(自己) 본분(本分)을 잊어버리게 되는 것이다. 본명(本命)은 쓸 데 없는 망상(妄想)에 젖어 있고, 잡기(雜氣)에만 정신(精神)이 팔려 가정은 뒷전이고 빚만 지고 살고 있다.

```
┌─────────────────────┐
│  丁  壬  丙  辛      │
│  未  寅  申  巳      │
└─────────────────────┘
```

己 庚 辛 壬 癸 甲 乙
丑 寅 卯 辰 巳 午 未

임수일주(壬水日主)가 신월(申月)에 태어나 득령(得令)은 하였으나, 木火가 태왕(太旺)하여 강변위약(强變爲弱)이 되었다. 신약(身弱)하면 인비(印比)가 용신(用神)이다.

사주원국(四柱原局)에서 년월간(年月干)이 丙辛 합(合)이 되고 지지(地支)의 巳申이 육합(六合)으로 합수(合水)가 되어 일주(日主)를 도울 것 같으나, 년지(年支)의 巳火나 월간(月干)의 丙火는 화(化)하지 못하고 도리어 火의 작용(作用)을 못하여 기반(羈絆)이 되었다.

제3절 병약病藥

고서(古書)에 따르면 「유병방위기(有病方爲奇), 무상불시기(無傷不是奇), 격중여거병(格中如去病), 재록희상수(財祿喜相隨)」라고 하였다. 사주원국(四柱原局)에 병(病)이 있어야 기이(奇異)하게 되는 것이고, 상(傷)함이 없으면 기이(奇異)하지 않게 되는 것이며, 사주원국(四柱原局)에서 병(病)을 제거(除去)하는 약(藥)이 있으면 재물(財物)과 관록(官祿)이 따른다는 것이다.

일반적(一般的)으로 사주원국(四柱原局)에서 오행(五行)이 과다(過多)하거나 길신(吉神)이 되는 오행(五行)을 극제(剋制)하는 오행(五行)을 병(病)이라 하고, 병(病)을 극제(剋制)하여 주는 오행이나 조화(調和)를 시켜주는 오행을 약(藥)이라고 한다.

가령 목일주(木日主)가 동절(冬節)에 태어나고 주중(柱中)에 수기(水氣)가 태왕(太旺)하면 목일주(木日主)는 자연히 많은 물에 의하여 부목(浮木)이 되니 많은 수기(水氣)는 병(病)이 되는 것이다.

이때에 왕(旺)한 토기(土氣)가 있어 왕(旺)한 수기(水氣)를 제거(除去)하여 주거나 화기(火氣)가 있어 목생화(木生火), 화생토(火生土)로 소통(疏通)시켜 중화(中和)를 하게 해주는 토기(土氣)나 화기(火氣)가 약(藥)이 된다.

乙 甲 戊 戊
丑 申 午 子

乙甲癸壬辛庚己
丑子亥戌酉申未

『사주첩경(四柱捷徑)』에 의하면 갑목일주(甲木日主)가 오월(午月)에 출생하여 실령(失令)하고 좌하(坐下)에 실지(失地)하였는데 양무토(兩戊土)가 투간되어 신약하다. 따라서 사주원국(四柱原局)에 재살(財殺)이 태왕(太旺)하여 방조(幫助)가 필요한데 시상을목(時上乙木)은 축중신금(丑中辛金)에 자좌살지(自坐殺地)하여 약하니, 식신제살격(食神制殺格)이 되어 식신(食神)인 午火가 용신(用神)이다.

그러나 午火를 극제하는 子水가 용신지병(用神之病)인데 개두(蓋頭)가 된 戊土가 子水를 극병(剋病)하니, 자병(子病)과 무약으로 병약(病藥)이 상제(相濟)되어 아름답다. 운행으로 볼 때 기미대운(己未大運)에 午未火로 희신(喜神)이 되어 만인의 모범이 되더니, 경신대운(庚申大運)에 갑경충(甲庚沖)으로 기신(忌神)이 되었으나, 申子 합수(合水)하여 중병(重病)이 되었다. 辛亥년에는 乙辛 충(沖)으로 기신(己神)이 되었고, 亥子 합수(合水) 가중병(加重病)으로 오화용신(午火用神)이 화몰(火沒)되어 불록지객(不祿之客)이 되었다.

$$
\begin{array}{cccc}
庚 & 戊 & 戊 & 壬 \\
申 & 申 & 申 & 午
\end{array}
$$

$$
\begin{array}{cccccc}
乙 & 甲 & 癸 & 壬 & 辛 & 庚 & 己 \\
卯 & 寅 & 丑 & 子 & 亥 & 戌 & 酉
\end{array}
$$

무토일주(戊土日主)가 신월(申月)에 태어나고 다봉경신(多逢庚申)하여 종아격(從兒格)이 될 것 같으나, 년지(年支)의 午火가 인수(印綬)로서 방해가 되니 용신지병(用神之病)이다. 다행하게도 년상(年上)의 壬水가 申金의 생조(生助)를 받아 극제오화(剋制午火)하니, 오화병(午火病)과 壬水약(藥)이 병약상제(病藥相濟)가 되는 것이다.

운행(運行)으로 볼 때 辛亥 대운(大運)에 제거기병(除去其病)으로 재벌(財閥)이 되었고 취첩(聚妾)까지 하였다. 壬子, 癸丑 운에도 대발(大發)하다가 甲寅 운에 甲庚 충(沖), 寅申 충(沖)으로 천충지충(天沖地沖)이 되어 불록지객(不祿之客)이 염려된다.

제4절 상하정협上下情協

적천수(滴天髓)에 의하면 "상하귀호정협(上下貴乎情協)이라", 즉 천간(天干)과 지지(地支)가 가장 귀(貴)하게 여기는 것을 유정(有情)해야 한다는 것이다.

천간(天干)과 지지(地支)가 서로 상생(相生)하지는 않더라도 유정(有情)해야 한다는 것은 만약 관성(官星)이 쇠약(衰弱)하고 상관(傷官)이 왕(旺)할 때 재성(財星)이 국(局)을 얻거나, 관성(官星)이 왕(旺)하고 재성(財星)이 많을 때 비겁(比劫)이 국(局)을 얻거나, 일주(日主)가 왕(旺)하고 살(殺)이 약(弱)하여 재성(財星)이 있을 경우 재성(財星)의 좌(座)에 식신(食神)이 있거나, 재성(財星)이 약(弱)하고 비겁(比劫)이 왕(旺)하면 관성(官星)이 비겁(比劫)을 극제(剋制)하여 준다면 이것은 모두 유정(有情)한 것이다.

이와 유사(類似)한 용어(用語)로는 상하겸왕(上下兼旺)이라고 하여 천간(天干)과 지지(地支)가 같은 것으로서 戊戌, 甲寅, 壬子 등이며, 상하득위(上下得位)는 간지(干支)가 서로 상생(相生)하는 것으로서 甲子, 丙寅, 戊申 등이며, 상하유정(上下有情)은 천간(天干)과 지지(地支)의 암장(暗藏)과 상합(相合)이 되는 것으로서 丁亥, 辛巳, 壬午, 癸巳, 戊子 등이다. 이와 같은 경우가 모두 상하정협(上下情協)에 포함되어 사용하고 있다.

$$\begin{array}{cccc} 庚 & 丙 & 癸 & 己 \\ 寅 & 寅 & 酉 & 巳 \end{array}$$

$$\begin{array}{cccccc} 丙 & 丁 & 戊 & 己 & 庚 & 辛 & 壬 \\ 寅 & 卯 & 辰 & 巳 & 午 & 未 & 申 \end{array}$$

병화일주(丙火日主)가 일시지(日時支)에 寅木으로 장생(長生)이 되었고, 년지(年支)의 巳火는 록왕(祿旺)하고 있어 신왕(身旺)하다. 그래서 계수관(癸水官)을 용신(用神)으로 하는 것이다.

그런데 연상기토(年上己土)가 극계수(剋癸水)하고 있으나, 다행하게도 유금재(酉金財)가 재생관(財生官)하고 년지(年支)와 사유합금(巳酉合金)이 되니 더욱 관성(官

星)이 왕성(旺盛)하다. 더군다나 己土는 토생금(土生金)이 되어 계수관(癸水官)의 방해(妨害)가 되지 않는다. 정화격(情和格)으로 평생 흉험(凶險)함을 만나지 않고 재(財)와 명(名)이 양전(兩全)하여 길명(吉命)이 된 명조(命造)이다.

제5절 왕충쇠발旺冲衰拔

『적천수(滴天髓)』에 의하면 "왕자충쇠쇠자발(旺者冲衰衰者拔) 쇠신충왕왕신발(衰者冲旺旺神發)"이라, 즉 왕성(旺盛)한 것이 약(弱)한 것을 충(冲)하면 뿌리가 뽑히지만 약(弱)한 것이 왕성(旺盛)한 것을 충(冲)하면 왕성(旺盛)한 신(神)이 도리어 발(發)하게 되는 것이다.

임철초(任鐵樵)는 사주원국(四柱原局)에 있는 지지(地支)가 충(冲)하는 것을 명충(明冲)이라고 하고, 세운(歲運)이나 대운(大運)에서 충(冲)하는 것을 암충(暗冲)이라고 한다. 득령(得令)한 것이 약(弱)하는 것을 충(冲)하면 약(弱)한 신(神)은 뿌리가 뽑히지만 실령(失令)한 것이 왕성(旺盛)한 것을 충(冲)하는 경우에는 왕성(旺盛)한 것은 상해(傷害)하지 못하는 것이다.

충(冲)하는 것이 강(强)하면 능히 약(弱)한 것을 제거(除去)할 수 있어서 흉신(凶神)을 보내면 이(利)롭고, 길신(吉神)을 보내면 불리(不利)하다. 다시 말하여 충(冲)하는 것이 약(弱)하면 공격을 받은 강(强)한 것은 오히려 격분(激忿)하게 되는데, 흉신(凶神)이 격분(激忿)하면 재앙(災殃)이 되고, 길신(吉神)이 격분(激忿)하면 재앙(災殃)은 없지만 충(冲)이란 별로 유익(有益)한 것이 아니다.

가령 일주(日主)가 午火이고 희신(喜神)도 午火인데 지지에 寅卯巳午戌의 木火가 있을 경우 子水가 午火를 충(冲)한다면 이런 충(冲)은 쇠약(衰弱)한 것이 왕성(旺盛)한 것을 충(冲)한 것이니 午火는 상해(傷害)되지 않는 것이다. 일주(日主)가 午火이고 희신(喜神)도 午火인데 지지에 申酉亥子丑辰의 金水가 있으면 午火의 기세(氣勢)가 약(弱)할 때 子水의 충(冲)을 만나면 왕성(旺盛)한 것이 쇠약(衰弱)한 것을 충

(沖)하여 뿌리가 뽑힌다고 하는 것이다.

　나머지 지지도 모두 같은 경우인데 子午, 卯酉, 寅申, 巳亥는 비교적 중요하지만 辰戌, 丑未는 비교적 중요하지 않다. 만약 자오충(子午沖)은 자중(子中)의 癸水가 오중(午中)의 丁火를 충(沖)하는 경우에 午가 월령(月令)을 얻어 왕성(旺盛)한데, 사주원국(四柱原局)에 金은 없고 木이 있어서 午火를 돕고 있다면, 午火는 능히 子水를 충(沖)할 수 있다. 그러므로 오행생극(五行生剋)만을 고집하지 말고 반드시 기(氣)가 쇠약(衰弱)한지 왕성(旺盛)한지를 살피고 나서, 충을 돕고 있는지 충을 억제(抑制)하는지의 대세(大勢)를 깊이 연구해야 길흉(吉凶)이 저절로 밝혀지는 것이다.

　辰戌丑未는 형제간의 충(沖)이므로 암장(暗藏)된 것이 무엇인지와, 사주원국(四柱原局)의 간지가 인출되었는지의 유무를 살펴야 한다. 만약 간지(干支)의 인출이 없고 득령(得令)의 본기(本氣)와도 전혀 관계가 없으며, 비록 충(沖)하여도 해(害)가 없고 합(合)이 되어 용신(用神)으로 쓰면 역시 기쁘게 되는 것이다. 사주원국과 세운과의 관계도 모두 이와 같이 논(論)해야만 한다.

```
甲 癸 庚 丙
寅 亥 寅 申
```

```
丁 丙 乙 甲 癸 壬 辛
酉 申 未 午 巳 辰 卯
```

　계수일주(癸水日主)가 인월(寅月)에 태어나서 인중갑목(寅中甲木)이 상관(傷官)으로 실령하고 오히려 木이 득령하였다. 그러므로 일주(日主)가 왕성(旺盛)한 木에 설기(泄氣)를 당하여 매우 약(弱)하다. 일반적인 이론은 경금일주(庚金日主)를 생(生)함으로써 상관(傷官)을 제압할 수 있다고 한다.

　그러나 庚金이 丙火에게 극(剋)을 당하고 있고, 申金은 寅木으로부터 충(沖)을 당하여 신중경금(申中庚金)은 쇠약(衰弱)하게 되므로 왕성(旺盛)한 것이 쇠약(衰弱)한 것을 때리면 뽑힌다는 이론에 따라 庚金은 뿌리가 없게 되었다. 뿌리가 없는 것은 쓸 수가 없으니 癸水 일주는 木으로 종(從)할 수밖에 없어 종아격(從兒格)이 되었다. 木火를 희용신(喜用神)으로, 金은 반대로 기신(忌神)으로 보는 것이다. 대운에서 동남으로 운행하고 있어 대발한 길명이다.

$$
\begin{array}{cccc}
己 & 丁 & 辛 & 癸 \\
酉 & 丑 & 酉 & 卯
\end{array}
$$

$$
\begin{array}{ccccccc}
甲 & 乙 & 丙 & 丁 & 戊 & 己 & 庚 \\
寅 & 卯 & 辰 & 巳 & 午 & 未 & 申
\end{array}
$$

정화일주(丁火日主)가 유월(酉月)에 태어나서 실령하여 약하게 되었다. 지지(地支)가 酉丑 금국(金局)이 되고, 辛金이 투간되어 금기(金氣)가 왕성하다. 연월지지의 卯酉가 서로 충(沖)하니, 왕성(旺盛)한 것은 더욱 왕성하여지고 쇠약(衰弱)한 것은 충발(沖拔)되어 소실되었다. 그러므로 정화일주(丁火日主)는 金으로 종(從)할 수밖에 없어 종재격(從財格)이 되었다. 土金을 희용신(喜用神)으로 하고, 木火는 대기(大忌)하게 되는 것이다. 행운에서도 동남으로 운행하여 평생 동안 발복(發福) 한 번 하지 못하고 고생하며 살았다.

여기에서 주의(注意)할 것은 년간(年干) 癸水가 금생수(金生水)가 되어 수생목(水生木)으로 卯木이 왕성(旺盛)하게 되니 충발(沖拔)이 되지 않을 것으로 보이나, 년간(年干) 癸水는 금다수탁(金多水濁)되어 癸水는 생목불가(生木不可)하게 되었다는 점이다.

제6절 유근원류有根原流

일반적으로 유근(有根)이란 뿌리가 있다는 뜻으로, 천간(天干)이 지지(地支)에 동류(同類)의 기(氣)가 있어 일간(日干)이 생조(生助)를 받는다는 뜻이다.

원류(原流)는 사주원국(四柱原局)의 오행(五行)이 상생상극(相生相剋)하면서도 막힘없이 물이 흘러가듯 일주(日主)를 기준(基準)으로 하여, 어느 지점에서 시작하여 어느 지점에서 그 오행(五行)의 기(氣)가 집결(集結)되고, 또 어느 곳으로 흘러가는가를 살피는 것이다.

유근(有根)에는 유사(類似)한 용어가 많은데, 예를 들면 록근(祿根), 착근(着根), 통근(通根)이 같은 뜻으로 사용되고 있지만 다소 차이는 있다. 록근(祿根)은 건록(建祿)에 해당되는 지지(地支)로서 甲寅, 乙卯와 같은 지지(地支)를 얻는 것이며, 착근(着根)은 일간(日干)과 일지(日支)의 오행(五行)이 동일(同一)한 것으로서 戊辰, 戊戌과 같은 경우이며, 통근(通根)은 일지(日支)에 암장(暗藏)된 중기(中氣)의 오행(五行)으로서 丙寅, 辛丑과 같은 경우를 말한다.

그러나 통상적으로는 육신(六神)으로 활용(活用)하는 경우가 많은데, 인수(印綬)나 비겁(比劫)을 공통적으로 뿌리가 있다고 하는 것이다. 예를 들면 甲乙木은 寅卯나 亥子, 丙丁火는 巳午나 寅卯, 戊己土는 辰戌丑未, 庚辛金은 申酉나 辰戌丑未, 壬癸水는 亥子나 申酉가 되는 것이다.

『적천수(滴天髓)』에 의하면 "하처기근원(何處起根源), 유도하방주(流到何方住), 기괄차중구(機括此中求), 지래역지거(知來亦知去)이라", 즉 사주원국(四柱原局)의 왕신(旺神)이 시작된 근원(根源)은 어디이며, 어떤 방향(方向)으로 진행(進行)하여 어디에서 머무는지, 이것을 헤아려 보면 미래(未來)도 알고 과거(過去)도 알 수 있다고 한다.

임철초(任鐵樵) 선생은 사주(四柱)의 왕신(旺神)을 말하며, 재관(財官), 식상(食傷), 인수(印綬), 비겁(比劫)은 물론 모두가 원두(源頭)가 될 수 있다. 만약 관성(官星)이 원두(源頭)에서 용신(用神)이면 명성(名聲)이 높을 것이고, 재성(財星)이 용신(用神)

이면 재물(財物)이 많을 것이고, 인수(印綬)가 용신(用神)이면 자식(子息)이 잘 되거나 기예(技藝)가 뛰어날 것이다.

```
癸 丙 庚 辛
巳 寅 子 酉
```

```
癸 甲 乙 丙 丁 戊 己
巳 午 未 申 酉 戌 亥
```

丙火가 수왕절(水旺節)인 자월(子月)에 태어나고 金水가 태왕(太旺)하여 신약(身弱)하다. 이 사주(四柱)는 金을 원두(源頭)로 하고 있는데 금생수(金生水), 수생목(水生木)으로 유행(流行)하여 寅木에 이르러 인수(印綬)가 일주(日主)를 생(生)하고 있어 묘(妙)하다.

丙火가 巳火에 득록(得祿)하고 재성(財星)이 장성(將星)을 만나고, 癸水인 관성(官星)이 천간(天干)에 투간(透干)되어 있으니 청수(淸水)한 정신(精神)이 들어 있어 중화(中和)도 순수하다. 용신(用神)은 木火이고 기신(忌神)은 土金水이다. 대운(大運)이 목화운(木火運)으로 운행(運行)하여 일생 동안 험난을 겪지 않고 명리(名利)를 모두 얻었던 사주(四柱)이다.

```
甲 丙 辛 辛
午 子 卯 卯
```

```
甲 乙 丙 丁 戊 己 庚
申 酉 戌 亥 子 丑 寅
```

병화일주(丙火日主)가 목왕절(木旺節)인 묘월(卯月)에 태어나서 득령(得令)하였고, 시지(時支)에 午火에 득근(得根)하고 있어 신강(身强)한 사주(四柱)이다. 용신(用神)은 土金水이고, 기신(忌神)은 木火이다.

이 사주는 木이 원두(源頭)인데 원국(原局)에서 土가 없어 金에 유행하지 못하고, 재관(財官)이 서로 떨어져 있고, 子午 충(沖)과 자수생묘목(子水生卯木)으로 설(洩)하여 관성(官星)이 무력하여 생화(生化)의 정(精)이 없다.

초년(初年)인 庚寅 대운에는 庚金의 도움으로 윗사람의 도움을 받았고, 己丑 대운에는 子丑 합(合)으로 설화생금(洩火生金)하니 재물(財物)이 많았으나, 戊子 대운에 이르러 子水가 목기신(木忌神)을 도우니 형상파모(刑傷破耗)가 대단히 많았고, 丁亥 대운에는 丁火가 辛金을 극(剋)하여 패가(敗家)하였다.

제7절 유정무정有情無情

사주원국(四柱原局)이 길명(吉命)이 되려면 용신(用神)이 왕성(旺盛)하여야 하고, 일주(日主)와 근접(近接)해 있을수록 그 작용력(作用力)은 강(强)하게 나타난다. 이와 같이 일간(日干)과 용신(用神)이 가까이 있는 것을 유정(有情)이라고 하고, 멀리 떨어져 있는 것을 무정(無情)이라고 한다.

사주원국(四柱原局)이 유정(有情)하면 정신이 맑고 수복(壽福)이 있어 귀격(貴格)이 되고, 무정(無情)하면 평범한 인생으로 살아가거나 경우에 따라서는 굴곡(屈曲)을 많이 겪으면서 살아간다. 그러나 일간(日干)과 용신(用神)이 멀리 떨어져 있다 하더라도 다른 오행(五行)과 합(合)이 되어 용신(用神)으로 화(化)한 경우와, 희신(喜神)이 없고 기신(忌神)이나 한신(閑神)이 있는 경우에 기신(忌神)과 한신(閑神)이 합(合)이 되어 희신(喜神)으로 화(化)하는 경우가 있다.

가령 사주원국(四柱原局)에서 丙火가 용신(用神)일 경우에 丙火는 시간(時干)에 있고, 壬水는 월간(月干)에 있는데 년간(年干)에 丁火가 있어 丁壬 합(合)으로 목화

(木化)가 되어 丙火를 생조(生助)하는 경우가 있고, 일간(日干)의 용신(用神)이 庚金
인데 이것이 년간(年干)에 있어 멀리 떨어져 있으나, 월간(月干)에 乙木이 있어서
乙庚 합(合)으로 금화(金化)가 되어 일간(日干)과 가까이 오게 되는 경우이다.

또한 일간(日干)의 용신(用神)이 金일 경우에 멀리 있는 년지(年支)의 酉金이 월
지(月支)의 巳火와 巳酉 합(合)이 되어, 기신(忌神)인 巳火를 금화(金化)로 변화(變
化)시켜 년지(年支)의 酉金을 일간(日干)으로 접근(接近)시키는 경우이다.

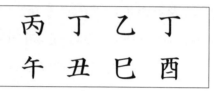

정화일주(丁火日主)가 화왕절(火旺節)인 사월(巳月)에 태어나 득령(得令)하고 시
지(時支)의 午火와 천간(天干)의 木火가 태왕(太旺)하여 수기(水氣)가 필요하다. 그
러나 축중계수(丑中癸水)가 약(弱)하여 년지(年支)의 酉金을 용신(用神)으로 쓸 수밖
에 없다.

그러나 거리가 너무 떨어져 있고, 巳火가 차단하고 있어 무정(無情)한 것같이
보이나, 연월일지(年月日支)가 巳酉丑으로 합금국(合金局)이 되어 충분하게 왕화(旺
火)를 설기(泄氣)시켜 유정(有情)한 명조(命造)이다. 대운(大運)이 초년(初年)에 화운
(火運)으로 향(向)하여 고전(苦戰)하였으나, 金水 운으로 향(向)하여 대발(大發)한 여
명(女命)의 사주(四柱)이다.

```
戊  戊  己  乙
午  戌  丑  酉
```

```
丙 乙 甲 癸 壬 辛 庚
申 未 午 巳 辰 卯 寅
```

무토일주(戊土日主)가 축월(丑月)에 태어나서 득령(得令)하고, 좌하(坐下)에 득지 (得地)하고 戊己가 투간(透干)되었으니 신왕(身旺)하다. 신왕(身旺)하면 식재관(食財 官)이 길신(吉神)이 되는데, 원국(原局)에서 재관(財官)이 없으니, 용신(用神)은 년지 (年支)의 酉金으로 왕성(旺盛)한 토기(土氣)를 설기(泄氣)하니 기쁘다.

그런데 년지(年支)의 酉金이 멀리 떨어져 있어 불미스러운데, 다행하게도 월지 (月支)의 丑土와 유축합금(酉丑合金)을 하여 유정(有情)한 여명(女命)의 사주(四柱) 이다.

제8절 정신기精神氣

『적천수(滴天髓)』에 의하면 "인유정신(人有精神), 불가이일편구야(不可以一偏求 也) 요재손지익지득기중(要在損之益之得其中)이라", 즉 사람의 명조(命造)에는 정기 (精氣)와 신기(神氣)가 있는데, 어느 한 편으로 치우지는 것은 옳지 않으며, 손(損)해 야 할 때 손(損)하고, 익(益)해야 할 때 익(益)해야 하되 중용(中庸)의 도리(道理)를 얻는 것이 중요하다고 했다. 임철초(任鐵樵) 선생은 정(精)이란 생아지신(生我之神) 으로 나를 생(生)해주는 것이고, 신(神)이란 극아지물(剋我之物)로서 나를 극(剋)하 는 것이라고 했다.

기(氣)란 정(精)과 신(神)의 본기(本氣)로서 정(精)과 신(神)을 관통(貫通)할 수 있는 것이다. 그래서 정(精)이란 인수(印綬)이며, 신(神)은 재성(財星)이나 관성(官星)과 식상(食傷)이며, 기(氣)는 본기(本氣)로서 일주(日主)와 같은 비견(比肩)과 겁재(劫財)를 뜻하는 것이다.

그리하여 정신기(精神氣)의 3자(三字)가 어느 한쪽으로 치우치지 않고 균형(均衡)을 이루어 조화를 이루면 부귀(富貴)할 수 있는 귀명(貴命)인 것이다. 가령 사주원국(四柱原局)에서 정(精)이 부족(不足)하면 신약(身弱)이 되고, 신(神)이 부족(不足)하면 중화(中和)를 얻지 못하고, 기(氣)가 부족(不足)하면 만사(萬事)에 능력(能力)이 없다.

$$戊\ 丙\ 甲\ 癸$$
$$戌\ 寅\ 子\ 酉$$

$$丁\ 戊\ 己\ 庚\ 辛\ 壬\ 癸$$
$$巳\ 午\ 未\ 申\ 酉\ 戌\ 亥$$

병화일주(丙火日主)가 수왕절(水旺節)인 자월(子月)에 태어나 실령(失令)하고 한랭(寒冷)하다. 년주(年主)인 癸酉가 극제(剋制)하고 시주(時柱)인 戊戌이 설기(泄氣)하니 신약(身弱)하다. 다행한 것은 일지인목(日支寅木)에 의지(依支)할 수밖에 없으니, 용신(用神)은 정기(精氣)가 부족(不足)하여 木火이고, 기신(忌神)은 신기(神氣)인 土金水이다. 여기에서 토운(土運)은 조토(燥土)는 길(吉)하고, 습토(濕土)는 흉(凶)하다. 대운(大運)이 초중금운(初中金運)에서 화운(火運)으로 운행(運行)하고 있다.

그러나 고서(古書)에 이르기를 "생화오행구족(生化五行俱足), 좌우상하정협불패(左右上下情協不悖), 일생부귀복수(一生富貴福壽)"라고 한 것으로 보아 비록 신약사주(身弱四柱)라도 오기유행(五氣流行)이 되고 수관성(水官星)마저 수생목(水生木), 목생화(木生火)로 살인상생(殺印相生)되고 좌우상하(左右上下)가 정신기(精神氣)가 합심(合心)하고 거스르지 아니하니 일생 동안 부귀(富貴)하였던 것이다.

```
庚 丙 乙 癸
寅 辰 卯 未
```

```
戊 己 庚 辛 壬 癸 甲
申 酉 戌 亥 子 丑 寅
```

  병화일주(丙火日主)가 목왕절(木旺節)인 묘월(卯月)에 태어나 득령(得令)하였고, 지지(地支)가 목방국(木方局)을 이루고, 未土는 춘토(春土)로 金을 생(生)할 수 없으며, 金水가 지지(地支)에 뿌리가 없어 종강격(從强格)이 되었다.

  고서(古書)에 이르길 관인(官印)이 상생(相生)고 시(時)에서 편재(偏財)를 만나 사주(四柱)가 순수(純粹)하니, 귀격(貴格)이라고 하는 것은 재관(財官)이 모두 휴수(休囚)가 된 것을 모르고 하는 말이다.

  운(運)이 북방(北方)으로 향(向)하여 丙火를 극상(剋傷)하고 도리어 木의 정기(精氣)를 생(生)하는데, 금운(金運)을 만나 격노(激怒)하게 하여서 명리(名利)를 이루지 못하였다.

  따라서 정기(精氣)가 지나치게 넘치면 그 기세(氣勢)를 더해 주어야 좋고, 본기(本氣)가 태왕(太旺)하면 신기(神氣)를 도와주어야 하고, 신기(神氣)가 지나치게 설기(泄氣)되어 약(弱)하다면 그 정기(精氣)를 자양(慈養)해야 한다는 논리(論理)와 같은 것이다.

제9절 조습燥濕

조습(燥濕)이란 水火가 서로 어울려서 완성(完成)됨을 말하는 것이다.

습(濕)한 것은 음기(陰氣)가 되므로 건조(乾燥)한 것을 만나야만 만물(萬物)을 생성(生成)하고, 조(燥)한 것은 양기(陽氣)가 되므로 윤습(潤濕)한 것을 만나야만 만물(萬物)을 생성(生成)할 수가 있다.

그러므로 木이 여름에 생(生)하여 정화(精華)가 발설(發洩)되어 밖으로는 배출(排出)되는 기(氣)가 넘치므로 넉넉함이 있으나, 안으로는 허탈(虛脫)하기 때문에, 반드시 壬癸水로써 생(生)하여 주고 丑辰의 습토(濕土)로써 배양(培養)하므로 火가 치열(治熱)하지 않고 木이 말라죽지 않고 土가 메마르지 않으며 水가 고갈(枯渴)되지 않아 생성(生成)할 수가 있다.

만약에 未戌의 조토(燥土)가 있으면 오히려 火를 도와서 더 뜨겁게 하므로 水가 있다 하더라도 힘이 되지 못한다. 오직 金은 백 번을 단련해도 그 색(色)을 바꿀 수가 없다. 그러므로 金이 겨울에 태어나면 설기(泄氣)하여 휴수(休囚)가 되더라도 丙丁火를 용(用)하여 한기(寒氣)를 대적(對敵)하고, 未戌 같은 조토(燥土)로써 습기(濕氣)를 제거하여주면 火는 없어지지 않는다.

그래서 水가 지나치게 범람(氾濫)하지 않고 金이 한랭(寒冷)하지 않으며 土가 얼지 않고 만물(萬物)을 생성(生成)할 수 있는 기(氣)가 발생(發生)하는 기능(機能)을 한다. 만약에 丑辰의 습토(濕土)를 만나게 되어 도리어 수기(水氣)를 제거(除去)하지 못한다면, 火가 있더라도 만물(萬物)를 생성(生成)할 능력(能力)이 없다. 이것이 만물(萬物)을 생성(生成)하는 지지(地支)의 묘(妙)한 이치(理致)이다.

```
丙 庚 辛 丙
子 辰 丑 辰

戊 丁 丙 乙 甲 癸 壬
申 未 午 巳 辰 卯 寅
```

경금일주(庚金日主)가 축월(丑月)에 태어나 득령(得令)하고 좌하(坐下)에 득지(得地)하고 辛金이 투간(透干)하니 신왕(身旺)하다. 본명은 일반적으로 한습(寒濕)한 庚金이라 온난한 火를 기뻐하는데, 연시상(年時上)에 양병(兩丙)이 투출하여 木火 대운에 대발(大發)하겠다고 말할 것이다.

그렇지만 지지(地支)가 전부 습(濕)하고 천간(天干)에서 丙辛이 합수(合水)하여 전체가 한습(寒濕)한데, 시간(時干)에 丙이 뿌리가 없으므로 생발(生發)할 수가 없다. 그래서 水를 종(從)하는 것이 좋다고 말한다. 壬寅, 癸卯 운에 의식이 풍부하였는데, 丙午, 丁未 대운에 처자식을 잃고 스님이 되었다고 한다.

주의(注意)할 것은 본명(本命)은 土金이 왕성(旺盛)하여 신왕(身旺)한 명국(命局)이 되었으나, 전지지(全地支)가 자진합(子辰合), 자축합(子丑合)으로 水局이 되어 오히려 금기(金氣)가 식상(食傷)으로 종(從)하게 되어 종아격(從兒格)이 되어서, 용신(用神)은 水이고 희신(喜神)은 金이며 木은 길신(吉神)이다. 火土가 기신(忌神)이다.

제10절 조후調候

조후(調候)는 기후(氣候)를 고르게 해준다는 뜻으로, 계절적으로 추운 것은 따뜻하게 해주고 더운 것은 시원하게 해준다는 의미가 포함되어 있으나, 용신법(用神法)의 하나로 조후용신(調候用神)으로 더 많이 사용한다. 그래서 너무 더운 것은 추운 것이 용신(用神)이 되고, 너무 추운 것은 더운 것이 용신(用神)이 되는 것이다. 또한 자연의 이치가 난(暖), 한(寒), 조(燥), 습(濕)의 조화가 이루어져 있듯이 인간(人間)에게도 이것이 적용(適用)되는 것이다.

가령 더운 여름에 태어난 사람은 겨울에 해당하는 오행(五行)이 용신(用神)이 되는 것이고, 추운 겨울에 태어난 사람은 여름에 해당하는 오행(五行)이 용신(用神)이 되는 것이다. 예를 들어 먼저 10간(十干)과 12지(十二支)를 가지고 분류하면 먼저 천간(天干)은 甲乙丙丁戊가 조열(燥熱)하고, 己庚辛壬癸가 한습(寒濕)하다.

지지(地支)에서도 寅卯, 巳午, 未戌이 조열(燥熱)하고, 申酉, 亥子, 丑辰이 한습(寒濕)하다. 또한 한 해를 기준으로 할 때 인묘진월(寅卯辰月)이나 사오미월(巳午未月)은 조열(燥熱)하고, 신유술월(申酉戌月)이나 해자축월(亥子丑月)은 한습(寒濕)하다.

己	丙	壬	庚
亥	戌	午	寅

己 戊 丁 丙 乙 甲 癸
丑 子 亥 戌 酉 申 未

병일오월생(丙日午月生)은 양인(羊刃)으로 득령(得令)이 되고 화세(火勢)는 왕성(旺盛)하므로 壬水와 庚金이 사주원국(四柱原局)에 있으면 귀격(貴格)이다. 그런데 壬水의 조후용신(調候用神)이 있고 또 戊己土의 식상(食傷)이 있고 庚金까지 있어 근원(根源)이 왕성(旺盛)하다.

따라서 본명(本命)은 병화일(丙火日)에 태어나 지지(地支)가 寅午戌로 삼합(三合)이 되어 더욱 화기(火氣)가 염열(炎熱)하나 水土가 있어 염상격(炎上格)은 되지 않는다. 壬과 庚이 년월(年月)에 높이 투출하고 있으므로 부귀의 명조이다. 대운으로 보면 金水인 서북방으로 운행되어 더욱 아름답다.

```
甲 壬 壬 壬
辰 子 子 子
```

```
己 戊 丁 丙 乙 甲 癸
未 午 巳 辰 卯 寅 丑
```

임수일(壬水日)에 자월(子月)은 양인(羊刃)이 지지(地支)에 봉(逢)하여 과왕(過旺)
하므로 戊土로 왕신(旺神)을 제(制)하지 않으면 안 된다. 자월(子月)은 엄한(嚴寒)이
므로 丙火로 조열(燥烈)해주어야 한다. 그러나 본명(本命)은 수목식신(水木食神)이
되어 甲木으로 용신(用神)을 취(取)한다.

삼위(三位)의 자자(子字)가 있어 비천용마격(悲天龍馬格)이 되어 귀격(貴格)이 되
었다. 길신(吉神)은 木火土이고 기신(忌神)은 金水이다. 행운(行運)이 동남방(東南
方)인 목화운(木火運)으로 운행(運行)하여 대발(大發)한 명조(命造)이다.

제11절 좌우동지左右同志

『적천수(滴天髓)』에 따르면 "좌우귀호동지(左右貴乎同志)라", 즉 생화(生化)하거
나 제화(制化)로서 좌우(左右)가 서로 상생(相生) 또는 상부(相扶)하며 혼잡(混雜)하
지 않아야 한다.

만약 관살(官殺)이 왕성(旺盛)하여 일간(日干)이 신약(身弱)하면 양인(羊刃)이나
겁재(劫財)로 합(合)하거나 관살(官殺)을 인수(印綬)로 살인화(殺印化)해야 한다. 반
대로 관살(官殺)이 약(弱)하고 일간(日干)이 왕성(旺盛)하면 재성(財星)이 재생관(財
生官)으로 도와주거나 관성(官星)이 방조(幫助)로 도와주어야 한다. 신살(身殺)이 둘
다 왕성(旺盛)하면 식신(食神)이 관살(官殺)을 제거(除去)하거나, 상관(傷官)이 대적

(對敵)하게 되면 이를 모두 동지(同志)라고 하는 것이다.

만약 신약(身弱)한 살(殺)이 재(財)의 도움을 받는다면 재(財)는 누를 끼치게 되고, 신왕(身旺)한데 비겁(比劫)이 관성(官星)과 합(合)하게 되면 관(官)은 자기의 임무(任務)를 잊어버리게 되는 것이다. 따라서 일주(日主)에게 좋은 것은 일주(日主)와 가까운 천간(天干)에 나타나 있어야 한다.

만약 일주(日主)가 살(殺)을 좋아하면 재성(財星)이 살(殺)을 친근하게 도와주어야 하고, 살(殺)이 기신(忌神)이라면 식상(食傷)을 만나서 제살(制殺)해야 하며, 인수(印綬)가 희신(喜神)이면 인수(印綬)가 먼저 있고 뒤에 관(官)이 있어야 하며, 인수(印綬)가 기신(忌神)이라면 재성(財星)이 앞에 있고 인수(印綬)가 뒤에 있어야 한다. 재성(財星)이 희신(喜神)이라면 식상(食傷)의 도움을 받아야 하고 재성(財星)이 기신(忌神)이면 비겁(比劫)을 만나서 제거(除去)하는 것이 좋다.

결론적(結論的)으로 좌우동지(左右同志)란 좌우(左右)가 서로 상부(相扶)한다는 뜻이다. 만약 살왕(殺旺)하고 신약(身弱)하면 인수(印綬)의 생조(生助)가 있거나 식상(食傷)으로 제살(制殺)해주면 그 식상(食傷)을 동지(同志)라고 한다.

```
庚 庚 丙 壬
辰 午 午 申
```

```
癸 壬 辛 庚 己 戊 丁
丑 子 亥 戌 酉 申 未
```

경금일주(庚金日主)가 화왕절(火旺節)인 오월(午月)에 태어나고 丙火가 지지(地支)에 午火가 있어 관살(官殺)이 왕성(旺盛)하다. 그러므로 화기(火氣)의 기운(氣運)을 설기(洩氣)하는 토기(土氣)가 일주(日主)를 생조(生助)해 주어야 한다.

또 년상(年上)의 壬水는 申金에 뿌리를 두어 견고(堅固)하여 제살(制殺)을 용신(用

神)으로 한다. 그래서 壬水는 천간(天干)의 동지(同志)가 되는 것이고, 辰土는 지지
(地支)의 동지(同志)가 된다. 그러므로 壬水는 제(制)하고 辰土는 화(化)하니 유정(有
情)이라고 할 수 있다. 그래서 금수운(金水運)에 벼슬길이 열려 지위가 국경수비대
장(國境守備大將)이 된 명조(命造)이다. 본명조(本命造)는 용신격국(用神格局)으로
볼 때 식신제살격(食神制殺格)에 해당한다.

```
戊 庚 丙 壬
寅 申 午 午
```

```
癸 壬 辛 庚 己 戊 丁
丑 子 亥 戌 酉 申 未
```

경금일주(庚金日主)가 오월(午月)에 태어나 관살(官殺)이 태왕(太旺)하여 신약(身
弱)하다. 그래서 우선 제살(制殺)을 해야 하는데, 壬水가 절지(絶地)인 午火에 있어
화살(火殺)을 제(制)할 능력이 없고, 또한 왕화(旺火)를 설기(泄氣)시키는 戊土는 역
시 寅木의 절지(絶地)에 앉아 있으니 일주(日主)에 도움이 되지 못한다. 따라서 일
주(日主)가 왕성(旺盛)하고 관살(官殺)이 견고해야 명리(名利)를 얻는데, 본명(本命)
은 평생 발복(發福)하지 못하였다.

그 이유는 戊土와 壬水가 약(弱)하고 일시지(日時支)마저 인신충(寅申冲)이 되면
서 오히려 인오화국(寅午火局)으로 화(化)하여 경금일주(庚金日主)는 더욱 제살(制
殺)을 당하고 있어 戊土가 식신(食神)을 생조(生助)하지 못하여 壬水인 식신(食神)
이 寅木을 식생재(食生財)하지 못하기 때문이다. 이러한 것을 "좌우불능동지(左右
不能同志)"라고 하는 것이다.

제12절 중화中和

『적천수(滴天髓)』에 의하면 "기식중화지정리(旣識中和之正理), 이우오행지묘(而于五行之妙), 유전능언(有全能焉)이라", 즉 중화(中和)의 정리(正理)를 알면 오행(五行)의 작용(作用)에 대한 묘리(妙理)를 완전하게 이해할 수 있다는 뜻으로, 사주오행(四柱五行)이 균형을 이루고 오행(五行)이 서로간에 화합(和合)을 이루어야 한다는 것은 자평학(子平學)에서 중요한 법칙(法則)이다.

따라서 사주원국(四柱原局)에서 오행(五行)이 부족(不足)함 없이 유통(流通)이 잘 되고 설기(泄氣)하는 오행(五行)과 생조(生助)하는 오행(五行)이 서로 평형(平衡)이 이루어져야 귀명(貴命)이 되는 것은 당연하지만, 어느 한쪽으로 치우친 경우에는 행운(行運)에서 중화(中和)를 이루어야 한다.

예를 들어 재성(財星)이 약(弱)한데 비겁(比劫)이 왕성(旺盛)하다면 처궁(妻宮)이 부족(不足)하고, 식신(食神)이 왕성(旺盛)한데 살(殺)이 약(弱)하다면 자식궁(子息宮)이 부족(不足)하고, 관성(官星)이 쇠약(衰弱)한데 상관(傷官)이 왕성(旺盛)하다면 명예(名譽)가 부족(不足)하고, 살(殺)은 강(强)한데 식신(食神)이 약(弱)하다면 재물궁(財物宮)이 부족(不足)하다.

그러나 대운(大運)이나 세운(歲運)에서 부족(不足)한 것을 보충(補充)하고 남는 것을 제거(除去)하게 되면 중화(中和)의 이치를 후에 얻게 되니 나중에는 부귀(富貴)하게 되는 것이다. 사주원국(四柱原局)이 편굴(偏屈)하고 중화(中和)되지 않았으면 마음이 간사(奸邪)하고 요행(僥倖)을 좋아한다.

癸	癸	甲	辛
亥	卯	午	巳

丁 戊 己 庚 辛 壬 癸
亥 子 丑 寅 卯 辰 巳

계수일주(癸水日主)가 오월(午月)에 태어나서 실령(失令)하고 좌하묘목(坐下卯木)으로 실지(失地)하니 시주계해(時柱癸亥)에 의지할 수밖에 없다. 묘(妙)하게도 멀지만 巳亥의 충(沖)으로 火를 제거(除去)하고 金을 살려서 인성(印星)을 용신(用神)으로 하여 木火가 제재(制裁)를 받아 체용(體用)이 상(傷)하지 않아 중화(中和)를 얻어 순수(純粹)하다.

따라서 사람 됨됨이가 중후(重厚)하고 재주가 탁월하여 마치 辛金을 도와 甲木을 제(制)하니 재상(宰相)의 자리에 올라 빛과 같은 인물이 되었다. 길신(吉神)은 金水와 습토(濕土)가 되고, 기신(忌神)은 木火와 조토(燥土)가 된다. 원국(原局)에서 싫은 것은 亥卯가 합목(合木)이 되어 목왕금쇠(木旺金衰)하고, 土가 없으니 자식(子息) 두기가 어려웠다는 막보제(莫寶濟) 선생의 명조(命造)이다.

```
戊 癸 丙 己
午 未 子 酉
```

```
己 庚 辛 壬 癸 甲 乙
巳 午 未 申 酉 戌 亥
```

계수일주(癸水日主)가 수왕절(水旺節)인 자월(子月)에 태어나 득령(得令)하여 왕상(旺相)한 것 같지만, 재살(財殺)이 태왕(太旺)하여 강변위약(强變爲弱)이 되었다.

원국(原局)에 木이 없고 재성(財星)이 투간(透干)되어 재물(財物)에 욕심(慾心)이 있으며, 년상(年上)과 시상(時上)에 관살(官殺)이 혼잡(混雜)되어 있으니, 권모술수(權謀術數)가 뛰어나고 재간(才奸)이 남보다 앞섰으나, 본래(本來) 한미(寒微)한 집안 출신(出身)으로 심술이 많고 단정(端正)하지 못하였다.

계유대운(癸酉大運)에 용신(用神)이 들어와 좌이(佐貳)에서 관찰사(觀察使)로 벼슬이 올라 사치(奢侈)와 호화(豪華)를 누렸는데, 미운(未運)에 이르러서 화(禍)를 면하기 어려웠다. 그래서 "욕심(慾心)을 버리지 못하면 불나비가 등불을 보고 달려들어 결국은 몸을 태우고 만다"라고 말하는 것과 같은 운명(運命)이었다.

제13절 진신가신眞神假神

사주원국(四柱原局)에 용신(用神)이 있는데 용신(用神)에는 진신(眞神)이 있고 가신(假神)이 있다. 진신(眞神)이란 사주원국(四柱原局)에서 오행조화(五行調和)로 볼 때 일주(日主)가 가장 필요로 하는 용신(用神)을 말하는 것이고, 가신(假神)은 진신(眞神)이 없어서 사주(四柱)의 조화(調和)로 부득이 용신(用神)으로 삼는 육신(六神)을 말한다.

가령 갑목일주(甲木日主)가 인월(寅月)에 출생(出生)하고 신왕(身旺)이면 丙火를 용신(用神)으로 삼아 왕성(旺盛)한 목기(木氣)를 설기(泄氣)시켜 유행(流行)시키는 것이 오행상(五行上) 가장 적합(適合)한 것이다.

그러나 사주원국(四柱原局)에 식상(食傷)이 전혀 없고 재관(財官)만 있을 경우에는 부득이 재관(財官)을 용신(用神)으로 삼지 않을 수 없는데, 이때 재관(財官)을 가신(假神)이라고 하고, 식상(食傷)이 있으면 이것이 진신(眞神)이다.

그래서 용신(用神)이 진신(眞神)이고 월령(月令)이 진신(眞神)을 생조(生助)하는 절기(節氣)이면 부귀(富貴)하지 않을 수가 없고, 가신(假神)이 용신(用神)이면 사주원국(四柱原局)에서 간지(干支)의 배합(配合)이 아름답다 하더라도 평범(平凡)하게 일생(一生)을 보내는 경우가 많다.

또한 사주원국(四柱原局)에 진신(眞神)과 가신(假神)이 혼잡(混雜)되어 있어서 진신(眞神)과 가신(假神)이 분명하지 않거나 모두 왕성(旺盛)하면 큰 재액(災厄)은 없다 하더라도 평생(平生)을 통(通)하여 굴곡(屈曲)이 많다. 행운(行運)에서 형(刑), 충(沖), 파(破)가 되면 불길(不吉)하다.

```
庚 壬 戊 乙
戌 午 寅 酉
```

```
辛 壬 癸 甲 乙 丙 丁
未 申 酉 戌 亥 子 丑
```

임수일주(壬水日主)가 인월(寅月)에 태어나서 실령(失令)하였고, 지지(地支)에서 寅午戌로 화국(火局)을 이루어 재관(財官)이 왕성(旺盛)하므로 신약(身弱)하다. 천간 (天干)에 庚戌土金이 함께 투출(透出)하였고, 지지(地支)의 戌土와 酉金에 통근(通根)하였으니, 인목진신(寅木眞神)의 세력(勢力)이 약(弱)하고 가신(假神)이 국(局)을 이루어 강(强)하다.

庚金으로 용신(用神)을 삼아 무토살(戊土殺)을 유인(誘引)하였고, 火가 천간(天干)에 투출되지 않아 기쁘고 戊土가 생화(生火)하니 더욱 묘(妙)하다. 행운(行運)이 서북(西北)으로 향(向)하여 일찍 벼슬길에 올라 진사(進士)로서 명성(名聲)이 높았다. 본명(本命)은 『적천수(滴天髓)』에 나오는 예문(例文)으로 관직(官職)으로서 백성(百姓)을 이롭게 하고, 천성(天性)이 어질고 덕(德)을 갖춘 유림(儒林)이었다.

```
甲 壬 戊 庚
辰 子 寅 申
```

```
乙 甲 癸 壬 辛 庚 己
卯 申 未 午 巳 辰 卯
```

임수일주(壬水日主)가 인월(寅月)에 태어나 실령(失令)하였지만, 일지좌하(日支坐

下)에 왕지(旺支)에 득지(得地)하였고, 신자진(申子辰)이 합수(合水)가 되어 일주(日主)를 돕고 있으니, 오히려 강(强)하다. 신왕(身旺)하면 관재식(官財食)을 써야 하나 재성(財星)은 없고 관성(官星)은 무토(戊土)인데 인목(寅木)의 절각(截脚)이 되어 약(弱)하므로 쓰지 못하고 식상(食傷)인 시상갑목(時上甲木)을 용신(用神)으로 한다.

본명(本命)은『적천수(滴天髓)』에 나오는 예문(例文)으로서 초년(初年)에 수차례 향시(鄕試)에 실패하였는데, 임오대운(壬午大運)에 제화(制化)하여 향시(鄕試)에 합격하여 자기보다 높은 신분과 교제하여 현령(縣令)이 되었다고 하였다.

그러나 甲申 대운에 甲庚 충(沖), 寅申 충(沖)으로 천충지충(天沖地冲)이 되었으니 불록지객(不祿之客)이 되었다. 경진운(庚辰運)이 庚金 기신(忌神)이고 甲庚 충(沖)으로 용신(用神)인 甲木이 손상(損傷)을 당하였으며, 申子辰 합수국(合水局)으로 역시 기신(忌神)이 되어 향시(鄕試)에 실패(失敗)한 것이다.

辛巳 운은 辛金이 기신(忌神)이고 寅巳申 삼형살(三刑殺)이 되었으니 실패(失敗)한 것이 틀림없다. 壬午 운은 壬水가 기신(忌神)이지만, 午火는 寅午 화국(火局)으로 희신(喜神)이 되었으니 향시(鄕試)에 합격(合格)하게 된 것이다.

제14절 천부지재 天覆地載

천부지재(天覆地載)란 하늘에서는 덮어주고 땅에서는 받쳐준다는 말로서 간지(干支)에서 서로 보호(保護)하여 주는 것을 뜻한다. 이와 반대(反對)의 개념(槪念)을 개두절각(蓋頭截脚)이라고 한다.

일반적으로 천부지재(天覆地載)는 뿌리가 있는 것으로, 서로 상생(相生)의 관계가 있는 것으로, 천간(天干)이 지지(地支)를 생조(生助)하고 지지(地支)가 천간(天干)을 생조(生助)하는 경우를 말하는데, 천간(天干)의 입장에서는 암장(暗藏)된 간지(干支)도 적용될 수가 있다.

그러나 길신(吉神)이나 흉신(凶神)으로 볼 때는 천간(天干)이 용신(用神)일 경우에 지지(地支)에 유근(有根)하거나, 천간(天干)이 기신(忌神)인데 지지(地支)에서 천간(天干)을 극제(剋制)하는 경우와, 지지(地支)가 용신(用神)인데 천간(天干)에 투출되거나, 지지(地支)가 기신(忌神)인데 천간(天干)에서 극제(剋制)하는 경우가 모두 천부지재(天覆地載)로서 길신(吉神)이 되는 것이다.

가령 甲木이 길신(吉神)인데 지지(地支)에 寅辰午子가 있거나, 丙火가 길신(吉神)인데 좌하(坐下)의 지지(地支)에 寅辰午戌, 戊土가 길신(吉神)인데 寅辰午戌, 같은 방법으로 庚金이 子辰申戌, 壬水가 子寅辰申이 되는 경우이다.

```
壬 癸 丁 戊
戌 卯 巳 寅

甲癸壬辛庚己戊
子亥戌酉申未午
```

계수일주(癸水日主)가 정사월(丁巳月)에 태어나서 실령(失令)하고 좌하(坐下)에 卯木으로 실지(失地)하여 신약(身弱)하다. 그러나 戊癸가 합화(合火)하여 월지사화(月支巳火)로부터 왕기(旺氣)를 얻었는데, 壬水가 방해가 되나 丁壬이 합화목(合化木)하여 생조사화(生助巳火)하고 지지(地支)는 卯戌火로 전지지(全地支)가 목화상생(木火相生)이 되어 천부지재(天覆地載)가 되었다. 그러므로 천지간(天地間)에 水木火로 진기(眞氣)가 순수하여 귀격(貴格)이 되었다.

일반적으로 무인년(戊寅年)은 인중무토(寅中戊土)가 뿌리가 되지만 약(弱)하다. 그러나 정사월(丁巳月)의 생조(生助)를 받고 있고, 丁火는 좌하(坐下)에 뿌리가 있고, 癸水는 수생목(水生木)이 되어 있고, 壬水는 술중신금(戌中辛金)에 뿌리가 있어 천부지재(天覆地載)가 분명한 명조(命造)이다.

```
庚 庚 丁 己
辰 申 卯 亥
```

```
庚 辛 壬 癸 甲 乙 丙
申 酉 戌 亥 子 丑 寅
```

경금일주(庚金日主)가 목왕절(木旺節)인 묘월(卯月)에 태어나 실령(失令)하였으나 土金이 왕성(旺盛)하여 약화위강(弱化爲强)이 되었다. 용신(用神)은 정화관(丁火官)인데 지지(地支)에 해묘목국(亥卯木局)으로 재국(財局)을 이루고 있어 매우 아름답다. 그래서 용신(用神)인 정화관(丁火官)이 더욱 건왕(健旺)하게 되었다. 일주경금(日主庚金)은 庚申, 庚辰으로 천복지재(天覆地載)가 되었고, 해묘지재(亥卯地載)에 丁火가 천부(天覆)로 관성(官星)이 천부지재(天覆地載)를 잘 이루고 있어 귀격(貴格)이다.

대운(大運)으로 볼 때 금수운(金水運)으로 운행(運行)하여 대흉(大凶)으로 보나 수운(水運)은 수생목(水生木), 목생화(木生火)로 식상생재(食傷生財)로 화(化)하여 재생관(財生官)하니 오히려 대귀(對句)한 명조(命造)이다.

제15절 통관소통通關疏通

통관(通關)이란 오행(五行)이 서로 상극(相剋)이나 상충(相沖)되어 있을 때 중간(中間)에서 서로를 통(通)하도록 해주는 것을 말하는데, 서로가 대립(對立) 관계에 있는 상태를 가운데서 연결시켜 서로의 기(氣)가 잘 통(通)하게 되므로 소통(疏通)되어 있는 상태를 말한다.

가령 水火가 상충(相沖)되어 있을 때 木이 통관(通關)시켜 소통(疏通)되게 하는 것이며, 또 다른 예로 壬水와 丙火가 병임충(丙壬沖)되어 있을 때 행운(行運)에서 甲乙木이 들어오면 수생목(水生木), 목생화(木生火)로 소통(疏通)되는 것이다.

木土가 상극(相剋)되어 있을 때 火가 통관(通關)시켜 소통(疏通)되게 하는 것이며, 가령 甲木과 戊土가 甲戊剋되어 있을 때 행운(行運)에서 丙丁火가 들어오면 목생화(木生火), 화생토(火生土)로 소통(疏通)되는 것이다.

마찬가지로 火金이 상극(相剋)되어 있을 때에는 土가 통관소통(通關疏通)시켜주고, 土水가 상극(相剋)되어 있을 때에는 金이 통관소통(通關疏通)시켜주고, 金木이 상극(相剋)되어 있을 때에는 水가 통관소통(通關疏通)시켜주는 것이다.

임철초(任鐵樵) 선생에 의하면 통관(通關)이란 극제(剋制)하는 것을 인도(引導)하여 유통(流通)시키는 것을 말한다.

소위 음양(陰陽)의 두 가지 작용(作用)이 상호교류(相互交流)하는 묘(妙)함이 있다. 천기(天氣)는 하강(下降)하고 지기(地氣)는 상승(上昇)한다. 그래서 천간(天干)의 기운(氣運)은 동적(動的)이며 오직 하나인데, 지지(地支)의 기운(氣運)은 정적(靜的)이며 혼잡(混雜)되어 있다.

그러므로 지기(地氣)의 움직임은 어디로 운행(運行)할 것인지 상황에 따라 일정(一定)하게 변(變)하여 나아가니 천기(天氣)가 그것을 따르게 되는데, 천기(天氣)는 이리저리 변(變)하는 법(法)이 없으니, 지기(地氣)가 천기(天氣)에 응(應)하여 움직여간다.

그래서 천기(天氣)는 위에서 동(動)하여 인원(人元)인 지장간(支藏干)에 감응하고, 인원(人元)은 아래에서 동(動)하여 천기(天氣)가 따르게 되므로 음(陰)이 승(勝)할 때 양(陽)을 만나면 멈추게 되고, 양(陽)이 승(勝)할 때 음(陰)을 만나면 머무는 것이다. 이런 까닭에 천지(天地)가 태평(太平)하게 만나야 간지(干支)가 유정(有情)하고, 좌우(左右)가 서로 배반하지 않아야 음양(陰陽)의 기(氣)가 생육(生育)되면서 서로가 통(通)하게 되는 것이다.

```
丙 丁 甲 癸
午 卯 子 酉
```

```
丁 戊 己 庚 辛 壬 癸
巳 午 未 申 酉 戌 亥
```

　정화일주(丁火日主)가 수왕절(水旺節)인 자월(子月)에 태어나서 실령(失令)하였으나, 살생인(殺生印)하고 인생신(印生身)하며 시지(時支)에 귀록(貴祿)을 얻고 있는데, 묘(妙)한 것은 지지(地支)가 子午卯酉의 충(冲)이 반대(反對)로 상생(相生)이 되었다. 즉 酉金이 子水를 생(生)하고 子水는 卯木을 생(生)하여 충(冲)의 작용(作用)을 하지 못하고 서로 도와주고 있는 것이다. 그러므로 일주(日主)는 약(弱)하지만 왕(旺)하게 변하였다.

　대운(大運)에서 수운(水運)을 만나서 木을 생(生)하고 금운(金運)을 만나서 水를 생(生)하게 되어서 인수(印綬)는 상(傷)하지 않게 되니, 일찍이 벼슬길에 올라서 관찰사(觀察使)에 이르렀다. 그래서 길신(吉神)은 金水이고, 기신(忌神)은 木火이다.

```
辛 丁 癸 戊
亥 未 亥 寅
```

```
庚 己 戊 丁 丙 乙 甲
午 巳 辰 卯 寅 丑 子
```

　정화일주(丁火日主)가 해월(亥月)에 태어나서 실령(失令)하고 癸水가 왕지(旺支)에 있고 戊土와 무계합거(戊癸合去)로 화기(火氣)로 화(化)하여 일주(日主)를 돕고 있다.

지지(地支)에서도 인해합목(寅亥合木)으로 생신(生身)하고 해미합목(亥未合木)으로 역시 생신(生身)하니, 寅의 위치(位置)에서는 일주(日主)와는 멀지만 亥水와 합(合)으로 가까운 관계가 되었다.

일래일거(一來一去)로 화협(和協)하고 일왕일회(一往一會)로 통관(通關)에 막힘이 없어 과거(科擧)에 급제(及第)하여 벼슬이 황당(黃堂)에까지 이르렀다.

제16절 통변通辯

사전(辭典)에는 통역(通譯)과 같은 뜻으로 사용(使用)한다고 되어 있다. 즉 서로의 말이 달라서 통(通)하지 못하는 사람 사이에 그 두 말을 다 아는 사람이 말을 서로 옮겨 뜻을 전하여 주는 것으로 되어 있으나, 명리학(命理學)에서는 '통변(通變)'이라는 뜻으로 더 많이 활용(活用)되고 있다.

통변(通變)이란 '변화(變化)에 통(通)한다'라는 뜻으로 음양오행(陰陽五行)의 생극제화(生剋制化)를 말하는 것이다.

먼저 변화(變化)에 통(通)하기 위해서는 음양오행(陰陽五行)의 기본원리(基本原理)뿐만 아니라 왕쇠강약(旺衰强弱), 육신론(六神論), 성격론(性格論), 직업론(職業論), 질병론(疾病論) 등을 올바르게 해석(解釋)할 수 있어야 한다.

가령 여명(女命)의 사주원국(四柱原局)이 신강(身强)이라면 관살(官殺)이 용신(用神)이 되어 관살(官殺)이 혼잡(混雜)되어 있으면서 뿌리가 튼튼하면 길신(吉神)으로서 현부(賢夫)를 만나게 되고, 신약(身弱)하면 흉신(凶神)으로 작용(作用)하게 되는 것이다.

```
丙 乙 壬 壬
戌 卯 寅 辰
```

```
己 戊 丁 丙 乙 甲 癸
酉 申 未 午 巳 辰 卯
```

을목일주(乙木日主)가 목왕절(木旺節)인 인월(寅月)에 태어나서 득령(得令)하였고 지지(地支)가 인묘진목국(寅卯辰木局)으로 득지(得地)하고 양임수(兩壬水)가 투간(透干)하여 일주(日主)를 생조(生助)하니 신왕(身旺)하다. 신왕(身旺)하면 식상(食傷) 재성(財星), 관성(官星)이 길신(吉神)이 되고, 인수(印綬), 비겁(比劫)이 기신(忌神)이 된다.

사주원국(四柱原局)에서 금관(金官)이 없고, 또한 재토(財土)인 년지(年支)의 辰土는 목국(木局)으로 화(化)하였고, 시지(時支)의 戌土는 묘술합화(卯戌合火)로 화(化)하여 재토(財土)는 약(弱)하다.

다행히도 식상(食傷)으로 왕목(旺木)을 설기(泄氣)하는 丙火가 묘술합화(卯戌合火)로 생조(生助)를 받아 병화용신(丙火用神)이 건왕(健旺)하다. 그러므로 이 사주(四柱)는 관직(官職)이나 사업(事業)을 하는 것보다는 예능(藝能)이나 교육(敎育) 계통에서 종사(從事)하는 것이 유리(有利)하다. 실제로 언론계(言論界)에 종사(從事)하다가 최근(最近)에는 대학(大學)에서 교수로 재직(在職)하고 있는 명조(命造)이다.

운행(運行)으로는 계묘대운(癸卯大運)은 水木으로 기신(忌神)이 되어 부선망(父先亡)하였고, 갑진대운(甲辰大運)은 辰土가 寅卯辰으로 목국기신(木局忌神)으로 화(化)하여 고전(苦戰)하였으나, 사오미화운(巳午未火運)에는 승승장구(乘勝長驅)하였다. 세운(歲運)인 병술년(丙戌年)에는 진술충(辰戌冲), 술미형(戌未刑)으로 관재송사(官災訟事)가 있었으나 금운(金運)으로 운행(運行)하여 말년(末年)이 행복(幸福)할 것이다.

```
庚 辛 庚 庚
寅 卯 辰 辰
```

```
丁丙乙甲癸壬辛
亥戌酉申未午巳
```

신금일주(辛金日主)가 진월(辰月)에 태어나서 득령(得令)하고 좌하(坐下)는 실지(失地)하였으나 土金이 왕성(旺盛)하여 신왕(身旺)하다. 신왕(身旺)하면 식상(食傷), 재성(財星), 관성(官星)이 길(吉)하고 사주원국(四柱原局)에서 수식상(水食傷)은 진중계수(辰中癸水)로서 약(弱)하고, 목재성(木財星)은 寅卯辰으로 목국(木局)이 되어 재성(財星)이 왕성(旺盛)하다.

그러므로 본명(本命)은 관직(官職)이나 예능계(藝能界)나 교육계(敎育界)에 종사(從事)하는 것보다 사업(事業)이 적성(適性)에 맞다. 실제로 모자 사업(事業)으로 성공(成功)하여 현재(現在)는 특수차량(特殊車輛) 제조(製造) 및 판매(販賣)사업을 하고 있다. 이것으로 보아 용신(用神)은 木이고, 희신(喜神)은 水火이고, 기신(忌神)은 土金이다.

행운(行運)으로 볼 때 목화운(木火運)에 대발(大發)하였으며, 丁亥 대운에는 정화관(丁火官)이 극제(剋制)당하여 관재송사(官災訟事)가 있을 것으로 암시(暗示)하고 있는데, 병술년(丙戌年)에는 병경충(丙庚冲), 진술충(辰戌冲)으로 천충지충(天冲地冲)되어 명예(名譽)에 손상(損傷)을 입었다.

제17절 한난寒暖

『적천수(滴天髓)』에 의하면 한난(寒暖)이란 만물(萬物)을 생성(生成)하는 정신적 시원(始原)이다. 金水는 서북(西北)으로서 한(寒)이 되고, 木火는 동남(東南)으로서 난(暖)이 된다는 것은 변화에 따른 기능작용(機能作用)을 모르고 하는 말이다. 기(氣)는 상승(上昇)하면 반드시 변하여 하강(下降)하고, 수렴(收斂)하여 닫히면 반드시 열리니, 그것은 자연(自然)의 성질(性質)에 의한 기능(機能)의 이유 때문이다.

양(陽)은 음(陰)의 자리에서 생(生)하고 만물(萬物)이 살 수 있도록 하지만 음(陰)이 없으면 성장(成長)할 수 없어 형질(形質)을 이루지 못하니 허(虛)한 삶이 된다. 음(陰)은 만물(萬物)을 성장(成長)시키기는 하지만 양(陽)이 없으면 살아날 수 없어 물질(物質)을 살리지 못하니 어떻게 성장(成長)할 수 있다고 하겠는가, 오직 음양(陰陽)이 서로 변(變)하여 중화(中和)를 이루어 만물(萬物)을 발육(發育)시킬 수 있으니, 만약 양(陽)만 있으면 음(陰)으로써 완성(完成)하지 못하고, 음(陰)만 있으면 양(陽)으로써 생(生)하지 못하니 생성(生成)의 뜻이 없다는 것이다.

이와 같이 음양(陰陽)의 배합(配合)뿐만 아니라 한난(寒暖)의 배합(配合)도 마찬가지이다. 하물며 사시(四時)의 순서(順序)에 상생(相生)하여 이루어지는데, 자월(子月)에는 양(陽)이 생(生)하고, 오월(午月)에는 음(陰)이 생(生)한다고 고정된 이론(理論)을 고집할 수 없다.

한(寒)이 심하면 난기(暖氣)가 필요하고, 난(暖)이 심하고 한기(寒氣)가 실(實)하면 만물(萬物)을 생성(生成)할 수 있다. 그러나 지나치게 한(寒)한 것은 오히려 난(暖)한 기운(氣運)이 없는 것이 좋으며, 지나치게 난(暖)한 것은 한(寒)한 기운(氣運)이 없는 것이 오히려 마땅하다. 그러므로 음(陰)이 극(極)에 이르면 양(陽)이 생(生)하고, 양(陽)이 극(極)에 이르면 음(陰)이 생(生)하게 되는 것으로, 이것은 천지(天地) 자연(自然)의 이치(理致)라고 할 수 있다.

```
甲 庚 丙 乙
申 辰 子 酉
```

```
己 庚 辛 壬 癸 甲 乙
巳 午 未 申 酉 戌 亥
```

경금일주(庚金日主)가 수왕절(水旺節)인 자월(子月)에 태어나서 실령(失令)하였고, 년지(年支) 酉金과 시지(時支) 申金에 득근(得根)하여 신왕(身旺)하게 보이나, 지지(地支)에 申子辰로 합수국(合水局)이 되어 오히려 설기(泄氣)가 심하니 강변위약(强變爲弱)이 되었다. 본명(本命)은 金水가 한랭(寒冷)하고, 土는 얼고 木은 시들어 있는 형상(形象)이다.

임철초(任鐵樵)는 "원국(原局)에 寅木이 없고 丙火가 절지(絶地)인 水에 앉아 있으니 한(寒)이 심하고 난(暖)의 뿌리가 없으므로 오히려 온난(溫暖)한 기운(氣運)이 없는 것이 아름답다"라고 하였다.

초년(初年)인 乙亥 운에 북방수(北方水) 운행(運行)으로 기쁨이 있었으나, 甲戌 운에는 술중정화(戌中丁火)가 암장(暗藏)되어 丙火의 뿌리가 되니, 형상파모(刑喪破耗)가 있었고, 壬申 운에 丙火를 극(剋)하면서 재물(財物)이 늘어났고 癸酉 운에도 재업(財業)이 나날이 늘어났다.

신미운(辛未運)에 운로(運路)가 남방(南方)으로 돌아가 丙火가 득지(得地)하여 뿌리가 생(生)하니 파모다단(破耗多端)하였다. 경오운(庚午運) 인년(寅年)에는 木火가 함께 들어와 불록(不祿)이 되고 말았다. 주의(注意)할 것은 종아격(從兒格)이 되므로 水가 용신(用神)이고, 金이 희신(喜神)이며, 木이 길신(吉神)이다. 기신(忌神)은 土火이다.

$$\begin{array}{cccc} 癸 & 丙 & 丁 & 癸 \\ 巳 & 午 & 巳 & 未 \end{array}$$

$$\begin{array}{ccccccc} 庚 & 辛 & 壬 & 癸 & 甲 & 乙 & 丙 \\ 戌 & 亥 & 子 & 丑 & 寅 & 卯 & 辰 \end{array}$$

병화일주(丙火日主)가 사월(巳月)에 태어나 득령(得令)하고, 전지지(全地支)가 巳午未로 화방국(火方局)으로 이루어지고, 癸水가 지지(地支)에 뿌리가 없으므로 강세(强勢)를 따라갈 수밖에 없다. 천간(天干)의 년시(年時)에 癸水가 뿌리가 없으니, 도리어 한(寒)이 없는 것이 더 아름다운 것이다.

초운(初運)인 병진대운(丙辰大運)에는 음비(蔭庇)의 복(福)을 입고 乙卯, 갑인운(甲寅運)에 水를 설(泄)하고 火를 생(生)하니, 가업(家業)이 번창(繁昌)하였다. 계축운(癸丑運)에 한기(寒氣)가 뿌리를 내리니, 부모님이 돌아가시고 자식(子息)까지 손상(損傷)을 입었다. 임자운(壬子運)에 변화(變化)가 일어나 가정(家庭)은 몰락(沒落)하고 말았다.

제18절 허실虛實

고서(古書)에 따르면 "태과불급개위병(太過不及皆爲病)"이란 말이 있다. 너무 지나치게 많거나 없는 것은 전부가 병(病)이 된다는 뜻이다. 사주원국(四柱原局)에서는 지나치게 약(弱)하고 쇠(衰)한 것을 허(虛)라고 하며, 반대로 강(强)하고 왕(旺)한 것은 실(實)이라고 한다.

한의학에서 많이 사용하는 용어에서 기(氣)가 허(虛)할 때는 보(補)하여 도와주어야 하고, 기(氣)가 실(實)할 때는 사(瀉)하여 설기(泄氣)시켜 조화를 이루게 하여야 몸의 균형이 잡혀 건강을 유지한다는 논리(論理)이다.

가령 丙火 일주가 사주원국에 木火가 많으면 화기(火氣)가 태왕(太旺)하여 화기(火氣)가 실(實)하게 되어 병(病)이 된다는 것으로서, 인체(人體)의 화기(火氣)에 해당하는 심장(心臟)과 소장(小腸)에 질병(疾病)이 생긴다는 것이다. 만약에 丙火 일주(日主)가 사주원국(四柱原局)에 金水가 많으면 반대로 丙火가 극제(剋制)를 당하여 심장이나 소장에 질병이 생긴다는 원리로, 허(虛)한 화기(火氣)를 보(補)해야 하고, 수기(水氣)를 사(瀉)해야 하는 것이다.

```
癸 戊 癸 丙
亥 戌 巳 戌
```

```
庚 己 戊 丁 丙 乙 甲
子 亥 戌 酉 申 未 午
```

무토일주(戊土日主)가 사월(巳月)에 태어나고 좌하술토(坐下戌土)에 득령(得令), 득지(得地)한 데다 연간병화(年干丙火)가 투간(透干)되어 신왕(身旺)하면서 조열(燥熱)한 명조(命造)이다. 그래서 火土가 실(實)하고 金水가 허(虛)하다.

사주원국에서 괴강(魁罡)인 丙戌, 戊戌이 있어 고집(固執)이 강(强)할 뿐만 아니라, 戌亥 천문성(天門星)이 있어 특수직(特殊職)에서 종사(從事)하게 되는 경우가 많다. 실제로 경찰관으로 고위직에서 퇴임하였으나 己亥 대운(大運) 계미년(癸未年)에 위암수술(胃癌手術)을 받고 3년 후 병술년(丙戌年)에 사망한 명조이다.

본명(本命)은 火土가 왕성(旺盛)하여 심장(心臟)이나 위장(胃腸) 계통에 질병(疾病)이 암시(暗示)되고 있으며, 병술년(丙戌年)에는 화생토(火生土)로 토초(土焦)되어 있는데, 대운(大運)마저 기계충(己癸沖), 사해충(巳亥沖)으로 천충지충(天沖地沖)되어 불록지객(不祿之客)이 되었다.

```
辛　丙　壬　丙
卯　午　辰　午
```

```
己戊丁丙乙甲癸
亥戌酉申未午巳
```

　병화일주(丙火日主)가 진월(辰月)에 태어나서 설기(泄氣)는 하고 있으나 년일주(年日柱)인 丙午로서 화기(火氣)가 태왕(太旺)하여 신왕(身旺)하다. 그래서 木火가 실(實)하고 金水가 허(虛)하다. 사주원국에서 양인(羊刃)과 괴강(魁罡)이 있어 고집이 대단하며, 앞 명조(命造)와 같이 특수직에 종사하고 있다. 본명(本命)은 화기(火氣)가 태왕(太旺)하여 수기(水氣)가 증발(蒸發)되기 직전(直前)에 있는데, 을미운(乙未運)은 을신충(乙辛冲)하고 午未火로 신금용신(辛金用神)이 피상(被傷)되고 화국기신(火局忌神)이 되었다.

　을미대운(乙未大運) 丙子년에 1차 신장수술을 하였고, 9년 후인 乙酉년에 2차 신장수술을 하여 현재는 정상인과 다름없다. 丙子년은 丙壬 충(冲), 子午 충(冲)으로 천충지충(天冲地冲)되어 용신충발(用神冲拔)되었고, 乙酉년은 乙辛 충(冲), 卯酉 충(冲)으로 丙子년과 같이 천충지충(天冲地冲)되어 용신충발(用神冲拔)로 2차 신장수술을 받았다.

제 16 장

정격론正格論

제1절 건록격建祿格

1. 건록격(建祿格)의 구성과 의의

日干	甲	乙	丙	丁	戊	己	庚	辛	壬	癸
月支	寅	卯	巳	午	巳	午	申	酉	亥	子

　건록격(建祿格)은 월지(月支)에 정록(正祿)이 있으면 성립되는 것인데, 형(刑)이나 충(沖)이 있으면 격이 떨어진다.

　건록격(建祿格)은 년지(年支)에 있거나 일지(日支), 시지(時支)에 있어도 성립되지만 년지(年支)는 작용이 약하고, 일지(日支)에 있으면 전록격(專祿格)이라고 하며, 시지(時支)에 있으면 귀록격(歸祿格)이라고 하여 건록격(建祿格)에 기준하여 추명(推命)하는 것이다.

　고서(古書)의 "월령건록(月令建祿)에 비겁중(比劫重)이면 극처손재(剋妻損財)가 비경(非輕)이라"라는 글에서 건록격(建祿格)은 월지(月支)에 정록(正祿)으로서 비견(比肩)되어 일주(日主)는 자연적으로 왕성하게 되는데, 원국(原局)에서 너무 많게 되면, 즉 태과(太過)하면 오히려 길(吉)이 아니라 흉(凶)이 된다는 것이다.

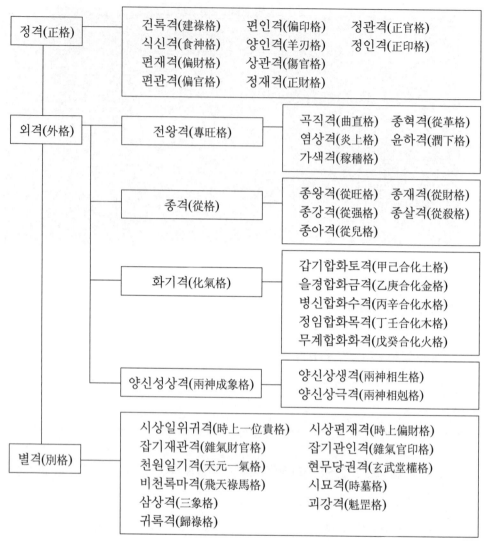

	건록격(建祿格)	편인격(偏印格)	정관격(正官格)
정격(正格)	식신격(食神格)	양인격(羊刃格)	정인격(正印格)
	편재격(偏財格)	상관격(傷官格)	
	편관격(偏官格)	정재격(正財格)	

		곡직격(曲直格) 종혁격(從革格)
외격(外格)	전왕격(專旺格)	염상격(炎上格) 윤하격(潤下格)
		가색격(稼穡格)

		종왕격(從旺格) 종재격(從財格)
	종격(從格)	종강격(從强格) 종살격(從殺格)
		종아격(從兒格)

		갑기합화토격(甲己合化土格)
		을경합화금격(乙庚合化金格)
	화기격(化氣格)	병신합화수격(丙辛合化水格)
		정임합화목격(丁壬合化木格)
		무계합화화격(戊癸合化火格)

| | 양신성상격(兩神成象格) | 양신상생격(兩神相生格) |
| | | 양신상극격(兩神相剋格) |

	시상일위귀격(時上一位貴格)	시상편재격(時上偏財格)
	잡기재관격(雜氣財官格)	잡기관인격(雜氣官印格)
별격(別格)	천원일기격(天元一氣格)	현무당권격(玄武堂權格)
	비천록마격(飛天祿馬格)	시묘격(時墓格)
	삼상격(三象格)	괴강격(魁罡格)
	귀록격(歸祿格)	

〈그림 16-1〉 격국도표(格局圖表)

2. 건록격(建祿格)의 특성과 직업

건록격(建祿格)은 장남이나 장녀로 태어나는 경우가 많고, 부모덕이 없어 유업을 받지 못하거나 지키지도 못하여 자수성가해야 한다. 성품은 선량하고 매사에 정도를 지키며 자기 임무에 충실하고 노력이 대단하다. 책임감이 강하고 기억력이 대단하여 한 번 결심을 하거나 목표를 세우면 우직하게 추진해나간다.

반면에 부부궁(夫婦宮)이 부실하여 이별하는 경우가 많으며 자손은 귀하나 총명하다. 직업은 행정직 계통의 공무원이나 국영기업이나 회사의 관리직이 제일 적합하고 분점이나 대리점도 가능하다.

3. 건록격(建祿格)의 용신(用神)

건록격(建祿格)의 용신(用神)은 일주(日主)의 강약을 먼저 구분해야 한다. 일주(日主)가 강왕하면 관살(官殺)을 우선하고, 관살(官殺)이 없으면 재성(財星)을 정(定)하고, 재성(財星)도 없으면 식상(食傷)으로 용신(用神)을 정한다. 만약 원국(原局)에 식재관(食財官)이 없이 태왕(太旺)하면 전왕격(專旺格)으로 변하여,

목일주(木日主)는 곡직격(曲直格),

화일주(火日主)는 염상격(炎上格),

토일주(土日主)는 가색격(稼穡格),

금일주(金日主)는 종혁격(從革格),

수일주(水日主)는 윤하격(潤下格)으로 된다.

반면에 일주(日主)가 약하면 원국(原局)에서 인수(印綬)나 비겁(比劫)이 용신(用神)이고, 인수(印綬)나 비겁(比劫)이 없으면 건록(建祿)이 용신(用神)이 된다. 용신(用神)에 따라서 건록용인격(建祿用印格), 건록용겁격(建祿用劫格), 건록용재격(建祿用財格), 건록용관격(建祿用官格)이라고 부른다.

4. 건록격(建祿格)의 예

丁	乙	己	庚
丑	巳	卯	辰

壬癸甲乙丙丁戊
申酉戌亥子丑寅

을목일주(乙木日主)가 목왕절(木旺節)인 묘월(卯月)에 태어나 득령(得令)하였으나 좌하(坐下)에 실지(失地)하고, 火土金이 많아서 실세(失勢)하여 신약(身弱)하다. 원국(原局)에서 우선 木이 필요하므로, 월지묘목(月支卯木)을 용신(用神)으로 하니, 건록용겁격(建祿用劫格)이 된다.

따라서 인수(印綬)나 비겁(比劫)이 되는 수목운(水木運)이 길(吉)하고, 화토금운(火土金運)이 기(忌)하는데, 대운(大運)이 동북방향으로 운행하여 다행이다.

초년축토(初年丑土)에서 사축금국(巳丑金局)으로 재관(財官)이 일주(日主)를 극제(剋制)하여 고생하였으나 그 후 계속 발복하였다. 癸酉 대운에 巳酉丑으로 금국(金局)이 되어 용신묘목(用神卯木)을 卯酉 충(冲)하고, 천간마저 丁癸 충(冲)되어 천충지충(天冲地冲)이 되었으니 설상가상으로 불귀객이 된 여명(女命)의 사주이다.

庚 丁 丙 丁
子 酉 午 巳

甲 癸 壬 辛 庚 戊 丁
寅 丑 子 亥 戌 申 未

정화일주(丁火日主)가 화왕절(火旺節)인 오월(午月)에 태어나 득령(得令)하였고, 사오화국(巳午火局)에 丙丁이 투간(透干)되어 득지(得地), 득세(得勢)로 신왕(身旺)하다. 또한 월지오화(月支午火)로 건록격(建祿格)이 성립된다.

신왕하면 억제하는 관살(官殺)이 필요한데, 시지자수(時支子水)가 있어 용신(用神)이 되니 건록용관격(建祿用官格)이 되는 것이다. 한편 자수관(子水官)은 시상경금(時上庚金)이 酉金에 득근(得根)하여 금생수(金生水)로 강력하게 생조(生助)하니 화왕(火旺)에 대적할 만하여 시상일위귀격(時上一位貴格)으로도 볼 수 있다.

대운(大運)이 서북방향으로 운행하여 대귀(大貴)한 여명(女命)의 사주(四柱)이다.

경술대운(庚戌大運)에 고생은 있었으나 무난하게 극복하게 된 것은 소통이 잘 되었기 때문이다.

다시 말해서 戌土는 午戌로 화국(火局)이 되어 왕화(旺火)를 돕고 있으나, 酉戌로 금국(金局)이 되어 오히려 화생토(火生土)로 설기(泄氣)시켜 토생금(土生金), 금생수(金生水)로 유기(流氣)시켰기 때문이다.

제2절 양인격羊刃格

1. 양인격(羊刃格)의 구성과 의의

일간(日干)	甲	丙	戊	庚	壬
월지(月支)	卯	午	午	酉	子
년월시간(年月時干)	乙	丁	己	辛	癸
일주(日柱)	丙午, 戊午, 壬子				

양인격(羊刃格)은 월지(月支)와 천간(天干)이 겁재(劫財)로 이루어지는 것으로 성립된다. 가령 갑일간(甲日干)이 卯나 乙, 병일간(丙日干)이 午나 丁, 무일간(戊日干)이 午나 己, 경일간(庚日干)이 酉나 辛, 임일간(壬日干)이 子나 癸가 있으면 이루어지는 것이다.

양인격(羊刃格)은 양간(陽干)에서만 이루어지기 때문에 양인(陽刃)이라고도 하는데, 이에 대비하여 음인(陰刃)도 고려할 수 있으나, 음일간(陰日干)의 양인(羊刃)은 그 작용이 약하다. 가령 을일(乙日)에 辰, 정기일(丁己日)에 未, 신일(辛日)에 戌, 계일(癸日)에 丑 등이 양인격(羊刃格)에서 제외되는 것이다.

양인격(羊刃格)이 칠살(七殺)을 두려워하지 않는 것은 양일간(陽日干)의 겁재(劫財)는 살(殺)과 합(合)하는 것이기 때문이다. 그러나 양인궁(羊刃宮)을 충형(沖刑)하거나, 재관왕(財官旺)하여 양인궁(羊刃宮)을 피상(被傷)하거나, 양인(羊刃)이 중중

(重重)하면 재앙이 심하여 조업을 분탈(分奪)하게 되는 것이다.

양인격(羊刃格)은 지지(地支)에만 이루어지는 것이 아니라, 천간(天干)에서도 비겁(比劫)이 투출(透出)되어 있으면 양인(羊刃)으로서 작용을 하게 되고, 일지(日支)에 있으면 그것을 일인(日刃)이라고 하여, 즉 병오일(丙午日), 무오일(戊午日), 임자일(壬子日) 등은 양인(羊刃)으로 작용을 한다.

2. 양인격(羊刃格)의 특성과 직업

양인격이 있으면 부모의 자리에 재극(財剋)하는 비겁(比劫)이 있으니, 자연히 부모의 덕이 없고, 부모의 유산을 물려받았다 하더라도 쟁탈이 일어나고, 장남이나 장녀로 태어난 경우가 많다. 형제나 친구와의 관계에서도 인덕이 없어 주는 것만 많고 받는 것이 적다. 그래서 외롭고 쓸쓸한 인생 행로를 걷는 경우가 많다.

그러나 자존심이 강하고 고집이 대단하며, 심성이 고강(高強)하다. 그래서 남에게 굴복하지 않아 전이불항(戰而不降)하는 기질이 있고, 극처, 극자, 극부, 파재, 수술, 질병, 불구 등이 될까 우려된다.

직업은 생살권(生殺權)을 가지고 있는 의사, 약사, 군인, 경찰, 수사나 정보 계통, 법조, 신문방송, 체육인, 이·미용사, 재단사, 철공소, 요식업 등의 업종에 성공하는 사람이 많다.

3. 양인격(羊刃格)의 용신(用神)

원국(原局)이 신왕(身旺)하면 식재관(食財官)이 희(喜)하고, 인비(印比)가 기(忌)하게 되는데, 신약(身弱)하면 반대로 인비(印比)가 희(喜)하고 식재관(食財官)이 기(忌)하다. 용신(用神)에 따라서 양인용인격(羊刃用印格), 양인용겁격(羊刃用劫格), 양인용재격(羊刃用財格), 양인용식상격(羊刃用食傷格), 양인용관격(羊刃用官格)으로 분류할 수가 있다.

4. 양인격(羊刃格)의 예

```
癸 甲 乙 癸
巳 子 卯 未
```

```
戊 己 庚 辛 壬 癸 甲
申 酉 戌 亥 子 丑 寅
```

갑목일주(甲木日主)가 목왕절(木旺節)인 묘월(卯月)에 출생하여 양인격(羊刃格)이 성립된다. 좌하(坐下)에 득지(得地)하고 乙木이 투출(透出)되어 있고, 癸水가 득세(得勢)하여 양인(羊刃)이 더욱 왕성하다.

더구나 사중경금(巳中庚金)의 장생궁(長生宮)에 앉아 더욱 생조(生助)를 받고 있다. 따라서 경금칠살(庚金七殺)과 을목양인(乙木羊刃)이 을경합(乙庚合)으로 상제(相濟)하니, 살인상생(殺印相生)이 되어 귀격(貴格)이 되었다.

대운(大運)인 신해운(辛亥運)에 을신충(乙辛沖)하면서 양인(羊刃)과 亥卯 합(合)하였고, 또 巳亥 충(沖)으로 경금칠살(庚金七殺)이 피상(被傷)되어 있는데, 유년(流年)인 辛酉에서 또다시 乙辛 충(沖)하고 卯酉 충(沖)하니, 양인혐충(羊刃嫌沖)하여 살인상전(殺刃相戰)이 되어 전이불항(戰而不降)한 명(命)이나, 비운(悲運)하게 죽은 악비장군(岳飛將軍)의 사주(四柱)이다.

```
庚 壬 甲 戊
子 子 子 戌
```

```
辛 庚 己 戊 丁 丙 乙
未 午 巳 辰 卯 寅 丑
```

임수일주(壬水日主)가 수왕절(水旺節)인 자월(子月)에 태어나서 득령(得令)하고, 좌하(坐下)에 득지(得地)하여 신왕(身旺)한데, 시주(時柱)인 庚子가 생조(生助)하여 더욱 왕성하다. 본명(本命)은 천한지동(天寒地凍)으로 천지가 한랭하여 얼음덩어리 같다. 그러므로 제습(除濕)하고 온난하여야 생명을 키울 수 있다.

우선 제습(除濕)이 필요하니, 戊土가 용신(用神)이고, 온난하여 해동을 해야 초목을 키울 수 있으므로 술중(戌中)의 丁火가 겨울의 화로로서 조후(調候)가 되고 있다. 월상(月上)의 甲木은 왕수(旺水)로 인하여 부목(浮木)이 되어 설기(泄氣)시키는 데 역부족이다. 오히려 甲木이 戊土를 극(剋)하여 병이 되었다.

초년(初年)인 을축운(乙丑運)에 을경합(乙庚合)으로 기신(忌神)이 되고 자축합(子丑合)으로 수국(水局)이 되어 역시 기신(忌神)이 되어 고학(苦學)으로 공부를 하였고, 병인운(丙寅運)에 木火가 왕성하여 법관이 되었고, 정묘운(丁卯運)까지 승승장구하였으나, 무진운(戊辰運)에 子辰 합수(合水)가 되어 기신(忌神)이 되었고, 진술충(辰戌冲)으로 술중정화(戌中丁火)가 꺼져버리는 형상이 되어 갑자기 사망하였다.

辰土도 戊土의 뿌리가 되나 본명(本命)은 뿌리의 작용을 하지 못한다. 유년에서 충중봉합(冲中逢合)이 들어오면 혐충합세군(嫌冲合歲群)이 되어 흉운(凶運)이 되는 것이다.

제3절 식신격食神格

일간(日干)	甲	乙	丙	丁	戊	己	庚	辛	壬	癸
월지(月支)	巳	午未戌	辰戌	未丑	申	酉	亥	子	寅	卯
투간(透干)	丙	丁	戊	己	庚	辛	壬	癸	甲	乙

1. 식신격(食神格)의 구성과 의의

식신격(食神格)은 일간(日干)에 대하여 월지(月支)의 암장간(暗藏干)에 식신(食神)이 있고, 그 식신(食神)이 천간(天干)에 투출(透出)됨으로써 성립된다.

가령 갑일간(甲日干)이 월지(月支)에 巳火가 있고 천간(天干)에 丙火가 투간(透干)되어 있거나, 병일간(丙日干)이 월지(月支)에 辰戌이 있고 천간(天干)에 戊土가 투간(透干)되거나, 무일간(戊日干)이 월지(月支)에 申金이 있고 庚金이 투간(透干)되거나, 경일간(庚日干)이 월지(月支)에 亥水, 임일간(壬日干)이 월지(月支)에 寅木이 있고 천간(天干)에 각각 壬水나 甲木이 투간(透干)되어 있는 경우이다.

2. 식신격(食神格)의 특성과 직업

식신(食神)의 특성은 마음이 넓고 도량이 있으며, 무엇이든 잘 먹어서 식성이 좋다. 타인을 위해 노력하고 봉사하며, 희생정신이 강하여 시원스러운 모습과 화목한 기운이 넘친다. 또한 앞을 내다보는 영감이 빠르고 재능이 있어 남의 마음을 잘 파악하는 예지력이 있고 머리가 비상하여 다재다능하다. 특히 마음이 부드럽고 모든 일을 정직하게 처리하며, 강자에게 강하고 약자에게 약하다.

직업은 육영사업, 예술이나 예능계통과 관련된 교육, 문화, 생산 가공, 서비스업, 은행가나 금융업, 식료품업이 가장 적당하며, 미래를 예측하고 정신세계와 관련이 있는 종교(宗教)나 철학, 심리상담 등에 종사하는 것이 성공률이 높다.

3. 식신격(食神格)의 용신(用神)

원국(原局)이 신왕(身旺)인데 인수(印綬)가 많으면 재성(財星)이 용신(用神)이고, 식상운(食傷運)이 길(吉)하고 인수운(印綬運)은 흉(凶)하다. 비겁(比劫)이 많으면 식재(食財)가 용신(用神)이고 식상운(食傷運)이 길(吉)하고 비겁운(比劫運)이 흉(凶)하다. 재성(財星)이 많으면 관살(官殺)이 용신(用神)이고 식상운(食傷運)이 길(吉)하고 비겁운(比劫運)은 흉(凶)하다.

만약 원국(原局)이 신약(身弱)인데, 관살(官殺)이 많으면 인수(印綬)가 용신(用神)이고 비겁운(比劫運)이 길(吉)이고 재관살운(財官殺運)은 흉(凶)하다. 재성(財星)이 많으면 비겁(比劫)이 용신(用神)이고 인수운(印綬運)이 길(吉)하며 식재관운(食財官運)은 흉(凶)하다. 식상(食傷)이 많으면 인수(印綬)가 용신(用神)이고 비겁운(比劫運)이 길(吉)하며 식재운(食財運)이 흉(凶)하다.

4. 식신격(食神格)의 예

丙	甲	丙	甲
寅	子	寅	子

癸 壬 辛 庚 己 戊 丁
酉 申 未 午 巳 辰 卯

갑목일주(甲木日主)가 인월(寅月)로 건록격(建祿格)이 되는데, 월시상(月時上)에 병화식상(丙火食傷)이 유기(有氣)하고 있어 식신격(食神格)이 되었다.

甲木이 양인목(兩寅木)에 튼튼하게 득근(得根)하고 있어 어떠한 바람에도 흔들리지 않고 수생목(水生木), 목생화(木生火)로 목화통명(木火通明)이라 그 향기가 천지(天地)를 진동(振動)하여 명진사해(名振四海)할 뿐 아니라 동량지재(棟樑之材)가 틀림없다. 또한 건록(建祿)에 형충(刑沖)이 없어 청격(淸格)이 되어 정직(正直)하고 송죽(松竹)같이 청렴결백한 마음으로 타인의 모범이 된다.

득령(得令), 득지(得地), 득세(得勢)로 최강(最强)이 되어 수목화(水木火)로만 이루어진 종왕격(從旺格)으로서 삼상격(三象格)이라고도 한다. 그래서 용신(用神)은 인비(印比)와 식상(食傷)이 되는데, 정월갑목(正月甲木)으로 한기(寒氣)를 제거(除去)시켜주는 조후용신(調候用神)이 되는 병화식상(丙火食傷)으로 식신용식상격(食神用食傷格)이 되었다.

행운(行運)에서도 동남목화운(東南木火運)으로 향하여 금상첨화가 된 귀명(貴命)이다.

戊　戊　戊　丁
午　申　申　酉

辛壬癸甲乙丙丁
丑寅卯辰巳午未

무토일주(戊土日主)가 신월(申月)에 태어나서 식신격(食神格)이다. 신월(申月)은 금왕절(金旺節)이고 지지(地支)에 두 개의 申金과 년지유금(年支酉金)까지 있으니 금기(金氣)가 왕성하다. 戊土를 삼금(三金)이 설기(泄氣)하니 일주(日主)가 왕성하지만 반대로 허약하게 되었다. 그래서 식신용인격(食神用印格)이 된 것이다.

일반적으로 비겁(比劫)과 인수(印綬)가 생조(生助)하여 주면 일주가 왕성하지만 금왕절에 실령(失令), 실지(失地)가 되어 오히려 설기를 당해서 약해진 것이다.

용신(用神)은 인비(印比)인 火土이고 기신(忌神)은 식재관(食財官)인 金水木이 되는 것이다. 행운(行運)에서 남동화목운(南東火木運)으로 향하여 초년운에는 대발(大發)하였으나 중말년운(中末年運)에는 고전하였다.

제4절 상관격傷官格

1. 상관격(傷官格)의 구성과 의의

일간(日干)	甲	乙	丙	丁	戊	己	庚	辛	壬	癸
월지(月支)	午未戌	寅巳	午未丑	寅辰巳	酉戌丑	巳申	辰子丑	申亥	卯辰未	寅辰
투간(透干)	丁	丙	己	戊	辛	庚	癸	壬	乙	甲

상관격(傷官格)은 일간(日干)에 대하여 월지(月支)의 암장간(暗藏干)에 상관(傷官)이 있고, 그 상관(傷官)이 천간(天干)에 투출(透出)됨으로써 성립된다.

가령 갑일간(甲日干)이 월지(月支)에 午火나 미중정화(未中丁火)나 술중정화(戌中丁火)가 있을 때 천간(天干)에 丁火가 투간(透干)되어 있거나, 을일간(乙日干)이 월지(月支)에 寅木이나 사중병화(巳中丙火)가 있을 때 천간(天干)에 丙火가 투간(透干)되어 있는 경우이다.

이와 같은 요령으로 임일간(壬日干)이 월지에 卯木이나 진중을목(辰中乙木)이 있고 천간(天干)에 乙木이 투간(透干)되어 있거나, 계일간(癸日干)이 월지(月支)에 寅木이나 해중갑목(亥中甲木)이 있을 때, 천간(天干)에 甲木이 투간(透干)되어 있는 경우에 성립되는 것이다.

2. 상관격(傷官格)의 특성과 직업

상관격(傷官格)의 특성은 머리가 비상하며, 상상력이 대단하다. 그러나 식신격(食神格)에 비하여 도량이나 희생정신이 약하다. 눈치와 계산이 빠르고 점잖은 것 같으면서 무의식중에 자기의 주장을 내세우면서 타인을 비평하거나 불평불만을 터뜨린다. 또한 손재주와 예능방면에는 특출하여 자만심이 강하고 타인을 억압하고 무시하는 경우가 많다. 무슨 일이든지 잘하다가 자기가 불리할 것 같으면 일시에 안면을 바꾼다. 한편 반항심도 강하고 남의 잘못을 보면 직선적으로 대항하며, 예의에 벗어난 행동을 한다.

앞을 내다보는 예지력과 투지력은 식신격(食神格)과 마찬가지이나, 표현력에서 다소 지나친 것이 다르다. 직업은 교육계통, 예술이나 예능계통, 기술직, 골동품이나 고물상, 변호사, 변리사, 세무회계사, 비서직 등에 종사하면 성공률이 높다.

3. 상관격(傷官格)의 용신(用神)과 희기신(喜忌神)

신왕일주(身旺日主)에 비겁(比劫)이 많으면 관살(官殺)이 용신(用神)이고, 재관운(財官運)은 길(吉)하고 인비운(印比運)은 흉(凶)하다. 또한 인수(印綬)가 많으면 재성(財星)이 용신(用神)이고, 식재운(食財運)은 길(吉)하고 인비운(印比運)은 흉(凶)하다. 신약일주(身弱日主)에 재성(財星)이 많으면 비겁(比劫)이 용신(用神)이고, 인비운(印比運)은 길(吉)하고 재관운(財官運)은 흉(凶)하다. 또한 관성(官星)이 많으면 인수(印綬)가 용신(用神)이고, 인비운(印比運)은 길(吉)하고 재관운(財官運)은 흉(凶)하다. 한편 식상(食傷)이 많으면 인수(印綬)가 용신(用神)이고, 인비운(印比運)은 길(吉)하고 식재운(食財運)은 흉(凶)하다.

4. 상관격(傷官格)의 예

丁	甲	辛	甲
卯	午	未	午

戊 丁 丙 乙 甲 癸 壬
寅 丑 子 亥 戌 酉 申

갑목일주(甲木日主)가 미월생(未月生)으로 정재격(正財格)이 되나, 월일지(月日支)가 午未 화국(火局)하고 丁火가 시상(時上)에 투간하여 상관격(傷官格)이 되었다. 미월갑목(未月甲木)은 목고(木庫)로서 고목(枯木)이 되고, 화다목분(火多木焚)으로 수기(水氣)가 필요하나, 일점(一點)의 수기도 없다. 다행하게도 시지묘목(時支卯木)에 의지할 수밖에 없어 상관용겁격(傷官用劫格)이 되어 있는데, 식상화(食傷火)가 태왕(太旺)하여 진상관격(眞傷官格)이 되었다.

용신(用神)은 인비(印比)인 水木이고, 기신(忌神)은 식재관(食財官)인 火土金이다. 대운(大運)인 壬申, 癸酉에 목용신(木用神)이 절(絶)이 되어 대단히 흉(凶)할 것 같으나, 천간(天干)에 壬癸水가 금생수(金生水)로 통관(通關)되어 오히려 수왕(水旺)이 되어 탐생망극(貪生忘剋)이 되었다.

甲戌 대운에는 午戌 화국(火局)으로 용신(用神)이 설기(泄氣)되고, 또한 戌未 형(刑)되어 목국(木局)을 형파(刑破)하니, 용신목(用神木)이 무력하게 되어 고생을 면치 못하였다. 乙亥 대운부터는 용신(用神)인 수운(水運)이 들어와 수극화(水剋火)되고, 또한 亥卯未(木局)로 대발(大發)하였으나, 丙子, 丁丑에서는 子午 충(沖)으로 왕자충쇠발(旺者沖衰拔)로 오히려 수기(水氣)가 충발(沖拔)되었고, 묘유충(卯酉沖)으로 극목용신(剋木用神)이 되어 불귀객(不歸客)이 되었다.

$$
\begin{array}{cccc}
乙 & 庚 & 丙 & 己 \\
酉 & 子 & 子 & 巳
\end{array}
$$

$$
\begin{array}{cccccc}
己 & 庚 & 辛 & 壬 & 癸 & 甲 & 乙 \\
巳 & 午 & 未 & 申 & 酉 & 戌 & 亥
\end{array}
$$

경금일주(庚金日主)가 자월(子月)에 태어나 금수상관격(金水傷官格)이 되었다. 천한지동(天寒地凍)으로 한랭한데, 월상병화(月上丙火)가 巳火에 뿌리가 있어 조후(調候)를 하니, 동금(凍金)이 해동하고 己土가 제수(制水)하니 귀명(貴命)이 되었다. 시상(時上)의 정재(正財)가 일주(日主)와 乙庚 합(合)하니 더욱 아름다워 금옥(金玉)이 만당(滿堂)하지 않을 수 없다. 금수상관격(金水傷官格)에 시지(時支)에 양인(兩刃)이 있으니, 용모가 출중하고 청수(淸水)한 것은 틀림이 없다. 금수상관격(金水傷官格)이 한랭하면 화관(火官)을 용신(用神)으로 하여 해한(解寒)하여야 한다.

원명(原命)에서 병화관(丙火官)은 조후(調候)의 용신(用神)이며, 己土 인수(印綬)는 상관(傷官)을 제화(制化)하는 길신(吉神)이다. 乙木은 수기(水氣)의 길신(吉神)이며, 酉金과 巳火는 방조(幇助)의 용신(用神)이 되는 것이다.

재관인(財官印)의 삼덕(三德)이 길신(吉神)이니 부귀명(富貴命)이다. 초년인 갑대운(甲大運)에 급제하여 관찰사로 임명되었고 계속 승승장구하였는데, 진토대운(辰土大運)에 습토(濕土)가 화기(火氣)를 설기(泄氣)하여 조후(調候)가 깨어져 탁수(濁水)가 되어 계사년(癸巳年)에 85세로 서거하였다.

제5절 편재격偏財格

1. 편재격(偏財格)의 구성과 의의

일간(日干)	甲	乙	丙	丁	戊	己	庚	辛	壬	癸
월지(月支)	辰巳申戌	午未丑	申	酉戌丑	申亥	辰子丑	寅亥	卯辰未	寅巳	午未戌
투간(透干)	戊	己	庚	辛	壬	癸	甲	乙	丙	丁

편재격(偏財格)은 일간(日干)에 대하여 월지(月支)의 암장간(暗藏干)이 편재(偏財)이고 천간(天干)에 편재(偏財)가 투출(透出)됨으로써 성립된다. 가령 갑일간(甲日干)이 월지(月支)에 辰土나 戌土, 또는 사중무토(巳中戊土), 신중무토(申中戊土)가 되어 있을 때 천간(天干)에 戊土가 있는 경우이다.

이와 같은 요령으로 병일간(丙日干)이 월지(月支)에 신중경금(申中庚金)이 있고 천간(天干)에 庚金이 투간(透干)되어 있거나, 무토일간(戊土日干)이 월지(月支)에 신중임수(申中壬水)나 해중임수(亥中壬水)가 있고 천간(天干)에 壬水가 투간(透干)되어 있는 경우이고, 또한 경일간(庚日干)이 월지(月支)에 인중갑목(寅中甲木)이나 해중갑목(亥中甲木)이 있고 천간(天干)에 甲木이 투간(透干)되어 있거나, 임일간(壬日干)이 월지(月支)에 인중병화(寅中丙化)나 사중병화(巳中丙火)가 있고 천간(天干)에 丙火가 투간(透干)되어 있으면 성립되는 것이다.

2. 편재격(偏財格)의 특성과 직업

편재격의 특성은 정재(正財)가 태왕(太旺)하면 편재(偏財)와 같은 특성으로 취급하고 편재 자체가 실령(失令)이기 때문에 신왕(身旺)함을 좋아한다. 정재격(正財格)보다는 편재격이 거부(巨富)가 되거나 재벌이 많은 것은 일반적으로 편재의 특성이 편법 내지는 횡재를 나타냄으로써 항상 성패의 기복이 따르고 욕심과 야망이 크기 때문에 취재(聚財)하는 데도 범인은 따라가기가 어렵기 때문이다.

성격은 팔방미인이나 영웅호걸같이 명쾌하고 모든 일을 시원하게 처리하고 풍류를 즐기며, 인정이 있어 대중의 기분을 잘 맞추어 나간다. 그러나 신약(身弱)하면 오히려 여색을 좋아하고 낭비심이 심하여 패가망신하는 경우가 많고, 신왕(身旺)하면 통솔력이 있고 공사를 잘 구분하며 대인관계가 원만하고 인기가 대단하다.

편재격(偏財格)의 직업은 상업, 무역, 청부업, 생산업, 제조업, 의약업, 건축업 등 사업가가 가장 많고, 재정직 공무원, 세무사, 회계사, 금융감독원 등 재정계통에서 성공률이 높고 간혹 정치계통에도 인물이 나온다.

3. 편재격(偏財格)의 용신(用神)과 희기신(喜忌神)

신왕일주(身旺日主)에 비겁(比劫)이 많으면 식상(食傷)이 용신(用神)이며, 식상운(食傷運)이나 관살운(官殺運)이 길(吉)하고 인비운(印比運)은 흉(凶)하다. 신약일주(身弱日主)에 식상(食傷)이 많으면 인수(印綬)가 용신(用神)이고, 인비운(印比運)이 길(吉)하고 식재운(食財運)은 흉(凶)하다.

만약 재성(財星)이 많으면 비겁(比劫)이 용신이고, 인비(印比) 운이 길하고 식상

(食傷) 운이나 관살(官殺) 운은 흉(凶)하다. 또한 관살(官殺)이 많으면 인수(印綬)가 용신(用神)이고, 인비운(印比運)은 길(吉)하고 재관(財官) 운은 흉하다.

4. 편재격(偏財格)의 예

丁火 일주가 금왕절(金旺節)인 유월(酉月)에 태어나 실령(失令)하였으나, 좌하(坐下)에 巳火로 득지하였고 일시지(日時支)가 巳未 화국(火局)이 되고 연지미토(年支未土)에도 丁火가 있고, 또한 시간에 丁火가 투출하여 득세(得勢)하니 왕(旺)하다. 신왕(身旺)하면 극제(剋制)하거나 설기(泄氣)를 해야 하는데, 일간 丁火를 극(剋)하는 癸水가 용신(用神)이지만 연상기토(年上己土)에 토극수(土剋水)를 당하니, 유금편재(酉金偏財)를 용신(用神)으로 취용(取用)한다.

일반적으로 酉金의 록(祿)인 辛金이 천간(天干)에 나타나야 편재격(偏財格)이 되지만, 왕지(旺支)인 자오묘유월(子午卯酉月)은 투간되지 않아도 격국(格局)이 성립된다. 금왕절(金旺節)에 酉金으로 巳酉가 반합(半合)이 되고 양기토(兩己土)가 생조(生助)하니 酉金 용신이 건왕(健旺)하다. 따라서 癸水 편관(偏官)도 명관과마(明官跨馬)가 되어 관록(官祿)을 얻는 것은 틀림없다.

초년인 巳午未 운에 청(淸)나라 조정의 요직을 역임한 것은 土金의 세력이 왕성하였고, 戊辰 대운에는 화생토(火生土)로 왕화(旺火)를 설기(泄氣)하고, 辰酉 합금(合金)으로 용신(用神)이 더욱 왕성하여 청(淸)나라를 타도하고 중화민국 총통이 된 원세개(袁世凱)의 명조이다. 丁卯 대운에는 丁癸 충(冲), 卯酉 충(冲)으로 천충지충

(天沖地沖)이 되어 癸酉 용신(用神)이 충발(沖拔)되어 있는데, 세년(歲年)인 정사년 (丁巳年)에는 기신화(忌神火)가 더욱 극성하여 용신(用神)을 충극(沖剋)하니 59세로 서거하였다.

```
丁 戊 壬 壬
巳 辰 子 申
```

```
己 戊 丁 丙 乙 甲 癸
未 午 巳 辰 卯 寅 丑
```

무토일주(戊土日主)가 임자월(壬子月)에 편재격(偏財格)인데, 신자진수국(申子辰水局)에 년상(年上)에 壬水가 투간(透干)하여 수기(水氣)가 극왕(極旺)하고 있어 신약(身弱)하다. 다행한 것은 시주(時柱)에서 丁巳火를 얻어 화생토(火生土)하여 일주(日主)를 인수(印綬)로 생조(生助)하니 편재용인격(偏財用印格)이 되는 것이다.

무토신약(戊土身弱)을 화생토(火生土)하여 주니 억부용신(抑扶用神)이 되며, 수왕절(水旺節)로 한랭하여 화온난(火溫暖)을 얻으니 조후용신(調候用神)이 되며, 수왕(水旺)이 병인데 제거병(除去病)하는 토약(土藥)이 부족한 상황에서 화생토(火生土)로 도와 토극수(土剋水)로 분산시킴으로써 통관용신(通關用神)이 되니, 용신(用神)은 모두가 일치되고 있는 것이다.

행운(行運)에서도 목화동남운(木火東南運)에 대발(大發)하고 금수서북운(金水西北運)에 대흉(大凶)하게 된다. 계축운(癸丑運)은 정계충(丁癸沖)하여 용신발(用神拔)하고, 사축금국(巳丑金局)으로 용신화(用神火)가 회기(晦氣)되어 초년고생(初年苦生)하다가 갑인운(甲寅運)은 목생화(木生火)로 용신(用神)을 돕고 있는 중에 인사형(寅巳刑)이 인수(印綬)라, 모친의 병환을 염려하였으나 무난하게 넘겼다.

을묘운(乙卯運)에는 습목(濕木)으로 목생화(木生火)가 약하여 가세가 기울기 시작하였고, 병진운(丙辰運)에는 병임충(丙壬冲), 자진수국(子辰水局)이 되어 병화인수(丙火印綬)가 충발(冲拔)로 고생(苦生)하다가 정사운(丁巳運)에는 다시 회생(回生)하더니, 무오운(戊午運)에 화토용신(火土用神)이 건왕(健旺)하여 제방이 튼튼하니 부동산으로 거부(巨富)가 된 사업가의 명조(命造)이다.

제6절 정재격正財格

1. 정재격(正財格)의 구성과 의의

일간(日干)	甲	乙	丙	丁	戊	己	庚	辛	壬	癸
월지(月支)	午未丑	辰戌	酉戌丑	巳申	子丑辰	申亥	卯辰	寅亥	午未戌	寅巳
투간(透干)	己	戊	辛	庚	癸	壬	乙	甲	丁	丙

정재격(正財格)은 일간(日干)에 대하여 월지(月支)의 암장간(暗藏干)이 정재(正財)이고, 천간(天干)에 정재(正財)가 투출(透出)됨으로써 성립된다. 가령 갑일간(甲日干)이 월지(月支)에 오중기토(午中己土), 미중기토(未中己土), 축중기토(丑中己土)가 되어 있을 때 천간(天干)에 己土가 있는 경우이다.

이와 같은 요령으로 병일간(丙日干)이 월지(月支)에 酉金이 있거나 술중신금(戌中辛金), 축중신금(丑中辛金)이 있고 천간(天干)에 辛金이 투간(透干)되어 있는 경우이고, 무토일간(戊土日干)이 월지(月支)에 子水가 있거나 축중계수(丑中癸水), 진중계수(辰中癸水)가 있고 천간(天干)에 癸水가 투간(透干)되어 있는 경우이다.

또한 경일간(庚日干)이 월지(月支)에 卯木이 있거나 진중을목(辰中乙木)이 있고 천간(天干)에 乙木이 있는 경우이고, 임일간(壬日干)이 월지(月支)에 午火가 있거나 미중정화(未中丁火)나 술중정화(戌中丁火)가 있는 경우 천간(天干)에 丁火가 있을 때 성립된다.

2. 정재격(正財格)의 특성과 직업

정재격(正財格)은 성품이 착실하고 근면하며 매사에 통솔력이 뛰어나고 재산과 금전관리를 잘하며, 개척정신과 불굴의 기상이 있어 어떠한 난관도 헤쳐 나갈 수 있다.

부모덕이 있고 부모가 재정계나 사업을 할 시기에 출생하는 경우가 많으며, 직장을 천직으로 알고 시간과 약속을 정확하게 지키며, 허례 허식이 없고 검소와 절약을 생활신조로 하기 때문에 자손에게 유산을 남기며, 부모에게도 효도한다.

일반적으로 재성(財星)은 학문과 상반되는 해석으로 통변하는데, 이때는 신약(身弱)한 경우이고, 신왕(身旺)하면 오히려 재성(財星)을 다스릴 수 있어 오히려 학문에 뜻을 두는 경우가 많다. 정재격(正財格)의 직업은 재정공무원, 은행감독원, 세무회계사, 물품 및 창고 관리, 건축 자재업, 유통업, 운수업, 무역업 등에 적성이 있고 성공률도 높다.

3. 정재격(正財格)의 용신(用神)과 희기신(喜忌神)

일주(日主)가 비겁(比劫)이 많아서 강왕(强旺)하면 식상(食傷)이 용신(用神)이고, 식상운(食傷運)이나 관살운(官殺運)은 길(吉)하고 인비운(印比運)은 흉(凶)하다. 일주(日主)가 인수(印綬)가 많아서 강왕(强旺)하면 재성(財星)이 용신(用神)이고, 식재운(食財運)은 길(吉)하고 인비운(印比運)은 흉(凶)하다.

일주(日主)가 식상(食傷)이 많아서 신약(身弱)이면 인수(印綬)가 용신(用神)이고, 인비운(印比運)은 길(吉)하고 식재운(食財運)은 흉(凶)하다. 일주(日主)가 재성(財星)이 많아서 신약(身弱)이면 비겁(比劫)이 용신(用神)이고, 인비운(印比運)은 길(吉)하고 식상운(食傷運)과 관살운(官殺運)은 흉(凶)하다. 일주(日主)가 관살(官殺)이 많아서 신약(身弱)이면 인수(印綬)가 용신(用神)이고, 인비운(印比運)은 길(吉)하고 재관운(財官運)은 흉(凶)하다.

4. 정재격(正財格)의 예

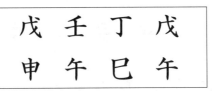

$$戊 \quad 壬 \quad 丁 \quad 戊$$
$$申 \quad 午 \quad 巳 \quad 午$$

甲癸壬辛庚己戊
子亥戌酉申未午

임수일주(壬水日主)가 사월(巳月)이라 실령(失令)하였고 좌하(坐下)에 午火로 실지(失地)하여 신약(身弱)하다. 다행하게도 시지신금(時支申金)이 장생(長生)으로 일주를 생조(生助)하니 인수용신(印綬用神)이다.

격국(格局)으로 볼 때 월지(月支)의 사중병화(巳中丙火)로 편재격(偏財格)이 되는데, 월상정화(月上丁火)가 투출하여 정재격(正財格)이 되었다. 강약(强弱)으로 볼 때 지지(地支)가 사오화국(巳午火局)으로 재다신약(財多身弱)이 되었고, 천간(天干)에 양무토(兩戊土)까지 극제(剋制)하니 신약(身弱)한 명조(命造)이다.

따라서 인비운(印比運)인 금수운(金水運)에 대발(大發)하고, 식재운(食財運)인 목화토운(木火土運)에 대흉(大凶)하게 된다. 운행(運行)에서도 戊午, 기미대운(己未大運)에는 화토기신(火土忌神)으로 용신금(用神金)이 수제(受制)되었고 庚申, 신유대운(辛酉大運)은 용신운(用神運)으로 생조(生助)되어 대발(大發)하였으며, 임술대운(壬戌大運)은 오술화국(午戌火局)으로 金水가 피상(被傷)되어 고생하다가 계해대운(癸亥大運)에 정계충(丁癸沖), 사해충(巳亥沖)으로 용신(用神)이 천충지충(天沖地沖)이 되어 불귀객(不歸客)이 되었다.

```
壬 丁 丙 辛
寅 亥 申 未
```

```
己 庚 辛 壬 癸 甲 乙
丑 寅 卯 辰 巳 午 未
```

정화일주(丁火日主)가 신월(申月)에 태어나서 실령(失令)하고 좌하(坐下)의 亥水로 실지(失地)하고 천간(天干)에 金水가 투출(透出)되어 신약(身弱)하다. 월상(月上)의 丙火는 辛金과 병신합(丙辛合)하여 기신(忌神)이 되었다. 다행히 시지(時支)의 인목(寅木)에 의지(依支)할 수밖에 없어 용신(用神)이다.

년지(年支)의 미중정화(未中丁火)는 일주정화(日主丁火)의 뿌리로는 허약하기 때문에 오히려 申金을 생조(生助)하니 금재성(金財星)만 왕성하다. 한 가지 특이한 것은 지지(地支)가 未申亥寅으로 토생금(土生金), 금생수(金生水), 수생목(水生木)하니 묘격(妙格)이 되어 길조(吉兆)이다.

운행(運行)이 화목남동방(火木南東方)으로 향하여 다행인데, 을미대운(乙未大運)에 편안하였고, 갑오대운(甲午大運)에 일주(日主)를 생조(生助)하니 황제가 된 청(淸)나라 말기의 광서(光緖)의 명조(命造)이다.

계사대운(癸巳大運)에 정계충(丁癸冲), 사해충(巳亥冲)으로 천충지충(天冲地冲)되고, 임진대운(壬辰大運)에 병임충(丙壬冲)으로 병화용신(丙火用神)이 충발(冲拔)되고 신진수국(申辰水局)으로 화몰(火沒) 직전에 있는데, 무신년(戊申年)에 丁火를 설기(泄氣)하고 申金이 용신인목(用神寅木)을 충발(冲拔)하여 서거하였다.

제7절 편관격偏官格

1. 편관격(偏官格)의 구성과 의의

일간(日干)	甲	乙	丙	丁	戊	己	庚	辛	壬	癸
월지(月支)	申巳	酉戌丑	亥申	子辰丑	寅亥	卯辰未	巳寅	午未戌	辰戌寅	未丑午
투간(透干)	庚	辛	壬	癸	甲	乙	丙	丁	戊	己

편관격(偏官格)은 일간(日干)에 대하여 월지(月支)의 암장간(暗藏干)에 편관(偏官)이 있고, 천간(天干)에 편관(偏官)이 투출(透出)됨으로써 성립된다. 가령 갑일간(甲日干)이 월지(月支)에 신중경금(申中庚金)이나 사중경금(巳中庚金)이 있고 천간(天干)에 庚金이 투출(透出)되어 있는 경우이다.

또한 병일간(丙日干)이 월지(月支)에 해중임수(亥中壬水)가 있거나 신중임수(申中壬水)가 되어 있을 때 천간(天干)에 壬水가 있거나, 무일간(戊日干)이 월지(月支)에 인중갑목(寅中甲木)이나 해중갑목(亥中甲木)이 되어 있고 천간(天干)에 甲木이 되어 있을 때이다.

경일간(庚日干)이 월지(月支)에 사중병화(巳中丙火)가 있거나 인중병화(寅中丙火)가 있고 천간(天干)에 丙火가 있을 경우이고, 임일간(壬日干)이 월지(月支)에 진중무토(辰中戊土)나 술중무토(戌中戊土)가 되어 있고, 천간(天干)에 戊土가 있는 경우에 성립된다.

2. 편관격(偏官格)의 특성과 직업

편관격의 특성은 부모의 덕이 없고 형제의 덕도 없으며, 일찍 고향을 떠나 타향에서 자수성가하는 경우가 많고, 항상 반항심과 적개심이 불타고 성격이 조급하다. 그러므로 편관격이 있으면 일주(日主)가 강왕(强旺)해야 한다.

이때는 의협심이 강하여 강자를 억압하고 약자를 돕는 기질이 있다. 또한 예의범절을 지킬 뿐만 아니라 책임감이 강하고 통솔력도 대단하여 관직에서 인정을 받아 승진도 빠르고 대의명분을 중요시하여 출세도 빠르다. 그러나 유아독존으로 타협을 모르고 상대방을 무시하는 등 성격이 오만한 것이 단점이다.

신약(身弱)하면 매사에 자신감이 없고 열등감에 빠져 인내심과 지구력이 부족하여 건강도 좋지 않을 뿐만 아니라 배신을 잘 당하기도 한다.

편관(偏官)이 인수(印綬)를 만나면 관인이덕(官印二德)을 겸비하여 살인상생(殺印相生)이 되니 길(吉)하게 되고, 재성(財星)을 만나면 재관이덕(財官二德)을 겸비하여 명관과마(明官跨馬)가 되어 오히려 귀격이 된다. 편관(偏官)이 상식(傷食)을 만나면 관(官)과 상식(傷食)이 투전을 하여 불길하나, 원국(原局)에 관살(官殺)이 태왕(太旺)할 때는 제살(制殺)을 시켜 길(吉)하게 되고, 반대로 상식(傷食)이 태왕(太旺)하면 제살태과(制殺太過)가 되어 불길하다.

편관격의 직업은 군인, 경찰, 교도관, 제철업, 조선업, 건축, 기계, 청부업 등이 적당하나 신왕(身旺)하면 무관, 법조인, 정치인으로 성공하는 경우가 있다.

3. 편관격(偏官格)의 용신(用神)과 희기신(喜忌神)

신왕일주(身旺日主)에 비겁이 많으면 관살(官殺)이 용신(用神)이고 재관운(財官運)이 길(吉)하고 인비운(印比運)은 흉(凶)하다. 신왕일주(身旺日主)에 인수(印綬)가 많으면 재성(財星)이 용신(用神)이며, 식재운(食財運)이 길(吉)하고 관인운(官印運)은 흉(凶)하다. 신왕일주(身旺日主)에 관살(官殺)이 많으면 식상(食傷)이 용신(用神)이고, 식상운(食傷運)이 길(吉)하고 관인운(官印運)은 흉(凶)하다.

신약일주(身弱日主)에 재성(財星)이 많으면 비겁(比劫)이 용신(用神)이고, 인비운(印比運)은 길(吉)하고 식재운(食財運)이 흉(凶)하다. 신약일주(身弱日主)에 식상(食傷)이 많으면 인수(印綬)가 용신(用神)이고, 인수운(印綬運)이 길(吉)하고 식상운(食傷運)은 흉(凶)하다. 신약일주(身弱日主)에 관살(官殺)이 많으면 인수(印綬)가 용신(用神)이고, 인비운(印比運)이 길(吉)하고 재관운(財官運)은 흉(凶)하다.

4. 편관격(偏官格)의 예

```
己 癸 戊 庚
未 卯 子 申
```

```
乙甲癸壬辛庚己
未午巳辰卯寅丑
```

계수일주(癸水日主)가 수왕절(水旺節)인 자월(子月)에 출생하여 득령(得令)하였고, 년월지(年月支)가 신자합수(申子合水)가 되고, 庚金이 투출(透出)되어 신왕(身旺)하다.

신왕(身旺)하면 설기(泄氣)하거나 극제(剋制)하는 것이 길신(吉神)인데, 본명(本命)은 원국(原局)에서 설기(泄氣)하는 묘미목국(卯未木局)이 있고, 재성(財星)인 火가 없다. 그러나 일주(日主)를 극제(剋制)하는 월상무토(月上戊土)와 시주(時柱)인 己未土가 있어 신왕관왕(身旺官旺)이 되었다.

격국(格局)으로 볼 때 월상무토(月上戊土)는 무계합(戊癸合)으로 쓸 수 없고, 시간기토(時干己土)를 용신(用神)으로 하여 편관격(偏官格)인 동시에 유살거관(留殺去官)이 되고, 또한 시상일위귀격(時上一位貴格)이 되었다.

육군대장으로 예편한 뒤 영국대사를 역임한 이형근(李亨根) 장군의 명조이다. 운행이 동남목화(東南木火)로 향하여 대발(大發)하였으나, 병신대운(丙申大運) 중인 임오년(壬午年)에 천충지충(天沖地沖)이 되고, 자오충(子午沖)으로 용신충발(用神沖拔)이 되어 불귀객(不歸客)이 되었다.

```
丁 乙 辛 癸
亥 酉 酉 未
```

```
甲 乙 丙 丁 戊 己 庚
寅 卯 辰 巳 午 未 申
```

　을목일주(乙木日主)가 금왕절(金旺節)인 유월(酉月)에 태어나서 실령(失令)하고, 천간(天干)에 편관(偏官)이 록근(祿根) 득왕(得旺)하여 일주을목(日主乙木)을 심극(甚剋)하니 편관(偏官)이 병이 된다.

　연상(年上)의 癸水가 강한 편관(偏官)을 설기(泄氣)하고, 일주을목(日主乙木)을 생조(生助)하니 다행이다. 여기에서 癸水가 왕금(旺金)을 설기(泄氣)할 수 있는 능력이 있는가에 대하여 의문이 있을 수 있으나, 시지(時支)의 亥水에 득근(得根)이 되어 충분하게 설기(泄氣)할 수 있다고 본다.

　또한 년지(年支)와 시지(時支)가 해미합목(亥未合木)하여 乙木의 득근(得根)이 되고, 시상정화(時上丁火)가 미중정화(未中丁火)에 뿌리를 내리고, 乙木을 설기(泄氣)하여 왕성한 관살(官殺)을 극제(剋制)하니 귀격(貴格)이 되었다. 따라서 격국(格局)은 편관격(偏官格)이지만 용신(用神)은 시상정화(時上丁火)가 되어 식신제살격(食神制殺格)이 되었다. 운행이 남동으로 향하여 대발(大發)하였다.

　중국의 군인인 염석산(閻錫山)의 명조이다. 신약(身弱)하여도 설기(泄氣)하여 병(病)을 제거하는 것은 설기(泄氣)이지만 약신(藥神)이 되는 것이다.

제8절 정관격正官格

1. 정관격(正官格)의 구성과 의의

일간(日干)	甲	乙	丙	丁	戊	己	庚	辛	壬	癸
월지(月支)	酉戌丑	申巳	子辰丑	亥申	卯辰未	寅亥	午未戌	寅巳	午未丑	辰戌寅
투간(透干)	辛	庚	癸	壬	乙	甲	丁	丙	己	

정관격(正官格)은 일간(日干)에 대하여 월지(月支)의 암장간(暗藏干)에 정관(正官)이 있고, 천간(天干)에 정관(正官)이 투출(透出)되어 있는 경우이다. 가령 갑일간(甲日干)이 월지(月支)에 유중신금(酉中辛金)이나 술중신금(戌中辛金), 축중신금(丑中辛金)이 있고 천간에 辛金이 투출되어 있는 경우이다.

또한 병일간(丙日干)이 월지(月支)에 자중계수(子中癸水)이거나 진중계수(辰中癸水), 축중계수(丑中癸水)가 있고 천간(天干)에 癸水가 있는 경우이고, 무일간(戊日干)이 월지(月支)에 묘중을목(卯中乙木), 진중을목(辰中乙木), 미중을목(未中乙木)이 있고 천간(天干)에 乙木이 투출되어 있다.

경일간(庚日干)이 월지(月支)에 오중정화(午中丁火), 미중정화(未中丁火), 술중정화(戌中丁火)가 있고 천간(天干)에 丁火가 투출되어 있을 때이고, 임일간(壬日干)이 월지(月支)에 오중기토(午中己土), 미중기토(未中己土), 축중기토(丑中己土)가 있고 천간에 己土가 투출되어 있는 경우에 성립된다.

2. 정관격(正官格)의 특성과 직업

정관격의 특성은 인덕이 있고 순박하며, 가문이 좋고 가정교육이 잘되어 있으며, 모든 사람들로부터 모범이 되고, 문장가로서 입신양명하게 되는 것이다.

정관격(正官格)은 신왕(身旺)을 요하고 재관인(財官印)이 구전(具全)되면 삼기(三奇) 또는 삼반물(三般物)이 갖춰져 장상공후(將相公侯)라도 가능하다. 정관격은 관직생활이나 직장생활이 우선이니, 봉급생활이 최적이며 행정관으로서 입신하게 된다.

정관격은 형충파(刑冲破)가 없어야 청격(淸格)이 되며, 신왕관왕(身旺官旺)하고 중화를 이루어야 고관이 될 수 있다. 정관격은 관성(官星)이 너무 태왕(太旺)하면 다자무자(多者無者)의 원칙에 의하여 오히려 병(病)이 되고, 반대로 관성(官星)이 너무 허약하면 관쇠(官衰)가 되어 결국 무용지물이 된다. 정관격의 직업은 국가공무원, 군인, 경찰, 회사원, 법조계, 청원경찰 및 경비원, 지배인 등에 적성이 맞다.

3. 정관격(正官格)의 용신(用神)과 희기신(喜忌神)

신왕일주(身旺日主)에 비겁(比劫)이 많으면 관성(官星)이 용신(用神)이고, 재관운(財官運)은 길(吉)하고 인비운(印比運)은 흉(凶)하다.

신왕일주(身旺日主)에 인수(印綬)가 많으면 재성(財星)이 용신(用神)이고, 식재운(食財運)은 길(吉)하고 인비운(印比運)은 흉(凶)하다.

신왕일주(身旺日主)에 식상(食傷)이 많으면 재성(財星)이 용신(用神)이고, 재관운(財官運)은 길(吉)하고 비겁운(比劫運)은 흉(凶)하다.

신약일주(身弱日主)에 재성이 많으면 비겁이 용신이고, 비겁(比劫)이 없으면 인수(印綬)가 용신(用神)이며, 인비운(印比運)은 길(吉)하고 재관운(財官運)은 흉(凶)하다.

신약일주(身弱日主)에 식상(食傷)이 많으면 인수(印綬)가 용신(用神)이고, 관인운(官印運)은 길(吉)하고 식재운(食財運)은 흉(凶)하다.

신약일주(身弱日主)에 관살(官殺)이 많으면 인수(印綬)가 용신(用神)이고, 인비운(印比運)은 길(吉)하고 재관운(財官運)은 흉(凶)하다.

4. 정관격(正官格)의 예

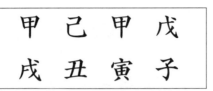

甲 己 甲 戊
戊 丑 寅 子

辛 庚 己 戊 丁 丙 乙
酉 申 未 午 巳 辰 卯

기토일주(己土日主)가 갑인월(甲寅月)로 정관격(正官格)이다. 연일지(年日支)가 子丑 합수국(合水局)으로 재생관(財生官)하여 일주(日主)는 더욱 허약한데, 다행하게도 시지술토(時支戊土)에 의지하여 정관용겁격(正官用劫格)이 되었다. 관살(官殺)인 목기(木氣)가 태왕하여 신약하게 되니, 목왕(木旺)이 병(病)이 되고 金이 약(藥)이 되나 金이 없어 土가 용신(用神)이 되고, 火는 희신(喜神)이고 水는 기신(忌神)이다. 그래서 火土 운에 대발하고, 金水木 운에 대흉(大凶)하다.

운행(運行)이 남방으로 향하고 있고 기토일간(己土日干)이 재관(財官)이 있으며 축술삼형살(丑戌三刑殺)이 있어 생살권(生殺權)을 집행하는 법조계에 인연이 있으나, 신약(身弱)하여 검찰서기로 입신하였다.

乙卯 대운에는 관살혼잡(官殺混雜)에 편관기신(偏官忌神)이라 잔질(殘疾)이 많았으며, 丙辰 대운에는 丙火 길신(吉神)인데 지지(地支)는 子辰 합수국(合水局)에 辰戌 충(冲)으로 조실부모하였고, 丁巳 대운에는 丁火 길신(吉神)에다 巳丑 합금국(合金局)이 제거병목(除去病木)으로 시험에 합격하였고, 戊午 대운에는 寅午戌 화국(火局)으로 용신(用神)을 도와 승승장구하였다.

己未 대운에는 丑戌未 삼형살(三刑殺)이 되어 흉운(凶運)이 될 것 같으나 용신개고(用神開庫)하여 오히려 승진하였고, 庚申 대운에는 甲庚 충(冲), 寅申 충(冲)으로 천충지충(天冲地冲)되어 퇴직한 후에 낙향하여 독서로 일생을 마쳤다.

```
丁 戊 乙 癸
巳 寅 卯 未
```

```
戊 己 庚 辛 壬 癸 甲
申 酉 戌 亥 子 丑 寅
```

무토일주(戊土日主)가 을묘월(乙卯月)에 태어나서 정관격(正官格)이다.

戊土가 묘월(卯月)에 실령(失令)하고 寅卯, 卯未로 관살(官殺)이 태왕(太旺)하여 목왕(木旺)이 병(病)이 되어 극목(剋木)하는 金이 약신(藥神)이 되는 것이다. 이러한 경우를 식신제살격(食神制殺格)이라고도 한다. 水木이 기신(忌神)이고, 火土金이 길신(吉神)이다.

원국(原局)에 인사삼형살(寅巳三刑殺)이 있고 未土에 양인(羊刃), 巳火에 건록(建祿)이 있어 생살권(生殺權)을 가지고 있는 귀명(貴命)이다.

운행(運行)이 초년은 고전했으나 토금운(土金運)부터 승승장구하다가 무신대운(戊申大運)에는 무계합(戊癸合), 인사신삼형살(寅巳申三刑殺)이 되어 천합지형(天合地刑)으로 형액(刑厄)이 암시되고 있는데, 경인년(庚寅年)에는 을경합(乙庚合)하고 인사형(寅巳刑)으로 권좌에서 퇴진한 명조이다.

제9절 편인격偏印格

1. 편인격(偏印格)의 구성과 의의

일간(日干)	甲	乙	丙	丁	戊	己	庚	辛	壬	癸
월지(月支)	亥申	子辰丑	寅亥	卯辰未	巳寅	午未戌	戌辰寅	丑未午	申巳	酉戌丑
투간(透干)	壬	癸	甲	乙	丙	丁	戊	己	庚	辛

편인격은 일간(日干)에 대하여 월지(月支)의 암장간(暗藏干)에 편인(偏印)이 있고, 그 편인(偏印)이 천간(天干)에 투출됨으로써 성립된다.

가령 갑일간(甲日干)이 해중임수(亥中壬水) 신중임수(申中壬水)가 월지(月支)에 있고 壬水가 천간(天干)에 투출(透出)되어 있거나, 병일간(丙日干)이 월지(月支)에 인중갑목(寅中甲木) 해중갑목(亥中甲木)이 있고 천간(天干)에 甲木이 투출(透出)되어 있을 때이다. 무일간(戊日干)이 월지(月支)에 사중무토(巳中戊土) 인중무토(寅中戊土)가 있고 천간(天干)에 丙火가 투출(透出)되어 있을 때이다.

경일간(庚日干)이 술중무토(戌中戊土) 진중무토(辰中戊土) 인중무토(寅中戊土)가 월지(月支)에 있고, 천간(天干)에 戊土가 투출(透出)되어 있는 경우이고, 임일간(壬日干)이 신중경금(申中庚金) 사중경금(巳中庚金)이 있고, 천간(天干)에 庚金이 투출(透出)되어 있는 경우에 성립된다.

2. 편인격(偏印格)의 특성과 직업

편인격의 특성은 눈치가 빠르고 임기응변이 능숙하여 기회를 잘 포착하고, 예측력이 대단하여 책략과 모의가 비상하고, 기술과 예술 방면에 소질이 있고, 무엇이든지 아이디어 창출은 대단하지만 실행력이 부족한 것이 흠이다.

외모는 씩씩하고 성인군자와 같고, 순식간에 대인관계를 융화시키고 모든 사람들에게 친절하지만, 끈기가 부족하고 끝맺음이 명확하지 않아 용두사미가 되어 신용을 잃는 경우가 많다. 편인격도 중화(中和)를 요하는 것이므로 일주(日主)가 태왕(太旺)하다든지 아니면 너무 태약(太弱)하면 조화를 이룰 수가 없다.

만약 일주(日主)가 너무 태왕(太旺)하면 무사안일하게 주관 없이 살아가며, 너무 태약(太弱)하면 조그마한 일도 담당하기가 어려우며 매사에 책임을 회피하고 어떠한 난관을 극복해 나가기가 어렵다.

그러므로 신왕관왕(身旺官旺)하거나 신왕재왕(身旺財旺)하거나 또는 신왕식상왕(身旺食傷旺)이면 길명(吉命)이다. 편인격(偏印格)을 가진 사람의 직업은 교육, 철학, 연구원, 의약업, 신문방송, 이·미용, 유흥업, 요리업, 유치원 및 탁아소 등이 적합하다.

3. 편인격(偏印格)의 용신(用神)과 희기신(喜忌神)

신강일주(身强日主)가 비겁(比劫)이 많으면 관살(官殺)이 용신(用神)이고, 관살(官殺)이 없으면 식상(食傷)이 용신(用神)이며, 관살(官殺)이나 식상운(食傷運)은 길(吉)하고 인비운(印比運)은 흉(凶)하다.

신강일주(身强日主)가 인수(印綬)가 많으면 재성(財星)이 용신(用神)이며, 식재운(食財運)은 길(吉)하고 관인(官印)이나 비겁운(比劫運)은 흉(凶)하다.

신강일주(身强日主)가 재성(財星)이 많으면 관살(官殺)이 용신(用神)이고, 관인운(官印運)이 길(吉)하고 식재운(食財運)이 흉(凶)하다.

신약일주(身弱日主)가 관살(官殺)이 많으면 인수(印綬)가 용신(用神)이고, 인비운(印比運)은 길(吉)하고 재관운(財官運)은 흉(凶)하다.

신약일주(身弱日主)가 식상(食傷)이 많으면 인수(印綬)가 용신(用神)이고, 인비운(印比運)은 길(吉)하고 식재운(食財運)은 흉(凶)하다.

신약일주(身弱日主)가 재성(財星)이 많으면 비겁(比劫)이 용신(用神)이고, 비겁운(比劫運)은 길(吉)하고 식재운(食財運)은 흉(凶)하다.

4. 편인격(偏印格)의 예

```
庚 丁 己 乙
子 亥 卯 亥
```

```
壬 癸 甲 乙 丙 丁 戊
申 酉 戌 亥 子 丑 寅
```

정화일주(丁火日主)가 목왕절(木旺節)인 묘월(卯月)에 출생하고 乙木이 투출(透出)하여 목기(木氣)가 왕성하다. 한편 일시지(日時支)가 해자합수(亥子合水)가 되어 있는데, 시간경금(時干庚金)이 금생수(金生水)하여 金水가 태왕(太旺)하여 오히려 강변위약(强變爲弱)이 되었다. 다행하게도 해자합수(亥子合水)가 해묘합목(亥卯合木)이 되어 화살위인(化殺爲印)으로 변화되었다.

시간경금(時干庚金)이 생해자수(生亥子水)하고 亥子水는 생묘목(生卯木)으로 기취감궁(氣聚坎宮)을 이루었고, 해중갑목인수(亥中甲木印綬), 해중임수정관(亥中壬水正官), 경금정재(庚金正財) 등 재관인(財官印)으로 삼기(三奇)를 얻어 대통령이 된 이승만(李承晚) 박사(博士)의 명조(命造)이다.

운행에서 해자수운(亥子水運)에 수생목(水生木)으로 해외에서 독립운동을 하였고, 계유대운(癸酉大運) 이후 북방수운(北方水運)을 만나 수생을목(水生乙木)하여 승승장구하다가 임신대운(壬申大運) 중 무자년(戊子年)에 초대, 신미대운(辛未大運) 중 임진년(壬辰年)에 2대, 병신년(丙申年)에 3대 대통령을 역임하였다.

庚寅 辛卯의 6·25 동란, 庚子 辛丑은 4·19 부정선거로 하야하게 되었다. 이것은 목인수(木印綬)가 용신(用神)인데, 申酉金에 절(絶)하고 있으나 壬癸水로 천부지재(天覆地載)가 되어 금생수(金生水)로 인화(引化)하였다. 따라서 생을목용신(生乙木用神)하니 유원유장(流遠流長)으로 위난지기(危難之機)가 전득귀위(轉得貴位)가 되어

흉변위길(凶變爲吉)이 된 것이다.

　신미대운(辛未大運)은 을신충(乙辛冲)으로 을목용신(乙木用神)을 극(剋)하여 쇠약(衰弱)하고, 경오대운(庚午大運)은 을경합금(乙庚合金)으로 을목용신(乙木用神)이 합거(合去)되었고, 자오충(子午冲)으로 오화용신(午火用神)도 충발(冲拔)되어 있는데, 을사년(乙巳年)에는 을경합금(乙庚合金)하고 사해충(巳亥冲)으로 화용신(火用神)이 충발(冲拔)되었다.

　미월(未月)에는 乙木이 입묘(入墓)되고 계유일(癸酉日)은 을목용신(乙木用神)의 록근(祿根)인 卯木을 충발(冲拔)하여 91세로 입유(入幽)하였다.

```
丙 甲 癸 戊
寅 寅 亥 子
```

```
庚 己 戊 丁 丙 乙 甲
午 巳 辰 卯 寅 丑 子
```

　갑목일주(甲木日主)가 해월(亥月)에 태어나 편인격(偏印格)이다. 해자수국(亥子水局)에 癸水가 투간(透干)되고 일시지(日時支)가 목국(木局)으로 신왕(身旺)하다.

　왕목(旺木)을 극제(剋制)하거나 설기(泄氣)를 해야 하는데, 금관(金官)은 없고 무토재(戊土財)도 무계합거(戊癸合去)되어 있고, 목다토붕(木多土崩)에다 수다토류(水多土流)까지 되어 무력하여 불용이 되었다.

　다행하게도 시상병화(時上丙火)가 寅木에 득장생(得長生)하여 식신유기(食神有氣)로서 목화통명(木火通明)이 되어, 화토운(火土運)에 대발(大發)하고 금수운(金水運)에 대흉(大凶)하다.

　원국(原局)에서 수기(水氣)는 용신지병(用神之病)이 되고, 寅木은 희신(喜神)이고, 또한 해월한목(亥月寒木)이 되어 화기(火氣)가 필요(必要)하니 丙火는 조후용신(調

候用神)이 되는 것이다.

운행(運行)에서도 초년인 甲子, 을축운(乙丑運)은 고전하였으나, 병인대운(丙寅大運)부터 대발(大發)하여 학자로서 경오운(庚午運)까지 순탄하였으나 신미운(辛未運)에는 병신합(丙辛合)으로 용신합거(用神合去)되고, 임신운(壬申運)에는 병임충(丙壬冲) 인신충(寅申冲)으로 천충지충(天冲地冲)되어 퇴직하였다.

제10절 정인격正印格

1. 정인격(正印格)의 구성과 의의

일간(日干)	甲	乙	丙	丁	戊	己	庚	辛	壬	癸
월지(月支)	子辰丑	亥申	卯辰未	寅亥	未戌	寅巳	丑未午	辰戌	酉戌丑	申巳
투간(透干)	癸	壬	乙	甲	丁	丙	己	戊	辛	庚

정인격(正印格)은 일간(日干)에 대하여 월지(月支)의 암장간(暗藏干)에 정인(正印)이 있고 천간(天干)에 정인(正印)이 투출(透出)됨으로써 성립된다.

가령 갑일간(甲日干)이 월지(月支)에 자중계수(子中癸水) 진중계수(辰中癸水) 축중계수(丑中癸水)가 있고 천간(天干)에 癸水가 투출(透出)되어 있고, 병일간(丙日干)이 월지(月支)에 묘중을목(卯中乙木) 진중을목(辰中乙木) 미중을목(未中乙木)이 있고 천간(天干)에 甲木이 투출(透出)되어 있다.

무일간(戊日干)이 미중정화(未中丁火) 술중정화(戌中丁火)가 있고 천간(天干)에 丁火가 투출(透出)되어 있는 경우이고, 경일간(庚日干)이 축중기토(丑中己土) 미중기토(未中己土), 오중기토(午中己土)가 있고 천간(天干)에 己土가 있는 경우이며, 임일간(壬日干)이 유중신금(酉中辛金) 술중신금(戌中辛金) 축중신금(丑中辛金)이 있고 천간(天干)에 辛金이 있는 경우에 성립된다.

2. 정인격(正印格)의 특성과 직업

정인격(正印格)의 특성은 총명하고 지혜가 있으며, 온화하면서도 보수적인 기질이 있다. 명예를 존중하며 자존심이 강하고 학문, 종교, 예능 계통에 뛰어난 소질을 가지고 있으며, 재물에 대한 집착이 작다.

모든 일을 판단할 때는 착실하게 그리고 치우침이 없이 공명정대하게 처리한다. 또한 양친의 건강이 좋지 않아 부친을 먼저 여의는 경우가 있고, 결혼을 늦게 하거나 장손의 역할을 하는 경우가 많다. 그러나 신왕(身旺)하고 조화가 잘 이루어지면 부모덕이 있고 가정교육이 잘 되어 있고, 모든 사람들에게 모범이 되며, 심성이 착하다.

정인격(正印格)을 가진 사람의 직업은 교육, 언론, 의약, 예술, 어학, 학원, 종교 등이 좋다.

3. 정인격(正印格)의 용신(用神)과 희기신(喜忌神)

신왕일주(身旺日主)가 비겁(比劫)이 많으면 관살(官殺)이 용신(用神)이고 관살(官殺)이 없으면 식상(食傷)이 용신(用神)이다. 행운(行運)에서 관살운(官殺運)이나 식상운(食傷運)은 길(吉)하고 인비운(印比運)은 흉(凶)하다.

신왕일주(身旺日主)가 인수(印綬)가 많으면 재성(財星)이 용신(用神)이고, 식재운(食財運)은 길(吉)하고 인비운(印比運)은 흉(凶)하다. 또한 신왕일주(身旺日主)가 재성(財星)이 많으면 관살(官殺)이 용신(用神)이고, 관인운(官印運)은 길(吉)하고 식재운(食財運)은 흉(凶)하다.

신약일주(身弱日主)가 관살(官殺)이 많으면 인수(印綬)가 용신(用神)이고, 인비운(印比運)은 길(吉)하고 식재운(食財運)은 흉(凶)하다. 또한 신약일주(身弱日主)가 식상(食傷)이 많으면 인수(印綬)가 용신(用神)이고, 인비운(印比運)은 길(吉)하고 식재운(食財運)은 흉(凶)하다. 신약일주(身弱日主)가 재성(財星)이 많으면 비겁(比劫)이 용신이고, 비겁운(比劫運)은 길(吉)하고 식재운(食財運)은 흉(凶)하다.

4. 정인격(正印格)의 예

乙 甲 丙 己
丑 子 子 亥

癸 壬 辛 庚 己 戊 丁
未 午 巳 辰 卯 寅 丑

갑목일주(甲木日主)가 자월(子月)에 태어나서 정인격(正印格)이다. 이것은 자중계수(子中癸水)가 천간(天干)에 투출(透出)이 없어도 인수(印綬)가 득령(得令)하고 해자축수국(亥子丑水局)을 이루고, 乙木이 용신정법(用神定法)에 의하여 태왕(太旺)하므로 태왕자의설(太旺者宜泄)이라는 법칙으로 丙火가 용신(用神)이다.

운행(運行)마저도 목화동남방(木火東南方)으로 향하여 귀명(貴命)이 되었는데, 사오대운(巳午大運)에 장관을 역임하였고 대학총장까지 하게 된 임영신(任永信) 여사의 명조(命造)이다.

甲木이 자월(子月)로 천한지동(天寒地凍)이 되어 조후(調候)로서 丙火가 투출(透出)하여 세력을 통합하는 포용력이 있고 대인관계가 원만하다. 월지(月支)에 인수(印綬)가 있거나 식상(食傷)이 용신(用神)이 될 경우에는 교육계와 인연이 많다. 득세(得勢)하여 종인(從印)으로 종강격(從强格)이 되었다.

```
丙 甲 庚 丙
寅 子 子 申
```

```
丁 丙 乙 甲 癸 壬 辛
未 午 巳 辰 卯 寅 丑
```

갑목일주(甲木日主)가 자월(子月)에 태어나서 정인격(正印格)이다. 월지(月支)의 자수(子水)에 득령(得令)하고 좌하(坐下)에 득지(得地)하고, 지지(地支)가 申子 합수국(合水局)으로 인수(印綬)의 조력을 받아 甲木이 신왕(身旺)하다.

신왕(身旺)하면 극제(剋制)하거나 설기(泄氣)하는 것이 길신(吉神)이 되는데, 경금관(庚金官)은 갑경충(甲庚沖)으로 피상(被傷)되면서 금생수(金生水)로 설기(泄氣)되어 약하다. 재성토(財星土)가 없으므로 설기(泄氣)하는 식상화(食傷火)가 용신(用神)이 되는 것이다.

원국(原局)에서 시상병화(時上丙火)가 인중병화(寅中丙火)에 록근(祿根)으로 득왕(得旺)하니 시상일위귀격(時上一位貴格)으로도 볼 수 있다. 일반적으로 식상(食傷)이 용신(用神)이 되면 기술이나 예술 방면에 특출한 재능이 있으며, 교육계와도 인연이 많다. 행운(行運)이 목화동남방(木火東南方)으로 향하여 초년은 고생하였으나 말년은 대길(大吉)하다.

본명(本命)은 공대(工大)를 우수한 성적으로 졸업한 후에 미국 유학을 마치고 한국과학기술원에서 연구원으로 재직하다가 국립대학교에서 교수로 일하고 있다.

제 17 장

외격론外格論

제1절 전왕격專旺格

1. 곡직격(曲直格)

(1) 곡직격(曲直格)의 특성과 용신(用神)의 희기(喜忌)

일간(日干)	지지(地支)	용신(用神)	희신(喜神)	기신(忌神)
甲乙	亥卯未 삼합(三合) 寅卯辰 방합(方合)	木 (甲乙寅卯)	水 (壬癸亥子) 火 (丙丁巳午)	金 (庚辛申酉) 土 (辰戌丑未)

곡직격(曲直格)이란, 갑을일생(甲乙日生)이 지지(地支)에 해묘미삼합(亥卯未三合)이나 인묘진방합(寅卯辰方合)으로 되어 있고, 전지지(全地支)가 목국(木局)으로 형성되면 성립되는 것이다. 만약 庚辛金을 보면 관살(官殺)이 되어 곡직격으로 보지 않는다.

곡직(曲直)이라고 하는 것은 나무의 성질을 나타내는 것으로, 휘어지기도 하고 곧기도 하기 때문에 붙여진 것이다.

곡직격의 성품은 도량이 넓고 도덕심이 강하고 인정과 자비심이 많으며, 학구열과 연구심이 대단하다. 또한 자존심이 강하여 남에게 지기를 싫어하고 불의를 보면 참지 못하고 직언을 잘한다.

용신(用神)은 비겁(比劫)인 甲乙寅卯이고, 희신(喜神)은 인수(印綬)인 壬癸亥子와 식상(食傷)인 丙丁巳午이고, 기신(忌神)은 재성(財星)인 戊己辰戌丑未와 관살(官殺)인 庚辛申酉이며, 행운(行運)도 水木火 운에 희(喜)하고 土金 운에 기(忌)하다.

직업은 교육계, 종교계, 철학계, 육영사업, 의약사, 연구원 등이 적합하다.

(2) 곡직격(曲直格)의 예

```
丁 乙 庚 丙
亥 卯 寅 辰
```

```
丁丙乙甲癸壬辛
酉申未午巳辰卯
```

을목일주(乙木日主)가 인월(寅月)에 태어나서 득령(得令)하고 좌하(坐下)에 득지(得地)하여 신왕(身旺)하다. 지지(地支) 寅卯辰 동방목국(東方木局)이고, 일시지(日時支)가 해묘합목(亥卯合)으로 전지지(全地支)가 목국(木局)으로 되어 있어 곡직격(曲直格)이다.

庚金이 극목(剋木)하는 것을 丙火가 화극금(火剋金)으로 탁기(濁氣)를 극(剋)하니 더욱 아름다운 형국이다. 인월을목(寅月乙木)은 아직 어리고 연약하니 시지해수(時支亥水)의 생조(生助)를 받아야 학문이 깊게 되는 것이다. 亥水가 木을 생(生)하여 목왕(木旺)하니 설기(泄氣)하는 火가 용신(用神)이다.

사대운(巳大運)에 과거에 급제하고 이름이 높게 알려졌다. 오대운(午大運)에는 인오화국(寅午火局)으로 설기(泄氣)가 왕(旺)하여 재예(才藝)가 출중하여 동량지재(棟樑之材)의 역할을 했으나, 유대운(酉大運)에 묘유충(卯酉冲)을 당하여 관직(官職)에서 물러났다.

갑목일주(甲木日主)가 진월(辰月)에 태어나서 甲木이 투출(透出)되어 득령(得令)하고, 지지(地支)가 인묘진목국(寅卯辰木局)에 亥水가 인해합목(寅亥合木)으로 방국제래(方局齊來)에 해당된다.

방국제래(方局齊來)란 방혼국(方混局)이나 국혼방(局混方)으로서, 예를 들면 인묘진목방국(寅卯辰木方局)에 亥나 未가 있거나, 해묘미삼합국(亥卯未三合局)에 寅이나 辰이 있는 경우와 같이, 방국(方局)에 합국(合局)이 있거나, 합국(合局)에 방국(方局)이 함께 있는 경우를 말한다.

본명(本命)은 辰土가 제강(制强)할 만한 힘이 없어 인묘진목국(寅卯辰木局)으로 화(化)하여 결국 곡직격(曲直格)이 되었다. 그래서 용신(用神)은 丁火로서 木의 기세(氣勢)를 설기(泄氣)하여 순응하는 것으로 배합되어 귀격(貴格)이다.

운행(運行)이 수목방(水木方)으로 향하여 향시(鄕試)에 합격하였고 벼슬은 주목(州牧)에 이르렀고, 자식과 재물이 풍부하였으며 수명이 80세를 넘겼으며 부부 해로하였다.

2. 염상격(炎上格)

(1) 염상격(炎上格)의 특성과 용신(用神)의 희기(喜忌)

일간(日干)	지지(地支)	용신(用神)	희신(喜神)	기신(忌神)
丙丁	寅午戌 삼합(三合) 巳午未 방합(方合)	火 (丙丁巳午)	木 (甲乙寅卯) 土 (戊己辰戌丑未)	水 (壬癸亥子) 金 (庚辛申酉)

염상격(炎上格)이란 병정일생(丙丁日生)이 지지(地支)에 인오술삼합(寅午戌三合)이나 사오미방합(巳午未方合)으로 되어 있고, 전지지(全地支)가 화국(火局)이 형성되는 경우에 성립된다. 만약 壬癸水가 있으면 관살(官殺)이 되어 염상격(炎上格)이 되지 않는다.

염상격(炎上格)의 성품은 호탕하고 대범하면서도 통솔력과 지도력도 확실하고 지혜도 있고 고집도 강하고 직언도 잘하지만 뒤끝이 없다. 지구력과 인내력이 없는 것이 단점이 되기도 한다. 예의가 바르지만 불의를 보면 참지 못하며, 성급한 행동으로 경망스러운 일면도 있다. 또한 일을 처리하는 데는 신속하고 정확한 행동으로 관직에서도 명예를 얻는 귀인이다.

염상격(炎上格)의 용신(用神)은 비겁(比劫)인 丙丁巳午이고, 희신(喜神)은 인수(印綬)인 甲乙寅卯와 식상(食傷)인 辰戌丑未이고, 기신(忌神)은 관살(官殺)인 壬癸亥子와 재성(財星)인 庚辛申酉이며, 행운(行運)도 木火土 운에 희(喜)하고 金水 운에 기(忌)하다.

직업은 강하고 특수한 계통에 관련이 있는 법관, 군인, 경찰, 의·약사, 신문기자, PD, 종교, 철학 등에 종사하는 경우가 많고, 관찰력과 투시력이 강한 전기, 전자, 정보, 통신, 방사선, 반도체 계통에도 적합하다.

(2) 염상격(炎上格)의 예

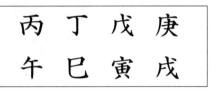

```
丙 丁 戊 庚
午 巳 寅 戌
```

```
乙 甲 癸 壬 辛 庚 己
酉 申 未 午 巳 辰 卯
```

정화일주(丁火日主)가 인월(寅月)에 태어나고 전지지(全地支)가 寅午戌 사오화국(巳午火局)을 이루어 염상격(炎上格)이다. 염상격(炎上格)은 목화토운(木火土運)이 희(喜)하고 금수운(金水運)이 기(忌)하다. 그 이유는 金은 금생수(金生水)되어 수극화(水剋火)를 하게 되고, 水는 왕화(旺火)를 수극화(水剋火)하여 왕충쇠발(旺冲衰拔)로 오히려 수충발(水冲拔)이 된 것이다.

행운이 목화운(木火運)으로 향하여 대발(大發)하였으나 甲申 대운에 甲庚 충(冲), 寅申 충(冲)으로 천충지충(天冲地冲)이 되어 있는데, 설상가상으로 寅巳申 삼형살(三刑殺)이 되어 파직되었다.

```
丙 丁 丙 丁
午 亥 午 未
```

```
癸 壬 辛 庚 己 戊 丁
丑 子 亥 戌 酉 申 未
```

정화일주(丁火日主)가 무더운 오월(午月)에 태어나서 화왕(火旺)한데 지지가 午未火, 亥未木으로 천지가 목화국(木火局)이 되어 염상격(炎上格)이 되었다. 염상격(炎上格)이 되면 木火土가 희신(喜神)이고 金水가 기신(忌神)이 된다. 본명(本命)은 일지부성(日支夫星)의 자리에 있으니, 남편 복이 있는 것이 아니라 오히려 해수관(亥水官)이 기신(忌神)이 되었다.

대운(大運)이 금수운(金水運)으로 향하여 안타까운데, 戊申 대운에 결혼하여 남편과 사별하였다. 그 이유는 기신(忌神)인 亥水를 금생수(金生水)하여 수기(水氣)가 왕성하여 더욱 기신(忌神)이 되었기 때문이다. 일반적으로 염상격(炎上格)은 남녀가 다같이 부부궁(夫婦宮)이 부실하여 사별이나 생이별이 많다. 특히 여명(女命)은 남편이 무능하여 자신이 사회활동을 하는 경우가 많다.

3. 가색격(稼穡格)

(1) 가색격(稼穡格)의 특성과 용신(用神)의 희기(喜忌)

일간(日干)	지지(地支)	용신(用神)	희신(喜神)	기신(忌神)
戊己	辰戌丑未	土 (戊己) (辰戌丑未)	火 (丙丁巳午) 金 (庚辛申酉)	木 (甲乙寅卯) 水 (壬癸亥子)

가색격(稼穡格)이란 무기일주(戊己日主)가 지지(地支)에 辰戌丑未이거나 사오미월(巳午未月)에 전국(全局)이 土로 되어 있으면 가색격(稼穡格)이 성립된다. 단, 일점(一點)의 목관살(木官殺)도 없어야 한다.

가색격(稼穡格)의 성품은 중후하고, 믿음성이 있으며, 말이 적어 자기 의사를 잘 표현하지 않고, 융통성이 없는 것이 단점이다. 또한 고집이 강하고 침착성이 있고, 속을 노출시키지 않으면서 자기주장을 내세운다.

가색격(稼穡格)의 용신(用神)은 비겁(比劫)인 辰戌丑未이고, 희신(喜神)은 인수(印

綬)인 丙丁巳午와 식상(食傷)인 庚辛申酉이다. 행운(行運)에서도 火土金 운에 희(喜)하고, 水木 운에 기(忌)하다. 가색격(稼穡格)의 직업은 종교, 철학, 교육, 농수산 계통에 종사하는 경우가 많고, 법관, 의약, 신부, 스님, 수녀 등에서 성공하는 특이한 경우도 있다.

(2) 가색격(稼穡格)의 예

```
甲 己 戊 丙
戌 丑 戌 寅
```

```
辛 壬 癸 甲 乙 丙 丁
卯 辰 巳 午 未 申 酉
```

기토일주(己土日主)가 술월(戌月)에 태어나고, 전지지가 辰戌丑未로 가색격(稼穡格)이 성립된다. 그러나 시간(時干)에 갑목살(甲木殺)이 투출되어 파격이 될 것 같으나, 다행하게도 기토일주(己土日主)를 만나 갑기합토(甲己合土)가 화토(化土)로 되었고, 년월간(年月干)에 丙戊로서 火土가 되어 순수화격(純粹火格)으로 가색(稼穡)이 되었다.

운행은 화토금운(火土金運)에 희(喜)하고 수목운(水木運)에 기(忌)하는데 본명(本命)은 申酉金에서 사오미화운(巳午未火運)으로 향하여 일생을 행복하게 살았던 귀명(貴命)이다. 원국에서 축술삼형(丑戌三刑)이 있어 생살권과 관련된 직업에 종사하게 되어 여의사(女醫師)가 되었다.

시결(詩決)에 "무기일생(戊己日生)이 시혹월건(時或月乾)이면 도규지업(刀圭之業)을 하게 된다"에 해당하는 것으로서, 시지(時支)나 월지(月支)에 戌이나 亥가 있는 경우로서 천문성(天門星)이라고도 한다. 도규(刀圭)라는 것은 옛날에 약을 뜨던 숟가락으로 의사나 의술을 의미한다.

```
甲 己 乙 戊
戌 巳 丑 辰
```

```
壬 辛 庚 己 戊 丁 丙
申 未 午 巳 辰 卯 寅
```

　기토일주(己土日主)가 축월(丑月)에 태어나고 전지지(全地支)가 토국(土局)을 이루어 가색격(稼穡格)이 되었다. 그러나 천간(天干)에 甲乙木은 가색격(稼穡格)의 기신(忌神)인데 월간을목(月干乙木)은 축중신금(丑中辛金)에 자좌살지(自坐殺地)하였고, 시간갑목(時干甲木)은 甲己 합화토(合化土)하여 아름답다.

　丑土는 동토(凍土)이지만 이양지토(二陽之土)에서 삼양지기(三陽之氣)로 향(向)하여 진기(進氣)하고 있고, 또 巳火가 있어 丑土는 온난지토(溫暖之土)가 되어 火土가 강왕(强旺)한 가색격(稼穡格)이다.

　용신(用神)은 土이고 희신(喜神)은 火金이며 기신(忌神)은 水木이라, 대운(大運)이 무진 운부터 己巳, 庚午, 辛未 운까지 대발하였으나, 壬申 운부터는 사신합수(巳申合水)로 壬水가 더욱 왕성하여 흉운(凶運)이 되었다. 본명(本命)은 축술삼형(丑戌三刑)이 있고, 시지(時支)에 천문성(天門星)이 있어 생살권(生殺權)과 인연이 있는 직업으로 변호사가 된 명조(命造)이다.

4. 종혁격(從革格)

(1) 종혁격(從革格)의 특성과 용신(用神)의 희기(喜忌)

일간(日干)	지지(地支)	용신(用神)	희신(喜神)	기신(忌神)
庚辛	巳酉丑 삼합(三合) 申酉戌 방합(方合)	金 (庚辛申酉)	土 (辰戌丑未) 水 (壬癸亥子)	火 (丙丁巳午)

종혁격이란 경신일주(庚辛日主)가 지지(地支)에 사유축삼합(巳酉丑三合)으로 전금국(全金局)을 이루고 있으면 성립된다. 단, 천간지지(天干地支)에 丙丁巳午가 없어야 귀격(貴格)이다. 종혁(從革)이란 혁(革)을 종(從)한다는 뜻으로 '경신(更新)하다', '변혁하다', '혁신하다'라는 의미가 포함되어 있어 경신(更新)이라고도 하여, 庚辛의 원의(原義)로서 金의 성질을 나타내기도 한다.

종혁격의 성품은 정의로우며 의협심이 있고 통솔력과 조직력이 강하며 책임감도 강하다. 항상 의리를 중시하고 혁명적인 기질로 인하여 타인을 무시하는 경우가 있다.

종혁격(從革格)의 용신(用神)은 비겁(比劫)인 庚辛申酉이고 희신(喜神)은 인수(印綬)인 辰戌丑未와 식상(食傷)인 壬癸亥子이다. 기신(忌神)은 관살(官殺)인 丙丁巳午와 재성(財星)인 甲乙寅卯이다. 행운(行運)에서도 土金水 운이 희(喜)하고 木火 운에 기(忌)하다.

종혁격(從革格)의 직업은 군인, 경찰, 법관, 의약, 기계, 금속, 전자, 방사선 등에 종사하게 되는 경우가 많으며 간혹 종교계, 예술계통에 이름을 날리는 수도 있다.

(2) 종혁격(從革格)의 예

$$
\begin{array}{cccc}
辛 & 庚 & 戊 & 辛 \\
巳 & 申 & 戌 & 酉
\end{array}
$$

$$
\begin{array}{ccccccc}
辛 & 壬 & 癸 & 甲 & 乙 & 丙 & 丁 \\
卯 & 辰 & 巳 & 午 & 未 & 申 & 酉
\end{array}
$$

경금일주(庚金日主)가 술월(戌月)에 태어나고 전지지(全地支)가 신유술삼합(申酉戌三合)이 되어 종혁격(從革格)이다. 월간(月干)의 戊土가 생금(生金)하고 시지사화(時支巳火)는 巳申 합수(合水)되어 진격(眞格)이 되었다. 월지(月支)와 시지(時支)에 천문성(天門星)인 戌巳가 있어 의기(義氣)가 있고, 위세가 있으니 시비의곡(是非義曲)을 규찰하는 무관직위(武官職位)에 있었다.

종혁격은 남방화운(南方火運)을 제일 싫어하여 원국(原局)이나 운(運)에서 만나게 되면 대기(大忌)하고, 서방금운(西方金運)을 만나면 대귀(大貴)하게 된다.

본명(本命)은 갑을목운(甲乙木運)에 왕금(旺金)을 충역(沖逆)하니 체운(滯運)이요, 오병정운(午丙丁運)은 왕금(旺金)을 극제(剋制)하여 흉운(凶運)이다. 토금수운(土金水運)이 길(吉)하니 계사대운(癸巳大運)부터 대귀(大貴)하다.

$$
\begin{array}{cccc}
丙 & 庚 & 甲 & 辛 \\
戌 & 申 & 午 & 酉
\end{array}
$$

$$
\begin{array}{cccccc}
丁 & 戊 & 己 & 庚 & 辛 & 壬 & 癸 \\
亥 & 子 & 丑 & 寅 & 卯 & 辰 & 巳
\end{array}
$$

경금일주(庚金日主)가 오월(午月)에 태어나서 실령(失令)은 하였으나 전지지(全地支)가 申酉戌로 종혁격(從革格)이 성립된다. 종혁격(從革格)이 제일 싫어하는 丙丁火를 만나 진종혁격(眞從革格)으로는 성립되지 않는다.

본명(本命)은 庚申 일주가 申酉戌로 신왕(身旺)하여 관살(官殺)이 필요하게 되므로 종혁격(從革格)이 변하여 시상병화일위귀격(時上丙火一位貴格)이 되었다. 따라서 용신(用神)은 火이고 水木이 희신(喜神)이다. 행운(行運)으로 볼 때 수목운(水木運)으로 향하여 육군참모총장까지 역임하고 국회의원이 된 귀명(貴命)이다.

참고로 본명(本命)은 종혁격(從革格), 양인격(羊刃格), 전록격(專祿格), 시상일위귀격(時上一位貴格)으로 모두가 해당된다. 그러나 용신(用神)을 정할 때는 시상병화(時上丙火)에 귀결되게 되어 있으므로 시상일위귀격(時上一位貴格)이라고 하는 것이다.

5. 윤하격(潤下格)

(1) 윤하격(潤下格)의 특성과 용신(用神)의 희기(喜忌)

일간(日干)	지지(地支)	용신(用神)	희신(喜神)	기신(忌神)
壬癸	申子辰 삼합(三合) 亥子丑 방합(方合)	水 (壬癸亥子)	木 (甲乙寅卯) 金 (庚辛申酉)	火 (丙丁巳午) 土 (戊己辰戌丑未)

윤하격(潤下格)이란 壬癸 일주(日主)가 지지(地支)에 申子辰 삼합(三合)이나 亥子丑 방합(方合)으로 전수국(全水局)을 이루고 있으면 성립된다.

윤하(潤下)라고 하는 것은 '윤습(潤濕)하다' 즉 '적시다', '습(濕)하다'는 뜻이요, 하(下)라 함은 '흘러내려 간다'라는 뜻으로 水로 이루어졌다고 하여 윤하격(潤下格)이라고 하는 것이다. 그러므로 辰戌丑未가 있으면 水가 막힘으로 대기(大忌)하는 것이다.

윤하격(潤下格)의 성품은 능수능란하여 달변가로서 지혜가 뛰어나고 총명·영리하며 의리를 중히 여긴다. 이기적인 면도 있지만 차분하고 온순하나 한번 폭발하면 산천초목이 흔들릴 정도로 무서운 기질이 있으나 평소에는 표현하지 않는 이중성이 있다.

윤하격(潤下格)의 용신(用神)은 비겁(比劫)인 壬癸亥子이고, 희신(喜神)은 인수(印綬)인 庚辛申酉와 식상(食傷)인 甲乙寅卯이다. 기신(忌神)은 재성(財星)인 丙丁巳午와 관살(官殺)인 辰戌丑未이다. 행운에서도 金水木이 희(喜)하고, 火土 운이 기(忌)하다.

윤하격(潤下格)의 직업은 정치, 외교, 무역, 교육, 종교, 철학, 군인, 경찰 등의 강한 직업이 많다.

(2) 윤하격(潤下格)의 예

庚	壬	辛	甲
子	子	未	子

戊丁丙乙甲癸壬
寅丑子亥戌酉申

임수일주(壬水日主)가 지지(地支)에 삼자(三子)로 전수국(全水局)으로 윤하격(潤下格)이다. 그런데 미토월(未土月)이 되어 윤하격(潤下格)이 가장 싫어하는 것이 되어 파격이 되느냐는 게 문제이다.

未土는 신월입추전(申月立秋前)으로서 화기(火氣)가 퇴기(退氣)에서 금기(金氣)로 진기(進氣)하고, 또 천간(天干)에 庚辛이 투간(透干)되어 있어 金水가 왕성하여 未土는 왕수(旺水)를 억제할 수 없어 金水에 화(化)하여 순수한 윤하격(潤下格)이 되었다.

용신(用神)은 水이고 금목운(金木運)에 희(喜)하고 화토운(火土運)에 기(忌)하는데 본명(本命)은 행운이 금수운(金水運)으로 향하여 대귀(大貴)하다. 일찍이 壬申, 癸酉 운에서 입신득명(入身得名)하였고, 甲戌 운에서는 戌未 형(刑)으로 애로사항이 중첩하였으나 乙亥 운에 경찰서장이 된 명조(命造)이다.

임수일주(壬水日主)가 수왕절(水旺節)인 임자월(壬子月)에 태어나고 지지(地支)가 자진수국(子辰水局)으로 윤하격(潤下格)이 이루어졌다. 그런데 辰土와 未土가 있어 파격이 되느냐는 게 문제이다.

시지진토(時支辰土)는 진중무토(辰中戊土)가 제수(制水)하여 진중계수(辰中癸水)가 축장(蓄藏)되어 있고, 자월동토(子月冬土)로서 왕양지수(汪洋之水)를 제지할 수 없다.

또한 년주(年柱)의 丁未가 있어 未土와 辰土가 합토(合土)하였고, 또한 丁火가 미중정화(未中丁火)에 득근(得根)이 되므로 동토진(冬土辰)은 미온지토(微溫之土)가 되어, 진중무토(辰中戊土)는 관성(官星)으로서 작용을 하게 된다.

시주(時柱)에 편관(偏官)이 있으면 시상일위귀격(時上一位貴格)이라고 하고, 한랭지토(寒冷之土)가 되어 있는데 미중정화(未中丁火)에 의하여 미온지토(微溫之土)가 되어 가용(可用)할 수 있는 경우를 "동일가애(冬日可愛)"라고 말한다.

본명(本命)은 丁未, 丙午 운에 미약한 토관용신(土官用神)을 생조(生助)하여 국회의원이 된 명조(命造)이다. 『사주첩경(四柱捷經)』의 예문에 의하면 "난왈토극수(難曰土剋水)나 수극자(水剋者)는 필요배토(必要培土)로 성후복(成厚福)"이라고 하였다.

제2절 종격從格

1. 종왕격(從旺格)

(1) 종왕격(從旺格)의 구성과 의의

월지(月支)	전지지(全地支)	용신(用神)	희신(喜神)	기신(忌神)
비겁(比劫)	비겁(比劫)	비견(比肩)	인수(印綬)	재성(財星)
인수(印綬)	인수(印綬)	겁재(劫財)	식상(食傷)	관살(官殺)

　종왕격(從旺格)이란 지지(地支)가 모두 비견(比肩)과 겁재(劫財)로 국(局)을 이룬 것으로 성립되며, 천간(天干)에 관살(官殺)이 있으면 파격이다. 그러나 인수(印綬)가 1~2개 섞여 있는 것은 문제가 되지 않는다.

　일반적으로 종왕격(從旺格)은 비견(比肩)과 겁재(劫財)가 득세하고 인수(印綬)가 협조해주어 비겁(比劫)이 천하대세(天下大勢)인 데 반하여, 종강격(從强格)은 비견(比肩)과 겁재(劫財)보다는 인수(印綬)의 비중이 커서 인수(印綬)가 천하대세(天下大勢)를 잡고 있는 것이 특징이기 때문에 종인격(從印格)이라고도 한다.

　종왕격(從旺格)의 성품은 자존심이 강하고 천상천하의 유아독존으로 패가망신을 하는 경우도 있다. 그러나 조화와 구성이 잘 이루어지면 정계, 법조계, 교육계, 군인, 경찰, 종교계 등에서 입신하는 경우가 많다.

　종왕격(從旺格)의 용신(用神)은 비겁(比劫)이며, 희신(喜神)은 인수(印綬)와 식상(食傷)이고, 기신(忌神)은 재성(財星)과 관살(官殺)이다.

(2) 종왕격(從旺格)의 예

```
乙 甲 癸 壬
亥 寅 卯 寅
```

```
庚 己 戊 丁 丙 乙 甲
戌 酉 申 未 午 巳 辰
```

갑목일주(甲木日主)가 목왕절(木旺節)인 묘월(卯月)에 태어나고 전지지(全地支)가 寅卯, 寅亥로 목국(木局)이 되어 있고, 천간(天干)에 壬癸水가 생조(生助)하여 종왕격(從旺格)이다.

종격(從格)은 왕성한 세력을 따라가야 하기 때문에 인수(印綬)와 비겁(比劫)은 대길(大吉)하고, 설기(泄氣)하는 식상(食傷)이 오면 희(喜)하게 되고, 재성토(財星土)와 관살금(官殺金)을 만나면 대기(大忌)하는데, 이것은 일주(日主)의 왕(旺)한 세력을 거스르기 때문이다.

본명(本命)은 행운(行運)이 火金으로 향하여 사오미운(巳午未運)에 대발(大發)하였고, 신유운(申酉運)에 대기(大忌)하였다.

종왕격(從旺格)이나 종강격(從强格)은 청격(淸格)으로 구성(構成)을 잘 이루고 있으면 귀명(貴命)이 되지만, 재관(財官)을 만나면 탁격(濁格)이 되어 재관(財官)을 멀리할 수밖에 없다. 그래서 교육계나 종교계, 전문연구원 등에서 성공하는 경우가 많다.

```
戊 戊 丁 戊
午 午 巳 午
```

```
庚辛壬癸甲乙丙
戌亥子丑寅卯辰
```

무토일주(戊土日主)가 전지지(全地支)가 화국(火局)이고 천간(天干)이 火土로 되어 있으니 일주(日主)로 종(從)하여 종왕격(從旺格)이다. 인비운(印比運)이나 식상운(食傷運)이 희(喜)하고, 재관운(財官運)이 기(忌)하는데, 갑인대운(甲寅大運)에 결혼을 하여 다복하게 살았다.

갑인대운(甲寅大運)은 왕토(旺土)를 목극토(木剋土)로 대흉(大凶)이 되겠지만, 목생화(木生火)로 화기(火氣)를 생조(生助)하여 대귀(大貴)하였다. 계축대운(癸丑大運)은 정계충(丁癸冲), 무계합(戊癸合)으로 충중봉합(冲中逢合)이 되어 상부(喪夫)하였고, 임자대운(壬子大運)에 본인도 불록지객(不祿之客)이 되고 말았다.

본명(本命)은 원국(原局)이 편고(偏枯)하고 대운(大運)과 통관(通關)을 시켜주는 오행이 없으므로 흉운(凶運)이 오면 대화(大禍)를 당하게 되는 것이다. 그래서 종왕격(從旺格)은 길흉(吉凶)의 기복이 크고 속성속패(速成速敗)가 따른다.

고서(古書)에 따르면 사주원국(四柱原局)에서 "양인(羊刃)이 중첩이면 필극처(必剋妻)나 필극부(必剋夫)"라는 구절에 해당하는 명조(命造)이다.

2. 종아격(從兒格)

(1) 종아격(從兒格)의 구성과 의의

월지(月支)	전지지(全地支)	용신(用神)	희신(喜神)	기신(忌神)
식신 (食神)	식상 합국 (食傷 合局)	식신 (食神)	비겁 (比劫)	관살 (官殺)
상관 (傷官)	식상 방합 (食傷 方合)	상관 (傷官)	재성 (財星)	인수 (印綬)

　　종아격(從兒格)이란 월지(月支)에 식신(食神)이나 상관(傷官)이 있고, 식상(食傷)이 합국(合局)이나 방합(方合)을 이루고 천간(天干)에 인수(印綬)나 비겁(比劫)이 있어도 일주(日主)에 전혀 도움이 되지 않을 때 성립된다.

　　종아(從兒)라고 하는 것은 일주(日主)가 식신(食神)이나 상관(傷官)을 따라간다는 뜻으로, 식상(食傷)은 일주(日主)가 생(生)하여 주는 자손을 따라간다는 의미에서 종아격(從兒格)이라고 하는 것이다.

　　종아격의 성품은 단순하면서도 순종적이고 말이 적으며 믿음성이 있으나, 남에게 지기 싫어하고 자기의사를 잘 표현하지 않으며, 사무를 처리하는 데는 틀림이 없다. 단점이라면 자기보다 강자에게는 무서울 만큼 강하고 약자에게는 베풀고 희생적이면서도 대인관계에서는 융화력과 단결력이 부족하다.

　　종아격의 직업은 특수한 기능의 예체능에 소질이 있고, 예술인, 연예인, 세무회계사, 은행원, 금융업 등이 적합하며, 종교계나 교육계에서 성공하는 경우가 많다.

　　종아격의 용신(用神)은 식상(食傷)이며, 비겁(比劫)이나 재성(財星)은 희(喜)하고 관살(官殺)이나 인수(印綬)는 기(忌)하다.

(2) 종아격(從兒格)의 예

```
丙 甲 戊 戊
寅 寅 午 戌
```

```
乙 甲 癸 壬 辛 庚 己
丑 子 亥 戌 酉 申 未
```

갑목일주(甲木日主)가 화왕절(火旺節)인 오월(午月)에 태어나고 전지지(全地支)가 인오술화국(寅午戌火局)으로 종아격(從兒格)이다. 종아격은 지지(地支)가 식상(食傷)으로 이루어지고 천간(天干)에도 식상(食傷)으로 따라가는 격국(格局)으로, 사람이 늙고 병들고 힘이 없어 자식과 같이 사는 것과 마찬가지의 경우이다.

원국(原局)에서 비겁(比劫)이나 식재운(食財運)이 희(喜)하고 인수(印綬)나 관살운(官殺運)은 기(忌)하는데, 본명(本命)은 대운(大運)이 관살운(官殺運)에서 인수운(印綬運)으로 하여 대기(大忌)한 명(命)이다.

경신대운(庚申大運)에 갑경충(甲庚冲), 인신충(寅申冲)으로 천충지충(天冲地冲)으로 불록지객(不祿之客)이 되었다. 이와 같은 경우는 왕성한 목기(木氣)를 금기(金氣)가 오히려 역세(逆勢)를 당하여 왕충쇠발(旺冲衰拔)이 되었다.

```
癸 己 庚 乙
酉 酉 辰 巳
```

```
癸甲乙丙丁戊己
酉戌亥子丑寅卯
```

　기토일주(己土日主)가 진월(辰月)에 태어나고 전지지(全地支)가 辰酉, 巳酉로 금국(金局)을 이루고 천간(天干)에 을경합금(乙庚合金)하여 종아격(從兒格)이다. 종아격(從兒格)은 주중(柱中)에 의지할 곳이 없어 처가에 의지하는 경우가 많으며, 재성(財星)이 수기(秀氣)되어야 귀격(貴格)이다.

　본명(本命)은 시간계수(時干癸水)에 지지(地支)의 금국(金局)이 금생수(金生水)하여 귀격이 되었다. 용신(用神)은 金水이고, 기신(忌神)은 木火인데, 戊寅 운은 戊癸 합화(合火)되어 기신(忌神)이 되고 寅巳 형(刑)으로 삼형살(三刑殺)이 되어 교통사고로 관재송사가 있었고 시험운도 좋지 않았다.

　정축운(丁丑運)은 정계충(丁癸沖)으로 정화기신(丁火忌神)이 충발(沖拔)되었고, 사유축금국(巳酉丑金局)으로 용신(用神)이 되니 사업번창하고 승진(昇進)도 하였고, 병자운(丙子運)도 자진합수(子辰合水)로 역시 용신(用神)이 되어 사업성공과 재산증식을 하였다. 을해운(乙亥運)은 사해충(巳亥沖)으로 관재구설(官災口舌)과 수술 등으로 대기(大忌)하였으며, 甲戌 운은 甲庚 충(沖), 甲己 합(合)으로 충중봉합(沖中逢合)이 되어 기신(忌神)이 되니 손재로 사업실패하고 부부불화 등으로 대흉(大凶)한 명(命)이다.

3. 종재격(從財格)

(1) 종재격(從財格)의 구성과 의의

월지(月支)	전지지(全地支)	용신(用神)	희신(喜神)	기신(忌神)
편재 (偏財)	재성 합국 (財星 合局)	편재 (偏財)	식상 (食傷)	비겁 (比劫)
정재 (正財)	재성 방합 (財星 方合)	정재 (正財)	관살 (官殺)	인수 (印綬)

종재격이란 월지(月支)에 편재(偏財)와 정재(正財)가 있고 재성(財星)이 합국(合局)이나 방합(方合)을 이루고 천간(天干)에 인수(印綬)나 비겁(比劫)이 있어도 일주(日主)에 전혀 도움이 되지 않으면 성립된다.

종재(從財)라고 하는 것은 가령 乙木 일주가 지지(地支)에 辰戌丑未가 있어 재성(財星)이 극왕(極旺)하여 을목일주(乙木日主)가 의지할 곳이 없어, 자신을 버리고 데릴사위가 되거나 처가에 의지한다 하여 종재격(從財格)이라고 하는 것이다.

종재격의 성품은 경제적 수완이 뛰어나고 처복도 있으며, 남달리 의협심이 강하고 정의감이 강하다. 경제계나 금융계 등에서 크게 두각을 나타내는 자질이 있다. 종재격의 직업은 사업가, 은행, 세무, 회계, 보험, 건축, 재정기관, 금융감독원 등이 적합하다. 종재격의 용신(用神)은 재성(財星)이고, 식상운(食傷運)이나 관살운(官殺運)이 희(喜)하고 비겁운(比劫運)이나 인수운(印綬運)이 기(忌)하다.

(2) 종재격(從財格)의 예

```
甲 丁 庚 辛
辰 丑 子 酉
```

```
癸 甲 乙 丙 丁 戊 己
巳 午 未 申 酉 戌 亥
```

정화일주(丁火日主)가 자월(子月)에 태어나고 전지지(全地支)가 金水로 되어 있고, 시간(時干)에 甲木은 있다 하더라도 庚辛金이 왕성하여 일주(日主)를 생조(生助)한다 하더라도 金水를 극제(剋制)하는 데는 역부족이라 결국 金에 종재(從財)하여 종재격(從財格)이 되었다. 종재격(從財格)이 성립되려면, 첫째가 일주(日主)는 무근(無根)이라야 한다. 둘째는 지지(地支)가 재성국(財星局)을 이루어야 한다. 셋째는 천간(天干)에 재성(財星)이 투출되어 있어야 더욱 귀명이 된다. 넷째는 일주(日主)가 의지할 곳이 없어야 한다는 조건을 갖추어야 한다.

용신(用神)은 金이고, 희신(喜神)은 土水이며 기신(忌神)은 木火인데, 본명(本命)은 대운(大運)이 金에서 火로 향(向)하고 있어 申酉戌 운에는 대발(大發)하였는데, 巳午未 운에는 대기(大忌)하였다.

```
戊 甲 己 庚
辰 戌 丑 辰
```

```
壬 癸 甲 乙 丙 丁 戊
午 未 申 酉 戌 亥 子
```

갑목일주(甲木日主)가 축월(丑月)에 태어나고 전지지(全地支)가 토국(土局)이 되어 있고, 천간(天干)에 戊己土가 투출되어 있으며, 일주갑목(日主甲木)이 의지(依支)할 곳이 없어 재성토(財星土)로 종재(從財)하여 종재격(從財格)이 되었다. 희신(喜神)은 火土金이고, 기신(忌神)은 水木이 되는 것이다.

무자운(戊子運)의 戊土는 희운(喜運)이고 子水는 대흉(大凶)이나 자축합토(子丑合土)가 되고, 戊土가 자중계수(子中癸水)와 합화(合火)하니 유정(有情)하여 흉변위길(凶變爲吉)이 되었다.

정해운(丁亥運)은 丁火가 길신(吉神)이고 해중갑목(亥中甲木)이 丁火를 생조(生

助)하니, 丁火가 생토(生土)하는 중재역을 하므로 역시 길운(吉運)이 되었다.

을유운(乙酉運)은 을경합금(乙庚合金)이 되고 酉丑, 진유합(辰酉合)으로 금국(金局)이 되어 대흉(大凶)을 면하였고, 갑신운(甲申運)은 갑기합토(甲己合土)가 되고 기신(忌神)이 희신(喜神)으로 변하였다. 계미운(癸未運)은 기계충(己癸冲)이 되어 있는데, 축술미삼형살(丑戌未三刑殺)이 되어 불록지객(不祿之客)이 되었다.

4. 종살격(從殺格)

(1) 종살격(從殺格)의 구성과 의의

월지(月支)	전지지(全地支)	용신(用神)	희신(喜神)	기신(忌神)
편관 (偏官)	관살 합국 (官殺 合局)	편관 (偏官)	편재 (偏財)	식상 (食傷)
정관 (正官)	관살 방합 (官殺 方合)	정관 (正官)	정재 (正財)	인비 (印比)

종살격(從殺格)이란 월지(月支)에 편관(偏官)이나 정관(正官)이 있고 관살합국(官殺合局)이 되거나 관살방합(官殺方合)을 이루고, 천간(天干)에 인수(印綬)나 비겁(比劫)이 있어도 일주(日主)에 전혀 도움이 되지 않으면 성립된다.

종살(從殺)이라는 것은 왕성한 관살(官殺)을 따라간다는 뜻인데, 여기에서 살(殺)은 일반적으로 편관(偏官)을 뜻하지만 작용면에서 볼 때 희작용(喜作用)보다는 기작용(忌作用)을 할 때 사용하는 말이다. 그래서 정관(正官)도 원국(原局)에 많이 있으면 살작용(殺作用)을 하는 것이다.

종살격은 재성(財星)과 같이 있으면 더욱 길(吉)하여 재물과 명예를 함께 얻어 부귀겸전(富貴兼全)의 귀격(貴格)이 된다. 그러나 관살(官殺)이 혼잡되어 있으면 귀명(貴命)이 반감하게 된다.

종살격의 성품은 온화하면서도 관리의 품격으로 복록(福祿)과 수명을 겸전(兼全)하고 있으나, 명예에 대한 과욕 때문에 타인으로부터 시기와 모함을 당하기도 한다. 종살격의 직업은 국가공무원, 판검사, 군인, 경찰, 교도관, 국영기업 등 조직을 관리하는 직종에 적합하다. 재성(財星)이 겸전(兼全)되면 재정공무원, 금융계, 은행 감독원 등 재정을 관리하는 직종에서도 두각을 나타내는 경우가 많다.

종살격의 용신(用神)은 관살(官殺)이고, 희신(喜神)은 재성(財星)이고 기신(忌神) 은 인수(印綬)와 비겁(比劫)과 그리고 식상(食傷)이 된다. 여기에서 인수운(印綬運) 은 관살(官殺)을 설기(泄氣)시켜 길(吉)할 것 같으나 인수(印綬)는 뿌리가 되기 때문 에 오히려 종(從)하는 것을 방해하여 불길한 것이다.

(2) 종살격(從殺格)의 예

```
壬 庚 丁 癸
午 午 巳 未
```

```
甲癸壬辛庚己戊
子亥戌酉申未午
```

경금일주(庚金日主)가 사월(巳月)에 태어나고 전지지(全地支)가 사오미화국(巳午 未火局)으로 되어 있고, 천간(天干)에 丁火가 투출(透出)되니 庚金이 의지(依支)할 곳이 없어 종살격(從殺格)이다.

종살격(從殺格)의 용신(用神)은 재성(財星)과 관살(官殺)이니 木火이고, 기신(忌 神)은 식상(食傷)과 비겁(比劫)과 인수(印綬)가 된다. 행운(行運)은 목화운(木火運)에 대길(大吉)하고 금수운(金水運)에 대기(大忌)하다.

기미운(己未運)은 기계충(己癸沖)으로 건강이 나빠서 학업에 열중하지 못하였으 며, 경신운(庚申運)은 기신(忌神)으로 사신형(巳申刑)이 되어 관재구설(官災口舌)과 부부불화(夫婦不和)가 있었고, 신유운(辛酉運)은 사유합금(巳酉合金)으로 사화관(巳 火官)이 기신(忌神)으로 남편의 건강과 명예에 손상을 입었다. 특히 유운(酉運)은 신왕(身旺)에 양인살(羊刃殺)을 만나면 양인합결(羊刃合結)되어 대화흉사(大禍凶事)가 염려된다.

임술운(壬戌運)은 정임합목(丁壬合木)이 되어 남편이 승진하였고 또한 오술합화(午戌合火)로 용신(用神)이 되어 부동산으로 재산을 증식시켰다. 계해운(癸亥運)은 정계충(丁癸沖), 사해충(巳亥沖)으로 쇠자왕신발(衰者旺神發)이 되어 남편의 관재구설뿐만 아니라 본명(本命)도 수술로 건강이 나빠 고생하였다.

乙 壬 己 戊
巳 午 未 戌

丙 乙 甲 癸 壬 辛 庚
寅 丑 子 亥 戌 酉 申

임수일주(壬水日主)가 토왕절(土旺節)인 미월(未月)에 태어나고 전지지(全地支)가 火土로 되어 있고, 壬水가 의지할 곳이 없어 종살격(從殺格)이 되었다. 종살격(從殺格)은 재관(財官)인 火土가 희신(喜神)이고 金水木이 기신(忌神)이다.

경신신유운(庚申辛酉運)에 부귀한 집안에 태어났으나 임술운(壬戌運)에는 가정에 다소 형액(刑厄)이 있었고, 계해운(癸亥運)에는 기신운(忌神運)인데 기계충(己癸沖), 사해충(巳亥沖)으로 쇠자왕신발(衰者旺神發)되어 대화흉사(大禍凶事)한 일이 일어났다. 특히 해운(亥運)에는 해미목운(亥未木運)으로 목기(木氣)가 왕성하여 용신(用神)인 토기(土氣)를 목극토(木剋土)하니 요사(夭死)하였다.

원국(原局)이 아무리 잘 타고 태어났다 하더라도 대운(大運)이 따라주지 않으면 외부내빈(外富內貧)이니 사주불여대운(四柱不如大運)이라는 말에 해당되는 것이다.

5. 종인격(從印格)

(1) 종인격(從印格)의 구성과 의의

월지(月支)	전지지(全地支)	용신(用神)	희신(喜神)	기신(忌神)
편인 (偏印)	인수합국 (印綬合局)	편인 (偏印)	비겁 (比劫)	관살 (官殺)
정인 (正印)	인수방합 (印綬方合)	정인 (正印)	식상 (食傷)	재성 (財星)

종인격(從印格)이란 전지지(全地支)가 인수합국(印綬合局)이거나 인수방합(印綬方合)이 되고 식상(食傷)이나 재성(財星)이 없을 경우에 성립된다. 종인격(從印格)은 순수하게 인수국(印綬局)으로 구성되어야 길명(吉命)이 되는데, 만약 인수국(印綬局)이 부실하면 풍류지객(風流之客)에 지나지 않는다.

종인(從印)이라고 하는 것은 인수(印綬)를 따라간다는 뜻으로, 자연적으로 강하여 종강격(從强格)이라고도 부르는데, 비겁국(比劫局)을 이루는 종왕격(從旺格)과 구별하기 위해서 인수국(印綬局)을 이루는 종인격(從印格)으로 부르는 것이 타당하다. 종인격(從印格)의 성품은 전형적인 선비형으로 교육계에 입신하는 경우가 많다. 그래서 청렴결백하고 자존심이 강하여 원칙주의자이고 매사에 철두철미하며 완벽주의자이다.

종인격(從印格)의 직업은 교육계, 종교계, 학원, 연구원 등이 적합하다.

종인격(從印格)의 용신(用神)은 인수(印綬)이고 희신(喜神)은 비겁운(比劫運)이나 식상운(食傷運)이다. 기신운(忌神運)은 재성운(財星運)이나 관살운(官殺運)인데, 설기(泄氣)하는 관살(官殺)은 용신인수(用神印綬)를 상극(相剋)하므로 불길하고, 재성운(財星運)은 인수(印綬)를 역시 상극(相剋)하여 역세(逆勢)하므로 불길하다.

(2) 종인격(從印格)의 예

```
丙 癸 丙 辛
申 酉 申 酉
```

```
癸 壬 辛 庚 己 戊 丁
卯 寅 丑 子 亥 戌 酉
```

계수일주(癸水日主)가 신월(申月)에 태어나고 전지지(全地支)가 신유합국(申酉合局)으로 인수국(印綬局)을 이루고 천간(天干)이 병신합수(丙辛合水)가 되어 종인격(從印格)이다.

용신(用神)은 金水이고 토운(土運)이 들어와도 토생금(土生金), 금생수(金生水)로 살인상생(殺印相生)하니 희(喜)하다. 행운(行運)이 금수운(金水運)으로 향(向)하여 대발(大發)한 귀명(貴命)인데, 여명(女命)으로서 대학총장까지 역임하였다.

무술운(戊戌運)은 신유술방합(申酉戌方合)으로 재고귀인(財庫貴人)이니, 일찍 부유한 남성과 결혼을 하였고 본인도 학문으로 성공하였다. 기해운(己亥運)은 기계충(己癸沖)으로 기토관(己土官)이 관재구설과 교통사고로 고생을 하여 명예에 손상을 입었다.

경자운(庚子運)은 병경충(丙庚沖)으로 병화기신(丙火忌神)이 충발(沖拔)되고 신자수국(申子水局)을 이루어 용신(用神)이 되니, 재물이 들어오고 남편이 승진(昇進)하여 신축운(辛丑運)까지 승승장구하였다. 임인운(壬寅運)에 병임충(丙壬沖), 인신충(寅申沖)으로 천충지충(天沖地沖)되어 퇴직하였다.

```
甲 甲 癸 癸
子 辰 亥 亥
```

```
丙 丁 戊 己 庚 辛 壬
辰 巳 午 未 申 酉 戌
```

갑목일주(甲木日主)가 해월(亥月)에 태어나고 전지지(全地支)가 亥子, 子辰으로 수국(水局)이 되고 년월간(年月干)에 계수(癸水)가 투출(透出)하여 종인격(從印格)이다.

종인격(從印格)은 식상운(食傷運)과 인수운(印綬運)이나 비겁운(比劫運)인 금수목운(金水木運)이 희(喜)하고 관살운(官殺運)이나 재성운(財星運)인 화토운(火土運)에 기(忌)하는데, 본명(本命)은 초년인 신유술금운(申酉戌金運)에 대발(大發)하였으나, 기미운(己未運)부터 가세가 기울기 시작하여 정사운(丁巳運)에 정계충(丁癸冲), 사해충(巳亥冲)으로 천충지충(天冲地冲)되어 왕자충쇠쇠자발(旺者冲衰衰者拔)로 불록지객(不祿之客)이 된 명조(命造)이다.

제3절 화기격化氣格

1. 갑기합화토격(甲己合化土格)

(1) 갑기합화토격(甲己合化土格)의 구성과 의의

갑일(甲日)	기일(己日)	전지지(全地支)	희신(喜神)	기신(忌神)
己月, 己時	甲月, 甲時	辰戌丑未	土, 火, 金	水, 木

갑일간(甲日干)이 기월간(己月干)이나 기시간(己時干)에 태어나거나, 기일간(己日

干)이 갑월간(甲月干)이나 갑시간(甲時干)에 태어나고 전지지(全地支)가 辰戌丑未가 되어야 성립된다. 주중(柱中)에 甲乙寅卯가 없어야 하고 丙丁巳午를 만나는 것은 무방(無妨)하다.

대운(大運)에서도 화토운(火土運)이나 금운(金運)은 희(喜)하고, 수목운(水木運)은 기(忌)하는데, 특히 庚金은 甲木을 충(沖)하므로 불길하다. 그 이유는 갑기합화(甲己合化)를 파괴하기 때문이다.

성품(性品)은 가색격(稼穡格)과 유사하나 타인과의 타협을 잘하고 주위환경을 잘 조화시켜 원만한 성격이면서도 자기가 맡은 직책에 책임감이 강하고 부부지간에도 일생 동안 다정하게 살아간다. 직업은 종교, 철학, 교육, 학원, 부동산, 농수산 계통에 적합하다.

(2) 갑기합화토격(甲己合化土格)의 예

己 甲 戊 己
巳 戌 辰 丑

辛 壬 癸 甲 乙 丙 丁
酉 戌 亥 子 丑 寅 卯

갑목일주(甲木日主)가 진월(辰月)에 태어나고 전지지(全地支)가 토국(土局)이고 천간(天干)에 戊己土가 투출(透出)되어 있다. 천간기토(天干己土)는 월간(月干)의 간격(間隔)이 되므로 무정한 합(合)이고, 시상기토(時上己土)는 접근되어 있으므로 갑기합화토(甲己合化土)가 되어 합화종격(合化從格)이 되었다.

화토운(火土運)이 희(喜)하고 수목운(水木運)은 기(忌)하며 금운(金運)은 무방(無妨)하나 경금운(庚金運)은 불길하다. 본명(本命)은 대운(大運)이 수목운(水木運)으로 향하여 대기(大忌)한 명조(命造)이다.

```
甲 己 丙 戊
戌 丑 辰 辰
```

```
癸 壬 辛 庚 己 戊 丁
亥 戌 酉 申 未 午 巳
```

기토일주(己土日主)가 진월(辰月)에 태어나고 전지지(全地支)가 토국(土局)이고 천간(天干)에 戊己土가 투출(透出)되어 있다. 천간기토(天干己土)는 시간(時干)과 갑기합토(甲己合土)가 되어 합화종격(合化從格)이 되었다.

갑기합화토격(甲己合化土格)의 희신(喜神)은 火土金이고, 기신(忌神)은 水木인데, 경운(庚運)은 갑기합(甲己合)을 갑경충(甲庚沖)으로 파괴하여 불길하다.

대운(大運)이 화금운(火金運)으로 향하여 사오미운(巳午未運)에 대발(大發)하였으나 경신운(庚申運)에 갑경충(甲庚沖)으로 甲木이 파괴되고 申金이 신진수국(申辰水局)으로 기신(忌神)이 되어 대기(大忌)한 명조(命造)이다.

2. 을경합화금격(乙庚合化金格)

(1) 을경합화금격(乙庚合化金格)의 구성과 의의

을일(乙日)	경일(庚日)	전지지(全地支)	희신(喜神)	기신(忌神)
庚月, 庚時	乙月, 乙時	巳酉丑, 申酉戌	土, 金, 水	木, 火

을일간(乙日干)이 경월간(庚月干)이나 경시간(庚時干)에 태어나거나, 경일간(庚日干)이 을월간(乙月干)이나 을시간(乙時干)에 태어나고, 전지지(全地支)가 사유축금국(巳酉丑金局)이거나 신유술금국(申酉戌金局)이면 성립되는데, 주중(柱中)에 丙丁巳午나 甲乙寅卯가 없어야 한다.

을경합화금격(乙庚合化金格)의 성품은 종혁격(從革格)과 유사하나, 성질이 용감 무쌍하고 자기주관이 뚜렷하며 상황판단이 정확할 뿐만 아니라 다정다감하면서도 매사에 철두철미하다.

용신(用神)은 庚辛申酉이고 희신(喜神)은 戊己辰戌丑未와 壬癸亥子이고, 기신(忌神)은 丙丁巳午와 甲乙寅卯이다. 직업은 군인, 경찰, 법관, 의약, 기계, 금속, 방사선 등이 적합하다.

(2) 을경합화금격(乙庚合化金格)의 예

```
乙 庚 辛 癸
酉 申 酉 丑
```

```
甲 乙 丙 丁 戊 己 庚
寅 卯 辰 巳 午 未 申
```

경금일주(庚金日主)가 유월(酉月)에 태어나고 전지지(全地支)가 금국(金局)이 되고 시간을목(時干乙木)과 을경합금(乙庚合金)이 되어 종화금격(從化金格)이다.

일반적으로 경금양일주(庚金陽日主)가 년상(年上)의 癸水를 보고 왕자(旺者)는 설기(泄氣)함을 기뻐하여 乙木과 상통(相通)이 되어 상관용재격(傷官用財格)이라고 할 수 있으나, 왕금(旺金)이 일점계수(一點癸水)에 탁수가 되어 용신(用神)이 되지 못하니 을경합화금격(乙庚合化金格)이 되는 것이다. 희신(喜神)은 土金水이고, 기신(忌神)은 木火인데, 본명(本命)은 木火로 향하여 대기(大忌)한 명(命)이다.

경일주(庚日主)가 시상(時上)이나 월상(月上)에 을목(乙木)이 한 개만 있으며 지지(地支)가 유축신금(酉丑申金)으로 구성되고, 천간(天干)에 甲乙木이나 지지(地支)에 수목(水木)이 없으면 일점을목(一點乙木)과 을경합금(乙庚合金)으로 종화(從化)하게 된다.

乙	庚	庚	癸
酉	申	申	酉

癸甲乙丙丁戊己
丑寅卯辰巳午未

경금일주(庚金日主)가 금왕절(金旺節)인 신월(申月)에 태어나고 전지지(全地支)가 신유금국(申酉金局)이 되어 을경합화금격(乙庚合化金格)이다. 주중(柱中)에 丙丁巳午가 하나도 없어 진격(眞格)의 화금격(化金格)이 되었다.

용신(用神)은 庚辛申酉이고 희신(喜神)은 戊己辰戌丑未와 壬癸亥子이고, 기신(忌神)은 丙丁巳午와 甲乙寅卯인데, 본명(本命)은 목화운(木火運)으로 향하여 대기(大忌)한 명(命)이다.

금기(金氣)는 살기(殺氣)라 하여 개성이 강하고 남에게 지기를 싫어하며 자존심이 강하다. 특히 의리에 대한 관심이 남달리 크다.

앞의 예와 같이 연간계수(年干癸水)가 왕금(旺金)을 설기(泄氣)하는데, 탁수(濁水)가 되어 용신(用神)이 되지 못하니 을경합화금격(乙庚合化金格)이 되는 것이다.

3. 병신합화수격(丙辛合化水格)

(1) 병신합화수격(丙辛合化水格)의 구성과 의의

병일(丙日)	신일(辛日)	전지지(全地支)	희신(喜神)	기신(忌神)
辛月, 辛時	丙月, 丙時	申子辰, 亥子丑	金, 水, 木	火, 土

병일간(丙日干)이 신월간(辛月干)이나 신시간(辛時干)에 태어나거나, 신일간(辛日干)이 병월간(丙月干)이나 병시간(丙時干)에 태어나고 전지지(全地支)가 신자진수국

(申子辰水局)이나 해자축수국(亥子丑水局)이 되면 성립되는데, 주중(柱中)에 丙丁巳午나 戊己辰戌丑未가 없어야 한다. 신합화수격(丙辛合化水格)의 성품(性品)은 윤하격(潤下格)과 유사하나, 머리가 총명·예리하고 지혜가 심원(深遠)하고 예지력이 있으며, 일을 처리하는 데는 과묵하면서도 이기심이 강하다.

용신은 壬癸亥子이고 희신은 庚辛申酉와 甲乙寅卯이고, 기신(忌神)은 丙丁巳午와 辰戌丑未이다. 직업은 외교, 무역, 유통, 교육, 문학, 종교 등이 적합하다.

(2) 병신합화수격(丙辛合化水格)의 예

辛　丙　辛　丙
卯　子　卯　申

戊丁丙乙甲癸壬
戌酉申未午巳辰

병화일주(丙火日主)가 년월(年月)이 병신합(丙辛合)이고 일시(日時)도 병신합(丙辛合)으로 수국(水局)이 되어 있는데, 지지(地支)에 신자합수(申子合水)로 종화격(從化格)이 되었다. 원국(原局)에 丙火나 辛金이 주중(柱中)에 있으면 쟁합(爭合)이 되는데, 본명(本命)은 병신합(丙辛合)이 청수(清秀)하였으나 수기(水氣)가 실령(失令)하여 대격(大格)이 되지 못하였다.

금수목운(金水木運)에 희(喜)하고, 화토운(火土運)에 기(忌)하는데, 본명은 사오미화운(巳午未火運)에 대기(大忌)하였고, 신운(申運)에 시발(始發)하여 수운(水運)에 대귀(大貴)하였다. 병신합수(丙辛合水)는 해자월(亥子月)에 태어나야 득령(得令)하여 대격(大格)이 되는 것이다.

$$丙 \quad 辛 \quad 壬 \quad 甲$$
$$申 \quad 酉 \quad 申 \quad 申$$

$$己 \, 戊 \, 丁 \, 丙 \, 乙 \, 甲 \, 癸$$
$$卯 \, 寅 \, 丑 \, 子 \, 亥 \, 戌 \, 酉$$

신일간(辛日干) 신금일주(辛金日主)가 전지지(全地支)가 신유금국(申酉金局)으로 종혁격(從革格)이 되는데, 丙火가 시상(時上)에 유정(有情)하여 병신합화수격(丙辛合化水格)이 되었다.

월상임수(月上壬水)는 간격(間隔)되어 있으므로 병신합(丙辛合)에 방해(妨害)되지 않고 순화(順化)한다. 금수운(金水運)에 희(喜)하고, 화토운(火土運)에 기(忌)하는데 본명(本命)은 금수운(金水運)으로 향하여 대발(大發)하였다. 만약에 종혁격(從革格)이 되면 丙火는 기신(忌神)이 되는데 종화격(從化格)이 되어 진격(眞格)으로 귀명(貴命)이다.

4. 정임합화목격(丁壬合化木格)

(1) 정임합화목격(丁壬合化木格)의 구성과 의의

정일(丁日)	임월(壬月)	전지지(全地支)	희신(喜神)	기신(忌神)
壬月, 壬時	丁月, 丁時	亥卯未, 寅卯辰	木, 水, 火	土, 金

정일간(丁日干)이 임월간(壬月干)이나 임시간(壬時干)에 태어나거나, 임일간(壬日干)이 정월간(丁月干)이나 정시간(丁時干)에 태어나고, 전지지(全地支)가 해묘미목국(亥卯未木局)이나 인묘진목국(寅卯辰木局)이 되면 성립되는데, 주중(柱中)에 庚辛申酉나 戊己辰戌丑未가 없어야 한다. 특히 癸水는 일간(日干)의 丁火와 충극(冲剋)

하니 불길하며, 戊土는 壬水를 극(剋)하니 또한 꺼린다.

정임합화목격(丁壬合化木格)의 성품은 곡직격(曲直格)과 유사하나, 총명·예리하고 인품이 고상하며 인정이 많고 남을 잘 도와준다. 반면에 자존심이 강하고 유아독존의 기질이 있다. 용신(用神)은 甲乙寅卯이고 희신(喜神)은 壬癸亥子와 丙丁巳午이고, 기신(忌神)은 戊己辰戌丑未와 庚辛申酉이다. 직업은 교육, 종교, 철학, 학원, 법조, 의약, 언론 등에 적합하다.

(2) 정임합화목격(丁壬合化木格)의 예

정화일주(丁火日主)가 인월(寅月)에 태어나고 전지지(全地支)가 인묘진방합(寅卯辰方合)과 묘미합(卯未合)으로 전목국(全木局)이 되었다.

천간(天干)도 정임합(丁壬合)으로 내합(內合)과 외합(外合)이 되어 목국(木局)이 되니 종화(從化)함이 당연하다. 따라서 수목화운(水木火運)에 희(喜)하고 토금운(土金運)에 기(忌)하는데, 본명(本命)은 목화운(木火運)으로 향(向)하여 대귀(大貴)한 명조(命造)이다.

년상(年上)의 壬水와 시상(時上)의 丁火와 쟁합(爭合)이 될 것 같으나, 일월(日月)이 정임합(丁壬合)하고 년시(年時)가 정임합(丁壬合)하여 유정지합(有情之合)으로 아름답다. 정일간(丁日干)이 시상(時上)에 壬水나 월상(月上)에 壬水가 있고, 지지(地支)에 해묘미인진(亥卯未寅辰)으로 구성되고, 천간(天干)에 庚辛이나 지지(地支)에 申酉가 없으면 정임합목(丁壬合木)으로 종화(從化)하는 것이다.

```
丙 壬 丁 甲
午 寅 卯 子
```

```
甲癸壬辛庚己戊
戌酉申未午巳辰
```

임수일주(壬水日主)가 묘월(卯月)에 태어나고 간지(干支)에 극설(剋泄)이 많으니, 태약(太弱)한 壬水가 왕성한 丁火와 정임합(丁壬合)으로 종화목(從化木)으로 되었다. 따라서 丁火와 壬水는 본성(本性)을 버리고 합화목(合化木)으로 용신(用神)을 삼아야 한다. 木이 용신(用神)이면 木을 생조(生助)하는 水는 희신(喜神)이고, 왕성한 목기(木氣)를 역세(逆勢)하는 금기(金氣)는 대흉(大凶)하나, 왕목(旺木)을 설기(泄氣)하는 화운(火運)은 무방하다.

본명(本命)은 癸酉 대운인 계축년(癸丑年)에 불록지객(不祿之客)이 되었다. 癸酉 대운은 丁癸 충(沖), 卯酉 충(沖)으로 희신계수(喜神癸水)가 쇠자충발(衰者沖拔)되고, 용신묘목(用神卯木)도 쇠자충발(衰者沖拔)되니 천충지충(天沖地沖)이 되었다. 또한 세운인 계축년(癸丑年)은 丁癸 충(沖)으로 역시 癸水가 충발(沖拔)되었고, 자축합토(子丑合土)로 기신(忌神)이 되었기 때문이다.

5. 무계합화화격(戊癸合化火格)

(1) 무계합화화격(戊癸合化火格)의 구성과 의의

무일(戊日)	계일(癸日)	전지지(全地支)	희신(喜神)	기신(忌神)
癸月, 癸時	戊月, 戊時	寅午戌, 巳午未	火, 木, 土	金, 水

戊 일간이 癸 월간이나 癸 시간에 태어나거나, 癸 일간이 戊 월간이나 戊 시간에

태어나서 전지지(全地支)가 寅午戌 화국(火局)이나 巳午未 화국(火局)이 되면 성립되는데, 주중에 庚辛申酉나 壬癸亥子가 없어야 한다. 특히 己土는 癸水를 충극(沖剋)하니 꺼린다.

무계합화화격(戊癸合化火格)의 성품(性品)은 염상격(炎上格)과 유사하나, 예의가 바르고 정의감에 불타며, 사물을 처리하는 데는 속전속결하며 솔직담백한 반면에 냉정하고 애정이 결핍되어 성격이 불같이 성급하여 대인관계나 부부관계에서도 원만하지 못한 경우가 많다.

용신(用神)은 丙丁巳午이고 희신(喜神)은 甲乙寅卯와 戊己辰戌丑未이고, 기신(忌神)은 庚辛申酉와 壬癸亥子이다. 직업은 염상격(炎上格)과 유사하나, 종교, 철학, 정신세계 등에서 두각을 나타내며, 교육, 학원, 연구원, 기계, 전기, 전자, 화공 등에도 적합하다.

(2) 무계합화화격(戊癸合化火格)의 예

甲	癸	戊	丙
寅	巳	戌	戌

乙	甲	癸	壬	辛	庚	己
巳	辰	卯	寅	丑	子	亥

계수일주(癸水日主)가 식재관(食財官)이 왕성하여 태약(太弱)한데, 월상무토(月上戊土)와 무계합화(戊癸合火)하니, 甲丙이 목생화(木生火)되고 지지(地支)가 巳寅戌로 화국(火局)이 되므로 종화진격(從化眞格)이 되었다.

용신(用神)은 丙丁巳午이고 희신(喜神)은 甲乙寅卯와 戊己辰戌丑未이고, 기신(忌神)은 庚辛申酉와 壬癸亥子인데, 본명(本命)은 초운(初運)이 亥子丑이 되므로 불길하나 寅卯辰 운에는 대귀(大貴)한 명조(命造)이다.

일반적으로 계일주(癸日主)가 시상(時上)이나 월상(月上)에 戊土만 있고 천간(天干)에 丙丁이 있으며, 지지(地支)가 寅午戌巳 등으로 구성되고 천간(天干)에 壬癸와 지지(地支)에 亥子가 없으면 癸水와 戊土가 종화격(從化格)이 되는 것이며, 목화토운(木火土運)은 길(吉)하고 금수운(金水運)은 불길하다. 특히 己土는 癸水를 충극(冲剋)하므로 꺼린다.

```
癸 戊 甲 丙
丑 戌 午 寅
```

```
辛 庚 己 戊 丁 丙 乙
丑 子 亥 戌 酉 申 未
```

무토일주(戊土日主)가 오월(午月)에 태어나고 지지(地支)가 寅午戌로 화국(火局)이 되고 천간(天干)에 甲丙이 목생화(木生火)로 생조(生助)하니, 癸水와 戊土는 무계합화(戊癸合火)로 종화진격(從化眞格)이 되는 것이다.

용신(用神)은 丙丁巳午이고, 희신(喜神)은 甲乙寅卯와 戊己辰戌丑未이고, 기신(忌神)은 庚辛申酉와 壬癸亥子인데, 본명(本命)은 금수운(金水運)으로 향하여 대기(大忌)한 명조(命造)이다.

원국(原局)에서 시지(時支)의 丑土가 축술형(丑戌刑)으로 방해가 될 것 같으나, 지지(地支)가 인오술화국(寅午戌火局)이 되어 탐합망형(貪合忘刑)으로 방해가 되지 않으며, 종화격(從化格)은 설기(泄氣)하는 丑土가 희신(喜神)이 된다.

제4절 양신성상격兩神成象格

1. 상생양신성상격(相生兩神成象格)

(1) 상생양신성상격(相生兩神成象格)의 구성과 의의

양신성상격은 서로 상생(相生)하는 두 개의 오행(五行)으로 구성되는 것을 말한다. 즉 목화광휘(木火光輝), 화토협난(火土夾難), 토금육수(土金毓秀), 금수수청(金水水淸), 수목청기(水木淸氣)가 되어 상생오국(相生五局)이 되는 것이다. 이와 상반되는 木土, 土水, 水火, 火金, 金木같이 상극되어 이루어지는 경우가 있다.

만약 상극으로 이루어지면 억부용신법(抑扶用神法)을 적용해야 하며, 상생(相生)으로 이루어질 때 양신성상격이 성립되며, 수목상생격(水木相生格)은 화운(火運), 목화상생격(木火相生格)은 토운(土運), 화토상생격(火土相生格)은 금운(金運), 토금상생격(土金相生格)은 수운(水運), 금수상생격(金水相生格)은 목운(木運)이 각각 길(吉)하다. 양신성상격(兩神成象格)은 서로가 균형이 맞아야 한다.

만약에 인수(印綬)가 강하면 종강격(從强格)이 되고, 일간(日干)이 인수(印綬)나 식상(食傷)보다 강할 때는 종왕격(從旺格)으로 보아야 하고, 식상(食傷)이 강할 때는 종아격(從兒格)이 되는 것이다.

(2) 상생양신성상격(相生兩神成象格)의 예

壬	壬	甲	癸
寅	寅	子	卯

丁 戊 己 庚 辛 壬 癸
巳 午 未 申 酉 戌 亥

본명(本命)은 신육천(申六泉)의 『사주감정법』에 있는 사례이다. 壬 일생으로 오행이 水木으로 구성되었으며, 4 대 4로 균등하다. 水木이 청기(清奇)로 완전하게 수목상생격(水木相生格)으로 구성하고 있어 귀명이다. 이기상생(二氣相生)은 일간을 기준으로 통변하면 식상(食傷)이 왕성하다. 따라서 본명은 수기발로(秀氣發露)가 특이하여 재능이 샘처럼 솟아나 반드시 일업(一業)으로 성공하니 귀명이 틀림없다. 원래 식신(食神)과 상관(傷官)은 학(學), 기(技), 예(藝)의 신(神)으로 이 중 한 가지는 발군의 재능으로 대지(大志), 대업을 달성하여 중인(衆人)의 정상이 될 자격이 있다.

乙　丁　乙　丁
巳　卯　巳　卯

戊己庚辛壬癸甲
戌亥子丑寅卯辰

정화일주(丁火日主)가 사월(巳月)에 태어나서 득령(得令)하였으며 두 개의 천간(天干)과 두 개의 지지(地支)가 서로 상생(相生)하여 양신성상격(兩神成象格)이 되었다. 용신(用神)은 목화운(木火運)이고 기신(忌神)은 토금운(土金運)이다. 갑진운(甲辰運)은 甲木이 용신(用神)이고, 묘진합목(卯辰合木)이 되어 순탄하였고, 계묘운(癸卯運)은 계수기신(癸水忌神)이 수생목(水生木)으로 살인상생(殺印相生)이 되어 벼슬길에 올랐다.

임인운(壬寅運)은 정임합목(丁壬合木)이 되고 인목용신(寅木用神)의 힘을 얻어 벼슬길이 순탄하였다. 신축운(辛丑運)에 을신충(乙辛沖)으로 용신을목(用神乙木)이 충극(沖剋)되고 사축(巳丑)이 금국(金局)으로 卯木을 극상(剋傷)하여 불록지객(不祿之客)이 된 명조(命造)이다.

2. 상극양신성상격(相剋兩神成象格)

(1) 상극양신성상격(相剋兩神成象格)의 구성과 의의

2기(二氣)가 상극(相剋)되는 것을 말하는데 목토배양(木土培養), 토수윤하(土水潤下), 수화기재(水火旣濟), 화금주인(火金鑄印), 금목성기(金木成器)와 같이 일간(日干)에서 보아 상극(相剋) 또는 수극(受剋)하는 것인데 통변성(通辯星)으로 재성(財星)이나 관살(官殺)에 해당한다.

원서(原書)에 "2인동심(二人同心)은 순(順)하고 역(逆)치 말라"라고 하였다. 이것은 순세(順勢)를 좋아하고 역극(逆剋)을 두려워 한다는 뜻이다. 그러나 상극양신성상격(相剋兩神成象格)은 통관운(通關運)을 좋아한다.

예를 들면 목토성상격(木土成象格)은 화운(火運), 토수성상격(土水成象格)은 금운(金運), 수화성상격(水火成象格)은 목운(木運), 화금성상격(火金成象格)은 토운(土運), 금목성상격(金木成象格)은 수운(水運)이 들어오면 상극도 통관신(通關神)에 의하여 3기순생(三氣順生)이 되어 수기유행(秀氣流行)이라고 하여 길운(吉運)이 된다.

(2) 상극양신성상격(相剋兩神成象格)의 예

```
癸 戊 癸 戊
亥 戊 亥 戊
```

```
庚 己 戊 丁 丙 乙 甲
午 巳 辰 卯 寅 丑 子
```

무토일주(戊土日主)가 해월(亥月)에 태어나고 원국(原局)이 두 개의 천간(天干)과 두 개의 지지(地支)가 서로 대립되어 양신성상격(兩神成象格)이 되었다. 戊土 일간은 실령(失令)하고 좌하(坐下)에 득지(得地)하고 년주(年柱)인 戊戌에 득세(得勢)하였으나, 재성(財星)이 오히려 득지(得地), 득령(得令), 득세(得勢)하여 일간(日干)보다 강하다. 용신(用神)은 술중정화(戌中丁火)가 되는데. 본명(本命)은 목화운(木火運)으로 향하여 대귀(大貴)한 명조이다.

운행에서 甲子, 乙丑 운에는 웅지의 뜻을 펴지 못하였으나 丙寅 운에는 용신화운(用神火運)으로 고시에 합격하였다. 丁卯, 戊辰 운까지는 순탄하게 관직을 유지하면서 부귀를 누렸으나, 己巳 운에 己癸 충(冲), 巳亥 충(冲)으로 천충지충(天冲地冲)되어 불록지객(不祿之客)이 된 명조이다.

```
甲 戊 甲 戊
寅 戌 寅 戌
```

```
辛 庚 己 戊 丁 丙 乙
酉 申 未 午 巳 辰 卯
```

무토일주(戊土日主)가 인월(寅月)에 태어나고 원국이 두 개의 천간과 두 개의 지지로 구성되어 양신성상격(兩神成象格)이 되었다. 일간인 戊土는 실령하고 득지·득세하였으나 극아지국(剋我之局)하는 관살이 득령(得令)하여 일주(日主)보다 강하다.

따라서 용신(用神)은 인수가 생조(生助)하여 주고 비겁(比劫)이 일주(日主)를 방부(幫扶)하는 것을 희(喜)하고, 식상(食傷) 운과 관살(官殺) 운은 대기(大忌)하고, 재성(財星) 운은 관살기신(官殺忌神)을 도우니 불길하다. 본명(本命)은 대운이 火土운으로 향하여 대귀(大貴)하였으나, 庚申 운에는 甲庚 충(冲), 寅申 충(冲)으로 천충지충(天冲地冲)이 되어 대기(大忌)하였다.

제 18 장

별격론別格論

제1절 천원일기격天元一氣格

천원(天元)이란 천간(天干)을 말하며, 일기(一氣)란 네 개가 똑같은 천간(天干)임을 말하는 것이다. 예를 들면 갑년(甲年), 갑월(甲月), 갑일(甲日), 갑시(甲時)로 이루어지면 성립된다.

이 격은 지지(地支)의 구성에 따라 길흉화복이 각각 다르게 나타나니 주의 깊게 살펴야 한다. 어디까지나 강약과 청탁(淸濁)을 판단해야 한다.

|甲|甲|甲|甲|
|子|寅|戌|子|

辛庚己戊丁丙乙
巳辰卯寅丑子亥

천간(天干)에 4개의 갑목(甲木)이 하나의 일기(一氣)로 되어 있고, 지지(地支)는 인술화국(寅戌火局)을 이루어 상관격(傷官格)이 되면서도 술중신금(戌中辛金)이 있어 잡기재관(雜氣財官)을 이루었다.

지지(地支)에 화국(火局)을 이루어 성품이 활달하여 어디를 가나 두령격(頭領格)이다. 또한 목화통명(木火通明)이니 재능이 총명하고 뛰어나다. 해자축북방운(亥子丑北方運)에 대흉(大凶)하였고, 인묘진동방운(寅卯辰東方運)에도 대흉(大凶)하였으며, 특히 경진운(庚辰運)에는 갑경충(甲庚沖), 진술충(辰戌沖)으로 천충지충(天沖地沖)으로 불록지객(不祿之客)이 되었다.

壬	壬	壬	壬
子	辰	寅	寅

己戊丁丙乙甲癸
酉申未午巳辰卯

천간(天干)에 4개의 임수(壬水)가 하나의 일기(一氣)로 되어 있으니 천원일기격(天元一氣格)이다. 일시지(日時支)가 자진합수(子辰合水)가 되고 천간전임수(天干全壬水)가 합세를 하니 수기(水氣)가 태왕(太旺)하다.

신왕(身旺)은 억제가 우선이나 원국(原局)에 재관(財官)이 필요한데 다행하게도 인인목국(寅寅木局)으로 설기처(泄氣處)가 있어 아름답다. 왕수기(旺水氣)에 대비(對比)하여 설기처(泄氣處)가 부족하고 춘목지절(春木之節)이라 냉기가 있어 조후용신(調候用神)인 화기가 필요하다.

행운에서 木火가 희(喜)하고 金水가 기(忌)하는데, 본명은 동남방향으로 향하여 대발(大發)하였다. 일지진토(日支辰土)가 관용신(官用神)으로 쓸 수 있다고 볼 수 있으나 자진합수국(子辰合水局)이 되고, 또 인진목국(寅辰木局)이 되어 토기(土氣)가 붕괴(崩壞)되었다. 따라서 토기(土氣)의 임무를 상실하여 용신(用神)으로 쓸 수 없다.

제2절 지지일기격地支一氣格

　지지일기격(地支一氣格)이란 지지(地支)가 일기(一氣)로 구성되어 있는 것을 말한다. 가령 인년(寅年), 인월(寅月), 인일(寅日), 인시(寅時)로 지지가 똑같이 구성되어 있기 때문에 다른 격(格)으로 변화되는 경우가 많은 것이 특징이다.

　예를 들면 종아격(從兒格), 종재격(從財格), 종살격(從殺格)으로 변화되거나 곡직격(曲直格), 염상격(炎上格), 가색격(稼穡格), 종혁격(從革格), 윤하격(潤下格) 등이다.

```
戊　庚　丙　甲
寅　寅　寅　寅
```

```
癸 壬 辛 庚 己 戊 丁
酉 申 未 午 巳 辰 卯
```

　경금일주(庚金日主)가 지지(地支)에 인목(寅木)으로 일기(一氣)가 되어 지지일기격(地支一氣格)이 성립된다. 庚金이 인월(寅月)로 냉한(冷寒)하여 丙火가 4인중(四寅中)에 있고, 월간(月干)에 투출하여 조후(調候)하니 귀명이다. 水木火가 희(喜)하고 土金이 기(忌)하다. 본명은 종재격(從財格)으로도 변화되니 水木火가 희(喜)인데, 대운(大運)이 목화운(木火運)으로 향하여 대발(大發)한 명(命)이다.

```
戊 丙 甲 戊
子 子 子 子
```

```
辛 庚 己 戊 丁 丙 乙
未 午 巳 辰 卯 寅 丑
```

병화일주(丙火日主)가 지지(地支)가 子水로 일기(一氣)가 되어 지지일기격(地支一氣格)이 성립된다. 병화일주(丙火日主)가 실령(失令), 실지(失地)로 최약(最弱)하여 종살(從殺)이 될 것 같으나, 월상갑목(月上甲木)이 목생화(木生火)를 하기 때문에 종살(從殺)이 되지 못한다. 그러나 甲木은 왕수(旺水)에 부목(浮木)이 되어 丙火를 도울 수 없다. 따라서 金水가 병이고, 木火가 약이 되는데, 본명은 목화운(木火運)으로 향하여 대발(大發)하였다.

축대운(丑大運)에는 자축합수(子丑合水)로 모친과 사별하고 고생하였으나 丙寅, 정묘운(丁卯運)은 안정하고 평안하였고 戊辰, 기사운(己巳運)에 결혼 실패를 두 번이나 하면서 방황하였다. 경오대운(庚午大運)에는 갑경충(甲庚沖), 자오충(子午沖)으로 천충지충(天沖地沖)되어 불록지객(不祿之客)이 되었을 것이다.

제3절 간지동체격干支同體格

간지동체격(干支同體格)은 사주동일격(四柱同一格)이라고도 하며, 연월일시(年月日時)의 천간(天干)과 지지(地支)가 모두 같을 때 성립하는 것이며, 천간일원(天干一元)과 지지일원(地支一元)으로 구성이 되는 것을 말한다.

육십갑자(六十甲子) 중에 간지동체(干支同體)로 구성되는 것은 10가지가 있으며, 이와 같이 구성되면 귀명(貴命)이라고 하는데, 용신(用神)과 대운에 따라 달라질

수가 있다. 예를 들면 四甲戌, 四乙酉, 四丙申, 四丁未, 四戊午, 四己巳, 四庚辰, 四辛卯, 四壬寅, 四癸亥이다.

$$
\begin{array}{cccc}
戊 & 戊 & 戊 & 戊 \\
午 & 午 & 午 & 午
\end{array}
$$

乙甲癸壬辛庚己
丑子亥戌酉申未

자평(子平)에 의하면 "천원일기(天元一氣)에 지물(地物)이 상동(相同)이니 위열삼합(位列三合)이라"고 하였다. 원래 간지동체(干支同體)는 귀명(貴命)이지만 4신묘(四辛卯)는 빈요(貧夭)의 명(命)이요, 4갑술(四甲戌)은 영리하고 총명하지만 대성하지 못하고 파가(破家)한다고 하였다.

본명은 火土로서 종왕격(從旺格)이 되니 화토금운(火土金運)이 희(喜)하고 水木운이 기(忌)하는데, 운행이 金水 운으로 향하여 申酉戌 운에 대발(大發)하였으나 亥子 운에는 대기(大忌)하였다.

壬水 운은 토왕절(土旺節)의 무토상(戊土上)의 토극수(土剋水)로 기신(忌神)이 약하여 전화위복이 되었고, 癸水 운은 戊癸 합화(合火)하니 무방하고, 亥水 운은 해중 갑목이 생화(生火)하여 길하고, 甲子 운은 갑무극(甲戊剋)이 되고 자오충(子午沖)하니 왕화(旺火)에 의하여 子水가 충발(沖拔)되어 불귀객(不歸客)이 되었을 것으로 추정한다.

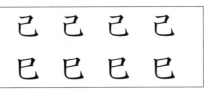

己 己 己 己
巳 巳 巳 巳

壬癸甲乙丙丁戊
戌亥子丑寅卯辰

기사일주(己巳日主)가 연월시주(年月時柱)까지 己巳로서 천간(天干)과 지지(地支)가 동체(同體)이다. 전지지(全地支)가 전사화(全巳火)로서 종왕격(從旺格)이 되기도 하는데, 火土가 순청(純淸)하여 귀격(貴格)이다.

본명은 火土金 운에 희(喜)하고 水木 운이 기(忌)하는데, 운행(運行)이 木水 운으로 향하여 대기(大忌)한 명(命)이다. 戊辰 운은 무토희신(戊土喜神)으로 무난하였고, 丁卯, 丙寅 운은 寅卯木이 목생화(木生火)하고 화생토(火生土)하여 살인상생(殺印相生)되니 전화위복이 되었다. 乙丑, 甲子 운은 고생하였고, 癸亥 운은 기계충(己癸沖), 사해충(巳亥沖)으로 천충지충(天沖地沖)되어 불귀객이 되었을 것으로 추정한다.

제4절 복덕격福德格

복덕격(福德格)은 원래 기축일(己丑日)이 지지(地支)에 사유축금국(巳酉丑金局)이 되면 성립되는데, 화기(火氣)와 목기(木氣)를 기(忌)하고 형충파(刑沖破)를 꺼린다. 복덕격(福德格)은 기축일(己丑日)뿐만 아니라 오음일(五陰日)이 지지(地支)가 사유축금국(巳酉丑金局)이 되면 모두가 성립된다.

예를 들면 음토일주(陰土日主)인 己巳, 己酉, 기축일(己丑日)과, 음화일주(陰火日主)인 丁巳, 丁酉, 정축일(丁丑日)과, 음수일주(陰水日主)인 癸巳, 癸酉, 계축일(癸丑日)과, 음금일주(陰金日主)인 辛巳, 辛酉, 신축일(辛丑日)과, 음목일주(陰木日主)인

乙巳, 乙酉, 을축일(乙丑日)이 해당되는 것이다.

그 이유는 기토일주(己土日主)는 종아격(從兒格), 정화일주(丁火日主)는 종강격(從强格), 신금일주(辛金日主)는 종혁격(從革格), 을목일주(乙木日主)는 종살격(從殺格)이 되기 때문이다.

```
辛 乙 辛 癸
巳 丑 酉 酉
```

```
甲 乙 丙 丁 戊 己 庚
寅 卯 辰 巳 午 未 申
```

을목일주(乙木日主)가 유월(酉月)에 태어나고 지지(地支)에 巳酉丑으로 금국(金局)이 되어 복덕격(福德格)이다. 을목일주(乙木日主)가 전지지(全地支)에 전금국(全金局)이 되고 辛金이 투출되니 원국(原局)이 관살태왕(官殺太旺)하고, 乙木이 무근(無根)이니 왕성한 금세(金勢)에 종(從)을 하여 종살격(從殺格)이 되었다.

행운에서 화토금운(火土金運)이 희(喜)하고 수목운(水木運)이 기(忌)하는데, 본명은 화목운(火木運)으로 향하여 巳午未火 운에 대발(大發)하였고, 寅卯辰木 운에 대기(大忌)하였다.

```
乙 己 丁 辛
丑 巳 酉 丑
```

```
庚 辛 壬 癸 甲 乙 丙
寅 卯 辰 巳 午 未 申
```

기토일주(己土日主)가 유월(酉月)에 태어나고 지지(地支)에 巳酉丑으로 금국(金局)이 되어 복덕격(福德格)이다. 기토일주(己土日主)가 전지지(全地支)에 전금국(全金局)이 되고 辛金이 투출(透出)되니, 원국(原局)이 관살태왕(官殺太旺)하고 己土가 무근(無根)이니 왕성한 금세(金勢)에 종(從)을 하여 종아격(從兒格)이 되었다.

행운에서 토금수운(土金水運)이 희(喜)하고 목화운(木火運)이 기(忌)하는데, 본명(本命)은 목화운(木火運)으로 향하여 초년에 대기(大忌)하였다.

제5절 정란차격井欄叉格

정란차격(井欄叉格)이라고 하는 것은 경금일주(庚金日主)가 지지(地支)에 신자진삼위(申子辰三位)가 모두 있어야 성립된다. 만약 천간(天干)에 3개의 庚金이 있으면 더욱 묘격(妙格)이다.

정(井)이란 원국(原局)에 신자진수국(申子辰水局)을 이루고 있는데, 경금일주(庚金日主)가 금생수(金生水)를 하여 우물에 비유하였고, 란(欄)이란 역시 우물을 뜻하며, 수기(水氣)가 왕성하므로 음이 양으로 수화교차(水火交叉)를 의미하여 정란차격(井欄叉格)이라고 한다. 다시 말하여 庚子, 庚辰, 庚申 일주(日主)가 지지(地支)에 申子辰 수국(水局)이면 성립되는 것이다.

만약 원국(原局)에 寅午戌이 있으면 申金은 寅木, 子水는 午火, 辰土는 戌土를 충극(沖剋) 역할을 하기 때문에 파격이 된다. 대운(大運)이 동방목운(東方木運)이나 서방금운(西方金運)으로 흐르면 대발(大發)하고, 북방수운(北方水運)이나 남방화운(南方火運)이면 대기(大忌)하다.

庚	庚	庚	戊
辰	申	申	申

丁丙乙甲癸壬辛
卯寅丑子亥戌酉

경신일주(庚申日柱)가 지지(地支)에 申辰 수국(水局)이 되어 정란차격(井欄叉格)이 성립된다. 삼경(三庚)에 申辰 수국(水局)이면 귀명(貴命)이 되는데 신왕(身旺)하여 더욱 아름답다.

금수목운(金水木運)이 희(喜)하고 火土 운이 기(忌)한데, 본명은 金水木으로 향하여 대귀(大貴)하였다. 甲子, 乙丑 대운에 국가의 동량지재(棟樑之材)가 된 곽통제(郭統制)의 명(命)이다.

壬	庚	庚	庚
午	申	辰	子

丁丙乙甲癸壬辛
亥戌酉申未午巳

경신일주(庚申日柱)가 지지(地支)에 申子辰 수국(水局)이 되어 정란차격(井欄叉格)이 성립된다. 그러나 시지(時支)에 午火가 있으니 파격이 되었다. 정란차격(井欄叉格)은 金水木이 희(喜)하고 火土가 기(忌)하는데 본명(本命)은 남방화운(南方火運)으로 향하여 초년에 대기(大忌)하였다.

원국(原局)에 午火가 있어서 불길한데 대운에 午火가 있어서 흉액(凶厄)이 중첩되었다. 세운오화(歲運午火)에 상처(喪妻)하고 실직하게 된 정란차격(井欄叉格)으로 파격의 명(命)이다.

제6절 현무당권격玄武當權格

현무당권격(玄武當權格)이라고 하는 것은 임계일생(壬癸日生)이 寅午戌 화국(火局)이 되어 일주(日主)의 재성(財星)이 되거나 辰戌丑未가 있어 관성(官星)이 되면 성립되는 것이다.

현무(玄武)라고 하는 것은 북방으로서 壬水와 癸水를 별칭한 것이며, 당권(當權)이란 세력을 가졌다는 뜻으로, 지지가 강왕(强旺)한 재관(財官)으로 이루어졌다는 의미에서 현무당권격(玄武當權格)이라고 하는 것이다.

이 격은 일주(日主)가 약하여 종재(從財)나 종살(從殺)이 될 경우에는 길하나, 만약 종(從)이 되지 않고 일주(日主)가 약하면 왕성한 재관(財官)을 다스리지 못하여 불길하기 때문에 신왕(身旺)해야 한다. 또한 충형(冲刑)을 만나거나 신약(身弱)한 壬癸水를 설기(泄氣)하는 식상목(食傷木)을 만나면 불의의 재액이 발생하게 되는 것이다.

자평시결(子平詩訣)에 이 격을 얻은 자는 "그 성품이 온화하고 지혜가 있으며 예모(禮貌)가 있고 위엄이 있으나 용맹하지 못하다"라고 하였다. 또한 대운이나 세운에서 충형(冲刑)을 만나면 불길하다. 그리고 "재관(財官)을 만나고 충파(冲破)가 없으면 조정의 중신(重臣)이 된다"라고 하였다.

```
辛 壬 壬 庚
亥 寅 午 午
```

```
己 戊 丁 丙 乙 甲 癸
丑 子 亥 戌 酉 申 未
```

임수일주(壬水日主)가 지지(地支)에 인오술화국(寅午戌火局)을 이루어 현무당권격(玄武當權格)이 성립된다. 이 격은 재관(財官)이 있으면 진격(眞格)이 되는데, 신왕(身旺)을 요한다.

그러나 본명은 신약(身弱)한데, 다행하게도 시지해수(時支亥水)에 건록(建祿)하고 인수(印綬)와 비견(比肩)이 천간에 투출되어 생조하여 심약(甚弱)하지 않은데, 대운이 금수운(金水運)으로 향하여 대발(大發)하였다고 자평(子平)에 소개한 이도독(李都督)의 명조(命造)이다. 무자대운(戊子大運)인 자운(子運)에 이르러 오화(午火)를 충(冲)하여 화국(火局)을 파(破)하니 명진(命盡)하였다.

```
甲 壬 丙 庚
辰 戌 戌 戌
```

```
癸 壬 辛 庚 己 戊 丁
巳 辰 卯 寅 丑 子 亥
```

임수일주(壬水日主)가 지지(地支)에 진술토국(辰戌土局)을 이루어 현무당권격(玄武當權格)이 성립된다. 임일주(壬日主)가 무근(無根)이고 전지지(全地支)가 토국(土

局)이 되어 종살격(從殺格)도 성립된다.

종살격(從殺格)이 되면 화토운(火土運)이 희(喜)하고 金水木 운이 기(忌)하는데 본명(本命)은 수목북동방(水木北東方)으로 향하여 대기(大忌)하였다.

현무당권격(玄武當權格)은 우선적으로 신왕(身旺)함을 요하지만 만약에 신약(身弱)일 경우에는 종재화국(從財火局)이 되거나 종살토국(從殺土局)이 되면 귀격(貴格)인데, 본명(本命)은 종살토국(從殺土局)이 되어 있으나 대운이 불길하여 천격(賤格)이 되었다.

제7절 구진득위격句陳得位格

구진득위격(句陳得位格)이라고 하는 것은 무기일주(戊己日主)가 지지(地支)에 申子辰 수국(水局)을 얻어 재성(財星)이 되거나 亥卯未 목국(木局)을 얻어 관성(官星)이 되면 구진득위격(句陳得位格)이 성립된다.

구진(句陳)이란 戊己土의 별칭이며, 득위(得位)란 戊己土가 지지(地支)에 재국(財局)이나 관국(官局)을 얻었다는 뜻이다.

이 격이 성립되면 재관(財官)이 있어 신약(身弱)하여지는 경우가 많은데, 만약에 일주(日主)가 심약(甚弱)하고 재살(財殺)이 왕성하여 종재(從財)나 종살(從殺)이 되면 오히려 길하게 되는 것이다.

그러나 신왕(身旺)하고 재왕(財旺)이나 살왕(殺旺)이 되면 부귀명(富貴命)이 되는 것이다. 이 격은 형충(刑冲)을 만나거나 종재(從財)가 견겁(肩劫)을 만나거나 또는 종살(從殺)이 식상(食傷)을 만나면 재화가 발생하는데 행운에서도 마찬가지이다.

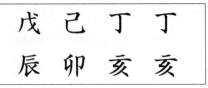

戊　己　丁　丁
辰　卯　亥　亥

庚辛壬癸甲乙丙
辰巳午未申酉戌

　　기토일주(己土日主)가 지지(地支)에 해묘미목국(亥卯未木局)을 이루고 관성(官星)을 얻었으므로 구진득위격(句陳得位格)이 성립된다. 지지(地支)의 수목재관(水木財官)이 목생화(木生火)로 살인상생(殺印相生)하고 있으며, 또한 시주(時柱)에 戊辰土가 방조하여 신왕살왕(身旺殺旺), 신왕재왕(身旺財旺)하니 대권을 장악하고 위진양명(威振揚名)하였다.

　　대운이 금화서남방(金火西南方)으로 향(向)하여 申酉戌金 운은 대기(大忌)하였으나, 巳午火 운에는 대발(大發)하였고 사대운(巳大運)은 巳亥 충(沖)으로 월령(月令)을 충(沖)하니, 사중경금(巳中庚金)이 목관국(木官局)을 파함으로써 패운이 된 정도독(丁都督)의 명조(命造)이다.

丙　己　戊　癸
寅　未　午　卯

辛壬癸甲乙丙丁
亥子丑寅卯辰巳

　　기토일주(己土日主)가 지지(地支)에 묘미인(卯未寅)으로 목국(木局)을 이루어 구진득위격(句陳得位格)이 성립되는 것이다. 己土가 오월(午月)에 태어나고, 지지(地

支)가 오미화국(午未火局)이 되어 있는데, 시상병화(時上丙火)가 투출(透出)하여 일간(日干)을 생조(生助)하니 일주(日主)가 태왕(太旺)하다.

신왕(身旺)하면 억제하는 재관(財官)이 용신(用神)인데, 재성계수(財星癸水)는 약하고 관성(官星)이 왕성하니 인수용관격(印綬用官格)이 되기도 한다. 운행에서 금수목운(金水木運)이 희(喜)하고 화토운(火土運)이 기(忌)하는데, 본명은 동북방으로 향하여 대귀(大貴)한 명조(命造)이다.

제8절 시상일위귀격時上一位貴格

시상일위귀격(時上一位貴格)이란 시상(時上)에 단일위(單一位)의 편관(偏官)이 있고 그 편관(偏官)이 용신(用神)일 때 성립되는 것이다. 시상(時上)이라는 것은 시간상(時干上)의 편관(偏官)을 말하는 것인데, 시지(時支)의 편관(偏官)도 같은 것이며, 득국(得局)을 이루면 더욱 귀하게 되고 지지장간(地支藏干)에 있어도 작용이 되며, 시간편관(時干偏官)이 더욱 귀격(貴格)이 되는 것이다.

격은 신왕(身旺)하고 관왕(官旺)하는 것이 가장 좋은데, 이러한 경우에는 고귀명(高貴命)이 되고, 신약(身弱)하고 관왕(官旺)한데 월주(月柱)에 식신(食神)이 제살(制殺)하면 공명(功名) 양전(兩全)이고, 행운에서 인비(印比)를 만나거나 제살운(制殺運)을 만나 조화를 이루면 입신출세를 하게 된다.

만약 일주(日主)가 왕(旺)하고 관살(官殺)이 약할 경우에는 행운에서 재살운(財殺運)으로 향하면 대귀(大貴)하게 되는 것이다. 시상일위귀격(時上一位貴格)은 편관(偏官)이 시주(時柱)에서 일위귀(一位貴)이기 때문에 년월(年月)에서 2중 또는 3중으로 편관(偏官)을 만나게 되면 파격이 되는 것이며, 정관(正官)을 만나게 되면 관살혼잡(官殺混雜)으로 대기(大忌)하게 되는 것이다.

또한 "양인(羊刃)이 합살(合殺)이면 변흉위길(變凶爲吉)이라"고 하여 묘월(卯月)에 갑일약(甲日弱)의 경우, 시상일위귀(時上一位貴)인 경금살(庚金殺)이 왕(旺)하면 그 경금(庚金)은 묘중을목(卯中乙木)이 乙庚 합(合)으로 합거살(合去殺)하여 길(吉)하게 되는 것이다. 시상편관(時上偏官)은 반드시 유근(有根)이어야 하기 때문에 무근(無根)이면 파격이다.

격(格)은 첫째, 신강(身强)이냐 신약(身弱)이냐를 먼저 구별하고, 둘째는 식상(食傷)으로 그 살(殺)을 격퇴시키느냐 아니면 합살(合殺)이 되느냐 아니면 살인상생(殺印相生)이 되느냐를 잘 살펴야 하고, 셋째는 종살(從殺)이 되느냐를 잘 살펴야 한다.

일반적으로 시상일위귀격(時上一位貴格)은 시상편관격(時上偏官格)에 해당하니, 시상정관격(時上正官格), 시상편재격(時上偏財格), 시상정재격(時上正財格), 시상식신격(時上食神格), 시상상관격(時上傷官格)과 같이 신왕(身旺)하고 시상(時上)에 용신(用神)이 될 경우에는 다같이 시상일위귀격(時上一位貴格)이라고 하여도 무방하다고 본다.

庚	甲	甲	戊
午	辰	寅	戌

辛 庚 己 戊 丁 丙 乙
酉 申 未 午 巳 辰 卯

인월(寅月)에 甲木이라 연약한 나무가 점점 완강해지는 때이고 寅辰이 합목(合木)하고 습토(濕土)로서 갑목일간(甲木日干)이 착근(着根)하였으며, 월간갑목(月干甲木)이 보강하여 신왕(身旺)하다. 따라서 시상경금(時上庚金)을 제복(制伏)시킬 수 있으므로 庚金도 강하여 시상일위귀격(時上一位貴格)이 되었다.

운행이 火金으로 향하여 사오운(巳午運)에는 유의미취(有意未就)하였고, 기미운(己未運)에 내무장관을 지냈고, 庚申, 신유운(辛酉運)에는 국회의원과 당의장 서리를 지낸 윤치영(尹致暎) 씨의 명조(命造)이다.

```
丙 庚 壬 丁
戌 戌 子 未
```

```
乙 丙 丁 戊 己 庚 辛
巳 午 未 申 酉 戌 亥
```

庚金이 자월(子月)에 태어나서 건조한 토기(土氣)가 많아 일주(日主)는 신강(身强)하지만 수기(水氣)가 약하여 용신(用神)으로 쓸 수가 없다. 신강(身强)하면 용신(用神)은 재(財)와 관(官)을 살피는 것은 기본이다. 그러나 재관(財官)이 무력할 경우에는 식상(食傷)이 용신(用神)이 된다.

본명은 시상병화(時上丙火)가 술중정화(戌中丁火)와 미중정화(未中丁火)에 착근(着根)하여 병화관(丙火官)이 강하고 연상정화(年上丁火)는 정임합(丁壬合)으로 합거(合去)되니 자연 시상일위귀격(時上一位貴格)이 되었다.

중년(中年)인 토금운(土金運)에 고달프고 좌절하였으나, 정미운(丁未運)에 벼슬길에 올라 의정으로 활동하고, 병오운(丙午運)에는 벼슬이 주목(州牧)에 이르렀다.

제9절 시상관성격時上官星格

시상관성격(時上官星格)이란 시상(時上)에 정관(正官)이 있어 그 관성(官星)으로서 격이 이루어지는 것을 말한다. 이 격의 구성은 생년천간(生年天干)에 정관(正官)이 있어도 연상정관격(年上正官格)이라고 하여 시상관성격(時上官星格)이 성립되는 것이다.

시상관성격(時上官星格)은 시간상(時干上)에만 관성이 있는 것이 아니고 시지상(時支上)에도 관성(官星)이 있으면 성립되는 것이다. 이 격은 월주(月柱)에 관살(官

殺)이 없을 때 성립되는 것인데, 만약 관살(官殺)이 있으면 관살혼잡(官殺混雜)이 되어 격이 흉하게 된다. 그러나 거살유관(去殺留官)이나 거관유살(去官留殺)이 되면 오히려 귀하게 된다.

연상정관격(年上正官格)이나 시상관성격(時上官星格)은 직접 용신(用神)으로 되는 경우가 많지만, 월관성격(月官星格)은 일주(日主)의 강약에 따라 정관용인격(正官用印格)이나 정관용재격(正官用財格)이 되어 내격(內格)에 준하여야 한다.

庚　乙　癸　癸
辰　卯　亥　亥

丙丁戊己庚辛壬
辰巳午未申酉戌

을목일주(乙木日主)가 해월(亥月)에 태어나고 亥卯로 목왕(木旺)하여 관(官)을 요하는데, 다행하게도 시상경금(時上庚金)이 있어 시상관성격(時上官星格)이 성립된다. 시상경금(時上庚金)은 좌하진토(坐下辰土)에 약살재자(弱殺財滋)의 생조(生助)를 받고 있으나, 해묘목국(亥卯木局)에 극(剋)을 받고 있어 木이 병이 된다.

신유운(辛酉運)에 제거병(除去病)하여 고시에 합격하였고 庚申, 기미운(己未運)에 장관이 되고 국회의원이 된 명조(命造)이다. 정화일주(丁火日主)가 사월(巳月)에 태어나고 지지(地支)가 巳午未로 화기(火氣)가 염열(炎熱)한데, 다행하게도 연상임수(年上壬水)에 착근하여 연상관성격(年上官星格)이다.

```
乙 丁 乙 壬
巳 未 巳 子
```

```
戊己庚辛壬癸甲
戌亥子丑寅卯辰
```

토금수운(土金水運)에 희(喜)하고 목화운(木火運)에 기(忌)하는데 본명은 신축운
(辛丑運)에 사중경금(巳中庚金)과 사축합금(巳丑合金)하여 금생수(金生水)함으로써
생용신(生用神)하고, 경자운(庚子運)에 금수왕성(金水旺盛)하여 대운이 대발(大發)
하니 부군이 크게 귀하여 국방부장관까지 지냈으나 기해운(己亥運)에는 사해충(巳
亥冲)으로 침체되었던 부인의 명조(命造)이다.

제10절 시상편재격時上偏財格

시상편재격(時上偏財格)은 시주(時柱)에 편재(偏財)가 있고 그 편재(偏財)가 용신
(用神)일 때 성립되는 것이다. 시상편재(時上偏財)는 시간(時干)에 있는 것이 원칙이
지만 시지(時支)에 있어도 동일한 것으로 취급한다. 그런데 지지(地支)에 있는 것
보다는 천간(天干)에 투출되어 있는 것이 상격(上格)이다.

또 지지(地支)에 득국(得局)을 요하니 자연적으로 재왕(財旺)하게 되는 것이다.
그래서 신왕재왕(身旺財旺)을 요하는 것인데, 예를 들면 갑인일(甲寅日)에 무진시
(戊辰時)의 경우이다.

시상편재격(時上偏財格)은 시간에 투출되어야 진격(眞格)인데 만약 신왕재쇠(身
旺財衰)는 식상운(食傷運)이 생재(生財)함을 요하고, 일약재왕(日弱財旺)이 관살운

(官殺運)이면 불길하지만, 비겁운(比劫運)으로 신왕재왕(身旺財旺)에는 관살운으로 제겁(制劫)하여 재성을 살려야 희(喜)하는 것이다.

　시상편재격(時上偏財格)도 시상일위귀격(時上日位貴格)처럼 일위편재(一位偏財)를 요하는 것이며, 그 편재(偏財)를 극(剋)하는 비겁이나 충형(沖刑)을 만나면 대기(大忌)하는 것이다. 예를 들면 경일인시(庚日寅時)에 申을 만나거나 신일묘시(辛日卯時)에 酉를 만나는 경우이다.

```
戊 甲 乙 庚
辰 子 酉 寅
```

```
壬 辛 庚 己 戊 丁 丙
辰 卯 寅 丑 子 亥 戌
```

　갑목일주(甲木日主)가 유월(酉月)에 태어나서 실령(失令)하였고 월간을목(月干乙木)도 乙庚 합하여 신약한데 다행하게도 좌하자수(坐下子水)에 착근(着根)하고 있으며, 시상(時上)의 무진편재(戊辰偏財)가 있으니 시상편재격(時上偏財格)이다. 본명은 을경합(乙庚合)하여 거살유관(去殺留官)하니 귀격이다.

　관성(官星)이 왕(旺)한데 지지에 수국(水局)을 이루어 수생목(水生木)하고, 년지(年支)의 인중병화(寅中丙火)가 조후(調候)하여 甲木은 寅에 득록(得祿)하였으니, 재관인(財官印)이 유기(有氣)하여 부와 귀를 겸전하였다. 시상무토(時上戊土)가 생금(生金)하니 재관(財官)이 왕(旺)한 반면에 甲木이 약하다. 행운이 수목북동(水木北東)으로 향하여 대발(大發)하였는데, 일국 재상으로 부귀공명하였던 명조(命造)이다.

```
丙 壬 戊 丁
午 申 申 亥
```

```
辛 壬 癸 甲 乙 丙 丁
丑 寅 卯 辰 巳 午 未
```

　임수일주(壬水日主)가 신월(申月)에 태어나서 좌하신금(坐下申金)에 득지(得支)하고, 亥水에 득록(得祿)하니 신왕(身旺)하다. 신왕(身旺)하면 우선 월상무토(月上戊土)를 관성(官星)으로 용신(用神)하고자 하나 좌하신금(坐下申金)에 설기태심(泄氣太甚)으로 살인상생(殺人相生)하여 인수(印水)를 도와 일주를 더욱 강왕(强旺)하게 하니 불용(不用)하게 되는 것이다.

　다행하게도 시상병화(時上丙火)가 지지오화(地支午火)에 양인(羊刃)으로 착근(着根)하니 병화편재(丙火偏財)를 용신(用神)으로 하여 시상편재격(時上偏財格)이 되었다. 원국(原局)에서 금수양한(金水凉寒)에 화기(火氣)가 부족한데, 운행이 화목운(火木運)으로 향하여 대발(大發)하여 참정(參政)이라는 벼슬까지 지낸 원(元)나라 사람의 명조(命造)이다.

제11절 잡기재관격雜氣財官格

　잡기재관격(雜氣財官格)이란 일간이 월지(月支)에 辰戌丑未가 있으면 성립되는 것인데, 잡기(雜氣)라고 하는 것은 정방(正方)이 아닌 간방(間方)에 있다는 뜻으로 동방간방(東方間方)인 辰土, 서남간방(西南間方)인 未土, 서북간방(西北間方)인 戌土, 동북간방(東北間方)인 丑土를 말한다. 辰戌丑未는 지장간(支藏干)에 재관(財官)이 암장(暗藏)되어 있어 잡기재관(雜氣財官)이라고 하는 것이다.

잡기재관격(雜氣財官格)은 월지(月支)가 辰戌丑未이어야 하며, 월지장간(月支藏干)에 재(財)나 관(官)이 있어야 하고, 천간(天干)에 투출(透出)되어야 한다. 천간투출(天干透出)의 위치는 월간(月干)이 제일 좋고 다음에 시(時)나 년(年)으로 하는 것이며 천간(天干)에 재(財)가 투출하면 부하게 되는 것이고, 관(官)이 투출(透出)하면 귀하게 되는 것이고 인(印)이 투출(透出)하면 길형만사(吉亨萬事)하게 되는 것이다.

辰戌丑未는 사고(四庫)로 구성되어 있기 때문에 충(冲)이나 형(刑)으로 닫힌 창고를 열어 주어야 기뻐하는 것이다. 다만 신왕(身旺)하여야 충고(冲庫)가 되더라도 재관(財官)이 왕(旺)하게 되는 것이지만 만약에 신약(身弱)한데 또다시 충출(冲出)하여 중복재관(重復財官)이 되면 기(忌)하게 되는 것이다.

잡기재관(雜氣財官)은 辰戌丑未가 재관(財官)뿐만 아니라 암장되어 있는 인수(印水)가 투출(透出)되면 잡기인수격(雜氣印水格), 상관(傷官)이면 잡기상관격(雜氣傷官格), 식신(食神)이면 잡기식신격(雜氣食神格) 등으로 분류할 수 있으나 일반적으로 잡기재관(雜氣財官)으로 통칭하고 있다.

$$\begin{array}{cccc} 戊 & 己 & 癸 & 丁 \\ 辰 & 酉 & 丑 & 丑 \end{array}$$

$$\begin{array}{ccccccc} 丙 & 丁 & 戊 & 己 & 庚 & 辛 & 壬 \\ 午 & 未 & 申 & 酉 & 戌 & 亥 & 子 \end{array}$$

기토일주(己土日主)가 축월(丑月)에 태어나고 축중계수(丑中癸水)가 투출되어 잡기재관격(雜氣財官格)이 성립된다. 월간계수재(月干癸水財)는 축중계수(丑中癸水)에 착근하고 유축금국(酉丑金局)이 생수(生水)로 더욱 왕성하다.

己土 일주는 축월동토(丑月冬土)로서 한랭심약(寒冷甚弱)이지만 戊辰土로 보강하고, 丁火로 미온지토(微溫之土)가 되니 약화위강(弱化爲强)이 되었다. 따라서 계수

재성(癸水財星)을 능히 통제할 수 있어 토생금(土生金), 금생수(金生水)할 수 있어 잡기용재격(雜氣用財格)이 되었다. 운행이 금수운(金水運)으로 향하여 진 · 한(秦 · 漢)나라 때 시랑(侍郎)이라는 벼슬을 한 대귀(大貴)한 명조(命造)이다.

```
戊 壬 戊 丙
申 午 戌 子
```

```
辛 壬 癸 甲 乙 丙 丁
卯 辰 巳 午 未 申 酉
```

임수일주(壬水日主)가 술월(戌月)에 태어나고 술중무토(戌中戊土)가 투출되어 잡기재관격(雜氣財官格)이 성립된다. 壬水는 신자수국(申子水局)으로 응결하여 일주(日主)를 생조(生助)하니 양무토관(兩戊土官)을 능히 감내할 수 있다.

운행이 木火 운으로 향하여 대발(大發)하였는데 귀부인이 된 명조(命造)이다. 한편으로 戊戌이 午戌火로 화생토(火生土)하고 시간(時干) 戊土가 투출하여 재관(財官)이 왕성함으로 신약(身弱)이 되니 金水가 용신(用神)으로 볼 수 있는 것이다. 그러나 술월(戌月)이라 입동이 되어 水가 진기(進氣)되었기 때문에 해월(亥月)로 보아 해자합(亥子合)이 되어 수기(水氣)가 왕성한 것이다.

제12절 귀록격歸祿格

귀록격(歸祿格)이란 일주(日主)의 정록(正祿)이 시주(時柱)에 있으면 성립되는 것이다. 귀록(歸祿)이라고 하는 것은 시주(時柱)에 일주(日主)의 록(祿)이 귀착하여 성립되기 때문에 일록귀시(日祿歸時), 또는 일록거시(日祿居時)라고도 하나, 원명(原

命)을 통칭하여 귀록격(歸祿格)이라고 한다.

만약에 갑일생(甲日生)이 인월(寅月)에 태어나면 건록(建祿)이고, 인시(寅時)에 태어나면 귀록(歸祿)이 되는데, 건록격(建祿格)은 이미 정격록(正格論)에서 설명하였다.

고서에 "일록거시(日祿居時)가 청운득로(靑雲得路)이고 월령재관(月令財官)이면 자연성복(自然成福)이라"고 하였는데, 그 이유는 록(祿)이 시주(時柱)에 있고 월령(月令)에 재관(財官)이 있으면 당연히 재관(財官)이 용신(用神)이 되기 때문이다. 시주록(時柱祿)은 비견이므로 일주를 방조하여 재관(財官)을 희(喜)하게 하는 역할을 한다.

또 한편으로는 "일록거시(日祿居時)에 몰관성(沒官星)이면 청운득로(靑雲得路)이라"고 하였는데, 그 이유는 신왕(身旺)하고 재관(財官)이 없으면 식신(食神)이나 상관(傷官)으로 설기(泄氣)하는 것이 희(喜)하기 때문이다.

귀록격(歸祿格)의 구성은 10간(十干) 중에 7간(七干)이 성립되는데 다음과 같다. 갑일인시(甲日寅時), 정일오시(丁日午時), 무일사시(戊日巳時), 기일오시(己日午時), 경일신시(庚日申時), 임일해시(壬日亥時), 계일자시(癸日子時)이다.

나머지는 을일묘시(乙日卯時)는 시주(時柱)가 기묘시(己卯時)가 되어 시상편재격(時上偏財格)이고, 병일사시(丙日巳時)는 시주(時柱)가 계사시(癸巳時)로서 시상관성격(時上官星格)이고, 신일유시(辛日酉時)는 시주(時柱)가 정유시(丁酉時)로서 시상일위귀격(時上一位貴格)이 되기 때문에 귀록격(歸祿格)이 성립되지 않는 것이다.

귀록격(歸祿格)은 형충(刑沖)과 합이 되는 것을 기(忌)하는데, 형충(刑沖)은 일주(日主)의 뿌리를 무너뜨리기 때문이고, 합은 록(祿)의 작용을 약화시키기 때문이다. 따라서 귀록격(歸祿格)은 원국(原局)에서 균형과 중화를 이루고 있으면 소년등과(少年登科)하여 귀하게 되지만, 반대로 편중되거나 중화를 잃으면 불길하게 된다.

```
己 乙 甲 戊
卯 亥 寅 子
```

```
辛 庚 己 戊 丁 丙 乙
酉 申 未 午 巳 辰 卯
```

을목일주(乙木日主)가 인월(寅月)에 태어나고 전지지가 亥卯, 寅亥로 목국(木局)이 되고, 戊己土가 근(根)이 없어 귀록격(歸祿格)보다는 곡직격(曲直格)에 해당하는 것이다. 그러나 귀록격(歸祿格)에서도 을일묘시(乙日卯時)는 원칙적으로 성립되지 않지만, 시간기토(時干己土)는 지지에 착근을 하지 못하고 오히려 왕목에 의하여 기토재(己土財)의 역할을 할 수 없기 때문에 귀록격(歸祿格)이 성립된다. 행운이 木火 운으로 향하여 재상까지 올랐던 귀격이다.

```
丙 丁 甲 甲
午 未 戌 午
```

```
辛 庚 己 戊 丁 丙 乙
巳 辰 卯 寅 丑 子 亥
```

정화일주(丁火日主)가 술일(戌日)에 태어나고 전지지(全地支)가 午戌, 午未로 화국(火局)이 되고 시지(時支)에 午火로 귀록격(歸祿格)이 성립되는 것이다. 원국(原局)에서 몰관성(沒官星)인데, 유식상(有食傷)하여 아름답다.

양갑목(兩甲木)이 상관지토(傷官之土)를 극(剋)하여 불길하게 보이나, 연상갑목

(年上甲木)은 午火에 생지지(生地支)하고 월상갑목(月上甲木)은 술중신금(戌中辛金)에 살지(殺地)가 되어 극토(剋土)하는 힘이 약한데, 일간정화(日干丁火)를 생조(生助)하여 더욱 아름답다. 행운(行運)이 水木 운으로 향하여 대귀(大貴)한 명조(命造)이다.

제13절 전재격專財格

전재격(專財格)이라고 하는 것은 시주(時柱)에 재성(財星)이 있으면 성립되는데, 일명 시마격(時馬格) 또는 재마격(財馬格)이라고도 한다. 전재격(專財格)은 시지(時支)에 반드시 정재(正財)나 편재(偏財)가 있으면 성립되어 시상편재격(時上偏財格)과 대동소이하다.

시상편재격(時上偏財格)은 시지에 관계없이 시간상(時干上)에 편재(偏財)가 있으면 성립되는데, 전재격(專財格)은 시지에만 재성이 있으면 성립되는 것이다.

전재격(專財格)의 구성은 갑을일(甲乙日)이 시지(時支)에 辰戌丑未, 병정일(丙丁日)이 신유시(申酉時), 무기일(戊己日)이 해자시(亥子時), 경신일(庚辛日)이 인묘시(寅卯時), 임계일(壬癸日)이 사오시(巳午時)가 되는 경우인데, 시간상(時干上)에 재성(財星)이 투출(透出)되면 더욱 귀하다.

예를 들면 갑일(甲日)에 기사시(己巳時)와 무진시(戊辰時), 무일(戊日)에 임자시(壬子時)와 계해시(癸亥時), 임일(壬日)에 병오시(丙午時), 계일(癸日)에 정사시(丁巳時) 등이다. 이 중에 갑일무진시(甲日戊辰時), 무일임자시(戊日壬子時), 계일정사시(癸日丁巳時), 임일병오시(壬日丙午時)는 시상편재격(時上偏財格)으로 보는 것이 타당하며, 갑일기사시(甲日己巳時), 무일계사시(戊日癸巳時)만이 전재격(專財格)이 된다.

癸	戊	庚	己
亥	戌	午	巳

丁	丙	乙	甲	癸	壬	辛
丑	子	亥	戌	酉	申	未

무토일주(戊土日主)가 오월(午月)에 태어나서 좌하(坐下)에 득지(得地)하고, 년주(年柱)가 己巳로 득세하니 신왕(身旺)하다. 신왕(身旺)하면 극제(剋制)하거나 설기(洩氣)하는 것이 희신(喜神)인데, 원국(原局)에서 관(官)은 없고 식상(食傷)은 午火에 절각(截脚)되어 약하고 계해재성(癸亥財星)이 왕성한 용신(用神)이다.

본명은 무일해시(戊日亥時)로 전재격(專財格)이 분명한데, 천간(天干)에 癸水가 투출(透出)되어 더욱 아름답다. 행운마저 금수운(金水運)으로 향하여 일찍 壬申, 癸酉 운에 발복(發福)하였다.

갑술운(甲戌運)에는 오술화국(午戌火局)이 되어 불길할 것 같으나 甲木이 제토(制土)하여 무방하였고, 을해운(乙亥運)에는 대발(大發)하여 문전성시(門前成市)를 이룬 교수의 부인명이다. 그러나 丙子 운은 병경충(丙庚沖), 자오충(子午沖)으로 천충지충(天沖地沖)으로 대흉이 될 것이다.

壬	戊	丙	己
子	辰	子	酉

己	庚	辛	壬	癸	甲	乙
巳	午	未	申	酉	戌	亥

무토일주(戊土日主)가 시주(時柱)에 임자시(壬子時)로 수재(水財)가 투출(透出)되어 아름답다. 원국이 자월(子月)에 壬子水가 왕성하여 재다신약(財多身弱)이 되어 있는데, 丙火가 생무토(生戊土)한다 하더라도 자좌살지(自坐殺地)하여 무력하고, 己土는 토생금(土生金)하여 설기(泄氣)되니 역시 무력하여 戊土를 방조(幇助)하지 못한다.

또한 丙火는 생기토(生己土)하고 己土는 생유금(生酉金)하고 酉金은 생자수(生子水)로 합류하여 대해(大海)가 된 형상이 되었으니, 자연 辰土는 자진수국(子辰水局)으로 극수(剋水)를 하지 못하므로 종수(從水)하게 되는 것이다. 따라서 전재격(專財格)인 동시에 종재격(從財格)이 분명하다.

행운이 금수운(金水運)으로 향하여 癸酉, 임신운(壬申運)에 대발(大發)하였고, 경오운(庚午運)에는 병임충(丙壬沖), 자오충(子午沖)으로 천충지충(天沖地沖)인데 유년(流年)인 丙午, 丁未년에 병중(病重)하여 장관직에서 퇴임하였다.

제14절 시묘격時墓格

시묘격(時墓格)이란 묘시(卯時)에 태어나서 시지(地支)에 묘고(卯庫)가 되어 성립이 되는 것이다. 가령 甲乙 일의 묘고(墓庫)는 미시(未時), 丙丁戊己 일의 묘고(墓庫)는 술시(戌時), 壬癸 일의 묘고(墓庫)는 진시(辰時)에 태어났을 때가 해당된다.

그러나 자기일간(自己日干) 외에도 다른 일간(日干)의 묘고(墓庫)에 태어나도 같은 시묘격(時墓格)으로 간주한다. 가령 갑을일(甲乙日)이 辰시에 태어나면 인수고(印綬庫)이고, 戌시에 태어나면 재고(財庫)와 상식고(傷食庫)이고, 丑시에 태어나면 관고(官庫)가 되고, 未시에 태어나면 목일간(木日干)의 묘고(墓庫)이니, 辰戌丑未 시에 태어나면 시묘격(時墓格)이 되는 것이다.

시묘격(時墓格)은 잡기재관격(雜氣財官格)과 마찬가지로 형충(刑沖)을 만나 개고(開庫)가 되어야 하고, 장간(藏干)이 천간(天干)에 투출되어야 부귀하게 되는 것이다. 그런데 잡기재관격(雜氣財官格)과 다른 것은 잡기재관격(雜氣財官格)은 생월(生月)에 辰戌丑未가 있어야 성립되는데, 시묘격(時墓格)은 시지(時支)에 辰戌丑未가 있어야 성립된다는 점이다.

고서(古書)에 "재고(財庫)가 거생왕지지(居生旺之地)"라는 구절이 있는데, 이것은 일주가 신왕(身旺)하여 고장(庫藏)을 충분히 통제할 수 있을 때 한하여 성립되는 것이지, 만약 일주가 신약하면 오히려 불길하게 된다.

또한 신왕(身旺)한 경우에는 묘고(墓庫)를 형충(刑冲)하여야 대길하는 것이고, 신약(身弱)한 경우에는 묘고(墓庫)를 형충(刑冲)하면 도리어 재앙이 따른다. 그러므로 원국(原局) 전체에 대한 조화를 보고 잡기재관격(雜氣財官格)에 준하여 추명(推命)되어야 한다.

丙	庚	癸	甲
戌	申	酉	辰

庚 己 戊 丁 丙 乙 甲
辰 卯 寅 丑 子 亥 戌

경금일주(庚金日主)가 유월(酉月)에 태어나서 양인(羊刃)으로 득령(得令)하고 좌하(坐下)에 득지(得地)하여 신왕(身旺)하다. 시지술토(時支戌土)는 시묘격(時墓格)으로서 병화관살묘고(丙火官殺墓庫)가 丁火에 유근하고 있어 아름답다. 또한 신왕(身旺)에 시상병화(時上丙火)가 관살(官殺)로서 용신(用神)이 되니, 시상일위귀격(時上一位貴格)으로도 성립되는 것이다. 행운이 수목운(水木運)으로 향하여 대발(大發)하였는데, 인묘운(寅卯運)에 내무부장관까지 지낸 시묘관격(時墓官格)이다.

```
辛 丁 丁 庚
丑 丑 亥 辰
```

```
甲癸壬辛庚己戊
午巳辰卯寅丑子
```

　정화일주(丁火日主)가 해월(亥月)에 태어나서 해수생갑목(亥水生甲木)하고, 갑목생정화(甲木生丁火)하고, 정화생축토(丁火生丑土)하고, 축토생신금(丑土生辛金)하고, 신금생해수(辛金生亥水)하니, 기취건궁(氣聚乾宮)으로 순환상생(循環相生)이 되었다.

　본명은 생의불패(生意不悖)하여 귀격(貴格)이다. 시묘격(時墓格)에 해당되는데, 3고에 癸水가 있어 전지지(全地支)가 수국(水局)이 되어 종살격(從殺格)이 되었다.

　경인대운(庚寅大運)에 등위하여 25년간 왕위에 올랐다가 계사대운(癸巳大運)에 정계충(丁癸冲), 사해충(巳亥冲)으로 천충지충(天冲地冲)되어 불록지객(不祿之客)이 된 명조(命造)이다.

제15절 공록격拱祿格

　공록격(拱祿格)이란 공협(拱挾)을 말하는데, 껴안을 공(拱)과 끼어들 협(挾)자가 결합하는 의미를 지니고 있다. 다시 말하여 '껴안다'라는 뜻으로, 어떤 물건을 중간에 놓고 좌우에서 껴안아 도망가지 못하도록 한다는 것이다. 공록격(拱祿格)은 원국(原局)에 정록(正祿)이 없더라도 일지(日支)와 시지(時支) 사이에 정록(正祿)이 있는 것으로 간주한다.

　이와 같이 공록격(拱祿格)에는 5가지가 있는데 첫째, 계해일(癸亥日)에 계축시(癸丑時)는 계일(癸日)의 록(祿)은 子水이니 亥와 丑은 子水를 허(虛)로 하여 좌우에서 껴안고 있는 경우인데, 만약 子水가 나타나 있거나 껴안고 있는 亥丑을 巳亥 충(沖), 丑未 충(沖) 등은 기(忌)하고 일주(日主)를 극(剋)하는 己土가 원국에 있거나 운에서 만나면 흉이 되는 것이다.

둘째, 계축일(癸丑日)에 계해시(癸亥時)는 계일록(癸日祿)이 子水인데, 축일(丑日)과 해시(亥時)가 子水를 허(虛)로 껴안고 있는 것이므로 원국(原局)에 子水가 있거나 亥丑을 충형(沖刑)하거나 일주(日主)를 극(剋)하는 己土가 있거나 운에서 만나면 흉하다.

셋째, 무진일(戊辰日)에 무오시(戊午時)는 무일록(戊日祿)은 사화(巳火)인데, 辰과 午가 巳火를 허(虛)로 껴안고 있으므로 격(格)이 성립된다. 만약에 원국(原局)에 巳火가 있거나 辰과 午를 형충(刑沖)하는 戌이나 子가 있거나 운에서 甲木을 만나면 흉이 된다.

넷째, 기미일(己未日)에 기사시(己巳時)로 기일록(己日祿)은 午火가 되는데, 未와 巳가 午火를 허(虛)로 껴안고 있으므로 성립된다. 만약 원국(原局)에 午火가 있거나 未와 巳를 형충(刑沖)하는 丑과 亥가 있거나 일주(日主)를 극(剋)하는 乙木이 있거나 운에서 乙木을 만나면 흉이 된다.

다섯째, 정사일(丁巳日)에 정미시(丁未時)로 정일록(丁日祿)은 午火인데, 巳와 未가 오화(午火)를 허(虛)로 껴안고 있으므로 성립된다. 만약 원국(原局)에 午火가 있거나 巳와 未를 형충(刑沖)하는 亥와 丑을 만나거나 일주(日主)를 극(剋)하는 癸水를 만나거나 운에서 癸水를 만나도 흉하다.

공록격(拱祿格)은 고서에서 "유재유인(有財有印)이면 희상관식신(喜傷官食神)하고 무재무인(無財無印)이면 기상관식신(忌傷官食神)이라"하고, "재성(財星)과 인성(印星)이 없으면 상관(傷官)을 기(忌)한다"라고 하였다. 이것은 재성(財星)이나 인성(印星)이 있으면 상관(傷官)이 있어도 희(喜)하다는 것이다.

이유는 재인(財印)이 있는 곳에 상관(傷官)이 관(官)을 극(剋)하지 않고 상관(傷官)이 생재(生財)하여 생관(生官)하기 때문이고, 인성(印星)이 있으면 제상식(制傷食)하기 때문에 유재인(有財印)이면 희상식(喜傷食)하게 되는 것이다. 어디까지나 원국전

체(原局全體)를 보고 중화와 청탁(淸濁)을 구분하고 강약에 따라 희기신(喜忌神)을
판단해야 한다.

```
丁 丁 癸 己
未 巳 酉 未
```

```
丙丁戊己庚辛壬
寅卯辰巳午未申
```

정화일주(丁火日主)가 유월(酉月)에 태어나 실령(失令)하고 일지사화(日支巳火)와
酉金이 사유금국(巳酉金局)으로 火가 허약하여 일주(日主)가 심약(甚弱)하다. 그러
나 일주정사(日柱丁巳)가 정미시(丁未時)와 午火를 공(拱)하여 공록격(拱祿格)이 성
립된다.

원국(原局)에서 연지미중(年支未中)에 丁火가 있고, 시상(時上)에 丁火가 투출(透
出)되어 있으며, 사미화국(巳未火局)이 되어 변약위강(變弱爲强)이 되었다. 따라서
설기(泄氣)하는 己未가 있고, 酉金이 금생수(金生水)하여 재관(財官)이 왕성하다. 행
운이 목화운(木火運)으로 향하여 대발(大發)하여 귀하게 된 원세개(袁世凱)의 명조
(命造)이다.

```
戊 戊 辛 戊
午 辰 酉 午
```

```
戊丁丙乙甲癸壬
辰卯寅丑子亥戌
```

무토일주(戊土日主)가 유월(酉月)에 태어나 실령(失令)하고, 무진일(戊辰日)과 무오시(戊午時)가 무록사(戊祿巳)를 공협(拱挾)하고 있다. 연주무오(年柱戊午)가 일주(日主)를 방조(幇助)하니 신왕(身旺)하다. 신왕(身旺)하면 설기(泄氣)하는 것이 우선인데, 다행하게도 酉金이 용신(用神)이고 辛金이 투출(透出)하여 매우 아름답다. 행운이 수목운(水木運)으로 향하여 대발(大發)하였다.

술운(戌運)에는 午戌火, 酉戌金, 진술충(辰戌冲)이 되어 고액(苦厄)이 많았고, 癸亥, 갑자(甲子運)에는 극토(剋土)하고 오화제거(午火除去)하여 대부귀(大富貴)하였고, 을축운(乙丑運)은 酉丑으로 설기(泄氣)하여 더욱 성공하였는데, 병인운(丙寅運)에는 병화기신(丙火忌神)이 들어오고 인오화국(寅午火局)으로 극금용신(剋金用神)함으로써 금용신(金用神)이 손상되어 위명(危命)하였다.

제16절 공귀격拱貴格

공귀격(拱貴格)이란 일간(日干)의 귀(貴)가 일시(日時)의 중간에 공록격(拱祿格)과 같이 귀를 공하여 격이 성립되는 것을 말한다. 공귀격(拱貴格)은 공록격(拱祿格)과 같이 5가지가 있다. 첫째, 갑신일(甲申日)에 갑술시(甲戌時)는 유중신금(酉中辛金)인 관성(官星)을 공(拱)하는데, 원국에 酉金이 있으면 불길하고 寅辰庚이 있으면 일간(日干)을 극(剋)하거나 지지(地支)를 충(冲)하여 불길하다. 둘째, 갑인일(甲寅日)에 갑자시(甲子時)는 축중신금(丑中辛金)인 관성(官星)을 공(拱)하는데, 원국(原局)에 축(丑)이 있으면 불길하고 申午庚이 있으면 불길하다. 셋째, 무신일(戊申日)에 무오시(戊午時)는 미중을목(未中乙木)인 관성(官星)을 공(拱)하고 있는데, 원국(原局)에 未가 있거나 寅子甲이 있으면 불길하다. 넷째, 을미일(乙未日)에 을유시(乙酉時)는 신중경금(申中庚金)인 관성(官星)을 공(拱)하고 있는데, 원국에 申金이나 丑卯申이 있으면 불길하다. 다섯째, 신축일(辛丑日)에 신묘시(辛卯時)는 인중병화(寅中丙火)가 관성(官星)을 공(拱)하는데, 원국에 丙火가 있거나 丑이나 卯를 충(冲)하는 酉나

未 또는 乙木이 있으면 불길하다. 또한 공귀격(拱貴格)은 갑신일(甲申日)에 갑술시(甲戌時)를 제외하고는 모두가 천을귀인(天乙貴人)에 해당한다.

갑인일(甲寅日)에 갑자시(甲子時)는 甲戊庚인 경우에 丑이 천을귀인(天乙貴人)이고, 무신일(戊申日)에 무오시(戊午時)는 甲戊庚인 경우에 未가 천을귀인(天乙貴人)이고, 을미일(乙未日)에 을유시(乙酉時)는 申이 천을귀인(天乙貴人)이고, 신축일(辛丑日)에 신묘시(辛卯時)는 寅이 천을귀인(天乙貴人)이 되어 공귀격(拱貴格)이 된다고 주장하는 학설도 있다.

甲	甲	甲	庚
戌	申	申	寅

辛	庚	己	戊	丁	丙	乙
卯	寅	丑	子	亥	戌	酉

갑신일(甲申日)에 갑술시(甲戌時)로 일시지(日時支) 중간에 유금관성(酉金官星)을 공(拱)하고 있어 공귀격(拱貴格)이 성립된다. 갑일(甲日)에 신월(申月)이 공관귀(拱官貴)인 酉金과 戌土를 합하면 申酉戌 합금국(合金局)을 이루고, 庚金이 투출(透出)되어 금기(金氣)가 왕성하다. 다행히 인술화국(寅戌火局)이 극금(剋金)하고 있으나 금중화경(金重火輕)은 면할 길이 없다. 그러나 원국(原局)에서 금목양신(金木兩神)이 성상(成象)하여 더욱 귀기하게 되니 묘격(妙格)이 되었다. 화경격(火輕格)이 되어 丙戌, 정해운(丁亥運)에 부귀로 진명진재(振名進財)하였다.

참고로 원국에서 신약(身弱)하고 살왕(殺旺)한데 인수(印綬)가 있어 살인상생(殺印相生)이 되면 아름다운데 인수(印綬)가 없다. 그래서 살왕(殺旺)을 제살(制殺)하여야 하겠는데, 인술화국(寅戌火局)을 용신(用神)으로 극금(剋金)하는 경우에 신약(身弱)한데 어떻게 火를 용신(用神)으로 쓸 수 있겠는가 하는 의문이 생길 것이다.

용신법(用神法)에서는 "신약(身弱)할 때에는 나를 극(剋)하는 자가 있으면 그 극(剋)하는 자를 극(剋)하는 자가 용신(用神)이라"고 하여 일쥬(日主)와 아무런 관계가 없다고 했다. 이것을 식신제살격(食神制殺格)이라고 한다. 이와 반대로 신약(身弱)에 식상(食傷)과 관살(官殺)이 쟁투하고 있을 때 식상(食傷)이 왕(旺)하고 관살(官殺)이 약하여 관살(官殺)을 보(補)해야 하는 경우가 있는데, 이것을 제살태과격(制殺太過格)이라고 한다.

```
甲 甲 丙 丁
子 寅 午 巳
```

```
己 庚 辛 壬 癸 甲 乙
亥 子 丑 寅 卯 辰 巳
```

갑인일(甲寅日)에 갑자시(甲子時)로 일시지(日時支) 중간에 丑土를 공협(拱挾)해서 공귀격(拱貴格)이 성립된다. 축중(丑中)에는 신금관성(辛金官星)과 기토재성(己土財星)과 계수인수(癸水印綬)가 있어 재관인(財官印)으로 귀기(貴奇)하여 묘격(妙格)이 되었다. 또한 시지자수(時支子水)는 생갑목(生甲木)하여 목화성상(木火成象)으로 상생격(相生格)을 이루어 더욱 아름답다.

운행이 동북방으로 향하여 대발(大發)하였으나 신축대운(辛丑大運)에는 丑土가 공록(拱祿), 공귀(拱貴)가 되고 사축금국(巳丑金局)으로 극목(剋木)하여 성상격(成象格)이 피상(被傷)되니, 벼슬길이 험난하다가 경자대운(庚子大運)에는 갑경충(甲庚沖)하고 자오충(子午沖)으로 천충지충(天冲地冲)되어 파직되었다.

제17절 공재격拱財格

공재격(拱財格)이란 공록격(拱祿格)이나 공귀격(拱貴格)과 같은 원리로 성립되는 것이다. 공록격은 일시지에서 록(祿)을 공협(拱挾)하고, 공귀격은 일시지에서 관귀(官貴)를 공협(拱挾)하여 성립되는데, 공재격(拱財格)은 일시지에서 재성(財星)을 공협(拱挾)하여 이루어진다는 점이 다르다. 그러므로 이 격은 계유일(癸酉日)에 계해시(癸亥時), 갑인일(甲寅日)에 갑자시(甲子時), 기묘일(己卯日)에 기사시(己巳時), 경오일(庚午日)에 경자시(庚子時), 병인일(丙寅日)에 무자시(戊子時)의 5가지가 있다.

첫째, 계유일(癸酉日)에 계해시(癸亥時)는 酉亥의 중간에 戌土를 공(拱)하고 있는데, 戌을 火의 고장(庫藏)으로서 술중정화(戌中丁火)가 재고(財庫)가 되기 때문이다. 둘째, 갑인일(甲寅日)에 갑자시(甲子時)의 경우는 일시지의 寅子의 중간에 丑土를 공(拱)하고 있는데, 축중기토(丑中己土)가 재(財)가 있기 때문이다. 셋째, 기묘일(己卯日)에 기사시(己巳時)는 辰土를 공(拱)하고 있는데, 진중계수(辰中癸水)가 水의 재고(財庫)가 되기 때문이다. 넷째, 경오일(庚午日)에 갑신시(甲申時)의 경우는 일시지의 중간에 未土를 공(拱)하고 있는데, 미중을목(未中乙木)은 木의 고장(庫藏)으로서 庚金의 재(財)가 되기 때문이다. 다섯째, 병인일(丙寅日)에 무자시(戊子時)의 경우는 일시지의 중간에 丑土를 공(拱)하고 있는데, 축중신금(丑中辛金)은 丙火의 재고(財庫)가 되기 때문이다.

癸	癸	戊	庚
亥	酉	子	戌

乙甲癸壬辛庚己
未午巳辰卯寅丑

계유일(癸酉日)의 계해시(癸亥時)에 태어나서 일시지(日時支)의 중간에 戌土를 공(拱)하여 공재격(拱財格)이 성립된다. 공재격(拱財格)은 원국(原局)의 조화가 잘 이루어지면 부귀와 명성을 얻는데, 일시지(日時支)를 충형(冲刑)하거나 원국(原局)에서 戌土를 또 만나거나 일간(日干)을 충(冲)하는 관살(官殺)을 대기(大忌)하는 것이다.

본명은 계수일주(癸水日主)가 자월(子月)에 태어나 金水가 왕성하여 신왕(身旺)하다. 신왕(身旺)하면 억제해야 되기 때문에 월상무토(月上戊土)가 연지술토(年支戌土)에 득근(得根)이 되어 더욱 아름답다. 따라서 본명은 공재격(拱財格)으로 논하지 말고, 정격(正格)인 건록용관격(建祿用官格)으로 추명(推命)해야 한다고 본다.

甲	甲	戊	己
子	寅	辰	未

辛壬癸甲乙丙丁
酉戌亥子丑寅卯

갑인일(甲寅日)에 갑자시(甲子時)로 일시지(日時支)의 중간에 丑土를 공(拱)하여 축중기토(丑中己土)로 재성(財星)하고, 충형(冲刑)이 없고 또 丑土가 없으니, 공재격(拱財格)이 성립된다.

원국(原局)에서 갑일목(甲日木)이 진중계수(辰中癸水)에 득근(得根)하고, 좌하인목(坐下寅木)에 득지(得地)하고, 갑자시주(甲子時柱)가 득세(得勢)하여 신왕(身旺)하다. 신왕(身旺)하면 극제(剋制)가 되는 재(財)가 용(用)인데, 戊己土가 辰未土에 근(根)하여 천부지재(天覆地載)를 이루어 매우 강하므로 신왕재왕(身旺財旺)이 되었다. 그러나 상대적으로 일주(日主)가 조금 약한 편인데, 寅卯亥子 운에 대부(大富)가 되었다.

제18절 자요사격子遙巳格

자요사격(子遙巳格)은 갑자일(甲子日)의 갑자시(甲子時)에 출생함으로써 성립된다. 구성원리는 자시(子時)의 자중계수(子中癸水)가 사중무토(巳中戊土)를 동경(憧憬)하여 무계합(戊癸合)이 되는 것이다.

이때에 사중병화(巳中丙火)가 무계합(戊癸合)이 되는 것에 동요되어 유중신금(酉中辛金)과 병신합(丙辛合)을 하여 辛金을 인출(引出)하게 되니 辛金은 甲木의 정관(正官)이 되어 귀하게 작용하는 것이다.

이 격은 오히려 관성(官星)인 庚辛申酉가 있으면 대기(大忌)한다. 또 午나 丑을 만나도 기(忌)하는데 午는 子를 충(冲)하고 丑은 子와 자축합(子丑合)으로 작용이 반감하게 되는 까닭이다. 그래서 庚辛申酉나 丑午를 만나면 파격이 되는 것이다. 그리고 운에서도 같은 작용을 하게 되는데 원국(原局)의 상황에 따라 변화가 많은 것이다.

즉, 일주(日主)가 강왕(强旺)하면 관성운(官星運)을 만나서 관(官)을 도와 길하게 되고, 반대로 신약(身弱)하면 관성운(官星運)을 만나면 불길하게 된다.

```
甲 甲 庚 辛
子 子 寅 丑
```

```
乙 丙 丁 戊 己 庚 辛
酉 戌 亥 子 丑 寅 卯
```

갑자일(甲子日)에 갑자시(甲子時)로 자요사격(子遙巳格)이 성립된다. 그러나 이 격은 庚辛申酉를 기(忌)하는데 년월간에 庚辛이 나타나 있어 흠이 된다.

寅木 월에 출생하고 일시자수(日時子水)가 있어 약하지 않게 보이지만 아직 한기

(寒氣)가 있어 눈목(嫩木)인데 庚辛金이 극목(剋木)하여 신강(身强)같이 보이면서도 신약(身弱)하다. 해자운(亥子運)에 기반이 잡혔고, 丙戌 운에 극금(剋金)으로 제거병(除去病)하고, 寅戌 화국(火局)으로 차관직까지 올랐다가 을유대운(乙酉大運)인 경인년(庚寅年)에 납치되었다.

본명은 정격(正格)으로 논하면 득령(得令), 득지(得地), 득세로 신왕(身旺)이 되어 경신금(庚辛金)을 용신(用神)으로 추론하기 쉬우니 주의해야 한다.

갑자일(甲子日)에 갑자시(甲子時)로 자요사격(子遙巳格)이 성립된다. 정격(正格)으로 甲木이 득지하고 갑자시(甲子時)가 방조하니 신왕(身旺)하다. 반면에 미중정화(未中丁火)가 투출되고 정사년(丁巳年)이 역시 방조하니 설기와 화기(火氣)도 왕성하다.

그러나 목일주(木日主)보다는 화기(火氣)가 조금 왕(旺)하니 운에서 일간(日干)을 도우면 금상첨화가 되는데 운마저 수목운(水木運)으로 향해 대발(大發)하였다. 본명은 대학교수이다. 고서에 "춘하월(春夏月)에 갑을일생(甲乙日生), 삼동월(三冬月)에 임계일생(壬癸日生), 유월생(酉月生)에 정축일(丁丑日)은 설단생금 교육가(舌端生金 敎育家)"라는 구절에 해당하는 것이다.

제19절 축요사격丑遙巳格

축요사격(丑遙巳格)은 계축일생(癸丑日生)이 다봉축(多逢丑)이거나 신축일생(辛丑日生)이 다봉축(多逢丑)으로써 성립되는 것이다.

구성원리는 계축일(癸丑日)인 경우에 축중계수(丑中癸水)는 사중무토(巳中戊土)를 멀리서 동경하다가 戊癸로 요합(遙合)하니 癸水의 관성(官星)이 작용하는 것이고, 신축일(辛丑日)의 경우는 축중신금(丑中辛金)이 사중병화(巳中丙火)를 멀리서 동경하다가 丙辛으로 요합(遙合)하니 丙火가 辛金의 관성(官星)으로 작용하게 되는 것이다.

申癸일의 丑시가 巳를 요합(遙合)하여 격이 성립된다고 해서 축요사격(丑遙巳格)이라고 한다. 이 격은 원국에서 巳火와 子水 그리고 관성을 만나면 기(忌)하는데 운에서 만나도 기(忌)한다. 또한 신일생(辛日生)이 관살이 되는 丙丁火가 없고, 계일생(癸日生)이 관살(官殺)이 되는 戊己土가 없고, 또 사자(巳字)가 없으면 공명이 크고 부귀영화로 만사형통한다. 그리고 자자(子字)나 사자(巳字)가 없고 신왕하면 관운이 들어와도 도리어 길하게 된다.

자요사격(子遙巳格)은 갑자일(甲子日)에 갑자시(甲子時)로 구성이 되지만 축요사격(丑遙巳格)은 신계축일(辛癸丑日)이 연월시(年月時)에 축자(丑字)가 있으면 성립되는 것이 다른 점이다.

|癸|癸|丁|甲|
|亥|丑|丑|辰|

甲癸壬辛庚己戊
申未午巳辰卯寅

계축일(癸丑日)이 丑土를 만나고 기물관살(忌物官殺)인 戊己土가 없어 순수한 축요사격(丑遙巳格)이 성립된다. 본명은 癸水가 진중계수(辰中癸水), 월일지(月日支)의 축중계수(丑中癸水), 해중임수(亥中壬水)로 원류부절(源流不節)하여 수원(水源)이 유장(流長)되어 신왕(辛旺)하다.

丁火가 투출(透出)하여 축중기토관(丑中己土官)을 재생관(財生官)하니, 사오운(巳午運)에 차관까지 지냈다가 계미대운(癸未大運)인 경자년(庚子年)에 금수태왕(金水太旺)으로 재관용신(財官用神)이 쇠약하여 퇴위하였다. 고서에 나오는 "수목일(水木日)에 술해일시(戌亥日時)이면 법관명(法官命)이 많이 있다"라는 구절에 해당하는 명조(命造)이다.

$$\begin{array}{cccc} 己 & 辛 & 辛 & 辛 \\ 丑 & 丑 & 丑 & 丑 \end{array}$$

甲乙丙丁戊己庚
午未申酉戌亥子

신축일(辛丑日)이 다봉축(多逢丑)을 만나 기물관살(忌物官殺)인 丙丁火가 없어 순수한 축요사격(丑遙巳格)이 성립된다. 본명은 삼신(三辛)으로 오합취집격(五合聚集格), 사축(四丑)으로 지지일기격(地支一氣格), 土金으로 양신성상격(兩神成象格) 등으로 이루어져 있고, 기물(忌物)이 하나도 없어 기묘하여 유능한 외교관이 되었다.

영어에 소질이 있었던 것은 추명가(推命歌)에 "사주중(四柱中)에 편정다인(偏正多印)이면 외국어에 능통하다"에 해당하는 것으로서 신일주(辛日主)가 일기사축(一己四丑)으로 편인다(偏印多)를 이루고 있기 때문이다.

제20절 육을서귀격六乙鼠貴格

육을서귀격(六乙鼠貴格)은 육을일(六乙日)이 자시에 출생함으로써 성립되는 것이다. 먼저 육을(六乙)이라는 뜻은 乙丑, 乙卯, 乙巳, 乙未, 乙酉, 乙亥를 말하는 것이며 서(鼠)라고 하는 것은 쥐를 말함이니 子水를 뜻하는 것이다.

이 격의 구성원리는 자시(子時)는 자중계수(子中癸水)가 사중무토(巳中戊土)를 멀리서 동경하다가 戊癸 합하게 되니 巳火가 탐이 나서 巳申 합하게 되므로 신중경금(申中庚金)을 인합(引合)하니, 신중경금(申中庚金)은 乙木에 관성(官星)이 되어 귀하게 된다는 것이다.

이 격에서 기(忌)하는 것은 庚辛申酉와 丑午가 없어야 하는데 庚辛申酉는 乙木에 관성(官星)이 혼잡되어 있어 격이 약화되고, 丑土는 합이 되고 午火는 충(冲)이 되니 자기의 임무를 망각하기 때문에 기(忌)하는 것이며 운에서 만나도 같은 작용을 하는 것이다.

이 격에는 진격(眞格)과 부진격(不眞格)이 있는데 진격(眞格)은 일주(日主)가 乙未, 乙巳, 乙亥에 병자시(丙子時)이고, 부진격(不眞格)은 일주(日主)가 乙丑, 乙卯, 乙酉에 병자시(丙子時)이다. 이 격의 희신(喜神)은 亥子丑이고 기신(忌神)은 庚辛申酉와 丑午가 된다.

丙	乙	癸	丁
子	巳	卯	丑

丙丁戊己庚辛壬
申酉戌亥子丑寅

乙木이 묘월(卯月)에 태어나서 건록(建祿)이 되고 癸水가 子水에 록근(祿根)하니 신왕(身旺)하게 되었다. 신왕(身旺)하면 극설(剋泄)이 희(喜)하는데 시상병화(時上丙火)를 설기처(泄氣處)로 용(用)하게 되는 것이다. 한편 을사일(乙巳日)에 병자시(丙子時)로 육을서귀격(六乙鼠貴格)도 성립되는데 원국에 축(丑)이 있어 자축합(子丑合)으로 반합(絆合)이 되니, 불길하게 평하지 말고 정격(正格)으로 논하여 부귀가 된 명조(命造)이다.

한 가지 특이한 것은 계록(癸祿)이 재자(在子) 병록(丙祿)이 재사(在巳)가 인수록자(印綬祿子)와 식신록사(食身祿巳)가 교록(交祿)이 되어 더욱 귀격(貴格)이 되었다는 점이다. 따라서 인수운(印綬運)에 대발(大發)하였고 식신운(食神運)에도 발복(發福)하였는데 이유는 인수(印綬)와 식신(食神)이 교호득록(交互得祿)하였기 때문이다.

乙木이 자월(子月)에 태어나서 득령(得令)은 하였지만 동결지시(凍結之時)가 되어 있는데, 다행하게도 丙丁火가 투출되고 미중정화(未中丁火)에 득근(得根)하고 있어 丙火를 용신(用神)하게 된다.

운행에서 무기토화운(戊己土火運)에 등극하였다가 신운(申運)에 신자수국(申子水局)이 되어 병화용신(丙火用神)이 극상(剋傷)되니 실국(失局)이 되고 말았다.

본명은 을미일(乙未日)에 병자시(丙子時)로 육을서귀격(六乙鼠貴格)이 성립되지만 정격(正格)으로 논하여 "가상관(假傷官)이 행상관운(行傷官運)이면 필성부귀(必成富貴)하고, 행인수운(行印綬運)이면 파료상관(破了傷官)하여 필살(必殺)이라"는 구절에 해당하는 것이다.

다시 말하여 申金은 을목지관(乙木之官)으로 희(喜)하나 신자수국(申子水局)으로 인수국(印綬局)이 되어 용신병화(用神丙火)는 申金에 병궁(病宮)이 된 것으로 원(元)나라 순제(順帝)의 명조(命造)이다.

제21절 육음조양격六陰朝陽格

육음조양격(六陰朝陽格)은 육신일무자시(六辛日戊子時)로써 성립되는 것이다.

육신일(六辛日)이란 辛丑, 辛卯, 辛巳, 辛未, 辛酉, 신해일(辛亥日)을 말하는 것이며 조양(朝陽)이란 육음(六陰)이 극(剋)하고 양(陽)이 시작된다는 뜻이니 일년지중(一年之中)의 양(陽)은 자월(子月)이 일양시생(一陽始生)이고, 일일지중(一日之中)에는 자시(子時)부터 양(陽)이 시작되기 때문에 육음조양(六陰朝陽)이라고 하는 것이다.

이 격의 구성원리는 무자시(戊子時)의 자중계수(子中癸水)가 사중무토(巳中戊土)를 멀리서 동경하다가 무계합(戊癸合)으로 戊土를 요동시키게 되는데, 丙火는 신금지정관(辛金之正官)이 되어 귀하다는 것인데 이때에 무자시(戊子時)의 戊土는 인수(印綬)가 되어 정관(正官)과 정인(正印)을 득(得)하게 되는 것이다.

이 격도 육을서귀격(六乙鼠貴格)처럼 진삼격(眞三格)과 부진삼격(不眞三格)이 있는데, 진삼격(眞三格)은 辛亥, 辛酉, 신축일(辛丑日)에 무자시(戊子時)이고, 부진삼격(不眞三格)은 辛未, 辛巳, 신묘일(辛卯日)에 무자시(戊子時)가 되는 것이다.

이 격은 원국에서 또다시 관성(官星)이 있거나 丑午가 있으면 기(忌)하게 된다. 부진(不眞)으로 정하게 된 이유는 신미일(辛未日)인 경우는 미중정화관(未中丁火官)이 있고, 신사일(辛巳日)은 사중병화관(巳中丙火官)이 있고 신묘일(辛卯日)은 관(官)은 없으나 子卯로 일시형(日時刑)이 되기 때문이다.

그런데 진삼격(眞三格)에서 신축일(辛丑日)도 자시(子時)와 子丑으로 반합(絆合)이 되어 부진격(不眞格)으로 해야 되는지 의문이 생긴다. 여기에서 丑土는 辛金을 자양하는 土로서 토생신금(土生辛金)이 되어 합하지 않으니 부진격(不眞格)이 아니다.

```
戊 辛 辛 戊
子 丑 酉 辰
```

```
戊 丁 丙 乙 甲 癸 壬
辰 卯 寅 丑 子 亥 戌
```

신금일주(辛金日主)가 유월(酉月)에 태어나서 건록(建祿)으로 득령(得令)하고, 좌하(坐下)에 丑土가 득지(得地)하고 戊辰土가 득세하여 신왕(身旺)하다. 또한 신축일(辛丑日)에 무자시(戊子時)로 육음조양격(六陰朝陽格)을 이루어 신유월생(申酉月生)이나 사계절생(四季節生)이면 귀기(貴奇)하게 된다.

子丑이 반합(絆合)하여 불길하게 보이나 辛金에 자양지토(滋養之土)로 생금(生金)함으로써 자축합(子丑合)을 망각하여 대부대귀(大富大貴)하게 된 명조(命造)이다. 따라서 신축일(辛丑日)에 무자시(戊子時)도 진격(眞格)으로 보아야 한다.

```
戊 辛 辛 乙
子 未 未 未
```

```
戊 丁 丙 乙 甲 癸 壬
寅 丑 子 亥 戌 酉 申
```

신금일주(辛金日主)에 무자시(戊子時)로써 육음조양격(六陰朝陽格)이 성립된다. 그러나 신미일(辛未日)은 미중정화관(未中丁火官)이 있어 기(忌)하다고 하나, 미중기토(未中己土)가 있어 인수(印綬)가 되니 희(喜)하다고 보는 것이다. 육음조양격(六陰朝陽格)에서 부진일(不眞日)로 정(定)하고 있으나 연월일(年月日)이 삼미(三未)로 되어 있으면서도 왕후가 된 명조(命造)이다.

월일간(月日干)이 辛金인데 미중정화(未中丁火)로 보아 조토(燥土)가 될 것 같지만 丙丁火가 없고, 시지(時支)에 子水가 있으니 未土는 습토(濕土)가 되어 자양지토(滋養之土)로서 능히 생금(生金)이 가능하게 되니 신미일(辛未日)에 무자시(戊子時)도 진격(眞格)으로 보아야 한다.

제22절 금신격金神格

금신격(金神格)은 갑기일간(甲己日干)이 사유축시(巳酉丑時)에 태어남으로써 성립되는 것이다. 즉 갑일(甲日)에 사유축시(巳酉丑時)를 만나서 이루어진 격(格)을 갑일금신격(甲日金神格)이라고 하고, 기일(己日)에 사유축시(巳酉丑時)를 만나서 이루어진 격을 기일금신격(己日金神格)이라고 한다.

금신(金神)이라고 하는 것은 시지에 巳酉丑을 만나서 자연 금국에 해당되어 붙여진 이름이다. 구성 원리는 갑기일(甲己日)의 야반시(夜半時)는 甲子로부터 시작하여 사시(巳時)는 己巳, 유시(酉時)는 癸酉, 축시(丑時)는 乙丑이 되는 것이다.

이와 같이 갑기일은 시지에 금국(金局)이 형성되어 시상일위귀격이나 시상관성격(時上官星格)이 되고, 만약에 양인(羊刃)이 있으면 살인상정(殺印相停)으로 귀명(貴命)이 되는 것이다. 가령 갑일기사시(甲日己巳時)의 경우는 갑일금신격(甲日金神格)인데, 월지(月支) 양인인 卯木이 있으면 사중경금(巳中庚金)이 묘중을목양인(卯中乙木羊刃)을 乙庚 합하여 살인상정(殺印相停)이 이루어져 귀하게 되는 것이다.

```
己 己 己 辛
巳 卯 亥 酉
```

```
壬 癸 甲 乙 丙 丁 戊
辰 巳 午 未 申 酉 戌
```

기일(己日)에 기사시(己巳時)로서 금신격(金神格)이 성립된다.

사중경금(巳中庚金)이 년지유금(年支酉金)과 금국(金局)을 이루고 辛金이 투출되어 있기 때문에 오히려 기토일주(己土日主)가 설상(泄傷)하게 되므로 제금신(制金神)하는 화운(火運)을 대호(大好)하게 되는데, 신유운(申酉運)에 고난이 비일비재하였으나 회생할 수 있었던 것은 신유운(申酉運)에 丙丁이 있어 금신(金神)을 제(制)하여 일주(日主)를 부운직상(扶運直上)하였기 때문이다. 을미운(乙未運)에 기발(起發)하여 갑오운(甲午運)에는 대학교수가 되어 명성이 높았다.

본명은 월간기토(月干己土)가 생신유금(生辛酉金)하고 酉金은 생해수(生亥水)하고, 亥水는 생묘목(生卯木)하고 卯木은 생사화(生巳火)하여 극금신(剋金神)하는 동시에 오행이 생생부절(生生不絶)하는 묘격(卯格)이다.

이 격은 해묘목살(亥卯木殺)로서 巳酉辛金을 제상관(制傷官) 함으로써 제살태과격(制殺太過格)이 되어 水木火에 희(喜)하고 土金이 기(忌)하다.

```
乙 己 癸 壬
丑 酉 丑 戌
```

```
庚 己 戊 丁 丙 乙 甲
申 未 午 巳 辰 卯 寅
```

기일(己日)에 사유축금신(巳酉丑金神)이 되어 기일금신격(己日金神格)이 성립된다. 그런데 기일(己日)이 酉에 좌(坐)하고 술중신금(戌中辛金), 축중신금(丑中辛金) 유중신금(酉中辛金)으로 전금국(全金局)을 이루고, 壬癸水가 축중계수(丑中癸水)에 득근(得根)하여 금국(金局)의 생조(生助)를 받으니 己土는 심약하다.

甲寅, 을묘대운(乙卯大運)에는 상관견관(傷官見官)에 위화백단(爲禍百端)으로 고생하다가 병진운(丙辰運)에 의학박사가 되었고, 정사운(丁巳運)에 대부(大富)가 되었고 戊午, 기미운(己未運)에도 계속 대발(大發)할 것으로 추정한다.

제23절 형합격刑合格

형합격(刑合格)이란 육계일(六癸日)이 寅時에 태어남으로써 성립된다. 육계(六癸)란 癸丑, 癸卯, 癸巳, 癸未, 癸酉, 계해일(癸亥日)이다. 구성원리는 시지의 寅木이 형(刑)하는 巳를 형(刑)함으로써 사중무토(巳中戊土)를 癸水가 무계합(戊癸合)으로 형출합관(刑出合官)하여 하나의 격을 이루어 형합격(刑合格)이라고 하는 것이다.

이 격도 육을서귀(六乙鼠貴) 육음조양격(六陰朝陽格)과 같이 진격(眞格)과 부진격(不眞格)이 있는데, 진격(眞格)은 癸酉 癸亥 계묘일(癸卯日)에 갑인시(甲寅時)이고, 癸巳 癸未 계축일(癸丑日)에 갑인시(甲寅時)는 부진격(不眞格)이다.

계사일(癸巳日)은 사중무토관(巳中戊土官)이 있고 癸未 계축일(癸丑日)도 일지(日

支)에 관성(官星)이 있어 불용한 것이다. 이 격이 기(忌)하는 것은 관성(官星)인 戊己가 있거나 寅을 충(冲)하고 甲을 극(剋)하는 庚申인데 운에서도 같은 작용을 한다.

```
甲 癸 壬 庚
寅 亥 午 戌
```

```
己 戊 丁 丙 乙 甲 癸
丑 子 亥 戌 酉 申 未
```

계해일(癸亥日)에 갑인시(甲寅時)로 형합격(刑合格)이 성립되는데 특히 계해일(癸亥日)은 진격(眞格)이 되어 아름답다. 정격론(正格論)으로 보면 癸水가 오월염천(午月炎天)에 寅午戌로 합화국(合火局)하여 신약하다.

따라서 癸水는 亥水에 근(根)하고 있는데 해중임수(亥中壬水)가 용겁격(用劫格)이 되나 水가 조금 약하다. 운행에서 조금만 도움이 되면 대발(大發)하는데 마침 해자운(亥子運)에서 부귀하여 도지사가 된 명조(命造)이다.

```
甲 癸 甲 甲
寅 酉 戌 戌
```

```
辛 庚 己 戊 丁 丙 乙
巳 辰 卯 寅 丑 子 亥
```

계유일(癸酉日)에 갑인시(甲寅時)로 진형합격(眞刑合格)이 성립된다. 이 격이 기(忌)하는 甲寅을 충극(冲剋)하는 庚申과 癸水를 극제(剋制)하는 戊己와 寅을 형(刑)

하는 巳가 없어 고귀하다.

일찍이 왕실에 있다가 재상급(宰相級)까지 올라 영화를 누린 명조(命造)이다. 『사주첩경(四柱捷經)』에 의하면 진격(眞格)은 귀하게 되는 경우가 많으나, 부진격(不眞格)은 흉성(凶星)인 庚申巳戊己를 만나면 횡사 또는 교통사고 등을 많이 당한다고 하였다.

그리고 여명(女命)에 형합격(刑合格)은 불미스러운 일이 많은데 癸未 癸丑 계사일(癸巳日)은 시상상관목(時上傷官木)으로 미중기토관(未中己土官) 또는 축중기토관(丑中己土官) 또는 巳를 형(刑)하여 사중미토관(巳中未土官)을 극관(剋官)하게 되므로 부군횡사(夫君橫死)를 하게 되고, 진격(眞格)인 癸亥 癸酉 계묘일(癸卯日)인 경우에도 계해일(癸亥日)은 갑목지생궁(甲木之生宮)이고 계묘일(癸卯日)은 갑목지왕(甲木之旺)이고 甲寅木이 왕(旺)하여 원국(原局)에 戊己나 辰戌丑未가 있으면 상관태왕(傷官太旺)에 극관살(剋官殺)하여 상부(傷夫)할 우려성이 다분히 존재한다고 하였고, 계유일(癸酉日)은 신왕상관왕(身旺傷官旺)이 되어 주봉관살(柱逢官殺)이면 역시 상부(傷夫)할 가능성이 다분히 있다고 하였다.

제24절 갑추건격甲趨乾格

갑추건격(甲趨乾格)이란 갑일(甲日)이 해시(亥時)에 태어남으로써 성립된다. 다시 말하여 甲子, 甲寅, 甲辰, 甲午, 甲申, 갑술일(甲戌日)에 을해시(乙亥時)에 해당하는 것이다.

건추(乾趨)라고 하는 것은 건(乾)은 서북간방이고 술해궁(戌亥宮)으로서 甲木이 건궁(乾宮)을 향하여 달려간다는 뜻으로 갑추건격(甲趨乾格)이라고 하는 것이다.

甲은 만물지시(萬物之始)이고 육십갑자(六十甲子)의 수(首)가 되고 亥는 천문(天門)으로 만물이 시생(始生)하는 곳이기 때문에 甲木을 생(生)하는 곳이 되어 목자(木字)와 해자(亥字)를 합하여 핵(核)이 되는 것이다.

이 격이 희(喜)하는 것은 해자다봉(亥子多逢)에 巳火가 없거나 재왕운(財旺運)이
고 신약(身弱)인데, 자수봉(子水逢)인 경우이고 기(忌)하는 것은 역시 巳火가 있거
나 재관왕(財官旺)인 경우이다. 운에서도 마찬가지로 작용한다.

$$\begin{array}{cccc} 乙 & 甲 & 癸 & 丁 \\ 亥 & 寅 & 卯 & 巳 \end{array}$$

$$\begin{array}{ccccccc} 丙 & 丁 & 戊 & 己 & 庚 & 辛 & 壬 \\ 申 & 酉 & 戌 & 亥 & 子 & 丑 & 寅 \end{array}$$

갑일해시(甲日亥時)로 갑추건격(甲趨乾格)이 성립된다. 이 격이 기(忌)하는 것은
연지사(年支巳)를 만나 충(沖)을 받았으나 묘월(卯月)로 득령(得令)하고 좌하(坐下)
에 寅木으로 득지(得地)하고 乙亥로 득세하여 곡직격(曲直格)이 되었다.

희신(喜神)은 水木火이고 기신(忌神)은 土金인데 무술대운(戊戌大運)인 庚子 辛丑
에 관재로 사형구형(死刑求刑)을 받았으나 壬寅 癸卯에 다시 길운이 회복되어, 마
치 고목(枯木)이 봉춘지격(逢春之格)으로 부귀하였던 법무부장관까지 역임한 명조
(命造)이다.

$$\begin{array}{cccc} 乙 & 甲 & 癸 & 壬 \\ 亥 & 午 & 丑 & 申 \end{array}$$

$$\begin{array}{ccccccc} 庚 & 己 & 戊 & 丁 & 丙 & 乙 & 甲 \\ 申 & 未 & 午 & 巳 & 辰 & 卯 & 寅 \end{array}$$

갑일해시(甲日亥時)로 갑추건격(甲趨乾格)이 성립된다. 壬癸水가 신해합수(申亥合水)에 착근(着根)하여 신왕(身旺)하다. 희신(喜神)은 木火土이고 기신(忌神)은 水木인데 대운이 火金으로 향하여 아름답다.

이 격은 축월갑일(丑月甲日)로 신약(身弱)하지만 갑추건격(甲趨乾格)으로 신왕(身旺)으로 선약후강(先弱後强)이 되었다. 또한 축월갑목(丑月甲木)은 한랭하지만 午火의 화기(火氣)가 있어 온토(溫土)를 용(用)할 만하니 행운에서 丙辰, 丁巳, 戊午, 기미운(己未運)에 대부(大富)가 되었다.

제25절 임추간격壬趨艮格

임추간격(壬趨艮格)이란 임일(壬日)이 인시(寅時)에 태어남으로써 성립된다.

즉, 壬子, 壬寅, 壬辰, 壬午, 壬申, 임술일(壬戌日)이 임인시(壬寅時)에 출생함을 말한다. 추간(趨艮)이라고 하는 것은 간(艮)을 따른다는 것이고 간을 향하여 달린다는 뜻이다. 간이란 간궁(艮宮)으로 동북간방(東北艮方)인 축인궁(丑寅宮)을 말하는 것이니 壬이 간궁으로 달려간다는 뜻으로 임추간격(壬趨艮格)이라고 하는 것이다.

이 격은 부귀하다는 귀격(貴格)인데 그 이유는 壬水의 정록(正祿)은 亥水인데 인시(寅時)의 寅木이 亥水와 합을 하여 이루어진 것으로 합록(合祿)과 같은 것이 되어 합록격(合祿格)이라고도 한다. 특히 임진일(壬辰日)이 임인시(壬寅時)는 운용풍호(雲龍風虎)로서 진용(辰龍)이 구름을 일으키고 인호(寅虎)가 바람을 일으키는 것과 같아 정신이 탁월하여 비범한 인물이 된다는 것이다.

이 격이 기(忌)하는 것은 충형(冲刑)을 하는 申은 대기(大忌)한 것이고, 운에서도 申을 만나면 강관실직(降官失職)하게 되고, 亥를 만나면 壬의 록(祿)이 많아 격이 떨어지는 것이다.

또한 임추간(壬趨艮)이라 함은 임일인시(壬日寅時)라 하지만 간(艮)에는 丑寅이 내포되어 있어 인중갑목(寅中甲木)은 축중기토(丑中己土)에 합하여 己土를 인출(引

出)시키고, 인중병화(寅中丙火)는 축중신금(丑中辛金)을 병신합(丙辛合)하여 辛金을 인출(引出)시킨다. 여기서 己土는 壬水의 관성(官星)이고 辛金은 壬水의 인수(印綬)가 되므로 관인합작(官寅合作)으로 귀하게 되는 것이다. 이 격 역시 독립적으로 보는 것보다는 정격으로 우선하여 보아야 마땅하다.

壬	壬	甲	戊
寅	寅	寅	寅

辛 庚 己 戊 丁 丙 乙
酉 申 未 午 巳 辰 卯

임일(壬日)에 인시(寅時)로써 임추간격(壬趨艮格)을 이루었고 원국(原局)에 충형(沖刑)이 없고 전국(全局)이 水木으로 이루어져 오행상생격(五行相生格)과 지지일기격(地支一氣格)을 이루어 귀격(貴格)이 되었다.

정격(正格)으로 보아도 종아격(從兒格)으로 水木火가 희신이고, 土金이 기신이 되는데 대운이 木火로 향하여 기쁘다. 壬水가 인해합(寅亥合)으로 亥水를 인출(引出)시키는데 亥水는 壬水의 록(祿)이 되므로 검사직으로 부귀하게 된 것이다.

壬	壬	乙	甲
寅	辰	亥	子

戊 己 庚 辛 壬 癸 甲
辰 巳 午 未 申 酉 戌

임일(壬日)에 인시(寅時)로써 임추간격(壬趨艮格)이 성립된다.

이 격이 기(忌)하는 亥를 만나 서운하다. 원국(原局)에서 해월(亥月)로 득령(得令)하고 자진수국(子辰水局)으로 득지(得支)하였고 壬水가 투출(透出)하여 신왕(身旺)하게 되었다.

신왕(身旺)하게 되면 극제(剋制)하는 土金을 희(喜)하는데 辰土는 자진합수화(子辰合水化)가 되었고, 인중병화(寅中丙火)는 인해합목(寅亥合木)으로 무력하니 자연적으로 甲乙木이 투출하여 상관태왕(傷官太旺)으로 용(用)해야 한다. 그러나 상관(傷官)이 태왕(太旺)하여 진토관(辰土官)을 극(剋)함으로써 부군이 납치당하고 교원으로 생활하고 있는 명조이다.

乙 丁 癸 辛
巳 巳 巳 酉

丙 丁 戊 己 庚 辛 壬
戌 亥 子 丑 寅 卯 辰

정사일(丁巳日)이 다봉사(多逢巳)하여 도충록마격(倒冲祿馬格)이 성립된다. 이 격이 기(忌)하는 월상계수관(月上癸水官)이 투출(透出)되어 있으나, 巳에 절(絶)하고 지지화국(地支火局)에 수열(水熱)하여 무력하여 구애 없이 격이 이루어져 있다. 정격(正格)으로 논하면 정화일주(丁火日主)가 巳火에 득령(得令), 득지(得地)하여 신왕(身旺)하여 극제(剋制)하는 金水가 있어 아름답다. 따라서 신왕관왕(身旺官旺)하여 죄악을 판정하고, 감찰하는 판원직(判院職)까지 오른 명조(命造)이다.

```
乙 丁 丁 癸
巳 巳 巳 卯
```

```
庚辛壬癸甲乙丙
戌亥子丑寅卯辰
```

정사일(丁巳日)이 다봉사(多逢巳)하여 도충록마격(倒冲祿馬格)이 성립된다. 이 격이 기(忌)하는 연상계수(年上癸水)가 관성(官星)으로 투출하여 불기(不奇)하나, 癸水는 생묘목(生卯木)하고 다봉사(多逢巳)에 무력하여 구애 없이 성립되어 편수관(偏脩官)까지 지낸 명조(命造)이다.

정격(正格)으로 논하면 정사일주(丁巳日柱)가 전국(全局)이 화국(火局)으로 독상격(獨象格)이 되고, 권재일인(權在一人)이 되는 종왕격(從旺格)이 성립되어 목화토운(木火土運)에 희(喜)하고 금수운(金水運)이 기(忌)하는데, 본명은 인묘진운(寅卯辰運)에 대발(大發)하였으나 해자축운(亥子丑運)에 대기(大忌)하였다.

제26절 비천록마격飛天祿馬格

비천록마(飛天祿馬)란 군중이 모여 원국(原局)에 없는 오행을 허충(虛沖)으로 재성(財星)과 관성(官星)인 록마(祿馬)를 충출(沖出)시켜 재관(財官)을 귀격(貴格)으로 작용하게 함으로써 성립되는 것을 말한다.

즉, 이 격은 경자일생(庚子日生)이 다봉자수(多逢子水), 임자일생(壬子日生)이 다봉자수(多逢子水), 계해일생(癸亥日生)이 다봉해수(多逢亥水), 신해일생(辛亥日生)이 다봉해수(多逢亥水), 정사일생(丁巳日生)이 다봉사화(多逢巳火), 병오일생(丙午日生)이 다봉오화(多逢午火)로써 6가지가 있다.

이중에 庚子, 壬子, 辛亥, 癸亥일의 4가지를 정비천록마(正飛天祿馬)라 하고 丙午, 정사일(丁巳日)의 2가지를 도비천록마(倒飛天祿馬)라고 하는데 일반적으로 비천록마(飛天祿馬), 도충록마(倒沖祿馬)라고 각각 호칭하고 있으며 도충록마(倒沖祿馬)를 도충격(倒沖格)이라고도 한다.

이 격의 구성원리는 첫째, 경자일(庚子日)인 경우 다봉자(多逢子)로써 원국(原局)에 없는 午를 허충(虛沖)하여 오중정화(午中丁火)로 관성(官星)하고 오중기토(午中己土)를 인수(印綬)하여 관인(官印)으로 작용하여 귀격(貴格)이 되는데, 만약 丑土가 있으면 자축합(子丑合)이 되어 午를 충(沖)하지 않고, 또한 午나 巳가 있으면 불기(不奇)하여 파격이 되는 것이다.

둘째, 임자일(壬子日)인 경우 다봉자(多逢子)로써 午를 허충(虛沖)하여 오중정화(午中丁火)로 재성(財星)하고 오중기토(午中己土)로 관성(官星)하여 임일(壬日)이 재관(財官)하지 않고, 단 丁, 己, 午가 있으면 재관충(財官沖)으로 불기(不奇)하여 파격이 되는 것이다.

셋째, 신해일(辛亥日)은 다봉해(多逢亥)로 巳를 허충(虛沖)하여 사중병화(巳中丙火)로 관성(官星)하고 사중무토(巳中戊土)로 인수(印綬)하여 관인(官印)으로 작용하여 귀격(貴格)이 되는데, 만약 戌이 있으면 戌亥로 천라(天羅)하여 巳를 충(沖)하지 않아 쓰지 못하고, 또 丙戌가 있으면 재인충(財印沖)하고 巳가 있으면 불기(不奇)하여 파격이 되는 것이다.

넷째, 계해일(癸亥日)인 경우 다봉해(多逢亥)로 巳를 허충(虛沖)하여 사중병화(巳中丙火)로 재성(財星)하고 사중무토(巳中戊土)로 관성(官星)하여 계일(癸日)이 재관(財官)으로 작용하여 귀격(貴格)이 되는데, 만약 戌이 있으면 戌亥로 천라(天羅)하여 巳를 충(沖)하지 않고 또 丙戌가 있으면 재관충(財官沖)하고 巳가 있으면 불기(不奇)하여 파격이 되는 것이다.

다섯째, 丙午 일인 경우 다봉오(多逢午)로 子를 허충(虛沖)하여 자중계수(子中癸水)로 관성(官星)하여 귀격으로 작용하는데, 未가 있으면 午未 합(合)이 되어 子를 충(沖)하지 않고, 壬癸가 있으면 관살(官殺)로 충(沖)하여 파격이 되는 것이다.

여섯째, 정사일(丁巳日)인 경우 다봉사(多逢巳)로 亥를 허충(虛沖)하여 해중임수(亥中壬水)로 관성(官星)하여 귀격(貴格)으로 작용하는데, 辰이 있으면 辰巳로 반합(絆合)하여 亥를 충(沖)하지 않아 쓰지 못하고 壬癸亥가 있으면 관살충(官殺沖)으로 불기(不奇)하여 파격이 되는 것이다.

이상과 같이 비천록마(飛天祿馬)나 도천록마(倒天祿馬)가 성립되어 중화를 이루면 법정계(法政界)에서 입신하는 귀명(貴命)이다.

己 辛 壬 丁
亥 亥 子 未

乙 丙 丁 戊 己 庚 辛
巳 午 未 申 酉 戌 亥

신해일(辛亥日)이 다봉해(多逢亥)하여 비천용마격(飛天龍馬格)이 성립된다. 그런데 반합(絆合)되는 寅이 없고 지망(地網)이 되는 戌이 없어 사중병화(巳中丙火)인 관성(官星)을 충출(沖出)시킬 수 있다. 연상정화(年上丁火)가 관살(官殺)이 중중(重重)하여 기(忌)할 것 같으나 원국(原局)에 수기심량(水氣甚凉)으로 조후(調候)로써 아름답다.

정격(正格)으로 논하면 신금일주(辛金日主)가 설기(泄氣)하는 수기(水氣)가 태왕(太旺)하여 제살태과격(制殺太過格)이 되는데, 희신(喜神)은 火土金이고 기신(忌神)은 水木이 된다. 대운이 금화운(金火運)으로 향하여 검찰청장까지 역임한 부귀한 명조(命造)이다.

```
丁 壬 庚 辛
未 子 子 亥
```

```
癸 甲 乙 丙 丁 戊 己
巳 午 未 申 酉 戌 亥
```

임자일(壬子日)이 다봉자(多逢子)로 비천용마격(飛天龍馬格)이 성립된다. 이 격이 기(忌)하는 반합축(絆合丑)도 없고, 관살(官殺)이 되는 戊己土도 만나지 않아 순수 격(純粹格)이 되었다. 정격(正格)으로 논하면 임일주(壬日主)가 자월(子月)에 출생하 여 양인(羊刃)으로 득령(得令)하였고, 좌하(坐下)에 일인(日刃)으로 득지(得地)하였 으며, 庚辛金이 투출(透出)하여 신왕(身旺)하다.

신왕(身旺)한 명(命)에는 극제(剋制)하거나 설기(泄氣)하는 것을 희(喜)하는데 시 주(時柱)에 재관(財官)이 있어 시상정관격(時上正官格)이 되어 대검차장까지 지낸 부귀한 명조(命造)이다.

제27절 삼상격三象格

삼상격(三象格)이란 전국(全局)이 삼파(三派)로 성립되며 타오행(他五行)이 없어 야 한다. 상생이 길하고 상극은 불길하나 설기(泄氣)는 무난하다. 상생(相生)이 되면 용신(用神)이 자연 인비(印比)가 되니 여명(女命)에는 대기(大忌)하게 되는데 이는 인비(印比)가 왕(旺)해지면 관성(官星)이 피상(被像)되어 남편궁(男便宮)이 불길하게 되는 것이다.

```
壬 戊 辛 己
子 辰 未 丑
```

```
戊丁丙乙甲癸壬
寅丑子亥戌酉申
```

사주원국(四柱原局)이 토금수(土金水)로 3가지 오행으로 구성되어 삼상격(三象格)이 성립된다. 이 격은 일주(日主)를 도와주는 火나 土가 희(喜)하고 土의 기운(氣運)을 설기(泄氣)하는 金은 무난하다. 그러나 土를 극제(剋制)하는 水木이 기(忌)하다. 여명(女命)에 비겁(比劫)이 중중(重重)하고 대운이 금수운(金水運)으로 향하여 초년은 대발(大發)하였으나 중년 이후에 대기(大忌)한 명조(命造)이다.

을해대운(乙亥大運)에 을신충(乙辛冲)하고 해미관성(亥未官星)이 되니 손재, 수술, 부부애로 등이 발생한다. 丙子 대운은 병신합(丙辛合), 병임충(丙壬冲)으로 충중봉합(冲中逢合)하여 파직하고 부부 이별하였다.

```
丙 戊 己 戊
辰 申 未 申
```

```
丙乙甲癸壬辛庚
寅丑子亥戌酉申
```

사주원국(四柱原局)이 화토금(火土金)으로 3가지 오행으로 구성되어 삼상격(三象格)이 성립된다. 이 격은 일주(日主)를 도와주는 火土가 길하고 土의 기운을 설기(泄

氣)하는 金은 무난하다. 그러나 土를 극제(剋制)하는 水木은 불길하다.

　계해대운(癸亥大運)은 무계합(戊癸合), 기계충(己癸冲)으로 충중봉합(冲中逢合)하고 해미합목(亥未合木)하여 기신(忌神)이 되니, 변동이 있는 가운데 손재, 관재구설, 교통사고 등으로 불길하다. 을축대운(乙丑大運)은 기을극(己乙剋)하고 축미충(丑未冲)으로 처음에는 다소 실패가 있으나, 土가 용신(用神)이니 건강회복, 사업성공, 부동산 매입 등으로 대길하였다.

제28절 합록격合祿格

　합록격(合祿格)이란 록(祿)이 합하여 이루어졌다는 뜻인데 록(祿)이란 갑록재인(甲祿在寅), 을목재묘(乙木在卯)의 록궁(祿宮)이 아니고 록마(祿馬)라는 뜻으로 정관(正官)을 말하는 것이다.

　이 격의 구성은 6무일(六戊日)에 신시(申時)와 6계일(六癸日)에 신시(申時)로 이루어지는데 무계일(戊癸日)의 신시(申時)는 경신시(庚申時)가 되니, 신중경금(申中庚金)은 묘중을목(卯中乙木)을 인합(引合)하여 기동시키는데, 여기에서 乙木은 무일(戊日)의 정관(正官)이 되어 자연히 卯는 乙木의 정관록(正官祿)이 되고, 합(合)하여 구성되었다고 하여 합록(合祿)이라고 하는 것이다.

　또한 계일(癸日)의 신시(申時)는 경신시(庚申時)로서 巳申 합(合)하여 巳를 인합(引合)하여 기동(起動)시키는데, 사중무토(巳中戊土)가 계일(癸日)의 정관(正官)이 되고 巳는 정관(正官)의 록(祿)이 되어 합록(合祿)이 되는 것이다. 이 격이 기(忌)하는 것은 무일경신시(戊日庚申時)는 관성(官星)이 되는 甲乙木이 없어야 하고, 또한 庚金을 극(剋)하는 丙火와 申金을 충극(冲剋)하는 寅木이 없어야 하며, 지지(地支)에 卯木이 없어야 한다. 그리고 계일경신시(癸日庚申時)도 역시 庚金을 극(剋)하는 丙火와, 申金을 충극(冲剋)하는 寅木과 합록(合祿)하는 巳火와, 계일(癸日)의 관성(官星)이 되는 戊己를 기(忌)하는 것이다.

```
庚  戊  己  丁
申  午  酉  巳
```

```
壬 癸 甲 乙 丙 丁 戊
寅 卯 辰 巳 午 未 申
```

　무일(戊日)에 경신시(庚申時)로 합록격(合祿格)이 성립되는데 戊午, 丁巳, 己土로 신왕(身旺)하다. 그러나 庚申, 巳酉로 금국(金局)하여 일주(日主)에 비(比)하여 금기(金氣)가 득령(得令), 득국(得局), 득세하므로 금기(金氣)가 조금 더 왕성하다.

　따라서 운에서 조금만 도우면 대발(大發)하는데 다행하게도 사오운(巳午運)에 용신화(用神火)를 방조(幇助)하여 국회에 진출하였으나, 甲辰 운에는 갑경충(甲庚冲)되고, 진유합금(辰酉合金)으로 화기(火氣)가 회기(晦氣)되어 낙선하게 된 명조(命造)이다.

```
庚  癸  甲  丙
申  亥  午  子
```

```
辛 庚 己 戊 丁 丙 乙
丑 子 亥 戌 酉 申 未
```

　계일(癸日)이 경신시(庚申時)로 합록격(合祿格)이 성립된다. 이 격이 기(忌)하는 甲丙을 만나고 하월생(夏月生)으로 부진격(不眞格)이 되었다. 또한 오월(午月)의 염천지절(炎天之節)에 丙火가 투출(透出)하여 화기(火氣)가 왕성하다.

　그러나 癸水가 계수득지(癸水得地), 경신득세(庚申得勢), 연지자수(年支子水)로 역시 신왕(身旺)하여 신왕재왕(身旺財旺)한데, 화기(火氣)보다 일주(日主)가 조금 강하다. 운행이 木火로 향하여 검사가 된 귀명(貴命)이다. 일반적으로 수목일(水木日)에 술해일시(戌亥日時)가 법조계에 인연이 많다.

제29절 전록격專祿格

전록격(專祿格)이란 정록(正祿)이 일지(日支)에 있으므로 성립되는 것이다. 이 격의 구성원리는 갑목재인(甲木在寅), 을목재묘(乙木在卯), 경금재신(庚金在申), 신금재유(辛金在酉)로서 12종류의 정록(正祿)이 있는데, 전록격(專祿格)은 4종류이다. 이 격이 기(忌)하는 것은 원국(原局)이나 유년(流年)에서 관살(官殺) 또는 형충(刑沖)을 만나는 것이다.

이 격은 단순하게 일주(日柱) 하나만 가지고 길흉작용을 판단하는 것이 어려운데 모두가 간여지동(干與支同)으로 지지장간(地支藏干)이 비견(比肩)으로 되어 있어 신왕(身旺)이 되니, 오히려 관살(官殺)이 필요한데 기(忌)한다는 것이다. 이것은 다른 격으로 성립될 소질이 대단히 많다는 것을 암시한다.

예를 들면 갑인일(甲寅日)인 경우는 癸亥, 癸亥, 甲寅, 癸亥로써 종왕격(從旺格)이 되고 壬子, 壬寅, 甲寅, 乙丑으로써 종강격(從强格)이 된다.

을묘일(乙卯日)인 경우는 乙卯, 乙卯, 乙卯, 辛巳로써 곡직격(曲直格)이 되고, 경신일(庚申日)인 경우는 乙酉, 乙酉, 庚申, 丙子로써 종혁격(從革格)이 되고, 신유일(辛酉日)인 경우는 辛丑, 壬辰, 辛酉, 丁酉로써 종왕격(從旺格)이 된다.

```
丙 甲 乙 戊
寅 寅 卯 午
```

```
壬 辛 庚 己 戊 丁 丙
戌 酉 申 未 午 巳 辰
```

갑인일(甲寅日)로써 전록격(專祿格)이 성립된다. 이 격이 기(忌)하는 관살(官殺)이나 충형(沖刑)이 하나도 없어 묘격(妙格)이 되었다.

정격(正格)으로 논하여 甲寅이 묘월(卯月), 인시(寅時)로 목왕(木旺)하여 곡직격(曲直格)으로 보기 쉬우나, 午火가 미약한데 丙火가 투출되어 있고, 인오화국(寅午火局)이 되어 모왕자고(母旺子孤)에서 모왕자왕(母旺子旺)으로 잘 설정(泄精)되었다.

따라서 甲乙寅卯木이 생병정화(生丙丁火)하고 다시 화생토(火生土)하여 아우생아(兒又生兒)로 아름답다. 운행이 火金으로 향하여 대귀(大貴)하였는데 경신운(庚申運)에는 장관까지 역임한 김태동(金泰東)의 명조(命造)이다.

```
戊 辛 乙 戊
子 酉 丑 辰
```

```
壬 辛 庚 己 戊 丁 丙
申 未 午 巳 辰 卯 寅
```

신유일(辛酉日)로써 전록격(專祿格)이 성립된다. 이 격이 기(忌)하는 관살(官殺)이나 충형(沖刑)이 하나도 없어 순수하게 이루어졌다. 정격(正格)으로 논하면 신금일주(辛金日主)가 축월(丑月)로 득격(得格)하고, 좌하유금(坐下酉金)에 득지(得地)하고 연시간무토(年時干戊土)가 있어 신왕(身旺)하여, 극제(剋制)나 설기(泄氣)가 필요하다.

　다행히 월상을목(月上乙木)이 축중계수(丑中癸水)와 진중을목(辰中乙木)에 착근(着根)하고, 시지자수(時支子水)로부터 생조(生助)를 받아 식재(食財)가 왕성하여 교육계에 종사하고 있다.

제30절 일귀격日貴格

　일귀격이란 생일지지(生日地支)에 귀인을 놓아 이루어진 것을 말한다. 다시 말하여 귀인이란 관귀(官貴)를 말하는 것이 아니라 천을귀인(天乙貴人)을 말하는 것으로 丁亥, 丁酉, 癸卯, 계사일(癸巳日)이다. 그런데 일귀(日貴)도 주귀(晝貴)와 야귀(夜貴)로 구분하는데, 癸卯와 癸巳는 묘사시(卯巳時)로 낮이 되어 주귀(晝貴)이고, 丁亥, 丁酉는 해유시(亥酉時)로 밤이 되어 야귀(夜貴)가 된다.

　이 격의 특성은 성품이 온유하고 인자하면서 덕망이 있고 주위로부터 존경을 받는다. 이 격이 기(忌)하는 것은 형충(刑冲)이나 공망(空亡)이고, 회합하는 것을 희(喜)하는데 운에서도 같은 작용을 한다.

壬	癸	丁	辛
子	巳	酉	酉

庚辛壬癸甲乙丙
寅卯辰巳午未申

　계사일(癸巳日)로써 일귀격(日貴格)이 성립된다. 사유합금(巳酉合金)으로 원국(原局)이 금수격(金水格)이 되어 순수하게 이루어져 진귀인(眞貴人)이 되었다. 정격(正

格)으로 논하자면 癸水가 酉金으로 종강격(從强格)이 되었다. 종강격(從强格)은 인비(印比)인 金水나 식상(食傷)인 木이 희신(喜神)이고, 癸水를 극제(剋制)하는 재관(財官)이 기신(忌神)이다.

운행이 火木으로 향하여 甲午, 乙未에는 고생하였으나 癸巳, 壬辰에는 대발(大發)하여 대학교수가 된 명조(命造)이다. 고서에서 말하는 "년월일시(年月日時)에 삼중인수(三重印綬)이고 순수하면 대학총장이 분명하다"에 해당하는 것이다.

```
甲 癸 癸 甲
寅 卯 卯 子
```

丙 丁 戊 己 庚 辛 壬
申 酉 戌 亥 子 丑 寅

계묘일(癸卯日)로써 일귀격(日貴格)이고 동서좌우에 寅卯로 귀인이 합다(合多)되었고, 시상상관(時上傷官)으로 되어 있다. 자평서(子平書)의 여명시결(女命詩訣) "사주국(四柱局) 중에 상관투(傷官透)하니 필작당전(必作堂前)에 사환인(使喚人)이라"는 구절에 해당한다. 그래서 본명은 기생이 되어 능가능무(能歌能舞)하고 문예 등으로 명기가 된 명조(命造)이다.

정격(正格)으로 논하면 癸水가 식상(食傷)이 태왕(太旺)하여 종아격(從兒格)이 되어 예능에는 소질이 있으나 관살(官殺)이 되는 남편궁이 기(忌)하다. 일귀격(日貴格)은 대체로 여명(女命)에는 불미스러운 격이다.

예를 들면 계묘일(癸卯日)은 일지좌하(日支坐下)가 식신(食神)으로 극관(剋官)하고, 계사일(癸巳日)은 사중무토관(巳中戊土官)이 암합(暗合)하여 명암부집(明暗夫集)이 되기 쉽고, 정해일(丁亥日)은 해중임수관(亥中壬水官)이 암합(暗合)이 되기 쉽기 때문이다.

제31절 일덕격日德格

일덕격(日德格)은 甲寅, 丙辰, 戊辰, 庚辰, 임술일(壬戌日)로써 성립된다. 이 격이 기(忌)하는 것은 원국(原局)에서 형충(刑沖)이나 재관(財官)이 가임회합(加臨會合)하거나 공망(空亡)을 기(忌)하는 것이다.

이 격의 특성은 온유하여 자선심이 많고 만인의 존경을 받고 복수강녕(福壽康寧)하게 된다. 이석영(李錫暎) 선생에 의하면 일덕격(日德格) 외에 甲戌, 丙戌, 戊戌, 庚戌, 임진일생(壬辰日生)의 직업은 기공업에 종사하는 경우가 많다.

만약 역마(驛馬)가 월건(月建)에 있으면 운수업, 월봉인수(月逢印綬)이면 인쇄업, 원국(原局)에 일덕(日德)과 화성(火星)이 합하면 전기, 토성(土星)이 합하면 土木, 금성(金星)이 합하면 기계, 수성(水性)이 합하면 환경, 목성(木星)이 합하면 건축 등으로 추리하여 적성을 판단할 수가 있다. 여기에서 辰戌은 고(庫)를 뜻하여 공장으로 추리한 것으로 본다.

$$庚 \quad 庚 \quad 乙 \quad 乙$$
$$辰 \quad 辰 \quad 酉 \quad 酉$$

$$戊 \; 己 \; 庚 \; 辛 \; 壬 \; 癸 \; 甲$$
$$寅 \; 卯 \; 辰 \; 巳 \; 午 \; 未 \; 申$$

경진일(庚辰日)로써 일덕격(日德格)이 성립되고 일덕경진(日德庚辰)이 사주에 중봉하고 이 격이 기(忌)하는 형충(刑沖)이나 재관(財官)이 없어 더욱 아름답다.

일월을경(日月乙庚)이 합하고 연시을경(年時乙庚)이 합하여 화금(化金)하는데 지지(地支)에 辰辰酉酉로 합하여 토생금(土生金)으로 진화격(眞化格)을 이루었다.

정격(正格)으로 논하면 천간(天干)이 을경합금(乙庚合金)하고, 지지(地支)는 진유합금(辰酉合金)으로 전국(全局)이 금국(金局)으로 종왕격(從旺格)이 되었다. 희신(喜神)은 土金水이고, 기신(忌神)은 木火인데 운행이 목화운(木火運)으로 향(向)하여 애로가 많다가, 신사운(辛巳運)에 사유합금(巳酉合金)으로 대발(大發)하였다.

```
甲 丙 乙 乙
午 辰 酉 卯
```

```
戊 己 庚 辛 壬 癸 甲
寅 卯 辰 巳 午 未 申
```

병진일(丙辰日)로써 일덕격(日德格)이 성립되는데, 이 격이 기(忌)하는 유금재(酉金財)를 만나고, 년월지가 묘유충(卯酉沖)으로 별격(別格)으로 추리해야 한다.

정격(正格)으로 논하면 丙火가 酉金으로 실령(失令)하였으나 생년을목(生年乙木)이 卯木에 착근(着根)하고, 월상을목(月上乙木)과 시상갑목(時上甲木)이 생화(生火)하고 또한 시지오화(時支午火)에 양인(羊刃)으로 丙火가 착근(着根)하니 약화위강(弱化爲强)하였다.

월지유금(月支酉金)이 고립무의(孤立無依)인데 다행히 시상갑목(時上甲木)이 생오화(生午火)하고, 午火는 생진토(生辰土)하고 辰土는 생유금(生酉金)하여 재성(財星) 역시 원원유장(遠源流長)으로 왕성하여 귀격(貴格)이 되었다. 운행(運行)이 火木으로 향하여 미오운(未午運)에 부진하였으나 辛巳, 경진운(庚辰運)에 대발(大發)한 법관의 명조(命造)이다.

제32절 괴강격魁罡格

괴강격(魁罡格)의 괴(魁)는 하괴(河魁)라는 뜻으로 12월 중 술월(戌月)에 해당하고 강(罡)이라 함은 천강(天罡)이라고 하여 진월(辰月)에 해당하여 진술일(辰戌日)로 이루어져 격이 성립되는 것이다.

그런데 辰戌이라 하여 甲辰, 甲戌, 丙辰, 丙戌, 戊辰, 戊戌, 壬辰, 壬戌, 庚辰, 庚戌의 10격(十格) 중 壬辰, 壬戌, 庚辰, 庚戌의 4일로써 성립된다고 자평(子平)에서 규정하고 있으나, 신봉서(神峯書)에는 庚辰, 庚戌, 壬辰, 戊戌이라고 다르게 기록되어 있어 戊戌까지 포함한다.

이 격의 특성은 자상하지는 않지만 총명하고 모든 일에 과단성이 있어 발복(發福)하게 되는데 원국(原局)에 재관(財官)과 형충(刑冲)을 만나는 것을 제일 두려워한다. 만약 재관(財官)이나 형충(刑冲)을 만나면 소인이 되거나 재화가 연달아 일어난다. 여명(女命)에 이 격이 있으면 부부궁이 불길하여 부군이 전사하거나 납치당하는 경우가 많으며 재산을 탕진하거나 무능력하다.

$$
\begin{array}{cccc}
庚 & 庚 & 庚 & 乙 \\
辰 & 辰 & 辰 & 巳 \\
\end{array}
$$

$$
\begin{array}{ccccccc}
癸 & 甲 & 乙 & 丙 & 丁 & 戊 & 己 \\
酉 & 戌 & 亥 & 子 & 丑 & 寅 & 卯 \\
\end{array}
$$

경진일(庚辰日)로써 괴강격(魁罡格)이 성립되는데 원국(原局)에 3중봉(三重逢)하여 매우 아름답다. 이 격이 기(忌)하는 재관(財官)이나 충형(冲刑)이 보이지 않아 귀격(貴格)이 었다. 정격(正格)으로 논하면 庚金 일주가 득령(得令), 득지(得地), 득세(得勢)하여 종왕격(縱旺格)이 되어 토금수(土金水)를 희(喜)하고 木火를 기(忌)하는데 인묘운(寅卯運)에 고생하였으나, 수금운(水金運)으로 향하여 대학총장까지 역임한 명조(命造)이다.

```
庚 壬 丙 己
戌 辰 子 巳
```

```
癸 壬 辛 庚 己 戊 丁
未 午 巳 辰 卯 寅 丑
```

임진일(壬辰日)로써 괴강격(魁罡格)이 성립되는데 시상(時上)에 경술괴강(庚戌魁罡)을 만나고 있어 부부궁(夫婦宮)이 불길함을 암시하고 있다. 정격(正格)으로 논하면 壬水가 자월(子月)에 득령(得令)하고 진중계수(辰中癸水)로 득지(得地)하고 있으나, 丙巳辰戌로 재관(財官)이 왕성하여 강변위약(强變爲弱)하게 되었다. 본명은 부군이 전사하고 재혼하였으나 고전을 면치 못하였는데, 이것은 관살혼잡(官殺混雜)이라고도 하며 명암부집(明暗夫集)이라고도 하는 것이다.

제33절 임기용배격壬騎龍背格

임기용배(壬騎龍背)란 壬이 용의 등에 올라탔다는 뜻으로 壬이 辰 위에 올라 앉아 있다는 뜻으로 임진일(壬辰日)을 의미하는 것이다. 이 격을 가진 사람은 부귀하게 되는데 그 이유가 있다. 예를 들면 임진일(壬辰日)은 원국에서 년월시(年月時)에 辰을 많이 만나면, 그 辰은 戌을 충(冲)하여 술중무토(戌中戊土)가 임일(壬日)의 관으로 작용하여 귀하게 된다는 것인데, 원국(原局)에 戌이 미리 나와 있으면 불기(不奇)하게 된다.

그리고 부격(富格)이 되는 것은 辰이 戌을 충(沖)하면 술중정화재(戌中丁火財)가 있고, 寅木을 만나면 寅은 戌과 인술합(寅戌合)으로 재국(財局)을 하게 되므로 크게 부(富)하게 되는 것이다. 이 격이 희(喜)하는 것은 년월시(年月時)에 진다봉(辰多逢)과 인다봉(寅多逢)이고, 기(忌)하는 것은 원국(原局)에서 무토관성(戌土官星)과 충(沖)하는 戌이 있어도 불기(不奇)한 것이다.

```
甲 壬 辛 癸
辰 辰 酉 亥
```

```
甲乙丙丁戊己庚
寅卯辰巳午未申
```

임진일(壬辰日)이 다봉진(多逢辰)하여 임기용배격(壬騎龍背格)이 성립된다. 이 격이 기(忌)하는 진토관성(辰土官星)과 충(沖)하는 戌이 없어 더욱 아름답다. 정격(正格)으로 논하면 임일주(壬日主)가 癸亥, 辛酉를 방조(幇助)하여 신왕하게 되어 극재하거나 설기하는 火土木이 희신(喜神)이고, 인비(印比)인 金水가 기신(忌神)이다. 행운이 火木으로 향하여 대발하였는데 戊午, 丁巳, 병진운(丙辰運)에 대학교수가 되어 저명하게 된 명조이다.

```
壬 壬 壬 壬
寅 辰 寅 寅
```

```
己戊丁丙乙甲癸
酉申未午巳辰卯
```

임진일(壬辰日)이 다봉인(多逢寅)으로 임용배격(壬騎龍背格)이 성립된다. 이 격은 戌을 충(冲)하고 戌은 인술합(寅戌合)하여 술중정화(戌中丁火)와 인오술삼합(寅午戌三合)으로 재국(財局)을 이루어 매우 기묘하다. 정격(正格)으로 논하면 천간4임(天干四壬)으로써 천원일기(天元一氣)에 水木으로 양신성상격(兩神成象格)이 되어 더욱 기쁘다. 그래서 水木火에 희(喜)하고 土金이 기(忌)하는데 대운이 木火로 향하여 대부(大富)가 된 명조(命造)이다.

임진일(壬辰日)의 임기용배격(壬騎龍背格)은 괴강일(魁罡日)과 유사하여 여명(女命)에는 불미하게 되는데, 부군이 횡액, 납치, 무책임 등으로 부부애로가 많다.

제34절 재관쌍미격財官雙美格

재관쌍미격은 일지(日支)에 정재(正財), 정관(正官)이 있음을 말하는데 임오일(壬午日)과 계사일(癸巳日)이다. 임오일(壬午日)은 오중정화재(午中丁火財)와 기토관(己土官)이 있고, 계사일은 사중병화재(巳中丙火財)와 무토관(戊土官)이 있으므로 재관이 쌍전(雙全)하고 있어서 록마동향(祿馬同鄉)이라고 한다. 이 격이 기(忌)하는 것은 관살(官殺)이 되는 戊己土가 되어 록격(祿格)을 손상시키기 때문이다. 이 격은 공망(空亡)을 기(忌)하고 신왕(身旺)을 요하며 합을 희(喜)한다.

癸	癸	癸	癸
丑	巳	亥	亥

丙丁戊己庚辛壬
辰巳午未申酉戌

계사일(癸巳日)로써 재관쌍미격(財官雙美格)을 이루고 있다. 해월(亥月)에 癸水가 통원(通源)하여 더욱 신왕(身旺)하면서도 심량지절(甚凉之節)인데 사중무토(巳中戊土)와 축중기토(丑中己土)가 온원지토(溫原之土)가 되어 아름답다. 그런데 재관(財官)이 약하고 水가 왕(旺)하여 병(病)일 수 있으나, 정사운(丁巳運)에는 왕쇠충발(旺衰沖拔)로 파란이 중중(重重)하였다.

$$\begin{array}{cccc} 庚 & 壬 & 壬 & 丙 \\ 戌 & 午 & 辰 & 戌 \end{array}$$

$$\begin{array}{ccccccc} 己 & 戊 & 丁 & 丙 & 乙 & 甲 & 癸 \\ 亥 & 戌 & 酉 & 申 & 未 & 午 & 巳 \end{array}$$

임오일(壬午日)로써 재관쌍미격(財官雙美格)이 성립된다. 다시 말하면 오중정화재(午中丁火財)와 기토관(己土官)으로 록마동향(祿馬同鄕)을 이루고, 임수일주(壬水日主)가 의지할 곳이 없이 병화재(丙火財)가 투출하고, 지지(地支)에 火土가 왕(旺)하여 종살(從殺)하게 되는 것이다. 정격(正格)으로 논하면 壬水가 전지지가 火土로 되어있고, 시상(時上) 丙火가 투출되어 종재격(從財格)이 되었다. 운행인 午未火土운에 재상이 되었으며, 丁酉 운에 辰酉 합금(合金)으로 신왕(身旺)하여 불록지객(不祿之客)이 되었다.

제35절 오행구전격五行俱全格

오행구전격(五行俱全格)은 원국(原局)의 연월일시(年月日時)에 木火土金水가 전부(全部) 있음을 말하는데 생생부절(生生不絶)하여 순환상생(循環相生)을 뜻한다.

다시 말하여 목생화(木生火), 화생토(火生土), 토생금(土生金), 금생수(金生水)로 생생불이(生生不已)라고도 한다.

$$
\begin{array}{cccc}
辛 & 丁 & 乙 & 庚 \\
丑 & 丑 & 亥 & 辰
\end{array}
$$

$$
\begin{array}{ccccccc}
壬 & 辛 & 庚 & 巳 & 戊 & 丁 & 丙 \\
午 & 巳 & 辰 & 卯 & 寅 & 丑 & 子
\end{array}
$$

월지(月支)의 亥水에서 시작하여 생을목(生乙木)하고 乙木은 생정화(生丁火)하고 丁火는 생축토(生丑土)하고 丑土는 생경신금(生庚辛金)하고 庚辛金은 생해수(生亥水)로 木火土金水 모두가 갖추어져 있으면서 순환상생(循環相生)하니 생의(生意)가 불패(不悖)하고 있다.

丁火 일주가 庚金은 재성(財星)이 되고 해중임수(亥中壬水)는 관성(官星)이 되고 해중갑목(亥中甲木)은 인수(印綬)가 되어 삼기격(三奇格)을 이루고 있으나, 신약(身弱)으로 살인상생(殺印相生)이 되는 乙木 인수(印綬)가 용신(用神)이 된다.

대운이 水木으로 향하여 대발(大發)하였으나 신사대운(辛巳大運)에 乙辛 충(冲), 巳亥 충(冲)으로 천충지충(天冲地冲)되어 수명을 다하였다.

$$
\begin{array}{cccc}
己 & 丁 & 丁 & 壬 \\
酉 & 未 & 未 & 申
\end{array}
$$

$$
\begin{array}{cccccc}
甲 & 癸 & 壬 & 辛 & 庚 & 己 & 戊 \\
辰 & 丑 & 子 & 亥 & 戌 & 酉 & 申
\end{array}
$$

정화일(丁火日)이 미중정화(未中丁火)에 득근(得根)하고 월간정화(月干丁火)가 투출하여 신왕(身旺)하다. 壬水는 申金에 득근(得根)하고 시상기토(時上己土)는 생유금(生酉金)하고, 酉金은 생임수(生壬水)하고, 壬水는 미중을목(未中乙木)을 생(生)하고, 乙木은 생정화(生丁火)하여 화생토(火生土), 토생금(土生金), 금생수(金生水), 수생목(水生木)으로 상생(相生)하여 생의불패(生意不悖)가 되었다. 운행이 金水로 향하여 공명이 사후까지 전해지고 있다.

제 19 장

성격론性格論

제1절 오행五行의 일반적 성격론

1. 木의 특성

木은 곡직(曲直)이라고 하며 인(仁)을 주도한다. 성품이 곧고 어질면서 온순하고 자비스러우며 인정이 많고 타인과 융화를 잘한다. 측은지심이 있어 병든 사람과 외로운 사람을 잘 도와주며, 자기보다 남을 이롭게 하며, 낙천적이며, 정직한 삶을 살아간다.

외면적으로는 부드럽고 연약해 보이지만 내면으로는 강인성이 있어 외유내강한 것이 두드러진 특성이다.

목기(木氣)가 조화롭고 온전하면 마음이 온후하고 인정이 많아 유정하고 자애롭다. 목기(木氣)가 많으면 고집이 강하고 자비심이 없으며, 질투심이 많고 인자하지 못하며, 어리석은 짓을 잘하며, 사리판단이 흔들린다. 목기(木氣)가 부족하면 의지력이 약하고 너무나 부드럽고 유약하여 결단력이 부족하고 인색하다.

2. 火의 특성

火는 염상(炎上)이라고 하고 예를 주도한다. 염상(炎上)은 불이 타오르는 형상을 지칭하는 것이다. 본래 火는 열과 밝은 빛으로, 마음이 따뜻하고 항상 겸손한 마음이 있고 예의가 바르다. 항상 자기를 낮추고 타인이 잘 되는 것을 질투하지 않으며, 인정이 많아 가난한 사람을 보면 자기가 입던 옷을 벗어주고 자기 마음에 들면 입에 든 것도 내어주는 희생적이고 봉사적인 성격이 있다.

화기(火氣)가 많으면 모든 일에 성급하고 지나치게 간섭하는 습관이 있고 말이 빠르고 성질이 나면 비호와 같이 행동한다. 또한 물건을 잘 깨고 화가 나면 물건을 잘 던지는 습관이 있어 부부싸움을 하는 데도 마찬가지이다. 종종 허례허식을 좋아하고 외면으로는 화려하게 보이나 내면은 실속이 없다.

화기가 적으면 나태하기 쉽고 작은 일에는 앞장서서 잘하지만 큰일을 결정하는 데는 우유부단하다. 또한 순간적인 기교를 부리고 내심은 허위성이 많은 편이다.

3. 土의 특성

土는 가색(稼穡)이라 하고 신(信)을 주도한다. 가색(稼穡)이란 곡식을 심어 거둔다는 뜻으로, 모든 곡식은 흙에서 자라고 열매를 맺고 다시 심어지는 근원이 土라는 뜻이다. 土는 근면성실하고 책임감이 강하고 믿음직하고 신앙심이 뛰어나며 자비롭고 도량이 넓다. 매사에 성실을 바탕으로 대인관계가 원만하고 언행이 신중하며 신용과 중용을 신조로 하는 특성이 있다.

토기(土氣)가 많으면 모든 일에 고집이 강하고 집요하여 후회와 반성을 하지 않으며 우둔하고 어리석은 편이다. 비밀이 많고 자기 위주로 아집이 강하며 은혜를 모르고 유아독존으로 우직하게 밀고 나아가는 특성이 있다. 토기(土氣)가 적으면 사리가 밝지 못하고 자기 위주로 판단하고 처리하기 때문에 많은 오류를 범한다. 모든 면에서 인색하고 타인으로부터 신용도가 낮고 부끄러움을 모른다.

4. 金의 특성

金은 종혁(從革)이라 하고 의(義)를 주도한다. 종혁(從革)은 쇠로 만든 갑옷이라는 뜻으로 혁신, 개혁, 개척, 혁명과 같은 뜻으로 통한다. 항상 용감하고 의리를 중히 여기고 재물을 가볍게 여긴다. 남과 타협을 모르고 영웅호걸 같은 기질이 있다. 솔직하고 한 번 싫으면 두 번 다시 상대하지 않으며, 다른 사람을 도와주고 즐거움을 찾는 봉사정신이 강하고 결단력도 대단하다.

금기(金氣)가 많으면 자존심이 강하고 자기 명예를 지나치게 과신하며, 권력을 가지면 남용하고 은인을 배신한다. 음색(淫色)을 즐기고 살생을 좋아하는 잔인성도 있다. 금기(金氣)가 적으면 의리를 중히 여기지만 생각이 너무 지나쳐서 결단력이 없고, 모든 계획이 용두사미가 되어 유시무종하여 신용을 상실한다.

5. 水의 특성

水는 윤하(潤下)라 하며 지(智)를 주도한다. 윤하(潤下)는 물이 흘러가는 형상을 나타내는 표현이다. 물이 위에서 아래로 흐르듯 순리를 따르고 주위 환경에 잘 적응하는 이치와 같은 것이다. 그래서 지혜롭고 총명하며 책략이 원대하다. 바다와 같이 이해심이 깊고 학문이 뛰어나며 예능에 소질이 있다.

수기(水氣)가 많으면 사리판단이 분명하지 못하여 경거망동한다. 잔재주가 많고 눈치를 보는 기회주의자이다. 언어가 분명치 못하여 기분에 좌우되어 행동하고 남의 말을 잘 듣지 않고 음탕하다. 수기(水氣)가 적으면 계획성이 부족하고, 지식은 있으나 지혜롭지 못하여 변덕이 많다. 또한 담력이 작고 상식이 없으면서도 아는 척을 많이 한다.

제2절 일간日干에 의한 성격론

1. 갑목일간(甲木日干)의 성격

(1) 甲木의 성격은 단단하고 곧게 자라는 기질을 닮아서 강직하고 어질면서도 온순하고 자비로운 마음을 지니고 있다. 그러나 곧고 큰 나무는 바람에 꺾이거나

휘어지지 않기 때문에 주위로부터 독불장군이라는 평가를 받기 쉽다.

(2) 甲木은 땅에 뿌리를 튼튼하게 내릴 수 있는 영양분을 흡수하고 거친 풍파에 오래도록 생명을 유지하기 위하여 땅을 많이 차지하고 싶어 한다. 그래서 재물과 여자에 대한 관심이 많은 편이다.

(3) 甲木은 건강하게 성장할 수 있는 광합성 작용을 원활하게 하기 위하여 햇빛을 더 많이 받아야 하니, 자연히 주위의 나무들과 생존경쟁을 하게 된다. 그래서 경쟁에서 이기기 위한 승부욕이 대단히 강하다.

(4) 甲木은 우두머리 기질이 강하여 항상 남들 앞에 나서기를 좋아하여 훌륭한 리더가 될 수 있지만, 반면에 타협을 하지 못하여 소외되기가 쉽다. 그러나 항상 희망적이고 미래지향적인 성품을 지니고 있다.

(5) 甲木은 위를 향해서 자라지만 반면에 높은 곳에서 아래로 내려다보기 때문에 자신이 최고라는 자만심과 오만 때문에 약자에겐 강하고 강자에게는 약한 일면을 가지고 있다.

(6) 갑목일간(甲木日干)의 장점은 하늘을 향해 높이 자라는 큰 나무처럼 그 성질이 곧고 이상적이다. 그래서 진취적이고 적극적인 기질이 강하여 위로 뛰어오르는 굳은 의지와 불굴의 기상을 가지고 있으며, 한편 인정이 많고 공정하여 남과 다투기를 싫어하고 단정하면서도 양심적인 편이다.

신체의 장부 중의 간과 쓸개에 해당하여 담력과 배짱이 두둑하여 추진력과 리더십이 강하고 활동적이다. 또한 논리적이고 설득력도 있고 예의가 바르고 사교적인 면도 있다.

(7) 갑목일간(甲木日干)의 단점은 남에게 꺾이거나 굽히지 않는 기질이 있어 융통성이 부족하다. 그래서 지나치게 자기주장을 내세우다가 낭패를 겪을 수도 있다. 무엇이든지 시작을 두려워하지 않고 거침없이 밀고 나가기 때문에 유시무종(有始無終)한 경우가 생긴다. 남을 배려하는 기질이 있지만 자기가 최고라는 생각 때문에 상대를 낮게 보거나 무시하는 경향이 있다.

2. 을목일간(乙木日干)의 성격

(1) 乙木은 거목이 아니고 작은 나무나 넝쿨이 있는 초목으로 하늘을 향해 곧게 뻗어 올라가기보다는 담을 타고 자라는 덩굴식물, 화분의 화초, 야산에 있는 작고 여린 풀과 같은 성향을 가지고 있다.

(2) 乙木은 甲木에 비유하면 연약하여 혼자 힘으로는 높이 올라갈 수 없고 추진력도 약하다. 그러나 넝쿨식물은 잠시도 쉬지 않고 가지를 뻗어나가기도 하고 큰 나무와 담벼락 같은 의지처가 있으면 높이 올라갈 수도 있고, 안전하게 자랄 수 있어 위험성이 없다. 그래서 혼자서 일을 처리하는 것보다는 동료나 친구들에 의해 능력과 재능을 발휘하게 된다.

(3) 乙木은 어떤 장애물을 만나도 유연하게 장애물을 타고 넘어가듯이 어떤 상황하에서도 그 환경을 잘 활용한다. 그래서 융통성이 있고 환경에 대한 적응능력이 강하고 행동이 민첩하다. 또한 생각이 많고 세밀하며 분석능력이 뛰어나다.

(4) 乙木은 들에 핀 작은 풀처럼 늘 밟히거나 짓눌려 있는 것 같아도 비만 한 번 오면 곧 생생하게 살아난다. 그래서 생활력이 강하고 끈기가 있고 악착같은 근성이 있다.

(5) 을목일간(乙木日干)의 장점은 부드럽고 유약하게 보이지만 어떠한 여건 하에서도 항상 무리하지 않고 합리적으로 일을 처리해 나간다는 것이다. 어렵고 불쌍한 사람을 돕는 데 인색하지 않고 자비스러우면서도 내적으로는 강한 성격을 가지고 있다. 그래서 환경에 적응하는 능력이 뛰어나고 정직하며, 어떠한 난관에도 굴하지 않는 강한 인내와 끈질긴 집념을 가지고 있다. 또한 어떤 문제가 발생하였을 때 무리하게 해결하기보다는 조용하게 사태를 관망하면서 조화로운 방법을 찾는 타입으로 외적인 면보다는 내적인 면이 강한 외유내강한 형이다.

(6) 을목일간(乙木日干)의 단점은 조화를 중요시하다 보니 우유부단하거나 주관이 없는 것처럼 보이기도 한다는 점이다. 심지어는 기회주의자라는 오해를 살 수도 있고, 남에게 의지하려는 의타심이 많고 속으로 삐딱한 면도 있다.

3. 병화일간(丙火日干)의 성격

(1) 丙火는 태양의 속성을 그대로 간직하기 때문에 남을 깨우쳐주는 데 재능이 있다. 태양이 모든 만물을 비춰주는 것처럼 늘 같은 마음으로 크고 작은 일을 가리지 않고 공평하게 처리한다. 곡식이 무르익어 수확이 될 때까지 어떤 대가나 조건 없이 농작물에 골고루 혜택을 주는 기질을 가지고 있기 때문에 좋고 나쁜 것을 가리지 않고 모든 것을 희생한다.

(2) 丙火는 매일 아침 떠오르는 태양처럼 항상 새롭게 시작하는 것에 흥미를 갖고 있기 때문에 시작하기를 좋아한다.

(3) 丙火는 매사에 궁금한 것을 참지 못한다. 어떤 일이든 대충 넘어가기보다는 분명히 짚고 넘어가야 직성이 풀린다. 따라서 복잡한 것을 싫어하고 좋고 싫음이 확실하며 비밀이 없고 거짓말을 하지 못한다.

(4) 丙火는 성격이 불 같고 조급한 면이 있다. 불은 밝고 화려하고 명랑한 기운을 나타낸다. 반면에 싫증을 빨리 느끼고 희로애락의 감정을 숨기지 못한다.

(5) 丙火는 예절이 밝으며 두령격(頭領格)의 기질이 있다. 버릇 없는 아랫사람을 보면 속에서 불이 타오른 것처럼 격분을 참지 못한다. 또한 자신의 판단에 대한 신념이 확고하기 때문에 남에게 고개를 숙이지 않는 편이며, 마음에 내키지 않으면 어떤 일도 하지 않는다. 그러나 이치에 맞는 일이라면 자신의 희생을 감수하더라도 조건 없이 베푸는 기질이 있다.

(6) 병화일간(丙火日干)의 장점은 밝고 환한 태양처럼 매사에 정열적이고 적극적이다. 온 세상 만물을 골고루 비춰주는 태양처럼 매사에 공평하고 평소 느낀 대로 말하는 편이라서 속이 후련하다 할 만큼 입바른 소리를 잘한다. 丙火는 태양처럼 이상과 포부가 대단하고 먼 장래에 대한 예측력이 있어 장기적인 계획을 가지고 있다.

(7) 병화일간(丙火日干)의 단점은 불같이 급한 성격으로 인내심이 부족하기 때문에 실수를 하는 경우가 많다는 것이다. 또한 성질이 너무 강하여 남의 비밀을 잘 지켜주지 못하고 속마음을 그대로 노출시켜 구설수가 따를 수 있다. 때로는 저돌적

이고 폭발적인 성격 때문에 주위로부터 불평불만을 듣게 되는 경우가 생기기도 하고 무모한 모험(冒險)이나 투기를 즐기는 경향이 있다.

4. 정화일간(丁火日干)의 성격

(1) 丁火는 어둠을 밝히는 촛불이나 모닥불, 등대 등을 비유하며, 남에게 배려하고 봉사하는 희생정신을 가지고 있다. 일을 처리하는 데는 주도적인 역할보다는 보좌하는 참모의 역할이 적합하다. 또한 책임감이 강하고 사리와 이치가 밝아 성격이 급하면서도 분명한 편이다.

(2) 丁火는 촛불처럼 주변을 밝혀주지만 먼 곳까지는 밝힐 수 없기 때문에 가까운 사람들에게는 배려를 하지만 모르는 사람에게는 냉정하다. 丙火와 같이 솔직하고 쉽게 싫증을 내기도 한다.

(3) 丁火는 밝은 불이라기보다는 쇠를 녹일 수 있는 뜨거운 용광로에 비유되기도 한다. 무쇠를 용광로에 넣어 제련하면 정교한 귀금속이 되듯이 고소득을 낼 수 있는 기술을 가지고 있다.

(4) 丁火는 밝고 따뜻하여 인간적인 정이 많다. 어려운 사람에게 희망을 주는 자애로운 성품이 강하여 측은지심이 발동하지만 싸우거나 마음의 상처를 받으면 분노를 오랫동안 간직한다.

(5) 정화일간(丁火日干)의 장점은 자존심과 집념이 대단히 강하고 정신력도 뛰어나며, 유머와 위트가 있어 주위환경을 밝게 한다는 것이다. 병화일주(丙火日主)에 비하여 손익을 따지지 않고 헌신적이며 봉사정신이 강하다.

따뜻한 난로처럼 훈훈한 인정을 베풀 줄 알고 예의도 바르고 인정이 많은 편이다. 생각이 깊고 넓은 편이며 의협심도 강하여 남을 잘 배려하는 편이다. 특히 주변을 밝혀주는 기운 때문에 관찰력이 뛰어나 수사관이나 예술계통에 종사하는 경우가 많다.

(6) 정화일간(丁火日干)의 단점은 감정의 기복이 심하고 변덕스러운 경향이 있어 주변 사람을 당황스럽게 만들기도 한다는 것이다. 상대방이 불성실하거나 부정한

행동을 할 경우 자신과 관계가 있든 없든 지적하는 경향이 있어 구설에 오를 염려가 있다. 한 번 미워하면 두 번 다시 보지 않으려 하고 쓸데없는 공상이 많아 실속을 따지는 데는 따를 자가 없지만, 주관이 약해서 남의 말에 잘 흔들리고 상대방이 자기에게만 잘해주기를 기대하는 편이다.

5. 무토일간(戊土日干)의 성격

(1) 戊土는 큰 산, 넓은 고원, 제방 등을 나타낸다. 그래서 오행 중에서 土는 믿음을 의미하기 때문에 신뢰를 중시하고 성실하며 책임감이 강하다.

(2) 戊土는 큰 산과 같이 오랜 세월이 흘러도 늘 한 자리에 있고 변화가 적은 만큼 마음이 쉽게 움직이지 않는다. 언행이 신중하고 주체의식이 강하며 남의 일에 간섭하지 않고 중립을 지키는 성향 때문에 뚜렷한 감정을 나타내지 않는다. 이런 기질 때문에 자연스럽게 조화를 중시하는 생활습관이 있어 상담자의 역할을 잘해내는 편이다.

(3) 戊土는 조용하고 웅장한 기운으로서 그 안에 품고 있는 생물들을 편안하게 감싸주고 바깥 환경의 삶에 기준을 두지 않고 오로지 내면에 충실하여 남들로부터 존경을 받는다. 따라서 모든 것을 감싸 안는 산처럼 어떤 비밀이든 외부로 유출하지 않는다.

(4) 戊土의 기질은 한 번 분노가 폭발하면 주위를 놀라게 할 만큼 무섭다. 마치 고요하던 산에 화산이 폭발하는 것과 같다. 그래서 내면적으로는 낭떠러지나 절벽처럼 겉으로는 잘 드러나지 않는 거친 부분도 감추어져 있다.

(5) 무토일간(戊土日干)의 장점은 태산처럼 든든한 면이 있고 언행이 신중하면서 후덕하다. 주관과 개성이 뚜렷하고 주체의식이 강하여 자신의 주장을 끝까지 관철시키는 능력이 있다. 대인관계에서는 중용의 미덕을 지켜 중추적인 역할을 맡아 분쟁을 해결하거나 자문역할을 한다.

또한 사물에 대한 관찰력과 사람을 파악하는 안목이 뛰어나서 상대가 잘못이 있다 하더라도 관용과 용서를 베풀 줄 아는 아량이 있다. 조직에 대한 충성심과 책임감이 강하며, 목표를 달성하는데 어떤 경우이든 신의를 버리지 않는다.

(6) 무토일간(戊土日干)의 단점은 과묵한 나머지 답답하게 보일 수도 있으며, 무뚝뚝하고 무표정한 인상 때문에 인간미가 떨어지고 멋없는 사람으로 평가받기도 한다는 것이다. 긴급한 상황에서 중용의 덕을 잃으면 소신이 없는 것처럼 보이고 자신의 판단을 과신하여 아집과 독선으로 흐를 수도 있다. 자만심이나 고정관념이 강하고 과거에 집착하는 경우가 많으며, 민첩한 면이 없어 기회를 포착하는데 오랜 시간이 걸려 작은 일은 무심하게 넘어간다.

6. 기토일간(己土日干)의 성격

(1) 己土는 어떤 곡식이든 잘 키워낼 만한 기름진 땅의 기운을 받고 태어나 영양분이 풍부하고 부드러운 흙의 기질을 타고났기 때문에 포용력이 풍부하고 마음이 여리다. 따라서 어떤 한쪽으로 치우치지 않고 안정적인 것을 선호하여 모험과 도전을 좋아하지 않는다. 항상 공격보다는 방어하는 경향이 우선한다.

(2) 己土는 대기만성형(大器晩成型)이다. 농부는 땀 흘려 일한 만큼만 곡식을 거둔다. 곡식을 키우기 위해서는 계절의 변화를 다 거치면서 씨가 자라 싹이 나고 꽃을 피우고 열매를 맺는 과정이 필요하다. 이것이 은혜를 베풀어주는 땅의 원칙이다. 이런 땅의 기운을 받아 순진하고 소박하며 정직하다. 반면에 어떤 일을 이루려면 남보다 시간이 더 걸리지만 끈질기게 끝까지 기다리며 노력한 만큼의 보람을 얻는다.

(3) 己土는 큰 산에 비하여 곡식을 기르는 부드러운 흙으로 구성되기 때문에 주위환경에 민감하다. 비가 조금 와도 흙탕물로 변해 탁하거나 소나기가 내리고 장마철이 되면 홍수가 나서 기름진 땅의 역할을 하지 못한다. 그래서 조그만 일에도 마음의 상처를 잘 받고 싫은 소리를 듣지 않으려고 미리 방어하는 습관도 있다.

(4) 己土는 타인에 대한 배려가 깊으면서도 속마음을 잘 드러내지 않는다. 땅은 어떤 씨앗이 뿌려져도 대상을 가리지 않고 훌륭하게 키워낸다. 그래서 어떤 부류의 사람이든 가리지 않고 자애로운 어머니처럼 잘 감싸주는 편이다.

(5) 기토일간(己土日干)의 장점은 성품이 순박하고 조용하다. 자기주장을 외적으로 잘 드러내지는 않지만 내적으로는 자기 주관이 강하고 자기 관리도 치밀하다. 신용을 잘 지키며 부모님이나 상사의 뜻을 거스르지 않는 순종파이면서 속이 깊고 한 번 믿으면 끝까지 믿어주는 형이다. 남을 잘 배려하기 때문에 자신을 피곤하게 하더라도 포용하고 부드럽게 받아준다. 또한 실리에 은근히 강하며 세심하고 정확해서 실수가 별로 없다. 항상 연구하고 생각하는 습관을 가지고 있어 교육과 관련된 일에 활용할 수 있다.

(6) 기토일간(己土日干)의 단점은 순진하고 어수룩하게 보인다는 것이다. 그러나 실속이 있다. 좀처럼 자기 속마음을 털어놓지 않거나 매사에 의심이 많고 신경이 예민하여 평소 까다롭다는 말을 듣기도 한다. 폐쇄적으로 생활하는 습관이 있기 때문에 대인관계가 원활하지 못하고, 자기만의 논리에 치우쳐 혼자 고민에 빠지거나 우울해 하기도 한다. 또한 타인의 충고를 귀담아 듣지 않고 실리적 욕심 때문에 투기에 휘말려 실패할 수도 있다.

7. 경금일간(庚金日干)의 성격

(1) 庚金은 무쇠나 원석 등 가공되기 이전의 기운으로서 사람의 손때가 묻지 않은 자연의 상태를 말한다. 열 가지 기운 중 가장 순수한 마음을 타고났다고 할 수 있으며, 오염되지 않은 자연 그대로의 암석 같은 기운을 나타낸다.

(2) 庚金은 무쇠처럼 차갑고 단단한 모습을 갖는다. 그래서 처음에는 쉽게 사람을 사귀기 힘든 면이 있지만 의리가 있어 시간이 지날수록 굳건한 친분관계를 형성할 수 있다. 예를 들면 군인이나 경찰관 같은 씩씩하고 듬직한 관료의 품격을 지니고 있기 때문에 스스로 옳다고 판단한 후에 내린 결정은 절대 번복하지 않으며, 목에 칼이 들어와도 할 말은 꼭 하는 성격이다.

(3) 庚金은 무쇠처럼 단단하고 강하지만 다른 한편으로는 자신의 앞날을 예측할 수 없는, 심리적 안정감이 부족한 경향이 있다. 무쇠는 언제든지 칼이나 도끼, 자동차나 전자제품 등의 구체적인 제품을 만들기 이전의 상태이기 때문에 혁명가적

기질을 내포하고 있다.

(4) 庚金은 수많은 담금질과 망치질을 거쳐야만 비로소 진가를 나타내기 때문에 스스로 변화하려는 노력이 없으면 발전도 없다. 뿐만 아니라 쇠는 쉽게 달아오르고 쉽게 식어버리는 습성이 있어 열정적일 때에는 열심이지만 시들해지면 금세 중단해버리는 경향이 있다. 그래서 대인관계에서도 마찬가지로 한 번 마음이 멀어지면 아예 인연을 끊어 정열과 냉혹함의 편차가 커서 친해지기 어려운 사람이라는 평가를 받는다. 그러나 인정도 많고 눈물도 많아 속으로는 좀 더 잘해주지 못한 것을 후회하기도 한다.

(5) 경금일간(庚金日干)의 장점은 결단력과 추진력이 있고, 머리가 좋은 편이며, 의협심·정의감·포용력이 대단히 강하다는 것이다. 동료의식이 강하고 소속감이 남달리 강하여 강자에게 강하고 약자를 도와주는 희생정신이 강하다. 공과 사를 분명히 하고 부지런하다. 뿐만 아니라 결과에 대한 책임을 지려 하고, 겉으로 화려한 것보다는 내실을 튼튼히 하는 특성이 있다.

(6) 경금일간(庚金日干)의 단점은 주위 사람으로부터 찬사와 환영을 받지만 안에서는 대접을 받지 못한다는 점이다. 성격이 너무 완고해서 좋고 싫은 표현이 두드러진다. 그래서 독선적인 면을 노출시켜 적을 만들 수도 있고, 자기주장이 지나쳐 남의 말에는 귀를 기울이지 않다가 스스로 곤경에 빠지기도 하여 대인관계에 치명적인 약점으로 작용하기도 한다.

8. 신금일간(辛金日干)의 성격

(1) 辛金은 세련된 보석의 기운을 받고 태어나서 섬세하고 예리한 면이 있으며, 용모가 수려한 사람이 많다. 장미에는 가시가 있듯이 아름다움 뒤에는 맵고 독한 성질이 숨겨져 있어 날카로운 칼날의 기운을 지니고 있다.

(2) 辛金은 자신이 귀한 보석이라는 자만심이 깔려 있어 자존심과 명예욕이 대단하다. 언제 어디서나 화려하게 자신을 표현하고자 하는 욕구가 강하다.

(3) 辛金은 칼과 같은 성품을 지니고 있으나 외적으로 날카로운 모습을 노출시키

지 않는다. 그러나 상대방이 실수를 했을 때 칼로 무를 자르듯 관계를 정리하며, 일단 목적을 세우면 집요하게 파고드는 편이다.

(4) 辛金은 갈고 닦아 만들어진 조각품과 같아 산전수전을 다 겪어 호락호락하지 않다. 그래서 생각이 예리하고 환경에 대한 적응력이 빠른 편이다.

(5) 辛金은 어두운 곳에서는 그 가치를 드러낼 수 없다. 따라서 자신의 노력만으로는 존재의 가치를 빛낼 수 없으며, 타인에 의해서 자신을 나타내는 것이기 때문에 항상 자신을 스스로 아름답게 가꾸는 능력을 지니고 있다.

(6) 신금일간(辛金日干)의 장점은 성격이나 외모가 깔끔하고 섬세하면서도 부드럽다는 것이다. 겉으로 약한 듯하지만 내면으로는 단단하고 야무지며 영리하다. 따라서 대외적으로는 부드럽게 행동하지만 하는 일에 대해서는 정확하면서도 치밀하게 처리하는 경향이 있다. 항상 새로운 일에 도전하며 자기 혁신 능력을 가지고 시대를 앞서가는 경향이 있다. 또한 현명하고 냉철한 판단력을 갖추었으며, 신중하고 침착하며, 논리적인 언변도 잘한다.

(7) 신금일간(辛金日干)의 단점은 가을에 찬 서리에 연약한 풀들이 죽는 것처럼 숙살(肅殺) 기운이 강해 충돌이 많은 편이고 조그만 일에도 성질을 부리기 쉽다. 가끔 행동력을 강하게 나타낼 때에는 상대방이 두려워 할 정도로 냉혹함을 드러낸다. 지나치게 꼼꼼하게 따지기를 잘하고 예리한 성향 때문에 이기적인 성격으로 흐를 수 있다. 따라서 욕심이 많고 지기 싫어하고 자기의 주관대로 치우칠 때가 많은 편이다.

9. 임수일간(壬水日干)의 성격

(1) 壬水는 바다 또는 큰 강물이나 호수 등을 나타낸다. 또한 지혜를 상징하기도 한다. 지혜란 흐르는 물처럼 어떤 장애물이 있어도 멈추지 않고 잘 피해서 목적지에 도달한다. 물은 수평을 유지하려는 성향 때문에 어느 한쪽으로 치우친 시각을 갖지 않는다. 또한 담는 그릇의 모양에 따라 물의 형태가 달라지는 것처럼 적응력이 대단하다. 대인관계에서도 사람을 많이 만나는 일에 재능을 가지고 있으나 반면

에 비밀이 많고 냉정한 면도 있다.

(2) 壬水는 모든 것을 잘 수용하는 기질이 있다. 유연하게 새로운 환경을 받아들일 줄 알고 바다처럼 넓은 포용과 도량을 가지고 있기 때문에 생각이 깊고 심사숙고하는 편이다.

(3) 壬水는 어떤 문제가 발생하면 찬찬히 생각하고 조용히 해결하는 지혜를 갖고 있다. 아무리 작은 공간이라도 완벽하게 채워버리듯이 매사에 빈틈없이 일을 처리하는 편이다.

(4) 壬水는 큰 강물과 저수지와 같아서 큰 강물을 유익하게 활용하려면 큰 저수지나 댐에 가두어야 한다. 물을 가두어 두는 범위가 넓을수록 농작물에 이용하거나 발전소로 활용할 수 있기 때문에 사회적으로는 높은 직위에 오르는 명예를 얻을 수 있다.

(5) 壬水는 늘 고요한 것처럼 보이지만 거친 파도를 일으키거나 해일을 몰고 오듯이 의외로 거친 성향이 있다. 반면에 바다 속에 무엇이 있는지는 직접 들어가서 확인하지 않으면 알 수 없듯이 마음속을 알 수 없다.

(6) 壬水는 항상 바다로 모여드는 성향 때문에 여럿이 모여서 하는 취미나 일을 좋아하고 항상 꿈과 희망이 크다.

(7) 임수일간(壬水日干)의 장점은 총명하고 창의력이 뛰어나다. 다재다능하고 앞을 내다보는 예지력이 있고 추진력도 대단하다. 물처럼 깨끗하면서도 바다처럼 속이 깊을 뿐만 아니라 항상 자신감이 넘치고 적극적이다. 친화력과 포용력이 뛰어나서 대인관계에서 구심점 역할을 하기도 한다. 참고 견디는 인내력과 지구력도 대단하며, 남의 비밀을 잘 지켜주고, 넓은 바다처럼 스케일이 크고, 대범하면서도 사리가 밝다.

(8) 임수일간(壬水日干)의 단점은 깊은 물의 속을 알 수 없듯이 속마음을 잘 나타내지 않아 비밀이 많다는 오해를 받기 쉽다는 것이다. 장맛비가 내려 홍수가 나거나 거친 파도를 일으키듯이 한 번 화가 나면 대책이 없다. 자기중심적인 면이 강해서 방해자가 나타나면 수단과 방법을 가리지 않고 공격한다.

10. 계수일간(癸水日干)의 성격

(1) 癸水는 빗물, 시냇물처럼 정지되지 않고 항상 흘러내리는 물의 기질을 가지고 있다. 어떠한 장애물이라도 가볍게 피해가는 시냇물의 특성을 닮아 타인의 갈증을 해소해주고 활동적이고 융통성이 뛰어난 면이 있다.

(2) 癸水는 가장 특징적인 기질이 적응력과 친화력이고 세심한 관찰력은 따라갈 수가 없다. 다시 말해서 남들이 소홀히 하는 부분에서 대단한 발견을 이루는데, 이는 그만큼 노력을 하기 때문이다.

(3) 癸水는 작은 물 한 잔의 존재와 같다. 누군가의 갈증을 풀어주는 헌신적인 면모를 지니고 있다. 임수(壬水)와 같이 만인에게 평등하게 하고 세상을 지혜롭게 살아가는 힘을 지니고 있다.

(4) 癸水는 흐르는 물처럼 위로 거슬러 흐르는 법이 없어 윗사람에게 예의 바르고 아랫사람을 잘 다스린다. 항상 조용히 노력을 쌓아가는 편이다.

(5) 癸水는 눈물을 의미하기도 하여 감정이 풍부하다. 인생 여정 속에서 사소한 일로 실패와 고난이 예상되므로 무슨 일이든지 새롭게 시작하기 전에 미리 철저하게 예방하여야 한다.

(6) 계수일간(癸水日干)의 장점은 항상 변화에 민감하여 재치가 있고 아이디어가 특출하며, 임기응변에 능하고, 외유내강한 기질이 있다. 그래서 합리적이고 친절하며 다정다감하다. 또한 섬세하고 치밀하며 기억력 대단하다. 환경에 잘 적응하기 때문에 조용히 노력하고 매사에 순종하며 친화력이 강하다. 특히 모든 사람에게 공평하게 대하고 헌신적이고 봉사정신과 희생정신이 강하여 해결사 노릇을 한다.

(7) 계수일간(癸水日干)의 단점은 많이 아는 것에 비해 실천이 부족하거나, 남의 어려운 일을 보았을 때 실질적인 도움을 주지 못한다는 것이다. 남들을 편안하게 해주고 싶어도 마음속으로만 간직하고 있다가 비밀을 감추고 있는 것처럼 오해를 받기도 한다. 인정이 많지만 차가운 면도 함께 지니고 있다. 스스로 자신의 약한 모습을 보이지 않으려고 참고 있지만 가장 눈물이 많고 신경이 예민하다. 자기 발전에 대한 욕구가 약해 안일주의에 빠지기 쉽고 의지력도 약하다.

제3절 월지月支에 의한 성격론

1. 비견(比肩)의 성격

비견(比肩)의 성격은 자존심이 강하여 남에게 지기를 싫어하고 타인으로부터 지배 받기를 싫어하며, 자기 주관대로 행동하고, 독립정신이 투철하고, 남에게 굽힐 줄을 모른다. 남에게 의지하기를 싫어하고 마음에 들면 입 속에 있는 것도 내어주지만, 그렇지 않으면 사정 없이 인연을 끊어버리는 결단성이 있다.

항상 자기주장을 내세우는 기질이 있는 반면, 사리사욕에는 마음이 없고 공명정대한 것을 좋아하기 때문에 서로 속이는 것을 싫어하고, 솔직담백하고 아부하기를 싫어하며, 거짓말을 하지 못한다. 의지가 굳고 노력성이 대단하며, 자존심이 강하고 투지가 대단하다.

고집이 강하고 독립심이 있으며, 자신의 주장을 내세우고 자기 고집대로 일을 처리하기 때문에 다른 사람과 다투기를 잘하고 화합하지 못한다. 남의 명령이나 지시를 싫어하고 자기 고집대로 처리하는 형으로, 부모나 부자지간에도 사과하기를 싫어한다.

없어도 없다는 표현을 하지 않고 남의 비난의 대상이 되는 것을 싫어하고, 언제나 금전과 재능이 풍부한 것처럼 보이려는 성향이 있다. 자신의 내면적인 비밀을 감추고 자기 입장을 적극적으로 굳혀가려는 수비 본능이 강하고, 독자적인 인생을 살아가며, 안정된 세상에서 그 능력을 발휘한다.

직장생활은 맞지 않아 독자적인 사업을 원하고, 무슨 일이든지 자기 뜻대로 처리할 수 있는 능력은 있어도 규칙이나 규정을 싫어하므로 상사로부터 인정을 받기 힘들다. 여자는 생활전선에서 활동하는 편이고, 사업, 정치, 교육, 법률, 인기업으로 진출하거나 전문적인 기술직을 선택하는 것이 좋다.

2. 겁재(劫財)의 성격

겁재(劫財)의 성격은 겉으로는 얌전하게 보이나 내면으로는 자존심이 강하고 투쟁심과 질투심이 있고 오만불손한 면을 지니고 있다. 남에게 지기를 싫어하고 승부욕이 강하여 야심을 가지고 있으며, 배우자를 억압하며, 강한 사람에게는 강하고 약한 사람에게는 약하다.

대인관계에서 동기간이나 친지간의 금전거래에서 물질보다 의리와 신의를 생활신조로 한다. 사교적 수단이 뛰어나고 자신의 의지나 감정을 외적으로 나타내지 않아 타인으로부터 호감을 사지만, 지나치게 대인관계에 치중한 나머지 가정에 무관심하여 부부간에 불화가 생기는 일이 많이 일어난다.

무슨 일이든지 적극적이고 진취성이 있으며, 용감하고 과감성 있게 일을 추진하고 결단력도 대단하다. 그래서 목표를 향해 전진하고 어려움의 장벽을 허무는 데는 앞장서지만, 보다 광범위한 활동을 하기 위해서는 훌륭한 조언을 할 수 있는 참모를 두어야 한다. 여자는 사교성과 수단이 뛰어나므로 주위로부터 호감을 사지만, 야망이 크고 투기성이 발동되어 활동성이 대단하고 욕심을 부리기도 한다.

3. 식신(食神)의 성격

식신(食神)의 성격은 온후하고 예의범절이 바르고 도량이 넓으며 문학이나 예능에 소질이 있다. 사회적으로 처세술이 원만하고 낙천적이며 쾌활하다.

머리 회전이 빠르고 덕망이 있으나 의심이 많아 돌다리도 두드려 보고 건너가듯이 매사에 주도면밀하고 빈틈을 보이지 않으려 하며, 온순하고 내성적이어서 한번 성질이 폭발했다 하면 큰일을 저지르는 성향이 있다. 평생 동안 의식주에 부자유를 느끼지 않고 정신적인 여유가 있어 취미를 즐기고 풍류적인 기질이 있다.

또한 장수와 행복을 뜻하여 처덕도 있고 심신이 건전하지만 부부불화와 자식의 애로가 있는 것이 다소 흠이 된다. 자존심이 강하여 체면에 손상되는 것을 싫어하고 자기의 약점이 노출되는 것을 꺼린다.

한 번 의심이 생기면 그것을 풀기까지는 많은 시간이 소요되기 때문에 부부간에도 나타나므로 의처증이나 의부증이 있는 사람이 많은 편이다. 과단성과 인내성이 부족하여 용두사미로 끝나기 쉽고, 보는 것마다 흥미가 있어 시작은 잘하나 끝을 맺지 못하므로 다방면에 소질이 있으나 결실을 보지 못하는 경우가 많은 편이다.

여자는 생활력이 강하여 결혼 후에도 가정의 행복을 위하여 직업전선에서 활동하며 남편을 성공하고 출세시키는 데 극성을 부리기도 한다. 그래서 부부간 충돌이 많고 이별하는 경우가 많다.

단순하면서도 순간적인 머리 회전이 빨라 취미나 유희를 대상으로 하는 업종이나 식생활에 관련된 분야에서 성공한다. 예를 들면 매스컴, 의약, 종교, 철학, 고전 등에서 두각을 나타낸다.

4. 상관(傷官)의 성격

상관(傷官)의 성격은 총명하고 영리하며, 동작이 민첩하고 다재다능하다. 자존심이 강하고 꼭 이기려는 승부욕도 강하고 연구심도 강한 반면에, 타인의 속박을 싫어하고 반항심도 강하여 시비가 많고 자신을 억압하려는 사람에게는 무섭게 대항한다. 평소에는 냉정하고 쌀쌀하지만 눈물이 많아 동정심도 많다. 또한 두뇌의 회전이 빠르고 상대방의 사소한 동작이나 언어에서 그 속마음까지 꿰뚫어보는 능력도 가지고 있으며, 마음이 너무 좋아 무골호인이라는 말을 듣고 살며, 남의 부탁을 뿌리치지 못하여 괴로운 고통을 자초하기도 한다.

원리원칙을 신조로 하므로 까다롭다는 평을 들으며, 학문 및 연구계통으로 특이하게 성공하는 경우가 많은 편이다. 주위의 속박이나 지나친 언동 때문에 이성을 잃게 되면 살상도 두려워하지 않고, 인덕이 없어 세상을 비관하기도 하고 한탄하기도 한다.

상관(傷官)이 있으면 대인도 많고 소인도 많은 것이 특징인데, 독약도 양약이 되듯이 예수, 석가, 공자 같은 성인을 비롯하여 특출한 인물들이 배출되기도 한다.

여자는 인덕이 없고 고독하며, 욕심이 많고 감정의 표현이 두드러지며, 남보다 더 나아지려고 하는 욕심 때문에 항상 실력이 앞서기 때문에 귀여움을 독차지하고 주위사람으로부터 칭찬을 듣는다. 따라서 단순하면서도 직선적이고, 까다로운 면은 때때로 남편이나 친지들을 무안하게 만든다. 성격과 감정이 폭발하면 주위의 체면을 따지지 않고 자신의 감정을 표출한다.

남녀 모두가 예지력, 창의성과 순발력이 뛰어나기 때문에 학자, 예술가, 사상가, 발명가, 탐험가, 이·미용사, 장식 계통, 유행의 첨단을 달리는 직업과 인연이 많은 편이다.

5. 편재(偏財)의 성격

편재(偏財)의 성격은 착하고 어질고 베풀기를 좋아하며, 정이 많고 의리를 중히 여기고, 이성에 대해서는 자상하고 친절하여, 애정면에서는 남보다 좋은 인상을 풍기지만 간혹 주색이나 풍류를 즐기는 사람이 많다. 고향을 떠나 객지에서 성공하며, 여자에게 인기가 있고, 금전운이 좋아 용이하게 재물을 모아 거부나 부유층이 많은 편이다.

편재(偏財)는 고정재(固定財)가 아니라 활동재(活動財)이기 때문에, 자기의 재능을 가지고 이득을 얻고 활용을 자유자재로 하여, 직장생활을 하더라도 경제적인 안정 속에서 살아간다.

편재(偏財)가 있는 사람은 사업을 하는 것이 좋고, 금융계통의 직장생활도 무난하며, 운수업, 고물업, 외교, 통신, 무역, 판매업, 서비스업, 요식업, 군경, 부동산, 정치계통으로 진출하여 대성하는 경우가 많다.

여자는 인정이 많고 고지식하며, 남을 속일 줄 모르고 불쌍한 사람에게 인정을 잘 베풀며, 객지에서 성공하는 사람이 많다.

6. 정재(正財)의 성격

정재(正財)는 정확성과 성실성이 있으며, 직장생활을 천직으로 알고 성실하게 일하며, 시간약속을 정확하게 지키며, 검소와 절약을 생활신조로 낭비가 없으며, 수입의 범위 내에서 저축을 한다. 편재(偏財)와 같이 부당한 재물을 원하지 않고 정확하게 노력한 대가 이상의 재물을 바라지 않는다.

성실, 근면, 절약, 검소, 저축을 하기 때문에 자손에게 유산을 남기고 부모에게 효도하며, 나라에 대한 충성심이 강한 편이다. 보수적이고 도덕심이 강하며, 남과 다투는 것을 싫어하고, 주어진 범위 내에서 행동하기 때문에 고집이 강하며, 원칙주의자이기 때문에 오히려 반감을 사기도 한다.

뛰어난 기억력과 사리에 맞는 언변으로 주위로부터 신망을 얻으며, 단정하고 성실하며, 대인관계가 원만하지만 입신출세하기보다는 신뢰와 신용을 바탕으로 성실하게 성공의 길을 닦아 명성을 얻는다. 직업은 다방면에서 능력을 발휘하여 착실하게 성공하고, 나아가 대귀대부(大貴大富)하는 사람이 많다. 특히 정치, 재계, 군경, 법률, 금융, 사업계 등에서 두각을 나타낸다. 또한 다재다능하기 때문에 의약, 교육, 예능, 종교 등에도 인연이 있다.

여자는 보수적이고 단순하며 이기적인 반면에 고집이 강하고 타인과의 타협을 모르고 자기의 주장을 지나치게 강조한다. 완벽한 일처리로 신임을 얻고 부러움을 사지만, 절대로 손해를 보지 않는 타산적이고 냉정하고 까다로운 성격으로 주위에 불화쟁론을 초래하기 쉽다.

7. 편관(偏官)의 성격

편관(偏官)의 성격은 활동적이고 성급하며 화끈하지만 때로는 순간적으로 화를 잘 내며, 편굴하면서도 고집이 강하다. 무엇이든지 속에 접어두지 못하고 배짱이 있으며, 어려운 난관도 무난하게 헤쳐 나간다. 그래서 강자에게는 강하고 약자에게는 도와주는 기질이 있고, 자존심이 강하여 남에게 굽실거리는 것을 싫어한다.

편관(偏官)의 성격은 책임감이 강하고 무슨 일이든지 신속하게 처리하고 남을 제압하는 강렬한 기질이 있기 때문에 역사에 길이 남을 특출한 인물이 나오거나, 아니면 노동자, 불량자 등도 나오는 귀천의 극단을 달린다. 과감하고 신속한 행동과 개방적인 성격은 정치, 법률, 군경, 의약, 무역업, 정보, 작전, 전자, 통신 등의 분야에서 두각을 나타내기도 한다.

여성은 생활전선에서 남자와 같은 역할을 해야 하며, 여장부와 같은 유형으로 불투명한 것을 싫어하고 결백함을 좋아한다. 또한 나의 일보다 남의 일을 더욱 잘 보아주며, 항상 잔근심이 떠나지 않는다.

8. 정관(正官)의 성격

정관(正官)의 성격은 명예를 소중히 하고 질서를 존중하기 때문에 공정한 마음으로 사물을 처리하며, 준법정신과 윤리도덕의식이 강하여 사회적으로 존경받으며, 명예심이 대단하다. 명예욕이 강하여 관료사상이 깊고, 상명하복의 충성심과 시비를 판단하는 공정심과 이해심이 많으며 성실하다.

긍지가 높고 책임감이 강하며, 진퇴(進退)의 판단이 빠르고 신중하기 때문에 소심한 사람으로 보인다. 깔끔하고 결백하여 반발하거나 반항심을 스스로 자제할 수 있고, 기억력이나 관찰력이 남보다 뛰어나 입신출세하는 데 앞장을 선다.

중용을 지키고 화순(和順)하며, 심성이 수려하고 총명하여 강유겸전(剛柔兼全)하며, 태평시절에는 큰 덕망을 얻고 존경을 받으나, 혼란시절에는 대담성과 과단성이 부족하여 지나치게 신중을 기하는 통솔력으로 비난을 받기도 한다. 직업은 정치, 외교, 법률, 학자, 군경 등에서 두각을 나타내므로 사업보다는 봉급생활자로서 출세하는 것이 더욱 안정적이다. 여성은 남자의 성격과 비슷하며, 사교적인 면은 부족하나 보수적이고 책임감이 강하다. 일을 처리할 때 다각적인 방법으로 관찰하고 생각하여 의견을 종합하기 때문에 소심하고 우유부단하다는 평을 듣기도 한다.

9. 편인(偏印)의 성격

편인(偏印)의 성격은 도량이 넓고 문장력이 뛰어나고 타인에게 친절하고 언변이 뛰어나고 총명하나 간혹 끝을 맺지 못하여 우유부단하거나 유시무종(有始無終)하기 쉬운 경우가 생긴다. 임기응변의 재능을 가지고 있고 남이 알지 못하는 지략도 있으나, 처음에는 열성적으로 시작하지만 나중에는 태만하기 쉬워 좋은 재능을 가지고도 남보다 성공이 늦는 경우가 많다.

집단이나 조직 속에서 남의 지배를 받거나 복종하는 것을 싫어하며, 다른 사람의 명령과 속박도 철저하게 싫어하지만 그 마음을 표면에 나타내지 않아 그 심중을 알기 힘든 사람으로 보인다. 그러나 어떠한 고통과 괴로움이 닥쳐도 참고 견디는 인내심이 강하며, 노력성이 대단하다. 그래서 고독한 마음의 소유자이며, 항상 개척자의 정신이 철저하여 초면에도 대화를 나눌 수 있는 적극성이 있다. 조실부모하거나 배우자와 애로가 있고, 의식주의 불안을 느끼기도 한다. 직업은 학자, 예술가, 의사, 종교인, 발명가, 탐험가, 미용업, 군경, 정치, 법률, 운동 계통에서 성공하는 경우가 많다. 여성은 부드러우면서 강하며, 인덕이 없고 보수적인 성격이다. 직업은 학문, 서예, 의약, 간호사, 승무원 등이 좋고 요식업에도 적합하다.

10. 정인(正印)의 성격

정인(正印)의 성격은 지혜가 뛰어나고 총명하며 자비심이 있고, 학문과 기술 계통에 소질이 있다. 모성 본능이 강하여 현모양처와 같이 인자한 어머니와 같은 성격을 지니고 있다. 고집이 강하고 종교를 경신(敬信)하며, 군자 및 대인의 품격을 갖추었으며, 조용하고 차분하여 학문과 예술을 좋아한다.

자녀를 훈도하는 부모의 기운이 있어 심성이 넓고 포용력이 대단하며, 자상하면서도 때로는 차갑고 냉정한 인상을 주지만 육친에 대한 애정이 남보다 강하다. 강유겸전(剛柔兼全)하면서도 지혜와 학문이 뛰어나니, 가난한 집안에 태어난 사람은 자수성가하여 큰 인물이 되는 경우가 많다.

지성적이고 보수적인 전통을 지키려는 집념이 강하며, 시류(時流)에 영합하지 않고 임기응변이 부족하며 고지식하나, 최상의 긍지를 갖기 때문에 특출한 지도자가 많고, 학문과 연구 분야에서 두각을 나타내기도 한다. 직업은 학문과 예술, 정치, 종교, 의약, 군경, 법률, 고전, 역사, 지리, 의류업이나 기획 분야에 종사하기도 한다.

여성은 모성 본능이 강하여 순박하고 선량하며 원만하다. 평생 병이 적고 이기적인 면도 있으나 장손 역할로 가정의 화목을 유지한다. 여자라도 정치, 법률, 군경, 학문, 예술, 종교, 의약, 고전 등에서도 두각을 나타낸다.

제4절 일주日柱에 의한 성격론

1. 갑자순(甲子旬)

(1) 甲子의 성격

甲木이 자중계수(子中癸水)의 생(生)을 받아 인수(印綬)가 되므로, 자기 중심으로 고집이 대단하며 지적 수준이 높아 지혜와 총명을 암시하고 있어 학구열이 높아 교육계에서 성공하는 사람이 많다. 甲木은 주변의 환경에 힘입어 어디를 가나 선두로 나서려는 기질이 있어 두령격(頭領格)의 소유자이다.

마음이 강하면서도 정직하고 온순하며 보수적이고 자존심도 강하다. 배우자의 가정환경이 좋고 학문도 높은 편이다. 인정이 많고 자비심이 있으면서 낙천적인 성격의 소유자이다. 이해타산이 빠르고 공사를 분명하게 구분하여 행동한다.

부드러운 인상에 대인관계가 원만하고 외유내강하여 외적으로는 유순하나 내적으로는 알차고 실속이 있고 바르게 일을 처리한다. 여성은 지나치게 똑똑하여 남자를 무시하는 경향이 있어 부부궁(夫婦宮)이 부실하기 쉬우니, 상대편 입장에서 이해하고 포용할 줄 아는 아량이 필요하다.

(2) 甲戌의 성격

갑목(甲木)이 술중신금(戌中辛金)과 술중정화(戌中丁火)가 암장(暗藏)되어 있어 정관(正官)과 상관(傷官)의 양면성을 지니고 있다. 갑술(甲戌)은 이재능력(理財能力)이 뛰어나고 사업을 크게 일으켜 비범하게 성공하기도 하고, 너무 과신하여 실패할 경우도 많은 편이다. 이것은 정관(正官)과 상관(傷官)의 작용에 의하여 일지편재(日支偏財)에 영향을 미치기 때문이다.

甲戌은 성실하고 인정이 많으며, 신의도 있고 책임감도 강하다. 그러나 너무나 완벽함과 책임감을 강조하기 때문에, 주위사람들에게나 조직 내에 있는 사람들에게 불평과 불만을 가지게 할 가능성이 높으므로, 사소한 잘못은 눈 감아줄 수 있는 도량이 필요하다. 전통사상에 관심이 깊고 신앙심이 두터우며, 학문에도 열정적이다.

두뇌가 명석하고 사물을 판단하는 직관력이 대단하다. 전형적으로 남성적인 성격으로 대범하면서도 강직하고 공정하게 일을 처리하여야 직성이 풀린다. 여성은 여장부의 기질 때문에 남편을 무시하는 경향이 있어 부부 이별하는 경우가 많다.

(3) 甲申의 성격

甲木이 申金에 의해 극(剋)을 당하니 약하다. '바위 위에 홀로 선 나무'의 상으로 주위 환경의 경향을 받는다는 말이다. 심지어는 '나무에서 떨어진 원숭이'라고 하여 재주는 많으나 실패하는 경우가 많다는 뜻이기도 하다.

자기 자신을 과시하다 보니 남을 무시하여 배신과 모함을 당하는 수가 많아 쓸쓸하고 고독한 성향을 지니고 있다. 자존심이 강하여 인격적으로 모독을 당하면 참지 못하고, 외적으로 과격하게 불만을 표출시켜 남으로부터 눈총을 받기도 한다. 甲申은 본능적으로 변화를 좋아하여 허영심이 발동하니 절약하는 정신과 자제하는 능력을 갖추는 데 힘써야 한다.

더구나 명예욕이 강하여 남에게 인정받기를 좋아하지만, 집착하지 못하고 변동이 많아 용두사미가 될까 염려되니 인내심을 길러야 한다. 유년에 삼형살(三刑殺)이 작용하니, 자기의 신체나 질병이 아니면 부부불화 등에 영향을 미친다.

여성은 자존심이 강하여 남에게 굽히기 싫어하고, 생활력이 강하여 사회활동을 하는 경우가 많다. 그러나 부부인연은 강제나 동정에 의해서 하게 되기도 하고, 나이 차이가 많거나 연하의 남자와 맺어지기도 한다.

(4) 甲午의 성격

甲木이 오중정기토(午中丁己土)가 암장(暗藏)되어 식상(食傷)과 재성(財星)이 생조(生助)하니 약하지만 아름답다. 甲午는 '말을 타고 있는 장수'의 상으로 갑옷을 입고 임전무퇴의 기상으로 전쟁에 나서는 장수와 같이 성품이 늠름하고 씩씩하며,

급하고 눈치가 빠르며, 표현력이 대단하니 자연적으로 타인을 무시하게 되는 경향이 있다.

자신의 마음에 들거나 잘 따라주면 마음속에 있는 간까지 빼주고 월등한 상대를 만나면 미련 없이 도와주고 협력하는 의리의 사나이다. 갑오(甲午)는 두뇌가 총명하고 명랑하며 쾌활하다. 항상 분주하고 새로운 것을 창안하여 예술이나 기술 계통에 소질이 있다.

일지(日支)의 오마(午馬)는 동분서주함을 암시하고 있으며, 다정다감함으로 뜻하지 않은 배신을 당하기도 한다. 매사를 강직하고 공정하게 처리하며, 이상이 높고 창조적이어서 미래지향적이고 도전정신이 강하다. 반면에 호기심과 허영심이 발동하여 재물을 가볍게 여기니 근검절약하는 습관을 길러야 한다. 여성은 자기 고집이 강하고 활동력도 대단하다. 여장부로서 대인관계도 원만하지만 남자를 누르는 기질이 있어 부부해로하지 못할까 염려된다.

(5) 甲辰의 성격

甲木이 진중을계무(辰中乙癸戊)가 암장(暗藏)되어 재성(財星), 인수(印綬), 비겁(比劫)이 있어 왕성하고, 재고(財庫)가 있어 더욱 아름답다. 甲辰은 '청룡과 백호의 상'으로 풍수지리학적으로 '좌청룡 우백호'에 해당하는데, 이는 명당을 선정하는 기준이 되므로 인품이 갖추어진 사람을 뜻한다.

甲辰은 자존심이 강하고 남에게 지기 싫어하고, 강직하면서도 인정이 많고 조화를 잘 부려 변화무쌍하다. 성질이 급하고 명랑 쾌활하여 조직이나 단체에서 리더십을 발휘하니 두령격(頭領格)이다. 또한 백호나 청룡의 기질이 있어 앞으로 전진할 줄만 알고 뒤로 후퇴할 줄 모르는 추진력이 대단하다.

반면에 급격한 변화를 추구하여 속성속패(速成速敗)하는 경우가 있거나, 허황한 이상을 동경하여 일생을 방황하는 경우가 많다. 甲辰은 지지(地支)에 금여(金輿)가 있어 좋은 배우자를 만나고 처가의 덕을 보며, 일생이 안락하고 자손이 번창하는 길성(吉星)이 있는가 하면, 백호가 있어 성격이 과격하고 용맹스러워 타인의 부러움을 사지만 독불장군이 될까 염려되고, 육친 중에 비명횡사가 있을까 두렵다.

여성은 여장부의 기질이 있고 사회활동을 하다 보니, 남편을 무시하거나 무능하게 만들어 자신이 가정을 꾸려나가는 경우가 많다. 그러나 학문과 예능 방면에는 남다른 소질이 있다.

(6) 甲寅의 성격

甲木이 인중무병갑(寅中戊丙甲)이 암장(暗藏)되어 있어 비겁(比劫), 재성(財星), 식신(食神)이 되니, 식생재(食生財)로 상생(相生)하고 비겁(比劫)으로 유근(有根)하니 왕성하고 귀명(貴命)으로 아름답다. 甲寅은 '동량지재(棟梁之材)'의 형상으로 서까래보다 대들보가 되는 나무같이 남에게 지배를 받거나 예속되는 것을 싫어하고, 독립적인 리더로 군림하는 두령격(頭領格)의 기질이 있다.

甲寅은 '밀림 속의 호랑이'의 형상으로 주관이 뚜렷하고 자립정신이 대단하며, 심성이 청백하여 불의와 타협하지 못하고 판단이 분명하다.

甲寅은 간여지동(干與支同)으로 부모와는 뜻이 맞지 않고, 형제간에는 장손의 역할을 해야 하므로 책임감이 강하다. 그러므로 부모형제를 떠나 자수성가하는 전형적인 유형이다.

甲寅은 거목(巨木)이므로 뿌리를 넓게 차지하고 튼튼하게 뻗어 있어 강풍에도 꿋꿋하게 버티니 누구에게 허리를 굽히겠는가. 그러므로 자존심과 고집으로 고독하기 쉽고 부부간에도 애로가 많은 것을 암시하고 있다.

甲寅은 지지(地支)에 정록(正祿)이 있어 성격이 착하고 자비로우며 복록(福祿)이 풍후(豊厚)하다. 또한 복성귀인(福星貴人)이라 일생 동안 복록(福祿)이 따르고 부귀장수하는 길성(吉星)이다.

여성은 총명하여 사회활동을 하게 되는데, 교육, 예능, 의약 등에 종사하고 남성과 같은 성품과 고집이 있다. 고난이 있어 남편과 생사이별을 암시한다.

2. 을축순(乙丑旬)

(1) 乙丑의 성격

乙木이 축중계수(丑中癸水)의 생(生)을 받아 인수(印綬)가 되므로 甲子와 같이 자기 중심으로 고집이 대단하다. 또한 축중신금(丑中辛金)의 극(剋)을 받아 내적으로 인고의 험난한 일이 닥치는 것은 면할 길이 없다. 다시 말하여 칠전팔기의 형상으로 그 집념은 최후의 승리로 이끌기 때문에 '진흙 속에서 연꽃이 핀 형상'이라고 한다.

乙丑은 목적을 향한 인내심이 강하고 자비심이 있으며 신앙심도 깊은 편이다. 내성적이어서 성품이 온화하고 성실하며 근면하지만, 소심하고 배짱이 작아 남과 다투기를 싫어하고 자기의 일에만 충실하여 이기적인 성격이 나타나게 되는데, 이것은 축중기토(丑中己土)가 편재(偏財)로 작용하기 때문이다.

성격(性格)이 세심하고 치밀하여 알뜰하게 살아가지만 풍류의 기질이 있고, 강자에게 고개를 숙이는 일종의 의타심이 있다. 여성은 전형적인 동양의 여성상이라 겸손하고 자상하며 인내심이 많으나, 결단력이 부족하고 상황판단이 떨어진다. 반면에 인정이 많고 소박하며 감상적이어서 눈물이 많은 편이다. 그러나 대체적으로 남편의 덕이 없어 생사이별을 암시하고 있다.

(2) 乙亥의 성격

乙木이 해중임수(亥中壬水)로 생(生)을 받아 왕성하다. 외유내강한 형상으로 겉으로 보기에는 단정하고 깔끔하며 유순하다. 속으로는 명예욕과 승진 욕구가 누구보다도 강하다. 고상하고 인정이 많으며 사물에 대한 표현능력이 뛰어나 재치가 있고, 감수성이 풍부하여 직관력과 관찰력이 대단하다.

자기가 세운 목표에 대한 집착력이 강하나 인내력이 부족한 것이 다소 흠이 된다. 성품이 온화하고 우애를 중요시하여 절대로 무리하지 않는 스타일이라 남에게 의지하거나 마지못하여 이끌리어 가는 경우도 있다. 일지(日支)에 천문(天門)과 역마(驛馬)가 있어 학문을 좋아하고, 고향을 떠나 객지생활을 하거나 해외에 나가 유학하는 경우가 많다. 따라서 항상 분주하고 고독한 생활을 감수해야 한다.

여성은 총명하고 다정다감하며, 형제간의 우애가 돈독하고 활동성도 대단하다. 반면에 실천력과 결단력이 부족하여 본의 아니게 부부 인연이 맺어지는 경우가 많아 생사이별을 조심해야 한다.

(3) 乙酉의 성격

乙木이 酉金의 극(尅)을 당하여 약하다. '바위 위에 올라앉은 화초'의 상이니, 연약하고 아름답게 보이지만 역경을 이겨내는 인동초와 같다. 乙木은 환경에 잘 적응하면서도 재주가 있고 재치가 있으며 인정이 많다.

乙酉는 일지(日支)에 庚辛이 암장(暗藏)되어 있어 유인(酉刃)이 되니, 칼을 찬 형상이라, 외적으로는 유순하게 보이지만 내적으로는 대단히 날카롭고 끈질기며, 냉혹한 속성이 있어 권위적이다. 그러므로 공과 사가 분명하고 공정하여, 타인으로부터 냉정하면서도 인정이 있어 존경을 받기도 한다.

乙酉는 한번 결심하면 저돌적으로 추진하는 성격이지만, 본성이 착하기 때문에 유혹에 동요가 되거나 싫증을 느끼는 편이다. 한편 명예욕이 강하여 자기 자신을 과시하기 위하여 남 앞에 나서는 경우가 있다.

여성은 머리가 비상하고 주위 환경에 잘 적응하지만 간혹 믿는 도끼에 발등을 찍히는 수가 있다. 간혹 독신이거나 신병 등으로 고독하게 지내는 경우가 있다. 부군으로는 군경, 의약, 법조 계통에 종사하는 사람과 인연이 있다.

(4) 乙未의 성격

乙木이 미중정기(未中丁己)가 암장(暗藏)되어 식상(食傷)과 재성(財星)이 생조(生助)하니 아름답다. 乙未는 '사막의 오아시스'의 형상이라 乙木이 未土의 미중을목(未中乙木)으로 유근(有根)을 하지만 일점(一點)의 수기(水氣)도 없어 고갈되어 있는 나무의 형상이다. 그러나 우기절(雨氣節)을 만나면 오아시스 같은 낙원을 만들 수 있다.

또한 '사막의 선인장 꽃'의 형상이니 뜨거운 태양의 햇볕과 모래알 같은 사토(沙土) 속에서 꽃을 피우는 인동초에 비유되어, 파란만장한 고난을 겪은 후에야 비로

소 '대지 위의 초목'처럼 성장 발전하는 형상이다. 乙未는 백호로 자존심과 고집이 강하고, 부친의 횡액을 면하기 어려우며 자수성가함을 의미한다.

또한 학문과 예술 계통에도 뛰어난 소질이 있으나, 결단력과 지구력이 약하여 좋은 시기를 놓치는 경우가 많다. 자기의 일보다 타인의 일에 신경을 많이 쓰는 편이며, 풍류를 즐기고 이성에 대한 관심이 대단하다. 여성은 백호가 작용하여 자기 주장이 강하고 고집이 세며 공격력이 대단하여 부부 사이는 순탄하지 않다. 이재(理財)가 뛰어나고 임기응변이 능수능란하고 투기성이 발동하여 부동산, 주식, 도박 등으로 패가망신하는 경우가 생긴다.

(5) 乙巳의 성격

乙木이 사중무경병(巳中戊庚丙)이 암장(暗藏)되어 있어 식재관(食財官)이라 삼덕(三德)이 되니 약하지만 아름답다. 乙巳는 '풀밭의 뱀'의 형상이라 자신을 잘 노출시키지 않으나, 무시하거나 자존심을 건드리면 물불을 가리지 않고 공격하는 기질이 있다.

乙巳는 타고난 천성이 착하고 인정이 있고 예의도 바르며, 명랑한 성격의 소유자이다. 표현력이 좋아 말솜씨가 대단하고 상상력과 예측력도 대단하다. 乙巳는 감정이 풍부하고 명랑하고 쾌활하며, 눈치가 빠르고 임기응변이 뛰어나며, 희로애락의 표현이 분명하다.

외유내강하여 외적으로는 온화하고 유순하게 보이나, 내적으로는 냉정하고 강직하다. 그러므로 사고력과 분석력을 갖추고 있으며, 심성이 따뜻하여 화목을 중요시한다.

乙巳는 초지일관하지 못하여 직업도 맞지 않으면 전직을 많이 하면서 가정을 처에 맡기고 자신은 무관심하게 지내는 경우가 있고, 巳火를 충형(沖刑)하게 되면 횡액을 면치 못하니 '땅꾼에게 잡힌 뱀'이 될까 염려된다.

여성은 심성이 착하고 인정이 많으며, 예술, 예능, 교육 방면에서 성공하는 경우가 많다. 지지(地支)에 고란과숙(孤鸞寡宿)이 있어 독수공방을 겪게 되거나 남편과 생사이별을 하니 조혼은 금물이다.

(6) 乙卯의 성격

乙木은 묘중갑을(卯中甲乙)이 암장(暗藏)되어 있어 비겁(比劫)으로 방조(幇助)하여 왕성하다. 乙卯는 '땅 위로 솟아오른 싹'의 형상으로 미래에 대한 욕망이 대단하며, 상상력과 추리력이 뛰어나고 순수함을 지니고 있다. 乙卯는 초목이 부드러우나 태풍에도 넘어지지 않는 외유내강으로 고집이 대단하고 똑똑하면서도 인색하다.

乙卯는 외적으로는 연약하게 보이지만 내적으로는 높은 이상과 욕망이 있다. 또한 인품이 수려하고 지나치게 강직하고 자기 위주로 판단하기 때문에 타인에게 인정받기가 어렵다. 乙卯는 '초원 위에 뛰어다니는 토끼'의 형상으로 乙木이 卯木에 유근(有根)하여 대단히 강력하다.

다시 말하여 乙木이 목왕절(木旺節)인 卯木이 방조(幇助)하니, 더욱 강하여 무엇이든지 못하는 것이 없다. 그러므로 고집과 자만, 자존심이 대단하다. 대외적으로는 융통성이 있으나 가정에서는 융통성이 부족하다. 卯酉戌 중에 2자(二字)를 보면 본인이나 배우자나 자손이 의약계로 진출하는 경우가 많다.

여성은 외적으로는 유순하고 부드러우며 환경에 적응을 잘하는 편이지만, 지나치게 똑똑하고 인정이 많으며, 언변술이 대단하고 비상한 특기를 가지고 있다. 그러나 고집이 강하고 사회활동을 하는 경우가 많아 남편이 무능할까 염려된다. 육친에 대한 근심이 많고 자식도 애로가 있음을 암시한다.

3. 병인순(丙寅旬)

(1) 丙寅의 성격

丙火는 인중갑목(寅中甲木)의 생(生)을 받아 '초목에 태양이 비치는 상'이 되니 포부가 크고 두뇌가 비상하여 독창적이고 진취적인 기상이 있다. 병인(丙寅)은 학당귀인(學堂貴人)이라고도 하고 문곡귀인(文曲貴人)이라고도 하여, 학구열이 식지 않아 평생 동안 교육, 문학, 예능에 전념하기도 한다.

예의가 바르고 활동적이고 목화통명(木火通明)으로 말재주가 비상하고 바른 말을 잘하며, 양보의 미덕을 가지고 있다. 감성과 지성이 풍부하지만 불 같은 성격을 가지고 있으면서 한번 시작한 일은 끝까지 저돌적으로 밀고나가 결국 일을 마무리하는 기질이 있다. 또한 솔직하고 꾸밈없이 행동하고 화려한 것을 좋아하고 위풍이 당당하다.

명예욕이 강하고 지혜가 출중하지만 때로는 침착성이 결여되어 경솔한 행동을 하고 이성에게는 약하다. 따라서 인내심을 기르고 극기심(克己心)을 길러 신중하게 행동해야 크게 성공할 수 있다.

여성은 다정다감하고 활동적이지만 고집이 강하고 욕심이 많아 다소 이기적이다. 대체적으로 미모가 뛰어나고 묘한 매력이 있어 남성에게 인기가 있다. 그러나 고집이 강하여 상대방을 무시하는 경우가 많아 부부가 원만하지 못하다.

(2) 丙子의 성격

丙子가 子水로 정관(正官)이 되어 관록(官祿)이 왕성하다. 태양이 바다를 비추는 형상으로, 천성이 인자하고 맑고 고결한 성품이라 사상이 건전하고 외관이 단정하여 공직생활에 적합하다.

丙子는 예의가 바르고 언변이 뛰어나며 문장력이 대단하지만, 융통성이 부족하고 고집이 강하여 상대방에게 오해를 풀거나 이해를 시키는 도량이 부족하고, 이성 교제에서는 지속성이 없고 성격 변화가 많은 편으로 시작은 좋으나 결실을 맺기는 어렵다.

성격이 급하고 한번 화가 나면 물불을 가리지 않고 저돌적으로 공격하지만, 오히려 뒤끝이 깨끗하고 오해가 쉽게 풀리어 곧바로 잊어버린다. 따라서 솔직하고 담백하여 비밀이 없고 가식이 없어 음흉한 사람에게는 오히려 피해를 당하니 조심해야 한다. 너무 욕심 부리지 말고, 작은 것에 너무 집착하지 말고, 항상 분수에 맞게 자기 관리를 철저히 하고 모든 일을 긍정적으로 처리하면 반드시 성공할 것이다.

여성은 솔직하고 화끈하며 남편 덕이 있으나 남편은 공직 계통에 종사하는 경우가 많으며, 남자의 유혹에 유념하여야 하고 이별하는 경우가 많은 편이다.

(3) 丙戌의 성격

丙火가 술중신금(戌中辛金)과 술중무토(戌中戊土)가 암장(暗藏)되어 있어 정재(正財), 식신(食神)이 되니 약하지만 아름답다. 丙戌은 '집을 지키는 개'에 비유하기도 하는데, 책임감이 강하고 의협심이 대단하다. 또한 마음이 넓고 인정이 있으며 대인관계가 원만하고 인기도 대단하다.

희로애락의 감정 표출이 선명하여 감정의 기복이 심하게 보이니 변덕스러운 성향이 있기도 하다. 그러므로 한번 화가 나면 불과 같지만 오래가지 못하고 뒤끝이 없고 깨끗하여 화끈한 성격으로 평가 받는다. 丙戌은 백호라고 하여 고집이 강하고 용감하지만 심하면 흉포한 기질이 있어 기이하게 발복(發福)하는 경우가 있다. 또한 천라지망(天羅地網)이라 하여 의약, 법조, 종교, 철학, 군경 계통과 인연이 있다.

여성은 여장부의 기질이 있어 남성과 같이 강한 직업을 가져야 한다. 고집이 강하고 자기주장이 대단하니, 남편을 무시하는 경우가 생겨 남편의 덕이 약하고, 자식으로 인한 고민이 많은 경우가 있어 생사이별이 아니면 독신으로 살아간다.

(4) 丙申의 성격

丙火가 신중무토(申中戊土), 신중임수(申中壬水), 신중경금(申中庚金)이 암장(暗藏)되어 식재관(食財官)이 삼덕(三德)으로 아름답다. 丙申은 '용광로에 제련된 기물(器物)'의 형상이니, 두뇌가 명석하고 인정이 많으며, 예의가 바르고 성취욕이 강하다.

또한 성격이 급하여 불같이 화를 내지만 뒤끝이 없고 화끈하다.

丙申은 지지(地支)에 문창귀인(文昌貴人)이 있어 학문연구와 지혜가 탁월하다. 이재능력(理財能力)이 뛰어나고 활동성이 강하며 무역, 외교, 관광 계통에서 성공한다.

또한 관귀학관(官貴學館)이 있어 승진이 빠르고, 낙정관살(落井官殺)이 있어 수재나 화재가 염려되니 물가에서 조심해야 한다. 丙申은 호화롭고 화려한 것을 좋아하고 풍류를 즐기며, 통이 크고 사교성이 대단하다.

그러나 지구력이 부족하여 한 곳에 집중하지 못하고 변동이 많은 것은 지지(地支)에 寅申巳亥로 역마(驛馬)가 되기 때문이다. 그러므로 경솔하게 행동하지 말고 항상 신중하게 처신하도록 노력해야 한다.

여성은 총명하고 사업에 소질이 있으며, 남편에 대한 내조가 대단하고 헌신적이다. 간혹 사회활동을 하여 남편을 먹여 살려야 하고, 노랑(老郞)과 살거나 소실로 살아가는 경우가 있다.

(5) 丙午의 성격

丙火는 午火에 유근(有根)하여 비겁(比劫)으로 방조(幇助)하니 왕성하다. 丙午는 '힘차게 달리는 말'의 형상이니, 용맹스럽고 저돌적이며 이상이 높아 하늘 높은 줄 모르고 전진하는 기질이 있다. 丙午는 양간(陽干) 중 최고의 丙火가 양인(羊刃)을 놓으니 염상지상(炎上之象)이라, 권위적이면서 호탕하고 개방적인 스타일로 대인관계를 즐긴다.

丙午는 '정오(正午)의 태양'으로 가장 높은 자리에 있는 형상이니, 유아독존이요, 자기 주관대로 행동하며, 낙천적인 기질도 가지고 있다. 또한 앞으로 나아갈 줄만 알고 물러설 줄 모르는 기질도 가지고 있으니, 속전속결로 조급하지만 뒤끝은 없다. 상사에게도 직언을 서슴지 않으며, 거짓이 없고 솔직담백하다. 예의를 중요시하고 항상 남을 존중하는 대인의 품격도 갖추고 있다.

반면에 타인의 비밀을 지키기 어려우며, 시작은 열심히 하나 결실은 뜻과 같지 않아 유시무종(有始無終)하게 되는 것이 아쉬운 점이다. 丙午는 독선이 지나치게 강하여 적을 만들기 쉬우니 인내심을 기르는 수양에 힘써야 한다.

여성은 지나치게 강한 기질로 유아독존이라, 남편을 무시하고 무능하게 만들어 스스로 몰락하게 한다. 남편이 있어도 만족을 느끼지 못하니, 차라리 독신으로 살아가거나 종교나 철학 계통에 종사하는 것이 바람직하다.

(6) 丙辰의 성격

丙火는 진중을계무(辰中乙癸戊)가 암장(暗藏)되어 있어 식상(食傷), 인수(印綬), 관성(官星)이 관인(官印)이 상생(相生)하니 약하지만 아름답다. 丙辰은 '용이 승천하는 형상'으로 영웅호걸의 기질을 가지고 있다.

어디를 가나 두령(頭領)으로 타인을 지배하거나 제압하는 능력이 있고, 수완이 뛰어나 목표달성의 속도가 빠르고 무궁무진한 지혜와 모사가 내포되어 있다.

丙辰은 추진력과 배짱이 좋고 지혜가 총명하니, 영웅심과 명예욕이 대단히 강하다. 반면에 의욕이 넘쳐흘러 시비구설이 따르고 실패할 확률이 많으니 충분한 경험을 축적해야 한다.

丙辰은 지지(地支)에 천라지망(天羅地網)이 있어 생살권(生殺權)을 갖는 권력 계통에 종사하게 되는데, 그렇지 않으면 오히려 관재송사가 염려된다. 그러므로 군인, 경찰, 의약, 정보, 교육 계통에 진출하여 성공하는 경우가 많은 편이다. 병진(丙辰)은 '지하실의 조명' 같은 형상으로 전열기, 난방기구, 전기, 전자 계통에도 인연이 많은 편이다.

진중무계(辰中戊癸)가 무계합(戊癸合)으로 암합(暗合)하니 혼전임신이나 부정포태(不貞胞胎)를 경험하는 요인이 된다. 여성은 외적으로는 현모양처요, 세상에서 제일 똑똑한 유아독존이다. 그러나 마음씨가 착하여 타인을 위해 덕적(德積)을 해야 한다.

한 번 화가 나면 물불을 가리지 못하고 고집 또한 대단하다. 혼전임신, 타자양육, 자연유산, 생사이별 등을 암시한다. 단 군인, 경찰, 교도관 등 특수직에 종사하는 남편일 경우에는 제외가 될 수 있다.

4. 정묘순(丁卯旬)

(1) 丁卯의 성격

丁火는 묘중을목(卯中乙木)의 생(生)을 받아 인수(印綬)가 되니, 지적 수준이 높고 학문과 지혜가 깊고 중년 이후에도 학구열이 높아 연구심이 강하다.

예의를 중요시하고 낙천적이며, 쾌활한 성격의 소유자이다. 마음이 따뜻하고 남을 배려하여 다정자감하니 대인관계가 원만하다. 인정이 많고 포부와 야망은 대단하지만 추진력이 부족하고 자기 자신의 능력에 비해 성과 면에서는 결과가 기대에 미치지 못하는 것이 단점이라고 할 수 있다.

문곡귀인(文曲貴人)이 있어 영리하고 학문 연구에 우수한 자질을 가지고 있지만, 끈기가 부족하여 용두사미가 될까 염려스럽다. 외적으로는 온순하게 보이나 승부욕이 강하고 주위 환경을 잘 살피며 기회를 포착하는 형이다. 두뇌 회전이 빠르고 선견지명이 있어 늘 남보다 앞서가는 편이다.

깨끗하고 부드러우며, 용모도 아름답고 단정한 편이며, 풍류를 즐길 줄 안다. 여성은 자존심이 강하고 예술을 좋아하고 재물을 경시하기 때문에, 부부간의 갈등을 초래하기 쉬워 중년 이후에 생사이별이 염려된다.

(2) 丁丑의 성격

丁火가 축중계신(丑中癸辛)이 암장(暗藏)되어 재성(財星)과 관성(官星)이 되니, 명예심과 재물욕을 암시하고 있다. 마음이 넓고 표현력이 뛰어나고 지혜롭고 정직한 성격이다. 하늘을 우러러 한 점의 부끄러움이 없을 만큼 대단히 양심적이다.

대인관계가 원만하고 예의가 바르며 타인을 존경하면서도 명랑하고 쾌활하며, 낙천적인 성격의 소유자이다. 마음이 따뜻하고 희생심이 강하여 헌신적이면서도 남에게 지기 싫어하고, 목표를 세우면 진취적인 성격으로 배신당하는 경우가 종종 생긴다. 한 번 마음속으로 낙인을 찍은 상대는 두 번 다시 상대하지 않으려는 결백성이 있어, 스스로 고독감에 젖어 가까운 사람을 원망하고 저주하기도 한다.

또한 욕심이 많아 끝까지 노력하는 편이고, 재물에 대한 집착력이 강하여 겉은 평온해도 내면은 갈등과 번뇌가 많으며, 심하면 비관하거나 우울증에 빠지기도 하니 스트레스 해소에 신경을 써야 한다.

여성은 근면성실하며 자기주장이 강하고 인정이 있고 사리가 분명하다. 또한 신앙심이 깊고 재물에 대한 욕심이 많으며, 남편은 의약이나 종교와 철학 계통에 종사하는 사람과 인연이 있다.

(3) 丁亥의 성격

丁火는 해중갑목(亥中甲木)과 해중임수(亥中壬水)가 암장(暗藏)되어 있어 관성(官星)과 인수(印綬)가 상생하니 선약후강(先弱後强)하다. 丁亥는 두뇌가 명석하고 사교적이며 표현력이 풍부하고 예감이 빠르다. 순박하고 인정이 많은 데다 밝고 건전하며, 합리적인 사고와 논리적인 이론으로 주위로부터 똑똑하다는 소리를 듣는다.

내면적으로는 지구력과 끈기가 부족하고 자신감이 없어 변덕이 있고, 상황에 따라 싫증을 빨리 느끼기도 하고 처세가 너무 좋아 오해를 받기도 한다. 丁亥는 고향을 떠나 객지에서 성공하고, 항상 생활환경이 분주다사한 편이다. 지지(地支)에 천을귀인(天乙貴人)이 있어 복록(福祿)이 있고 배우자의 덕이 있으며, 자신보다 학식과 인품이 높은 사람과 인연이 있다.

한편 예의를 중요시하며, 예술적인 감각이 뛰어나고 자존심이 강하여 자기 관리를 잘하나 인내심이 다소 부족하고, 불의와 타협하지 않으며 오직 정도로만 나아가니 소심하면서도 고독한 성격의 소유자이다. 여성은 총명하고 판단력이 빠르고 재치가 있어 똑똑하고 명쾌하다. 남성과 같이 지구력과 끈기가 없고 포용력이 없는 것이 흠이다.

(4) 丁酉의 성격

丁火가 유중경신(酉中庚辛)이 암장(暗藏)되어 재성(財星)이 왕성하니 약하지만 아름답다. 정유(丁酉)는 '명월지상(明月之象)'이라 '앞길을 밝혀주는 등불'에 비유하기도 한다. 용모가 단정하고 감성이 풍부하며 순수하면서도 명랑하고 쾌활하다. 예의를 중요시하여 타인을 존중하고 남의 덕을 보기 전에 자신이 먼저 베푸는 기질이 있다.

丁酉는 지지(地支)에 문창귀인(文昌貴人)이 있어 학문에 열중하여 후학 양성의 포부를 가지고 있으며, 또 재성(財星)이 있어 일생 동안 금전의 고통은 적으나 과욕은 금물이다. 丁酉는 미적 감각이 뛰어나고 미모가 대단하여 타인의 호감을 받는다. 귀인이라 마음도 착하고 인정도 많다. 그러나 부드러운 반만에 酉金이라 잔인한 기질이 있으며, 재성(財星)이 혼잡이라 현명한 아내를 맞이하나 외방(外房)의 첩을 두는 경우가 있다.

여성은 총명하고 현모양처의 기질이 있어 남편을 잘 보살피고 섬기지만, 재물에 대한 욕심 때문에 남편의 수입에 만족하지 못하고 자기가 생활전선에 나가는 경우가 있다. 이성의 고민이 있게 되니 흑백을 분명히 하고 행동하여야 한다.

(5) 丁未의 성격

丁火는 미중정을기(未中丁乙己)가 암장(暗藏)되어 비겁(比劫)과 식상(食傷), 인수

(印綬)가 있어 약하지 않고 아름답다. 丁未는 '뙤약볕의 양(羊)'의 형상이라, 활동력이 강하고 희생정신이 강하며, 자기 고집이 강하고 자립하려는 힘이 강하여 소유욕과 독립심이 대단하다. 丁未는 차분하나 쓸데없이 부화뇌동하는 기질이 있으며, 지지의 현침(懸針)은 기예를 뜻한다.

丁未는 도량이 넓고 희생정신이 강하고 명랑하며, 사리판단이 정확하면서도 고집이 강하여 꺾을 사람이 없다. 또한 고지식하고 솔직담백하며, 온순하고 인정이 많은 편이다. 소유욕이 강하고 독립정신도 강하다. 丁未는 총명하고 학문연구에도 대단하지만, 성급한 관계로 학업이 중단되니 인내심을 기르고 수양을 해야 한다.

두뇌회전이 빠르고 남에게 지기를 싫어하고 민첩한 행동으로 모든 일에 앞장서는 타입이다. 높은 이상과 집념을 가슴에 품고도 외적으로는 내색하지 않고 조용히 추진해 나간다. 성격이 진실하고 거짓이 없으며, 남에게 베푸는 희생정신이 강하다.

여성은 총명하고 현모양처의 기질이 있으나, 한이 많아 눈물짓는 일이 많다. 성격이 급하고 매사에 깨끗하며 살림은 알뜰하게 하지만, 남편복은 없고 실패하기 쉬우며, 자식 기르기도 힘들다.

(6) 丁巳의 성격

丁火는 사중무경병(巳中戊庚丙)이 암장(暗藏)되어 비겁(比劫), 식상(食傷), 재성(財星)이 되니, 식생재(食生財)로 상생하고 비겁(比劫)으로 유근되니 왕성하면서 아름답다. 丁巳는 '제련소의 불'의 형상이니, 활활 타는 불같이 정열적이고 명랑하며, 예의가 바르고 바른 말을 잘한다.

성격이 솔직담백하고 이상과 욕망이 대단하며, 주어진 일에 대한 처리가 신속정확하여 상급자로부터 인정을 받는다. 그러나 하급자의 과오는 용납하지 않고 정의감에 불탄다. 丁巳는 지혜가 비상하고 고집도 대단하며, 번개처럼 일을 처리하기도 하고, 화를 내고도 뒤끝은 없으며 후회도 빠르다. 또한 배짱이 두둑하고 말솜씨가 청산유수와 같다.

丁巳는 타인의 밑에서 종사하는 것을 싫어하고 우두머리 격으로 어디를 가나 독단적으로 직업을 갖는 경우가 많은 편이다. 자기주장이 강하여 대인관계가 원만하지 못하고 지구력이 부족한 것이 하나의 흠이 된다. 지지(地支)에 음인(陰刃)이 있으니, 생살권(生殺權)을 갖는 직업과 인연이 있거나, 아니면 오히려 자신이 관재 송사를 당하기도 한다.

여성은 근검절약하고 현명하다. 재물 욕심이 강하여 재복(財福)이 있고 사회활동을 한다. 고란(孤鸞)이 있어 생사이별, 아니면 독수공방을 겪게 되니, 조혼은 실패할 가능성이 높으므로 만혼을 하거나, 아니면 노랑(老郞)이나 연하의 남편과 인연이 있다.

5. 무진순(戊辰旬)

(1) 戊辰의 성격

戊土는 지지(地支)의 진토(辰土)에 의해 방조(幇助)되어 왕성하다. 진중(辰中)의 乙癸가 재관(財官)으로 암장(暗藏)되어 더욱 아름답다. 戊辰은 지능이 뛰어나 총명하고 지혜가 있고 똑똑하다. 이상이 원대하고 저력이 있어 마침내 성공의 결실을 맺는다.

주체가 강하고 인내심이 있으며, 성실하고 언행이 일치하여 중후하고 위엄이 있다. 다재다능하고 남의 일을 잘 돌보아 주는 희생정신이 있어 선후배 사이에 덕망이 높다.

정직하고 끈기가 있으며, 신앙심도 있고, 주위 환경에 대한 적응력도 대단하다. 그러나 戊辰은 백호의 기질을 내포하고 있어 매사 고통과 시련을 겪은 후에야 비로소 성공하는 경우가 많다. 진중계수(辰中癸水)가 재고(財庫)로 부자를 암시하는 길성(吉星)인데, 간혹 고집이 강하여 사회적으로 고립될까 염려된다. 여성은 단정하면서도 유덕하고 포용력이 있으나, 남성을 무시하는 경향이 있어 부부간에는 생사이별하는 경우가 많다.

(2) 戊寅의 성격

戊土가 인중무병갑(寅中戊丙甲)이 암장(暗藏)되어 있어 관인(官印)이 상생하여 부귀지명(富貴之命)이다. 戊寅은 조용하면서도 도량이 넓고 성실하며 자기의 분수를 잘 지킨다. 매사에 신중하게 처리하며 타인과 잘 충돌하지 않고 자기 일에 충실하고 신용을 중요시하고 신앙심도 대단하다.

戊寅은 활동적이고 욕심이 많아 개척정신이 강하고 외국에도 출입이 잦으며, 관록(官祿)이 발동하면 만인의 두령격(頭領格)이 된다. 목표를 세우면 왕성한 추진력을 가지고 끈기 있게 밀고 나가면서도 작은 부분까지도 세심하게 관찰하면서 대관소찰(大觀小察)하는 성격을 가지고 있다.

또한 자존심이 강하여 자신에게 불리한 말을 하거나 상대적으로 과소평가하면 불 같은 성격으로 화를 내어 성질을 자제하지 못한다. 여성인 경우는 활동적으로 사회활동을 하게 되어 학당귀인(學堂貴人)이 있어 공직이나 교육계와 인연이 있고, 남편 역시 공직이나 교육자가 많은 편이다.

(3) 戊子의 성격

戊土가 자중임계(子中壬癸)가 암장(暗藏)되어 있어 재성(財星)이 되니 약하나 아름답다. 戊子는 '산 속의 다람쥐'의 상으로 나타내기도 하고, '산 속의 옹달샘'으로 표현하기도 한다. 따라서 심성이 착하고 다재다능할 뿐만 아니라 재복(財福)이 많은 것을 암시한다. 또한 산 속의 옹달샘은 중생의 기도하는 장소이기도 하고 목마른 행인의 갈증을 해소시켜주기도 한다.

그러므로 신앙심이 깊어 종교나 철학 계통에 관심이 많거나 도량이 넓고 인정이 많으며 성실한 군자의 풍모를 지니고 있다. 또한 주어진 업무 처리가 깔끔하고 임기응변도 대단하고 사색을 즐긴다.

戊子는 우직하면서도 통이 크고 재성(財星)을 안고 있어 사업을 꾸준하게 하고, 욕망이 커서 가정생활보다는 사회나 직장을 중요시하기 때문에, 부부간에는 인기가 없으나 대외적으로는 덕망과 인기가 있다.

그러나 지나치게 강한 고집 때문에 스스로 고독을 느끼며, 허영심으로 남모르는 투기로 인하여 패가망신할까 두렵다. 겸손의 미덕을 발휘하여 지혜로운 삶을 가져야 한다.

여성은 현모양처의 상이지만 부덕(夫德)이 약한 편이고 자손이 귀하고 고독하다.

(4) 戊戌의 성격

戊土는 戊土가 비겁(比劫)으로 방조(幇助)되어 조토(燥土)지만 왕성하다. 戊戌은 '산 속의 산'의 형상으로 험준하고 높은 산맥이 되어 생각하는 차원도 높다. 그러므로 신의가 있고 도량이 넓으며 성실하고, 학문과 예능에도 뛰어나다. 한편 고집이 대단하고 타인의 일에는 발 벗고 나서서 헌신적으로 도와주니 가정에는 소홀하게 되어 속세를 떠나려는 기질이 내포되어 있다. 戊戌은 '험한 산을 지켜주는 개'의 상으로 자기가 맡은 일에 충실하고 책임감이 강하며, 포용력도 대단하고 신앙심이 깊어 외유내강한 성향이 있다.

반면에 창(戈)의 글자가 겹치므로 다치거나 수술하는 경우가 생겨 심신이 피상(被傷)되므로 오히려 '개에게 물리는 상'으로 되기도 한다. 戊戌은 지지(地支)에 괴강(魁罡)이 있으니 주어진 임무에 대한 추진력이 있고 명예욕이 있어 권세를 지향하는 속성이 있다. 간혹 종교나 철학에도 관심이 있어 목사나 신부 또는 승려가 되는 경우가 있다.

여성은 총명하고 여장부의 기질이 있어 사회활동을 하는 경우가 많고, 고집이 강하고 남편을 무시하는 경우가 있으니, 자기 수양이 필요하다. 괴강(魁罡)이 있어 남보다 뛰어나 발복(發福)이 빠르고 추진력이 대단하지만, 부부애로는 면하기 어렵다.

(5) 戊申의 성격

戊土가 신중임경(申中壬庚)이 암장(暗藏)되어 있어 식상(食傷)이 생재관(生財官)하여 약하지만 아름답다. 戊申은 '높은 산 원숭이'의 형상이라, 신의가 있고 재주가 있으며, 의협심이 있고 직선적으로 입바른 소리를 잘한다.

자유분방하고 오만하여 변덕이 많으며, 매사 한 가지 일에 집중하지 못하고 타인에게 불필요한 간섭이 많다. 戊申은 혼자 있는 것을 좋아하고 자기의 일에만 집념하다 보니 대인관계가 소홀하다. 그러나 도량이 넓고 성실하며 언행일치로 타인의 귀감이 되기도 한다.

戊申은 지지(地支)에 천주귀인(天廚貴人)이 있어 평생 의식이 풍부하고 복록(福

祿)이 따른다. 또한 복성귀인(福星貴人)이 있어 부귀 장수한다. 지지(地支)의 암록(暗祿)은 천우신조(天佑神助)를 의미하고 현처를 얻으며 처덕(妻德)이 있다. 여성은 식록(食祿)이 풍부하고 근심 걱정이 비교적 적으며, 일생 동안 무난하게 살아가는 경우가 많다. 지지(地支)에 고란살(孤鸞殺)이 있어 남편에게 애로가 있어 생사이별이나 독수공방을 겪는다. 아니면 남편이 작첩(作妾)하는 일로 애로가 많은 편이다.

(6) 戊午의 성격

戊土가 午火의 생조(生助)를 받아 신왕(身旺)하다. 丙午와 같이 일지(日支)에 양인(羊刃)을 놓으니 戊土가 왕성하다. 戊午는 '넓은 들판을 달리는 말'의 상으로, 두뇌가 명석하고 남에게 지기 싫어하는 승부욕과 명예욕이 강하다. 포부와 이상이 크며, 유아독존으로 성급하면서도 저돌적이다.

戊午는 화토중탁(火土重濁)이라 토속신앙에 관심이 많다. 외양내음(外陽內陰)으로 경거망동하기 쉬우며, 고집은 황소와 같다. 그러므로 고지식하고 융통성이 부족한 것이 흠이며, 거짓말을 못하여 솔직담백하고 매사에 꼼꼼한 성품이다. 무오(戊午)는 부모형제를 떠나 객지에서 자수성가하기 위해서는 파란곡절이 많은 편이다.

독불장군으로 매사에 독선적이고 이기적이면서 풍류의 기질도 있다. 戊午는 '화산(火山)'의 형상이라 남녀가 모두 정력이 왕성하여 이성에 대한 관심이 남보다 강하여 망신을 당하기 쉬우니 절제력을 키워야 한다.

일지(日支)에 양인(羊刃)이라 생살권을 주재하는 분야에 종사하는 경우가 많은 편이다. 자만심이 강하고 안하무인으로 구설수가 많다. 여성은 여장부의 기질이 있고 사회활동 능력이 대단하며, 언변이 능수능란하다. 군인, 경찰, 법관, 공무원 등 특수직에 종사하거나, 아니면 종교, 철학에 관심을 가지게 된다.

6. 기사순(己巳旬)

(1) 己巳의 성격

己土는 사중병화(巳中丙火)의 생(生)을 받아 인수(印綬)가 되므로 왕성하다. 또한 사중경금(巳中庚金)은 제련된 金으로 예능에 소질이 있고, 음성이 크고 맑으며 감정이 풍부하다. 외적으로는 유순하게 보이지만 내적으로는 강직하고 독선적이고 학문 연구에 관심이 많다.

욕망이 크고 자존심이 강하고 독립정신이 강하여 자수성가하는 경우가 많다. 己巳는 고집태강(固執太强), 초지일관, 백절불굴의 정신으로 불의와 타협하지 않는 속성이 있다. 의협심과 정의감이 강하지만 조용하고 부드러운 성격으로 매사 성실하게 일을 처리한다.

자기 일에 충실하면서 신용이 있고 신앙심이 있으며, 종교나 철학 계통에 관심이 많거나 여기에 종사하는 경우가 많다. 여성은 자기 위주의 삶을 추구하므로 이기적이고 타산적이고 인정도 많은 편이다. 조혼을 하면 남편이 무력해지거나 형액(刑厄)이 따르는 경우가 생긴다. 그러나 법률, 의약, 교육계의 업종에 종사하는 남편을 만나면 해로하게 된다.

(2) 己卯의 성격

己土가 묘중을목(卯中乙木)의 극(剋)을 받아 토기(土氣)가 약하다. 들판의 토끼같이 성격이 순박하고 부드러우나, 소심하고 예민하여 모든 일에 주관이 없이 남에게 의지하거나 마음이 흔들리기 쉬운 성격으로 보인다. 그러나 의협심이 있고 뚝심도 있어 중용을 지키려고 노력하고 남과 잘 어울린다.

조용하고 성실하여 말과 행동을 신중하게 처리하기 때문에 신용도가 높고 신앙심이 깊어 종교나 철학 계통에 관심이 많은 편이다. 외적으로는 유순하고 수줍어하고 지구력이 부족하여 쉽게 싫증을 내기도 하지만, 내적으로는 자존심과 명예욕이 강하여 남에게 지는 것을 싫어한다.

또한 자상하고 꼼꼼하고 세밀한 성격으로 기술이나 예능 방면에 뛰어난 사람이 많다. 지지(地支)에 현침(懸針)이 있어 수양을 많이 하고 덕(德)을 쌓으면 군인, 경찰, 법관 등 권력기관이나 의약, 역학, 교육 계통에서 두각을 나타내기도 한다. 여성은 얌전하고 약한 듯 보이지만 인내심이 강하고 끈질기고 괴팍한 면이 있다. 남성과 같이 의약, 교육, 예능 계통에 진출하면 대성하지만 부부애로가 염려된다.

(3) 己丑의 성격

己土가 丑土의 방조(幇助)로 왕성하고 축중계수(丑中癸水)와 축중신금(丑中辛金)이 암장(暗藏)되어, 재성(財星)과 식신(食神)이 서로 생조(生助)하여 아름답다. 己丑은 '밭을 가는 소'로도 상징하기도 하고, 들판에서 한가하게 풀을 뜯는 목장의 가축을 연상하기도 하여 근면하고 성실함을 의미한다.

己丑은 조용하고 온화한 성격으로 대의와 중용을 지키며 타인과 조화롭게 지내는 순박하고 부드러운 심성을 지니고 있다. 또한 희생정신과 의협심이 강하고 한번 맺은 인연은 끝까지 지켜 초지일관하기 때문에 주위사람들로부터 인정을 받는다. 항상 부지런하고 한 가지 일에 집착하여 밀고 나아가는 추진력이 대단하고 사명감이 투철하다.

그러나 소극적이고 치밀한 성격으로 소탐대실할까 염려가 되니, 좀 더 적극적이고 끈기와 지구력을 가진다면 자기 능력 이상의 성과를 기대할 수 있다. 여성은 자존심이 강하고 고집이 대단하다. 지지(地支)가 비견(比肩)이라 남편과의 충돌이 염려되니, 배우자를 선택할 때는 나이 차이가 많이 나거나 연하와 인연을 맺는 것이 바람직하다. 지지(地支)에 재성(財星)이 있어 재물이 많음을 암시하고 있다.

(4) 己亥의 성격

己土가 해중갑목(亥中甲木)과 해중임수(亥中壬水)가 암장(暗藏)되어 관성(官星)과 재성(財星)이 상조(相助)하니 약하지만 아름답다. 己亥는 '황금돼지의 상'의 형상으로 총명하고, 의관이 단정하며 사상이 건전하여 귀인지상(貴人之象)이라 재물과 명예를 겸전한 재관이덕(財官二德)의 길명(吉命)이다.

己亥는 사업보다는 공직 생활이 안전하다. 인정이 많고, 소심하여 남에게 이용당하기 쉬우니 무슨 일이든지 심사숙고하여 처리해야 한다. 己亥는 지지(地支)에 술해천문성(戌亥天門星)이 있어 앞을 내다보는 선견지명이 있고, 신앙이 독실하여 천우신조의 혜택이 있다. 매사에 빈틈이 없고, 꼼꼼하며 논리적이지만 진취적이고, 끈기가 부족한 것이 흠이 된다. 지지(地支)에 관귀학관(官貴學館)이 있어 학문을 좋아하고, 종교나 철학 계통에 인연이 있다. 또한 대의를 중요시하고, 중용을 지키지만 내성적이고, 속세를 떠나고 싶어 하고, 우울하고, 고독한 심성을 지니고 있다.

여성은 총명하고, 생활력이 강하며 현모양처의 상이다. 사회활동을 하거나 교육계통, 공직생활을 하는 것이 좋다. 명암부집(明暗夫集)이 되면 부부애로가 있고, 남편이 형액(刑厄)을 당하기 쉬우나 천우신조의 혜택을 입어 구제되는 경우가 있다.

(5) 己酉의 성격

己土는 유중경신(酉中庚辛)이 암장(暗藏)되어 식상(食傷)이 왕성하니 약하다. 己酉는 '들판의 닭'의 형상으로 8월 들판에 먹을 것이 많아 먹이를 찾아 뛰어다닌다는 뜻으로 식록(食祿)이 풍부하다. 식상(食傷)이 왕성하니, 머리회전이 천재적이고 인정을 많이 베풀며, 외적으로는 유하지만 내적으로는 냉철하여 일도양단(一刀兩斷)의 기질을 가지고 있다.

己酉는 성격이 온화하고 명랑하며, 유머감각도 뛰어나고 대인관계가 원만하다. 또한 세심하고 치밀하여 소극적인 성격으로 의기소침하고 타인을 의심하기도 한다. 己酉는 지지(地支)에 천주귀인(天廚貴人)이 있어 평생 의식이 풍부하고 복록(福祿)이 따른다는 길성(吉星)이다. 또한 학당귀인(學堂貴人)이 있어 문장력이 대단하고 학문을 즐겨 하므로 학자나 교육계에 진출하게 된다. 그뿐만 아니라 문창귀인(文昌貴人)이 있어 총명하고 학문 연구를 즐기며, 추진력, 발표력, 예지력이 뛰어나다. 지지(地支)에 묘유술삼자중(卯酉戌三字中)에 2자(二字)를 보면 본인이나 배우자, 또는 자식이 의약계에 진출하게 된다.

己酉는 신앙심이 깊고 예의가 바르며 이상세계에 관심이 많다. 여성은 재주가 뛰어나고 남편에 대한 내조를 잘하는 유형이나, 남편을 무시하는 경향이 있어 부부애로가 염려된다. 그러므로 나이차가 많거나 연하의 남편을 만나는 것이 바람직하다.

(6) 己未의 성격

己土가 미중정을기(未中丁乙己)가 암장(暗藏)되어 비겁(比劫), 인수(印綬), 관성(官星)이 되니, 관인(官印)이 상조(相助)하고 비겁(比劫)으로 방조(幫助)되어 강하고 아름답다. 己土는 '들판에서 풀을 뜯는 양'의 형상으로, 우선 먹을 것이 풍부하고 평화스러운 풍경이니 평생 동안 재물의 궁함이 없다는 뜻이다.

양(羊)의 기질이 있어 지혜가 뛰어나고 고집이 대단하며 성급한 면이 있다. 己土는 자신보다 타인을 위해 봉사하는 희생정신이 강하고 항상 마음이 분주하고 다사다난하다. 그러므로 구설이 따르고 필요 없는 일에 뛰어들어 뜻하지 않은 고생을 하는 경우가 많다.

己土는 '전답(田畓)이 메마른 형상'으로, 한 번 감정이 격해지면 전후를 가리지 않고 폭발하며 심하면 우울증이나 신경과민으로 번민하는 경우가 많다. 己土는 보수적이고 소심하지만 논리적으로 자기 의지를 관철시키기 때문에 학문, 예술, 어학 계통에 소질이 있다. 또한 건축과 연관이 있는 건재상, 골재상 등 토목사업과 인연이 많다.

여성은 간여지동(干與支同)으로 고집이 대단하고 남편을 무시하고 사회활동을 하는 것이 적격이다. 남편복은 없으나 군인, 경찰, 교도관 등과 인연이 깊고 생사이별을 하거나 나이차가 많은 노랑(老郞)과 인연이 있어야 좋다.

7. 경오순(庚午旬)

(1) 庚午의 성격

庚金이 午火에 제련되어 단단하고 세련되어 정관(正官)의 속성을 가지고 있다. 인물이 특출하고 단정하고 정의감에 불타고 용감하며, 결단력이 있으나 차가운 기질이 있다. 庚午는 강직하고 자존심이 강하며, 남에게 굽힐 줄도 모르고 타협을 싫어하기 때문에 남과 다투기도 잘한다.

남성은 강인한 체력으로 직장생활이 무난하나 운동선수로 대성하는 경우가 많다. 사나이다운 기질로 친구를 좋아하고 의리를 소중히 여겨 한 번 신뢰하면 끝까지 믿고, 한 번 틀어지면 뒤를 돌아보지 않는 냉정한 면도 있다.

남성은 공직 생활이 적합하고 외적으로는 대단히 강하지만 내적으로는 불리할 때 언제든지 거부하는 기질이 있다. 여성은 개방적이면서 외향적이라 가정생활보다는 사회생활을 하는 것이 바람직하다. 간혹 부부가 생사이별을 하거나 사치와 허영심이 발동하여 낭비가 많을 것에 유의하여야 한다.

(2) 庚辰의 성격

庚金이 辰土의 생(生)을 받아 왕성하다. 庚辰은 괴강(魁罡)이라고 하여 일반적으로 총명하고 문장력이 뛰어나며 권세욕이 강하고 과감한 성격이다. 의협심이 강하여 정의감에 불타고 신의가 있어 사물을 처리하는 능력이 신속 정확하며, 포부가 원대하여 한 번 세운 계획은 끝까지 추진하여 성공하는 기질이 있다.

매사에 자신감이 있고 조직력과 통솔력이 대단하고 주체의식이 강하다. 반면에 자신의 고집이 너무 강하고 자기주장만을 내세워 독선적인 행동으로 타인과의 마찰이 염려된다. 그래서 영웅호걸 기질로 때로는 단체의 두령격(頭領格)이 되지만, 반면에 범죄조직이나 폭력단체의 우두머리가 될 수도 있다. 눈치와 재치가 비상하여 이기적인 면이 있어 이해타산이 되기 쉬우나 한 번 믿으면 끝까지 믿고, 한 번 눈 밖에 나면 뒤를 돌아보지 않는 냉정한 기질도 있다.

또한 불의를 보면 참지 못하고 욕망이 커서 작은 것은 보지 않고 오직 큰 것만 생각하는 경향이 있어, 겉은 화려하나 속은 공허하고 외로우며 고독하기도 하다. 여성은 여장부의 기질로 총명하고 활동적이며 남성과 대등하게 사회생활을 하게 된다. 남편은 권력계통이나 의약, 군경, 특수정보 계통에 진출하기도 한다. 너무 강하여 부부간에 생사 이별하는 경우가 많다.

(3) 庚寅의 성격

庚金이 인중병화(寅中丙火)와 인중갑목(寅中甲木)이 암장(暗藏)되어 있어 편관(偏官)과 편재(偏財)가 상생하니 아름답다. 庚寅은 '철창 안의 호랑이'의 상으로 동물원의 길들여진 백호를 의미하기도 한다. 천성이 호탕하고 용맹과 의협심이 강하여 의리지상(義理之象)의 형상이다.

개척정신과 집착력, 투쟁력이 대단하여 권력계나 외교계에서 대성하는 경우가 많다. 지지(地支)에 재관(財官)이 있어 명예욕뿐만 아니라 무역이나 유통업에도 인연이 많은 편이다.

庚寅은 풍류를 즐기는 호남형이지만 성질이 급하고 독불장군의 기질이 있어 고립무의로 고독을 자초하기도 한다. 타향지객에 해외출입이 많다. 항상 친구간이나 직장에서 의리를 중요시하다 보니 의견충돌이 많고 언쟁으로 인하여 대인관계가 원만하지 못하다.

그러나 내적으로는 예의가 바르고 마음이 따뜻하여 인정이 많은 편이다. 여성은 자존심이 강하고 유아독존으로 타인을 무시하고 이기적인 성향을 가지고 있다. 부부궁은 원만하지 못하여 생사이별이 염려되니, 나이 차이가 많거나 연하와의 인연이 바람직하다.

(4) 庚子의 성격

庚金이 자중임계(子中壬癸)가 암장(暗藏)되어 있어 식상(食傷)이 왕성하니 설기(泄氣)가 왕(旺)하여 약하다. 庚子는 '가마솥에 담긴 물'의 상이라 불의 온도에 따라 변화무쌍하다는 뜻이다. 그러므로 예술적 기질이 뛰어나고 다재다능하며, 문장력과 언어능력도 대단하여 '바위 위에 앉아 있는 다람쥐'와 같은 형상으로도 표현한다.

경자(庚子)는 무슨 일이든지 집착력이 강하고 주위환경을 생각하지 않고 자기고집만 주장하는 기질이 있고, 남달리 재물에 대한 욕심이 강하여 이기적인 행동으로 타인으로부터 원망을 듣는다. 庚子는 금수쌍청(金水雙淸)이라 청백하여 고고한 성격이지만, 수지청(水至淸)이면 즉무어(則無魚)라, 너무 깨끗하면 고기도 살지 못한다는 말에 비유하기도 한다.

두뇌가 명석하고 추리력이 대단하고 혁명가의 정신이 있고 의리의 사나이다. 庚金의 기질이 있어 불의를 보면 참지 못하고 직선적인 성격으로 타인과 불화의 소지가 있어 항상 외롭고 쓸쓸하여 쉽게 친숙해지지 않는다. 여성은 피부가 곱고 미인형이며, 총명하면서도 신경이 예민하다. 남편을 무시하는 경향이 있고 이기적인 유형이다.

(5) 庚戌의 성격

庚金은 술중신정무(戌中辛丁戊)가 암장(暗藏)되어 있어 비겁(比劫), 관성(官星), 인수(印綬)가 있어 생조(生助)하니 왕성하다. 庚戌은 '영리한 사냥개'의 형상이라, 충성심과 의리가 강하고 두뇌회전이 빠르며 활동력이 매우 왕성하다. 뛰면 뛸수록, 바쁘면 바쁠수록 정신이 맑고 정력이 넘친다. 지지(地支)가 편인(偏印)이라 직관력이 뛰어나 멀리 내다보는 예지력도 대단하다.

庚戌은 자존심이 강하고 고집이 대단하며, 승부욕과 질투심도 강하다. 자기 자신의 약점을 노출시키지 않으며, 타인의 어려운 일을 희생적으로 처리함으로써 화끈한 성격의 소유자로 통한다. 반면에 적극적인 돌진으로 지속력이 부족하거나 유시무종(有始無終)하는 경우가 많다.

庚戌은 문장력이 뛰어나고 권위와 위엄을 지키며, 용맹스럽고 결단력도 강하다. 반면에 대인관계가 원만하지 못한 경우가 생기니, 끝까지 좌절하지 않고 굳은 의지와 자존심으로 끝맺음을 잘하면 한층 더 성공할 수 있다.

庚戌은 '매장된 금광'의 형상으로도 보는데, 첨단 기술 산업인 IT나 반도체 등의 분야에 진출하여 성공하는 경우가 많으며, 괴강(魁罡)의 기질이 있어 한 번 결정하면 기어이 해내는 고집이 있고, 술해천문성(戌亥天門星)이 있어 의약계에 진출하기도 하고, 적덕(積德)하여 형액(刑厄)이나 송사를 예방하여 '철창에 갇힌 개'가 되지 않아야 한다.

여성은 천재적인 두뇌와 뛰어난 재치를 가진 여장부의 기질이 있다. 자존심이 강하고 솔직담백하여 남편을 무시하고 사회활동을 하는 경우가 많다. 교육이나 의약, 종교 등에 종사하게 된다.

(6) 庚申의 성격

庚金이 신중무임경(申中戊壬庚)이 암장(暗藏)되어 비겁(比劫), 식상(食傷), 인수(印綬)가 되니, 금생수(金生水)로 식상(食傷)이 왕성하고, 인비(印比)로 생조(生助)하여 강하다. 庚申은 '서쪽의 별인 금성'의 형상으로, 지혜 총명하고 명예욕과 권세욕이 강하고 불굴의 기상이 대단하여 독선적이면서 자존심도 강하다.

반면에 자기 자신에 대한 자만심이 강하고 박력이 있으며, 진취적이고 변화를 추구하는 혁명의 기질이 있어 관재구설이 따르거나, 주위로부터 고립되어 고독하고 외로운 면이 있다. 경신(庚申)은 배짱이 두둑하고 결단력이 대단하며, 저돌적인 추진력으로 목표를 달성하는 기질이 있다.

어디를 가나 지휘력과 통솔력이 있어 용인술(用人術)이 대단하여 대인관계에도 뛰어나다. 그래서 육십갑자 중에 가장 용맹스러운 두령격(頭領格)이다.

庚申은 간여지동(干與支同)으로 정록(正祿)이 있어 건전하고 자립정신이 강하여 자수성가하는 경우가 많다. 또한 간지금(干支金)으로 예능적인 소질도 있고 완벽주의자가 많다. 남녀 불문하고 부부궁(夫婦宮)이 약하다.

여성은 남성과 같이 여장부의 기질이 있으니, 명예욕과 권세욕으로 큰 인물이 많은 데 비해 가정생활은 자신이 가장 역할을 해야 한다. 부부이별을 하거나 독신으로 살아가는 경우도 있다. 영리하고 재주가 있지만 의리 때문에 약자 편에 서다보니, 모함이나 금전적으로 손해를 보는 경우가 많은 편이다.

8. 신미순(辛未旬)

(1) 辛未의 성격

辛金이 미중정을기(未中丁乙己)가 있어 재관(財官)으로 약하다.

辛未는 백양(白羊)을 상징하며, 순박하고 겸손한 성격을 의미한다. 신의가 있고 다정하며 자비심이 있으나, 고집이 강하고 자존심이 강하여 성질이 까다로우며 냉정하다. 신미(辛未)는 재고(財庫)가 암장(暗藏)되어 재물을 성취하기 위한 욕심이 있어 탐재괴인(貪財壞印)이 되니, 처를 고생시키는 편이다.

또한 조토미(燥土未)는 생금(生金)의 작용이 미약하여 학문을 소홀히 하기 쉽다. 성격이 기계적이고 분석적이며 두뇌가 명석하다. 그러나 끈기, 지구력이 부족할까 염려된다. 경제적 관념이 투철하여 상당한 저축으로 내실을 기하기도 한다.

여성은 지혜가 있어 어떤 일이든지 적극적이고 능수능란하게 처리하는 수단이 있고, 인정이 많은 반면에 욕심이 많은 편이다. 간혹 음식솜씨가 좋아 요리를 잘 만든다.

(2) 辛巳의 성격

辛金은 사중무경병(巳中戊庚丙)으로 관인(官印)이 상생하여 선약후강(先弱後强)한 형상이다. 辛巳는 성격이 급하고 새로운 것을 추구하는 것을 좋아하고 정의로우며, 용감하고 결단력을 지니고 있다. 또한 담력이 있고 고집이 강하게 보이지만 금(金)이 녹는 형상으로 마음이 여리고 다정다감하다.

한 번 틀어진 사람과는 두 번 다시 상대하지 않으며, 외적으로 날카로운 성격으로 보이기 때문에 처음에는 대인관계가 원만하지 못하다. 辛巳는 불의와 타협하지 않으며, 법 없이도 사는 바른 사람이다. 두뇌회전이 빠르고 재치가 있으며 신경이 예민하고 세련미가 넘친다. 리더십이 강하여 조직이나 단체를 통솔하는 능력이 뛰어나고 직관력도 대단하며, 타인에게 자기를 과시하는 경향이 있고, 인덕이 없어 스스로 공허하고 외로움을 느끼기도 한다.

자기 고집대로 추진하려는 성향이 있으니, 조금만 양보하는 미덕을 발휘하면 더 큰 인물이 될 수 있다. 여성은 남편의 덕이 있고 사랑을 독차지하지만, 항시 남성으로부터 인기가 있어 유혹이 있으니 흑백을 분명히 하는 처신을 가져야 한다.

(3) 辛卯의 성격

辛金이 묘중갑을목(卯中甲乙木)이 암장(暗藏)되어 재성(財星)이 왕성하여 약(弱)하나 아름답다. 신묘(辛卯)는 '집토끼'의 상으로 주위로부터 귀여움을 독차지하고 번식력이 대단하여 재산을 형성하는 부의 축적으로도 표현한다. 신묘(辛卯)는 성격이 솔직담백하면서도 소심하고 냉정한 기질이 있다. 학문을 연구하는 것보다는 재물을 모으는 사업가의 기질이 있다.

주위 환경이나 사물을 관찰하는 심오한 통찰력이 대단하다. 항상 새로운 것을 추구하는 미래지향적인 개척정신도 강하고 결단력도 대단하다. 그러나 성격이 날카로워 냉정하게 보이기도 하지만 깔끔하고 단정한 용모로 이성에게 호감을 사기도 한다.

辛卯는 직설적이면서 자기 위주로 일을 처리하기 때문에 타인으로부터 미움을 사지만, 깔끔하게 일을 처리하고 뒤끝이 깨끗하여 인정을 받는다. 그러나 과욕을 부리면 칼날같이 예리한 성격으로 신경과민이 되거나 불안 초조하여 심장병으로 고생하기도 한다.

여성은 총명하며 미모가 대단하여 남성으로부터 인기가 좋다. 그러나 남편의 덕이 없고 직업전선에서 사회활동을 해야 하며, 봉사와 희생정신으로 살며, 독수공방하기도 한다.

(4) 辛丑의 성격

辛金이 丑土의 생조(生助)를 얻어 왕성하다. 辛丑은 '겨울 목장의 소'의 상으로 한가한 계절이라 마음의 여유가 있고 신용과 의리가 있으며 근면성실하고, 아무리 어려운 역경이라도 반드시 결실을 맺도록 한다. 辛金은 庚金에 비해 그릇은 작지만 용감하고 정의를 지키고 결단력이 강하여 끝까지 밀고 나아가는 추진력도 대단하다.

辛丑은 외적으로는 냉정하고 꼼꼼하며 완벽주의자이다. 고집이 대단하고 학문에 대한 연구심이 강하지만, 융통성이 부족하고 마음이 좁아 속으로 욕심이 많은 편이다. 공무원이나 교육자, 의약 계통에 진출하여 성공하는 경우가 많다. 辛丑은 신경이 예민하고 금전적으로 인색하며, 남에게 지기 싫어하고 추상력도 대단하다. 그러나 낭비하는 습성이 있고, 일을 많이 벌여 마무리를 짓지 못하는 경우가 있다. 남녀 공통으로 외모가 깔끔하여 이성으로부터 호감을 사서 부부가 서로 의심하는 경우가 있어 종종 부부애로가 생긴다.

여성은 미모의 얼굴로 남편에게 사랑을 받는 현모양처의 타입이다. 그러나 융통성과 도량이 부족하여 일부종사(一夫從事)를 하지 못하는 경우가 있다.

(5) 辛亥의 성격

辛金이 해중무갑임(亥中戊甲壬)이 암장(暗藏)되어 있어 식상(食傷), 재성(財星), 인수(印綬)가 식생재(食生財)로 상생(相生)하고 戊土에 유근(有根)이 약하지 않고 아름답다. 辛亥는 '도세주옥(陶洗珠玉)'의 형상으로 금백수청(金白水淸)하여 지혜가 뛰어나고, 예술이나 문학 방면에 소질이 있다.

항상 새로운 것을 추구하고 표현력도 대단하며, 세련된 언변도 갖추고 있다. 외적으로는 냉정하고 도도하게 보이지만, 내적으로는 소심하고 꼼꼼하여 독자적인 기술을 추구한다. 다재다능하고 두뇌도 비상하니 명성이 높을 가능성이 크다.

辛亥는 승부욕이 강하고 논쟁을 즐기며, 상대를 제압하려는 속성이 강하다. 그러므로 강자에게 강하고 약자에게는 약하고 인정이 많지만 한 번 눈 밖에 나면 냉혹하게 돌아선다. 신해(辛亥)는 남녀 모두 미남미녀가 많으며, 너그러운 마음으로 포용력이 있고 봉사하는 희생정신이 강하여 주위의 칭찬과 존경을 받는다. 수지청(水至淸)이면 즉무어(則無魚)가 되듯이 너무나 완벽하고 깨끗하여 오히려 시기의 대상이 될까 염려스럽다.

辛亥는 태극귀인(太極貴人)이 있어 시종(始終)을 의미하여 결과는 좋은 성과를 거둔다는 길성(吉星)이고, 금여(金輿)는 좋은 배우자를 만나고 일생이 안락하며 자손이 번창하고 주위사람의 도움을 받는다는 길성(吉星)이다. 여성은 총명하고 암기력이 대단하며, 다재다능하고 피부가 희고 고우며, 아름다운 사람이 많다. 지성적이지만 너무 똑똑하여 남편을 무시하는 경우가 있다. 그러므로 부부가 생사이별을 하거나, 아니면 평생 동안 냉랭하게 살아가는 경우가 많다.

(6) 辛酉의 성격

辛金이 유중경신(酉中庚辛)으로 비겁(比劫)이 왕성하니 신왕(身旺)하다. 辛酉는 '황금 들판의 오곡'의 형상으로 천고마비를 뜻한다. 경제적으로 여유가 있으며, 무슨 일이나 실속을 차리고 꼼꼼하며 계산적이라 원만한 듯하지만 마음속은 차갑고 냉정하며 보수적이다.

辛酉는 머리가 비상하고 자립정신이 대단하나, 인정을 베풀 때는 봄눈 녹듯 다정다감하다. 그러나 마음속에는 냉혹하고 잔인한 성격이 내재하고 있다. 辛酉는 매우 완벽주의이기 때문에 신경이 날카롭고 사물에 대한 번민과 생각이 깊어 한 번 믿으면 모든 것을 다 바치지만, 일단 의심이 가면 쉽게 풀리지 않는다. 그러므로 주위와 타협하지 않고 주관이 청고(淸高)한 편이다.

辛酉는 지지(地支)에 정록(正祿)이 있어 지혜가 총명하고 의지가 강하며, 대외적으로는 사교성이 있어 군인, 경찰, 공무원, 의약, 정보기술(IT), 제조업, 금은세공업 등에 진출하는 경우가 많다. 여성은 머리가 비상하고 자립정신도 뛰어나며, 고집도 대단하고 냉혹하며 잔인한 면이 내재되어 있다. 재물에 대한 집착력이 대단하고 생활력이 강하여 사회활동을 하는 경우가 많은 편이다. 부부궁(夫婦宮)은 애로가 있고, 남편보다 자식을 위해 희생하는 경우가 많다. 종교나 철학에 관심이 있는 것은 좋으나 지나칠까 염려스럽다.

9. 임신순(壬申旬)

(1) 壬申의 성격

壬水가 申金의 생(生)을 받아 원류(原流)가 풍부하니, 가뭄에도 마르지 않고 신왕(身旺)하여 활동력이 강하고 포용력도 대단하다. 학당귀인(學堂貴人)이 있어 학문을 좋아하니 교육계통에서 성공하는 경우가 많다. 성격은 영리하고 마음이 넓고 언변술이 능통하지만 고집이 강하고 냉정하면서도 이기적이다.

유창한 통변과 재치가 있고 끈기가 있는 편이다. 또한 두뇌가 비상하고 다재다능하지만, 외면적으로는 단정하고 온화하게 보이는 반면 내면적으로는 '물이 솟아오르는 바위'처럼 급변하는 성향이 있다. 설득력이 뛰어나 종교계, 교육계, 의약계 등에서 크게 두각을 나타내어 귀인의 자질이 있다.

여성은 머리가 비상하고 자기주장이 너무 강하고 고집 또한 강하다. 그러므로 상대방과 의견 충돌이 많고, 부부간에도 같은 경우가 생겨 생사 이별하는 경우가 많은 편이다.

(2) 壬午의 성격

壬水가 오중병기정(午中丙己丁)이 암장(暗藏)되어 정재(正財), 정관(正官)이 있어 록마동향(祿馬同鄕)이라 아름답다. '호수 속의 달빛'이라 지혜가 비상하고 심성이 온화하고 다정다감하며 사교성이 대단하다. 공사가 분명하고 판단력이 대단하며, 예의범절이 바르고 명랑하고 쾌활하다.

반면에 외유내강으로 외적으로는 유순하게 보이나 내적으로는 비밀스럽고 실속이 있다. 또한 고집이 있어도 만용을 부리지 않으며 겉으로 표출시키지 않는다. 암장(暗藏)에 있는 재성(財星)과 암합(暗合)되어 현실의 이익에 타산적이며, 행동이 민첩하다.

壬午는 유순하여 남의 말을 잘 듣고 알면서도 속아주는 경향이 있어 이해심이 많고 유머감각도 풍부하다. 여성은 대중적인 성격에다 미모가 뛰어나고 활달하여, 가정에 있기보다는 사회적으로 활동하는 경향이 있어 보험판매나 세일즈에 나서는 일이 많다. 타고난 애교와 내조로 남편의 사랑을 독차지하면서도 무시하는 기질이 있고, 남편 역시 외모가 수려하고 풍류를 즐긴다.

(3) 壬辰의 성격

壬水가 진중을목(辰中乙木), 진중계수(辰中癸水), 진중무토(辰中戊土)가 암장(暗藏)되어 비겁(比劫)과 식상(食傷)이 생조(生助)하고, 관살(官殺)이 극제(剋制)하니 아름답다. 壬辰은 '용이 물을 만난 형상'이라 임전무퇴의 기상으로 공격적인 성격으로 용맹스럽고 독립정신과 자존심이 강하여 명예욕 및 승진욕이 대단하다.

壬辰은 지지(地支)에 괴강(魁罡)이 있으니 박력이 있고 추진력이 강하여 일단 목표를 세우면 끈질긴 집념으로 성취할 뿐만 아니라, 마음이 넓고 포용력이 대단하고 두뇌 회전이 빠르다. 그러나 속전속결하는데 치중하다 보면 자연적으로 지구력이 약한 것이 다소 흠이 된다.

또한 의욕이 넘쳐흘러 일을 크게 벌여 후회하기도 하나, 대체로 도량이 넓고 포부도 크다. 타고난 재능과 리더십으로 만인을 계도하고 유머와 재치가 풍부하여 인기가 높으면서 책임감도 강하다. 반면에 자만심이 지나쳐서 타인을 무시하거나 인격적으로 모욕을 주는 경우가 있다.

여성은 총명하고 문장력이 뛰어나고 주어진 일에 과단성이 있고 명예욕이 대단하여 남자처럼 사회활동을 해야 하고, 고집으로 인해 부부가 생사 이별하는 경우가 많은 편이다.

(4) 壬寅의 성격

壬水가 인중무병갑(寅中戊丙甲)이 암장(暗藏)되어 있어 식신생재(食神生財)로 재생관(財生官)되어 부귀지명(富貴之命)으로 아름답다. 壬寅은 '새벽의 호랑이 상'으로 용맹스럽고 지혜로우며, 주위환경에 대한 적응력이 대단하고 두뇌회전은 천하를 대세(大勢)한다.

항상 타인보다 앞서며, 선견지명으로 만인에 군림하고 인품도 준수하다. 일찍 고향을 떠나 객지에서 분주다사(奔走多事)하며, 어디를 가나 행운이 따른다. 壬寅은 지지(地支)에 문창귀인(文昌貴人)이 있어 학문이 풍부하고 배움을 즐기므로 교육계나 무역, 유통업 계통에 진출하여 성공하는 경우가 많으며, 처덕(妻德)도 있다.

壬寅은 강자에게 강하고 약자에게 약하여 큰일을 과감하게 헤쳐 나가는데, 작은 일에는 인정에 끌려 좋은 기회를 놓쳐 '물에 빠진 호랑이의 형상'이 될까 염려스럽다. 壬寅은 자존심이 강하고 명예를 중요시하여 항상 사람이 많이 따르지만 반면에 사람으로 인한 피해도 감수해야 한다. 여성은 남성처럼 생활력이 강하고 총명하며 남편 덕도 있으나, 자기 재능을 살려 교육계, 예능계 방면에 종사하며 항상 동분서주하여 바쁜 생활을 한다.

(5) 壬子의 성격

임수(壬水)가 자중임계(子中壬癸)가 암장(暗藏)되어 있어 비겁(比劫)으로 방조(幫助)되니 왕성(旺盛)하다. 임자(壬子)는 '넓고 깊은 바다'의 형상으로 지혜가 뛰어나고 도량이 넓으며, 의욕적이고 진취적이다. 또한 재능이 뛰어나고 끈질긴 면이 있어 무엇이든지 한 번 시작한 것은 끝까지 결말을 내는 지구력과 인내심도 가지고 있다. 마음 속에 비밀을 많이 가지고 있으면서 절대로 노출시키지 않는다.

일지양인(日支羊刃)으로 고집(固執)이 대단하고 영웅적 기질이 있어 능수능란하게 처신한다. 이재능력(理財能力)보다는 권세(權勢)와 명예(名譽)에 더 큰 관심을 가지고 있다. 임자(壬子)는 호운(好運)을 만나면 큰 인물이 되어 문전성시(門前成市)를 이루지만, 한류(寒流)가 들어오면 사면초가(四面楚歌)의 비애(悲哀)를 암시한다.

임자(壬子)는 통솔력과 포용력이 뛰어난 반면에 한번 노(怒)하면 살생(殺生)이 염려된다. 그러나 지모(智謀)가 뛰어나고 물과 같이 만인에게 평등하여 타인으로부터 존경을 받는다. 간혹 풍류(風流)로 화류지녀(花柳之女) 같은 이성(異性)에게 호감을 사는 매력이 있어 부부풍파(夫婦風波)가 염려된다.

임자(壬子)는 일지(日支)에 일인(日刃)이 있어 자만심이 강하고, 안하무인(眼下無人)으로 적(敵)을 많이 두게 되거나 시비수가 따른다. 또한 생살권(生殺權)을 행사하거나 극부극처(剋夫剋妻)하는 경우도 생긴다. 여성은 여장부(女丈夫)의 기질이 있고 뛰어난 두뇌와 재치로 통솔력과 조직력이 있어 사회 봉사 활동도 활발하게 한다. 남편을 무시하는 경향이 있어 부부애로(夫婦隘路)가 있음을 암시하고 있다.

(6) 壬戌의 성격

임수(壬水)가 술중신정무(戌中申丁戊)가 암장(暗藏)되어 있어 인수(印綬), 재성(財星), 관성(官星)이라 재관인(財官印)으로 삼귀(三貴)가 되어 귀명(貴命)이다. 임술(壬戌)은 '바다 위의 물개'의 형상으로 마음이 넓고 영리하고 환경에 잘 적응하며, 선견지명(先見之明)이 있어 정보수집 능력이 대단하다.

임술(壬戌)은 지혜 총명하고 배짱이 세고 강직한 면이 있어 통솔력과 지휘력이 대단하여 지도적 인물이 되는 것은 틀림없다. 임술(壬戌)은 술해천문성(戌亥天門星)이 있어, 학문을 좋아하고 예감이 빠르며 직관력이 뛰어나 타인의 마음을 읽어내는 능력이 대단하다.

임술(壬戌)은 갑진(甲辰), 을미(乙未), 병술(丙戌), 정축(丁丑), 무진(戊辰), 계축(癸丑)과 같이 백호(白虎)의 조합이라고 하여, 해당 육친(六親)이 형액(刑厄)을 당하거나 기이(奇異)하게 발복(發福)하여 대성(大成)하는 경우가 많다. 임술(壬戌)은 월지(月支)에 술토(戌土)가 있어 고통이 있을 때마다 두뇌가 맑아지고 활기가 넘치며 재관고(財官庫)가 있으니, 재복(財福)이 있어 부동산 등 거부(巨富)가 될 수 있는 잠재력이 있다.

여성은 여장부(女丈夫)의 기질이 있고 마음이 넓은 대인(大人)의 품격을 가지고 있으며 자기 주장이 강한 편이나, 남편을 무시하여 가정의 주도권을 잡아야 직성이 풀리니 부부관계에 있어서는 남편이 무능하거나 생사이별(生死離別)이 될까 염려스럽다.

10. 계유순(癸酉旬)

(1) 癸酉의 성격

癸水는 酉金의 생(生)을 받아 왕성하다. 깨끗한 물과 같아 미모가 뛰어나고 영리하며 깔끔한 성격이다. 물이 너무 맑으면 고기가 살지 않듯이 지나치게 깨끗하고 결백하여 고립을 자초하는 경향이 있다.

집념이 강하고 어떠한 난관에도 굴복하지 않고 추진해 나가는 끈기와 야망이 크다. 항상 타인의 과오나 결점을 보고 그대로 넘기지 못하여 남과 화합하지 못하고 융통성이 없다. 매사 신중하고 안정과 완벽함을 추구하기 때문에 실수를 하지 않는 치밀한 면이 있다.

한 번 싫은 사람은 두 번 다시 돌아보지 않고 냉정하지만 기억력이 뛰어나 소학대성(小學大成)한다. 즉 적게 배워 크게 이룬다는 뜻으로, 되로 배워서 말로 풀어먹는 사람이 많은 편이다. 지나친 고집은 오히려 발전을 저해하는 요인이 되니 관용적인 태도와 상대방을 이해하려는 미덕을 갖추어야 한다. 여성은 애교가 있고 처세가 원만하며, 작은 것을 가지고 크게 이루어 살아간다.

(2) 癸未의 성격

癸水가 미중기토(未中己土)와 미중을목(未中乙木)과 미중정화(未中丁火)가 암장(暗藏)되어 있어 신약(身弱)하다. 癸未는 지구력과 끈기가 강하고 신용과 예의를 중요시하고 머리 회전이 빠르다. 상황판단이 빠르고 진취적인 사고로 창안력이 대단하다. 자존심이 강하고 자기를 과시하는 경향이 있으며, 이론이 밝고 조리가 있어 언변술이 좋다.

매우 활동적이고 의지력이 강하여 일을 추진하는 데 비범하게 목표를 달성시킨다. 반면에 성격이 예민하고 까다로워 겉으로 보기에는 무정하다. 그러나 내면으로는 실속이 있으며, 무슨 일이든지 신중하게 검토하고 완벽하다고 생각했을 때 비로소 행동에 옮겨 실패할 확률이 낮다. 위기가 닥치더라도 충분하게 대처할 능력이 있고, 더 큰 시련이 온다 해도 결코 좌절하지 않는 끈질긴 근성이 있다.

그러나 자기의 목표를 위해 수단과 방법을 가리지 않고 야망에 불타고 있기 때문에 자칫 타인으로부터 모함과 시기로 인하여 낭패를 당해 고독을 자초하는 경우가 있다. 여성은 다정다감하고 총명하다. 종교나 철학 등에 관심을 두기도 한다. 상격(上格)이 아니면 부부애로가 염려된다.

(3) 癸巳의 성격

癸水가 사중무경병(巳中戊庚丙)이 암장(暗藏)되어 있어 재관인(財官印)으로 모두가 삼귀(三貴)요, 록마(祿馬)요, 일귀(日貴)이니 덕망과 복덕이 있어 아름답다. 계사(癸巳)는 두뇌가 명석하고 인품이 고귀하며, 권위와 명예에 대한 야망이 강하여 권력지향적인 기질이 있다.

癸巳는 '물속에 있는 이무기'의 상으로 하늘로 승천하지는 못하지만, 웅지(雄志)를 품고 돌진하는 변화무쌍한 기질을 가지고 있다. 또한 '아침 이슬에 젖은 독사'처럼 총명하고 깔끔하지만, 언제 그 독소를 표출할지 모른다. 그러므로 원리원칙을 중요시하고 내향적이면서 추진력이 강하고, 능수능란하여 대인관계도 원만하지만, 조급하고 변덕이 많다는 단점도 가지고 있다.

癸巳는 부드러우면서 지혜롭고 이해심이 많으며, 부귀겸전한 성향이 있다. 그러나 유년(流年)에서 역마나 삼형살(三刑殺)의 작용에 의하여 관재송사나 이성문제, 또는 주거변동이 빈번하게 일어난다. 여성은 남성과 유사하나 머리 회전이 비상하고 역경을 이겨내는 지혜를 가지고 있으며, 군경이나 법조, 의약, 무역, 유통업 등과 인연이 있고, 간혹 국제결혼을 하는 경우가 있다.

(4) 癸卯의 성격

癸水가 묘중갑을(卯中甲乙)이 암장(暗藏)되어 식상(食傷)이 건왕(建旺)하니 부귀지명(富貴之命)이다. 癸卯는 '새벽의 옹달샘'의 상으로 맑고 깨끗하고 청정한 심성의 소유자이다. 두뇌가 총명하고 승부욕과 명예욕이 강하여 남에게 지기를 싫어하고 마음이 넓고 재치가 있다.

단체나 조직에서 리더보다는 참모역할을 하는 것이 좋으며, 기획능력과 행청 처리 능력이 대단하다. 모든 일을 능동적으로 처리하고 조리 있는 말솜씨와 민첩한 행동으로 인기가 대단한 데다, 완벽주의자이기 때문에 실패하는 일이 거의 없다. 癸卯는 지지(地支)에 천을귀인(天乙貴人)이 있어 순수하고 착하며 덕이 있어 복록(福祿)이 있고 배우자의 덕이 있다.

또한 복성귀인(福星貴人)과 천주귀인(天廚貴人)이 있어 평생 의식이 풍부하고 부귀장수한다. 영감이 발달하고 창의력이 풍부하고 기획이나 아이디어가 뛰어나 평생 재물에 구애됨 없이 안락하게 지내며, 학문을 즐겨 하고 문장력이 수려한 학자나 교육자로 대성하는 경우가 있다. 이것은 지지(地支)에 학당귀인(學堂貴人)이 있기 때문이다.

반면에 도화(桃花)가 있어 본처와 해로하기는 쉽지 않다. 여성은 미모로 누구나 좋아하는 인상으로 호감을 산다. 서예, 언론, 교육, 예능, 의약계에 진출하면 성공한다. 나이 차가 많은 남자와 인연이 있거나 연하의 남자와 인연이 있다.

(5) 癸丑의 성격

癸水가 축중계신기(丑中癸辛己)가 암장(暗藏)되어 있어 비겁(比劫), 관성(官星), 인수(印綬)로 관생인(官生印)하고 비겁(比劫)으로 방조(幇助)하니 약하지 않고 아름답다. 계축(癸丑)은 '겨울의 소'로 때를 기다려야 한다. 황소고집으로 자기주장이 강하여 타인의 말을 잘 듣지 않는다. 소의 특성이 있어 어떤 일이든지 충실하게 실행하는 책임감과 충성심이 대단하다.

癸丑은 집념이 강하고 장애물이 있으면 대항하면서 투쟁하기를 좋아한다. 자기 위주로 생각하기 때문에 배타적이고 자존심이 강하여 타인으로부터 비난을 받을 뿐만 아니라, 고립되어 고독한 생활을 하는 경우가 있다. 癸丑은 지지(地支)에 백호가 있어 성격이 강하고 용맹스러워 남들로부터 부러움을 사고 특이하게 발복(發福)을 한다.

또한 암록(暗祿)이 있어 보이지 않는 귀인의 도움으로 평생 안락하게 산다는 길성(吉星)이다. 癸丑은 호걸의 기상이 있으며, 최상이 되기 위해 대단히 노력하는 기질이 있어 과욕으로 시기와 방해를 받을 수 있으니, 학문연구와 수양이 필요하다.

또한 종교나 철학에 관심이 많으니, 겸손하게 귀담아 듣고 받아들이는 포용력을 길러야 한다. 여성은 남성처럼 고집이 강하고 여장부의 기질이 있으며, 질서와 예의를 잘 지켜 사회생활을 하는 데는 인정을 받는다. 관고백호(官庫白虎)라고 하여 심하면 남편과 사별하는 경우가 많다. 그러므로 노랑(老郎), 재혼의 경우가 아니면 독신으로 살아갈 운명이다.

(6) 癸亥의 성격

癸水는 해중무갑임(亥中戊甲壬)이 암장(暗藏)되어 있어 관성(官星), 식상(食傷), 비겁(比劫)이 되니, 신왕(身旺)하면서도 관성(官星)이 있어 아름답다. 癸亥는 '해중역마(亥中驛馬)에 망망대해'의 형상으로, 수왕(水旺)의 지혜가 무궁무진하니, 머리가 비상하기로는 辛亥와 癸亥의 양일주(兩日柱)가 선두를 다투는 형상이다. 외유내강의 기질이 있는데, 수양(修養)마저 되어 있으니 어디를 가나 환대를 받는다.

癸亥는 목표를 정하고 묵묵히 매진하여 국제적인 인물이 될 것이고, 무한한 잠재력으로 타인보다 한 수 앞서가는 선진적인 인물이다. 癸亥는 이상이 높고, 시련과 장애를 극복하고 일어설 수 있는 근기(根氣)가 대단하다. 또한 급전직하(急轉直下)하거나 좌천하더라도 부끄럼 없이 임무를 수행하는 무서운 계획의 기질이 있다.

癸亥는 유순하게 보이나 다소 성격이 급하고, 신경이 예민하지만 매사에 신중하고, 면밀히 검토한 후에 실행에 옮기는 양면성을 지니고 있다. 여성은 지혜 총명하고, 생활력이 강하다. 여장부의 기질이 있어 배짱이 크니 자신만만하여 재주와 수단을 활용하여 만인을 지배하거나 통솔하게 되며, 사업에 진출하여 성공하는 경우가 많다. 부부관계는 애로가 암시되니 나이차가 많거나 연하의 남자와 인연을 맺는 것이 좋다.

제 20 장

직업론 職業論

직업은 개인의 성격이나 능력, 부모의 뜻에 따라 결정되기 때문에 본의 아니게 직업을 선택할 경우가 있다. 그러나 직업은 자기가 좋아하고 흥미 있는 분야를 연구하고 개발하여 자기가 가지고 있는 잠재 역량을 발휘할 수 있어야만, 자기만족은 물론 사회 발전과 국가에 헌신 봉사할 수 있는 것이다.

그렇다고 자기가 추구하는 대로 이루어지는 것은 아니다. 왜냐하면 선천적으로 타고난 직업을 어디에 기준을 두어 판단하는가에 문제가 있기 때문이다. 만약 선천적으로 부귀한 운명을 타고났다 하더라도 대운(大運)이나 년운(年運)을 잘 만나서 중화(中和)를 잘 이루어야만 대부(大富)나 대귀(大貴)하게 되는 것이다. 만약 조화를 이루지 못한다면 큰 발전을 기대할 수 없다.

그러므로 직업의 선택이란 인간의 흥망성쇠를 좌우하는 관건이 되는 것이다. 과거에는 사(士), 농(農), 공(工), 상(商)으로만 간편하게 분류하였으나, 현대에는 직업의 종류도 다양하여 수만 가지가 된다. 앞으로도 지속적으로 직업의 종류가 늘어날 것으로 보여 그중에서 어떤 직업을 선택한다는 것이 쉽지 않을 것이다.

명리학의 음양오행 이론을 기초로 연구하면 타고난 년월일시(年月日時)에서 태어난 날(日柱)을 중심으로 먼저 왕쇠강약(旺衰强弱)을 판단하고, 강약(强弱)에 따라 극제(剋制)를 할 것인가 아니면 생조(生助)를 할 것인가를 살피고, 한난조습(寒暖燥

濕)에 따라 조후(調候)에 필요한 오행이 무엇인가를 종합적으로 비교분석하여 예측할 수 있다.

사주원국(四柱原局)에서 일간(日干)이 신왕(身旺)하면 식상(食傷), 재성(財星), 관살(官殺)이 용신(用神)이 되는데, 만약에 식상(食傷)이 용신(用神)이라면 예술, 기술, 문학, 서화, 조각, 컴퓨터, 디자인 등에 관련된 직업에 종사하는 경우가 많다. 만약에 관살(官殺)이 용신(用神)이라면 군인, 경찰, 법조, 의약, 스포츠맨, 정치, 공무원 등이 적합하다.

또한 사주원국(四柱原局)에서 일간(日干)이 신약(身弱)하면 비겁(比劫)과 인수(印綬)가 용신(用神)이 되는데, 이런 경우는 강한 조직 속에서 직장생활을 하거나 참모직이나 보좌역이 적합할 것이고, 아니면 오랫동안 공부를 하여야 하기 때문에 농업이나 기술 분야 등 연구원으로 후배를 양성하는 기관에 근무해야 된다.

그뿐만 아니라 식상(食傷)과 재성(財星)이 필요한 경우, 재성(財星)과 관살(官殺)이 필요한 경우, 관살(官殺)과 인수(印綬)가 필요한 경우에 따라 복합적으로 추리할수가 있다. 그 외에 일간(日干)이 필요로 하는 오행에 따라 분류할 수도 있고, 특이한 길신(吉神)이나 흉신(凶神)을 활용할 수도 있다.

제1절 오행五行에 의한 직업 분류

1. 木이 필요한 경우의 직업

木을 필요로 하는 경우에는 나무, 식물을 활용하거나 나무의 성질인 육영과 같은 분야에 해당한다. 목재, 목공, 가구, 악기, 화원, 육종, 조경, 분재, 원예, 과수원, 농장, 육림, 학원, 식품, 분식, 의류, 약초, 목각, 인장, 문방구, 죽세공, 토목, 건재, 건축, 편물, 지물, 교육, 의약, 약재, 문화, 서점, 공무원, 작가 등이다.

2. 火가 필요한 경우의 직업

火를 필요로 하는 경우는 화력(火力)을 이용하거나 세상을 밝혀주는 불의 성질과 같은 직업에 해당한다. 전기, 유류, 화공, 전자, 통신, 미용, 섬유, 항공, 타이어, 폭죽, 가스, 제련, 전기조명, 화약, 전화, 텔레콤, 투시 광학, 음식점, 호텔, 여관, 백화점, 목욕탕, 사우나, 벽돌, 기와, 언론, 종교, 약품, 난방기구, 용접 등이다.

3. 土가 필요한 경우의 직업

土를 필요로 하는 경우는 흙과 관련된 직업이나 중화(中和)를 시켜주는 분야에 해당한다. 농산물, 부동산, 토건, 공인중개사, 종교, 철학, 의약, 침술, 명리학, 역학, 미래예측학, 임업, 토지개발, 건축업, 광산, 도자기, 석탄, 시멘트, 쓰레기 처리업, 중개인, 도축업, 고고학, 지리학, 역사학, 박물관, 포교원, 비료, 사료업 등이다.

4. 金이 필요한 경우의 직업

金을 필요로 하는 경우의 직업은 金과 관련되거나 金을 활용한 사업이 적합하다. 철강, 보석, 화공, 광산, 금속기계, 운수, 조선, 중공업, 경공업, 제련 등이다.

또한 의료기, 화학, 유리, 교통공구, 음악 기계업, 금융업, 교통업, 자동차업, 가전제품, 금은방, 시계점, 철물업, 증권업, 무술, 양품, 군인, 경찰, 법조인, 출판인쇄업, 가공업 등도 관련이 있다.

5. 水가 필요한 경우의 직업

水를 필요로 하는 경우의 직업은 물과 관련이 있는 사업이 적합하다.

수산업, 수리업, 어업, 양식업, 식품, 해운업, 냉동업, 빙과음료업, 상·하수도 공사업, 다방 커피업, 화장품, 이·미용업, 교통운수업, 선박업, 관광업, 여행업, 오락업, 여관숙박업, 영화, 주류업, 목욕탕, 수영장, 스케이트장, 사우나, 서비스업, 무역, 언론인, 기자, 유통업, 해저개발, 수상스키업 등이다.

제2절 육신六神과 용신用神에 의한 직업 분류

1. 비견(比肩)이 용신(用神)인 경우의 직업

독립적인 사업이 적합한데, 일반적으로 자유직업이 좋다.

개인회사 경영, 대기업의 출장소, 지부(支部), 지점(支店), 지회(支會), 변호사, 회계사, 세무사, 의사, 기자, 체육인, 건축업, 납품업, 교수, 교사, 청부업, 군인, 경찰, 군사전략가, 군무원 등이 적합하다.

2. 겁재(劫財)가 용신(用神)인 경우의 직업

투기적인 사업이 적합한데, 일반적으로 부동산 중개업, 증권업, 유흥업, 영화산업, 예술인, 요식업, 사채업, 골동품업, 고고미술이나 도자기업, 오락업, 청부업, 카지노, 호텔, 여관업, 변호사, 회계사, 의사, 기자, 교수, 교사 등이 해당된다.

3. 식신(食神)이 용신(用神)인 경우의 직업

도매업, 제품생산, 교육계나 학원경영 등 교육사업, 예술, 미술, 음악, 체육 등 예능계통, 컴퓨터, 디자인, 식료품업, 금융, 은행, 슈퍼마켓, 교사 등이 적합하다.

4. 상관(傷官)이 용신(用神)인 경우의 직업

경쟁적인 사업이나 독립적인 문예 사업이 적합하다.

재성(財星)과 같이 있으면 기술사업도 가능하다. 서예가, 미술가, 조각가, 음악가, 무용가, 문화업, 교육계, 기술업, 외교업, 문예창작업, 편집업, 종교, 철학, 역학, 명리학, 무속인 등이 해당된다.

5. 편재(偏財)가 용신(用神)인 경우의 직업

유동재(流動財)가 되어 유통산업이나 투기성이 강한 직업이 적합하다. 무역업,

유통업, 부동산업, 금융업, 외교통신, 건축업, 토목업, 자재업, 운수업, 도매업, 부동산 펀드업, 보험, 주식, 채권업, 청부업, 중개업, 사업가, 은행가 등이 해당된다.

6. 정재(正財)가 용신(用神)인 경우의 직업

고정재(固定財)가 되어 공업화적(工業化的)인 직업에 해당하며, 성실과 신용을 바탕으로 하여 축적된 재물과 관계가 된다. 금융업, 은행, 제조업, 건축업, 자재업, 운수업, 도매업, 기업경영, 사업가, 회계사, 세무사, 회사경리직 등이 적합하다.

7. 편관(偏官)이 용신(用神)인 경우의 직업

편관(偏官)은 일반적으로 무관(武官)이나 특수직에 근무하는 경우가 많아 대인관계가 능수능란한 직업에 적합하다. 군인, 경찰, 법관, 검찰, 감사원, 정보통신원, 의사, 탐험가, 모험가, 무술업, 체육인, 공무원, 조선업, 제철업, 용역사업, 청부업 등이 해당된다.

8. 정관(正官)이 용신(用神)인 경우의 직업

정관(正官)은 일반적으로 정찰업적(正札業的)인 사업에 적합하다.

정부기관이나 행정기관, 사법계, 교육계, 회사원, 비서직 등 조직운영이나 공직계통이 좋으며, 성실과 정직을 필요로 하는 모든 직업에 적합하다. 그 외에 정계, 재계, 학계, 기업체의 참모나 기획실에 근무하는 것이 적성에 맞다.

9. 편인(偏印)이 용신(用神)인 경우의 직업

편인(偏印)은 일반적으로 전문성이 있는 직업에 적합하다.

연구원, 설계사, 과학기술원, 예술인, 의약업, 역술업, 종교, 철학, 연예인, 제약, 요리업, 숙박업, 이·미용업, 출판인쇄업, 문필가, 언론인, 체육인, 가수, 기자, 작가, 평론가, 식품업 등이 길(吉)하다.

10. 정인(正印)이 용신(用神)인 경우의 직업

정인(正印)은 지식을 이용하는 학문적이고 예술적인 사업에 적합하다. 교육자, 학술연구원, 박물관, 종교사업, 저술, 기술, 문화사업, 문서행정, 교육공무원, 학원 경영 등이 해당된다. 그 외에 음악, 미술, 체육, 컴퓨터, 디자인, 문학, 창작 등과 관련된 업무에 종사하는 것이 길(吉)하다.

제3절 육신六神에 의한 종합적 직업 분류

1. 교육계(敎育界)

(1) 인성(印星)이 용신(用神)인 경우

원래 인수(印綬)는 학문, 학원, 학교로서 교육과 관련이 있어, 년월주(年月柱)에 있으면 선조궁(先祖宮)으로 교육자의 집안에서 태어났기 때문에 자연스럽게 교육에 관심이 많은 것이고, 원국(原局)에 인수(印綬)가 많거나 인수(印綬)가 용신(用神)이면 학문을 좋아하게 되므로 교육자가 되는 것이다.

원국(原局)에서 중화(中和)가 잘되고 상격(上格)이면 교수를 하게 되고, 정인(正印)이 있으면 국공립학교에 근무하게 되고, 편인(偏印)이 있으면 사립학교에 근무하게 된다. 또한 인수(印綬)가 용신(用神)이면 인문계나 사회계의 교육자이고, 편인(偏印)이 용신(用神)이면 학원을 경영하거나 서점, 문방구 등을 운영한다.

(2) 식상(食傷)이 용신(用神)인 경우

원래 식상(食傷)은 설기처(泄氣處)가 되어 제자(弟子)나 학생을 뜻하기 때문에 가르치는 것에 해당한다. 년월주(年月柱)에 식상(食傷)이 있으면 선조(先祖)가 교육자(敎育者)이기 때문에 선천적으로 학문을 좋아하게 되는 것이다. 식상(食傷)이 용신(用神)이면 자연계나 예체능계의 교육자가 된다.

(3) 원국(原局)에 목화(木火)가 많거나 학문성이 있는 경우

원래 木은 인(仁)으로 교육의 근본에 해당하고, 火는 예(禮)로 밝게 행하는 교육자가 되는 것이고, 木이 희생하여 火를 밝혀주니 문맹을 퇴치하는 교육자가 되는 것이다. 또한 원국(原局)에 문곡(文曲), 문창(文昌), 학당(學堂) 등 학문에 해당하는 길성(吉星)이 있으면 교육자가 되는 것이다.

그 외에 원국(原局)이 인수(印綬)나 식상(食傷)이 있는데, 관성(官星)이 용신(用神)이면 교육부나 문공부(文公部)의 산하기관에서 근무하게 되고, 대운(大運)에서 관성운(官星運)이 들어오면 총장이나 교장으로 승진하게 된다. 교육계는 신왕(身旺)을 원칙으로 하여 인수(印綬)나 식상(食傷)을 용신(用神)으로 할 경우에 가장 적합하다. 그러나 신약(身弱)인 경우는 대운(大運)에서 인수(印綬)나 비겁(比劫)이 용신(用神)으로 들어오는 경우이다.

丙	甲	庚	丙
寅	子	子	申

丁丙乙甲癸壬辛
未午巳辰卯寅丑

갑목일주(甲木日主)가 월지인수(月支印綬)로 득령(得令)하였고, 지지(地支)의 신자합수(申子合水)가 인수다봉(印綬多逢)으로 신왕(身旺)하다. 신왕(身旺)이면 식재관(食財官)이 희신(喜神)이 되니 재성토(財星土)는 없고, 관성금(官星金)은 금생수(金生水)가 되어 약하다.

따라서 식상(食傷)인 시상병화(時上丙火)가 인중병화(寅中丙火)에 유근(有根)되어 왕성하다. 월주인수(月柱印綬)와 시상식상(時上食傷)이 되어 교육계(教育界)에 근무하고 있다. 대학교 토목학과 교수로 재직하고 있으며, 을사대운(乙巳大運)인 병술년(丙戌年)에 학장이 되었다.

```
癸 丁 辛 乙
卯 卯 巳 未
```

```
甲 乙 丙 丁 戊 己 庚
戌 亥 子 丑 寅 卯 辰
```

정화일주(丁火日主)가 사월(巳月)에 태어나 득령(得令)하였고, 좌하묘목(坐下卯木)에 득지(得地)하고, 시지묘목(時支卯木)과 년간을목(年干乙木)으로 득세(得勢)하니 신왕하다. 원국에 지지가 묘미목국(卯未木局)으로 인수(印綬)가 태왕(太旺)하다.

신왕(身旺)하면 식재관(食財官)이 희신(喜神)인데 식상미토(食傷未土)는 사미화국(巳未火局)으로 약화(弱化)되었고, 재성신금(財星辛金)은 화국(火局)에 절(絶)이 되어 약화(弱化)되었으며, 관성계수(官星癸水)는 신금(辛金)의 생조(生助)를 받아 왕성하지 않지만 대운에서 金水 운으로 향하여 아름답다.

병자대운(丙子大運)인 갑신년(甲申年)에 병신합수(丙辛合水)가 되고, 대운(大運)과 세운(歲運)이 신자합수(申子合水)로 들어오는 월지사(月支巳)와 세지신(歲支申)과 사신합수(巳申合水)로 용신(用神)이 되니, 대학교 전자공학과 교수로 재직하면서 대학총장으로 취임하였으나, 을해대운(乙亥大運)인 병술년(丙戌年)에 해직되었다.

```
戊 戊 己 己
午 申 巳 丑
```

```
壬 癸 甲 乙 丙 丁 戊
戌 亥 子 丑 寅 卯 辰
```

무토일주(戊土日主)가 사월(巳月)에 태어나 득령(得令)하였고, 좌하신금(坐下申金)에 실지(失地)하였으나, 천간무기토(天干戊己土)와 지지오축(地支午丑)으로 득세(得勢)하여 신왕(身旺)하다. 월지인수(月支印綬)가 되고, 록근(祿根)이 되니 교육계에 근무하게 될 것을 암시하고 있다.

신왕(身旺)하면 식재관(食財官)이 희신(喜神)이 되므로, 재성수(財星水)는 축중계수(丑中癸水)로 약하고, 관성목(官星木)은 없으며, 식상금(食傷金)은 일지신금(日支申金)과 사축금국(巳丑金局)으로 왕성하다. 따라서 식상(食傷)이 용신(用神)이 되니 대학교 미술디자인과 교수로 재직하고 있다.

$$\boxed{\begin{array}{cccc} 庚 & 壬 & 丙 & 丙 \\ 戌 & 申 & 申 & 申 \end{array}}$$

$$\begin{array}{ccccccc} 癸 & 壬 & 辛 & 庚 & 己 & 戊 & 丁 \\ 卯 & 寅 & 丑 & 子 & 亥 & 戌 & 酉 \end{array}$$

임수일주(壬水日主)가 신월(申月)에 태어나 득령(得令)하였고, 좌하신금(坐下申金)에 득지(得地)하고, 전지지가 신유술(申酉戌)로 합금국(合金局)이 되고, 시간에 庚金이 투출되어 인수(印綬)가 태왕(太旺)하다. 그러므로 종인격(從印格)이 되었다.

희신(喜神)은 인비(印比)인 金水와 관살(官殺)인 土이다. 신왕(身旺)하면서도 오히려 인수(印綬)가 필요하니 자연히 교육계에 몸담고 있다. 대학교 의대 교수로 재직하고 있다. 신축대운(辛丑大運)인 병술년(丙戌年)에 병신합(丙辛合), 축술형(丑戌刑)이고, 병임충(丙壬冲)까지 가세하니 관재송사가 있었다. 참고로 壬水가 申金이 있으면 문곡(文曲)과 학당을 나타내는 길성(吉星)이기 때문에 교육계에 종사하고 있는 것이다.

```
丁 丙 丙 己
酉 寅 寅 亥
```

```
癸 壬 辛 庚 己 戊 丁
酉 申 未 午 巳 辰 卯
```

병화일주(丙火日主)가 인월(寅月)에 득령하고 좌하인목(坐下寅木)에 득지하고 월시간(月時干)에 丙丁火가 득세하니 신왕하다. 원국에서 월지가 인수(印綬)이고 인해합목(寅亥合木)으로 인수(印綬)가 태왕하니, 교육계에 인연이 있음을 암시하고 있다.

신왕(身旺)하면 식재관(食財官)이 희신(喜神)인데 관성수(官星水)는 인해합목(寅亥合木)으로 약화(弱化)되었고, 재성금(財星金)은 丁火에 개두(蓋頭)가 되어 역시 약화(弱化)되었다. 식상토(食傷土)는 해중무토(亥中戊土)에 득근(得根)하고, 해중갑목(亥中甲木)과 갑기합토(甲己合土)로 암합(暗合)하여 왕성하다.

원국에서 월지인수(月支印綬)와 다봉인수(多逢印綬)가 되고, 식상(食傷)이 용신(用神)이 되니 교육계에 종사하고 있는 것이 틀림없다. 또한 목화통명(木火通明)에다 丙火가 寅木에 문곡(文曲), 학당(學堂) 등 학문성(學問星)이 있으니 금상첨화이다. 본명은 이대 총장을 지낸 김활란(金活蘭) 여사의 명조이다.

```
戊 甲 戊 庚
辰 子 子 申
```

```
乙 甲 癸 壬 辛 庚 己
未 午 巳 辰 卯 寅 丑
```

갑목일주(甲木日主)가 자월(子月)에 태어나 득령(得令)하고 전지지(全地支)가 申子辰 합국(合局)이 되어 태왕(太旺)하여 종인격(從印格)이 되었다. 월지(月支)에 인수(印綬)가 있고, 인수국(印綬局)을 이루니 교육계와 인연을 암시하고 있다.

종인격(從印格)의 희신(喜神)은 인비(印比)와 식상(食傷)인데, 대운이 목화운(木火運)으로 향하여 대발(大發)하였다. 명지대학교 설립자인 유상근(兪尙根) 씨의 명조(命造)이다.

甲　甲　丙　己
子　子　子　亥

癸壬辛庚己戊丁
未午巳辰卯寅丑

갑목일주(甲木日主)가 자월(子月)에 태어나 득령(得令)하고 지지(地支)가 해자합수국(亥子合水局)으로 인수국(印綬局)이 종인격(從印格)이 되었다. 종인격(從印格)의 희신(喜神)은 인비(印比)와 식상(食傷)인데, 대운(大運)이 목화운(木火運)으로 향하여 대발(大發)하였다. 월지(月支)에 인수(印綬)가 있고 인수국(印綬局)이 되어 교육계와 인연을 암시하고 있다. 중앙대학교 설립자인 임영신(任永信) 여사의 명조(命造)이다.

```
戊 乙 丙 甲
寅 酉 寅 寅
```

```
癸 壬 辛 庚 己 戊 丁
酉 申 未 午 巳 辰 卯
```

을목일주(乙木日主)가 인월(寅月)에 태어나 득령(得令)하고 연월시지(年月時支)의
寅木에 득근(得根)하고 연간갑목(年干甲木)이 투간(透干)되어 신왕(身旺)하다. 신왕
(身旺)하면 희신(喜神)은 식재관(食財官)인데, 식상병화(食傷丙火)가 인중병화(寅中
丙火)에 유근(有根)하여 왕성하다. 재성무토(財星戊土)는 병화(丙火)의 생조(生助)를
받아 왕성하여 재복은 물론 처덕(妻德)도 대단하다.

유금관성(酉金官星)은 戊土의 생조(生助)를 받고 있으나 木火에 의하여 다소 피
상(被傷)을 당할까 염려되고 있다. 목화통명(木火通明)으로 교육계에서 대성(大成)
한 한양대학교 설립자인 김연준(金連俊) 이사장의 명조(命造)이다.

```
丙 己 己 辛
寅 丑 亥 酉
```

```
壬 癸 甲 乙 丙 丁 戊
辰 巳 午 未 申 酉 戌
```

기토일주(己土日主)가 해월(亥月)에 태어나 한랭하고 실령(失令)하였으나 좌하(坐
下)에 丑土로 득지(得地)하였고, 시간병화(時干丙火)가 寅木에 득장생(得長生)하여
일간기토(日干己土)를 생조(生助)하니 신왕(身旺)하다. 신왕(身旺)하면 식재관(食財

官)이 희신(喜神)이고 인비(印比)가 기신(忌神)이다.

원국에 토생금(土生金), 금생수(金生水), 수생목(水生木), 목생화(木生火)로 생생부절(生生不絶)이 되어 오행구전격(五行俱全格)이 되었다. 신왕(身旺)한 己土가 년주신유(年柱辛酉)에 문창귀인(文昌貴人)과 학당귀인(學堂貴人)이 있는데, 亥水인 관귀학관(官貴學館)까지 있어 학문성(學問星)을 모두 갖춘 귀격(貴格)이다.

천간(天干)에서 병신합(丙辛合)이 되어 식상(食傷)과 인수(印綬)가 재원지합(財源之合)이 되었고, 지지(地支)의 재성(財星)과 관성(官星)이 권원지합(權源之合)이 되었다. 또한 비겁(比劫)과 식상(食傷)이 학원지합(學源之合)이 되었으니, 학문의 전당인 대학 설립과 경영으로 대업을 성취한다는 뜻이 담겨 있다.

병신대운(丙申大運)인 1950년(30세)에 서울법대를 졸업하고 을미대운(乙未大運)인 1955년(35세)에 경희대 총장에 취임하였고, 1971년(50세)부터 1981년(60세)까지 세계대학총장회의 회장을 역임하였다.

운행(運行)이 金火木으로 향하여 대발(大發)한 경희대학교 조영식(趙英植) 설립자의 명조(命造)이다.

2. 예능계(藝能界)

(1) 예능에는 미술, 음악, 무용, 영화, 연극, 조각, 연예, 서예, 언론 등이 포함된다. 원국(原局)이 신왕(身旺)하여 식상(食傷)을 용신(用神)으로 하거나 식상(食傷)이 왕성한 경우이다.

(2) 원국(原局)에 도화(桃花)나 화개(華蓋)가 많거나, 인수(印綬)가 도화(桃花)나 화개(華蓋)와 동주(同柱)한 경우이다. 또한 甲乙木이 사오월(巳午月), 丙丁火가 진술축미월(辰戌丑未月)이나 인묘월(寅卯月), 戊己土가 신유월(申酉月), 庚申金이 해자월(亥子月), 임계수(壬癸水)가 인묘월(寅卯月)에 해당하는 경우이다. 특히 목화통명(木火通明)이 되거나 금수쌍청(金水雙淸)이 되는 경우에 예술적 소질이 많은 편이다.

(3) 원국(原局)에 문창(文昌)이나 문곡(文曲), 그리고 학당(學堂) 등 학문성(學問星)이 있는 경우이다. 또한 원국(原局)에 관살(官殺)이 많아 신약(身弱)하여 일주(日主)

가 허약(虛弱)한데 인수(印綬)나 편인(偏印)이 용신(用神)이 되는 경우이다.

(4) 원국(原局)에 壬子, 癸亥, 壬辰, 癸丑 일주(日柱)는 수기(水氣)가 왕성하여 기교(技巧)가 뛰어나다.

癸	癸	癸	癸
亥	巳	亥	亥

丙 丁 戊 己 庚 辛 壬
辰 巳 午 未 申 酉 戌

계수일주(癸水日主)가 해월(亥月)에 태어나 득령(得令)하고 癸亥水로 수기(水氣)가 태왕(太旺)하니 윤하격(潤下格)이 되었다. 윤하격(潤下格)은 희신(喜神)이 인비(印比)와 식상(食傷)인데, 대운(大運)이 인수운(印綬運)인 금국(金局)에서 식상운(食傷運)인 화국(火局)으로 향하여 대발(大發)하였다.

일반적으로 인수금(印綬金)은 학문을 뜻하고 식상목(食傷木)은 예능이나 언론을 뜻하니, 조선일보사 방일영(方一榮) 씨의 명조(命造)이다. 을목일주(乙木日主)가 묘월(卯月)에 태어나 득령(得令)하였고 전지지(全地支)가 인묘목국(寅卯木局)으로 종왕격(從旺格)이 되었다.

戊	乙	己	庚
寅	卯	卯	寅

丙 乙 甲 癸 壬 辛 庚
戌 酉 申 未 午 巳 辰

종왕격(從旺格)은 인비(印比)와 식상(食傷)이 희신(喜神)이다. 왕자의설(旺者宜泄)로 식상화(食傷火)가 필요한데 인중병화(寅中丙火)가 년시지(年時支)에 있으니 아름답다. 대운(大運)이 목화운(木火運)으로 향하여 대발(大發)하지만 금관성운(金官星運)이 있어 한때 고전은 면하기 어렵다. 그러나 말년운은 화국(火局)이 되어 다행이다. 화식상(火食傷)이 필요하여 가수가 된 조용필(趙容弼) 씨의 명조(命造)이다.

辛	戊	戊	丙
酉	辰	戌	戌

乙甲癸壬辛庚己
巳辰卯寅丑子亥

무토일주(戊土日主)가 술월(戌月)에 태어나 득령(得令)하고 좌하(坐下)에 辰土로 득지(得地)하고 丙火가 투출(透出)하니 신왕(身旺)하다. 신왕(身旺)하면 식재관(食財官)이 희신(喜神)인데, 재성수(財星水)는 진중계수(辰中癸水)로 미약하고, 관성목(官星木)은 없으며, 식상금(食傷金)은 辛酉로 왕성하다. 원국에 식상(食傷)이 건재하니 예능계에 인연이 있다는 것을 암시하고 있다. 대운마저 수목운(水木運)으로 향하여 아름답다. 가수 남진 씨의 명조(命造)이다.

丁	甲	戊	辛
卯	午	戌	巳

乙甲癸壬辛庚己
巳辰卯寅丑子亥

갑목일주(甲木日主)가 술월(戌月)에 태어나 실령하고 좌하오화(坐下午火)에 실지하니 신약(身弱)하다. 지지(地支)에 오술화국(午戌火局)이 되고 丁火가 투출하니 식상(食傷)이 태왕(太旺)하다. 원국에 식상(食傷)이 태왕(太旺)하면 신약(身弱)하여 인수(印綬)가 필요하다. 따라서 예술계통에 인연이 있음을 암시하고 있다. 대운마저 수목운(水木運)을 향하여 아름답다. 가수 이미자 씨의 명조이다.

戊 癸 壬 丙
午 亥 辰 子

乙 丙 丁 戊 己 庚 辛
酉 戌 亥 子 丑 寅 卯

계수일주(癸水日主)가 진중계수(辰中癸水)에 득근(得根)이 되어 득령(得令)하였고 좌하해수(坐下亥水)에 득지(得地)하고 자진해자(子辰亥子)로 수국(水局)이 왕성하니 신왕(身旺)하다. 신왕(身旺)하면 식재관(食財官)이 희신(喜神)이다.

戊土가 시간에 투출하니 시상정관격(時上正官格)이 되었다. 무토남편(戊土男便)은 午火의 생조(生助)를 받아 아름답다. 원국에 재관이 왕성하지만 초년운에 寅卯운이 식상(食傷)이 되어 일찍 영화배우가 된 엄앵란 씨의 명조이다.

丙 乙 壬 庚
戌 丑 午 寅

己 戊 丁 丙 乙 甲 癸
丑 子 亥 戌 酉 申 未

을목일주(乙木日主)가 오월(午月)에 태어나 실령(失令)인데 丙火가 투출하여 목화상관격(木火傷官格)이 되었다. 오월(午月)의 乙木은 조후용신(調候用神)으로 수기(水氣)가 필요하다. 또한 지지가 인오술화국(寅午戌火局)을 이루니 더욱 더 고갈되어 있는 형상이다. 다행하게도 壬水가 축중계수(丑中癸水)에 득근(得根)하고 있어 아름답다.

년간경금(年干庚金)이 금생수(金生水), 수생목(水生木), 목생화(木生火), 화생토(火生土)로 생생부절(生生不絶)로 생조(生助)하니 길(吉)하다. 대운마저 서북(西北) 운으로 향하여 대발하니 학문으로 뜻을 이루었다고 할 수 있다. 국문학자(國文學者) 최남선 씨의 명조(命造)이다.

```
甲 戊 庚 戊
寅 戌 申 午
```

丁 丙 乙 甲 癸 壬 辛
卯 寅 丑 子 亥 戌 酉

본명은 1918년 7월 13일 寅時 생인 김승호(金勝鎬) 영화배우의 명조이다. 무토일주(戊土日主)가 신월(申月)에 태어나 실령(失令)하였으나 寅午戌 삼합국(三合局)이 되고, 戊土가 투출하니 신왕(身旺)하다. 신왕(身旺)하면 식재관(食財官)이 희신(喜神)이고, 인비(印比)가 기신(忌神)인데 식상금(食傷金)은 경신월주(庚申月柱)로 건왕하고, 재성수(財星水)는 원국에 없으나 대운에 있고, 관성(官星) 木은 갑인시주(甲寅時柱)로 역시 건왕(健旺)하다.

본명(本命)은 식상(食傷)이 왕성하여 연기는 대단하고, 시상일위귀격(時上一位貴格)으로 명예는 얻으나, 재성(財星)이 미약하여 사업가는 맞지 않는다. 乙丑 대운에 영화제작으로 실패하여 고민하다가 51세인 무신년(戊申年)에 뇌일혈로 사망하였

다. 乙木 용신이 乙庚 합금(合金)되고, 丑戌 삼형살(三刑殺)이 되어 있는데, 戊土
기신(忌神)과 寅申 상충(相沖)으로 申金이 충발(沖拔)되었기 때문이다.

$$
\begin{array}{cccc}
辛 & 己 & 丁 & 甲 \\
未 & 亥 & 卯 & 寅
\end{array}
$$

$$
\begin{array}{ccccccc}
甲 & 癸 & 壬 & 辛 & 庚 & 己 & 戊 \\
戌 & 酉 & 申 & 未 & 午 & 巳 & 辰
\end{array}
$$

본명(本命)은 1914년 2월 18일 미시생(未時生)인 김기창(金基昶) 화백의 명조이
다. 기토일주(己土日主)가 묘월에 태어나 寅卯, 亥卯未로 전지지가 목국(木局)이 되
고, 甲木이 투출되니 己土는 뿌리가 없게 되어 목관살에 종(從)해야 되니 종살격이
다. 그러나 본명은 년상 甲寅으로부터 목생화, 화생토, 토생금으로 순식격이 되어
순조롭게 상생함으로써 천부적인 재능을 발휘할 수가 있었다.

처궁인 亥水가 亥卯未로 삼합(三合)을 이루어 화가인 박래현(朴崍賢) 여사를 만
나 명성과 재산을 형성하였으나, 일찍 사별하였다. 또한 7세인 경신년(庚申年)에
열병을 앓고 나서 농아(聾啞)가 되었던 것은 甲庚 충(沖), 寅申 충(沖)으로 천충지충
(天沖地沖)이 되어 형액을 면치 못한 것이다.

3. 정치행정계(政治行政界)

(1) 정치가나 행정가는 신왕(身旺)하고 관인쌍청(官印雙淸)하거나 관성(官星)이
순수하여 관인상생(官印相生)이 되어 있는 것이 일반적인 경우이다.

(2) 원국(原局)이 종왕격(從旺格)이나 종강격(從强格)이 되어 인비(印比)나 식상
(食傷)을 용신(用神)으로 하는 경우이다.

(3) 원국(原局)이 신왕(身旺)인데 시상(時上)에 편관(偏官)이나 정관(正官)이 하나

있어 시상일위귀격(時上一位貴格)이 되어 있는 경우이다.

(4) 원국(原局)이 신약(身弱)하더라도 식신제살격(食神制殺格)이나 제살태과격(制殺太過格)이 되는 경우이다.

(5) 신왕관왕(身旺官旺)하거나 정기일주(丁己日主)가 재관국(財官局)을 이루어 재관쌍미격(財官雙美格)이 되는 경우이다. 신왕(身旺)하면 관성(官星)을 충분하게 감당할 수 있고, 대운(大運)마저 길(吉)하면 정치가나 행정가로서 장차관 내지 국회까지 진출할 수 있다.

정기일주(丁己日主)는 火土로서 설(舌)을 말하며 중앙이 되어 어느 한곳에 치우치지 않는 것처럼 공평하게 판결을 내려야 하기 때문이고, 원국(原局)에 재관(財官)이 있으면 재생관(財生官)하여 관(官)에 집결하기 때문이다.

(6) 일주기준(日主基準)하여 丙庚이 있거나 수목일주(水木日主)가 戌亥나 卯酉戌 중에 2개 이상이 있는 경우이다.

(7) 원국(原局)에 비천록마격(飛天祿馬格)이나 삼형살(三刑殺), 수옥살(囚獄殺), 양인(羊刃)이 있는 경우이다.

庚	丁	己	乙
子	亥	卯	亥

壬 癸 甲 乙 丙 丁 戊
申 酉 戌 亥 子 丑 寅

정화일주(丁火日主)가 묘월(卯月)에 태어나 득령(得令)하고 좌하해수(坐下亥水)에 실지하였으나, 년월지(年月支)가 해묘(亥卯)로 목국(木局)을 이루어 생조(生助)하고 년간(年干)에 乙木이 투출되었으니 신왕(身旺)하다.

지지(地支)에 亥亥 자형(自刑), 子卯 형(刑) 등 생살권(生殺權)이 중중(重重)되어

있는데, 시상경금(時上庚金)이 투출(透出)하여 자수편관(子水偏官)을 생조(生助)하니, 시상일위귀격(時上一位貴格)인 동시에 丁火 일간이 목생화(木生火), 화생토(火生土), 토생금(土生金), 금생수(金生水), 수생목(水生木), 다시 목생화(木生火)로 생생부절(生生不絕)이니, 오행구전격(五行俱全格)도 성립된다.

또한 신왕하면 식재관(食財官)이 희신(喜神)인데, 식상기토(食傷己土), 경금재성(庚金財星), 관성자수(官星子水)가 잘 발달되어 있고, 인수묘목(印綬卯木)까지 있어 금상첨화(錦上添花)가 된 삼반귀물격(三盤貴物格)이 되었다.

대운(大運)이 水金으로 향하여 대발(大發)하였으나 많은 옥고를 치르고 우여곡절을 겪으면서, 67세 임신대운(壬申大運) 이후에 신금재성(申金財星)이 임수관성(壬水官星)을 생조(生助)하여 3선(三選) 대통령을 역임하였으며, 임신대운(壬申大運)에 이강석(李康石)을 양자로 입적시켰으나 1960년 경자년(庚子年)에 申子辰으로 삼합수국(三合水局)하여, 오히려 경금용신(庚金用神)이 설기(泄氣)되니 자식이 자살하였다.

또한 수다화몰(水多火沒)로 4대 대통령에 당선되었으나 4·19혁명으로 하야하여 하와이로 망명하였다. 경오대운(庚午大運)인 1966년 병오년(丙午年) 7월 19일에 천합지충(天合地冲) 대운에 천충지충(天冲地冲)되는 년에 사망한 이승만(李承晚) 전 대통령의 명조(命造)이다.

정치가(政治家)는 오행구전격(五行俱全格), 시상일위귀격(時上一位貴格), 삼반귀물격(三盤貴物格) 등 3개 이상의 격국(格局)을 가지고 있다. 이승만 대통령의 명조는 형합득록격(刑合得祿格), 제살태과격(制殺太過格), 오행구전격(五行俱全格)으로 3가지 귀격이 종합되어 있는 것이 특징이다.

```
戊 庚 辛 丁
寅 申 亥 巳
```

```
甲 乙 丙 丁 戊 己 庚
辰 巳 午 未 申 酉 戌
```

경금일주(庚金日主)가 전지지(全地支)에 인신사해(寅申巳亥)로 이루어져 삼형생살권(三刑生殺權) 또는 역마성(驛馬星)이라고 한다. 인신사해(寅申巳亥)의 의미를 말하면 寅木은 춘절(春節)의 입춘(立春)이 되고, 巳火는 하절(夏節)의 입하(立夏)가 되고, 申金은 추절(秋節)의 입추(立秋)가 되고, 亥水는 동절(冬節)의 입동(立冬)이 되어 각 계절의 초기에 해당되는 글자로 이루어지기 때문에 사맹격(四孟格) 또는 사생격(四生格)이라고도 한다.

사맹(四孟)이란 각 계절의 초기이고, 사생(四生)이란 인신상충(寅申相冲), 사해상충(巳亥相冲)을 인해합(寅亥合)으로 충기(冲氣)를 소멸시킨다는 뜻에서 붙여진 이름이다.

원국(原局)에서 경금일간(庚金日干)이 해월(亥月)로 설기(泄氣)가 되니 신약(身弱)하다. 그러나 사중경금(巳中庚金)이 득장생(得長生)하고, 월간신금(月干辛金)이 방조(幫助)하고, 인중무토(寅中戊土)가 시간(時干)에 투출(透出)하여 庚金을 생조(生助)하고, 자좌신금(自坐申金)에 건록(建祿)이 되니 신왕(身旺)이 되었다.

신왕(身旺)하면 관재식(官財食)이 희신(喜神)이 되는데, 인목재(寅木財)는 인신충(寅申冲)과 절각(截脚)으로 미약(微弱)하고, 해수식신(亥水食神)도 사해충(巳亥冲)으로 역시 미약하다. 따라서 사중병화(巳中丙火)가 丁火의 득근(得根)이 되니, 생살권(生殺權)을 가지는 군경, 법조 등에서 성공할 명조(命造)이다. 기신(忌神)은 인비(印比)인 土金이다.

대운(大運)이 火金인 남서운(南西運)으로 향하여 대발(大發)하였다.

31세까지는 토금기신(土金忌神)으로 향하여 고전하였으나, 32세부터 남방화운(南方火運)으로 丁未, 丙午, 乙巳 대운은 최상의 운세이다. 병오대운(丙午大運)인 1961년(45세) 신축년(辛丑年), 계사월(癸巳月), 기유일(己酉日), 을축시(乙丑時)에 큰 변화를 일으켰다. 이것은 천시융합(天時融合)한 종혁(從革)이 되었기 때문이다. 그러나 1974년 을사대운(乙巳大運) 갑인년(甲寅年)에 육영수(陸英修) 여사가 사망하였다.

을사대운(乙巳大運)은 을신충(乙辛冲), 사해충(巳亥冲)으로 천충지충(天冲地冲)되고, 갑인년(甲寅年)은 갑경충(甲庚冲), 인신충(寅申冲)으로 역시 천충지충(天冲地冲)되니, 당연히 천지가 진동하는 운세이다.

왜냐하면 인신충(寅申冲)으로 甲木과 丙火가 소실(消失)되고, 사해충(巳亥冲)으로 역시 甲木과 丙火가 소실되니, 처궁재성(妻宮財星)인 육영수(陸英修) 여사는 살해당할 수밖에 없는 상황이다. 그러나 乙木은 을경합금(乙庚合金)이 되어 乙木은 소실되었으나 庚金은 불변하여 회생되었다.

1979년은 기미년(己未年)으로 갑술월(甲戌月), 병인일(丙寅日), 술시(戌時)에 저격으로 살해(殺害)당하였다. 기미년(己未年)은 토기신(土忌神)이 들어오고, 甲戌은 갑경충(甲庚冲), 세운(歲運)과 술미형(戌未刑)이 되며, 갑인일(甲寅日)은 갑경충(甲庚冲), 인신충(寅申冲)으로 일주(日柱)와 천충지충(天冲地冲)이 되니, 형액(刑厄)을 암시하고 있는 것이다.

사맹격(四孟格), 사생격(四生格), 인중병화(寅中丙火)인 시상일위귀격(時上一位貴格)으로 3개의 격국(格局)으로 이루어진 박정희(朴正熙) 전 대통령의 명조(命造)이다.

```
庚 己 辛 己
午 巳 未 未
```

```
甲乙丙丁戊己庚
子丑寅卯辰巳午
```

　　기토일주(己土日主)가 미월(未月)에 태어나 득령(得令)하고 좌하사지(坐下巳支)에 득지(得地)하고 있는데, 전지지(全地支)가 화토국(火土局)이 되어 종왕격(從旺格)이 되었다. 종왕격(從旺格)은 인비(印比)와 식상(食傷)을 희신(喜神)으로 하고 水木을 기신(忌神)으로 하는데, 원국(原局)에 水木이 없고 火土는 대적자(對敵者)가 없어 설기처(泄氣處)인 庚辛金을 기뻐한다.

　　원국(原局)에서 己土가 午未土에 건록격(建祿格)이 되고, 巳火에 양인격(羊刃格)이 되니, 3가지 격국(格局)이 형성된 것이다. 초년인 庚午, 己巳, 戊辰 대운은 火土가 희신(喜神)으로 대발(大發)하였고 丁卯, 丙寅 대운은 지지(地支)가 寅卯로 기신(忌神)이 되나, 목생화(木生火)하여 살인상생운(殺印相生運)으로 전화위복이 되었다.

　　1979년은 기미년(己未年)으로 대운(大運)은 乙丑이었다.

　　을신충(乙辛冲), 축미충(丑未冲)으로 천충지충(天冲地冲)되어 불미스러우나, 을목기신(乙木忌神)이 을경합(乙庚合)으로 기신(忌神)이 합거(合去)되어 역시 전화위복(轉禍爲福)이 되었다. 축미충(丑未冲)이 되었으나 오미합(午未合)으로 3개의 未土는 조토(燥土)로서 강력한 용신(用神)으로 기묘하게 작용하였다.

　　1980년은 경신년(庚申年)으로 금기(金氣)가 왕성하여 설기(泄氣)가 태심(太甚)하니 용신(用神)이 또한 강력하나, 사신형(巳申刑)으로 능력을 발휘하지 못하였다. 본명(本命)은 최규하(崔圭夏) 전 대통령의 명조(命造)이다.

```
戊 癸 辛 辛
午 酉 丑 未
```

```
甲乙丙丁戊己庚
午未申酉戌亥子
```

계수일주(癸水日主)가 축월(丑月)로 태어나 한랭한 기운이 감돌지만 유축합금(酉丑合金)이 되고 년월간(年月干)에 辛金이 투출되어 신왕(身旺)하다. 신왕(身旺)하면 식재관(食財官)을 희신(喜神)으로 하는데, 식상목(食傷木)은 미중을목(未中乙木)으로 대단히 미약(微弱)하고, 재성화(財星火)는 시지오화(時支午火)가 시간무토(時干戊土)를 생조(生助)하니, 시상정관격(時上正官格)이 되어 시상일위귀격(時上一位貴格)과 동일격(同一格)으로 귀격이 되었다. 또한 재관쌍미격(財官雙美格)이라고 하여 고귀한 격국(格局)이다.

초년(初年)인 庚子, 己亥 대운은 고전하였으나, 戊戌 대운은 무토정관(戊土正官)이 희신(喜神)이고 오술화국(午戌火局)으로 대발(大發)하기 시작하였고, 丁酉, 丙申 대운은 申酉가 기신(忌神)이 되나 화극금(火剋金)으로 개두(蓋頭)가 되어 회생되니 전화위복하게 되었다.

병신(丙申) 대운인 1979년 기미년(己未年)은 丙火와 己未土가 희신(喜神)이 되니 승승장구하였다. 乙未 대운인 1983년 계해년(癸亥年)은 수왕(水旺)으로 기신(忌神)이 되었으나 무계합화(戊癸合化)와 해미합목(亥未合木)이 되니, 오히려 왕성한 용신(用神)으로 변하였다.

1994년 갑술년(甲戌年)은 상관년(傷官年)에 축술미삼형살(丑戌未三刑殺)로 수옥(囚獄)되었다. 乙未 대운은 을신충(乙辛冲), 축미충(丑未冲)으로 천충지충(天冲地冲)되니 형액(刑厄)을 암시하고 있다.

본명(本命)은 시상정관격(時上正官格), 재관쌍미격(財官雙美格), 시상일위귀격(時

上一位貴格) 등 3개 이상의 귀격(貴格)을 갖춘 전두환(全斗煥) 전 대통령의 명조(命造)이다.

$$
\begin{array}{cccc}
丁 & 庚 & 戊 & 壬 \\
丑 & 戌 & 申 & 申
\end{array}
$$

$$
\begin{array}{ccccccc}
乙 & 甲 & 癸 & 壬 & 辛 & 庚 & 己 \\
卯 & 寅 & 丑 & 子 & 亥 & 戌 & 酉
\end{array}
$$

경금일주(庚金日主)가 신월(申月)에 태어나 득령(得令)하고 土金이 인비(印比)로 득세(得勢)하니 신왕(身旺)하다. 신왕(身旺)하면 식재관(食財官)이 희신(喜神)이 되는데, 식상임수(食傷壬水)는 왕성하고 재성목(財星木)은 없으며 관살정화(官殺丁火)는 정인상생(正印相生)이 되면서 시상정관격(時上正官格)도 성립된다.

또한 경술일주(庚戌日柱)로 괴강격(魁罡格)이 되고, 일시지(日時支)에 축술삼형살(丑戌三刑殺)로 생살권(生殺權)을 암시하고 있으며, 신월(申月)에 庚金은 건록격(建祿格)에도 해당한다.

운행(運行)이 북동수목운(北東水木運)으로 향하여 대발(大發)하였다. 초년인 己酉, 庚戌 대운은 기신(忌神)으로 고전하였으나, 亥子丑 대운에는 태강(太强)한 금기(金氣)를 설기(泄氣)시켜 승승장구하였다. 또한 원국(原局)에 목기(木氣)가 부친인데, 신유술금국(申酉戌金局)으로 금왕(金旺)하여 절목(絶木)이 되니 조실(早失)한 것을 암시하고 있다.

甲寅 대운에 재성(財星)인 왕목(旺木)이 들어와 목생화(木生火)로 재관(財官)이 왕성하니 부귀(富貴)할 것은 당연하지만, 갑경충(甲庚沖), 인신충(寅申沖)으로 천충지충(天沖地冲)되니 역시 형액(刑厄)도 암시하고 있다.

1994년 갑술년(甲戌年)에 갑경충(甲庚沖), 축술형(丑戌刑)으로 천충지형(天沖地

刑)이 되니 수옥(囚獄)되었다. 괴강격(魁罡格), 건록격(建祿格), 시상정관격(時上正官格) 등 3개 이상의 격국(格局)으로 이루어진 노태우(盧泰愚) 전 대통령의 명조(命造)이다.

```
甲 己 乙 戊
戌 未 丑 辰

壬 辛 庚 己 戊 丁 丙
申 未 午 巳 辰 卯 寅
```

기토일주(己土日主)가 전지지(全地支)에 辰戌丑未로 토기일색(土氣一色)이 되었으니, 종왕격(從旺格) 또는 가색격(稼穡格)이라고 한다. 종왕격(從旺格)이나 가색격(稼穡格)은 강자를 따라가야 하니 토기(土氣)가 용신(用神)이고, 토기(土氣)를 생조(生助)하는 화기(火氣)나 강자를 설기(泄己)하는 금기(金氣)가 희신(喜神)이다. 반면에 水木이 기신(忌神)이다.

격국용신론(格局用神論)으로 말하면 전지지가 寅申巳亥로 구성되면 사생구전격(四生俱全格), 자오묘유(子午卯酉)로 구성되면 사왕구전격(四旺俱全格), 辰戌丑未로 구성되면 사고구전격(四庫俱全格)으로 극품(極品)의 지위에 오른다는 귀격(貴格)이다.

참고로 『古今名人命監』의 사왕구전격(四旺俱全格)을 예를 들면, 25세에 임금이 되어 60년간 태평(太平)하게 지내다가 자리를 물려준 청나라 고종황제의 명조(命造)는 병자년(丙子年), 경오월(庚午月), 정유일(丁酉日), 신묘시(辛卯時)로 89세에 수명을 다하였다.

운행(運行)이 火土金으로 향(向)하여 대발(大發)하였는데 丙寅, 정묘운(丁卯運)은 寅卯木이 목생화(木生火)로 살인상생(殺印相生)이 되었고, 戊辰, 己巳, 庚午, 신미운(辛未運)은 火土金으로 용신(用神)이 되었다. 따라서 辛未 대운은 을신충(乙辛冲)으로 을목기신(乙木忌神)이 충발(沖拔)되었고, 丑戌未로 삼형살(三刑殺)이 되어 오히려 火土가 왕성하게 되었다.

사고구전격(四庫俱全格), 삼형살(三刑殺), 갑기합화격(甲己合化格), 가색격(稼穡格), 종왕격(從旺格) 등 5개 이상의 格局이 갖춰진 김영삼(金泳三) 전 대통령의 명조이다.

乙	乙	己	乙
酉	巳	丑	丑

壬癸甲乙丙丁戊
午未申酉戌亥子

을목일주(乙木日主)가 축월(丑月)에 태어나 한랭하여 조후(調候)로 화기(火氣)가 우선 필요(必要)하다. 그러나 전지지(全地支)가 사유축삼합금국(巳酉丑三合金局)이 되므로 종살격(從殺格)이 되었다. 또한 지지(地支)가 사유축(巳酉丑)으로 금국(金局)이 되면 복덕격(福德格)이라고도 한다. 일간(日干)이 음을목(陰乙木)으로, 종살격(從殺格)으로 작용력이 강하므로 귀격(貴格)에 속한다.

종살격(從殺格)은 평화시(平和時)에는 적응력이 약하지만 반대로 난시(亂時)에는 적응력이 대단하여 혁신적으로 개혁을 좋아한다. 용신(用神)은 금기(金氣)이고, 희신(喜神)은 火土이며, 기신(忌神)은 水木이다. 갑신대운(甲申大運)인 1973년 계축년(癸丑年)에 49세 나이로 8일간 실종되었다가 12일 만에 귀가한 사건이 있었다.

갑신대운(甲申大運)은 甲木이 기신(忌神)이고, 申金은 사신합수(巳申合水)로 수기(水氣)로 화(化)하여 기신(忌神)이 되니, 불길함을 암시하고 있다. 그러나 갑기합토(甲己合土)로 甲木은 기반이 되니 소실되고, 己土는 회생되어 절처봉생(絶處逢生)이 되었다.

辛金이 용신(用神)이고, 巳火는 사유축금국(巳酉丑金局)으로 다시 용신(用神)이 되고, 丁火는 역시 희신(喜神)이고, 丑土는 사유축금국(巳酉丑金局)으로 용신(用神)이 되니, 대선(大選)에서 승리한 김대중(金大中) 전 대통령의 명조(命造)이다. 2003 년 계미년(癸未年)에 기계충(己癸沖), 축미충(丑未沖)으로 천충지충(天沖地沖)되어 임기를 마쳤다. 2009년 기축년(己丑年)에 불귀객(不歸客)이 되었다.

丙	戊	丙	丙
辰	寅	申	戌

癸	壬	辛	庚	己	戊	丁
卯	寅	丑	子	亥	戌	酉

무토일주(戊土日主)가 신월(申月)이라 설기(泄氣)가 되어 실령(失令)하였지만 년 시지(年時支)에 辰戌土가 있어 건록지(建祿支)로 득근(得根)하고 있는데, 연월시간 (年月時干)에 3병화(三丙火)가 강렬하게 생조(生助)하니 무토일주(戊土日主)는 대단 히 신왕(身旺)하다. 신왕(身旺)하면 식재관(食財官)이 희신(喜神)이고, 인비(印比)가 기신(忌神)이다.

식상금(食傷金)은 申金이 습토(濕土)의 생조(生助)를 받아 왕성하고, 재성수(財星 水)는 진중계수(辰中癸水)가 암장(暗藏)되어 재고(財庫)가 아름답다. 그리고 관성목 (官星木)은 인진반국(寅辰半局)으로 역시 왕성하니 용신(用神)을 원국(原局)에서 갖 춘 귀격(貴格)이다.

격국용신론(格局用神論)으로 보면 공귀격(拱貴格)이다.

귀(貴)는 정관성(正官星)을 원칙으로 하나 편관성(偏官星)도 포함된다. 그러므로 공귀(拱貴)는 일지(日支)와 시지(時支) 사이에 정관(正官)이나 편관(偏官)을 끼고 있 다는 뜻으로 원국(原局)에 나타나 있는 것보다 더 귀한 길격(吉格)이다.

원국에서 토생금(土生金), 금생수(金生水), 수생목(水生木), 목생화(木生火), 화생토(火生土)로 생생부절(生生不絶)이 되어 오행구전격(五行俱全格)으로도 볼 수가 있다. 戊土가 년시(年時)에 진술록(辰戌祿)이 있어 건록격(建祿格)에도 해당하며, 진중을계(辰中乙癸)가 재관고(財官庫)가 되어 잡기재관격(雜氣財官格)에도 해당한다. 잡기재관격(雜氣財官格)은 월지(月支)에 있는 것이 더욱 귀한 것이다.

무토일간(戊土日干)이 지지(地支)에 寅木이 있으면 문곡귀인(文曲貴人), 학당귀인(學堂貴人) 등 학문성이 있어 학문에 뜻이 있음을 암시하고, 辰戌이 있으면 태극귀인(太極貴人)으로 생각지도 않은 횡재나 복(福)이 들어와 관서장(官署長)이나 삼공(三公)에 해당하는 벼슬을 하는 길신(吉神)이다. 본명(本命)은 노무현(盧武鉉) 전 대통령의 명조(命造)이다. 2009년 기축년(己丑年)에 불귀객(不歸客)이 되었다.

$$
\begin{array}{cccc}
辛 & 己 & 庚 & 丙 \\
未 & 卯 & 寅 & 寅
\end{array}
$$

$$
\begin{array}{ccccccc}
丁 & 丙 & 乙 & 甲 & 癸 & 壬 & 辛 \\
酉 & 申 & 未 & 午 & 巳 & 辰 & 卯
\end{array}
$$

기토일주(己土日主)가 인월(寅月)에 태어나 실령(失令)하고 아직 한기가 있어 조후(調候)로 화기(火氣)가 필요한데, 다행하게도 연간병화(年干丙火)가 있어 살인상생격(殺印相生格)이 되어 귀격(貴格)이다.

기토일간(己土日干)이 인월(寅月)이면 인중(寅中)에 무병갑(戊丙甲)이 암장(暗藏)되어 있어 甲木은 정관(正官)이요, 丙火는 정인(正印)이요, 戊土는 겁재(劫財)가 되는데, 목생화(木生火), 화생토(火生土)로 순생(順生)하여 일간기토(日干己土)를 생조(生助)하니 귀격(貴格)인데, 이것을 살인쌍전격(殺印雙全格)이라고도 한다. 살인상생격(殺印相生格)이나 살인쌍전격(殺印雙全格)은 정정당당(正正堂堂)하게 모든 문제를 처리하는 귀격(貴格)이다.

기토일간(己土日干)이 지지에 寅卯와 亥未로 관살(官殺)이 태강(太强)하고 庚辛金이 무근이지만, 己土를 설기(泄氣)하여 신약하게 되었다. 관살이 강하고 식상(食傷)이 약하면 식신제살격(食神制殺格)이라고 하여 역시 귀격이다.

용신(用神)은 조후(調候)와 인수(印綬)를 겸비한 火이고, 비겁(比劫)인 土와 식상(食傷)인 金이 희신(喜神)이고, 水木이 기신(忌神)이다. 운행이 火金으로 향하여 대발(大發)하였다.

이것은 甲己 합토(土), 午未 합화(合火)로 용신(用神)이 되고, 신축년(辛丑年)은 역시 土金이라 희신(喜神)이 되고, 계사월(癸巳月)은 己癸 충(沖), 寅巳 형(刑)으로 천충지형(天沖地刑)이 되어 형액(刑厄)을 암시하고 있다.

1979년(己未年), 갑술월(甲戌月), 병인일(丙寅日)에 10·26사태가 일어나면서 본명은 연월일(年月日)이 희신(喜神)에 해당하는 운명이다. 살인상생격(殺印相生格), 살인쌍전격(殺印雙全格), 식신제살격(食神制殺格) 등 3개 이상의 귀격(貴格)을 갖추고 있는 전 국무총리 김종필(金鍾泌) 씨의 명조이다.

辛	辛	庚	辛
卯	丑	子	巳

癸甲乙丙丁戊己
巳午未申酉戌亥

신금일주(辛金日主)가 자월(子月)에 태어나고 좌하축토(坐下丑土)에 앉아 있으니, 천한지동(天寒地凍)한 형상이라 우선 조후(調候)로 화기(火氣)가 필요하다. 다행하게도 연지사화(年支巳火)가 卯木이 원거리에 있지만 자축합수(子丑合水)의 생조(生助)를 받아 수생목(水生木), 목생화(木生火)로 충분하게 보온(保溫)할 수 있다. 또한 천원일기격(天元一氣格)이라고도 할 수 있다. 왜냐하면 천간(天干)의 네 글자가 같아 하나의 일기(一氣)로 이루어졌기 때문에 귀격(貴格)에 속한다.

뿐만 아니라 신금일간(辛金日干)이 금생수(金生水)로 왕(旺)한 금기(金氣)를 子水가 자축합수(子丑合水)로 설기하니 금수상관격(金水傷官格)으로도 볼 수 있다. 辛金이 금생수(金生水), 수생목(水生木), 목생화(木生火), 화생토(火生土), 토생금(土生金)으로 생생부절(生生不絶)이라 오행구전격(五行具全格)도 성립된다.

초년인 己亥, 戊戌 대운은 기신(忌神)인 토기(土氣)가 왕성하고 축술형(丑戌刑)이 되어 고생을 겪어야 하며, 丁酉, 丙申 대운은 화기(火氣)가 왕성하여 申酉金을 개두(蓋頭)로 작용하여 우여곡절 끝에 성공할 수 있다. 그러나 乙未, 甲午 대운이 들어오면서 木火가 왕(旺)하여 대발(大發)할 수가 있다.

계사(癸巳) 대운은 식상용신운(食傷用神運)에 관성화기(官星火氣)가 역시 용신(用神)이니, 2007년(丁亥年)에 한나라당 대통령 후보에 선출된 이명박(李明博) 씨의 명조(命造)이다. 희신(喜神)은 水木火이고, 기신(忌神)은 土金이다.

정해년(丁亥年)은 丁火가 희신(喜神)이고, 해자축(亥子丑)이 합수국(合水局)을 이루어 대길(大吉)하였다. 8월 19일은 무신월(戊申月), 을유일(乙酉日)은 토금운(土金運)으로 불길하였으나, 대운(大運)과 세운(歲運), 그리고 전반기운이 좋았기 때문에 어렵게 승리하였다고 추정한다. 12월 19일 임자월(壬子月), 정해일(丁亥日)이 되므로 용신(用神)이 되니 무난하게 제17대 대통령에 당선되었다고 추정한다.

4. 조선시대(朝鮮時代)의 왕(王)

```
甲 己 癸 乙
子 未 未 亥
```

```
丙 丁 戊 己 庚 辛 壬
子 丑 寅 卯 辰 巳 午
```

기토일주(己土日主)가 미월(未月)에 태어나 득령(得令)하였고, 좌하미토(坐下未土)에 득지(得地)하여 신왕(身旺)하다. 己土가 월일지(月日支)에 양인격(羊刃格)이며 미중을목(未中乙木)이 년간(年干)에 투출되어 편관격(偏官格)이다. 또한 시간에 甲木이 子水의 생조(生助)를 받아 시상정관격(時上正官格)도 성립된다. 신왕(身旺)하면 식재관(食財官)이 희신(喜神)이 되는데, 가장 건왕(健旺)한 용신(用神)을 취하여야 한다.

식상금(食傷金)은 전혀 보이지 않으니 선택의 여지가 없다. 재성수(財星水)의 시지 子水는 월간계수(月干癸水)가 투출되어 건록(建祿)이 되니 취용할 수 있다. 그러나 癸水는 좌하미토(坐下未土)에 절각(截脚)으로 제극(制剋)을 당하여 우로(雨露)에 지나지 않는다. 반면에 乙木은 亥水의 생기(生氣)를 받고 있는 데다 癸水로부터 수생목(水生木)을 받아 더욱 아름답다.

관살목(官殺木)은 혼잡하게 있으나, 시간갑목(時干甲木)을 갑기합(甲己合)하여 거관유살(去官留殺)이 되니, 자연 연간을목(年干乙木)을 취용(取用)하는 것이 당연하다. 용신(用神)은 건왕(健旺)하고, 상함이 없어야 순조롭게 목적을 달성할 수가 있다.

을목용신(乙木用神)은 미월조토(未月燥土)이지만 해중갑목(亥中甲木)에 득근(得根)하고, 계수(癸水)의 생조(生助)로 인하여 고목봉춘격(枯木逢春格)이 되니 생기(生

氣)가 왕성하다. 기묘(奇妙)한 것은 乙木이 편관(偏官)이니 관살(官殺)이 용신(用神)
이라 군인, 경찰, 판사나 검사 등에서 많이 볼 수 있는데, 기회 포착에 능수능란하
고, 혁명적인 기질과 투쟁심이 강하고 진취적이다.

또한 미중을목(未中乙木)이 편관(偏官)이 되는데, 년간(年干)에 乙木이 투출(透出)
되어 용신(用神)이 되니 더욱 귀격(貴格)이다. 이러한 경우를 잡기재관격(雜氣財官
格)이라고도 한다. 잡기재관격(雜氣財官格)은 진술축미월(辰戌丑未月)에 태어나 재
성(財星)과 관살(官殺)이 암장(暗藏)되어 있는 경우를 말한다.

운행(運行)이 水木으로 향하여 대발(大發)하였다. 庚辰 대운은 을경합금(乙庚合
金), 자진합수(子辰合水)가 되어 희신(喜神)이 되고, 己卯, 戊寅 대운은 갑기합(甲己
合), 기계충(己癸冲)으로 충중봉합(冲中逢合)하고, 해묘미합목(亥卯未合木), 인해합
목(寅亥合木)으로 흉변위길(凶變爲吉)하였다.

丁丑 대운은 정계충(丁癸冲)으로 丁火가 충발(冲拔)되었고, 다시 축미충(丑未冲)
이 되었으나, 亥子丑으로 합수국(合水局)이 되니 다시 흉변위길(凶變爲吉)이 되어
57세에 왕(王)으로 즉위하였다. 양인격(羊刃格), 편관격(偏官格), 시상정관격(時上正
官格), 잡기재관격(雜氣財官格) 등 4개의 격국(格局)을 가지고 있는 태조(太祖) 이성
계(李成桂)의 명조(命造)이다.

甲	壬	乙	丁
辰	辰	巳	丑

戊 己 庚 辛 壬 癸 甲
戌 亥 子 丑 寅 卯 辰

임수일주(壬水日主)가 사월(巳月)에 태어나 실령(失令)하였고, 丁火가 년간(年干)
으로 투출(透出)하고, 월간을목(月干乙木)과 시간갑목(時干甲木)이 화기(火氣)를 생

조(生助)하니 재성화(財星火)가 왕성하다.

　임수일간(壬水日干)은 사중경금(巳中庚金)이 장생(長生)이고, 축중신금(丑中辛金)에 득지(得地)하고, 좌하진토(坐下辰土)는 수고(水庫)라 약(弱)하지 않다. 그러나 월지사화(月支巳火)는 재성(財星)으로 강(强)하다.

　壬水가 양진토(兩辰土)와 丑土가 있으니, 관살(官殺)이 태왕(太旺)하여 식신제살격(食神制殺格)이 되었다. 희신(喜神)은 인비식(印比食)인 金水木이고 기신(忌神)은 재관(財官)인 火土이다.

　壬寅 대운 己亥년(1419)인 23세에 즉위(卽位) 하였다. 壬水는 희신(喜神)이고 寅木은 극토(剋土)하여 제살(制殺)하였기 때문이다. 己亥년은 甲己 합지(合支)되었으며 巳亥충충(沖), 亥日합(合)으로 충중봉합(沖中逢合)이 되어 태종(太宗)이 돌아가신 것이다.

　辛丑, 庚子 대운은 용신운(用神運)으로 대발(大發)하였으나, 己亥 대운은 갑기합거(甲己合去)되고 사해충(巳亥沖)으로 용신충발(用神沖拔)이 되어 수명(壽命)을 다하였다.

　본명(本命)은 상극(相剋)이나 상충(相沖)이 전혀 없으니 성품은 원만하고 항상 온화하고 일을 순리적으로 조화롭게 처리하는 인품의 소유자이다. 또한 비겁(比劫)인 방조(幫助)가 용신(用神)이니, 엄격한 서열 속에서도 형제의 도움으로 조선 4대 임금이 된 세종대왕(世宗大王)의 명조(命造)이다.

```
甲 癸 乙 甲
寅 酉 亥 午
```

```
壬 辛 庚 己 戊 丁 丙
午 巳 辰 卯 寅 丑 子
```

계수일주(癸水日主)가 해월(亥月)에 태어나 득령(得令)하고 좌하유금(坐下酉金)에 득지(得地)하니 신왕(身旺)하다. 계수일주(癸水日主)가 해중갑목(亥中甲木)이 년시간(年時干)으로 투출(透出)하여 장생(長生)이 되니, 목기(木氣) 역시 왕성하다.

따라서 수목상관격(水木傷官格)이다. 癸水가 해월(亥月)이면 수왕절(水旺節)이고 제왕지(帝旺地)가 되어 더욱 강하다. 그러나 년월간(年月干)의 甲乙과 시주(時柱)의 甲寅이 건재하니, 계수일간(癸水日干)을 과다하게 설기(泄氣)시켜 신왕(身旺)에서 신약(身弱)으로 강변위약(强變爲弱)이 되었다. 신약이 되면 인수(印綬)나 비겁(比劫)이 용신(用神)이 되는데, 수목상관(水木傷官)은 금기(金氣)를 좋아한다.

본명(本命)은 식상목(食傷木)이 태왕(太旺)하여 목기(木氣)를 극제(剋制)하는 관살토(官殺土)가 희신(喜神)이 된다. 이러한 경우를 제살태과격(制殺太過格)이라고 한다. 운행이 水木으로 향(向)하여 불길함을 암시하고 있다. 1421년 신축년(辛丑年) 8세에 왕세자(王世子)로 책봉된 것은 土金이 희신(喜神)이 되었기 때문이다. 1451년 신미년(辛未年) 38세에 왕위(王位)에 오르고, 1452년 임신년(壬申年) 39세에 사망한 문종(文宗)의 명조(命造)이다.

己卯 대운은 기계충(己癸沖), 묘유충(卯酉沖)으로 천충지충(天沖地沖)되어 형액(刑厄)을 암시하고 있고, 신미년(辛未年)은 을신충(乙辛沖)이 되어 을목기신(乙木忌神)이 충발(沖拔)되어 길작용(吉作用)을 했으나, 다시 해묘미삼합(亥卯未三合)으로 목국(木局)이 되어 기신(忌神)이 되었고, 임신년(壬申年)은 壬水가 용신(用神)이 되지만 인신상충(寅申相沖)으로 신금용신(申金用神)이 충발(沖拔)되어, 대운(大運)과 세운(歲運)이 절지(絶地)가 되니 살아나기 힘든 것이다.

남명(男命)의 자식은 관살(官殺)인데, 원국(原局)에서 관살(官殺)이 하나도 없고 오히려 식상(食傷)이 강왕(强旺)하니, 자식이 귀한 것을 암시하고 있다. 대운의 흐름에서도 마찬가지로 관살(官殺)이 미약하니, 자식이 있다 하여도 양육하기가 어렵거나 장수하지 못한다.

```
丙 丁 丙 辛
午 巳 申 酉
```

```
己 庚 辛 壬 癸 甲 乙
丑 寅 卯 辰 巳 午 未
```

정화일주(丁火日主)가 신월(申月)에 태어나 실령(失令)하였으나 좌하사화(坐下巳火)에 득지(得地)하고, 병오시주(丙午時柱)와 월간병화(月干丙火)로 득세(得勢)하여 신왕(身旺)한 것 같지만, 자세하게 분석하면 신약(身弱)하다.

丁火가 년간지(年干支)가 申酉金으로 편재격(偏財格)이 되었다. 또한 시지오화(時支午火)에 건록(建祿)이 되니 건록격(建祿格)도 성립된다. 편재격(偏財格)은 신왕(身旺)하고 식상(食傷)이 있어 식상생재격(食傷生財格)이 되어야 부귀하는데, 원국(原局)에서 편재(偏財)는 왕(旺)하지만 식상(食傷)이 없는 것이 서운하다.

건록격(建祿格)도 역시 귀격(貴格)이지만 인수목(印綬木)이 없어 더욱 아쉬운 명조(命造)이다. 강약(强弱)으로 논하면 정화일주(丁火日主)가 신월(申月)이면 화기(火氣)는 수기(囚氣)에 해당하고, 월간병화(月干丙火)는 일지사화(日支巳火)에 건록(建祿)이다. 또한 시주병오(時柱丙午)가 방조(幫助)하니, 화기(火氣)는 승천할 기세이나 퇴기(退氣)의 계절이라 미약한 것이다.

그러나 辛金은 신월(申月)에다 酉金의 건록(建祿)이 되니 금기(金氣)가 당연히 강왕(强旺)하여 재강신약(財强身弱)이 되었다. 신약(身弱)하면 인수(印綬)나 비겁(比劫)을 취용(取用)해야 한다. 용신정법(用神定法)의 하나인 억부법(抑扶法)은 재강(財强)에는 비겁(比劫)을 쓰고, 관살(官殺)이 강할 때는 인수(印綬)를 쓰되 인수(印綬)가 없으면 식상(食傷)으로 제압해야 한다.

비겁(比劫)이 강할 때는 관살(官殺)을 써야 하고, 인수(印綬)가 강할 때는 재성(財星)을 써서 기세를 약화시키는 것이다. 따라서 이 단종(端宗)의 명조(命造) 역시 재강(財強)하므로 비겁(比劫)으로 재성(財星)을 제압해야 한다.

일반적으로 재강(財強)하면 모친(母親)을 조실(早失)할 우려가 있는데, 원국(原局)에서 인수(印綬)가 전혀 없다. 또한 년간신금(年干辛金)이 부친에 해당하는데, 병신합화수(丙辛合化水)가 되어 기신(忌神)이 되었으니, 어려서 조실부(早失父)한다는 것이 암시되어 있다.

1452년 임신년(壬申年)에 문종(文宗)이 사망했으니, 이때 단종(端宗)은 12세였다. 임신년(壬申年)은 기신운(忌神運)이었고, 병임충(丙壬冲)하고 사신형합(巳申刑合)이 되니, 천충지형(天冲地刑)에다 형중봉합(刑中逢合)으로 형액(刑厄)을 면하기 어려운 운세(運勢)이다. 뿐만 아니라 丙火가 소실(消失)되니 독신지상(獨身之象)이다. 또한 월일지(月日支)가 사신합수(巳申合水)로 신금정처(申金正妻)도 역시 소실되었다.

원국(原局)에서 화기(火氣)와 금기(金氣)가 화금상전(火金相戰)을 하니, 목기(木氣)나 토기(土氣)가 있으면 중화작용으로 통관용신(通關用神)이 되어 불행을 면할 수 있으리라고 추정한다.

1453년 계유년(癸酉年) 13세에 을미(乙未) 대운에서 왕위에 올랐으나, 1456년 병자년(丙子年)에 강원도 영월에 유배되어, 1458년 무인년(戊寅年)에 사약을 받았다. 癸酉는 金水로 기신(忌神)이나 乙未 대운은 사오미화운(巳午未火運)으로 용신(用神)이 되었고, 병자년(丙子年)은 병신합수(丙辛合水), 자오충(子午冲)으로 용신오화(用神午火)를 충발(冲拔)시켰으며, 무인년(戊寅年)은 인사신삼형살(寅巳申三刑殺)로 불록지객(不祿之客)이 되었다.

丁 乙 甲 甲
亥 亥 戌 戌

辛 庚 己 戊 丁 丙 乙
巳 辰 卯 寅 丑 子 亥

을목일주(乙木日主)가 술월(戌月)에 태어나 실령(失令)하였으나 좌하해수(坐下亥水)에 득지(得地)하고, 시지해수(時支亥水)와 년월간갑목(年月干甲木)이 득세(得勢)하여 신왕(身旺)하다. 월지술중(月支戌中)의 丁火가 시간(時干)에 투출(透出)되어 식신격(食神格)이 되었다.

또한 戌中에 신금관살(辛金官殺)과 무토재성(戊土財星)이 암장(暗藏)되어 있으니 잡기재관격(雜氣財官格)도 성립된다. 뿐만 아니라 을해일주(乙亥日柱)가 시지(時支)에 子亥卯 중 하나만 있어도 육을서귀격(六乙鼠貴格)이라고 한다. 육을서귀격(六乙鼠貴格)은 쥐가 곡식창고에 들어간 형상이니, 의식주가 풍부하다는 뜻이다.

따라서 본명(本命)은 삼격(三格)을 겸비하였다. 그 외에 해해자형살(亥亥自刑殺)이 있고, 술해천문성(戌亥天門星)이 있어 생살권(生殺權)을 장악하거나 특수한 재능을 가지고 있다는 것을 암시한다.

영조(英祖)는 52년간 재위하였으며, 가장 장수한 왕이다. 그러나 가정적으로 오명(汚名)도 많았다.

본명(本命)은 특이하게 쌍자(雙字)가 많다. 甲木이 두 자(字), 戌土가 두 자(字), 亥水가 두 자(字)이니, 해당하는 육친이 2명이 있다는 것을 암시한다. 해자(亥字)는 인수(印綬)로서 모친이 둘이요, 갑자(甲字)가 둘이니 이복형제가 있다는 뜻이요, 술자(戌字)가 둘이니 처첩이 있었다는 뜻이다.

여기에서 술중신금(戌中辛金)은 자식을 뜻하니, 아들이 둘이 있으나 난양(難養)을 암시하고 있다. 더군다나 화고(火庫)에 辛金이 있으니 더욱 자식이 불리하다.

용신(用神)을 분석하여 보면 신왕(身旺)이니 식재관(食財官)을 써야 한다. 식상화(食傷火)는 丁火로서 왕성하고, 재성토(財星土) 역시 戌土로서 왕성하다. 그러나 관살금(官殺金)은 술중신금(戌中辛金)이 암장(暗藏)되어 있으니 불리하다. 丁丑 대운인 1725년 을사년(乙巳年)에 왕위에 앉아 운행이 목화운(木火運)으로 향하여 대발(大發)하였다.

甲	戊	戊	乙
子	戌	寅	卯

辛 壬 癸 甲 乙 丙 丁
未 申 酉 戌 亥 子 丑

무토일주(戊土日主)가 인월(寅月)에 태어나 실령(失令)하고 시간(時干)에 甲木이 투출(透出)되어 편관격(偏官格)이 성립된다. 편관격(偏官格)은 인수(印綬)로 인화(引化)하여 살인상생(殺印相生)이 되어야 순조롭게 발전하여 명장(名將)이 될 수 있었는데, 인수(印綬)인 화기(火氣)가 없는 것이 아쉽다.

무술일주(戊戌日柱)는 괴강격(魁罡格)으로 길흉화복(吉凶禍福)이 극단적으로 흐르는 경향이 많은 격(格)이다. 따라서 신왕(身旺)을 요한다. 무토일간(戊土日干)이 한랭한 기류가 아직까지 지배하는 인월(寅月)이라 조후용신(調候用神)으로 丙火가 필요하다. 다행하게도 인중(寅中)의 丙火가 있으나 투출(透出)하지 못하여 미약하다.

원국(原局)에서 관살(官殺)이 태왕(太旺)하니 식상(食傷)이 제압해야 하는데, 금기(金氣)가 전혀 없어 시지(時支)의 子水는 목다수축(木多水縮)이 되었으니, 처의 고통을 암시하고 있다.

관살혼잡(官殺混雜)이 되어 있으면 살인상생(殺印相生)으로 인화(引化)하거나 식상(食傷)으로 제압하지 않으면 상신(傷身)하거나 단명하는 경우가 많다. 다행한 것은, 시지(時支)의 子水는 처궁(妻宮)인데 금수운(金水運)으로 향하여 혜경궁 홍씨(惠慶宮 洪氏)는 장수하였다. 식상(食傷)을 용신(用神)으로 하는 격국(格局)을 식신제살격(食神制殺格)이라고도 한다.

사도세자(思悼世子)는 乙亥 대운인 임오년(壬午年) 28세에 세상을 하직하였다. 乙木이 기신(忌神)이고, 인해합목(寅亥合木)이 되어 더욱 관살(官殺)이 혼잡하니, 기신이 중첩되었다. 나무로 만든 뒤주 속에서 세상을 떠났으니 죽는 것은 숙명이다.

5. 경제계(經濟界)

(1) 경제계는 사업가로 성장하여 정치계에 입문하였거나 경제와 관련된 기관에서 종사하는 공무원을 말하며, 은행, 보험 등 금융계에서 근무하는 사람도 포함된다. 신왕(身旺)하고 재왕(財旺)해야 한다.

신왕(身旺)하면 식상(食傷)이나 재성(財星), 관살(官殺)이 용신(用神)이기 때문에 신왕(身旺)해야 재성(財星)을 다스릴 수 있는 것이다. 왕성한 재(財)는 재생관(財生官)하여 정계와도 연결되니, 사기업뿐만 아니라 공기업까지도 포함되어 있다.

(2) 원국(原局)에서 식재관(食財官)이나 재관인(財官印)이 구비되고 조화가 잘 이루어지면 부귀의 명(命)이다.

(3) 원국(原局)에서 신왕(身旺)하고 시상(時上)에 재성(財星)이 건왕(健旺)하면, 시상편재격(時上偏財格)이나 시상정재격(時上正財格)이 되어 부귀의 명(命)이다.

(4) 월주(月柱)에 재성(財星)이 있거나 재성(財星)이 많은 경우인데, 이때는 운행(運行)에서 용신(用神)이 들어오면 대부가 되는 것이다.

(5) 잡기재관격(雜氣財官格)이 성립되면 경제계에 진출하게 된다. 잡기재관격(雜氣財官格)은 진술축미월(辰戌丑未月)에 태어나서 재고(財庫)나 관고(官庫)가 되거나, 일지(日支)와 합(合)이 되면 재정계에 진출하게 된다.

(6) 경제계는 재정계와 혼용해서 사용하지만 재정계(財政界)는 정계까지 포함되어 있는 경우이고, 경제계는 경제, 경영, 재무, 회계, 세무, 경리, 은행, 보험, 금융 등이 포함되어 있다.

```
丁 庚 丁 乙
丑 申 亥 卯
```

```
庚辛壬亥甲乙丙
辰巳午未申酉戌
```

경금일주(庚金日主)가 시간(時干)의 丁火가 있어 시상정관격(時上正官格)이라고 한다. 시간정화(時干丁火)는 화생토(火生土), 토생금(土生金)으로 관인상생(官印相生)이 되니, 丁火가 丑土를 생조(生助)하고 丑土는 申金을 생조(生助)하고 申金은 庚金의 건록(建祿)이 되니, 신왕(身旺)하다. 乙卯 재(財)는 亥卯 합국(合局)으로 신왕재왕격(身旺財旺格)이 되었다.

신왕(身旺)하면 식재관(食財官)이 희신(喜神)인데, 식상해수(食傷亥水)는 해묘목국(亥卯木局)으로 변화(變化)되었고, 을목재성(乙木財星)은 丁火에 인화(引化)되었으나 해묘목국(亥卯木局)에 득근(得根)하여 왕성하다. 또한 관살정화(官殺丁火)는 목생화(木生火)하여 정관(正官)이 건왕(健旺)하다. 월지해수(月支亥水)가 해묘목국(亥卯木局)이 되어, 식신생재격(食神生財格)이 되어 더욱 아름답다.

운행(運行)이 중년(中年) 이후에 火木으로 향(向)하여 대발(大發)하였다. 乙酉 대운은 을경합(乙庚合)으로 용신(用神)이 합금(合金)되고, 묘유 충(沖)으로 세 번이나 가출을 시도한 끝에 19세인 계유년(癸酉年)에 탈출에 성공하였다.

甲申 대운 중 32세 되던 병술년(丙戌年)에 현대자동차 대표가 되었고, 癸未 대운 중 36세 되던 경인년(庚寅年)에 현대건설을 창업하였다. 庚辰 대운에 노사분규가 확산되어 막대한 손실을 보았고, 己卯 대운에 대선을 치르고 백기를 들고 항복을 선언하였으나, 기사회생으로 1998년(戊寅年)에 소를 몰고 휴전선을 넘어 통일의 빗장을 열게 되었다. 전 현대그룹 회장인 정주영(鄭周永) 씨의 명조이다.

```
壬 戊 戊 庚
戌 申 寅 戌
```

```
乙甲癸壬辛庚己
酉申未午巳辰卯
```

무토일주(戊土日主)가 인월(寅月)에 태어나 실령(失令)하였지만, 인중무토(寅中戊土)가 월간(月干)에 투출하여 편관격(偏官格)이 되었다. 시상임수(時上壬水)가 신술합금(申戌合金)의 생조(生助)를 받아 시상편재격(時上偏財格)이 성립된다.

신중경금(申中庚金)이 년간(年干)에 투출(透出)되어 시상임수(時上壬水)를 금생수(金生水)로 역시 생조(生助)하니, 식신생재격(食神生財格)도 성립되는 것이다. 따라서 재기(財氣)가 통문(通門)되어 부명(富命)은 틀림이 없다.

지지(地支)에는 寅戌이 화국(火局)이 되어 戊土를 생조(生助)하고 申戌이 금국(金局)이 되어 壬水를 생조(生助)하니, 신왕재왕격(身旺財旺格)도 성립된다. 따라서 인신상충(寅申相沖)이 해소(解消)되는 것이다. 신왕(身旺)이면 식재관(食財官)이 희신(喜神)이고, 인비(印比)가 기신(忌神)이다. 조후용신(調候用神)으로 화기(火氣)도 무방하다.

庚辰 대운은 신진재국(申辰財局)을 이루어 일찍이 무역(貿易)과 인연이 있어 사업가(事業家)로 진출하는 계기가 되었다. 辛巳 대운은 辛金이 희신(喜神)이고 사신합수(巳申合水)가 되어, 오히려 재국(財局)을 이루어 일본과 유대를 가지고 삼성상회(三星商會)를 개설하였다. 이때 와세다 대학을 중퇴하게 된 것은 인사신삼형살(寅巳申三刑殺)의 작용으로 추리한다.

壬午 대운에는 삼성물산공사를 설립하고 제일제당을 창업했으며, 제일모직까지 운영하여 사업의 저변확대를 이루었다. 이것은 壬水가 재성(財星)이 되고 인오술삼합(寅午戌三合)으로 세력을 확장시켰을 것으로 추리한다. 癸未 대운은 56세 때(乙巳

年) 중앙일보 사장으로 취임함으로써 최고의 재벌로 군림하였다.

甲申 대운은 주마득령(走馬得令)으로 승승장구하였으나, 丙戌 대운은 병임충(丙 壬冲), 인술화국(寅戌火局)으로 재성수기(財星水氣)가 초조하여 1998년(戊寅年)에 불 록지객(不祿之客)이 된 전 삼성(三星)그룹 회장(會長) 이병철 씨의 명조(命造)이다.

```
癸 戊 辛 丙
亥 午 丑 子
```

```
戊 丁 丙 乙 甲 癸 壬
申 未 午 巳 辰 卯 寅
```

무토일주(戊土日主)가 축월(丑月)이라 한랭하니 조후(調候)로 화기(火氣)가 필요 (必要)하다. 격국(格局)으로 보아 축중계수(丑中癸水)가 암장(暗藏)되어 있어 잡기재 관격(雜氣財官格)이다. 또한 축중신금(丑中辛金)이 직상(直上)에 투출(透出)되어 토 금상관격(土金傷官格)이라고도 한다. 뿐만 아니라 丑土와 午火는 양인격(羊刃格)으 로도 성립되는 것이다.

용신정법(用神定法)에서는 축월생(丑月生)이면 화기(火氣)를 우선 써야 한다. 축 월(丑月)은 한기가 극심한 계절이라 만물이 냉동되고 있어 육성이 불가능하기 때문 에 화기(火氣)의 보온이 있어야 비로소 만물을 소생시킬 수 있기 때문이다.

戊土가 丑土에 득령(得令)하고 좌하오화(坐下午火)에 득지(得地)하고 년간병화(年 干丙火)가 투출(透出)하여 신왕(身旺)으로 보기 쉬우나, 년월간(年月干)이 병신합수 (丙辛合水)가 되고 연월시지(年月時支)가 해자축합수(亥子丑合水)가 되어 火土 세력 (勢力)보다 金水 세력이 강하니, 선강후약(先强後弱)한 명조(命造)이다.

신약(身弱)하면 인비(印比)인 火土가 용신(用神)이고, 식재관(食財官)인 금수목(金 水木)이 기신(忌神)이 되는데, 대운(大運)이 목화금운(木火金運)으로 향하여 초년은 대발(大發)하였으나 62세 이후는 쇠운(衰運)이 되었다.

만상(萬象)은 때가 있는 것이다. 인간은 우주 속에서 자연의 섭리를 따라야 한다는 이치를 대변해주고 있다. 본명(本命)은 대우그룹 전 회장 김우중(金宇中) 씨의 명조(命造)이다.

```
丁 丁 己 庚
未 亥 卯 申
```

```
丙 乙 甲 癸 壬 辛 庚
戌 酉 申 未 午 巳 辰
```

정화일주(丁火日主)가 묘월(卯月)에 태어나 득령(得令)하고 지지(地支)가 亥卯未로 삼합목국(三合木局)이 되어, 인수(印綬)가 왕(旺)하니 신왕(身旺)하다. 정해일주(丁亥日柱)는 일지해수(日支亥水)가 정관(正官)이면서 천을귀인(天乙貴人)이 되어, 일귀격(日貴格)이라 하여 귀격(貴格)의 하나이다. 정화일주(丁火日主)는 신왕(身旺)하니, 식재관(食財官)을 희신(喜神)으로 쓰고, 인비(印比)를 기신(忌神)으로 한다.

원국에서 인수가 태왕(太旺)하여 재성(財星)인 금기(金氣)를 용신(用神)으로 하니, 토기(土氣)는 희신(喜神)이 된다. 이러한 경우를 식신생재격(食神生財格)이라고 한다.

운행(運行)이 화운(火運)에서 금운(金運)으로 향하니, 초년인 사오미운(巳午未運)은 기신(忌神)이 되어 고전하였으나 무난하였던 것은 金水가 개두(蓋頭)하였기 때문이다. 43세 이후부터 서방으로 향하니, 일익월취지세(日益月就之勢)로 재물을 많이 축적하였을 것으로 추리한다. 이것은 원국(原局)에서 이미 기토식신(己土食神)이 경금재성(庚金財星)을 생조(生助)하니, 부명(富命)임에 틀림없다.

甲申 대운은 갑기합토(甲己合土)로 갑목기신(甲木忌神)이 길신(吉神)으로 변화하였고, 申金 역시 재성(財星運)으로 사업에 대성(大成)하였다. 丙戌 대운은 丙火가

기신(忌神)인데, 丙庚 충(冲)하고 戌未 형(刑)하니, 운세가 기울어지고 있다. 대한항공 회장이었던 조중훈(趙重勳) 씨의 명조(命造)이다.

```
乙 壬 丙 丙
巳 辰 申 子
```

```
己 庚 辛 壬 癸 甲 乙
丑 寅 卯 辰 巳 午 未
```

임수일주(壬水日主)가 신중임수(申中壬水)가 투출(透出)하고, 申子辰이 삼합수국(三合水局)을 이루어 일간(日干)이 태강(太强)하다. 신강(身强)하면 식재관(食財官)이 희신(喜神)이 되는데, 을목식상(乙木食傷)은 무근(無根)이라 쓸 수가 없고, 토관성(土官星)은 辰土가 신자진합수(申子辰合水)가 되어 역시 쓸 수가 없다. 그래서 丙火가 巳火에 건록(建祿)으로 득근(得根)하니, 재성화(財星火)가 용신(用神)이고 식상목(食傷木)이 희신(喜神)이 된다.

임진일주(壬辰日主)는 괴강격(魁罡格)이라고 하여 여장부(女丈夫)의 기질을 가지고 있는데, 괴강격(魁罡格)은 신왕(身旺)해야 대길(大吉)하고 신약(身弱)하면 대흉(大凶)하다. 壬水는 지혜의 창고라고 하면 丙火는 정보의 근원이라고 한다. 따라서 강한 수기(水氣)를 설기(泄氣)시키는 乙木이 있어 다재다능한 두뇌를 가지고 있고 丙火가 있으니, 식상생재격(食傷生財格)이 되어 기술을 이용하여 재물을 모으는 귀격(貴格)의 하나이다. 운행이 화목운(火木運)으로 향하여 대발(大發)하였다. 주의해야 할 것은 진중무토가(辰中戊土) 남편궁(男便宮)인데 甲子辰 삼합수국(三合水局)으로 무력(無力)하게 되었다. 이것을 부성입묘(夫星入墓)라고 하는 것이다. 애경산업 회장 장영신(張英信) 여사의 명조이다.

```
丙 甲 辛 壬
寅 午 亥 戌
```

```
戊 丁 丙 乙 甲 癸 壬
午 巳 辰 卯 寅 丑 子
```

갑목일주(甲木日主)가 해월(亥月)에 태어나 해중임수(亥中壬水)하여 편인격(偏印格)이 되었다. 갑목일주(甲木日主)가 시지인목(時支寅木)에 건록(建祿)으로 득근(得根)이 되니 신왕(身旺)하다.

甲木이 해월(亥月)로 한기가 되어 조후(調候)에 민감하다. 따라서 화기(火氣)가 있어야 한다. 원국(原局)에서 전체적으로 볼 때 수기(水氣)도 왕성하지만 인오합화(寅午合火)가 되고 인중병화(寅中丙火)가 투출하고, 午火의 양인(羊刃)까지 있어 화기(火氣) 또한 왕성하다. 그러므로 水火의 세력이 대등하여 수화기제(水火旣濟)라고 하여 최상의 귀격(貴格)에 속한다.

운행(運行)이 木火로 향하여 식신생재격(食神生財格)이 되어 대재벌의 명조(命造)임에는 틀림없다. 롯데그룹 회장(會長)인 신격호(辛格浩) 씨의 명조이다.

주의해야 할 것은 원국(原局)이 상하유정(上下有情)으로 천부지재(天覆地載)가 되어 귀격(貴格)이 되었고, 오행구전격(五行俱全格)이 되어 원원유장(遠源流長)하니 생생부절(生生不絶)하는 명조이다.

그러나 庚申 대운은 甲庚 충(沖), 丙庚 충(沖), 寅申 충(沖)으로 천충지충(天沖地沖)이 되었고, 丙申년(2016)도 丙壬 충(沖), 寅申 충(沖)으로 천충지충(天沖地沖)이 되었으니, 대운과 세운이 중첩(重疊)으로 혼충(混沖)이 되면 형액(刑厄)을 면치 못하거나 불록지객(不祿之客)이 되는 경우가 많은 것이다.

6. 정치외교계(政治外交界)

(1) 정치와 외교는 밀접한 관계가 있다. 일단 신왕관왕(身旺官旺)해야 한다. 신왕(身旺)하면 정신과 건강이 좋아 타인을 통제하고, 관리할 수 있는 능력이 있기 때문이다. 또한 관왕(官旺)하면 깊은 지혜와 덕망으로 자기를 희생, 봉사할 수 있는 정신을 갖게 되고, 국가관도 뚜렷하다.

(2) 사주원국(四柱原局)에 편인국(偏印局)을 이루게 되면 다재다능할 뿐만 아니라 외국어에 소질이 있고, 외국에 대한 연구와 대인관계도 적극적이고, 활동적이기 때문에 외교관이 될 수 있는 것이다.

(3) 사주원국(四柱原局)에 역마(驛馬)나 지살(地殺)이 관인(官印)이 되거나 재성(財星)이 되는 경우에 해외직장을 갖게 되고, 재성(財星)은 해외에서 봉급을 받게 되니 정치인이나 외교관이 된다. 또한 외국대사관이나 외국상사에 종사하게 되는 것이다. 만약에 여명(女命)이 여기에 해당하면 본인 또는 남편이 정치인이나 외교관이다.

```
丙 丙 戊 丙
申 子 戌 寅
```

```
乙 甲 癸 壬 辛 庚 己
巳 辰 卯 寅 丑 子 亥
```

본명(本命)은 1926년 9월 8일생으로 외무부장관을 지낸 이동원(李東元) 씨의 명조(命造)이다. 병화일주(丙火日主)가 술월생(戌月生)이라 술중무토(戌中戊土)가 투출(透出)되어 식신격(食神格)이다.

丙火 일간이 술월(戌月)이라 아직 금기(金氣)의 기세가 남아 있는 계절이다. 또한

戊戌土가 申金에 토생금(土生金)하고, 申金은 子水에 금생수(金生水)하여 식재관(食財官)이 왕성하고 일간병화(日干丙火)는 신약(身弱)하다. 신약(身弱)하면 인비(印比)인 木火가 용신(用神)이다.

그러나 오행이 전부 갖추어졌으니 오행구전격(五行俱全格)도 성립된다. 또한 식신생재격(食神生財格), 재관인삼귀격(財官印三貴格)이라고 하여 귀격(貴格)이다. 따라서 재물과 명성이 높아지는 부귀명(富貴命)이다. 운행(運行)이 수목화운(水木火運)으로 향하여 원국과 조화를 이루어 순탄하게 성공한 명조(命造)이다.

```
丙 壬 戊 甲
午 申 辰 戌
```

```
乙 甲 癸 壬 辛 庚 己
亥 戌 酉 申 未 午 巳
```

본명(本命)은 1904년 2월 23일에 출생하여 국회의원을 여덟 번이나 연임한 관록(官祿)을 가지고 있고, 외무부장관을 지낸 정일형(鄭一亨) 씨의 명조(命造)이다.

임수일주(壬水日主)가 진월(辰月)에 태어나고, 진중무토(辰中戊土)가 투출(透出)하니 편관격(偏官格)이고, 시상병화(時上丙火)가 있어 시상편재격(時上偏財格)도 성립된다. 강약(强弱)을 분석하면 재성(財星)인 화기(火氣)가 화생토(火生土)로 관살(官殺)을 생조(生助)하니, 재관(財官)이 왕성하여 신약(身弱)하다.

신약(身弱)하면 억부법(抑扶法)으로 비겁(比劫)이나 인수(印綬)를 써야 하는데, 관살(官殺)이 왕(旺)하니 비겁(比劫)보다는 관살(官殺)을 인화(引化)시키는 금기(金氣)를 써야 한다. 일반적으로 처궁(妻宮)에서 용희신(用喜神)이 있다는 것은 배우자가 명성이 높은 지위에 있는 인물인 경우가 많다.

또한 토관살(土官殺)이 근접해서 금인수(金印綬)를 생조(生助)하고, 申金은 다시 일간임수(日干壬水)를 생조(生助)하니, 이것은 살인상생격(殺印相生格)이라고 하여 귀격(貴格)이다. 살인상생격(殺印相生格)에서 관살(官殺)은 자식인데 그것이 용희신(用喜神)이 되면 자식도 명성이 높다.

대운(大運)이 40대 이후부터 서북으로 향하니 국회의원과 외무부장관을 지냈다. 본명(本命)은 편관격(偏官格), 시상편재격(時上偏財格), 살인상생격(殺印相生格), 오행구전격(五行俱全格) 등 4개의 격국(格局)을 갖추고 있다.

丁 癸 丙 甲
巳 未 子 寅

癸 壬 辛 庚 己 戊 丁
未 午 巳 辰 卯 寅 丑

본명(本命)은 1914년 11월 7일에 출생하여 국회의장을 지낸 이재영(李載瑩) 씨의 명조(命造)이다. 계수일주(癸水日主)가 자월(子月)에 태어나 득령(得令)하여 건록격(建祿格)에 해당하고, 시간(時干)에 丁火가 있어 시상편재격(時上偏財格)도 성립된다.

신왕(身旺)하면 억부법(抑扶法)으로 용신(用神)을 취득해야 하니 식재관(食財官)을 고려해야 한다. 그러나 癸水가 자월(子月)이라 한기가 태심(太甚)하니 우선 화기(火氣)를 써야 한다. 따라서 화기(火氣)가 용신(用神)이고, 목기(木氣)가 희신(喜神)이다.

이것을 식신생재격(食神生財格)이라고 한다. 다시 말하여 기술은 재물을 낳고, 재물이 있으면 재생관(財生官)이 되어 자연스럽게 명예를 얻고, 권세를 누리게 되는 것이다. 원국(原局)에서 재물의 뿌리가 되는 甲木이 건록(建祿)이고, 재성(財星)인 丁火 역시 건록(建祿)이니 시상편재격(時上偏財格)으로 재벌이 틀림없다. 운행이 목화운(木火運)으로 향하여 재물과 명성은 스스로 들어온다.

```
庚 癸 壬 乙
申 巳 午 卯
```

```
乙 丙 丁 戊 己 庚 辛
亥 子 丑 寅 卯 辰 巳
```

본명(本命)은 1915년 5월 19일에 출생하여 국회의원을 일곱 번이나 연임하고, 국회의장을 지낸 정해영(鄭海永) 씨의 명조이다. 계수일주(癸水日主)가 오월(午月)에 태어나 실령(失令)하였으며, 하계절(夏季節)의 왕지(旺支)이니 편재격(偏財格)이 성립된다.

지지(地支)에 사오화국(巳午火局)이고, 을묘목(乙卯木)이 생조(生助)하니 화기(火氣)가 왕성하다. 그러나 신중임수(申中壬水)가 투출하고, 庚申金이 癸水 일간을 역시 생조(生助)하니 수기(水氣)도 왕성하다. 그러므로 水火가 상전(相戰)하는 형상이다. 이러한 경우에는 싸움을 말려 통관(通官)시켜주는 목기(木氣)가 용신(用神)이고, 수기(水氣)가 희신(喜神)이다.

원국(原局)이 기묘(奇妙)한 것은 용신을목(用神乙木)이 卯木에 건록(建祿)이고, 희신임수(喜神壬水)는 신금(申金)에 장생(長生)이니 용희신(用喜神)이 건왕(健旺)하다. 이러한 경우를 식신생재격(食神生財格)이라고 하며 재복이 많은 명조(命造)이다. 운행이 동북으로 향하여 대발한 명조(命造)이다.

```
癸 己 戊 戊
酉 丑 午 午
```

```
乙 甲 癸 壬 辛 庚 己
丑 子 亥 戌 酉 申 未
```

　본명(本命)은 1918년 5월 3일에 출생하여 국회의원을 다섯 번이나 하고, 국회의 장, 교육부장관, 대한체육회장을 역임한 민관식(閔寬植) 씨의 명조(命造)이다. 기토 일주(己土日主)가 오월생(午月生)으로 득령(得令)하고, 건록격(建祿格)이다. 강약을 분석하면 오월(午月)에 년지오화(年支午火)가 있고, 년월간(年月干)에 戊土가 있으 니 火土가 태왕하다. 우선 조후(調候)로 수기(水氣)가 필요한데, 시간계수(時干癸水) 가 유축금국(酉丑金局)의 생조(生助)를 받으니 매우 아름답다.

　또한 시간계수(時干癸水)는 시상편재격(時上偏財格)이 되고, 축중계수(丑中癸水) 가 투출(透出)되어 용신(用神)이 되니, 식신생재격(食神生財格)으로 재복(財福)이 많 은 귀격(貴格)이다. 대운(大運)이 서북으로 향하여 장수하는 것은 물론, 순풍에 돛을 단 격으로 노년기까지 부귀가 겸전한 명조(命造)이다.

　또한 원국(原局)이 상하유정(上下有情)으로 천부지재(天覆地載)가 되었으며, 건록 (建祿)과 양인(羊刃)을 갖추었으니 귀격(貴格)이 틀림없다. 그러나 丁卯 대운은 丁癸 충(冲), 卯酉충(冲)으로 천충지충(天冲地冲)되었으니 불록지객(不祿之客)이 되었다.

```
庚 己 癸 戊
午 巳 亥 申
```

```
庚 己 戊 丁 丙 乙 甲
午 巳 辰 卯 寅 丑 子
```

　본명(本命)은 1908년 10월 17일에 출생하여 국회의장을 지낸 백두진(白斗鎭) 씨의 명조(命造)이다. 기토일주(己土日主)가 해월(亥月)에 태어나 한기(寒氣)가 있으니, 우선 조후(調候)로 화기(火氣)가 용신(用神)이고, 목기(木氣)가 희신(喜神)이다. 격국(格局)으로 보면 기토일간(己土日干)이 해월(亥月)로 정재격(正財格)이 되고, 시지(時支)에 오화(午火)가 있어 건록격(建祿格)도 성립된다.

　시간경금(時干庚金)이 상관(傷官)인데 년지신금(年支申金)의 건록(建祿)이 되고, 월간계수(月干癸水)가 편재(偏財)인데 亥水에 유근(有根)이니, 상관생재격(傷官生財格)으로 재복이 많은 귀격(貴格)이다.

　원국(原局)에서 경금상관(庚金傷官)이 건록(建祿)을 득(得)하니 두뇌가 남달리 뛰어나고 계수편재(癸水偏財)가 역시 건록(建祿)이니, 재물을 취득하는 데는 남다른 감각이 있다. 대운(大運)이 30세부터 목화운(木火運)으로 향하여 순조롭게 성공한 명조(命造)이다.

```
丙 丙 丙 乙
申 戌 戌 丑
```

```
己 庚 辛 壬 癸 甲 乙
卯 辰 巳 午 未 申 酉
```

본명(本命)은 1925년 9월 12일에 출생하여 국회의원을 여덟 번이나 연임하고 국회의장까지 지낸 박준규(朴浚圭) 씨의 명조(命造)이다.

월일시간(月日時干)에 丙火가 나란히 있어 삼붕격(三朋格)이라고 하여 귀격(貴格)에 속한다. 또한 丙火가 丑戌에 辛金과 癸水가 있어 잡기재관격(雜氣財官格)도 성립된다. 병술일주(丙戌日柱)가 괴강(魁罡)이고 병술월주(丙戌月柱)까지 가세(加勢)하니 괴강격(魁罡格)이라고도 한다.

원국(原局)에 丑戌土는 식상(食傷)이고 申金은 편재(偏財)로서 토기(土氣)를 인화(引化)시키니 식상생재격(食傷生財格)으로 재능과 재물을 타고났는데, 대운(大運)에서 명예까지 도와서 식재관(食財官)과 재생관(財生官)이 조화를 이루니 부귀겸전격(富貴兼全格)이다.

$$\begin{array}{cccc} 辛 & 丁 & 庚 & 丙 \\ 亥 & 酉 & 子 & 寅 \end{array}$$

丁丙乙甲癸壬辛
未午巳辰卯寅丑

본명(本命)은 1926년 11월 30일에 출생하여 국회의원에 여섯 번이나 당선되었으며 국회의장까지 지낸 김재순(金在淳) 씨의 명조(命造)이다. 정화일주(丁火日主)가 자월(子月)에 태어나 편관격(偏官格)이라고 하고, 좌하(坐下)에 酉金이 있어 천을귀인(天乙貴人)이라고 하여 일귀격(日貴格)도 성립된다.

또한 시주(時柱)가 辛亥로 재생관(財生官)이 되니 시상일위귀격(時上一位貴格)이라고도 하여 귀격(貴格)이다. 정화일간(丁火日干)이 자월(子月)이고 금기(金氣)가 생조(生助)하니, 금수태왕(金水太旺)으로 신약(身弱)하다.

신약(身弱)하면 인비(印比)가 필요한데 년주(年柱)에 丙寅이 있어 아름답다. 따라서 木火가 희신(喜神)이고, 金水가 기신(忌神)인데, 대운이 목화운(木火運)으로 향하여 대발(大發)하였다.

본명(本命)의 구성은 천간(天干)이 상충(相沖)을 이루고 있어 탁격(濁格)으로 보이지만, 금생수(金生水), 수생목(水生木), 목생화(木生火)로 재관인(財官印)이 갖추어져 있어 삼반귀물격(三盤貴物格)이 성립되어 귀격(貴格)이 되었다.

주의해야 할 것은 원국(原局)에서 재관(財官)인 金水가 태왕(太旺)하니, 관살(官殺)을 제극(制剋)하는 식상(食傷)이 필요하니 식신제살격(食神制殺格)도 성립된다. 그러므로 조토(燥土)인 戌未가 희신(喜神)이다. 庚戌 대운은 丙庚 충(沖)으로 丙水 희신(喜神)이 충발(沖拔)되었고, 丙申년은 丙庚 충(沖), 寅申 충(沖)으로 천충지충(天沖地沖)되었으니 불록지객(不祿之客)이 된 것이다.

```
丙 丙 丙 甲
申 子 子 子
```

```
癸 壬 辛 庚 己 戊 丁
未 午 巳 辰 卯 寅 丑
```

본명(本命)은 1924년 10월 17일에 출생하여 국회의원을 다섯 번이나 연임하고 공화당 원내총무까지 지낸 길전식(吉典植) 씨의 명조(命造)이다.

병화일주(丙火日主)가 월시간(月日時干)에 연봉(連逢)되어 있어 삼붕격(三朋格)이라고 한다. 또한 신금재성(申金財星)이 자수관성(子水官星)을 생조(生助)하고, 자수관성(子水官星)은 인수갑목(印綬甲木)을 생조(生助)하고, 인수갑목(印綬甲木)은 일간 병화(日干丙火)를 생조(生助)하니 재관인(財官印)이 되어 삼반귀물격(三盤貴物格)도 성립된다.

원국(原局)에서 병화일간(丙火日干)이 申子金水로 이루어져 있으니 신약(身弱)한 것은 틀림없다. 왕수(旺水)를 甲木이 인화(引化)하여 丙火를 생조(生助)하니 자연적으로 甲木은 통관용신(通關用神)이 되는 것이다.

또한 자수관살(子水官殺)이 갑목인수(甲木印綬)를 생(生)하고, 갑목인수(甲木印綬)는 丙火를 생(生)하니 살인상생격(殺印相生格)이라고도 한다. 대운(大運)도 목화운(木火運)으로 향하여 대길(大吉)하지만, 壬午 大運은 천충지충(天冲地冲)이 되어 불길함을 암시하고 있다.

庚	己	戊	丁
午	丑	申	丑

辛 壬 癸 甲 乙 丙 丁
丑 寅 卯 辰 巳 午 未

본명(本命)은 1937년 7월 25일에 출생하여 국회의원을 여섯 번이나 연임하고, 민주당 총재까지 지낸 이기택(李基澤) 씨의 명조(命造)이다.

기토일주(己土日主)가 신월(申月)로 토금상관격(土金傷官格)이고, 시지오화(時支午火)는 건록(建祿)이 되어 건록격(建祿格)이라고 한다.

기토일간(己土日干)이 신월(申月)에 태어나 실령(失令)하고, 좌하축토(坐下丑土)에 득지(得地)하고, 시지오화(時支午火)에 년간정화(年干丁火)가 투출(透出)하여 인비(印比)가 태왕(太旺)하여 신강(身强)하다. 신강(身强)하면 식재관(食財官)이 희신(喜神)이고, 인비(印比)가 기신(忌神)이다.

식상(食傷)인 庚金이 申金에 건록지(建祿支)가 되어 왕성하다. 재고(財庫)가 되어 더욱 아름답다. 관성(官星)인 목기(木氣)는 대운(大運)에서 寅卯辰으로 들어오니, 식재관(食財官)이 모두가 완전한 귀격(貴格)이다.

원국(原局)에서 억부법(抑扶法)으로 보아 인수(印綬)인 화기(火氣)가 기신(忌神)이 되나 조후(調後)로 보면 희신(喜神)이 되는 것이다. 격국용신(格局用神)은 다양하게 분석해야 한다.

庚子 대운은 金水가 희신(喜神)이지만 子午 충(沖)으로 午火가 충발(沖拔)하였고, 丙申년은 丙庚 충(沖)으로 庚金이 충발(沖拔)하였으니 쇠자충왕 왕신발(衰者沖旺 旺神發)에 해당한다.

$$
\begin{array}{cccc}
丁 & 庚 & 壬 & 丁 \\
亥 & 戌 & 子 & 巳
\end{array}
$$

$$
\begin{array}{cccccc}
乙 & 丙 & 丁 & 戊 & 己 & 庚 & 辛 \\
酉 & 戌 & 亥 & 子 & 丑 & 寅 & 卯
\end{array}
$$

본명(本命)은 1917년 11월 21일에 출생하고 24세에 일본육사를 졸업하고 40세에 육군대장으로 승진하고, 47세 외무장관 48세 국무총리 57세 국회의장을 지낸 정일권(丁一權) 씨의 명조(命造)이다.

庚金 일주가 자월(子月)로 금수상관격(金水傷官格)이고, 庚戌 일주를 괴강격(魁罡格)이라 하고, 시상정화(時上丁火)가 있어 시상정관격(時上正官格)이라고 한다.

또한 지지(地支)에 해자합수국(亥子合水局)이 되고, 壬水가 투출(透出)하니 수기태왕(水氣太旺)으로, 경금일간(庚金日干)은 태약(太弱)하여 수왕(水旺)을 제지하기 위해 제방을 쌓고, 수기(水氣)를 증발시켜야 하니 火土가 용희신(用喜神)이 되니 제살태과격(制殺太過格)도 성립된다.

원국(原局)에서 금수상관격(金水傷官格)은 백청(白淸)이라 하여 청귀(淸貴)한 귀격(貴格)이고, 괴강격(魁罡格)과 시상정관격(時上正官格)은 신왕(身旺)해야 목적(目的)을 성취(成就)할 수 있는 것이다. 그러나 제살태과격(制殺太過格)은 인비(印比)와 관살(官殺)이 희신(喜神)이 되는데 정화관살(丁火官殺)은 혼잡(混雜)되어 있는데, 어떻게 명성이 높은 권세를 누렸을까 하는 의심이 생긴다.

이것은 격국용신법(格局用神法)에서 거류서배격(去留舒配格)에 해당하는 귀격(貴格)이기 때문이다. 거류서배격(去留敍配格)은 관살(官殺)이 세 가지 중에서 합지(合支) 또는 충지(冲支)하게 하여 그중에 하나만 남게 되면 귀격(貴格)이 되는 것이다. 그러므로 원국(原局)에서 정임합목(丁壬合木)이 되어 거(去)하고, 사해충(巳亥冲)으로 巳火가 충발(冲拔)되어 거(去)하니, 자연적으로 시상정화(時上丁火) 하나만 남게 되어 귀격(貴格)이 되었다.

7. 법조계(法曹界)

(1) 법조계는 국가의 헌법 및 법률 등을 집행하는 계통이다. 판사, 검사, 변호사, 법원 및 검찰행정직, 구치소 등에 종사하는 모든 직종이 해당되는데 삼형살(三刑殺)이 있어야 한다.

(2) 원국(原局)이 신왕관왕(身旺官旺)하고 재성(財星)과 관성(官星)이 있어 재성(財星)으로부터 관성(官星)을 생조하여 재생관(財生官)이 갖추어야 한다.

(3) 월지(月支)에 양인(羊刃)이 있고 재관(財官)이나 상식(傷食)이 왕성하여야 한다. 일반적으로 식재관(食財官)이 많으면 신약(身弱)으로 간주하는데, 식신제살격(食神制殺格)이나 제살태과격(制殺太過格)이 되는 경우에는 오히려 약변위강(弱變爲强)으로 되는 것이다.

(4) 丁己 일주가 재관격(財官格)이 되거나 丙庚 일주가 순수하고 청기(淸氣)하면서 신왕(身旺)해야 한다. 丁火는 예의를 뜻하고 己土는 신의와 믿음을 뜻한다. 또한 庚金은 丙火를 보아야 제련되어 큰 그릇을 만들기도 하고 두드리면 소리가 멀리까지 들리는 것처럼, 일성백리(一聲百里)가 되어야 백성이 자복(自伏)하니 법관이 되는 것이고, 丙火는 丁火와 같이 달변을 뜻하기 때문이다.

(5) 원국(原局)에 술해(戌亥)가 있으면 천문성(天門星)으로 만인을 제도하여 인간구제를 하는 것도 법관(法官)이다. 卯酉戌 중에 2개 이상이면 닫힌 철문을 열어주는 철전개금(鐵錢開金)이 되어, 인생의 고민을 풀어주는 길성(吉星)이 되어 법관(法官)

이 되는 것이다.

(6) 원국(原局)에 비천록마(飛天祿馬)는 판사, 검사, 변호사 등의 직업을 갖게 되는 경우가 많다. 비천록마(飛天祿馬)란, 비(飛)는 충(沖)을 의미하고 천(天)은 하늘을 의미하여 허공이란 뜻이며, 록(祿)은 관성(官星)이고 마(馬)는 재성(財星)을 의미하여 실제로 없는 재관(財官)을 허충(虛沖)하여 얻어낸다는 뜻으로, 귀격(貴格)에 속한다. 임자일(壬子日), 경자일(庚子日), 병오일(丙午日), 정사일(丁巳日), 신해일(辛亥日)이 해당한다.

```
癸 戊 壬 丁
丑 辰 子 亥
```

```
乙 丙 丁 戊 己 庚 辛
巳 午 未 申 酉 戌 亥
```

본명(本命)은 1887년 11월 15일에 출생하여 일본 메이지대(明治大) 법학부를 졸업하고 경성법전에서 19년 동안 교수를 역임하고 2대에 걸쳐 대법원장을 지낸 김병로(金炳魯) 씨의 명조(命造)이다.

무토일주(戊土日主)가 자월(子月)에 태어나 실령(失令)하였지만 丑辰土에 유근(有根)하고 丁火가 투출(透出)하여 신왕(身旺)한 것같이 보인다. 그러나 지지(地支)가 亥子丑, 子辰 합(合)이 되어 전수국(全水局)이 되고, 壬癸水가 투출되어 종재격(從財格)이 되었다. 종재격(從財格)은 戊土가 재성수(財星水)를 따라가야 한다. 따라서 용신(用神)은 金水木이 되고, 기신(忌神)은 火土이다.

원국(原局)에 壬水가 자수양인(子水羊刃)이 있고 해수록(亥水祿)이 있어 법관(法官)이 틀림없다. 경술(庚戌) 대운에 일본 메이지대(明治大) 법학부를 졸업하고 己酉 및 戊申 대운에 경성대(京城大)에서 교수로 재직하였으며, 1953년 계사년(癸巳年)

부터 정유년(丁酉年)까지 2대에 걸쳐 대법원장을 지냈다. 무진일주(戊辰日柱)가 괴강격(魁罡格)이 되고 청격(淸格)이 되니 청렴결백한 법관이다.

원국(原局)에서 辰土와 丑土에 건록(建祿)과 양인(羊刃)이 있으니 생살권(生殺權)을 장악하는 직업과 인연이 있다.

辛	壬	戊	丙
丑	子	戌	申

乙甲癸壬辛庚己
巳辰卯寅丑子亥

본명(本命)은 1896년 9월 20일에 출생하여 일본의 메이지대(明治大) 법학부를 졸업하고, 1918년 병오년(丙午年)에 변호사 시험에 합격하고 1927년 정묘년(丁卯年)에 조선변호사협회 회장을 지냈으며, 1942년 임오년(壬午年)에 조선어학회 사건으로 4년간 복역(服役)하고, 1945년 을유년(乙酉年)에 대법원장, 1946년 병술년(丙戌年)에 검찰총장, 1948년 무자년(戊子年)에 법무장관을 지낸 이인(李仁) 씨의 명조(命造)이다.

임자일주(壬子日柱)가 양인(羊刃)이고 戊戌이 괴강(魁罡)인데 신왕관왕(身旺官旺)으로 법관(法官)이 틀림없다.

癸卯 대운, 47세 임오년(壬午年)은 임계수(壬癸水)가 기신(忌神)이고, 子卯 형(刑), 子午 충(冲)으로 충형(冲刑)이 중중(重重)하여 옥고를 치렀다. 원국(原局)에 축술형(丑戌刑)이 있으면 생살권(生殺權)을 다루는 직종에 근무하게 되는 경우가 많다.

乙 己 壬 戊
亥 未 戌 申

己 戊 丁 丙 乙 甲 癸
巳 辰 卯 寅 丑 子 亥

기토일주(己土日主)가 술월(戌月)에 태어나 득령(得令)하고 좌하미토(坐下未土)에 득지(得地)하고 戊土가 투출하니 신왕(身旺)하다. 신왕(身旺)하면 식재관(食財官)을 취용(取用)해야 하는데, 식상신금(食傷申金)이 왕토(旺土)를 설기(泄氣)하기에는 부담이 있고, 재성임수(財星壬水)는 申金의 생조(生助)를 받아 월간(月干)에 투출(透出)되어 있어 아름답고, 편관을목(偏官乙木)은 亥未 목국(木局)에 득근(得根)하니, 편관(偏官)이 가장 유력한 용신(用神)이다.

따라서 신왕관왕(身旺官旺)하다. 또한 지지(地支)에 戌未 삼형살(三刑殺)이 있어 생살권(生殺權)과 인연이 있으며, 시간을목(時干乙木)이 편관(偏官)이니 시상일위귀격(時上一位貴格)에 해당하여 귀격(貴格)이다.

대운(大運)이 수목북동(水木北東)으로 향하여 대발(大發)하였는데, 법무부장관을 거쳐 국무총리까지 승승장구한 명조(命造)이다.

丙 庚 辛 甲
戌 子 未 申

戊 丁 丙 乙 甲 癸 壬
寅 丑 子 亥 戌 酉 申

경금일주(庚金日主)가 미월(未月)에 태어나고 申金이 록근(祿根)이고 월간(月干)에 辛金이 투출(透出)되니 신왕(身旺)하다. 신왕(身旺)하면 식재관(食財官)을 취용(取用)하는데, 식상자수(食傷子水)가 申金과 申子 합수(合水)로 왕성하고 재성(財星)甲木은 절지(絶支)에 있으나, 수생목(水生木)으로 생조(生助)를 하니 역시 재성(財星)도 강하다.

관성병화(官星丙火)는 술중정화(戌中丁火)에 유근(有根)하고 甲木의 생조(生助)를 받아 더욱 아름답다. 따라서 식재관(食財官)을 다 갖추어 삼귀격(三貴格)으로 귀격(貴格)이다.

또한 지지(地支)에 戌未 삼형살(三刑殺)이 있어 생살권(生殺權)을 다루는 직종과 인연이 있는데, 시상병화(時上丙火)는 편관(偏官)이 되어 시상일위귀격(時上一位貴格)이 되어 역시 귀격(貴格)이다.

본명(本命)은 부장검사를 지내면서 세인의 존경을 받고 명망을 누리면서 정의감이 강하였다. 이것은 丙庚이 함께 있어 金은 정의에 해당하고 火는 어두운 곳을 밝혀주는 불이기 때문이다.

庚	丙	乙	丁
寅	申	巳	亥

戊 己 庚 辛 壬 癸 甲
戌 亥 子 丑 寅 卯 辰

병화일주(丙火日主)가 사월(巳月)에 태어나 득령(得令)하고 시지인목(時支寅木)이 장생(長生)이고 년월간(年月干)에 丁乙이 투출(透出)되어 신왕(身旺)하다. 신왕(身旺)하면 식재관(食財官)을 취용(取用)해야 하는데, 식상토(食傷土)는 없고 재성경금(財星庚金)이 申金에 록근(祿根)이 되니 왕성하다.

또한 관성해수(官星亥水)는 금생수(金生水)로 생조(生助)되어 역시 왕성하니, 재생관(財生官)으로 재관(財官)이 겸비되었다. 따라서 재관인(財官印)이 다 갖추어져 역시 삼귀격(三貴格)으로 귀격(貴格)이다. 또한 지지(地支)에 寅申巳亥가 모두 갖추어져 있는 점이 특이한 명조(命造)이다.

고서에 寅申巳亥는 사계절의 장생(長生)으로 사생(四生)이라고 하여 귀격(貴格)이다. 寅은 火의 장생지(長生支)이고, 申은 水의 장생지(長生支)이고, 巳는 金의 장생지(長生支)이고, 亥는 木의 장생지(長生支)가 되어 사생구전격(四生具全格)이라고 하는데, 고 박정희(朴正熙) 전(前) 대통령의 명조(命造)와 유사하다. 원국(原局)에 丙庚이 있어 검사로 재직하고 있다.

$$
\begin{array}{cccc}
庚 & 丙 & 壬 & 甲 \\
寅 & 辰 & 申 & 辰
\end{array}
$$

$$
\begin{array}{ccccccc}
己 & 戊 & 丁 & 丙 & 乙 & 甲 & 癸 \\
卯 & 寅 & 丑 & 子 & 亥 & 戌 & 酉
\end{array}
$$

병화일주(丙火日主)가 신월(申月)에 태어나 실령(失令)하고 좌하진토(坐下辰土)에 실지(失地)되어 신약(身弱)하게 보이나, 인진목국(寅辰木局)이 되고 甲木이 투출되어 선약후강(先弱後强)한 명조(命造)이다. 또한 丙火가 화생진토(火生辰土)하고 辰土가 토생경금(土生庚金)하고 庚金이 금생임수(金生壬水)하고, 다시 壬水가 수생갑목(水生甲木)하고 甲木이 목생병화(木生丙火)가 되니, 오행(五行)이 다 갖추어져 있어 오행구전격(五行具全格)이라고 하여 귀격(貴格)이다.

원국(原局)에서 신왕(身旺)하면 식재관(食財官)을 취용(取用)해야 하는데, 식재관(食財官), 재관인(財官印)으로 오기유행(五氣流行)이 되어 더욱 아름답다. 또한 원국(原局)에 丙庚이 있으니 정의감과 사회의 어두운 곳을 밝혀주는 火金이 갖추어져 있고, 명예에 해당하는 임수관성(壬水官星)과 관성(官星)을 도와주는 재성경금(財星庚金)이 申金에 록근(祿根)되어 있다. 검사로 재직하고 있는 노만경(盧萬京) 씨의 명조(命造)이다.

```
丁 戊 己 庚
巳 戌 丑 子
```

```
丙 乙 甲 癸 壬 辛 庚
申 未 午 巳 辰 卯 寅
```

무토일주(戊土日主)가 축월(丑月)에 태어나 득령(得令)하고 좌하술토(坐下戌土)가 득지(得地)하여 신왕(身旺)하다. 丁巳까지 득세(得勢)하여 더욱 왕성하다. 원국에서 지지(地支)에 축술삼형(丑戌三刑)이 있어 생살권(生殺權)과 인연이 있다. 戊土가 丑土로 양인(羊刃)이 있고, 戌土에 건록(建祿)이 있으니, 군법무관으로 있다가 변호사를 하고 있다.

신왕(身旺)하면 식재관(食財官)에서 취용해야 하는데, 관살목(官殺木)은 없고, 식상경금(食傷庚金)과 재성자수(財星子水)가 있어 식신생재격(食神生財格)도 성립되어 귀격(貴格)이다.

```
辛 丁 辛 癸
亥 亥 酉 酉
```

```
甲 乙 丙 丁 戊 己 庚
寅 卯 辰 巳 午 未 申
```

정화일주(丁火日主)가 지지(地支)에 전국(全局)이 金水로 되어 있으니, 자연적으로 종수(從水)로 갈 수밖에 없으니 종살격(從殺格)이 성립되어 귀격(貴格)이다. 또한 지지(地支)에 酉酉와 亥亥가 자형(自刑)이 중중(重重)되니, 생살권(生殺權)과 인연이 있는 직종이 틀림없다.

丁火 일주가 재관격(財官格)이고 술해천문성(戌亥天門星)이 있으니, 丁火는 예의로서 말하는 직업이고, 재관(財官)은 재생관(財生官)으로 명예로 집결되어 있으니, 변호사로 전직한 법관임을 암시하고 있다. 본명(本命)은 대법원장을 지낸 김덕주(金德柱) 변호사의 명조이다.

丁 壬 庚 辛
未 子 子 亥

癸甲乙丙丁戊己
巳午未申酉戌亥

임수일주(壬水日主)가 자월(子月)에 태어나 지지(地支)가 亥子 합수국(合水局)이고 庚辛金이 생조(生助)하니 신왕(身旺)하다. 임자일(壬子日)이 중중자수(重重子水)하여 원국(原局)에는 壬水가 없으나, 충오(沖午)가 되니 비천록마(飛天祿馬)가 되었다. 따라서 오중정기(午中丁己)가 재성(財星)과 관성(官星)이 되어 귀격(貴格)이다. 또한 壬水가 월일지(月日支)에 子水가 되니, 양인(羊刃), 일인(日刃)이 되어 생살권(生殺權)을 갖는 법관(法官)을 암시하고 있다.

원국(原局)에서 시상정미(時上丁未)가 재관(財官)이 되니, 시상일위귀격(時上一位貴格)이 되어 역시 귀격(貴格)이다. 본명(本命)은 경찰청장과 대검차장을 지낸 박천일(朴天一) 씨의 명조(命造)이다.

8. 군인(軍人) 및 경찰(警察)

(1) 군인, 경찰 등은 병권이나 사회질서를 잡기 위한 통제수단을 행사하는 생살지권(生殺之權)을 다루는 기관에서 종사하는데, 법관, 의약사, 교도관, 스포츠맨 등도 포함된다. 따라서 강직한 성격을 대표하는 金일주가 금기태왕(金氣太旺)한 경우에 무관(武官)과 인연이 있다.

(2) 원국(原局)에서 괴강(魁罡)이나 백호(白虎)가 중중(重重)하거나, 시상편관(時上偏官)이나 시상정관(時上正官)이 있어 시상일위귀격(時上一位貴格)이 되어 있는 경우이다.

일반적으로 괴강(魁罡)이나 백호(白虎)는 고집이 대단하고 투지력이 강하여 무관으로 통한다. 최근에는 시상일위귀격(時上一位貴格)이 시상편관(時上偏官)뿐만 아니라 시상정관(時上正官), 시상편재(時上偏財), 시상정재(時上正財), 시상식상(時上食傷)도 포함하여 통변해야 한다.

(3) 원국(原局)에서 양인(羊刃), 삼형살(三刑殺), 수옥살(囚獄殺), 또는 천라지망살(天羅地網殺)이 있는 경우이다. 양인(羊刃)은 총과 칼에 해당하고 형살(刑殺)은 생살권을 말하며, 수옥살(囚獄殺)은 죄인을 다룬다는 뜻이다. 천라지망(天羅地網)의 망라(網羅)는 물고기나 날아다니는 새를 잡는 그물이라는 뜻으로, 법망으로 범인을 체포하는 직업에 해당한다.

참고로 양인(羊刃)은 갑일봉묘(甲日逢卯), 병일봉오미(丙日逢午未), 무일봉오미(戊日逢午未), 경일봉유(庚日逢酉), 임일봉자(壬日逢子)이고, 형살은 지지(地支)에 寅巳申, 丑戌未, 子卯가 있는 경우이고, 子子, 午午, 酉酉, 亥亥가 있는 경우도 포함된다.

수옥살(囚獄殺)은 인오술년일(寅午戌年日)이 子, 신자진년일(辛子辰年日)이 午, 사유축년일(巳酉丑年日)이 卯, 해묘미년일(亥卯未年日)이 酉가 있는 경우이고, 천라지망(天羅地網)은 丙丁 일이 戌亥, 壬癸 일이 辰巳가 있는 경우이다.

```
戊 庚 癸 壬
寅 辰 丑 戌
```

```
庚 己 戊 丁 丙 乙 甲
申 未 午 巳 辰 卯 寅
```

경금일주(庚金日主)가 축월(丑月)에 태어나 득령(得令)하고, 좌하진토(坐下辰土)
에 득지(得地)하니 신왕(身旺)하다. 경진일주(庚辰日柱)가 괴강(魁罡)이고, 丑戌 삼
형살(三刑殺)이 있으니, 무관임을 암시한다. 또한 壬戌, 癸丑도 괴강(魁罡)이니 생살
권(生殺權)이 더욱 강하여 군경이나 법조와 관련된 직종에 종사하게 된다.

신왕(身旺)하면 식재관(食財官)에서 취용(取用)해야 하는데 식상임계수(食傷壬癸
水)가 왕성하고, 재성인목(財星寅木)이 식신생재격(食神生財格)이 되어 귀격(貴格)
이다.

운행(運行)이 화목운(火木運)으로 향하여 순조롭게 승승장구하였는데 庚申 대운
에 육군대장으로 퇴직하였고, 辛酉 대운 계미년(癸未年)에 불록지객(不祿之客)이 된
한신(韓信) 장군의 명조(命造)이다.

```
丙 庚 甲 辛
戌 申 午 酉
```

```
丁 戊 己 庚 辛 壬 癸
亥 子 丑 寅 卯 辰 巳
```

경금일주(庚金日主)가 오월(午月)에 태어나 실령(失令)하였으나, 좌하신금(坐下申金)에 득지(得地)하고, 辛酉가 득세(得勢)하여 신왕(身旺)하나 경금일주(庚金日主)가 금기(金氣)가 태왕(太旺)하니 무관(武官)임을 암시하고 있는데, 庚金이 연지유금(年支酉金)에 양인(羊刃)이 있고, 시상병화(時上丙火)가 편관(偏官)이 되니 시상편관격(時上偏官格)으로 시상일위귀격(時上一位貴格)이다.

신왕(身旺)하면 식재관(食財官)에서 취용(取用)해야 하는데 재성갑목(財星甲木)은 관성오화(官星午火)를 생조(生助)하고, 시상병화(時上丙火)는 午火의 양인(羊刃)으로 득근(得根)하고, 오술화국(午戌火局)으로 관국(官局)이 되니 더욱 아름답다. 본명(本命)은 육군참모총장을 역임한 민기식(閔機植) 씨의 명조(命造)이다.

$$\begin{array}{cccc} 乙 & 庚 & 丁 & 辛 \\ 酉 & 辰 & 酉 & 卯 \end{array}$$

$$\begin{array}{ccccccc} 庚 & 辛 & 壬 & 癸 & 甲 & 乙 & 丙 \\ 寅 & 卯 & 辰 & 巳 & 午 & 未 & 申 \end{array}$$

경금일주(庚金日主)가 유월(酉月)에 태어나 득령(得令)하고, 좌하진토(坐下辰土)에 득지(得地)하고, 지지(地支)가 진유합금(辰酉合金)이 되니 신왕(身旺)하다. 금일주(金日主)가 금기(金氣)가 태왕(太旺)하니 무관(武官)임을 암시하고 있다.

경금일주(庚金日主)가 월시지(月時支)에 酉金이 있어 양인(羊刃)이 중중(重重)하다. 원국(原局)이 신왕(身旺)하면 식재관(食財官)에서 취용해야 하는데, 식상수(食傷水)는 진중계수(辰中癸水)로 미약(微弱)하고, 재성묘목(財星卯木)은 묘유충(卯酉冲)으로 역시 미약(微弱)하다. 관성정화(官星丁火)는 庚金에 금다화몰(金多火沒)되기 직전(直前)에 있으나 卯木에 생조(生助)를 얻어 절처봉생(絶處逢生)하지만 정화관성(丁火官星)으로 용신(用神)할 수밖에 없다.

대운이 화목운(火木運)으로 향하여 승승장구하였으나 癸巳 대운에 丁癸 충(沖), 巳酉丑 금국(金局)이 되어 용신정화(用神丁火)가 충발(沖拔)되었고, 지지(地支)는 금국(金局)이 더욱 강하여 卯酉 충(沖)이 되니 약한 丁火를 생조(生助)하던 卯木마저 충발(沖拔)되어 불록지객(不祿之客)이 된 육군대령으로 예편한 윤희욱(尹熙旭) 씨의 명조(命造)이다.

```
庚 庚 庚 庚
辰 辰 辰 辰
```

```
丁 丙 乙 甲 癸 壬 辛
亥 戌 酉 申 未 午 巳
```

경진일주(庚辰日主)가 전국(全局)을 이루었으니 토금종왕격(土金從旺格)이다. 또한 천간(天干)이 4경(四庚)이니 천원일격(天元一氣格)이고, 지지(地支)에 4진(四辰)이니 지지일기격(地支一氣格)도 성립된다. 또는 전국(全局)이 土金으로만 이루어져 있는 이기성상격(二氣成象格)이라고도 하여 귀격(貴格)이 되는 것이다. 경금일주(庚金日主)가 다봉금(多逢金)이 되고, 庚辰 일주가 괴강(魁罡)이 되니 무관임을 암시하고 있다.

연월일시주(年月日時柱)가 모두 괴강(魁罡)이 되어 특이한 묘격(妙格)이면서도 귀격(貴格)이다. 삼국(三國)을 통일하는데 직접적으로 기여한 신라 김유신(金庾信) 장군의 명조(命造)이다.

```
庚 甲 丁 己
午 子 卯 卯
```

```
庚 辛 壬 癸 甲 乙 丙
申 酉 戌 亥 子 丑 寅
```

갑목일주(甲木日主)가 묘월(卯月)에 득령(得令)하고, 좌하자수(坐下子水)에 득지(得地)하여 신왕(身旺)하다. 또한 甲木 일주가 년월지(年月支)에 卯卯로 양인(羊刃)이 중중(重重)하니, 생살권(生殺權)과 인연이 있다는 것을 암시하고 있다.

특이(特異)한 것은 일간갑목(日干甲木)이 목생정화(木生丁火)하고, 화생기토(火生己土)하고, 토생경금(土生庚金)하니 삼기격(三奇格)으로 귀격(貴格)이다. 또한 지지(地支)에 자묘형(子卯刑)이 있고, 시간경금(時干庚金)이 편관(偏官)이니 시상일위귀격(時上一位貴格)에도 해당한다. 따라서 무관이 갖추어야 할 모든 조건을 가지고 있는 전형적인 군인이다. 辛酉 대운에 연합사부사령관을 거쳐 비상기획위원장을 지낸 장성(張城) 대장의 명조(命造)이다.

```
戊 戊 戊 庚
午 午 子 子
```

```
乙 甲 癸 壬 辛 庚 己
未 午 巳 辰 卯 寅 丑
```

戊土가 3개이니 삼붕격(三朋格)이다. 자오쌍구격(子午雙句格)이라 하여 상충(相沖)으로 보지 않는다. 다시 말하여 수화기재(水火既濟)가 되었다는 뜻으로 건강(健

康)하여 장수(長壽)의 명조(命造)이다.

원국(原局)에서 양인(羊刃)이 중중(重重)하여 무관의 기질이 있음을 암시하고 있다. 또한 지지(地支)에 子子, 午午가 자형(自刑)이 되니 더욱 강렬한 생살권(生殺權)을 가진 직업을 뜻한다. 용신취용(用神取用)을 보면 신왕(身旺)하여 식재관(食財官)인데, 식상경금(食傷庚金)이 재성자수(財星子水)를 생조(生助)하니 식신생재격(食神生財格)으로 귀격(貴格)이다.

戊土가 자월(子月)이니 한랭지절(寒冷之節)이라 조후(調候)가 필요하니 화기(火氣)가 희신(喜神)이다. 초대 국무총리를 지낸 이범석(李範奭) 장군의 명조(命造)이다.

己 癸 戊 庚
未 卯 子 申

乙 甲 癸 壬 辛 庚 己
未 午 巳 辰 卯 寅 丑

계수일주(癸水日主)가 자월(子月)에 태어나 득령(得令)하고 申子 합수국(合水局)에 庚金 인수(印綬)가 생조(生助)하니 신왕(身旺)하다. 지지(地支)에 子卯 형(刑)이 있고 시간기토(時干己土)가 편관(偏官)이니 시상일위귀격(時上一位貴格)이다.

戊己土가 있어 관살혼잡(官殺混雜)으로 보기 쉬우나 무계합거(戊癸合去)되어 거관류살(去官留殺)이 되니 오히려 길명(吉命)이다. 신왕(身旺)하면 식재관(食財官)에서 취용(取用)해야 되는데, 재성화(財星火)는 없고 식상묘목(食傷卯木)이 묘미합목국(卯未合木局)이 되니 예능이나 어학 방면에 소질이 있다. 관성기토(官星己土)는 未土에 득근(得根)하여 건왕(健旺)하다.

운행(運行)이 목화운(木火運)으로 향(向)하여 대발(大發)하였다. 23세인 庚寅 대운 임오년(壬午年)에 일본 육사를 졸업하고, 30세인 辛卯 대운 기축년(己丑年)에

미(美) 보병학교 참모대를 졸업하고 1950년인 경인년(庚寅年)에 육참총장, 1954년 갑오년(甲午年)에 합참의장을 역임하고, 1958년 39세 壬辰 대운 무술년(戊戌年)에 예편하여 영국대사를 역임한 대한민국 육군의 군번 1호인 이형근(李亨根) 육군대장의 명조(命造)이다.

```
丙 戊 壬 戊
辰 辰 戌 戌
```

```
乙 丙 丁 戊 己 庚 辛
卯 辰 巳 午 未 申 酉
```

무토일주(戊土日主)가 술월(戌月)에 태어나 득령(得令), 득지(得地), 득세(得勢)하여 전토국(全土局)이 되어 종왕격(從旺格)이다. 무진일주(戊辰日柱)가 괴강(魁罡)인데, 壬戌, 戊戌까지 괴강(魁罡)이 중중(重重)하여 여장부의 명조(命造)이다.

지지(地支)에 辰辰, 戌戌이 있어 천문성(天門星)과 천라지망(天羅地網)이 있어 군경(軍警)에 인연이 있다. 용신(用神)을 분석(分析)하면 종왕격(從旺格)이 되어 火土金이 희신(喜神)이고, 水木이 기신(忌神)인데, 대운(大運)이 금화운(金火運)으로 향하여 순조롭게 승진이 이루어진다.

본명(本命)은 여군장교로서 한국 최초로 육군대학에서 교관으로 재직하고 있는 최경희(崔敬姬) 씨의 명조(命造)이다. 원국(原局)이 가색격(稼穡格)이고 남편궁(男便宮)인 木이 없으니, 독신으로 살아갈 것으로 추명(推命)한다.

```
丁 庚 丙 辛
丑 午 申 酉
```

```
己 庚 辛 壬 癸 甲 乙
丑 寅 卯 辰 巳 午 未
```

경금일주(庚金日主)가 신월(申月)에 태어나 득령(得令)하고 辛酉 금국(金局), 酉丑 합금(合金)이 되고 辛金이 투출(透出)하니 신왕(身旺)하다. 경금일간(庚金日干)으로서 申金은 건록(建祿)이고 酉金은 양인(羊刃)이니, 무관(武官)임을 암시하고 있다.

또한 시간정화(時干丁火)가 있어 시상정관(時上正官)이니, 시상일위귀격(時上一位貴格)이 되어 길명(吉命)이다. 일지오화(日支午火)가 丁火, 丙火가 투출되어 관살혼잡(官殺混雜)이 되어 있으나, 다행하게도 병화관살(丙火官殺)은 병신합(丙辛合)으로 거살(去殺)시키고 정화정관(丁火正官)은 용신(用神)이면서 유관(留官)이 되니, 거살류관(去殺留官)으로 귀격(貴格)이 되었다.

신왕(身旺)하면 식재관(食財官)에서 취용(取用)해야 되는데, 식상수(食傷水)와 재성목(財星木)은 없고 오로지 관성화(官星火)만이 왕성하다. 대운(大運)마저 화목운(火木運)으로 향하여 순조롭게 승진하여 국방부장관을 지낸 유재흥(劉載興) 씨의 명조(命造)이다.

```
甲 丙 乙 壬
午 寅 巳 午
```

```
壬 辛 庚 己 戊 丁 丙
子 亥 戌 酉 申 未 午
```

병화일주(丙火日主)가 사월(巳月)에 태어나 득령(得令)하고 사오화국(巳午火局), 인오화국(寅午火局)으로 염열(炎熱)하여 태양열처럼 태왕(太旺)하다. 丙火가 사월(巳月)이면 건록(建祿)이고 午午가 자형(自刑)이면서 양인(羊刃)이고 寅巳 형(刑)이 있어, 생살권(生殺權)을 장악하는 군경이나 법조와 인연이 있는 직종이 틀림없다.

다행히도 壬水가 사중경금(巳中庚金)에 겨우 득근(得根)이 되나, 미약(微弱)하여 증발되기 직전에 있다. 운행(運行)이 초년인 丙午, 丁未는 고전하였으나 금수운(金水運)으로 향하여 승승장구하였다.

庚戌 대운에는 庚金이 용신(用神)이지만 갑경충(甲庚沖), 병경충(丙庚沖), 을경합(乙庚合)으로 충중봉합(沖中逢合)이 되니, 형액(刑厄)을 암시하고 있다. 또한 인오술화국(寅午戌火局)이 되어 庚金은 더욱 손상을 입었다. 부대 내에서 화재가 발생하여 부인이 실명하였으며, 그 희생의 대가로 군복무는 계속하여 장군까지 승진하였다.

辛亥 대운에는 신금용신(辛金用神)이 병신합(丙辛合), 을신충(乙辛沖)으로 역시 충중봉합(沖中逢合)이 되어 병자년(丙子年)에 부정사건으로 구속된 명조(命造)이다. 辛亥 대운은 을신 충(沖), 己亥 충(沖)으로 천충지충(天沖地沖)되었으며 丙子년은 丙己 충(沖), 子午 충(沖)으로 역시 천충지충(天沖地沖)되었으니 대운과 세운이 중첩(重疊)으로 충(沖)이 들어와 형액(刑厄)을 당하게 된 것이다.

9. 의약계(醫藥界)

(1) 의약계는 의사, 한의사, 치과의사, 약사, 간호사, 병리사, 작업치료사, 물리치료사, 치과 기공사, 방사선사, 제약업 등 의약업에 종사하는 모든 사람이 포함된다.

일반적으로 금일주(金日主)가 지지(地支)에 목화국(木火局)을 이루고 있는 경우이다. 지지(地支)에 목화국(木火局)이 있으면 목생화(木生火)로 화왕(火旺)하여 金을 제련시킨다는 뜻이고, 화기(火氣)는 환자에게 광명이 되니, 고통을 풀어준다는 뜻이다.

(2) 일지(日支)를 중심으로 월시(月時)에 辰巳戌亥가 있거나, 삼형살(三刑殺)이 있는 경우이다. 戌亥는 천문성(天門星), 辰巳는 지문성(地門星)이라고 하여 하늘이나

지상에서 닫힌 문을 열어주는 형상이다. 새로운 생명을 재생시켜 준다는 뜻이 포함되어 있다. 삼형살(三刑殺)은 군경이나 법조계와 마찬가지로 생살지권(生殺之權)을 다루기 때문이다.

(3) 하월생(夏月生)이 육신일(六辛日)에 출생하고 시주(時柱)에 임진시(壬辰時)나 무술시(戊戌時)가 있는 경우이다. 하월(夏月)이란 사오미월(巳午未月)을 말함이요, 6신일(六辛日)이란 辛亥, 辛卯, 辛未, 辛巳, 辛酉, 辛丑으로 지지암장(地支暗藏)에 재성(財星)이나 관살(官殺)이 있는 것으로, 辛金이 약해지면서 제련되어 장인이 되는 것이니, 기술을 뜻하는 것이다. 시주(時柱)에 壬辰을 만나면 상관격(傷官格)이 되어 역시 기술을 뜻하고, 戊戌은 천문(天門)으로서 도(道)에 직결되는데, 인술(仁術)도 도(道)와 통하고 있는 것이다.

(4) 오양간(五陽干)에 인일(寅日)이 월시(月時)에 巳나 申이나 亥를 만나거나, 오음간(五陰干)에 사일(巳日)이 월시(月時)에 寅이나 申이나 亥를 만나는 경우이다. 부연(敷衍)하면 갑인일(甲寅日), 병인일(丙寅日), 무인일(戊寅), 경인일(庚寅日), 임인일(壬寅日)이며, 을사일(乙巳日), 정사일(丁巳日), 기사일(己巳日), 신사일(辛巳日), 계사일(癸巳日)을 말한다.

(5) 지지(地支)에 양인(羊刃)이 있거나, 卯酉戌 중의 2자(二字) 이상이 있는 것으로 卯酉, 酉戌, 卯戌과 같은 경우이다. 양인(羊刃)은 손에 칼을 쥐고 인간의 생살권(生殺權)을 좌우하는 의사나 법조인을 말하고, 卯酉戌은 철전개금(鐵全開金)이라 하여 굳게 잠긴 자물쇠를 여는 것처럼 환자를 치료하는 것이 되어, 의약업에 종사하게 되는 것이다.

<table>
<tr><td>庚</td><td>庚</td><td>戊</td><td>己</td></tr>
<tr><td>辰</td><td>辰</td><td>辰</td><td>酉</td></tr>
</table>

辛 壬 癸 甲 乙 丙 丁
酉 戌 亥 子 丑 寅 卯

경금일주(庚金日主)가 진월(辰月)에 태어나 득령(得令)하고 좌하진토(坐下辰土)에 득지(得地)하고, 시주(時柱)에 庚辰이 있고 진유합금(辰酉合金)으로 유근(有根)되고 戊己가 투출(透出)되니, 土金이 태왕(太旺)하여 종왕격(從旺格)이 되었다.

원국(原局)에 戊辰, 庚辰으로 괴강(魁罡)이 중중(重重)하고 지지(地支)에 3진(三辰)으로 천문성(天門星)이 역시 중중(重重)하니, 생살권(生殺權)을 다루는 직종이라는 것을 암시하고 있다. 또한 년지유금(年支酉金)에 양인(羊刃)은 칼이나 총에 비유하니 더욱더 확신을 주고 있다.

종왕격(從旺格)은 인비(印比)와 식상(食傷)을 취용(取用)하니, 土金水가 희신(喜神)이고, 木火가 기신(忌神)이다. 초년인 1997년 丙寅 대운인 29세 정축년(丁丑年)에 KAL기 괌 추락 사건시 사망한 외과의사의 명조(命造)이다.

<table>
<tr><td>壬</td><td>辛</td><td>甲</td><td>癸</td></tr>
<tr><td>辰</td><td>亥</td><td>寅</td><td>巳</td></tr>
</table>

辛 庚 己 戊 丁 丙 乙
酉 申 未 午 巳 辰 卯

신금일주(辛金日主)가 인월(寅月)에 태어나 실령(失令)하고 좌하해수(坐下亥水)에 실지(失地)하니 신약(身弱)한데, 년시간(年時干)에 壬癸水가 투출(透出)되어 수기(水氣)가 태왕(太旺)하다. 식상(食傷)이 태왕(太旺)하면 제살태과격(制殺太過格)으로 귀격(貴格)이다.

원국(原局)에 辰巳亥가 있어 천문성(天門星)이니 의약업과 인연이 있고, 인사형(寅巳刑)이 있어 생살권(生殺權)과 관련된 직업이 틀림없다. 용신정법(用神定法)은 제살태과격(制殺太過格)이 되어 인비(印比)와 관성(官星)이 희신(喜神)이고, 식재(食財)가 기신(忌神)이다.

대운(大運)이 火金으로 향하여 대발(大發)하였는데, 己未 대운 무인년(戊寅年)은 갑기합(甲己合), 기계충(己癸冲)이 되니 충중봉합(冲中逢合)이고 무계합(戊癸合), 인사형(寅巳刑)으로 세운(歲運)에서도 천합지형(天合地刑)이 되었으니 형액(刑厄)을 면치 못하여 남편과 사별하였다.

庚申 대운 갑신년(甲申年)에는 갑경충(甲庚冲), 인사신삼형(寅巳申三刑)이 되어 수술을 받았다. 본명(本命)은 여명(女命)인데 한의원을 하고 있는 명조(命造)이다.

壬 辛 辛 庚
辰 卯 巳 戌

戊 丁 丙 乙 甲 癸 壬
子 亥 戌 酉 申 未 午

신금일주(辛金日主)가 사월(巳月)에 태어나 사중경금(巳中庚金)에 유근(有根)하고 庚辛金이 투출(透出)되어 신왕(身旺)하다.

원국(原局)에서 6신일(六辛日)에 출생하고 시주(時柱)에 임진시(壬辰時)나 무술시(戊戌時)가 될 때 의약업에 종사하게 되는데, 신묘일주(辛卯日柱)에 임진시(壬辰時)

이니 틀림없이 의약업이다. 또한 辰巳戌이 천문성(天門星)이니 활인업(活人業)이고, 卯酉戌 중 2자(二字)가 있으니 역시 위와 같은 직업과 관련이 있다.

신왕(身旺)하면 식재관(食財官)에서 취용(取用)해야 하는데, 식상임수(食傷壬水)가 왕성하고, 재성목(財星木)은 묘진합목(卯辰合木)이 되어 역시 왕성하고, 관성화(官星火)는 묘목생조(卯木生助)를 얻어 巳火가 왕성하니, 식재관삼귀격(食財官三貴格)이 되었다.

임수식상(壬水食傷)이 진중계수(辰中癸水)에 유근(有根)하고 묘진목국(卯辰木局)을 다시 생조(生助)하니, 식신생재격(食神生財格)이 되어 귀격(貴格)이다. 본명(本命)은 한의원을 하고 있는 명조(命造)이다.

```
丁 癸 癸 辛
巳 巳 巳 亥
```

```
丙 丁 戊 己 庚 辛 壬
戌 亥 子 丑 寅 卯 辰
```

의약업계는 오양간인일(五陽干寅日)이 월시지(月時支)에 巳申亥가 있거나, 오음간사일(五陰干巳日)이 월시지(月時支)에 寅申亥가 있으면 성립된다. 癸水가 사월(巳月)에 출생하니 실령(失令)하고 좌하사화(坐下巳火)에 실지(失地)하니 신약(身弱)하다.

辰巳, 戌亥가 있으면 천문성(天門星)으로 활인업(活人業)이 되어 의약계통과 인연이 있다는 것을 암시하고 있다. 용신정법(用神定法)으로 볼 때 신약(身弱)하여 인비(印比)인 金水가 용신(用神)이고, 火土가 기신(忌神)이다.

특이한 것은 수화상쟁(水火相爭)이 되니 소통시켜주는 木이 통관용신(通關用神)이다. 대운(大運)이 동북으로 향하여 대길(大吉)한데, 庚寅 대운에는 인사형(寅巳刑)이 되어 고전하였고, 재다신약(財多身弱)이니 결혼이 늦을 것으로 추정한다. 현재

한의원을 경영하고 있다.

乙 丁 丁 乙
巳 巳 亥 亥

庚辛壬癸甲乙丙
辰巳午未申酉戌

정화일주(丁火日主)가 해월(亥月)에 태어나 실령(失令)하였으나, 좌하사화(坐下巳火)에 득지(得地)하고 木火가 태왕(太旺)하니 신왕(身旺)하다. 원국(原局)에 巳亥가 있어 천문성(天門星)이 있고 亥亥가 자형(自刑)이니 생살권(生殺權)과 인연이 있는 직업이라는 것을 암시하고 있다. 용신(用神)을 분석하면 신왕(身旺)이라 식재관(食財官)을 써야 하는데, 식상토(食傷土)는 없고 재성금(財星金)은 사중경금(巳中庚金)으로 암장(暗藏)되어 있다. 또한 관성수(官星水)는 亥水가 되어 왕성하다. 오음간사일(五陰干巳日)이 寅申亥가 있는 경우에 의약업에 종사하게 되는 경우가 많다.

대운(大運)이 금화운(金火運)으로 향하여 초년은 좋으나 말년은 애로가 많은데, 壬午 대운에는 정임합목(丁壬合木)이 되어 기신(忌神)이 되었고, 사오화국(巳午火局)으로 해수관(亥水官)이 증발 직전에 있으니, 정축년(丁丑年)에 자식을 불의의 사고로 잃은 정형외과의사의 명조(命造)이다.

乙	乙	己	丙
亥	卯	亥	戌

丙乙甲癸壬辛庚
午巳辰卯寅丑子

　을목일주(乙木日主)가 해월(亥月)에 태어나 득령(得令)하고 좌하묘목(坐下卯木)에
득지(得地)하여 신왕(身旺)하다. 원국(原局)에 戌亥가 있어 천문성(天門星)이 있고
해해자형(亥亥自刑)이 있고 卯戌이 있으니, 의약업이 틀림없다. 신왕(身旺)하면 식
재관(食財官)에서 취용(取用)해야 되는데, 관성금(官星金)은 없고, 식상병화(食傷丙
火)와 재성기토(財星己土)가 식신생재격(食神生財格)이 되어 귀격(貴格)이다.
　대운(大運)이 목화운(木火運)으로 향하여 초년은 고생을 하였으나, 乙巳 대운부
터 대발(大發)하여 59세인 갑신년(甲申年)에는 서울시약사회장을 역임한 명조(命
造)이다.

丙	戊	甲	壬
戌	午	辰	午

辛庚己戊丁丙乙
亥戌酉申未午巳

　무토일주(戊土日主)가 진월(辰月)에 태어나 득령(得令)하고 좌하오화(坐下午火)에
득지(得地)하여 신왕(身旺)하다. 원국(原局)에서 월시지가 辰戌이니 건록(建祿)이면
서 천문성(天門星)이고 년일지가 양인(羊刃)이면서 자형(自刑)이 되니, 생살권(生殺

權)과 인연이 있거나 의약업에 종사하고 있다는 것을 암시하고 있다. 또한 甲辰, 丙戌 등 괴강(魁罡)이 중중(重重)하니, 총명(聰明)하면서도 대부(大富), 대귀(大貴)한 길명(吉命)이다.

용신(用神)을 분석하면 전지지가 火土이며 丙戌가 투출하니 종왕격(從旺格)이 되는데, 종격(從格)은 인비(印比)와 식상(食傷)을 희(喜)하고 재관(財官)을 기(忌)한다. 따라서 火土金이 길(吉)하고, 水木이 흉(凶)하다. 대운이 火金 운으로 향하여 대발하였다. 한양대학교 의료원에서 근무하고 있는 의사의 명조이다.

甲 丁 己 戊
辰 亥 未 戌

壬 癸 甲 乙 丙 丁 戊
子 丑 寅 卯 辰 巳 午

정화일주(丁火日主)가 미월(未月)에 태어나 실령(失令)하고 토왕(土旺)으로 설기(泄氣)가 태심(太甚)하여 신약(身弱)하다. 격국론(格局論)에서 식상(食傷)이 태왕(太旺)하면 신약(身弱)이 되는 것은 사실이지만, 관살(官殺)로 제지해야 되기 때문에 제살태과격(制殺太過格)이 되어 귀격(貴格)에 속하는 것이다.

원국에서 辰戌이 천문성(天門星)이고 술미형(戌未刑)이 있으니, 활인업(活人業)으로 의약업에 종사하게 된다. 용신론(用神論)에서 신약(身弱)이니, 인비(印比)인 木火가 희(喜)하고, 식상(食傷)을 제(制)하는 관살(官殺)인 水도 희(喜)하다.

또한 연주무술(年柱戊戌)과 시주갑진(時柱甲辰)이 괴강(魁罡)이 되어 고집이 강하고 여장부의 기질이 있으며, 화토식상격(火土食傷格)이 되어 종교나 철학에 관심이 많다. 본명(本命)은 한때 스님의 길을 걷다가 한의사가 된 여명(女命)이다.

```
甲 壬 丁 辛
辰 子 酉 卯
```

```
甲癸壬辛庚己戊
辰卯寅丑子亥戌
```

임수일주(壬水日主)가 유월(酉月)에 태어나 금왕절(金旺節)로 득령(得令), 좌하자수(坐下子水)에 득지(得地), 자진합수(子辰合水)에 辛金이 투출(透出)하여 득세(得勢)까지 하여 신왕(身旺)하다.

신왕(身旺)하면 식재관(食財官)에서 취용(取用)해야 하는데, 식상갑목(食傷甲木)은 자진합수(子辰合水)에 득근(得根)하여 왕성하고, 재성정화(財星丁火)는 甲木이 목생화(木生火)로 생조(生助)되어 역시 왕성하여 식신생재격(食神生財格)으로 귀격(貴格)이다. 그러나 진토관살(辰土官殺)은 자진합수(子辰合水)로 무력(無力)하게 되니, 남편궁(男便宮)이 미약하다.

그러므로 辛丑 대운 기묘년(己卯年)에 신금기신(辛金忌神)이 되고, 축토관(丑土官)이 자축합수(子丑合水), 유축금국(酉丑金局)으로 관변인비(官變印比)로 기신(忌神)이 되고, 기토정관(己土正官)도 갑기합(甲己合), 자묘형(子卯刑), 묘유충(卯酉沖)으로 천합지충형(天合地冲刑)이 되어 남편과 사별하였다.

원국(原局)에 卯酉가 있고 임자양인(壬子羊刃), 갑진백호(甲辰白虎)가 있으니 의약업이 틀림없다. 한양대 의대를 나와 소아과 의원을 하고 있는 여명(女命)의 명조(命造)이다.

10. 종교(宗敎) 및 철학계(哲學界)

(1) 종교계란 목사, 신부, 수녀, 승려 등 전문적인 직업인들뿐만 아니라 종교에

깊은 신앙인들까지도 포함한 개념이다. 철학계란 주역, 역학, 명리학, 풍수지리, 인상학, 무속 등 전문적인 직업인들뿐만 아니라 음양오행의 원리를 가지고 인생문제를 상담하는 카운슬러 등도 포함되어 있다.

종교나 철학은 정신적으로 고통을 치유하는 의미에서는 의약업계와도 유사하다. 따라서 술해천문성(戌亥天門星)이나 화개성(華蓋星)이 있는 경우이다. 화개성(華蓋星)은 인오술년시(寅午戌年時)가 戌, 신자진년시(申子辰年時)가 辰, 사유축년시(巳酉丑年時)가 丑, 해묘미년시(亥卯未年時)가 未를 만나면 성립되는 것이다.

(2) 인수(印綬)가 많고 재성(財星)이나 관성(官星)이 미약(微弱)하거나 식상(食傷)이 태왕(太旺)한 경우이다. 일반적으로 인수(印綬)가 많으면 신왕(身旺)한데 재성(財星)이 있으면 재물이나 처복(妻福)을 뜻하므로 사업가가 되었을 것이고, 관성(官星)이 있으면 명예나 조직력을 뜻하므로 관직에 종사했을 것이다.

식상(食傷)이 태왕(太旺)하면 설기(泄氣)가 태심(太甚)하여 신약(身弱)하다. 식상(食傷)은 예술이나 기술, 설교 등을 뜻하므로 종교나 미래예측학과 인연이 있는 것이다.

(3) 火土 일주가 火土가 많거나 금수일주(金水日主)가 金水가 많은 경우이다. 화생토(火生土)로 토왕(土旺)하면 자연 토신앙(土信仰)에 대한 관심도가 높아지게 되어 종교(宗敎)에 귀의(歸依)하게 되는 것이고, 금생수(金生水)하여 金水가 청(淸)하면 도(道)를 의미하기 때문에 속세를 떠나게 되는 것이다.

(4) 성직자들이나 승려 등은 일반적으로 재물이나 권력 또는 명예에 대하여 관심이 없거나 부족한 것을 의미하기 때문에, 재성(財星)이나 관성(官星)이 부족하거나 없다는 것을 의미한다. 따라서 인수(印綬)나 비겁(比劫)이 많은 경우이다.

```
丙 己 壬 辛
寅 卯 辰 丑
```

```
乙丙丁戊己庚辛
酉戌亥子丑寅卯
```

본명은 1901년 3월 13일 인시생(寅時生)인 함석헌(咸錫憲) 씨의 명조이다. 기토일주(己土日主)가 진월(辰月)에 태어나 진중을계(辰中乙癸)가 암장(暗藏)되어 있어 乙木은 편관(偏官), 癸水는 편재(偏財)가 되니 잡기재관격(雜氣財官格)으로 귀격(貴格)이다. 일간(己土日干)이 辰土와 丑土에 유근이 되나 寅卯辰으로 방합(方合)이 되어 관살(官殺)이 태왕(太旺)하다. 따라서 목왕(木旺)을 제압하는 금기(金氣)가 필요하니 식상(食傷)을 희신(喜神)으로 해야 하므로 식신제살격(食神制殺格)이 되었다.

용신(用神)은 인비식(印比食)인 火土食이 되고, 기신(忌神)은 재관(財官)인 水木이 되는 것이다. 그러므로 목관살(木官殺)이 태왕(太旺)하여 기신(忌神)이고, 재성임수(財星壬水)는 왕목(旺木)에 설기(泄氣)되어 미약하여 종교에 귀의하게 되는 것이다.

```
庚 丙 壬 壬
寅 戌 子 寅
```

```
己戊丁丙乙甲癸
未午巳辰卯寅丑
```

본명(本命)은 1902년 12월 29일 인시생(寅時生)인 한경직(韓景職) 목사의 명조(命造)이다.

병화일주(丙火日主)가 자월(子月)에 태어나 실령(失令)하고, 좌하술토(坐下戌土)에 실지(失地)하니 신약(身弱)하다. 자월(子月)에 양임수(兩壬水)가 투출(透出)하고, 庚金의 생조(生助)를 얻어 수왕(水旺)하니, 술토식신(戌土食神)으로 제수(制水)해야 되니 식신제살격(食神制殺格)이다. 인오술년일(寅午戌年日)이 戌을 보면 화개성(華蓋星)이 되어 종교에 귀의하게 된 것이다. 운행(運行)이 목화운(木火運)으로 향하여 대길하였는데 甲寅, 乙卯 대운에 미(美) 프린스턴 신학대를 졸업하여 인수용신(印綬用神)으로 학문의 진로가 순탄하였다. 1945년 을유년(乙酉年)부터 1972년 임자년(壬子年)까지 영락교회 목사로 재직하였다.

53세인 戊午 대운부터 기독교계 육영재단(育英財團)의 책임을 수임(受任)하게 되었다. 원국(原局)에서 병화일주(丙火日主)가 寅木을 보면 문곡(文曲)과 학당(學堂)이 있고, 화개(華蓋)가 있으니 종교에 귀의한 것이다.

본명(本命)은 1913년 1월 15일 인시생(寅時生)인 탄허(呑虛) 스님의 명조이다.

임일주(壬日主)가 인월(寅月)에 태어나 실령(失令)하였으나 좌하신금(坐下申金)에 득지(得地)하고, 壬癸水가 투출되어 신왕(身旺)한 것 같으나 춘절(春節)의 寅木이 시지인목(時支寅木)과 甲木이 투출(透出)하여, 설기(泄氣)가 태심(太甚)하니 신약(身弱)하다. 그러므로 제살태과격(制殺太過格)이다. 원국(原局)에 壬水가 申金은 문곡

(文曲)이고, 寅木을 보면 문창(文昌)으로 모두가 학문과 관계가 있어 처자를 두고, 오대산 월정사(月精寺)에서 승려가 되었다. 이때가 20세인 壬子 대운에 화개축토(華蓋丑土)와 자축합(子丑合)이 되었기 때문이다.

월지(月支)와 시지(時支)의 문창성(文昌星)은 동양정신과 깊은 관계가 있어 사서삼경뿐만 아니라 불서(佛書)와 『역경』을 혼합하여 주역 풀이로 인기가 높았다. 원국(原局)에 학곡(學曲), 문창(文昌)이 있고, 화개성(華蓋星)이 있어 종교에 귀의한 것이다. 丁未 대운에 71세인 계해년(癸亥年)에 입적하였다.

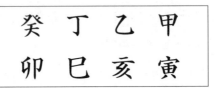

```
癸 丁 乙 甲
卯 巳 亥 寅

壬辛庚己戊丁丙
午巳辰卯寅丑子
```

본명(本命)은 1914년 10월 10일 묘시생(卯時生)인 서경보(徐京保) 스님의 명조(命造)이다. 정화일주(丁火日主)가 해월(亥月)에 태어나 해중갑목(亥中甲木)이 투출(透出)하니 정인격(正印格)이다.

해중무갑임(亥中戊甲壬)이 암장(暗藏)되어 있어 戊土는 상관(傷官)이고, 甲木은 정인(正印)이고, 壬水는 정관(正官)이 되니, 삼기(三奇)가 정화일간(丁火日干)을 귀(貴)하게 한다는 뜻이다. 관인쌍전격(官印雙全格)이라고 한다. 그러나 해수관성(亥水官星)이 인해합(寅亥合)으로 목기(木氣)로 화(化)하니 태왕(太旺)하게 되어 종왕격(從旺格)이 되었다. 자평(子平)에 의하면 편인(偏印)이 태왕(太旺)하여 비겁(比劫)을 생조(生助)하면 승도의 명(命)이라고 하였다.

원국(原局)에서 辰巳나 戌亥가 있으면 활인업(活人業)과 인연이 있다.

또한 신왕(身旺)하지만 재성(財星)이나 관성(官星)이 없거나 미약(微弱)하여 종교에 귀의하였고, 정화일간(丁火日干)이 卯를 만나면 문곡(文曲)이 되니 평생 학문연구에 혼신을 기울인 것이다. 대운(大運)이 동남운(東南運)으로 향하여 승도인(僧道人)으로서 최고로 적합하여 명성을 얻었다.

```
壬 丙 戊 癸
辰 午 午 巳
```

```
辛 壬 癸 甲 乙 丙 丁
亥 子 丑 寅 卯 辰 巳
```

병화일주(丙火日主)가 오월(午月)에 태어나 화왕절(火旺節)로 득령(得令)하고 좌하오화(坐下午火)에 득지(得地)하여 신왕(身旺)하다. 신왕(身旺)하면 식재관(食財官)에서 취용(取用)해야 하는데, 식상토(食傷土)는 辰土가 壬水의 고장(庫藏)이 되고, 戊土가 투출(透出)되어 있으니 건왕(健旺)하다.

재성금(財星金)은 사중경금(巳中庚金)으로 미약(微弱)하고, 관성임수(官星壬水)는 진중계수(辰中癸水)에 득근(得根)하여 왕성하다. 대운이 동북으로 향하여 인묘진목운(寅卯辰木運)에는 고전하였다. 그러나 癸丑 대운부터 수국용신(水局用神)이 들어오니 대길(大吉)하였으리라 추정한다.

원국(原局)에서 양인(羊刃)이 중중(重重)하고 임수편관(壬水偏官)이 투출하니 양인가살격(羊刃加殺格)이 되어 귀격(貴格)이 되는 것이다. 또한 시상임수(時上壬水)가 편관(偏官)이니 시상일위귀격(時上一位貴格)도 성립된다. 그런데 癸水가 있어 정관(正官)이 되니 관살혼잡(官殺混雜)으로 보아 격(格)이 떨어질 것 같으나 무계합(戊癸合)으로 거(去)하니, 이를 거관류살(去官留殺)이라고 하여 귀격(貴格)이 되는 것이다. 원국(原局)에 재성(財星)이 없고 대운(大運)에서도 없으니, 평생 동안 청빈한 선비로 살았기에 후세에『적천수천미(滴天髓闡微)』같은 불후의 명저를 남길 수가 있었다. 임철초(任鐵樵) 선생의 명조(命造)이다.

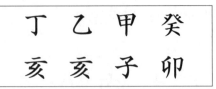

丁 乙 甲 癸
亥 亥 子 卯

丁戊己庚辛壬癸
巳午未申酉戌亥

본명(本命)은 1903년 10월 25일 해시생(亥時生)이며, 90세인 乙卯 대운 임신년(壬申年)에 불록지객(不祿之客)이 된 박재완(朴在玩) 선생의 명조(命造)이다. 을목일주(乙木日主)가 자월(子月)에 태어나 한기가 있어 동목(凍木)이 되어 있고, 좌하해중갑목(坐下亥中甲木)이 득근(得根)하여 종강격(從强格)이고, 문곡성(文曲星)이 있어 학문이 깊다.

용신정법(用神定法)에서 종격(從格)은 인비식(印比食)이 희신(喜神)이고, 재관(財官)이 기신(忌神)인데, 시상정화(時上丁火)는 조후용신(調候用神)이 되면서 동시에 설기(泄氣)시키는 식신(食神)이 되고, 해해자형(亥亥自刑)과 자묘형(子卯刑)이 중중(重重)하여 의약업이나 종교 또는 철학 계통에서 종사하게 된다.

원국(原局)에서 재성(財星)과 관성(官星)이 미약(微弱)하니, 한평생 청빈한 선비였기 때문에 『명리요강(命理要綱)』이란 명저를 남겼다. 대운이 금수운(金水運)에는 고전하였고, 木火 운에 대발(大發)하였다. 乙卯 대운인 임신년(壬申年)에 불록지객(不祿之客)이 되었는데, 정임합목(丁壬合木)이 되어 丁火가 합거(合去)되었기 때문이다.

```
己 壬 壬 庚
酉 子 午 申
```

```
己戊丁丙乙甲癸
丑子亥戌酉申未
```

　본명(本命)은 1920년 5월 8일 유시생(酉時生)이며 64세인 무자대운(戊子大運) 계해년(癸亥年)에 불록지객(不祿之客)이 된 이석영(李錫英) 선생의 명조(命造)이다. 임수일주(壬水日主)가 오월(午月)에 태어나 실령(失令)하였으나 좌하자수(坐下子水)에 득지(得地)하고, 申酉金에 금생수(金生水)로 생조(生助)하니 신왕(身旺)하다.

　원국(原局)에 임자양인(壬子羊刃)이 있고, 연지신금(年支申金)이 문곡성(文曲星)과 학당성(學堂星)이 있으니, 평생 학문연구를 하게 된 것이다. 용신정법(用神定法)에서 식상목(食傷木)은 없고 재성화(財星火)는 午火가 자오충발(子午冲拔)로 미약(微弱)하고, 관성기토(官星己土)는 정관(正官)이니, 시상정관격(時上正官格)으로 귀격(貴格)이다.

　대운(大運)이 금수운(金水運)으로 향하니 불길하여 종교나 철학 계통에서 청빈한 선비였기 때문에 『사주첩경(四柱捷徑)』이란 명저를 남겼다. 무자대운(戊子大運)은 子午 충(冲)으로 午火가 충발(冲拔)되었고, 계해년(癸亥年)은 己癸 충(冲)으로 기토(己土)가 충발(冲拔)되니, 외충(外冲)에 의하여 천충지충(天冲地冲)으로 불귀객(不歸客)이 된 것이다.

11. 애국지사(愛國志士) 및 의사(義士)

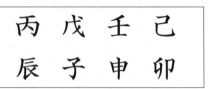

丙 戊 壬 己
辰 子 申 卯

乙 丙 丁 戊 己 庚 辛
丑 寅 卯 辰 巳 午 未

　본명(本命)은 1879년 7월 16일생이며, 1909년 31세인 기유년(己酉年)에 일본의 이토 히로부미(伊藤博文)를 세 발의 총탄으로 명중(命中)시켜 절명케 한 안중근(安重根) 의사의 명조(命造)이다. 무토일주(戊土日主)가 지지(地支)에 신자진삼합(申子辰三合)으로 수국(水局)을 이루어 구진득위격(句陳得位格)이다. 戊土가 재국(財局)을 이루었다는 것이다.

　구진득위격(句陳得位格)의 구진(句陳)은 중앙을 관장하는 사령(司令)으로서 토신(土神)인데 戊己가 토신(土神)에 해당하고, 득위(得位)란 지위를 얻었다는 뜻으로 지지(地支)에 재관(財官)을 얻으면 성립되는데 戊土가 수재국(水財局)을 이루거나 己土가 목관국(木官局)을 이루거나 할 경우이다.

　그러므로 무진일(戊辰日), 무신일(戊申日), 무자일(戊子日)이 지지(地支)에 신자진 수국(申子辰水局)이 되거나, 기묘일(己卯日), 기해일(己亥日), 기미일(己未日)이 해묘미목국(亥卯未木局)이 될 경우에 재성(財星)과 관살(官殺)을 이루게 되어 붙여진 격국(格局)이라 귀격(貴格)에 속한다.

　그러나 신왕(身旺)해야 하고 형충(刑冲)이 되면 불길하고 행운 역시 형충(刑冲)이 되면 불길하여 감복(減福)이 되는 것이다. 임술년(壬戌年)에 결혼을 한 것은 壬水가 희신(喜神)인데 정임합목(丁壬合木)이 되고 오술합화(午戌合火)가 되니 용신(用神)

이 되었기 때문이다. 1909년 31세인 기유년(己酉年), 己巳 대운에서 일본의 이토 히로부미(伊藤博文)를 하얼빈 역에서 세 발의 총탄으로 절명(絶命)시켰다. 이것은 대운과 세운이 사유합금(巳酉合金)이 되어 기신(忌神)이 되고, 희신(喜神)이 묘목(卯木)이, 묘유상충(卯酉相沖)이 되니 용희신(用喜神)이 소멸된 데 따른 것이다.

```
癸 癸 癸 戊
丑 亥 亥 寅
```

```
庚 己 戊 丁 丙 乙 甲
午 巳 辰 卯 寅 丑 子
```

본명(本命)은 1878년 10월 6일 평남 강서에서 출생하였으며, 종교인, 교육인으로서 독립운동을 하였고, 1934년 57세인 갑술년(甲戌年)에 사망한 도산(島山) 안창호(安昌浩) 선생의 명조(命造)이다. 계수일주(癸水日主)가 해월(亥月)에 태어나 득령(得令), 득지(得地), 득세(得勢)하여 신왕(身旺)하지만, 천한지동(天寒地凍)이 되어 우선 조후(調候)로 화기(火氣)가 필요하다.

癸水가 월일시(月日時)에 세 개가 있는 것을 삼붕격(三朋格)이라고 하며, 해자(亥字)와 축자(丑字) 사이에 자자(子字)가 있는 것으로 간주하여, 子水는 癸水의 건록(建祿)이 되므로 공록격(拱祿格)이라고 하는 것이다.

신왕(身旺)하면 식재관(食財官)이 희신(喜神)이고, 인비(印比)가 기신(忌神)이다. 수왕(水旺)하니 설기(泄氣)시키는 寅木이 인해합(寅亥合)하고, 제방(堤防)으로 막아야 하는 戊土가 무계합(戊癸合)하고, 인중(寅中)의 丙火가 보역(補役)하니, 자연적으로 극제(剋制)함이 없이 유통이 되니 청귀(淸貴)한 명조(命造)이다.

일반적으로 수기(水氣)는 지혜이고, 화기(火氣)는 달변이고, 토기(土氣)는 중용(中庸)이요, 금기(金氣)는 의리이고, 목기(木氣)는 창조를 뜻하는데, 본명(本命)은 수기

(水氣)가 소통이 잘되어 지혜로운 두뇌로 언변이 능통하다. 원국(原局)에서 비겁(比劫)이 태왕(太旺)하다는 것은 부친과 처궁(妻宮)이 약하다는 것을 암시하고 있다. 12세 때 이미 부친을 여의었다.

丙寅 대운에는 신민회를 결성하고 대한매일신보를 설립했다. 丁卯 대운에는 옥고를 치렀으며, 도미(渡美)하여 흥사단(興士團)을 설립하고 戊辰 대운에는 독립운동을 하였다. 己巳 대운인 55세 임신년(壬申年)에 일경(日警)에게 체포되었다가, 57세인 1934년 갑술년(甲戌年)에 다시 투옥되어 사망하였다. 己巳 대운은 기계충(己癸沖), 사해충(巳亥沖)으로 천충지충(天沖地沖)되어 형액(刑厄)을 암시하고 있는데, 임신년(壬申年)은 壬水가 기신(忌神)이고, 대운과 세운이 인사신(寅巳申)이 삼형(三刑)을 이루어 체포되었고, 갑술년(甲戌年)은 무갑극(戊甲剋), 축술형(丑戌刑)으로 용신(用神)이 소멸되어 사망하게 된 것이다.

癸 癸 丁 己
丑 丑 丑 未

庚 辛 壬 癸 甲 乙 丙
午 未 申 酉 戌 亥 子

계수일주(癸水日主)가 지지(地支)에 축자(丑字)가 많은 것을 축요사격(丑遙巳格)이라고 한다. 축요사격(丑遙巳格)은 신축일(辛丑日)과 계축일(癸丑日)에 해당하고 축자(丑字)가 많을수록 상격(上格)이다.

또한 丑이 사자(巳字)를 암적(暗的)으로 움직이게 하는데, 사중무토(巳中戊土)는 계일간(癸日干)의 정관(正官)이 되고, 사중병화(巳中丙火)는 신일간(辛日干)의 정관(正官)이 된다는 뜻이다. 따라서 기묘하고 신묘(神妙)한 격국(格局)이다. 만약 丙午나 丁巳가 있으면 축자(丑字)가 무용지물이 된다. 계축일주(癸丑日柱)는 축중(丑中)

에 신금(辛金)과 기토(己土)가 있어 토생금(土生金)으로 살인상생격(殺印相生格)이라고도 한다.

또한 전지지(全地支)가 토국(土局)이 되고 연간기토(年干己土)가 투출되어 종살격(從殺格)도 성립된다. 계수일주(癸水日主)가 축월(丑月)에 태어나 천한지동(天寒地凍)으로 화기(火氣)가 조후용신(調候用神)이고, 목기(木氣)는 희신(喜神)이 된다. 다행하게도 월간정화(月干丁火)가 있으나 미약(微弱)하다. 丁火는 편재(偏財)가 되니 부친 또는 처첩에 해당하는데, 정계충(丁癸沖)으로 丁火가 소멸되어 부친과 조별하였다.

뿐만 아니라 계축일주(癸丑日柱)가 축월생(丑月生)이니 엄동설한이라 화기(火氣)가 퇴색되어 처궁(妻宮)이 미약(微弱)하게 되었다. 1893년 35세인 계사년(癸巳年)에 재혼하였는데 정계충(丁癸沖)으로 정화처(丁火妻)가 충발(沖拔)되어 이별을 암시하고 있고, 계사년(癸巳年)은 사중병화(巳中丙火)가 용신(用神)이 되고, 처궁축(妻宮丑)과 대운유(大運酉)와 세운사(歲運巳)와 巳酉丑으로 삼합(三合)이 되었기 때문이다.

1901년 42세인 신축년(辛丑年), 壬申 대운에 '헤이그'에서 할복자살로 서거하였다. 壬申 대운은 금수기신(金水忌神)이고, 신축년(辛丑年)도 역시 기신(忌神)이 되어 한기가 추가하니 설상가상으로 동사(凍死)한 형상이다. 본명(本命)은 이준(李儁) 열사(烈士)의 명조(命造)이다.

庚 丁 戊 戊
戌 未 午 申

乙 甲 癸 壬 辛 庚 己
丑 子 亥 戌 酉 申 未

본명(本命)은 1908년 5월 23일에 출생하고 25세인 1932년 12월 19일 일본 육군

형무소에서 총살형으로 순국한 매헌(梅軒) 윤봉길(尹奉吉) 의사의 명조이다. 정화일주(丁火日主)가 오월(午月)에 태어나 건록격(建祿格)이다. 건록격(建祿格)은 명예(名譽)를 중요시하고, 고향보다 타향, 객지에서 성공하는 경우가 많다. 土金으로 식신생재격(食神生財格)도 성립된다.

丁火가 오월(午月)에 득령(得令)하고 지지(地支)의 오미합화(午未合火), 오술합화(午戌合火)로 신왕(身旺)한 것으로 보인다. 우선 화기(火氣)가 왕성하니 조후(調候)로 수기(水氣)가 필요하니, 조후(調候)로 수기(水氣)가 용신(用神)이다.

강약(强弱)을 분석하면 丁火가 오월(午月)에 득령(得令)하고 오미합화로 득지(得地)한 것으로 보면 신왕(身旺)하다. 그러나 지지에 戌未土가 있고, 년월간(年月干)에 양무토(兩戊土)가 있어 설기(泄氣)가 태심(太甚)하니 오히려 신약(身弱)하다.

따라서 丁火가 식상(食傷)인 토기(土氣)가 왕성하니 선왕후약(先旺後弱)이 되었다. 신약(身弱)하면 인수(印綬)와 비겁(比劫)이 용신(用神)이 되고, 식상태왕(食傷太旺)을 제압하는 관살(官殺)도 희신(喜神)이 되니 제살태과격(制殺太過格)도 성립된다. 또한 술미삼형살(戌未三刑殺)이 있어 형액을 암시하고 있다.

1922년 15세인 임술년(壬戌年)에 결혼(結婚)하였고, 1930년 23세인 경오년(庚午年)에 중국으로 망명하였으며, 1932년 25세인 임신년(壬申年) 임자월(壬子月) 갑인일(甲寅日)에 일본의 시라가 대장에게 수류탄을 투척한 사건으로 육군 형무소에서 순국하였다.

丙	甲	庚	甲
寅	戌	午	辰

癸	甲	乙	丙	丁	戊	己
亥	子	丑	寅	卯	辰	巳

본명(本命)은 1904년 4월 26일 출생하여 3·1운동 당시에 서대문 감옥에서 처형당한 유관순(柳寬順) 열사(義士)의 명조(命造)이다.

갑목일주(甲木日主)가 오월(午月)에 태어나 목화상관격(木火傷官格)이라 하고, 시지(時支)에 寅木이 있어 귀록격(歸祿格)도 성립된다. 강약을 분석하면 지지에 寅午戌로 삼합화국(三合火局)을 이루고 시간(時干)에 丙火가 투출하니 甲木은 고사 직전에 있으니 수기(水氣)가 용신(用神)이다.

원국(原局)에서 식상(食傷)이 태왕(太旺)하니 식상(食傷)을 제압시키는 관살(官殺)인 庚金이 희신(喜神)이다. 이것을 제살태과격(制殺太過格)이라고 한다. 경금희신(庚金喜神)은 화염(火焰) 속에 파묻혀 소용직전(消鎔直前)에 있으니 쓸모없는 희신(喜神)이다. 丁卯 대운은 정화기신(丁火忌神)이고, 卯戌火가 되어 甲木이 고사당하였다.

제 21 장

수명壽命과 질병론疾病論

제1절 음양오행陰陽五行과 질병원리疾病原理

　우주자연의 모든 삼라만상은 생장쇠멸(生長衰滅)의 섭리 속에 영원불멸할 수 없으며, 우리 인간도 한 번 태어나면 언젠가는 반드시 죽는 것이 자연의 이치이다.

　그러나 인간은 세상에 태어날 때 선천적으로 부귀빈천과 수요장단(壽夭長短)까지도 운명적으로 타고난다. 그러므로 인간은 누구나 부귀하게 태어나서 장수하면서 살고 싶지만 운명만큼은 마음대로 할 수 없기 때문에, 빈천하게 태어났으나 장수하기도 하고, 부귀하게 태어났으나 단명하기도 하는 것이다.

　따라서 우리 인간이 타고난 생년월일시를 가지고 운명을 예측할 수 있듯이, 인체의 질병도 마찬가지로 예측할 수가 있다. 천지자연의 만물에는 음양의 오기(五氣)가 있고, 땅에는 육기(六氣)가 있듯이 우리의 인체에도 오장과 육부가 있다.

　명리학의 경전이라고 할 수 있는 『적천수(滴天髓)』에서는 "오행화자(五行和者) 일세무재(一世無災)"라고 하였는데 이는 오행이 중화(中和)가 되면 일생 동안 병이 없다는 뜻이다.

　또한 『삼명통회(三命通會)』에 따르면 "강태생어화합(强泰生於和合), 질병기어형상(疾病起於形傷)"이라고 하였는데 이는 "건강은 화합에서 생기는 것이고 질병(疾

病)은 형충(刑冲)과 상극에서 일어난다"라는 뜻으로 모든 질병은 오행이 조화를 이루지 못하여 오장과 육부의 균형이 깨져 발생한다는 것이다.

따라서 사주원국(四柱原局)을 보고 질병을 예측할 때 우선 일간(日干)의 강약을 분석하고, 격국(格局)의 순수성과 용희신(用喜神)의 유무를 선별하고, 그 세력이 건왕(健旺)한지를 판단하는 것이다.

일간(日干)이 강하고 격국(格局)이 순수하면 대체로 건강하고, 용희신(用喜神)의 세력이 강하면 대길(大吉)하고 재난이 적다. 그러나 일간(日干)이 약하고, 생부(生扶)가 적고, 종화(從化)할 능력이 없으면 병약하다고 본다.

그러므로 오장육부에 해당하는 오행배합(五行背合)을 보고, 어느 오행이 강왕(强旺)한데 극설(剋泄)이 없는지, 어느 오행이 쇠약한데 생부(生扶)가 없는지도 잘 살펴야 한다.

고서에 '태과불급개위병(太過不及皆爲病)'이라고 하였듯이 일반적으로 강왕(强旺)이 태과(太過)해도 병이요, 쇠약이 태과(太過)해도 역시 병이 되니 오행이 중화(中和)되고, 소통이 잘되어야 건강한 명(命)이라고 할 수 있다. 또한 오행 중에서 한 가지 오행이 편음(偏陰)되거나 혹은 편양(偏陽)되어 있어도 질병의 원인이 된다.

우리 인간의 인체는 장부(臟腑)가 서로 밀접하게 영향을 주고 있기 때문에 어느 한 가지 질병이 생기면 다른 장부(臟腑)에도 영향을 미친다. 결론적으로 원국(原局)의 일간(日干)이 강왕(强旺)하고, 격국(格局)이 순수하고, 음양오행의 기세가 소통이 잘 되고, 용희신(用喜神)이 유력하면 일생 동안 무병하고 건강하게 살다가 쇠로(衰老)하게 되는 것이다.

그러나 일간(日干)이 신약(身弱)하고, 격국(格局)이 혼잡하고, 오행이 중화(中和)되지 않고, 소통이 되지 않고, 용희신(用喜神)이 무력하면 일생 동안 흉화(凶禍)의 명(命)이라고 할 수 있는 것이다.

『황제내경(皇帝內經)』 소문(素門)에 "의자필구어음양(醫者必求於陰陽), 이지연후의술(易知然後醫術)"이라고 논한 것도 의사가 환자의 질병 원인을 음양(陰陽)에서 찾는다면 질병의 치료는 훨씬 용이하다는 뜻이다.

명리학으로 질병을 진단한다는 것은 정확하게 병명을 찾아내는 것이 아니라, 어디까지나 장부(臟腑)에 대해서 오행의 기준으로 질병의 부위를 예측하여, 타고난 선천적 부족함을 현대의학이나 한의학에서 보완하여 준다면 건강하게 장수할 수 있다는 데 더 의의가 있다고 본다.

최근까지는 음양오행의 과다불급에 의한 허증(虛症)이나 실증(實證)에 의한 원인에 비중을 두었으나, 원국피상(原局被傷), 유년피상(流年被傷), 유년기신(流年忌神)이 될 경우에도 장부(臟腑)와 질병이 연관성이 더 크게 미치고 있다는 것이 경험에서 나타났다.

제2절 천간지지天干地支와 오장육부五臟六腑

〈표 21-1〉 천간(天干) 배속 장부와 부위

천간(天干)	장부(臟腑)	부위(部位)
甲	담(膽)	머리, 수염, 머리카락, 눈, 힘줄
乙	간장(肝臟)	이마, 목덜미, 눈썹, 음모, 손발톱
丙	소장(小腸)	어깨, 맥(脈), 입술, 혈액
丁	심장(心臟)	가슴, 기(氣)
戊	위장(胃腸)	갈비, 살(肉), 혀(舌)
己	비장(脾臟)	혀(舌), 기름(脂), 배(腹)
庚	대장(大腸)	코, 배꼽
辛	폐장(肺臟)	다리, 털(毛)
壬	방광(膀胱)	귀(耳), 뼈골(骨髓), 정강이
癸	신장(腎臟)	발(足), 털(髮), 발바닥

지지(地支)	장부(臟腑)	부위(部位)
子	신장(腎臟)	귀, 요도
丑	비장(脾臟)	자궁, 복부, 입술
寅	담(膽)	모발, 풍, 손, 오른쪽 다리
卯	간장(肝臟)	왼쪽 다리, 왼쪽 옆구리, 손가락
辰	위장(胃腸)	피부, 가슴, 어깨, 척추, 관절
巳	소장(小腸)	목구멍, 치아, 항문, 음부
午	심장(心臟)	정신, 머리, 눈
未	비장(脾臟)	척추, 삼초, 가슴, 뺨
申	대장(大腸)	팔뚝, 경락, 천식, 치질
酉	폐장(肺臟)	코, 오른쪽 옆구리, 목구멍
戌	위장(胃腸)	명치, 발뒤꿈치, 복숭아뼈
亥	방광(膀胱)	음낭, 머리

명리학으로 질병을 예측하기 위해서는 태어난 년월일시(年月日時)를 구성하는 천간(天干)과 지지(地支)에 인체의 오장육부를 배속(配屬)시키는 것이 우선이다.

천간(天干)의 甲木은 담, 乙木은 간, 丙火는 소장, 丁火는 심장, 戊土는 위장, 己土는 비장, 庚金은 대장, 辛金은 폐, 壬水는 방광, 癸水는 신장이다.

또한 외부사지오체(外部四支五體)에 십간(十干)을 배속시키면 甲木은 머리, 乙木은 이마, 丙火는 어깨, 丁火는 가슴, 戊土는 갈비, 己土는 배, 庚金은 배꼽 부위, 辛金은 넓적다리, 壬水는 정강이, 癸水는 발에 배속시켜 일신(一身)에 연유(緣由)하고 있다.

지지(地支)의 子水는 방광, 요도, 귀이고, 丑土는 비장, 복부, 寅木은 담과 머리카락과 손, 卯木은 간과 손가락, 辰土는 위장과 어깨와 피부, 巳火는 심장과 목구멍과 치아와 항문과 얼굴, 午火는 정신과 눈을 다스린다.

未土는 비장과 밥통과 등뼈와 횡격막이고, 申金은 대장과 경락이고, 酉金은 폐와 정혈이다. 戊土는 위장과 명문과 복숭아뼈와 발이고, 亥水는 신장과 머리와 음낭을 배속하고 있다.

제3절 음양오행陰陽五行과 장부론臟腑論

1. 음양오행(陰陽五行)과 장부(臟腑)

〈표 21-3〉 음양오행과 장부

오행(五行)	위치	장(臟)	부(腑)	기능(技能)
木	좌(左)	간(肝)	담(膽)	제독분비(除毒分泌)
火	상(上)	심(心)	소장(小腸)	순환기(循環器)
土	복(腹)	비(脾)	위장(胃腸)	소화기(消化器)
金	우(右)	폐(肺)	대장(大腸)	호흡기(呼吸器)
水	하(下)	신(腎)	방광(膀胱)	배설기(排泄器)

木은 간담인데 甲과 寅은 담이고, 乙과 卯는 간에 속한다. 火는 심장과 소장인데 丙과 巳는 소장이고, 丁과 午는 심장에 속한다.

土는 비장과 위장인데 戊와 辰과 戌은 위장이고, 己와 丑과 未는 비장에 속한다.

金은 폐(肺)와 대장인데 庚과 申은 대장이고, 辛과 酉는 폐에 속한다. 水는 신장과 방광인데 壬과 亥는 방광이고, 癸와 子는 신장에 속한다.

오장(五臟)은 간, 심장, 비장, 폐, 신장이고, 육부(六腑)는 담, 소장, 위장, 대장, 방광의 오부(五腑)와 삼초(三焦)를 합하여 말하는 것이다.

삼초(三焦)는 상초(上焦), 중초(中焦), 하초(下焦)를 총칭하는데 장부(臟腑)를 운전(運轉)하는 힘을 말한다. 심장과 폐는 몸통의 위쪽에 위치하고 있어 횡격막(橫膈膜) 이상은 상초(上焦)라 하고, 위와 비장, 췌장, 담낭 등은 몸통의 가운데에 위치하고 있어 중초(中焦)라고 부르고, 신장, 방광, 대장은 몸통 아래쪽에 있어 하초(下焦)에 속한다.

2. 장부(臟腑)와 상생상극(相生相剋)

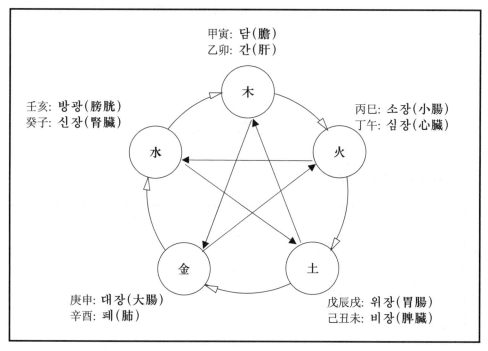

甲寅: 담(膽)
乙卯: 간(肝)

壬亥: 방광(膀胱)
癸子: 신장(腎臟)

丙巳: 소장(小腸)
丁午: 심장(心臟)

庚申: 대장(大腸)
辛酉: 폐(肺)

戊辰戌: 위장(胃腸)
己丑未: 비장(脾臟)

木　火　水　金　土

〈그림 21-1〉 장부와 상생상극

서양의학에서는 폐장, 심장, 비장, 췌장, 신장 등을 장(臟)이라 하고, 한의학에서는 간(肝), 심(心), 비(脾), 폐(肺), 신(腎), 그 밖의 명문(命門)을 장(臟)이라고 하며, 비장과 췌장을 합하여 비장이라고 한다. 서양의학에서는 담낭, 소장, 대장, 위장, 방광 등을 부(腑)라고 하고, 한의학에서는 담낭, 소장, 대장, 위장, 방광, 그리고 그 밖의 삼초(三焦)를 가리켜 부(腑)라고 한다.

한의학에서는 비와 위, 간과 담, 신장과 방광, 심장과 소장, 폐와 대장을 각각 음양으로 짝을 지어 사용하고 있다. 심장과 소장, 폐와 대장을 한 짝으로 다루는 것이 언뜻 이해하기가 어려운데, 각각의 기능이 유사하고 작용이 서로 밀접한 관계가 있기 때문이다.

우선 폐와 대장의 관계를 살펴보면 폐는 공기를 흡수하여 탄산가스를 몸 밖으로 배출하고 수분을 발산하며, 대장은 수분을 흡수하고 때때로 가스를 배출한다.

심장과 소장의 관계를 살펴보면 심장은 영양분을 온몸에 분배하고, 소장은 소장 안에 있는 내용물을 대장에 보낸다. 따라서 해부학적 관계보다는 기능적인 관계를 한의학에서는 더 중요시하고 있다.

제4절 음양오행陰陽五行과 질병예측疾病豫測

1. 간(肝) · 담(膽) 계통의 질병

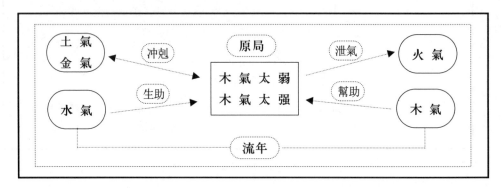

   (1) 목일주(木日主)가 원국(原局)에서 甲乙寅卯가 태약(太弱)하거나 木이 용희신(用喜神)일 경우에 庚辛申酉나 戊己辰戌丑未로부터 충극(冲剋)을 당하거나 丙丁巳午로부터 설기(泄氣)를 당하면, 木이 허하여 간담 계통에 질병이 발생한다.
   (2) 목일주(木日主)가 원국(原局)에서 甲乙寅卯가 태강(太强)한데 유년(流年)에서 甲乙寅卯가 방조(幫助)하거나 壬癸亥子가 생조(生助)를 하면, 木이 실(實)하여 이때에도 간담 계통에 질병이 발생한다.
   (3) 목일주(木日主)가 원국에서 태강(太强)한데 유년(流年)에서 금운(金運)인 경신신유(庚辛申酉)가 들어오거나 토운(土運)인 戊己辰戌丑未가 들어오면, 폐 · 대장 계통이나 비 · 위장 계통에 질병이 발생한다.

2. 심장(心臟) 계통의 질병

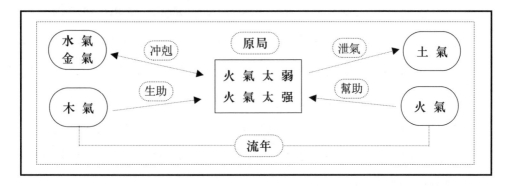

  (1) 화일주(火日主)가 원국에서 丙丁巳午가 태약하거나 火가 용희신(用喜神)일 경우에 壬癸亥子나 庚辛申酉로부터 충극을 당하거나 戊己辰戌丑未로부터 설기를 당하면, 火가 허(虛)하여 심장과 소장 계통에 질병이 발생한다.

  (2) 화일주(火日主)가 원국에서 丙丁巳午가 태강한데 유년에서 丙丁巳午가 방조하거나 甲乙寅卯가 생조를 하면, 火가 실하여 이때에도 심장과 소장 계통에 질병이 발생한다.

  (3) 화일주(火日主)가 원국에서 태강한데 유년에서 수운인 壬癸亥子가 들어오거나 금운인 庚辛申酉가 들어오면, 신장과 방광 계통이나 폐·대장 계통에 질병이 발생한다.

3. 비(脾)·위(胃) 계통의 질병

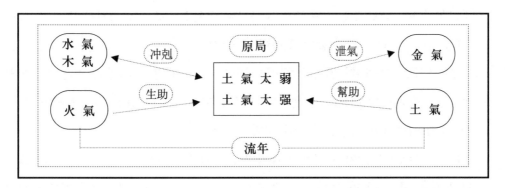

  (1) 토일주(土日主)가 원국에서 戊己辰戌丑未가 태약(太弱)하거나 土가 용희신(用

喜神)일 경우에 甲乙寅卯나 壬癸亥子로부터 충극(冲剋)을 당하거나 庚辛申酉로부터 설기를 당하면, 土가 허(虛)하여 비장과 위장 계통에 질병이 발생한다.

(2) 토일주(土日主)가 원국에서 戊己辰戌丑未가 태강(太强)한데 유년(流年)에서 戊己辰戌丑未로부터 방조를 받거나 丙丁巳午로부터 생조를 받으면, 土가 실(實)하여 이때에도 비장과 위장 계통에 질병이 발생한다.

(3) 토일주(土日主)가 원국(原局)에서 태강(太强)한데 유년(流年)에서 목운(木運)인 甲乙寅卯가 들어오거나 수운(水運)인 壬癸亥子가 들어오면, 간담이나 신장, 방광 계통에 질병이 발생한다.

4. 폐(肺) · 대장(大腸) 계통의 질병

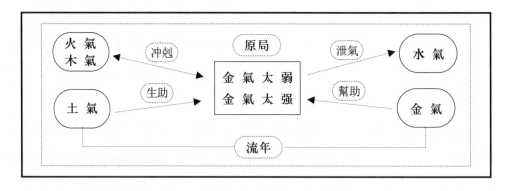

(1) 금일주(金日主)가 원국에서 庚辛申酉가 태약하거나 金이 용희신일 경우에 丙丁巳午나 甲乙寅卯로부터 충극을 당하거나 壬癸亥子로부터 설기를 당하면, 金이 허(虛)하여 폐나 대장 계통에 질병이 발생한다.

(2) 금일주(金日主)가 원국(原局)에서 庚辛申酉가 태강(太强)한데 유년(流年)에서 庚辛申酉로부터 방조(幫助)를 받거나 戊己辰戌丑未로부터 생조(生助)를 받으면, 金이 실(實)하여 폐와 대장 계통에 질병이 발생한다.

(3) 금일주(金日主)가 원국에서 태강한데 유년에서 화운인 丙丁巳午가 들어오거나 목운인 甲乙寅卯가 들어오면, 오히려 피상되어 심장과 소장, 간담 계통에 질병이 발생한다.

5. 신장(腎臟)·방광(膀胱) 계통의 질병

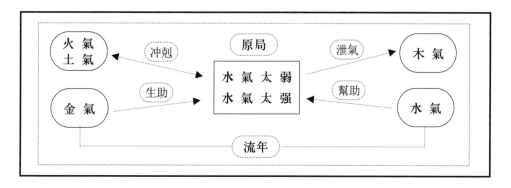

(1) 수일주(水日主)가 원국에서 壬癸亥子가 태약하거나 水가 용희신일 경우에 戊己辰戌丑未나 丙丁巳午로부터 충극을 당하거나 甲乙寅卯로부터 설기를 당하면, 水가 허(虛)하여 신장이나 방광 계통에 질병이 발생한다.

(2) 수일주(水日主)가 원국에서 壬癸亥子가 태강한데 유년에서 壬癸亥子로부터 방조를 받거나 庚辛申酉로부터 생조를 받으면, 水가 실하여 이때에도 신장, 방광 계통에 질병이 발생한다.

(3) 수일주(水日主)가 원국에서 壬癸亥子가 태강한데 유년에서 수운인 壬癸亥子가 들어오거나 금운인 庚辛申酉가 들어오면 신장, 방광 계통에 질병이 발생한다.

제5절 음양오행陰陽五行과 질병 발생 원인

(1) 甲乙寅卯가 태약(太弱)한데 금성(金星)으로부터 충극(沖剋)을 받으면 목성(木星)은 동방이므로 신체 좌측에 질병이 오기 쉽고, 장부는 목성(木星)이 간장과 담낭이 되므로 두통, 눈과 수족 마비, 간염 및 간경화, 중풍, 구안와사, 수족상해, 우울증, 신경쇠약 등의 질병이 발생한다. 甲乙寅卯木이 태과(太過)할 때는 오히려 금성(金星)에 해당하는 폐나 대장 계통에 질병이 발생한다.

(2) 丙丁巳午가 태약(太弱)한데 수성(水星)의 충극(沖剋)을 받으면 화성(火星)은

남방(南方)이므로 신체 상위에 질병이 오기 쉽고, 장부(臟腑)는 화성(火星)이 심장과 소장에 해당되기 때문에 심장마비, 뇌일혈, 안목, 관절염, 변비, 설사, 피부병, 공포증, 정력부족 등이 발생한다. 화성(火星)이 태과(太過)할 때는 오히려 수성(水星)에 해당하는 신장과 방광 계통에 질병이 발생한다.

(3) 戊己辰戌丑未가 태약(太弱)한데 목성(木星)의 충극(冲剋)을 받으면 토성(土星)은 중앙과 사계에 해당되므로 장부는 비장과 위장 계통에 질병이 발생한다. 이에는 구토, 소화장애, 피부병, 위암, 위궤양, 위산과다 등 소화기 계통의 질병이 해당된다. 그러나 토성(土星)이 태과(太過)할 때는 오히려 목성(木星)에 해당하는 간과 담낭 계통에 질병이 발생한다.

(4) 庚辛申酉가 태약(太弱)한데 화성(火星)의 충극(冲剋)을 받으면 금성(金星)은 서방이므로 우측에 소속되고 장부(臟腑)는 폐와 대장 계통에 질병이 발생한다. 기관지, 천식, 축농증, 직장염, 결핵, 맹장염, 치질, 탈장, 복막염, 백혈병, 변비, 화상 등이 해당된다. 그러나 금성(金星)이 태과(太過)하면 오히려 화성(火星)에 해당하는 심장과 소장 계통에 질병이 발생한다.

(5) 壬癸亥子가 태약(太弱)한데 토성(土星)의 충극(冲剋)을 받으면 수성(水星)은 북방(北方)에 해당하기 때문에 신체의 하부에 질병이 발생하기 쉽다. 장부(臟腑)는 신장과 방광 계통에 소속되는 생식기 질병, 담석증, 신장결석, 당뇨병, 성병, 자궁병, 이병(耳病) 등이 발생한다. 그러나 수성(水星)이 태과(太過)하면 오히려 토성(土星)에 해당하는 비장과 위장 계통에 질병이 발생한다.

제6절 질병진단疾病診斷의 사례

1. 간(肝)·담(膽) 계통의 질환

(1) 목일주(木日主)가 태약(太弱)하거나 태왕(太旺)한 경우에 질병(疾病)이 발생한다. 목일주(木日主)는 갑을일간(甲乙日干)을 말하며 태약(太弱)하다는 것은 水木에

약하고 오히려 火土金이 왕성하여 木이 설기(泄氣)되거나 극제(剋制)를 당하고 있다는 뜻이다. 태왕(太旺)하다는 것은 원국(原局)에 水木이 왕성한데 대운이나 세운에서 목운(木運)이 들어와 기신(忌神)이 되는 경우에 질병이 생긴다는 뜻이다.

(2) 목일주(木日主)가 태약(太弱)한데 일간(日干)이나 일지(日支)를 형충(刑沖)하는 경우에는 수술이나 사망하는 경우가 많이 발생한다.

예를 들면 갑일간(甲日干)이 갑경충(甲庚沖)이 되거나 일지(日支)가 寅木이나 卯木이 되는데 원국(原局)에서 인사신삼형(寅巳申三刑)이 되거나 묘유충(卯酉沖)이 되고 있는데, 유년에서 다시 들어오면 작용력이 더욱 강하여 수술(手術)을 원하거나 사망하게 되는 경우가 많이 발생한다.

(3) 목일주(木日主)가 약한데 지지(地支)에 수국(水局)이 되어 오히려 수다목부(水多木浮)가 되는 경우에도 질병이 발생한다.

(4) 원국(原局)에 木이 없는데 유년(流年)에서 들어오다가 천간(天干)이나 지지(地支)에서 충형(沖刑)이 되는 경우에 수술이나 사망하는 경우가 많다. 예를 들면 을신충(乙辛沖), 갑경충(甲庚沖), 인신충(寅申沖), 묘유충(卯酉沖), 인사형(寅巳刑) 등이다.

己	乙	癸	甲
卯	酉	酉	申

庚	己	戊	丁	丙	乙	甲
辰	卯	寅	丑	子	亥	戌

을목일주(乙木日主)가 금왕절(金旺節)인 유월(酉月)에 태어나 실령(失令)하여 바위 틈에 자생(自生)하는 초목(草木)의 형상이다. 지지(地支)에 신유금국(申酉金局)으로 金이 왕성하여 신약(身弱)하니, 화식상(火食傷)으로 제살(制殺)하여 취용(取用)으로 식신제살격(食神制殺格)이 되었으니 水木火가 희신(喜神)이고, 土金이 기신(忌

神)이다.

원국(原局)에서 지지(地支)에 묘유충(卯酉冲)으로 卯木이 피상(被傷)되어 있는데 戊寅 대운에 무갑극(戊甲剋), 인신충(寅申冲)되어 왕금(旺金)에 금극목(金剋木)으로 寅卯木이 충발(冲拔) 직전에 있는데, 기묘년(己卯年)에 己癸 충(冲), 卯酉 충(冲)으로 천충지충(天冲地冲)이 되니 간암으로 명(命)을 다하였다.

```
辛 癸 戊 丁
酉 巳 申 丑
```

```
辛 壬 癸 甲 乙 丙 丁
丑 寅 卯 辰 巳 午 未
```

계수일주(癸水日主)가 신월(申月)에 태어나 득령(得令)하였고, 사유합금(巳酉合金), 사신합수(巳申合水)로 신왕(身旺)하다. 원국(原局)에 火土金이 왕성하여 木이 극제(剋制)되거나 설기(泄氣)가 되는데 다행하게도 木이 없다.

대운(大運)에서 인묘진목운(寅卯辰木運)이 들어오니 을신충(乙辛冲), 무갑극(戊甲剋), 묘유충(卯酉冲)으로 피상(被傷)되어 있는데, 壬寅 대운에는 인사신삼형살(寅巳申三刑殺)로 寅木이 피상(被傷)되어 간암(肝癌)으로 고생하다가 계미년(癸未年)에 정계충(丁癸冲), 축미충(丑未冲)으로 천충지충(天冲地冲)되니 명(命)을 다하였다.

```
戊 己 壬 丁
辰 巳 寅 亥
```

```
乙 丙 丁 戊 己 庚 辛
未 申 酉 戌 亥 子 丑
```

기토일주(己土日主)가 火土가 많아 신왕(身旺)하다.

지지(地支)에 인사형(寅巳刑)으로 사중경금(巳中庚金)에 의하여 인중갑목(寅中甲木)이 갑경충(甲庚沖)으로 피상(被傷)되어 있다. 丁酉 대운에는 정임합목(丁壬合木), 진유합금(辰酉合金), 사유합금(巳酉合金)으로 金이 왕성하게 되어 있는데 무인년(戊寅年)에는 인사형(寅巳刑)으로 교통사고(交通事故)를 당하였고, 丙申 대운에는 병임충(丙壬沖), 인사신삼형살(寅巳申三刑殺)이 되니 간암(肝癌)으로 고생(苦生)하다가, 갑신년(甲申年)에 갑기합(甲己合) 인사신삼형살(寅巳申三刑殺)로 대운(大運)과 세운(歲運)이 중첩(重疊)으로 들어와 명(命)을 다하였다.

```
癸 辛 庚 癸
巳 酉 申 未
```

```
癸 甲 乙 丙 丁 戊 己
丑 寅 卯 辰 巳 午 未
```

신금일주(辛金日主)가 신월(申月)에 태어나 득령(得令)하고, 지지(地支)에 사유합금(巳酉合金)이 되고, 庚金이 투출(透出)되어 신왕(身旺)하다. 신왕(身旺)하면 식재관

(食財官)인 수목화(水木火)가 희신(喜神)이고, 인비(印比)인 土金이 기신(忌神)이다.

乙卯 대운에는 을신충(乙辛沖), 묘유충(卯酉沖)으로 천충지충(天沖地沖)으로 형액(刑厄)을 암시하고 있는데 금왕(金旺)에 의하여 목단(木斷)이 되니 간암(肝癌)으로 고생(苦生)하다가, 53세인 을해년(乙亥年)에 을신충(乙辛沖), 을경합금(乙庚合金)으로 충중봉합(沖中逢合)이 되고, 사해충(巳亥沖)으로 천충지충(天沖地沖)이 되어 乙木과 해중갑목(亥中甲木)이 용신충발(用神沖拔)되어 명(命)을 다하였다.

癸	戊	丙	甲
丑	申	寅	申

己 庚 辛 壬 癸 甲 乙
未 申 酉 戌 亥 子 丑

무토일주(戊土日主)가 인월(寅月)에 태어나 한기가 있어 火가 필요한데 월간병화(月干丙火)가 있어 조후(調候)로 취용(取用)하였다. 강약으로 분석하면 戊土는 시지축토(時支丑土)에 유근(有根)하고 있고, 寅木이 살인상생(殺印相生)이 되지만 양신금(兩申金)에 인신충(寅申沖)이 되고, 년간갑목(年干甲木)이 절각(截脚)되어 미약하다.

그러므로 火土가 희신(喜神)이고, 金水木이 기신(忌神)인데 庚申 대운에는 갑경충(甲庚沖), 인신충(寅申沖)으로 천충지충(天沖地沖)이 되니 甲寅木이 충발(沖拔)되어 지방간(脂肪肝)으로 고생하다가, 58세인 신사년(辛巳年)에 병신합(丙辛合)으로 병화용신(丙火用神)이 합거(合去)되고, 인사신삼형살(寅巳申三刑殺)이 되어 간암으로 명(命)을 다하였다.

```
丙 乙 甲 戊
子 丑 子 申
```

```
辛 庚 己 戊 丁 丙 乙
未 午 巳 辰 卯 寅 丑
```

　을목일주(乙木日主)가 자월(子月)에 득령하고, 전지지가 신자진수국(申子辰水局)
으로 乙木이 부목(浮木)이 되어 물에 떠내려가는 형상이다. 따라서 火가 들어와 조
열(燥熱)시켜 주거나 조토(燥土)가 들어와 수색(水塞)으로 물을 가두어 발전소나 저
수지로 만드는 것이 급선무이니, 木火土가 희신(喜神)이고, 金水가 기신(忌神)이다.
　戊辰 대운에 오히려 신자진수국(申子辰水局)이 되어 오히려 수왕(水旺)하게 되었
고, 37세인 갑신년(甲申年)에는 신자진수국(申子辰水局)이 되어 더욱 물이 범람하니
부목(浮木)이 되어 간암으로 명(命)을 다하였다.

```
壬 戊 辛 己
戌 戌 未 丑
```

```
甲 乙 丙 丁 戊 己 庚
子 丑 寅 卯 辰 巳 午
```

　무토일주(戊土日主)가 미월(未月)에 태어나 득령(得令)하고, 전지지(全地支)가 축
술미토국(丑戌未土局)으로 형성되어 종왕격(從旺格)이면서 가색격(稼穡格)이 성립
된다. 종왕격(從旺格)은 인비(印比)나 식상(食傷)인 火土金이 희신(喜神)이고, 재관

(財官)인 水木이 기신(忌神)이다.

원국(原局)에서 축술미삼형살(丑戌未三刑殺)이 있으니 생살권(生殺權)을 다루는 직업과 관계가 있어, 약대를 나와 강원도 대관령에 있는 횡계에서 약국을 차려 대부가 되어 사회봉사도 하고, 주위로부터 존경과 선망의 대상이 되었으나, 乙丑 대운에 53세인 신사년(辛巳年)에 담낭 수술을 받았으나 55세인 계미년(癸未年)에 간암으로 전이되어 명(命)을 다하였다.

乙丑 대운은 乙辛 충(冲), 축술미삼형살(丑戌未三刑殺)이 되니 乙木이 충발(冲拔)되었고, 미중을목(未中乙木)과 술중신금(戌中辛金)이 암충(暗冲)되어 역시 乙木이 피상(被傷)되고, 신사년(辛巳年)은 사축합금(巳丑合金)이 되어 금왕절목(金旺折木)이 되었고, 계미년(癸未年)은 기계충(己癸冲), 축술미삼형살(丑戌未三刑殺)로 천충지충(天冲地冲)이 되었기 때문이다.

```
辛 癸 戊 丁
酉 巳 申 丑
```

```
辛 壬 癸 甲 乙 丙 丁
丑 寅 卯 辰 巳 午 未
```

계수일주(癸水日主)가 신월(申月)에 태어나 득령(得令), 사유축합금(巳酉丑合金)으로 득지(得地), 辛金이 투출(透出)하여 득세(得勢)하니 신왕(身旺)하다. 신왕(身旺)하면 식재관(食財官)인 木火土가 희신(喜神)이고, 인비(印比)인 金水가 기신(忌神)인데 식상목(食傷木)은 없고, 재성화(財星火)는 丁火가 사유합금(巳酉合金)으로 되어 미약(微弱)하고, 관성토(官星土)는 戊土인데 뿌리가 되는 丑土가 유축합금(酉丑合金)으로 역시 미약하다.

壬寅 대운은 정임합(丁壬合)으로 丁火가 합거(合去)되고, 인사신삼형(寅巳申三刑)

으로 寅木이 충발(沖拔)되어 있는데, 계미년(癸未年)에는 정계충(丁癸沖), 축미충(丑未沖)으로 역시 丁火가 용신충발(用神沖拔)되어 간암으로 명(命)을 다하였다.

2. 심장(心臟) 계통의 질환

(1) 화일주(火日主)가 태약(太弱)하거나 태왕(太旺)한 경우에 질병(疾病)이 발생하는데, 화일주(火日主)는 병정일간(丙丁日干)을 말하며, 태약(太弱)하다는 것은 木火가 약하고 土金水가 왕성하여 火가 설기(泄氣)되거나 극제(剋制)를 당하고 있다는 뜻이고, 태왕(太旺)하다는 것은 원국(原局)에서 木火가 왕성한데 대운(大運)이나 세운(歲運)에서 화운(火運)이 들어와 기신(忌神)이 되는 경우에 질병이 생긴다는 뜻이다.

(2) 화일주(火日主)가 태약(太弱)한데 일간(日干)이나 일지(日支)를 형충(刑沖)하는 경우에 수술을 받거나 심장마비로 사망하는 경우가 많이 발생한다.

예를 들면 丙火 일간이 丙庚 충(沖)이 되거나 丙壬 충(沖)이 되고, 일지(日支)인 巳火나 午火가 원국에서 寅巳 형(刑)이나 巳亥 충(沖)이나 巳申 형(刑)이 되는 경우와, 子午 충(沖)이 있는 경우를 말한다. 또한 유년(流年)에서 다시 寅巳申 삼형살(三刑殺)이나 子午 충(沖)이 들어오면 수술을 받거나 사망하는 경우가 많다.

(3) 화일주(火日主)가 오히려 화기(火氣)가 태왕(太旺)하여 염상격(炎上格)이 되거나, 丙丁火가 강한 수기(水氣)에 의하여 화(火)가 약해지는 경우에 심장질환이나 고혈압이 생긴다.

壬	癸	丙	辛
戌	卯	申	酉

癸 壬 辛 庚 己 戊 丁
卯 寅 丑 子 亥 戌 酉

계수일주(癸水日主)가 신월(申月)에 태어나 득령(得令)하고 지지(地支)에 申酉戌 금국(金局)이고 辛金과 壬水가 투출되어 신왕(身旺)하다. 희신(喜神)은 식재관(食財官)이 되는 木火土이고, 인비(印比)인 金水가 기신(忌神)이다. 卯木은 申酉戌 금국(金局)에 피상(被傷)되어 미약(微弱)하고, 丙火는 丙辛 합수(合水)로 역시 미약하며, 戌土는 申酉戌로 금화(金化)되었다.

壬寅 대운에 병임충(丙壬沖)으로 丙火가 충발(沖拔)되고 인신충(寅申沖)으로 寅木이 충발(沖拔)되니, 천충지충(天沖地沖)으로 용신(用神)인 木火가 피상(被傷)되었다. 61세인 신유년(辛酉年)에 병신합수(丙辛合水)가 되어 丙火가 합거(合去)되고, 묘유 충(卯酉沖)으로 卯木이 충발(沖拔)되어 심장수술을 받았다.

庚 丙 戊 乙
子 申 寅 未

乙甲癸壬辛庚己
酉申未午巳辰卯

병화일주(丙火日主)가 인월(寅月)에 태어나 득령(得令)하고 金水가 태왕(太旺)하니 신약(身弱)한데, 일간(日干)이 병경충(丙庚沖), 일지(日支)가 인신충(寅申沖)으로 천충지충(天沖地沖)되어 木火가 피상(被傷)되었다.

원명(原命)이 신약하니 인비(印比)인 木火가 희신이고, 식재관(食財官)인 土金水가 기신이다. 辛巳 대운 30세인 갑자년(甲子年)에 심장수술을 받은 것은 을신충(乙辛沖), 인사신삼형살(寅巳申三刑殺)로 천충지형(天沖地刑)이 되었기 때문이다.

壬午 대운 47세인 신사년(辛巳年)에는 병임충(丙壬沖), 자오충(子午沖)되어 역시 천충지충(天沖地沖)되니 자궁 수술을 받았고, 50세인 갑신년(甲申年)에는 갑경충(甲庚沖), 인신충(寅申沖)으로 甲寅木이 충발(沖拔)되어 심장 재수술을 받았다.

```
庚 丁 乙 甲
子 丑 亥 申
```

```
壬 辛 庚 己 戊 丁 丙
午 巳 辰 卯 寅 丑 子
```

정화일주(丁火日主)가 해월(亥月)에 태어나 실령(失令)하고, 전지지(全地支)가 해
자축수국(亥子丑水局)이 되어 종살격(從殺格)이 되었다. 종격(從格)은 세력(勢力)이
강한 수기(水氣)를 따라가야 하기 때문에 희신(喜神)은 金水이다.

辛巳 대운에는 을신충(乙辛冲), 사해충(巳亥冲)으로 천충지충(天冲地冲)되어 乙木
과 巳火가 충발(冲拔)되었다. 61세인 갑신년(甲申年)에는 갑경충(甲庚冲), 신자합수
(申子合水)가 되는 동시에 신중임수(申中壬水)가 일간정화(日干丁火)와 정임합거(丁
壬合去)되었고, 巳火와 申金이 원국(原局)과 유년(流年)에서 중첩으로 형살(刑殺)이
되어 심장 수술을 받았다.

```
己 壬 丁 丙
酉 子 酉 子
```

```
甲 癸 壬 辛 庚 己 戊
辰 卯 寅 丑 子 亥 戌
```

임수일주(壬水日主)가 유월(酉月)에 태어나 득령(得令), 좌하자수(坐下子水)에 득
지(得地), 년시지(年時支)의 酉子에 득세(得勢)하여 종왕격(從旺格)이 되었다. 희신
(喜神)은 金水木이고, 기신(忌神)은 火土이다. 원국(原局)에서 년월간(年月干)에 丙

丁이 뿌리가 없으니, 화기(火氣)가 무력하다.

　대운(大運)이 해자축수운(亥子丑水運)에는 건강하고 사업도 잘되었으나, 癸卯 대운에는 정계충(丁癸冲), 기계충(己癸冲)으로 천충(天冲)이 중첩(重疊)되고 묘유충(卯酉冲), 자묘형(子卯刑)으로 역시 중첩되어 있는데, 55세인 경오년(庚午年)에 병경충(丙庚冲), 자오충(子午冲)으로 천충지충(天冲地冲)되니, 丙火와 午火가 충발(冲拔)되어 심장마비로 명(命)을 다하였다.

```
癸 己 癸 戊
酉 亥 亥 子
```

```
庚 己 戊 丁 丙 乙 甲
午 巳 辰 卯 寅 丑 子
```

　기토일주(己土日主)가 해월(亥月)에 태어나 실령(失令)하고 전지지(全地支)가 亥子 수국(水局)이고 癸水가 투출되어 종재격(從財格)이 되었다. 金水木이 희신(喜神)이고, 火土가 기신(忌神)이다. 丁卯 대운에는 丁癸 충(冲), 卯酉 충(冲), 子卯 형(刑)으로 천충(天冲)이 중첩되고, 지지(地支)가 충형(冲刑)으로 역시 중첩(重疊)되니 丁火가 충발(冲拔)되어 있는데, 40세인 정묘년(丁卯年)에 역시 대운과 같은 현상으로 천충지충(天冲地冲)되었으니 심장마비로 명(命)을 다하였다.

```
壬 甲 丙 庚
申 申 戌 寅
```

```
癸 壬 辛 庚 己 戊 丁
巳 辰 卯 寅 丑 子 亥
```

갑목일주(甲木日主)가 술월(戌月)에 태어나 실령(失令), 좌하신금(坐下申金)에 실지(失地), 庚金이 투출(透出)하여 金으로 종(從)할 것 같으나, 연지인목(年支寅木)에 절처봉생(絶處逢生)하여 신약(身弱)하다. 원국(原局)에서 관살(官殺)이 태왕(太旺)하여 식상(食傷)으로 제압(制壓)하는 것이 급선무이니, 식신제살격(食神制殺格)이 성립되었다.

그러므로 土金이 기신(忌神)이고, 水木火가 희신(喜神)인데, 庚寅 대운에는 丙庚충(沖), 甲庚 충(沖)으로 천충(天沖)이 중첩되고, 지지(地支)는 寅申 충(沖)으로 역시 중첩되어 木火가 피상(被傷)되었다.

1992년 임신년(壬申年)에 심근경색으로 고생하다가 이듬해인 계유년(癸酉年)에 명(命)을 다하게 된 것은, 병임충(丙壬沖), 인신충(寅申沖)으로 천충지충(天沖地沖)되었고, 신유술합금(申酉戌合金)으로 기신(忌神)이 되어 금왕화회(金旺火晦)로 되는 형상이기 때문이다.

```
辛 癸 己 丁
酉 巳 酉 亥
```

```
壬 癸 甲 乙 丙 丁 戊
寅 卯 辰 巳 午 未 申
```

계수일주(癸水日主)가 유월(酉月)에 태어나 득령(得令)하고 지지(地支)가 사유합금(巳酉合金)이 되어 금왕(金旺)으로 신왕(身旺)하다. 신왕(身旺)하면 식재관(食財官)인 木火土가 희신(喜神)이고, 인비(印比)인 金水가 기신(忌神)이다. 식상(食傷)인 木은 없고, 재관(財官)인 火土가 투간되어 있으나 미약하다. 육군 소령으로 전역하여 사업을 하다가 甲辰 대운에 甲己 합(合), 辰酉 합(合)이 되니 기토용신(己土用神)이 합거(合去)되고, 진토용신(辰土用神)은 합금(合金)으로 기신(忌神)이 되어 금왕화회(金旺火晦)가 되는 형상이니, 심장마비로 명(命)을 다하였다. 그해가 1992년 임신년(壬申年)이었다.

$$
\begin{array}{cccc}
癸 & 丁 & 戊 & 乙 \\
卯 & 丑 & 子 & 亥
\end{array}
$$

$$
\begin{array}{ccccccc}
辛 & 壬 & 癸 & 甲 & 乙 & 丙 & 丁 \\
巳 & 午 & 未 & 申 & 酉 & 戌 & 亥
\end{array}
$$

정화일주(丁火日主)가 자월(子月)에 태어나 실령(失令)하고 한기(寒氣)가 극심하니 조후(調候)로 화기(火氣)가 필요하다. 전지지(全地支)가 해자축수국(亥子丑水局)이 되고 癸水가 투출(透出)하여 종살격(從殺格)이 될 것 같으나 시지묘목(時支卯木)에 절처봉생(絶處逢生)하니, 신약(身弱)하다. 그러므로 木火 인비(印比)가 희신(喜神)이고, 식재관(食財官)인 土金水가 기신(忌神)이다.

壬午 대운에는 정임합(丁壬合)으로 丁火가 합거(合去)되었고, 자오충(子午沖)으로 역시 午火가 피상(被傷)되어 있는데, 세운(歲運)인 병자년(丙子年)에는 해자축합수(亥子丑合水)로 기신(忌神)이 되고, 자묘형(子卯刑)이 되니 수왕화몰(水旺火沒)이 되는 형상으로 심근경색 수술을 받았다.

3. 비(脾)·위(胃) 계통의 질환

(1) 토일주(土日主)가 태약(太弱)하거나 태왕(太旺)한 경우에 질병이 발생하는데, 토일주(土日主)는 무기일간(戊己日干)을 말하며, 태약(太弱)하다는 것은 火土가 약하고 金水木이 왕성하여 土가 설기(泄氣)되거나 극제(剋制)를 당하고 있다는 뜻이다. 태왕(太旺)하다는 것은 원국에서 火土가 왕성한데, 대운이나 세운에서 화토운(火土運)이 들어와 기신(忌神)이 되는 경우에 질병이 생긴다는 뜻이다.

(2) 토일주(土日主)가 태약(太弱)한데 일간(日干)이나 일지(日支)를 형충(刑冲)하는 경우에 수술을 받거나 사망하는 경우가 많이 발생한다. 예를 들면 무토일간(戊土日干)이 무갑극(戊甲剋)이 되거나 일지(日支)가 辰이나 丑이 되는데, 원국(原局)에 戌이나 未가 있는 경우와, 유년(流年)에서 다시 戌이나 未가 들어와 축술미삼형살(丑戌未三刑殺)이 되는 경우에 수술을 받거나 사망하는 일이 많이 발생한다.

(3) 원국에 土가 없는데 유년에서 戊己나 辰戌丑未가 들어와 木이나 水에 의하여 피상되는 경우에 수술을 받거나 사망하는 일이 많이 발생한다.

$$
\begin{array}{cccc}
甲 & 丙 & 庚 & 壬 \\
午 & 寅 & 戌 & 申
\end{array}
$$

$$
\begin{array}{ccccccc}
癸 & 甲 & 乙 & 丙 & 丁 & 戊 & 己 \\
卯 & 辰 & 巳 & 午 & 未 & 申 & 酉
\end{array}
$$

병화일주(丙火日主)가 지지(地支)에 인오술화국(寅午戌火局)으로 화왕(火旺)하여 신왕(身旺)하다. 신왕하면 식재관인 土金水가 희신이고, 인비인 木火가 기신이다.

원국에서 식상토(食傷土)는 인오술화국(寅午戌火局)으로 화기(火氣)로 변화되었고, 재성금(財星金)은 申金이 있으나 寅申 충(冲)으로 미약하고, 관성임수(官星壬水)

는 금생수(金生水)로 건왕(健旺)하다.

甲辰 대운에 갑경충(甲庚沖)으로 庚金 용신이 충거(沖去)되었고, 辰戌충(沖)으로 미약한 土가 발동(發動)하여 화왕토초(火旺土焦)가 되니 위암으로 壬水가 합거(合去)되고 丑戌 형(刑)이 되어 명(命)을 다하였다.

이와 같이 원국에서 土가 태약(太弱)하고, 더구나 화왕토초(火旺土焦)가 되어 있는데, 유년에서 삼형살(三刑殺)이 들어와 수술을 받거나 사망하게 되는 것이다.

辛	丁	乙	癸
丑	丑	丑	卯

戊 己 庚 辛 壬 癸 甲
午 未 申 酉 戌 亥 子

정화일주(丁火日主)가 축월(丑月)에 태어나 실령(失令)하였고, 한기(寒氣)가 극심(極甚)하여 조후(調候)로 화기(火氣)가 필요하다. 원국(原局)에서 식재관(食財官)인 土金水가 많으니 신약(身弱)하다.

신약(身弱)하면 인비(印比)인 木火가 희신(喜神)인데, 연지묘목(年支卯木)이 뿌리가 되어 절처봉생(絶處逢生)하고 있는 가운데, 대운(大運)마저 금수운(金水運)으로 향하여 안타까운 명조(命造)이다.

壬戌 대운에는 壬水가 기신(忌神)이고 또한 정임합(丁壬合)으로 丁火를 합거(合去)하고 축술형(丑戌刑)으로 삼형살(三刑殺)이 중중(重重)하니 토왕발(土旺發)하여 위장병으로 고생하다가, 유년(流年)인 경술년(庚戌年)에 을경합금(乙庚合金)이 되고 축술형(丑戌刑) 역시 삼형살(三刑殺)이 들어와 위암 수술을 받았다.

이와 같이 원국에서 土가 태왕(太旺)한데 대운(大運)과 세운(歲運)에서 삼형살(三刑殺)이 중첩하여 들어오면 수술을 받거나 사망하게 된다.

```
辛 辛 辛 丙
卯 卯 丑 戌
```

```
戊 丁 丙 乙 甲 癸 壬
申 未 午 巳 辰 卯 寅
```

신금일주(辛金日主)가 축월(丑月)에 태어나 득령하였으나 천한지동(天寒地凍)으로 우선 조후(調候)로 화기(火氣)가 필요한데, 연간병화(年干丙火)가 투출하여 다행스럽다. 원국에서 천간에 辛金이 3개나 있으니, 삼붕격(三朋格)으로 귀격이 되었으나 지지에 축술형(丑戌刑)이 있어 형액을 암시하고 있다.

丙午 대운에는 병신합(丙辛合)으로 丙火가 합거(合去)되고 오술합화(午戌合火)로 용신(用神)이 들어왔으나, 52세인 정축년(丁丑年)에 축술형(丑戌刑)으로 위암 수술을 받았으나 대운(大運)이 남방화운(南方火運)으로 향하여 5년 만에 완쾌되었다.

```
癸 庚 丙 乙
未 戌 戌 未
```

```
癸 壬 辛 庚 己 戊 丁
巳 辰 卯 寅 丑 子 亥
```

경금일주(庚金日主)가 술월(戌月)에 태어나 득령(得令), 좌하술토(坐下戌土)에 득지(得地), 전지지(全地支)가 토국(土局)으로 신왕(身旺)하다. 원국(原局)에서 술미형(戌未刑)이 중첩되어 다인수(多印綬)로 신왕(身旺)하니, 병약용신(病藥用神)으로 土가 병이고, 土를 극제(剋制)하는 水木이 약이다.

己丑 대운에 기계충(己癸冲), 축술미삼형살(丑戌未三刑殺)이 들어와 위암으로 고생하다가, 38세인 세운(歲運) 신미년(辛未年)에 을신충(乙辛冲), 병신합(丙辛合)으로 충중봉합(冲中逢合)이 되고, 술미형(戌未刑)이 되어 위암 수술을 받았으나 명(命)을 다하였다.

```
丙 庚 甲 甲
戌 辰 戌 戌
```

辛 庚 己 戊 丁 丙 乙
巳 辰 卯 寅 丑 子 亥

경금일주(庚金日主)가 술월(戌月)에 태어나 득령(得令)하고, 전지지(全地支)가 토국(土局)으로 인수(印綬)가 태왕(太旺)하여 신왕(身旺)하다. 원국(原局)에서 신왕(身旺)이면 식재관(食財官)인 水木火가 희신(喜神)이고 土金이 기신(忌神)이다.

庚辰 대운에 갑경충(甲庚冲), 병경충(丙庚冲)으로 천충(天冲)이 중첩되어 있고 진술충(辰戌冲)으로 천충지충(天冲地冲)이 되니 형액(刑厄)을 암시하고 있다. 세운(歲運)인 갑술년(甲戌年)에도 갑경충(甲庚冲), 진술충(辰戌冲)으로 대운(大運)과 세운(歲運)이 중첩되어 용신충발(用神冲拔)이 되니 명(命)을 다하였다.

```
丙 戊 丙 庚
辰 寅 戌 子
```

己 庚 辛 壬 癸 甲 乙
卯 辰 巳 午 未 申 酉

무토일주(戊土日主)가 술월(戌月)에 태어나 득령(得令), 火土가 태왕(太旺)하여 신왕(身旺)하다. 식재관(食財官)인 金水木이 희신(喜神)이고, 인비(印比)인 火土가 기신(忌神)이다. 원국에서 월시간병화(月時干丙火)가 인중병화(寅中丙火)에 뿌리를 두고 화생토(火生土)하니, 토초(土焦)되어 있어 金水로 극제(剋制)하기에는 미약(微弱)하다. 辛巳 대운에 丙辛 합거(合去)되고 寅巳 형(刑)이 되니 辛金과 寅木이 무력화되어 있다. 세운(歲運)인 임오년(壬午年)에 병임충(丙壬冲)으로 임수용신(壬水用神)이 충발(冲拔)되었고, 인오술화국(寅午戌火局)으로 기신(忌神)이 더욱 왕성하여 子水마저 충발(冲拔)되니 위암 수술을 받았다. 2년 후인 갑신년(甲申年)에 갑경충(甲庚冲), 인신충(寅申冲)으로 천충지충(天冲地冲)되어 재차 수술을 받았으나 현재는 건강한 명조이다.

```
戊 己 乙 丙
辰 丑 未 戌
```

```
壬 辛 庚 己 戊 丁 丙
寅 丑 子 亥 戌 酉 申
```

기토일주(己土日主)가 미월(未月)에 태어나 득령(得令)하고 전지지(全地支)가 토국(土局)으로 되어 있고, 丙火와 戊土가 투출되어 있어 가색격(稼穡格)이 되었다. 가색격(稼穡格)의 희신(喜神)은 火土金이고, 기신(忌神)은 水木이다.

대운(大運)이 신유술금운(申酉戌金運)은 대발하였으나 해자축수운(亥子丑水運)은 고전하였다. 庚子 대운에는 병경충(丙庚冲), 을경합(乙庚合)으로 충중봉합(冲中逢合)이 되어 형액(刑厄)을 암시하고 있는데, 세운(歲運)인 경진년(庚辰年)에는 역시 병경충(丙庚冲), 을경합(乙庚合)으로 충중봉합(冲中逢合)이 대운과 세운에서 중첩으로 들어와 위암 수술을 받았다.

그 이듬해인 신사년에도 병신합(丙辛合), 을신충(乙辛沖)으로 충중봉합(沖中逢合)이 되고, 사축합금(巳丑合金)으로 재수술을 받고 현재는 건강한 정진원(鄭鎭元) 씨의 명조(命造)이다.

壬 癸 辛 丙
戌 丑 丑 戌

戊 丁 丙 乙 甲 癸 壬
申 未 午 巳 辰 卯 寅

계수일주(癸水日主)가 축월(丑月)에 태어나 한기가 극심하여 조후(調候)로 화기(火氣)가 필요하다. 원국(原局)에서 토다(土多)가 병(病)이 되니 土를 극제(剋制)하는 木이 약이다. 운행 동남 木火 운으로 향하여 寅卯辰 운은 병약용신(病藥用神), 巳午未 운은 조후용신(調候用神)으로 대발하였다.

그러나 丁未 대운에는 정임합(丁壬合), 정계충(丁癸沖)되어 충중봉합(沖中逢合)이라 형액(刑厄)을 암시하고 있는데, 세운(歲運)인 51세 정축년(丁丑年)에 천간은 충중봉합(沖中逢合)이 되었고, 지지는 축술형(丑戌刑)으로 유년이 삼형살(三刑殺)이 되니 위궤양 수술을 받은 정정호(鄭正浩) 씨의 명조(命造)이다.

4. 폐(肺)·대장(大腸)계통의 질환

(1) 금일주(金日主)가 태약(太弱)하거나 태왕(太旺)한 경우에 질병이 발생하는데, 금일주(金日主)는 庚辛을 말하며, 태약(太弱)하다는 것은 土金이 약하고 水木火가 왕성하여 金이 설기(泄氣)되거나 극제(剋制)를 당하고 있다는 뜻이다. 태왕(太旺)하다는 것은 원국(原局)에서 土金이 왕성한데, 대운(大運)이나 세운(歲運)에서 토금운(土金運)이 들어와 기신(忌神)이 되는 경우에 질병이 생긴다는 뜻이다.

(2) 금일주(金日主)가 태약(太弱)한데 일간(日干)이나 일지(日支)가 형충(刑沖)하는 경우에 수술을 받거나 사망하는 일이 많이 발생한다. 예를 들면 일간경금(日干庚金)이 병경충(丙庚沖)이 되거나 갑경충(甲庚沖)이 되는 경우, 또는 일지(日支)가 원국(原局)에 申이나 寅이 있는 경우에 유년(流年)에서 寅이나 申이 되는 경우를 말한다.

(3) 원국(原局)에 金이 없는데 유년(流年)에서 庚辛이나 申酉가 들어와 火나 木에 의하여 피상하는 경우에 수술을 받거나 사망하는 일이 많이 발생한다.

(4) 원국(原局)에서 金이 태약(太弱)한데 토왕(土旺)하여 토다금매(土多金埋)가 되는 경우에도 질병이 발생한다.

壬	戊	丙	壬
戌	戌	午	午

癸 壬 辛 庚 己 戊 丁
丑 子 亥 戌 酉 申 未

무토일주(戊土日主)가 오월(午月)에 태어나 득령(得令)하고 전지지(全地支)가 화토국(火土局)이고 丙火가 투출(透出)되니 종강격(從强格)이 되었다. 종격(從格)이면 인비식(印比食)인 火土金이 희신(喜神)이고, 재관인 水木이 기신(忌神)이다.

대운(大運)이 금수운(金水運)으로 향하여 불길하다. 辛亥 대운에 병신합(丙辛合)이 되어 辛金이 합거(合去)되고 亥水도 기신(忌神)이 되니 폐암으로 고생하다가, 세운(歲運)인 경오년(庚午年)에 병경충(丙庚沖)으로 庚金이 충발(沖拔)되었고, 오오자형(午午自刑)으로 폐암이 악화되어 명(命)을 다하였다. 이것은 金이 약한데 금운(金運)이 들어와 피상(被傷)된 경우이다.

```
丙 丁 癸 辛
午 巳 巳 巳
```

```
庚己戊丁丙乙甲
子亥戌酉申未午
```

정화일주(丁火日主)가 사월(巳月)에 태어나 득령(得令)하고 전지지(全地支)가 화국(火局)이고 丙火가 투출(透出)되니 염상격(炎上格)이 되었다. 종격(從格)이 되어 인비식(印比食)인 木火土가 희신(喜神)이고, 재관(財官)인 金水가 기신(忌神)이다. 대운(大運)이 금수운(金水運)으로 향하여 불길하다. 丁酉 대운에 정계충(丁癸沖)되고 사유금국(巳酉金局)이 되어 기신(忌神)이 되어 있는데, 세운(歲運)인 경신년(庚申年)에 병경충(丙庚沖), 사신형(巳申刑)으로 천충지형(天沖地刑)이 되어 폐암 수술을 받았다. 상기명(上記命)과 마찬가지로 금약(金弱)인데 금운(金運)이 들어와 피상(被傷)된 경우이다.

```
甲 丁 丁 辛
辰 丑 酉 巳
```

```
庚辛壬癸甲乙丙
寅卯辰巳午未申
```

정화일주(丁火日主)가 유월(酉月)에 태어나 실령(失令)하였고, 사유축금국(巳酉丑金局)이 되어 재다신약(財多身弱)이 되었다. 신약(身弱)하면 인비(印比)인 木火가 희신(喜神)이고, 식재관(食財官)인 土金水가 기신(忌神)이다.

대운이 목화운(木火運)으로 향하여 대길한데 辛卯 대운에 辛金이 기신(忌神)이고, 묘유충(卯酉沖)으로 용신묘목(用神卯木)이 충발(沖拔)되었고, 세운인 갑술년(甲戌年)에 축술형(丑戌刑)이 되어 폐암 수술을 하였다. 따라서 이러한 경우는 원국(原局)이 신약(身弱)하고, 금국(金局)이 태왕(太旺)하여 폐암 수술을 한 것이다.

辛	戊	乙	己
酉	戌	亥	酉

戊 己 庚 辛 壬 癸 甲
辰 巳 午 未 申 酉 戌

무토일주(戊土日主)가 해월(亥月)에 태어나 실령(失令)하였고, 좌하술토(坐下戌土)에 득지(得地)하였으나 지지(地支)에 유술금국(酉戌金局)으로 식상(食傷)이 태왕(太旺)하여 신약(身弱)하게 되었다. 신약(身弱)하면 인비(印比)인 火土가 희신(喜神)이고, 식재관(食財官)인 金水木이 기신(忌神)이다.

대운(大運)이 초년에는 불길한데 壬申 대운에는 壬水가 기신(忌神)이고, 신유술금국(申酉戌金局)으로 역시 기신(忌神)인데, 세운(歲運)인 을해년(乙亥年)에 을신충(乙辛沖), 해해자형(亥亥自刑)으로 기신(忌神)이 되니 폐결핵으로 고생하였다.

己	庚	壬	庚
卯	寅	午	寅

己 戊 丁 丙 乙 甲 癸
丑 子 亥 戌 酉 申 未

경금일주(庚金日主)가 오월(午月)에 태어나 지지(地支)에 인오화국(寅午火局)이 되어 화왕(火旺)하고, 庚金이 근(根)이 없어 신약(身弱)하다. 신약(身弱)하면 인비(印比)인 土金이 희신(喜神)이고, 식재관(食財官)인 水木火가 기신(忌神)이다.

丙戌 대운에 병경충(丙庚沖), 병임충(丙壬沖)으로 천충(天沖)이 중첩되고, 지지(地支)가 인오술화국(寅午戌火局)으로 庚金이 피상(被傷)되고 있는데 세운(歲運)인 경오년(庚午年)에 기관지염으로 명(命)을 다하였다.

庚 甲 甲 辛
午 申 午 卯

丁 戊 己 庚 辛 壬 癸
亥 子 丑 寅 卯 辰 巳

갑목일주(甲木日主)가 오월(午月)에 태어나 실령(失令)하고, 좌하신금(坐下申金)에 실지(失地)하여 신약(身弱)하다. 신약(身弱)하면 인비(印比)인 水木이 희신(喜神)이고, 식재관(食財官)인 火土金이 기신(忌神)이다.

대운(大運)이 수목운(水木運)으로 향하여 다행스러우나 庚寅 대운에는 갑경충(甲庚沖), 인신충(寅申沖)으로 천충지충(天沖地沖)으로 용신(用神)이 피상(被傷)되어 있는데, 세운(歲運)인 병인년(丙寅年)에 병경충(丙庚沖), 병신합(丙辛合)으로 충중봉합(沖中逢合)으로 형액(刑厄)을 암시하고 있어 폐암 수술을 하였다.

```
乙 庚 丁 辛
酉 辰 酉 卯
```

```
庚 辛 壬 癸 甲 乙 丙
寅 卯 辰 巳 午 未 申
```

경금일주(庚金日主)가 유월(酉月)에 태어나 득령(得令), 좌하진토(坐下辰土)에 득지(得地), 진유합금(辰酉合金)과 辛金이 투출하여 신왕(身旺)하다. 월시지(月時支)에 양인(羊刃)이 있어 생살권(生殺權)과 인연이 있어 군인으로 재직하던 중, 癸巳 대운에 정계충(丁癸沖)으로 정화용신(丁火用神)이 충발(沖拔)되었고, 사유합금(巳酉合金)으로 기신(忌神)이 되어 있는데 세운(歲運)인 병자년(丙子年)에 병경충(丙庚沖), 병신합(丙辛合)으로 충중봉합(沖中逢合)이 되고, 지지(地支)가 자묘형(子卯刑)이 되어 대장암으로 명(命)을 다하였다.

```
戊 乙 丙 丁
寅 丑 午 亥
```

```
己 庚 辛 壬 癸 甲 乙
亥 子 丑 寅 卯 辰 巳
```

을목일주(乙木日主)가 오월(午月)에 태어나 실령(失令), 火土가 왕성하여 신약(身弱)하다. 신약(身弱)하면 인비(印比)인 水木이 희신(喜神)이고, 식재관(食財官)인 火土金이 기신(忌神)이다. 대운(大運)이 수목운(水木運)으로 향하여 다행인데 辛丑 대운에 을신충(乙辛沖), 병신합(丙辛合)으로 충중봉합(沖中逢合)이 되어 형액(刑厄)을 암시하고 있고, 세운(歲運)인 병자년(丙子年)에 병화기신(丙火忌神)이고, 자오충(子午沖), 해자축(亥子丑)으로 충중봉합(沖中逢合)으로 대장암 수술을 하여 현재는 완쾌되었다.

```
戊 丙 己 丙
子 申 亥 子
```

```
壬 癸 甲 乙 丙 丁 戊
辰 巳 午 未 申 酉 戌
```

병화일주(丙火日主)가 해월(亥月)에 태어나 실령(失令), 좌하신금(坐下申金)에 실지(失地), 신자합수(申子合水), 해자합수(亥子合水)로 金水가 태왕(太旺)하여 수화상쟁(水火相爭)의 형상이다. 조후(調喉)로 木火가 희신(喜神)이고, 金水가 기신(忌神)이다.

甲午, 乙未 대운까지는 부유하고, 건강하게 잘 지냈으나 癸巳 대운에 기계충(己癸沖), 무계합(戊癸合)으로 충중봉합(沖中逢合)으로 형액(刑厄)을 암시하고 있는데, 지지(地支)에 사신형(巳申刑), 사해충(巳亥沖)으로 형충(刑沖)이 중첩되어 임신년(壬申年)에는 자궁암 수술을 하였고, 계유년(癸酉年)에는 대장암 수술을 하였으나 을해년(乙亥年)에 명(命)을 다하였다.

$$
\begin{array}{cccc}
庚 & 辛 & 癸 & 甲 \\
寅 & 巳 & 酉 & 午
\end{array}
$$

$$
\begin{array}{ccccccc}
庚 & 己 & 戊 & 丁 & 丙 & 乙 & 甲 \\
辰 & 卯 & 寅 & 丑 & 子 & 亥 & 戌
\end{array}
$$

신금일주(辛金日主)가 유월(酉月)에 태어나 득령(得令), 지지(地支)에 사유합금(巳酉合金), 庚金이 투출(透出)되어 신왕(身旺)하다. 신왕(身旺)하면 식재관(食財官)인 水木火가 희신(喜神)이고, 인비(印比)인 土金이 기신(忌神)이다.

亥子丑 대운에는 사업도 잘되고, 건강하게 잘 지냈으나 戊寅 대운에 무계합(戊癸合), 갑무극(甲戊剋)으로 형액(刑厄)을 암시하고 있는데 지지(地支)가 인사형(寅巳刑), 인오합(寅午合)으로 충중봉합(冲中逢合)이 되고, 세운(歲運)인 기묘년(己卯年)에 기계충(己癸沖), 묘유충(卯酉沖)으로 천충지충(天沖地沖)되어 췌장암 수술을 하였으나 경진년(庚辰年), 경자월(庚子月)에 명(命)을 다하였다.

5. 신장(腎臟)·방광(膀胱) 계통의 질환

(1) 수일주(水日主)가 태약(太弱)하거나 태왕(太旺)한 경우에 질병이 발생하는데, 수일주(水日主)는 임계일간(壬癸日干)을 말하며, 태약(太弱)하다는 것은 金水가 약하고, 오히려 木火土가 왕성하여 水가 설기(洩氣)되거나 극제(剋制)를 당하고 있다는 뜻이고, 태왕(太旺)하다는 뜻은 원국(原局)에서 金水가 왕성한데 대운(大運)이나 세운(歲運)에서 수운(水運)이 들어와 기신(忌神)이 되는 경우에 질병이 생긴다는 뜻이다.

(2) 수일주(水日主)가 태약(太弱)하고 있는데 일간(日干)이나 일지(日支)가 형충(刑沖)하는 경우에 수술(手術)하거나 사망하는 경우가 많이 발생한다.

예를 들면 임일주(壬日主)가 병임충(丙壬冲)이 되거나 일지(日支)가 자오충(子午冲)이나 사해충(巳亥冲)이 되어 있는데 유년(流年)에서 다시 충형(冲刑)이 들어오면, 수술을 하거나 사망하게 되는 경우가 많이 발생한다.

　(3) 원국(原局)에 水가 없는데 유년(流年)에서 壬癸亥子가 들어와 토극수(土剋水)가 되거나 수극화(水剋火)가 되는 경우인데 수약토왕(水弱土旺), 수약화왕(水弱火旺)이 되는 경우이다.

$$
\begin{array}{cccc}
丙 & 乙 & 丙 & 丁 \\
子 & 巳 & 午 & 未
\end{array}
$$

$$
\begin{array}{cccccc}
己 & 庚 & 辛 & 壬 & 癸 & 甲 & 乙 \\
亥 & 子 & 丑 & 寅 & 卯 & 辰 & 巳
\end{array}
$$

　을목일주(乙木日主)가 오월(午月)에 태어나고, 지지(地支)가 사오미화국(巳午未火局)이 되어 너무나 조열(燥熱)하다. 조후용신(調候用神)으로 水가 필요한데, 시지자수(時支子水)로는 역부족(力不足)이다. 격국(格局)으로 보면 제살태과격(制殺太過格)이니 水木金이 희신(喜神)이고, 火土가 기신(忌神)이다.

　壬寅 대운에 병임충(丙壬冲), 정임합(丁壬合)이 되어 충중봉합(冲中逢合)으로 형액(刑厄)을 암시하고 있는데, 지지(地支)에 인사형(寅巳刑), 인오합(寅午合)으로 역시 형중봉합(刑中逢合)으로 신부전증으로 고생하다가 무인년(戊寅年)에 무토기신(戊土忌神)이 들어오고, 인사형(寅巳刑)으로 대운(大運)과 세운(歲運)이 중첩으로 충형(冲刑)이 들어와 불귀객(不歸客)이 되고 말았다.

甲	戊	庚	辛
寅	寅	寅	卯

丁丙乙甲癸壬辛
酉申未午巳辰卯

　무토일주(戊土日主)가 전지지(全地支)에 인묘목국(寅卯木局)이고, 甲木이 투출(透出)되어 종살격(從殺格)이 되었다. 희신(喜神)은 水木이고, 기신(忌神)은 火土金이다. 乙未 대운에 을경합(乙庚合), 을신충(乙辛沖)으로 충중봉합(沖中逢合)으로 형액(刑厄)을 암시하고 있는데, 세운(歲運)인 병술년(丙戌年)에 병경충(丙庚沖), 병신합(丙辛合)으로 세운(歲運) 역시 충중봉합(沖中逢合)으로 신장 수술을 하였다. 원국(原局)에서 금목상전(金木相戰)하고 있는데 유년(流年)에서도 금목상전(金木相戰)이 중첩되었기 때문이다.

戊	癸	丁	己
寅	卯	卯	亥

庚辛壬癸甲乙丙
申酉戌亥子丑寅

　계수일주(癸水日主)가 묘월(卯月)에 실령(失令)하고, 전지지(全地支)가 해묘미목국(亥卯未木局)으로 종아격(從兒格)이 되었다. 종아격(從兒格)은 水木火가 희신(喜神)이고, 土金이 기신(忌神)이다.

　癸亥 대운에는 정계충(丁癸沖), 기계충(己癸沖), 무계합(戊癸合)으로 충중봉합(沖

中逢合)이 되어 형액(刑厄)을 암시하고 있는데, 세운(歲運)인 계미년(癸未年)에 역시 대운(大運)과 같이 충중봉합(沖中逢合)이 중첩으로 들어와 신장염으로 고생하다가 갑신년(甲申年)에 갑기합(甲己合), 인신충(寅申沖)으로 명(命)을 다하였다.

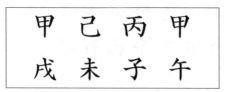

$$癸 壬 辛 庚 己 戊 丁$$
$$未 午 巳 辰 卯 寅 丑$$

기토일주(己土日主)가 자월(子月)에 태어나 실령(失令)하였으나 지지(地支)가 午戌, 午未로 화국(火局)이 되니 신왕(身旺)하다. 신왕(身旺)하면 관재식(官財食)인 木水金이 희신(喜神)이고, 인비(印比)인 火土가 기신(忌神)인데 목화운(木火運)으로 향하여 불길하다.

辛巳 대운에 병신합(丙辛合)으로 용신합거(用神合去)가 되고, 巳火가 기신(忌神)인데 기묘년(己卯年)에 갑기합토(甲己合土), 자묘형(子卯刑)으로 위암 수술(胃癌手術)을 하였고, 壬午 대운에는 병임충(丙壬沖), 자오충(子午沖)으로 천충지충(天沖地沖)이 되어 있는데 세운(歲運)인 병술년(丙戌年)에 기신(忌神)이 들어와 신장암으로 고생하고 있다.

```
癸 戊 庚 壬
丑 子 戌 寅
```

```
癸甲乙丙丁戊己
卯辰巳午未申酉
```

무토일주(戊土日主)가 술월(戌月)에 태어나 득령(得令)하였으나, 지지(地支)에 자축합수(子丑合水)가 되고, 천간(天干)에 金水가 투출되어 있어 신약(身弱)하게 되었다. 신약(身弱)하면 인비(印比)인 火土가 희신(喜神)이고, 식재관(食財官)인 金水木이 기신(忌神)인데 丁未 대운에 정계충(丁癸沖), 정임합(丁壬合)으로 충중봉합(沖中逢合)이 되어 정화용신(丁火用神)이 충발(沖拔)되었고, 지지(地支)는 축술미삼형살(丑戌未三刑殺)이 되니 형액(刑厄)을 암시하고 있는데, 세운(歲運)인 기사년(己巳年)에 기계충(己癸沖), 인사형(寅巳刑)으로 천충지형(天沖地刑)이 되어 신장이식 수술을 하였으나, 대운(大運)이 좋게 들어와 건강(健康)하게 살아가고 있다.

```
癸 癸 癸 壬
亥 丑 卯 辰
```

```
丙丁戊己庚辛壬
申酉戌亥子丑寅
```

계수일주(癸水日主)가 묘월(卯月)에 태어나 실령(失令)하였으나 해축합수(亥丑合水)가 되고, 천간(天干)이 壬癸水로 되어 신왕(身旺)하다. 신왕(身旺)하면 식재관(食財官)인 木火土가 희신(喜神)이고, 인비(印比)인 金水가 기신(忌神)인데 대운(大運)

이 금수운(金水運)으로 향하여 불길하다.

　丁酉 대운에 정계충(丁癸沖)으로 정화용신(丁火用神)이 충발(冲拔)되었고, 지지(地支)는 묘유충(卯酉沖)으로 천충지충(天沖地沖)되어 형액(刑厄)을 암시하고 있다. 세운(歲運)인 계미년(癸未年)에 계수기신(癸水忌神)이 들어오고, 지지(地支)는 축미충(丑未沖), 묘미합(卯未合)으로 충중봉합(沖中逢合)이 되어 신장 수술을 하였다.

```
丁 癸 癸 癸
巳 亥 亥 丑
```

```
庚 己 戊 丁 丙 乙 甲
午 巳 辰 卯 寅 丑 子
```

　해월계수(亥月癸水)로 태어나 지지(地支)가 해축합수국(亥丑合水局)이고, 천간(天干)에 癸水가 투출(透出)되어 신왕(身旺)하다. 수왕(水旺)하여 신장이나 방광 계통에 질병이 생길 것으로 예측하고 있는데, 丙寅 대운에 병화용신(丙火用神)이 들어왔으나 인사형(寅巳刑)으로 형액(刑厄)을 암시하고 있다.

　세운(歲運)인 신사년(辛巳年)에 병화대운(丙火大運)을 병신합거(丙辛合去)하고, 지지사화(地支巳火)는 사해충(巳亥沖)으로 용신충발(用神冲拔)이 되어 신장이식 수술을 하였으나 대운(大運)이 좋게 들어와 건강하게 살아가고 있다.

```
壬 癸 壬 丙
子 丑 辰 戌
```

```
乙 丙 丁 戊 己 庚 辛
酉 戌 亥 子 丑 寅 卯
```

계수일주(癸水日主)가 임진월(壬辰月)에 태어나 지지(地支)는 자축합수(子丑合水), 자진합수(子辰合水)가 되고, 壬水가 투출(透出)되어 신왕(身旺)하다.

수왕(水旺)을 제습(除濕)하는 火土가 년주(年柱)에 있으나 역부족인데 대운(大運) 마저 금수운(金水運)으로 향하여 불길하다. 丁亥 대운에 정계충(丁癸沖), 정임합(丁壬合)으로 충중봉합(沖中逢合)이 되어 형액(刑厄)을 암시하고 있고, 지지(地支)는 해자축수국(亥子丑水局)으로 대흉(大凶)하다.

세운(歲運)인 을해년(乙亥年)에 을목용신(乙木用神)은 부목(浮木)이 되고, 역시 지지(地支)가 해자축수국(亥子丑水局)을 이루니 신장염으로 고생하고 있다.

6. 자궁(子宮) · 유방(乳房) 계통의 질환

(1) 자궁에 관련된 질병은 자궁암을 비롯하여 유산, 난산, 자궁 외 임신, 월경불순, 생리통, 냉증 등을 말한다. 원국(原局)에서 일반적으로 신약(身弱)한데 식상(食傷)이 태왕(太旺)한 경우에 유방에도 질병이 발생한다.

(2) 수일주(水日主)가 식재관(食財官)이 태왕(太旺)하여 허약한데 충형(沖刑)이 있는 경우이다. 예를 들면 인신충(寅申沖), 묘유충(卯酉沖)이 되는 경우이다.

(3) 금수냉한(金水冷寒)과 건조한 경우인데 금수냉한(金水冷寒)은 자궁이 너무나 차가워 병이 되고, 지나치게 건조하면 수기부족(水氣不足)으로 병이 된다.

예를 들면 금일간(金日干)이나 수일간(水日干)이 신유술월(申酉戌月)이나 해자축월(亥子丑月)에 태어난 경우이고, 수일간(水日干)이 진술축미월(辰戌丑未月)이나 사오미월(巳午未月)에 태어난 경우를 말한다.

(4) 인수태왕(印綬太旺)한데 식상(食傷)이 약한 경우인데, 예를 들면 목일주(木日主)가 수인수(水印綬)가 태왕하고 화식상(火食傷)이 약한 경우이다.

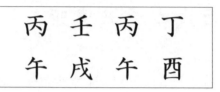

癸壬辛庚己戊丁
丑子亥戌酉申未

임수일주(壬水日主)가 오월(午月)에 태어나 실령(失令)하고 지지(地支)가 午戌 합화(合火)하고 丙丁火가 투출되어 조후(調候)로 金水가 필요한데, 연지유금(年支酉金)에 절처봉생(絶處逢生)하고 있으나 다행하게도 대운(大運)이 金水 운으로 향하고 있다.

庚戌 대운에 병경충(丙庚沖)으로 용신(用神)인 庚金이 피상(被傷)되고 戌土는 오술합화(午戌合火)로 더욱 조열(燥熱)한데, 세운인 병자년(丙子年)에 병임충(丙壬沖), 자오충(子午沖)으로 천충지충(天冲地冲)으로 水가 피상(被傷)되어 자궁암 수술을 하였다. 본명(本命)은 수일간(水日干)이 사오미월(巳午未月)에 태어나 지나치게 건조한데 유년(流年)에서 충형(冲刑)이 되는 경우이다.

戊	丙	癸	丙
戌	午	巳	寅

丙	丁	戊	己	庚	辛	壬
戌	亥	子	丑	寅	卯	辰

　병화일주(丙火日主)가 사월(巳月)에 태어나 전지지(全地支)가 인오술화국(寅午戌火局)이 되어 염상격(炎上格)이 되었다. 염상격(炎上格)은 木火土가 희신(喜神)이고, 金水가 기신(忌神)이다.

　丁亥 대운에 정계충(丁癸沖), 사해충(巳亥沖)으로 천충지충(天沖地沖)되어 형액(刑厄)을 암시하고 있는데, 세운(歲運)인 병자년(丙子年)에 자오충(子午沖)으로 子水가 충발(沖拔)되어 자궁암 수술을 받았으나 사망하였다. 본명(本命)은 병화태왕(丙火太旺)한데 지나치게 조열(燥熱)하여 수기부족(水氣不足)으로 질병이 생긴 경우이다.

戊	丙	辛	辛
戌	辰	卯	丑

戊	丁	丙	乙	甲	癸	壬
戌	酉	申	未	午	巳	辰

　병화일주(丙火日主)가 묘월(卯月)에 득령(得令)하였으나 토왕(土旺)하여 설기(泄氣)가 태심(太甚)하니 제살태과격(制殺太過格)이 되었다. 인비관(印比官)인 木火水가 희신(喜神)이고, 식재(食財)인 土金이 기신(忌神)이다.

　원국에서 식상토(食傷土)가 진술충(辰戌沖), 축술형(丑戌刑)으로 충형(沖刑)이 중첩(重疊)되어 형액(刑厄)을 암시하니 유산이 많았는데, 乙未 대운에 을신충(乙辛冲), 축술미삼형(丑戌未三刑)이 되고, 세운(歲運)인 경진년(庚辰年)에 병경충(丙庚冲), 진술충(辰戌冲)으로 식상토(食傷土)가 왕신발(旺神汝)되어 자궁근종 수술을 받았다.

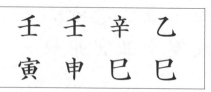

壬 壬 辛 乙
寅 申 巳 巳

戊 丁 丙 乙 甲 癸 壬
子 亥 戌 酉 申 未 午

　임수일주(壬水日主)가 사월(巳月)에 태어나 실령(失令)하고 지지(地支)에 寅巳申 삼형(三刑)이 있어 형액(刑厄)을 암시하고 있다.
　대운(大運)이 금수운(金水運)으로 향하여 다행이지만 甲申 대운에 寅巳申삼형(三刑)이 들어와 충형(冲刑)이 중첩되어 있는데, 세운(歲運)인 무인년(戊寅年)에 또다시 인사신삼형(寅巳申三刑)이 들어오니 대운(大運), 세운(歲運)이 동시에 중첩되어 교통사고를 겪은 뒤에, 자궁 수술을 받았다.

丁 壬 壬 壬
未 午 寅 子

乙 丙 丁 戊 己 庚 辛
未 申 酉 戌 亥 子 丑

　임수일주(壬水日主)가 인월(寅月)에 태어나 실령(失令)하고 지지(地支)가 寅午, 午

未로 화국(火局)이 되고 시상정화(時上丁火)가 투출하니 신약(身弱)하다. 신약(身弱)하면 인비(印比)인 金水가 희신(喜神)이고, 식재관(食財官)인 木火土가 기신(忌神)이다.

　대운(大運)이 금수운(金水運)으로 향(向)하여 대길(大吉)한데, 己亥 대운에 己土가 기신(忌神)이고 寅亥, 亥未로 목국(木局)이 되니 식상(食傷)이 태왕(太旺)한 가운데, 세운(歲運)인 갑신년(甲申年)에 식상목(食傷木)이 기신(忌神)이고 지지(地支)가 인신충(寅申沖)이 되어 유방암 수술을 받았다. 일반적으로 관살(官殺) 대운에 식상년(食傷年)이 되거나 식상(食傷) 대운에 관살년(官殺年)이 되는 경우에 수술을 많이 받는다.

<table>
<tr><td>癸</td><td>辛</td><td>癸</td><td>癸</td></tr>
<tr><td>巳</td><td>巳</td><td>亥</td><td>未</td></tr>
</table>

庚己戊丁丙乙甲
午巳辰卯寅丑子

　신금일주(辛金日主)가 해월(亥月)에 태어나 한기(寒氣)가 있는데 천간(天干)에 癸水가 투출하여 설기(泄氣)가 태왕(太旺)하니, 신약(身弱)하면서 제살태과격(制殺太過格)이 되었다. 희신(喜神)은 인비관(印比官)인 土金火이고, 기신(忌神)은 식재(食財)인 水木이다.

　己巳 대운에 기계충(己癸沖), 사해충(巳亥沖)으로 천충지충(天沖地沖)되어 형액(刑厄)을 암시하고 있는데, 세운(歲運)인 기축년(己丑年)에 또다시 己癸 충(沖), 丑戌형(刑)되어 유방암 수술을 받았다. 원국에 충형(沖刑)이 있는데 유년(流年)에서 충형(沖刑)이 들어오면 수술을 받는 경우가 많다.

```
己 辛 癸 癸
丑 巳 亥 巳
```

```
庚 己 戊 丁 丙 乙 甲
午 巳 辰 卯 寅 丑 子
```

신금일주(辛金日主)가 해월(亥月)에 태어나 한랭하고, 설기(泄氣)가 태심(太甚)하여 신약(身弱)하고, 제살태과격(制殺太過格)이 되었다. 희신(喜神)은 土金火이고, 기신(忌神)은 水木이다.

원국(原局)에 사해충(巳亥沖)이 중첩되어 亥水가 피상(被傷)되어 있는데, 丙寅 대운에 병신합(丙辛合)으로 병화용신(丙火用神)이 합거(合去)되었고, 지지(地支)는 인사형(寅巳刑)으로 형액(刑厄)을 암시하고 있는데, 세운(歲運)인 정사년(丁巳年)에 정계충(丁癸沖), 사해충(巳亥沖)으로 천충지충(天沖地沖)되어 유방암 수술을 하였다.

```
乙 壬 甲 戊
巳 申 寅 戌
```

```
丁 戊 己 庚 辛 壬 癸
未 申 酉 戌 亥 子 丑
```

임수일주(壬水日主)가 인월(寅月)이고, 식상목(食傷木)이 태왕(太旺)하여 신약(身弱)하다. 그러나 좌하신금(坐下申金)에 의지하고 있지만 寅巳申 삼형(三刑)으로 형액(刑厄)을 암시하고 있다.

辛亥 대운에 을신충(乙辛沖), 사해충(巳亥沖)으로 천충지충(天沖地沖)되어 식상(食傷)이 피상(被傷)되고, 세운(歲運)인 무신년(戊申年)에 戊土가 기신(忌神)이고, 인신충(寅申沖)되어 약한 식상목(食傷木)이 피상(被傷)되어 유방암을 수술하였으나 사망하였다.

제 22 장

대운大運 세운歲運 감정론

제1절 대운大運의 의의

(1) 사람의 부귀빈천은 사주원국(四柱原局)에 의하여 정하여져 있으나 인생을 살아가는 과정에서 과거와 현재와 미래에 대한 길흉화복의 변화를 예측하는 것은 행운에 의하여 이루어지는 것이다.

그래서 고서에 "명호불여대운호(命好不如大運好), 대운호불여유년호(大運好不如流年好)"라고 하여 명국(命局)이 부귀하게 태어났다 하더라도 행운을 잘 만나지 못하면 한평생 발복(發福)을 하지 못하는 것이고, 행운이 아무리 좋아도 명국(命局)이 좋지 않으면 근본 자체의 그릇이 있기 때문에 그 이상의 발전에 한계가 있다고 했다. 일반적으로 명국(命局)을 자동차로 비유하면 행운은 도로에 해당하는데 좋은 명국(命局)이 나쁜 행운을 만나면 좋은 차가 비포장도로를 달리는 것과 같고, 명국(命局)은 나쁘나 행운이 좋으면 낡은 차로도 고속도로를 달리는 것과 같은 이치이다.

한 가지 더 예를 들면 명국(命局)이 좋은데 대운(大運)이 나쁠 때는 송백이 추운 겨울을 만난 것과 같아 때를 얻지 못하였을 뿐이지 갯버들이 되는 것은 아니라는 것이다. 대운(大運)을 정하는 법은 이미 앞에서 설명하였으나 대운(大運)의 간지(干支)에 대한 비중은 학자들 간에 다소 이견이 있다.

임철초(任鐵樵) 선생은 "운세(運勢)는 내가 처해 있는 땅과 같아 비록 지지(地支)가 중요하다고 하나 천간(天干)을 무시할 수가 없으며, 상생상부(相生相扶)가 되어야 한다. 천간(天干)과 지지(地支)를 끊어서 보는 것은 잘못 보는 것이다"라고 하였다. 위천리(韋千里) 선생은 "간지(干支)를 종합하여 판단하되 앞의 5년은 천간(天干)을 7할, 지지(地支)를 3할로 보고, 뒤의 5년은 천간(天干)을 3할, 지지(地支)를 7할로 종합하여 판단하여야 한다"라고 하였다.

그러나 대운(大運)이 甲寅이나 乙卯 또는 庚申이나 辛酉 등과 같이 간지(干支)가 동일한 경우는 똑같이 10년으로 보면 되겠으나, 만약 丙子나 丁亥 또는 庚午나 辛巳 등과 같이 천간(天干)과 지지(地支)가 서로 오행이 다른 경우가 있다.

그러므로 丙丁火는 水 위에 좌(坐)하고 庚辛金은 火 위에 좌(坐)하고 있기 때문에, 火나 金의 힘이 부족하므로 3할 정도만 발휘할 수 있는 것이고 지지(地支)는 자기의 힘을 백분 발휘할 수가 있는 것이다. 따라서 천간(天干)도 5년, 지지(地支)도 5년씩 2분하되 천간(天干)만큼은 지지(地支)의 기운에 따라 그 작용이 달라지는 것이다.

(2) 대운간지(大運干支)가 상생을 하면 길(吉)하고, 상극을 하면 흉(凶)하게 되니, 길흉의 경중 관계를 판단하는 데 유념해야 한다.

첫째, 천간(天干)이 길(吉)하여도 지지(地支)가 상극하면 길(吉)이 감소하여 매사가 여의치 못하다. 둘째, 천간(天干)이 길(吉)하고 지지(地支)에서 상생하면 길(吉)이 더욱 발복(發福)하고 매사가 원만하게 된다. 셋째, 천간(天干)이 흉하여도 지지(地支)가 상극하게 되면 흉(凶)함이 도리어 경(輕)하게 된다. 넷째, 천간(天干)이 흉한데 지지(地支)가 상생하면 도리어 흉(凶)함이 중(重)하게 된다. 다섯째, 지지(地支)가 길하여도 천간(天干)이 상극하면 길(吉)이 감소되고 매사가 여의치 못하다.

여섯째, 지지(地支)가 길하여도 천간(天干)에서 상생하면 길(吉)함이 더욱 발복(發福)하게 된다. 일곱째, 지지(地支)가 흉한데 천간(天干)에서 상극하면 흉(凶)함이 감소된다. 여덟째, 지지(地支)가 흉한데 천간(天干)에서 상생하면 흉(凶)함이 중(重)하게 된다.

제2절 대운大運과 유년流年의 통변通辯

1. 비겁대운(比劫大運)

대운(大運)에 비겁운(比劫運)이 왔을 때 신약명(身弱命)은 길(吉)하다고 할 수 있는데, 형제나 친우로부터 유덕(有德)이 있고 은혜를 받게 된다. 건강이 좋아지고 자신감이 생기며, 귀인을 만나게 되고 동업으로 성공하며, 상부상조하여 명성을 얻을 뿐만 아니라 득재(得財)하거나 득처(得妻)까지 하게 되는 길(吉)한 일이 발생한다.

만약에 신왕명(身旺命)일 경우에는 흉한 일이 발생하는데, 부모형제로부터 근심과 걱정이 발생하거나 상처(喪妻)나 극처(剋妻)를 하게 되고, 처첩으로 수난을 겪게된다.

또한 친우의 배신을 당하기도 하고 방해자가 있어 타인에게 선수를 빼앗기게되고, 실직, 손재, 사업실패 등이 발생한다. 특히 여명(女命)은 상부(喪夫)나 극부(剋夫)를 하게 되고 남편이 작첩을 하는 경우가 생긴다.

2. 식상대운(食傷大運)

대운(大運)에 식상운(食傷運)이 왔을 때 신왕명(身旺命)에는 새로운 일이 생기고 사업이 번창하는데, 육영사업(育英事業)이 더욱 길(吉)하다. 뿐만 아니라 의식이 풍족해지고 도처에서 귀인이 도와주며 타인의 덕으로 성공하고 부하의 덕도 보게 된다. 아울러 건강이 좋아지고 기예를 발휘하여 득명(得名)을 하게 된다. 특히 여명(女命)은 귀자(貴子)를 얻게 된다.

반대로 신약명(身弱命)일 경우에는 가정불화가 생기고 실직이나 파직이 되거나 관재구설이 따르고 명예손상을 당한다. 또한 사업관계로 고민이 생기거나 각종 사고가 발생하여 시비가 따르고 지출이 과다하게 된다. 뿐만 아니라 탐욕이 생겨 도리어 화를 당하게 되고, 후배나 부하로부터 배신을 당하여 건강마저 부실해진다.

특히 여명(女命)은 상부(喪夫)를 하거나 자연유산으로 근심하게 되고, 남편 문제로 쓰라린 고통을 겪게 된다.

3. 재성대운(財星大運)

대운(大運)에 재성(財星)이 왔을 때 신왕명(身旺命)은 사업이나 투자에서 대성하게 되고 매사가 순조롭게 이루어지며 명예가 상승하고 취직도 성사된다. 건강도 양호하고 매사에 자신감이 넘치며 자손으로 인한 경사가 일어나고 재물로 출세를 하게 되어 재정계(財政界)에서도 특출한 인물로 평가를 받게 된다.

반대로 신약명(身弱命)일 경우에는 사업이 부도가 나거나 계약이 파기되고 손재가 발생하게 된다. 그뿐만 아니라 관재, 송사, 명예손상 등이 일어난다. 또한 처첩과 분쟁이 일어나고 생사이별하는 경우도 생긴다. 특히 여명(女命)은 시모와 불화가 일어나게 된다.

4. 관살대운(官殺大運)

대운(大運)에 관살(官殺)이 왔을 때 신왕명(身旺命)은 명예가 따르고 취직이나 승진을 하게 되고 직책도 고위직으로 올라가게 된다. 자식의 학업성적도 올라가고 승진도 따르고 매사에 자신감이 넘치고 건강하여 질병도 치료가 빨라져 회복된다. 특히 여명(女命)은 결혼을 하게 되고 남편은 명예가 올라가게 된다.

반대로 신약명(身弱命)은 퇴직하게 되거나 강제로 사표를 쓰게 된다. 또한 각종 사고가 연속으로 발생하게 되고 누명을 쓰거나 배신을 당하게 된다. 부부불화가 발생하고 처첩으로 인하여 재물을 잃거나 자식으로 인한 근심걱정이 있게 된다. 특히 여명(女命)은 남편으로 인한 고민을 하게 되거나 생사이별을 하게 된다.

5. 인수대운(印綬大運)

대운(大運)에 인수운(印綬運)이 왔을 때 신약명(身弱命)은 길하다고 할 수 있는데,

문서나 계약 등의 거래가 활발하게 되고, 부모나 가정적으로 경사가 일어나고 회사 창업도 하게 된다. 또한 학문과 인연이 닿아 새로운 학문에 도전하게 되거나 최고 학부를 수료하게 된다.

반대로 신왕명(身旺命)은 학업이 부진하고 명예에도 손상이 따르고, 문서나 계약 등으로 인하여 사기나 부도를 당하게 된다. 부모로 인한 근심걱정이 생기고 충돌도 자주 일어난다. 특히 여명(女命)은 자식으로 인한 근심걱정이 발생한다.

제3절 세운歲運의 의미

(1) 운명(運命)은 대운(大運)과 세운(歲運)의 밀접한 관계가 있어 그 때를 아는 것은 행운을 아는 것과 같다. 또한 대운(大運)이 중요한지, 세운(歲運)이 중요한지를 비교하게 되면 대운(大運)이 더 중요한 역할을 한다고 할 수 있다. 그러나 세운(歲運)도 소홀히 해서는 안 된다. 하나하나 꼼꼼하게 분석하여 개척해 나아가야 하기 때문이다.

행운(行運)을 판단하는 법은 여러 가지가 있으나 앞 절에서 대운(大運)은 지지(地支)를 중요시하고 천간(天干)을 보조 작용으로 보며, 세운(歲運)은 대운(大運)과 다르게 천간(天干)을 중요시하고 지지(地支)를 보조 작용으로 본다고 하였다. 그래서 지지(地支)는 형충파해(刑冲破害), 합국(合局), 공망(空亡), 길흉살(吉凶殺)을 잘 살펴서 판단하는 것이다.

(2) 대운(大運)이 길(吉)하고 세운(歲運)도 길(吉)하면 발복(發福)이 대단하고, 대운(大運)이 흉(凶)하고 세운(歲運)도 흉(凶)하면 대흉(大凶)하게 된다.

(3) 세운(歲運)이 길(吉)한데 대운(大運)이 생조(生助)하면 더욱 길(吉)하고, 만약 세운(歲運)이 흉(凶)한데 대운(大運)이 이를 생조(生助)하면 더욱 불길하게 된다.

(4) 세운(歲運)이 길(吉)한데 대운(大運)이 형충(刑冲)하면 소길(小吉)하고, 세운(歲運)이 흉(凶)한데 대운(大運)이 파극(破剋)하면 오히려 소흉(小凶)하게 된다.

(5) 세운(歲運)이 길(吉)한데 대운(大運)이 흉(凶)하면 길(吉)한 중에 소흉(小凶)이 있고, 세운(歲運)이 흉(凶)한데 대운(大運)이 길(吉)하면 흉(凶)한 중에 소길(小吉)이 있다.

(6) 세운(歲運)이 원국(原局)의 용신(用神)을 생조(生助)하면 길(吉)하고, 반대로 세운(歲運)이 원국(原局)의 용신(用神)을 파극(破剋)하면 불길하게 된다.

(7) 세운(歲運)의 지지(地支)가 원국(原局)의 월지(月支)나 일지(日支)를 형충(刑冲)하면 육친(六親)에게 변동이 있거나 부부 이별하는 경우가 있고, 관재구설, 직장 변동, 쟁투 등의 일이 발생하게 된다.

(8) 세운(歲運)의 간지(干支)와 대운(大運)의 간지(干支), 그리고 원국(原局)의 간지(干支)가 삼합(三合)이나 육합(六合)이 되면 타인과의 융합과 협력이 잘 이루어진다.

제4절 세운歲運의 내정법來定法

1. 비견년운(比肩年運)

비견년운(比肩年運)에는 형제와 친구, 배우자와의 관계, 분가 및 사업에 관한 길흉사(吉凶事)가 발생한다. 희신(喜神)이 되는 경우는 형제나 친구의 도움을 얻게 되고 창업을 하거나 사업을 확충시키기도 하고, 막혀 있던 재정이 풀리고 빌려준 돈을 받게 되고 부모로부터 유산을 받을 수 있다.

기신(忌神)이 되는 경우는 형제나 친구로 인한 손재를 보거나 배신을 당하기도 하고, 파산이 되거나 사업이 부진하게 되고, 부부 애로가 있으며, 질병으로 손재가 발생하게 된다.

2. 겁재년운(劫財年運)

겁재년운(劫財年運)은 부부 이별, 관재구설, 재물 손해, 투기, 투자에 관한 길흉사(吉凶事)가 발생한다. 희신(喜神)이 되는 경우는 비견운(比肩運)과 같이 형제나 친구의 도움을 얻게 되고 창업을 하거나 사업을 확충시키기도 하고, 막혀 있던 재정이 풀리고 빌려간 돈을 받게 되고 부모로부터 유산을 받을 수 있다.

기신(忌神)이 되는 경우는 형제나 친구로 인한 손재를 보거나 사업이 부진하게 되고 동업으로 인한 파재(破財), 부부 이별, 질병으로 손재가 발생하게 된다.

3. 식신년운(食神年運)

식신년운(食神年運)은 재산이나 건강에 관한 문제, 창업 및 기술, 이사나 변동, 자녀나 제자, 공연이나 전시, 결혼이나 약혼 등에 관한 길흉사(吉凶事)가 발생한다. 희신(喜神)이 되는 경우에는 사업에 대한 기획이나 설계에 대한 효율적인 성과를 이루고 기술 향상으로 인해 명예가 올라가고 수입이 늘어난다.

특히 여명(女命)은 결혼이나 임신, 득자 등을 하게 된다. 기신(忌神)이 되는 경우에는 사소한 감정으로 쟁투가 일어나고 관재구설, 부부이별, 자식이나 남편에게 불리한 일이 발생하게 된다.

4. 상관년운(傷官年運)

상관년운(傷官年運)은 식신운(食神運)과 같이 재산이나 건강, 명예나 자식, 관재 송사 등에 관한 길흉사(吉凶事)가 일어난다. 희신(喜神)이 되는 경우에는 사업에 대한 기획(企劃)이나 설계에 대한 효율적인 성과를 이루고, 총명한 능력을 발휘하여 창작이나 발명을 하게 되어 명예가 올라가고 의외의 수입이 늘어난다. 특히 여명(女命)은 결혼이나 임신, 득자를 하게 된다.

기신(忌神)이 되는 경우에는 부당한 수입으로 재물을 획득하거나 부도가 나게 되고 관재송사가 발생하거나 사소한 일에 시비가 일어나고 쟁송으로 인한 투옥을 당하게 된다.

5. 편재년운(偏財年運)

편재년운(偏財年運)은 투자, 재산, 사업, 무역, 부동산, 매매, 부모, 부부, 결혼, 애인 등에 관한 길흉사(吉凶事)가 발생한다. 희신(喜神)이 되는 경우에는 재운(財運)이 좋아 재물을 획득하고 사업이 번창하여 확장을 하거나 부동산 매입을 하게 되고, 부부관계가 원만하여진다. 기신(忌神)이 되는 경우에는 사업이 부진하거나 실패하게 되고 의외의 지출이 많으며, 이성으로 인한 관재구설이 생기고 부친의 건강에도 영향이 미친다.

6. 정재년운(正財年運)

정재년운(正財年運)은 사업의 성패, 처나 여자의 관계, 결혼 등의 길흉사(吉凶事)가 발생하게 된다. 희신(喜神)이 되는 경우에는 재운(財運)이 좋아 재물을 획득하고 사업이 번창하여 확장을 하거나 부부관계가 원만하여지고 미혼남자는 결혼을 하게 된다. 기신(忌神)이 되는 경우에는 처궁(妻宮)이나 부친의 건강이 약화되거나 의외의 지출이 많아지고 이성으로 인한 관재구설이 생긴다.

7. 편관년운(偏官年運)

편관년운(偏官年運)은 명예, 자녀, 권리투쟁, 관재송사, 사업경쟁, 사기, 모함, 이별 등의 길흉사(吉凶事)가 발생하게 된다. 희신(喜神)이 되는 경우에는 관재송사에서 승소하거나 명예가 회복되고 사업 등에서 의외의 사건들이 해결된다. 기신(忌神)이 되는 경우에는 의외의 관재송사에서 패소되거나 파재(破財)나 손재가 일어나고 형제자매 간의 불화, 이성과의 실연, 파혼, 자식으로 인한 애로가 발생한다.

8. 정관년운(正官年運)

정관년운(正官年運)은 직위가 승진, 고시의 합격 여부, 소송문제의 승패, 자식의 결혼 여부 등의 길흉사(吉凶事)가 발생하게 된다. 희신(喜神)이 되는 경우에는 직장에서 승진이 되거나 소송에서 승소하게 되며 자식에게 경사가 일어난다. 기신(忌神)이 되는 경우에는 직장에서 관재구설이 일어나고 소송에서 패소되며, 자식으로 인한 애로가 발생하게 된다.

9. 편인년운(偏印年運)

편인년운(偏印年運)은 명예손상, 학술이나 연구 문제, 사업의 성패, 질병이나 건강 등의 길흉사(吉凶事)가 발생하게 된다. 희신(喜神)이 되는 경우에는 사업이 안정되고 새로운 창업을 하거나 학문의 성과가 호전되고 건강이 회복된다. 기신(忌神)이 되는 경우에는 사업이 부진하고 학문의 연구 실적이 부진하며, 질병 등으로 건강이 악화된다.

10. 정인년운(正印年運)

정인년운(正印年運)은 학술, 명예, 시험, 승진, 결혼, 질병, 건강의 길흉사(吉凶事)가 발생하게 된다. 희신(喜神)이 되는 경우에는 학업성적이 우수하여 표창장을 받게 되거나 학술경시대회에서 입상하게 되고, 이사를 하거나 임신을 하여 자식을 얻는다거나, 귀인으로부터 조력을 받아 사업이 번창하여지거나, 학업의 능률이 향상되게 된다.

기신(忌神)이 되는 경우에는 시험이나 승진에서 탈락되거나 부동산 매매 등 재산상의 손재가 발생하고, 건강이 악화되어 병원에 입원하게 되고, 판단착오로 사기를 당하게 된다.

제5절 월운月運 및 일진日辰

월운(月運)과 일진(日辰)을 판단하는 방법은 세운(歲運)의 길흉(吉凶)을 판단하는 방법과 유사하다. 그러므로 용신(用神)을 생조(生助)하면 길(吉)하게 되고, 반대로 용신(用神)을 파극(破剋)하게 되면 흉(凶)하게 된다. 여기서 파극(破剋)이라는 것은 용신(用神)을 형충파해(刑沖破害)하는 것이다.

일반적으로 대운(大運)은 지지(地支)를 중심으로 하고, 세운(歲運)과 월운(月運)과 일진(日辰)은 천간(天干)을 중심으로 보는 것이 타당하다고 하나, 간지(干支)를 종합적으로 분석하여 판단하여야 한다. 천간(天干)과 지지(地支)가 왕성하면 천간(天干)이 강력하게 되고, 지지(地支)에서 천간(天干)을 생조(生助)하면 천간(天干)이 강력하여지고 지지(地支)는 감소하게 된다.

지지(地支)에서 천간(天干)을 극(剋)하면 천간(天干)의 힘이 감소되고, 천간(天干)에서 지지(地支)를 극(剋)하면 지지(地支)의 힘이 감소하게 된다. 또한 천간(天干)에서 지지(地支)를 생조(生助)하면 천간(天干)의 힘이 감소되고 지지(地支)의 힘이 강력하게 된다.

제6절 간지동干支同 · 간지충干支沖 · 간지합干支合 · 간동지충干同地沖

1. 간지동(干支同)

일주(日柱)의 천간(天干)과 지지(地支)가 동일하다는 뜻인데, 일주(日柱)가 甲寅이라면 대운(大運)이나 세운(歲運)이 甲寅이 되는 경우를 간동지동(干同支同) 또는 천동지동(天同地同)이라고도 한다. 동일한 사람이 나타났으니 주인이 둘이 되어 관재구설, 누명, 시비, 사기, 중상모략 등이 발생하게 된다.

또한 이동, 이사, 전직, 전업, 유혹, 손재, 부부 이별 등도 하게 된다. 이 외에도 부친이 불길하게 되거나 처액(妻厄)이 있고, 이성에 대한 애정문제가 발생하게 된다. 그러나 신약(身弱)하여 비겁(比劫)을 용신(用神)으로 하는 경우에는 오히려 발복하게 된다.

2. 간지충(干支沖)

일주(日柱)의 천간(天干)과 지지(地支)를 대운(大運)이나 세운(歲運)에서 상충(相沖)한다는 뜻으로 천충지충(天沖地沖)이라고도 한다. 일주(日柱)가 甲寅이라면 경신년(庚申年), 丙午라면 임자년(壬子年), 丙申이라면 임인년(壬寅年)을 만나는 경우와 같은 것이다.

적을 만난 것과 같으니 필사의 투쟁으로 자기 역량을 최대한 발휘하지만 관재구설, 형액, 교통사고, 질병 등의 발생이나 부모, 자식, 배우자의 비운을 암시하고 있으나 신왕(身旺)하여 관살(官殺)이 용신(用神)이 되는 경우에는 오히려 발복(發福)하게 된다.

3. 간지합(干支合)

일주(日柱)의 천간(天干)과 지지(地支)가 대운(大運)이나 세운(歲運)의 간지(干支)와 상합(相合)한다는 뜻으로 천합지합(天合地合)이라고도 한다. 일주(日柱)가 갑인(甲寅)이라면 기해년(己亥年), 병오(丙午)라면 신미년(辛未年)이 되는 경우와 같은 것이다.

다정이 병이 되니 유혹을 많이 당하여 애정문제가 발생하게 되는데 합화기(合化忌)가 되느냐, 또는 합화희(合化喜)가 되느냐를 살펴서 판단하여야 한다. 합화기(合化忌)가 되면 관재구설, 재산손재, 사기 등이 발생하고, 합화희(合化喜)가 되면 동업이나 귀인이 협조하게 된다.

4. 간동지충(干同支沖)

일주(日柱)의 천간(天干)이 대운(大運)이나 세운(歲運)의 천간(天干)과 동일하고, 지지(地支)가 상충한다는 뜻으로 천동지충(天同地沖)이라고도 한다. 일주(日柱)가 甲寅이라면 갑신년(甲申年), 丙午라면 병자년(丙子年)을 만나는 경우와 같은 것이다. 동상이몽과 같은 형상으로 속과 겉이 다르니 자기의 이상과 기대가 어긋나는 결과를 가져온다는 것을 암시하고 있는 것이다.

배우자와의 충돌로 생사이별하거나 친구나 동료의 배신, 동업자로부터 사기나 손재를 당하거나, 가정적으로는 불안하거나 좌불안석하는 일이 발생한다. 일반적으로 간동지형(干同支刑)도 간동지충(干同支冲)과 같은 결과가 나타난다.

이와 반대로 간충지합(干冲地合), 간충지형(干冲支刑), 간합지충(干合地冲), 간합지형(干合地刑)과 같은 경우에도 관재송사(官災訟事), 부부이별(夫婦離別), 교통사고(交通事故) 등 형액(刑厄)을 암시하고 있다.

제 23 장

관재송사官災訟事 및 사망 시기 감정론

관재송사라고 하는 것은 불의의 사고를 뜻하는데, 재난, 조난, 사상, 횡액, 교통사고, 부부이별, 질병, 투옥, 강제추행, 수술, 부도, 파산 등을 포함하고 있다.

이러한 재난과 재해, 형액, 건강문제 등을 예측하여 사전에 주의하고 조심하면서 취길피흉(取吉避凶)하는 것이 지혜로운 삶이라고 할 수 있다.

1. 천충극봉지충형운(天沖剋逢地沖刑運)

사망시기는 원국(原局)에서 먼저 격국용신(格局用神)을 정하고 대운(大運)과 세운(歲運)을 비교하여 판단하는 것이다. 다시 말하여 대운(大運)과 세운(歲運)에서 원국(原局)의 용신(用神)을 충형(沖刑)하여 파괴되거나, 일주(日柱)를 충형(沖刑)하여 천충지충(天沖地沖), 천극지충(天剋地沖) 또는 천충지형(天沖地刑), 천극지형(天剋地刑)이 되는 경우를 말한다.

특히 주의할 것은 유년(流年)에서 용신(用神)이 들어온다고 하더라도 세력이 약하면 오히려 왕자충쇠쇠자발(旺者沖衰衰者拔)이 되어 흉신(凶神)이 되는 경우이다.

2. 신왕봉비겁(身旺逢比劫)·인수운(印綬運)

원국(原局)에서 인수태왕(印綬太旺)이 비겁태왕(比劫太旺)으로 신왕(身旺)한데 대운

(大運)이나 세운(歲運)에서 인수운(印綬運)이나 비겁운(比劫運)을 만나는 경우이다.

3. 신약봉식재관운(身弱逢食財官運)

원국(原局)에 식재관(食財官)이 많아서 신약(身弱)한데 용신(用神)이 비겁(比劫)이면 관살운(官殺運), 용신(用神)이 인수(印綬)이면 재성운(財星運), 용신(用神)이 관살(官殺)이면 식상운(食傷運)이 되는 경우이다.

4. 진상관봉식상운(眞傷官逢食傷運)

진상관(眞上官)이란 식신(食神)이나 상관(傷官)이 태왕(太旺)하여 신약(身弱)한데, 대운(大運)이나 세운(歲運)에서 식신(食神)이나 상관운(傷官運)이 되는 경우이다. 이러한 경우를 진법무민(盡法無民)이라고도 한다.

5. 가상관봉인수운(假傷官逢印綬運)

가상관(假傷官)이란 신왕(身旺)하여 식상(食傷)을 용신(用神)으로 하고 있는데, 대운(大運)이나 세운(歲運)에서 인수운(印綬運)이 되는 경우이다. 이러한 경우를 "가상관(假傷官)이 인수운(印綬運)이면 필사(必死)하고, 진상관(眞傷官)이 상관운(傷官運)이면 필멸(必滅)이라"고 하는 것이다.

6. 식신제살봉관살운(食神制殺逢官殺運)

식신제살(食神制殺)이란 원국(原局)에서 식상(食傷)과 관살(官殺)이 병립(竝立)되어 있는데 관살(官殺)이 태왕(太旺)하여 관살(官殺)을 제압하는 식상(食傷)을 용신(用神)으로 할 때, 관살운(官殺運)이 다시 들어오는 경우로 상관상진(傷官傷盡)이라고도 한다.

7. 제살태과봉관살운(制殺太過逢官殺運)

제살태과(制殺太過)란 원국에서 식상(食傷)과 관살(官殺)이 병립(竝立)되어 있는데 식상(食傷)이 태왕(太旺)하여 식상(食傷)을 제압하는 관살(官殺)을 용신(用神)으로 할 때 식상운(食傷運)이 다시 들어오는 경우로, 진법무민(盡法無民)이라고도 한다.

8. 양인다봉양인운(羊刃多逢羊刃運)

원국(原局)에서 양인(羊刃)이 세 개 이상 있을 때 대운(大運)이나 세운(歲運)에서 재성운(財星運)을 만나거나 다시 양인(羊刃)을 만나는 경우이다.

9. 공망다봉공망운(空亡多逢空亡運)

원국(原局)에서 공망(空亡)이 세 개 이상 있을 때 대운(大運)이나 세운(歲運)에서 다시 공망(空亡)을 만나는 경우이다.

10. 삼형봉충이일제삼운(三刑逢冲以一制三運)

삼형(三刑)은 寅巳申, 丑戌未, 자묘형(子卯刑)이 되는 경우인데, 형살(刑殺)이 되어 불길하게 해석하고 있지만, 원국(原局)이 신왕(身旺)하고 청격(淸格)이 되면 오히려 희신(喜神)으로 작용한다. 그러나 대운(大運)이나 세운(歲運)에서 다시 삼형(三刑)이 들어와 기신(忌神)이 되는 경우이다.

또한 이일제삼(以一制三)이란 원국(原局)이나 유년(流年)에서 어느 하나가 다른 세 가지를 충형(冲刑)하거나 세 가지가 어느 하나를 충형(冲刑)하는 경우이다. 예를 들면 삼병충일임(三丙冲一壬), 삼경충일갑(三庚冲一甲), 삼을충일신(三乙冲一辛), 삼정충일계(三丁冲一癸), 삼유충일묘(三酉冲一卯), 삼자충일오(三子冲一午), 삼진충일술(三辰冲一戌), 삼인충일사(三寅冲一巳) 등이다. 『적천수천미(滴天髓闡微)』의 '왕자충쇠쇠자발(旺者冲衰衰者拔)'에 해당되는 경우이다.

<table>
<tr><td>癸</td><td>壬</td><td>壬</td><td>壬</td></tr>
<tr><td>卯</td><td>子</td><td>子</td><td>辰</td></tr>
</table>

己 戊 丁 丙 乙 甲 癸
未 午 巳 辰 卯 寅 丑

임수일주(壬水日主)가 자월(子月)에 태어나 득령(得令), 좌하자수(子下子水)로 득지(得地)하고, 천간(天干)에 壬癸水 투출(透出)로 신왕(身旺)하다.

원국(原局)에 壬水가 3개 있으니 삼붕격(三朋格)이면서 천원일기(天元一氣)가 되어 귀격(貴格)이다. 또한 양인(羊刃)이 중첩되어 있고 자자형(子子刑), 자묘형(子卯刑)으로 형살(刑殺)도 중첩되면서 신왕(身旺)하다. 신왕(身旺)하면 식재관(食財官)인 木火土가 희신(喜神)이고, 인비(印比)인 金水가 기신(忌神)이다.

丙辰 대운에 병임충(丙壬沖)으로 삼임충일병(三壬沖一丙)이 되고 자진합수국(子辰合水局)으로 기신(忌神)이 되어 있는데, 세운인 경오년(庚午年)에 경금기신(庚金忌神)이고 자오충(子午沖)으로 午火가 용신충발(用神沖拔)이 되어 사망하였다.

<table>
<tr><td>乙</td><td>己</td><td>甲</td><td>丁</td></tr>
<tr><td>丑</td><td>未</td><td>辰</td><td>酉</td></tr>
</table>

辛 庚 己 戊 丁 丙 乙
亥 戌 酉 申 未 午 巳

己土가 토왕절(土旺節)인 진월(辰月)에 태어나 득령(得令), 좌하미토(坐下未土)에 득지(得地), 丑土와 丁火로 득세(得勢)하여 신왕(身旺)하다. 신왕(身旺)하면 식재관(食財官)인 金水木이 희신(喜神)이고, 인비(印比)인 火土가 기신(忌神)이다.

丙午 대운에 화생토(火生土)로 토왕(土旺)하고 오미합토(午未合土)로 기신(忌神)이 더욱 왕성하게 되었는데, 세운(歲運)인 기미년(己未年)에 심장 수술로 사망하였다. 본명(本命)은 신왕(身旺)한데 대운(大運)과 세운(歲運)에서 인수운(印綬運)이나 비겁운(比劫運)을 만난 경우이다.

$$戊 \quad 壬 \quad 庚 \quad 丁$$
$$申 \quad 戌 \quad 戌 \quad 未$$

$$丁 丙 乙 甲 癸 壬 辛$$
$$巳 辰 卯 寅 丑 子 亥$$

壬水가 화토태왕(火土太旺)하여 신약(身弱)하다. 토관살(土官殺)이 태왕(太旺)하다. 토관살(土官殺)을 제압(制壓)하는 목식상(木食傷)이 필요하니 식신제살격(食神制殺格)이 성립된다.

희신(喜神)은 金水木이고, 기신(忌神)은 火土이다. 癸丑 대운에 계수용신(癸水用神)이 정계충(丁癸冲), 무계합(戊癸合)으로 충중봉합(冲中逢合)이 되어 형액(刑厄)을 암시하고 있는데, 축술미삼형살(丑戌未三刑殺)이 가중되어 신부전증으로 고생하다가, 세운(歲運)인 계축년(癸丑年)에 사망하였다. 본명(本命)은 신약(身弱)한데 대운(大運)이나 세운(歲運)에서 용신(用神)이 충발(冲拔)되고 관살운(官殺運)을 만난 경우이다.

```
戊 丙 己 丙
子 申 亥 子
```

```
壬 癸 甲 乙 丙 丁 戊
辰 巳 午 未 申 酉 戌
```

병화일주(丙火日主)가 해월(亥月)에 태어나 전지지(全地支)가 신자합수(申子合水), 해자합수(亥子合水)로 수국(水局)을 이루어 관살(官殺)이 태왕(太旺)하여 水를 제압하는 土가 필요하니 식신제살격(食神制殺格)이 되었다. 인비식(印比食)인 木火土가 희신(喜神)이고, 재관(財官)인 金水가 기신(忌神)이다.

癸巳 대운에 계수관살(癸水官殺)이 기신(忌神)이면서 기계충(己癸冲), 무계합(戊癸合)으로 충중봉합(冲中逢合)으로 형액(刑厄)을 암시하고, 巳火는 희신(喜神)이면서 사해충(巳亥冲), 사신합(巳申合)으로 역시 충중봉합(冲中逢合)을 이루는 형액(刑厄)이 틀림없다.

세운(歲運)인 을해년(乙亥年)에 대장암으로 사망하였다. 본명(本命)은 식신(食神)을 용신(用神)으로 하고 있는데 관살운(官殺運)이 들어와 상관상진(傷官傷盡)된 경우이다.

```
辛 壬 己 庚
亥 寅 丑 子
```

```
丙 乙 甲 癸 壬 辛 庚
申 未 午 巳 辰 卯 寅
```

임수일주(壬水日主)가 축월(丑月)에 태어나 수기(水氣)가 잔여하고 있는데, 해자
축수국(亥子丑水局)이 되어 있고 庚辛金이 출(透出)하여 천한지동(天寒地凍)이 되고
신왕(身旺)하다. 신왕(身旺)하면 식재관(食財官)인 木火土가 희신(喜神)이고, 인비
(印比)인 金水가 기신(忌神)이다.

癸巳 대운에 癸水가 기신(忌神)이고 巳火는 酉를 만나면 금국(金局)으로 변화하
여 옥사하였다. 그러므로 사축금국(巳丑金局)이 인수운(印綬運)으로 작용하여 "가
상관(假傷官)에 행인수운(行印綬運)이면 필사(必死)요, 파료상관(波了傷官)에 손수
원(損壽元)이라"라는 원전(原典)에 해당하는 명조이다.

$$
\begin{array}{cccc}
壬 & 戊 & 辛 & 己 \\
戌 & 戌 & 未 & 丑
\end{array}
$$

$$
\begin{array}{ccccccc}
甲 & 乙 & 丙 & 丁 & 戊 & 己 & 庚 \\
子 & 丑 & 寅 & 卯 & 辰 & 巳 & 午
\end{array}
$$

戊土가 未土, 丑土가 있어 양인(羊刃)이 중중(重重)하고 丑戌未 삼형살(三刑殺)이
있어 생살권(生殺權)과 인연이 있는 직종에 근무하게 되는데, 본명(本命)은 약국을
경영하면서 대부가 되었다. 격국용신법(格局用神法)으로 가색격(稼穡格)이고, 희신
(喜神)은 火土金이며, 기신 (忌神)은 水木이다. 乙丑 대운에 을신충(乙辛沖)으로 乙
木이 충발(沖拔)되었고 축술미삼형살(丑戌未三刑殺)이 왕발(旺發)하여 미중을목(未
中乙木)까지 암충(暗沖)되어 있다.

세운(歲運)인 53세 신사년(辛巳年)에 사축합금(巳丑合金)이 되어 금왕(金旺)으로
희신(喜神)이 되었지만 乙木은 극심하게 피상되어, 담낭수술을 받았으나 간암으로
전이되어 55세인 계미년(癸未年)에 기계충(己癸沖), 축미충(丑未沖)으로 천충지충
(天沖地沖)되어 사망하였다.

```
辛 辛 乙 癸
卯 酉 卯 巳
```

```
戊 己 庚 辛 壬 癸 甲
申 酉 戌 亥 子 丑 寅
```

　신금일주(辛金日主)가 을묘월(乙卯月)에 태어나 목기(木氣)가 왕성하지만 을신충(乙辛冲), 묘유충(卯酉冲)으로 쇠톱으로 나무를 자르는 형상이다.

　이신일을(二辛一乙), 이묘일유(二卯一酉)로 금목상전(金木相戰)하고 있어 소통(疏通)시켜주는 癸水가 있으나 미약(微弱)하다. 辛亥 대운에 삼신충일을(三辛冲一乙), 사해충(巳亥冲)으로 천충지충(天冲地冲)되어 있는데, 세운(歲運)인 43세 을해년(乙亥年)에 다시 천충지충(天冲地冲)되어 간암으로 사망하였다.

제 24 장

수술手術 및 교통사고 감정론

(1) 원국삼형살(原局三刑殺) 및 관살(官殺)이 있는데 관살년(官殺年)이나 상관년운(傷官年運)에 수술, 교통사고가 발생한다. 원국삼형살(原局三刑殺)은 寅巳申이나 丑戌未, 관살(官殺)이 있는데, 대운이나 세운에서 또다시 관살이 들어와 일간을 피상시키거나 상관(傷官)이 들어와 관살과 쟁투한다는 뜻이다.

(2) 원국삼형살(原局三刑殺)이 있는데 대운이나 세운에서 충형(冲刑)이 들어올 때 수술, 교통사고가 발생한다.

(3) 원국(原局)에서 삼형살(三刑殺), 관살(官殺), 식상(食傷)이 없을 때 관살대운(官殺大運) 중에 식상세운(食傷歲運)이거나, 식상대운(食傷大運) 중에 관살세운(官殺歲運)이 들어올 때 수술, 교통사고가 발생한다.

(4) 대운이나 세운에서 원국(原局)과 삼형살(三刑殺)이 되거나, 천충지충(天冲地冲), 천충지형(天冲地刑), 천충지합(天冲地合), 천합지충(天合地冲), 천합지형(天合地刑)이 되는 경우에 수술이나 교통사고를 당하게 된다.

(5) 특히 여명(女命)은 음일간(陰日干)이 대운에서 양간합(陽干合), 즉 정관합(丁官合)이 되어 있는데, 식상운(食傷運)이 들어올 때 교통사고가 나거나 강제추행을 당하게 된다. 첫째로, 乙木 일주가 경금대운(庚金大運) 중에 병정화운(丙丁火運)일 때, 둘째로, 丁火 일주가 임수대운(壬水大運) 중에 무기토운(戊己土運)일 때, 셋째로, 己

土 일주가 갑목대운(甲木大運) 중에 경신금운(庚辛金運)일 때, 넷째로, 辛金 일주가 병화대운(丙火大運) 중에 임계수운(壬癸水運)일 때, 다섯째로, 癸水 일주가 무토대운(戊土大運) 중에 갑을목운(甲乙木運)이 들어오는 경우이다.

(6) 복음(伏吟)이나 반복음(反伏吟)이 되는 경우에 질병이나 생사이별을 당하게 된다. 복음(伏吟)이란 신음과 고통이 잠복되어 있다는 뜻이며, 복음(伏吟)의 종류에는 년주복음(年柱伏吟), 월주복음(月柱伏吟), 일주복음(日柱伏吟), 시주복음(時柱伏吟)이 있다. 년주 간지(干支)와 유년간지(流年干支)가 같은 것을 년상복음(年上伏吟), 월주 간지(干支)와 유년간지(流年干支)가 같은 것을 월상복음(月上伏吟), 일주 간지(干支)와 유년간지(流年干支)가 같은 것을 일상복음(日上伏吟), 시주 간지(干支)와 유년간지(流年干支)가 같은 것을 시상복음(時上伏吟)이라고 한다. 원국의 간지(干支)와 유년간지(流年干支)를 천충지충(天沖地沖)하는 것을 반복음(反伏吟)이라고 하는데, 복음(伏吟)이나 반복음(反伏吟)이 되는 경우에 불길한 일이 많이 발생한다.

```
乙 庚 丁 辛
酉 辰 酉 卯
```

```
庚 辛 壬 癸 甲 乙 丙
寅 卯 辰 巳 午 未 申
```

경금일주(庚金日主)가 유월(酉月)에 태어나 득령(得令)하고 지지(地支)에 진유합금(辰酉合金), 신금투출(辛金透出)하여 신왕(身旺)하다. 신왕(身旺)하면 식재관(食財官) 水木火가 희신(喜神)이고, 인비(印比)인 土金이 기신(忌神)인데, 대운(大運)이 화목(火木)으로 향하여 아름답다.

癸巳 대운에 정계충(丁癸沖)으로 정화용신(丁火用神)이 충발(沖拔)되었고, 사유금국(巳酉金局)으로 사화용신(巳火用神)이 기신(忌神)으로 변하였다. 세운(歲運)인 병

자년(丙子年)에 병경충(丙庚沖), 병신합(丙辛合)으로 충중봉합(沖中逢合)이 되고, 자묘형(子卯刑)까지 가세하여 대장암 수술을 받았다. 첨언하면 癸水가 상관(傷官) 대운에 丙火 세운이 관살년(官殺年)이 되었기 때문이다.

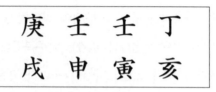

$$庚\ 壬\ 壬\ 丁$$
$$戌\ 申\ 寅\ 亥$$

己 戊 丁 丙 乙 甲 癸
酉 申 未 午 巳 辰 卯

임수일주(壬水日主)가 인신충(寅申沖), 인해합(寅亥合)으로 충중봉합(沖中逢合)이 되어 있는데, 丁未 대운에 정임합(丁壬合), 술미형(戌未刑)이면서 상관(傷官) 대운이다.

세운인 신미년(辛未年)에 신금기신(辛金忌神)이고 술미형(戌未刑)이 되어 유방암 수술을 받았다. 다음해인 임신년(壬申年)은 임수기신(壬水忌神)이고 인신충(寅申沖)되어 재수술을 받았다. 본명(本命)은 대운과 세운에서 巳申나 丑戌未 등 삼형살(三刑殺)이 되기 때문이다.

$$戊\ 乙\ 丙\ 丁$$
$$寅\ 丑\ 午\ 亥$$

己 庚 辛 壬 癸 甲 乙
亥 子 丑 寅 卯 辰 巳

을목일주(乙木日主)가 오월(午月)에 태어나 설기(泄氣)가 태심(太甚)하여 신약(身弱)하다. 인비(印比)인 水木이 희신(喜神)이고, 식재관(食財官)인 火土金이 기신(忌神)이다. 원국(原局)에 관살(官殺)이나 삼형살(三刑殺)이 없다. 辛丑 대운에 을신충(乙辛冲)이 되고 관살(官殺) 대운이 되는데, 병자년(丙子年)이 상관년(傷官年)이 되면서 子水는 용신(用神)이 되었으나 자오충(子午冲)으로 왕자충쇠자발(旺者冲衰者拔)이 되었기 때문에 대장암 수술을 받았다.

```
辛 丁 甲 甲
亥 酉 戌 辰
```

```
丁 戊 己 庚 辛 壬 癸
卯 辰 巳 午 未 申 酉
```

정화일주(丁火日主)가 술중정화(戌中丁火)에 득근(得根)하고 년월간(年月干)에 甲木이 생조(生助)하지만 역부족이라 신약(身弱)하다. 壬水 대운은 정관(正官) 대운인데, 세운(歲運)인 무오년(戊午年), 무오월(戊午月)에 강제추행을 당한 것은 상관년(傷官年)이기 때문이다. 또한 丁火의 남편관궁(男便官宮)은 해중임수(亥中壬水), 진중계수(辰中癸水)가 암장(暗藏)되어 관살혼잡(官殺混雜)이 되어 부부애로가 있음을 암시하고 있다.

```
庚 甲 己 癸
午 子 未 巳
```

```
丙乙甲癸壬辛庚
寅丑子亥戌酉申
```

　갑목일주(甲木日主)가 미월(未月)에 실령하고 좌하자수(坐下子水)에 득지(得地)하고 火土金에 실세하니 신약하다. 희신(喜神)은 인비(印比)이고, 기신(忌神)은 식재관(食財官)이다.

　癸亥 대운에 기계충(己癸沖), 사해충(巳亥沖)으로 천충지충(天沖 地沖)되어 형액(刑厄)을 암시(暗示)하고 있는데, 세운(歲運)인 병자년(丙子年)에 병경충(丙庚沖), 자오충(子午沖)으로 역시 천충지충(天沖地沖)되어 충형(沖刑)이 중중(重重)하니 필액(必厄)이 틀림없다. 남편궁(男便宮)인 庚金이 충발(沖拔)되어 교통사고로 사망하였다.

```
甲 癸 乙 壬
寅 丑 巳 辰
```

```
壬辛庚己戊丁丙
子亥戌酉申未午
```

　계수일주(癸水日主)가 사월(巳月)에 태어나 실령(失令)하고 축중계수(丑中癸水)와 壬水로 생조(生助)하고 있으나, 식상목(食傷木)이 왕성하여 신약(身弱)하다. 용신격국법(用神格局法)에서는 제살태과격(制殺太過格)이라고 하여 귀격에 속한다.

　戊申 대운에 戊土가 기신(忌神)이고, 인사신삼형살(寅巳申三刑殺)이 되어 형액(刑

厄)을 암시하고 있다. 세운(歲運)인 경오년(庚午年)에 갑경충(甲庚沖), 을경합(乙庚合)으로 충중봉합(沖中逢合)으로 되어 있는데, 신사월(辛巳月)에 을신충(乙辛沖), 인사형(寅巳刑)으로 천충지충(天沖地沖)이 되었으니 교통사고(交通事故)로 사망하였다.

```
庚 庚 庚 庚
辰 午 辰 子
```

```
癸 甲 乙 丙 丁 戊 己
酉 戌 亥 子 丑 寅 卯
```

경금일주(庚金日主)가 천간(天干)이 전부 庚金이니 천원일기격(天元一氣格)으로 귀격(貴格)이다. 또한 庚辰이 월주(月柱)와 시주(時柱)에 있어 괴강살(魁罡殺)이 중첩되어 있고, 지지(地支)에 자진합(子辰合), 자오충(子午沖)으로 충중봉합(沖中逢合)이 되어 형액(刑厄)을 암시하고 있다.

丙子 대운에 병경충(丙庚沖), 자오충(子午沖)으로 천충지충(天沖地沖)이 되고, 세운(歲運)인 경오년(庚午年)에는 신왕(身旺)한데 천동지동(天同地同)으로 형액(刑厄)을 암시하고 있으며, 신사월(辛巳月)에 교통사고로 사망하였다.

제 25 장

부부생사이별夫婦生死離別 감정론

부부이별은 남편과 아내가 사별한다거나 생이별을 하는 경우인데 극부지명(剋夫之命), 극처지명(剋妻之命), 소실지명(小室之命), 재가, 취첩(取妾), 독신으로 사는 사람도 포함하여 추론해야 한다.

(1) 원국(原局)에 관살(官殺)이 미약하고 재성(財星)이 없는 경우이거나, 재다신약(財多身弱)인 경우에도 극부(剋夫)하거나 재혼하게 된다.

(2) 원국에 관살(官殺)이 미약한데 식상태왕(食傷太旺)하면 극부(剋夫)하게 된다.

(3) 원국에 관살(官殺)이 미약한데 비겁태왕(比劫太旺)하면 이별하게 된다.

(4) 원국에 인수태왕(印綬太旺)하거나 비겁태왕(比劫太旺)으로 일주태왕(日主太旺)한데 관살(官殺)이 없고 식상(食傷)이 미약하면 극부(剋夫)하게 된다.

(5) 원국에 인수태왕(印綬太旺)이나 비겁태왕(比劫太旺)으로 일주태왕(日主太旺)한데 유년(流年)에서 인수(印綬)나 비겁운(比劫運)을 만나면 이별 또는 별거를 하게 된다.

(6) 원국에 관살(官殺)이 태왕(太旺)한데 식상(食傷)이 미약하거나, 식상(食傷)이 태왕(太旺)한데 관살(官殺)이 미약한 경우에도 부부이별 하게 된다.

(7) 원국에 관성(官星)이 백호(白虎)나 괴강(魁罡)이 되는 경우에 부부해로 하기가

어렵다.

(8) 원국에 쟁합(爭合), 투합(妬合), 또는 천충지충(天沖地沖), 천충지합(天沖地合), 천합지충형(天合地沖刑)이 되는 경우에도 부부이별을 하게 된다.

(9) 원국에 명암부집(明暗夫集)이 되는 경우에 부부이별을 하게 된다. 명부(明夫)란 원국에 나타난 관살(官殺)을 말하고, 암부(暗夫)란 암장(暗臟)된 관살(官殺)을 말하며, 통상 3개 이상 있는 경우이다.

(10) 원국에 부성입묘(夫星入墓)가 있는 경우에 부부이별을 하게 된다. 부성입묘(夫星入墓)란 관성(官星)이 묘궁(墓宮)에 들어 있다는 뜻이다.
가령 갑을일생(甲乙日生)이 원국(原局)에 庚辰이나 辛丑이 있으면 성립되는 것이다. 또한 병정일(丙丁日)이 壬辰이나 癸未, 무기일(戊己日)이 甲戌이나 乙未, 경신일(庚辛日)이 丙戌이나 丁丑, 임계일(壬癸日)이 戊戌이나 己丑이 있으면 부성입묘(夫星入墓)가 되어 부성(夫星)인 남편은 이미 불귀객이 되었다는 뜻이다.

(11) 원국에서 과어유정(過於有情)이 되는 경우에 부부이별을 하게 된다. 과어(過於)란 너무 지나쳤다는 뜻이니, 합이 너무 많으면 도리어 정에 이끌려 다른 일을 할 수 없다는 뜻에서 불길하다고 하는 것이다. 유정(有情)이란 정이 있다는 뜻으로, 원국에 삼합(三合), 방합(方合), 육합(六合)이 있는 경우이다. 일반적으로 천간(天干)과 지지(地支)에 합이 둘 이상 놓여 있으면 이에 해당된다.

戊	甲	己	乙
辰	午	卯	未

丙 乙 甲 癸 壬 辛 庚
戌 酉 申 未 午 巳 辰

갑목일주(甲木日主)가 묘월(卯月)에 태어나 득령(得令)하였으나 식재(食財)가 왕성하여 재다신약(財多身弱)이 되었다. 여명(女命)인데 원국(原局)에 부성(夫星)인 관살(官殺)은 없고 乙未, 戊辰 등 백호와 괴강(魁罡)이 중중(重重)하여 부부애로가 있음을 암시하고 있다.

癸未 대운에 무계합(戊癸合), 기계충(己癸沖)으로 충중봉합(沖中逢合)이 되어 있는데, 세운(歲運)인 계유년(癸酉年)에 묘유충(卯酉沖)으로 별거하다가, 갑술년(甲戌年)에 갑기합(甲己合), 술미형(戌未刑)으로 천합지형(天合地刑)이 되니, 부부이별을 하였다.

본명(本命)은 항공회사 스튜어디스로 근무하였고 재다신약(財多身弱)에 무관성(無官星)이니, 재성(財星)을 부성(夫星)으로 간주하여 관살혼잡(官殺混雜)이나 부성입묘(夫星入墓)로 추리할 수도 있다.

정화일주(丁火日主)가 土金이 태왕(太旺)하고 寅木에 의지하고 있으나 寅申 충(沖)으로 절목(折木)이 되니 신약하다. 원국에서 식상(食傷)과 재성이 왕성하여 재다신약이 되었고, 관성인 축중계수(丑中癸水)마저 미약하니, 남편궁이 약한 것은 틀림없다.

乙亥 대운은 용신운(用神運)으로 결혼을 하였으나 甲戌 대운에 갑기합(甲己合), 축술형(丑戌刑)으로 천합지형(天合地刑)이 되어 별거하였다가, 癸酉 대운에 정계충(丁癸沖), 무계합(戊癸合)으로 충중봉합(沖中逢合)이 되어 자궁 수술을 받았다. 본명(本命)은 식상태왕(食傷太旺)에 무관성이고 백호(白虎)까지 가세하여 부부이별을 하

게 되었다.

```
丙 辛 辛 甲
申 酉 未 辰
```

```
甲 乙 丙 丁 戊 己 庚
寅 卯 辰 巳 午 未 申
```

신금일주(辛金日主)가 미월(未月)에 득령(得令), 좌하유금(坐下酉金)에 득지(得地), 辛金 투출로 신왕(身旺)하다. 신왕(身旺)하면 식재관(食財官)인 水木火가 희신(喜神)이고, 인비(印比)인 土金이 기신(忌神)이다.

원국에서 다비겁혼잡(多比劫混雜)으로 부부불화가 있음을 암시하고 있는데, 병화관성(丙火官星)이 개두(蓋頭)가 되어 미약하다. 丁巳 대운에 丁火가 용신(用神)이지만 사유합금(巳酉合金), 사신형(巳申刑)이 되어 있으며, 세운(歲運)인 무인(戊寅年)에 대운(大運)과 인사신삼형살(寅巳申三刑殺)이 되어 별거하다가, 임오년(壬午年)에 병임충(丙壬冲)으로 부부이별을 하였다. 본명은 대학교수로 재직하고 있는데, 丙火 관성이 있으나 丙辛 합거(合去)가 되어 부성(夫星)이 무력하며, 유년에 삼형살(三刑殺)이 들어와 흉성(凶星)이 되었기 때문이다.

己	丁	庚	丙
酉	未	寅	午

癸甲乙丙丁戊己
未申酉戌亥子丑

　정화일주(丁火日主)가 인월(寅月)에 태어나 득령(得令)하고, 지지(地支)가 인오화국(寅午火局)이고, 丙火가 투출(透出)하여 득세(得勢)하니 비겁태왕(比劫太旺)으로 신왕(身旺)하다. 신왕(身旺)하면 식재관(食財官)인 土金水가 희신(喜神)이고, 인비(印比)인 木火가 기신(忌神)이다.

　丙戌 대운에 병경충(丙庚沖), 인오술화국(寅午戌火局)으로 천충지합(天沖地合)으로 형액(刑厄)을 암시하고 있다. 세운(歲運)인 갑신년(甲申年)에 갑기합(甲己合), 갑경충(甲庚沖)으로 충중봉합(沖中逢合)이니 형액(刑厄)을 암시하고 있는데, 인신충(寅申沖)으로 천충지충(天沖地沖)으로 부부이별을 하였다.

丙	庚	壬	戊
子	辰	戌	戌

乙丙丁戊己庚辛
卯辰巳午未申酉

　경금일주(庚金日主)가 인수태왕(印綬太旺)으로 신왕(身旺)하다. 희신(喜神)은 식재관(食財官)인 水木火이고, 기신(忌神)은 인비(印比)인 土金이다. 시상병화(時上丙火)가 관성(官星)인 남편인데 병경충(丙庚沖), 병충(丙壬沖)으로 丙火가 충발(沖拔)

되어 남편궁(男便宮)이 미약하다.

戊午 대운에 무토기신(戊土忌神)인 인수운(印綬運)이고, 자오충(子午冲)으로 오화관성(午火官星)이 충발(冲拔)되어 있는데, 세운(歲運)인 경진년(庚辰年)에 비겁운(比劫運)을 만나 부부이별을 한 대학교수의 명조(命造)이다.

|丙|癸|庚|辛|
|辰|酉|寅|亥|

| 丁 | 丙 | 乙 | 甲 | 癸 | 壬 | 辛 |
| 酉 | 申 | 未 | 午 | 巳 | 辰 | 卯 |

계수일주(癸水日主)가 인월(寅月)에 태어나 실령(失令)하였으나 인수태왕(印綬太旺)으로 신왕(身旺)하다. 희신(喜神)은 식재관(食財官)인 木火土이고, 기신(忌神)은 인비(印比)인 金水이다.

원국(原局)에서 진토관성(辰土官星)이 진유합금(辰酉合金)이 되어 기신(忌神)으로 변화되었다. 癸巳 대운에 계수기신(癸水忌神)이고, 사유합금(巳酉合金), 인사형(寅巳刑), 사해충(巳亥冲)으로 충형합(冲刑合)이 중중(重重)하여 불길한데, 세운(歲運)인 갑신년(甲申年)에 갑경충(甲庚冲), 인신충(寅申冲)으로 천충지충(天冲地冲)되어 별거하였다.

戊 壬 己 乙
申 寅 丑 丑

丙 乙 甲 癸 壬 辛 庚
申 未 午 巳 辰 卯 寅

임수일주(壬水日主)가 토관살(土官殺)이 태왕(太旺)하여 신약(身弱)하지만 식신제
살격(食神制殺格)이 되어 귀격(貴格)이다. 희신(喜神)은 인비식(印比食)인 金水木이
고, 기신(忌神)은 재관(財官)인 火土이다.

甲午 대운은 갑기합(甲己合), 인오합(寅午合)으로 천합지합(天合地合)이 되어 형
액(刑厄)을 암시(暗示)하고 있는데 세운(歲運)인 갑인년(甲寅年)에 갑기합(甲己合),
인신충(寅申冲)으로 천합지충(天合地冲)이 되어 부부이별하였다. 본명(本命)은 관살
(官殺)이 태왕(太旺)한데 식상인목(食傷寅木)이 인신충(寅申冲)으로 식상(食傷)이 미
약하게 된 경우이다.

庚 乙 丁 丁
辰 巳 未 酉

甲 癸 壬 辛 庚 己 戊
寅 丑 子 亥 戌 酉 申

을목일주(乙木日主)가 식상(食傷)이 태왕(太旺)하여 신약(身弱)하니 제살태과격
(制殺太過格)이 되었다. 희신(喜神)은 인비관(印比官)인 水木金이기에 기신(忌神)은
식재(食財)인 火土이다. 원국(原局)에서 괴강(魁罡)이 관성(官星)이면서 명관(明官)

인 庚金과 酉金이 있고, 암관(暗官)인 사중경금(巳中庚金)이 있으니 명암부집(明暗夫集)이 되어 형액(刑厄)을 암시하고 있다.

己酉 대운에 기토기신(己土忌神), 辰酉金, 巳酉金으로 유년(流年)에 관살(官殺)이 태왕(太旺)하여 강제결혼(强制結婚)을 하였으나, 辛亥 대운에 을신충(乙辛沖), 사해충(巳亥沖)으로 천충지충(天沖地沖)되어 부부이별을 하였다.

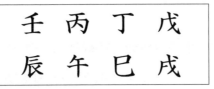

병화일주(丙火日主)가 사월(巳月)에 득령(得令)하고, 좌하득지(坐下得地), 정화투출(丁火透出)하여 득세(得勢)하여 신왕(身旺)하다. 원국(原局)에서 신왕(身旺)하면 식재관(食財官)인 土金水가 희신(喜神)이고, 인비(印比)인 木火가 기신(忌神)이다.

壬子 대운에 병임충(丙壬沖), 丁壬木으로 충중봉합(沖中逢合)이고, 지지(地支)가 자오충(子午沖)하여 천충지충(天沖地沖)으로 불길한데 세운(歲運)인 병술년(丙戌年)에 병임충(丙壬沖), 진술충(辰戌沖)으로 천충지충(天沖地沖)이 가중(加重)되어 있고, 임수관성(壬水官星)이 백호(白虎)가 되어 부부이별을 하였다.

```
甲 戊 甲 庚
辰 寅 申 子
```

```
丁 戊 己 庚 辛 壬 癸
丑 寅 卯 辰 巳 午 未
```

무토일주(戊土日主)가 관살태왕(官殺太旺)으로 신약(身弱)하고, 식신제살격(食神制殺格)이 되었다. 천간(天干)에 무갑극(戊甲剋), 갑경충(甲庚冲), 지지(地支)에 자진합(子辰合), 인신충(寅申冲)으로 천충지합(天冲地合), 천충지충(天冲地冲)이 되어 불길하다. 또한 명암부집(命暗夫集)으로 부부해로가 어렵다.

庚辰 대운에 갑경충(甲庚冲), 자진합(子辰合)으로 천충지합(天冲地合)이 되고, 세운(歲運)인 임오년(壬午年)에 임수기신(壬水忌神)이고, 자오충(子午冲)되어 부부이별 하였다.

```
甲 壬 丁 辛
辰 子 酉 卯
```

```
甲 癸 壬 辛 庚 己 戊
辰 卯 寅 丑 子 亥 戌
```

임수일주(壬水日主)가 유월(酉月)에 태어나 득령(得令), 좌하자수(坐下子水)에 득지(得地), 자진합수(子辰合水)로 득세(得勢)하여 신왕(身旺)하다. 희신(喜神)은 식재관(食財官)인 木火土이고, 기신(忌神)은 인비(印比)인 金水이다.

원국(原局)에 천간(天干)에서 정임합(丁壬合), 지지(地支)에 자진합(子辰合), 묘유충(卯酉沖)으로 천합지충(天合地沖), 천합지합(天合地合)으로 불길하다. 또한 진토 관성(辰土官星)이 부성입묘(夫星入墓)이니 부부해로 하기가 어렵다.

　辛丑 대운에 신금기신(辛金忌神)이고, 유축합(酉丑合), 자축합(子丑合)으로 기신(忌神)이 되어있는데, 세운(歲運)인 기묘년(己卯年)에 갑기합(甲己合), 묘유충(卯酉沖)으로 천합지충(天合地沖)으로 남편과 사별하였다.

```
辛 丁 辛 辛
亥 丑 卯 丑
```

```
戊 丁 丙 乙 甲 癸 壬
戌 酉 辛 未 午 巳 辰
```

　정화일주(丁火日主)가 토금(土金)이 왕성하여 신약(身弱)하다. 금수다봉(金水多逢)으로 재다신약(財多身弱)이 되었다.

　원국(原局)에서 명부(明夫)인 亥水와 암부(暗夫)인 축중계수(丑中癸水)가 있어, 명암부집(明暗夫集)이 되어 부부해로가 어렵다. 癸巳 대운에 정계충(丁癸沖), 사해충(巳亥沖)으로 천충지충(天沖地沖)이 되어 불길한데 계유년(癸酉年)에 정계충(丁癸沖), 묘유충(卯酉沖)되어 부부이별 하였다.

```
癸 丙 辛 辛
巳 寅 丑 丑
```

```
戊 丁 丙 乙 甲 癸 壬
申 未 午 巳 辰 卯 寅
```

병화일주(丙火日主)가 土金이 왕성하여 신약(身弱)하다. 원국(原局)에 병신합(丙辛合)으로 투합(妬合)이 되어 있고, 지지(地支)에 인사형(寅巳刑)이 있어 천합지형(天合地刑)이 되니 일부종사(日夫從事)하기가 어렵다.

乙巳 대운에 을신충(乙辛冲), 인사형(寅巳刑)으로 천충지형(天冲地刑)이 되어 남편과 별거하여 오다가 세운(歲運)인 병술년(丙戌年)에 병신합(丙辛合), 축술형(丑戌刑)이 되어 부부이별 하였다.

乙 甲 庚 辛
丑 辰 子 卯

丁 丙 乙 甲 癸 壬 辛
未 午 巳 辰 卯 寅 丑

갑목일주(甲木日主)가 자월(子月)에 태어나 득령(得令), 자진합수(子辰合水), 자축합수(子丑合水), 을목투간(乙木透干)으로 득지(得地), 득세(得勢)하여 신왕(身旺)하다. 식재관(食財官)인 火土金이 희신(喜神)인데 火는 없고, 土는 丑辰이 있고, 金은 뿌리가 없어 미약(微弱)한데, 갑경충(甲庚沖), 을신충(乙辛沖)으로 금목상전(金木相戰)하니 부부애로가 있음을 암시하고 있다. 또한 명관(明官)이 되는 庚金, 辛金이 있고, 암관(暗官)이 되는 축중신금(丑中辛金)이 있어 명암부집(明暗夫集)에도 해당한다.

乙巳 대운에 을경합(乙庚合), 을신충(乙辛冲)으로 충중봉합(冲中逢合)이 되어 불길한데, 세운(勢運)인 계유년(癸酉年)에 사유축합금(巳酉丑合金)으로 사화용신(巳火用神)이 기신(忌神)이 되어 남편이 교통사고로 사망하였다.

<table>
<tr><td>丙</td><td>丁</td><td>乙</td><td>癸</td></tr>
<tr><td>午</td><td>丑</td><td>丑</td><td>卯</td></tr>
</table>

壬辛庚己戊丁丙
申未午巳辰卯寅

정화일주(丁火日主)가 축월(丑月)에 태어나 한기(寒氣)가 있어 조후(調候)로 火가 필요하다. 원국(原局)에 정축일주(丁丑日柱)가 백호(白虎)이고, 부성(夫星)인 癸水, 축중계수(丑中癸水)가 중첩되어 명암부집(明暗夫集)이 되어 부부해로가 어렵다.

庚午 대운에 병경충(丙庚冲), 을경합(乙庚合)으로 충중봉합(冲中逢合)이 되어 불길한데 지지(地支)가 오오자형(午午自刑)으로 천충지형(天冲地刑)이 되니 더욱 불길하다. 세운(歲運)인 계미년(癸未年)에 정계충(丁癸冲), 축미충(丑未冲)으로 천충지충(天冲地冲)되어 남편과 사별하였다.

<table>
<tr><td>甲</td><td>己</td><td>甲</td><td>己</td></tr>
<tr><td>子</td><td>卯</td><td>戌</td><td>丑</td></tr>
</table>

丁戊己庚辛壬癸
卯辰巳午未申酉

기토일주(己土日主)가 술월(戌月)에 태어나 득령(得令)하고, 비겁(比劫)이 태왕(太旺)하여 신왕(身旺)하다. 천간(天干)이 갑기합(甲己合)으로 과어유정(過於有情)이고, 지지(地支)가 자묘형(子卯刑), 축술형(丑戌刑)으로 천합지형(天合地刑)이 되어 부부해로 하기가 어렵다.

또한 지지(地支)가 묘술합(卯戌合), 자축합(子丑合)이 되어 천간지지(天干地支)가 과어유정(過於有情)이 되었다. 원국(原局)에서 子水가 처궁(妻宮)인데 축중계수(丑中癸水)가 암장(暗藏)되어 있지만 토왕(土旺)하여 군겁쟁재(群劫爭財)도 성립된다. 재성(財星)이 자묘형(子卯刑), 축술형(丑戌刑)이 되니 관재송사(官災松事)도 있게 된다.

庚午 대운에 갑경충(甲庚冲), 자오충(子午冲)으로 천충지충(天冲地冲)되어 있는데 계유년(癸酉年)에 부부이별을 하였다. 본명(本命)은 형살(刑殺)이 중중(重重)하고, 卯戌이 있으니 의약과 관련된 직업을 가지고 있다.

제 26 장

현대적 궁합론宮合論

　궁합(宮合)은 우선적으로 단식판단(單式判斷)과 복식판단(複式判斷)으로 나누어

볼 수 있다. 단식판단은 겉궁합이라고도 하며, 육합(六合), 삼합(三合), 방합(方合)을

활용하는 것인데 생년(生年)의 지지(地支)와 생월(生月)의 지지(地支)를 대조하여

판단하는 것이다.

　가령 남자생년(男子生年)과 여자생년(女子生年)을 대조하여 서로 년간충(年干沖)

이 되거나 년지형충(年支刑沖)되어서는 안 되는데, 이것은 년주(年柱)는 명조(命造)

의 뿌리가 되기 때문에 뿌리가 튼튼해야 기초가 튼튼한 것같이 우선 년간(年干)끼

리 충극(沖剋)이 되지 말고, 간합(干合)이 되어야 길(吉)하고, 다음은 년지(年支)끼리

형충(刑沖)을 하게 되면 뿌리가 흔들리는 형상이 되어 흉(凶)하게 되니 제합(諸合)

을 하는 것이 우선이다.

　일반적으로 궁합을 판단할 때는 년합(年合), 월합(月合), 일합(日合), 시합(時合)이

되면 길(吉)하다. 그러나 일간(日干)끼리 상충(相沖)이 되지 말아야 하고, 일간합(日

干合)이 되면 더욱 길(吉)하다. 또한 일지(日支)끼리 지충(支沖)이 되지 말아야 하고,

일지(日支)끼리 육합(六合)이나 삼합(三合)이 되면 더욱 길(吉)하다.

　상대의 월지(月支)에서 삼합(三合)이나 육합(六合)이 되거나 일지(日支)에서 삼합

(三合)이나 육합(六合)이 되어야 궁합이 길(吉)하다.

여명(女命)을 기준으로 할 때, 관성(官星)이 인수(印綬)나 비겁(比劫)으로 튼튼하게 뿌리가 있어 왕성하면서 형충(刑沖)이나 공망(空亡)이 없으면서 상대와 일간(日干)이 간합(干合)되면서 일지합(日支合), 월지합(月支合), 년지합(年支合)이 되면 최상의 궁합이라고 한다.

만약 지지(地支)끼리 형충파해(刑沖破害)나 공망(空亡)이 있으면 서로가 불합(不合)하여 생사이별을 하거나 고독한 세월을 보내면서 쓸쓸하게 살아가게 된다. 부부는 서로 다른 환경 속에서 성장하였기 때문에 각자의 성격대로 특성이 있게 마련이다.

따라서 서로의 성격을 상호 보완하여 조화롭게 살아가기 위해서는 상생상극, 합형충파(合刑沖破)의 관계보다는 상대적으로 없는 오행을 가지고 있거나 많은 오행을 극제(剋制)하여 주는 오행을 가지고 있을 때 좋은 궁합으로 본다.

가령 木이 많은 남자는 金이나 土가 많은 여자, 火가 많은 남자는 水나 金이 많은 여자, 土가 많은 남자는 木이나 水가 많은 여자, 金이 많은 남자는 火나 木이 많은 여자, 水가 많은 남자는 土나 火가 많은 여자와 궁합이 잘 맞다.

그리고 궁합에 대해서는 여러 가지 학설이 있는데 예를 들면 육친궁합(六親宮合), 구성궁합(九星宮合), 납음오행궁합(納音五行宮合), 명궁궁합(命宮宮合) 등 수십 종이 있지만 한 가지로만 일관해서는 많은 오류를 범할 수가 있다.

결론적으로 궁합은 어디까지나 첫째로 합(合)을 우선하고, 둘째로 결오행(缺五行)과 다오행(多五行)을 서로 보완하여 주든가 설기(泄氣)시켜 주는 것이 가장 합리적이라고 본다. 따라서 같은 합(合)이라도 일간(日干)과 일지(日支)를 중심으로 간합(干合), 육합(六合), 삼합(三合)이 되어야 좋다.

예를 들면 갑자일생(甲子日生)을 기일(己日)이나 축일생(丑日生)이라든가 기년(己年)이나 축년(丑年)이 되는 경우이다. 또한 자기가 필요한 오행을 많이 가지고 있는 상대가 궁합이 좋다. 예를 들면 자기가 화기(火氣)가 많아 수기(水氣)가 부족하다면 상대자는 壬癸나 亥子가 많아야 좋은 궁합이라고 하는 것이다. 궁극적으로는 용신(用神)이 되는 상대자를 찾는 것이 가장 현명한 방법이라고 본다.

| 참고도서 |

- 연해자평(淵海子平), 서대승(徐大昇)
- 명리가부(命理歌賦), 서자평(徐子平)
- 적천수(滴天髓), 유백온(劉伯溫)
- 명리정종(命理正宗), 장남(張楠)
- 자평약언(子平約言), 진소암(陳素庵)
- 자평진전(子平眞詮), 심효첨(沈孝瞻)
- 적천수천미(滴天髓闡微), 임철초(任鐵樵)
- 삼명통회(三命通會), 만육오(萬育吾)
- 명리탐원(命理探原), 원수산(袁樹珊)
- 명학강의(命學講義), 위천리(韋千里)
- 사주 추명학(四柱推命學), 아부희작(阿部熹作)
- 사주첩경(四柱捷徑), 이석영(李錫暎)
- 명리요강(命理要講), 박재완(朴在玩)
- 사주정설(四柱精說), 백영관(白靈觀)
- 적천수천미(滴天髓闡微), 예광해(芮光海)
- 적천수천미 해설강의(滴天髓闡微 解說講義), 이선종(李善鍾)
- 자평진전 평주(子平眞詮 評註), 박영창(朴永昌)
- 사주정해(四柱正解), 최학림(崔鶴林)
- 사주세상(四柱世上), 서준원(徐俊源)
- 명리대정전(命理大正傳), 정수호
- 연해자평 정해(淵海子平 精解), 심재열(沈載烈)
- 명리학(命理學)과 질병론(疾病論), 이정근(李正根)
- 명리요론(命理要論), 김원희(金元熙)
- 명리요결(命理要訣), 김원희(金元熙)
- 생활역학(生活易學), 한중수(韓重洙)·유방현(柳方鉉)
- 명리학개론(命理學槪論), 백민(白民)·양원석
- 사주원리요해(四柱原理要解), 김영진(金靈震)
- 심명철학(心命哲學), 최봉수(崔鳳秀)
- 명리학(命理學)의 지름길, 이도경(李度炅)
- 명리학 통론(命理學 通論) I·II, 정창근(鄭昌根)

정창근(鄭昌根)

학력
충북 증평 출생(1948)
청주고등학교 졸업(1966)
건국대학교 졸업(1980)
한양대학교 행정대학원 의료행정학 석사(1996)
한양대학교 의과대학원 의학 박사(2003)

경력
육군 3사관학교 임관(육군 중령 예편)
한양명리상담지도사 연구원 원장(2010 ~ 현재)
한국명리학회 회장(2001~ 현재)
한글 디지털과학 육친작명학 연구원 원장(2014 ~ 현재)
한국 명리육신성명학 연구원 원장(2015 ~ 현재)
(사)한국동양철학연구원 원장(2016 ~ 현재)

출강
한양대학교 사회교육원 교수(1997 ~ 현재)
가톨릭상지대학교 평생직업교육대학 교수(2010 ~ 현재)
서울과학대학교 평생교육원 겸임교수(2005 ~ 2006)
대전대학교 대학원 철학과 겸임교수(2008 ~ 2010)
고려대학교 평생교육원 겸임교수(2009 ~ 2010)
동방대학원 대학교 겸임교수(2006 ~ 2014)

저서
적천수천미 평주 I – 통신론
적천수천미 평주 II – 육친론

연구논문
주역을 통한 인체 질병 예측 연구(1996 석사학위)
장기별 중증질환 증상의 발현과 명리학적 연구(2003 박사학위)
질병 예측에 대한 명리학적 분석(2002 한국정신과학학회)
명리학의 현대적 이해(2004 한국 군사지)

언론소개
「역학의 학위 인정 교육기관 절실하다」, 『월간역학』(1996)
「명리학으로 질병 예측」, 『보건신문』(1968)
KBS-TV 〈VJ 특공대〉(2002)
SBS-TV 〈생방송 투데이〉(2003)
KBS-TV 〈뉴스라인〉(2008)

연락처
전화: 02) 2294 – 5558 (연구실) / 010 – 8966 – 5436
E-MAIL: jcg0121@hanmail.net